2012

平湖年鉴

中国共产党平湖市委员会
平 湖 市 人 民 政 府　主办

平湖市地方志编纂委员会编

图书在版编目(CIP)数据

平湖年鉴.2012/平湖市地方志编纂委员会编.
—北京:中华书局,2012.12
ISBN978—7—101—08959—2
Ⅰ.平… Ⅱ.平…Ⅲ.平湖市—2012—年鉴
Ⅳ.Z525.54

中国版本图书馆CIP数据核字(2012)第240363号

责任编辑:朱 慧
封面设计:沈吕峰

平湖年鉴(2012)

平湖市地方志编纂委员会编
(浙江省平湖市行政中心5号楼内 邮政编码:314200)
电话0573-85061361 传真85631355
E-mail:shizhiban@pinghu.gov.cn

中华书局出版
(北京市丰台区太平桥西里38号 邮政编码:100073)
http://www.zhbc.com.cn
E-mail:zhbc@zhbc.com.cn

平湖市亨达印刷有限公司印刷
2012年10月第1版 2012年10月第1次印刷
787*1092 1/16 印张:30.1 字数:750千字
印数:1—2200册 定价:120元
ISBN978—7—101—08959—2

平湖市地方志编纂委员会

《平湖年鉴》编辑部

编 辑 说 明

一、《平湖年鉴》是中共平湖市委员会、平湖市人民政府主办,由平湖市地方志编纂委员会编纂的综合性年鉴,具有政府公报性质的大型资料性工具书。

二、《平湖年鉴》的编辑方针是:以马列主义、毛泽东思想、邓小平理论和“三个代表”重要思想为指导,全面落实科学发展观,坚持党的基本路线,如实地记述党的方针政策的贯彻实施情况,逐年记述各行各业的新变化、新成就、新问题,客观地反映社会主义物质文明、精神文明、政治文明、生态文明建设的历史进程,使年鉴既能为现实服务,又能为后人提供借鉴。

三、《平湖年鉴》2012 版,记载时限从 2011 年 1 月 1 日至 12 月 31 日。全书除特载、专记、大事记、人物·名录、文件选编、国民经济统计资料不设条目外,其余篇目均采用条目体,分篇目、分目、条目 3 个层次,共设 37 个篇目、218 个分目、1369 条目。篇目之首一般设“综述”,分目之首一般设“概况”,记述各行各业的总体情况。全书前有目录,后有索引。索引使用方法详见说明。

四、《平湖年鉴》2012 版,根据变化了的情况,对部分篇目、分目作了调整。新设“经济开发区”篇,下设“平湖经济开发区”、“独山港区”分目;在“工业”篇下增设“临港工业”、“生物医药工业”分目。

五、《平湖年鉴》的文稿,由各镇(街道)、部门(单位)落实专人撰写,文后署作者姓名或单位名称,并经各自单位领导审阅。各种统计数字,凡《平湖统计年鉴》发布的,以统计年鉴为准,其中生产总值增长率按可比口径;统计年鉴未收录的,由各专业部门提供;个别数据由于来源、统计口径等方面的不同而与统计年鉴不一致的,经市统计局校定确认。工业、农业产值未注明不变价的,均系当年价(现价)。计量单位一般用法定计量单位,因考虑地域特点,土地面积计量单位仍沿用“亩”,蘑菇栽培面积用“平方尺”。

六、市级和镇(街道)机构及负责人名单集中在“人物·名录”篇,由市委组织部提供。收录范围为:市几套班子领导成员,一级局正副职,二级局正职,镇(街道)党委、人大、政府(办事处)正副职(均不含协理员)。凡在 2011 年职务有变动的,姓名后加括号注明任、免职时间。

七、《平湖年鉴》的编纂工作,在市委、市政府的领导下和编纂委员会的直接指导下,得到全市各镇(街道)、部门和其他有关单位的大力支持和帮助,广大撰稿人员付出了辛勤劳动,我们在此深表感谢!同时,希望广大读者对书中存在的疏漏、差错提出宝贵意见,以进一步提高《平湖年鉴》的质量。

《平湖年鉴》编辑部

2012 年 10 月

12月26日至29日，中国共产党平湖市第十三次代表大会在市行政中心举行。

（顾雪峰　摄）

中国共产党平湖市第十三届委员会常务委员合影。　（顾雪峰　摄）

1月23日至25日，平湖市第十三届人民代表大会第五次会议在市行政中心举行。

（顾雪峰 摄）

1月22日至25日，中国人民政治协商会议平湖市第十一届委员会第五次会议在市行政中心举行。

（顾雪峰 摄）

6月28日，平湖市庆祝中国共产党成立90周年大会在市行政中心举行。　　（顾雪峰　摄）

平湖市庆祝中国共产党成立90周年大会，表彰了近年来在全市各条战线上作出突出贡献的“金平湖先锋”、先进基层党组织、优秀共产党员和“十佳”党员志愿者。　　（顾雪峰　摄）

4月18日，省委副书记、省长吕祖善到平湖视察国家现代农业示范区和农业“两区”（粮食生产功能区和农业园区）及水利建设情况。（顾雪峰 摄）

8月18日，国家计生委党组书记、主任李斌到平湖考察人口计生工作。（市计生局 供稿）

10月14日，中国残疾人福利基金会理事长、中国残联副主席汤小泉到平湖视察农村残疾人扶贫工作。（市残联 供稿）

平湖市作为全省县（市）、区长离任经济事项交接工作的两个试点之一。图为12月5日，举行平湖市市长离任经济事项交接仪式。　（顾雪峰　摄）

12月10日，平湖市举行第一届优秀新居民颁奖典礼。　（市新居民事务局　供稿）

10月7日，在日本小浜市政府举行中国平湖市——日本小浜市缔结友好城市协议签订仪式。

（市外事办 供稿）

12月6日，平湖市获“全国粮食生产先进单位”称号。

（市农经局 供稿）

11月11日，文化部下发《关于命名一、二、三级文化馆的决定》，平湖市文化馆被确定为“一级文化馆”。

（市文广新局 供稿）

7月，平湖市数字化城市管理系统建成并开始试运行。

（市城管局 供稿）

8月26日，兴业银行嘉兴平湖支行开业。

（兴业银行 供稿）

10月29日至30日，2011浙江（九龙山）海洋休闲经济国际合作峰会在九龙山旅游度假区举行。

（九龙山管委会 供稿）

8月3日，清华大学科技成果产业化项目——年产60万吨MTBE及其衍生物项目签约仪式在独山港区举行。

（独山港区 供稿）

9月25日，上海张江平湖科技园战略合作框架协议签约仪式在市行政中心举行。

（顾雪峰 摄）

9月28日，盐船河二期治理工程开工仪式在新仓镇举行。

（新仓镇 供稿）

6月25日，举行2011中国·平湖西瓜灯文化节开幕式暨庆祝平湖撤县设市20周年文艺晚会。

（顾雪峰 摄）

6月25日，举行2011中国·平湖投资贸易洽谈会暨西瓜灯文化节经贸签约仪式。

（顾雪峰 摄）

6月26日，举行2011中国·平湖国际生物医药产业发展高峰论坛。

（顾雪峰 摄）

广泛动员全市人民积极参加创卫义务劳动。图为东湖街道志愿者小分队在清除杂草。
（当湖街道 供稿）

金平湖·美丽乡村——改造后的新仓镇秦沙村。（市农经局 供稿）

2月26日，举行平师附小、白马小学合并仪式。
（市教育局 供稿）

9月27日，异地新建的北门农贸市场正式启用。图为北门农贸市场内景。（顾雪峰 摄）

6月27日，举行平湖市庆祝中国共产党成立90周年红歌会。　（顾雪峰　摄）

10月13日，举行平湖市第十二届运动会开幕式。
（顾雪峰　摄）

6月27日，举行当湖棋院揭牌仪式。右图为聂卫平为棋院揭牌。　（顾雪峰　摄）

5月28日，NBA历史上首位美籍华裔球员林书豪第一次来到平湖进行祭祖活动并与其外祖母的母校——平湖中学学生举行了一场篮球友谊赛。

（顾雪峰　摄）

12月9日，中国科学院公布2011年中国科学院院士增选和外籍院士选举结果，中国科学院物理研究所研究员、磁学和磁性材料专家沈保根（当湖街道人）当选中国科学院院士。

（市史志办　供稿）

3月，由中央文明办主办的“我推荐、我评议身边好人”活动揭晓“中国好人榜”2011年2月入选名单，市公安局交警大队民警金贤明榜上有名，成为平湖市入选“中国好人榜”的第一人。

（市史志办　供稿）

1月7日，省人民政府发文公布第六批省级文物保护单位，平湖市庄桥坟遗址、戴墓墩遗址、马厩庙大桥3处文保单位入选。图为庄桥坟遗址。

（市博物馆 供稿）

12月6日，举行《乍浦镇志》首发仪式，这是新中国成立后平湖市正式出版的第一部乡镇志。

（市史志办 供稿）

6月22日，于以定革命事迹陈列室在林埭镇徐埭小学落成。徐埭小学少先队大队被授予“于以定大队”称号。

（市史志办 供稿）

平湖市经济和信息化局

破难题 抓倍增 优服务 强队伍
着力推进工业经济实现"十二五"良好开局

根据全市"三年活动"、"十大工程"总体部署，市经信局抓住转型发展主线，认真履职，确保工业经济稳中求进，规上工业总产值增长 24.8%，工业生产性投资增长 19.9%，实到内资超额完成 33 亿元，获得工作目标绩效考核优秀部门等荣誉，实现"十二五"良好开局。

——破难题。针对土地制约，不断强化项目准入、竣工验收，在 2008 年率先制订出台基础上，重新修订出台《平湖市工业投资项目准入标准》，进一步提高"十二五"期间项目准入门槛。创新推进"零增地招商"、"零增地技改"，不断拓展挖潜盘活，盘活用地 1770 亩，创新改造 15 个原村部、原校舍等低效利用或闲置场所，入驻初创型小企业 14 家。针对节能空间越来越小，以控电促节能，积极实施"有保有控有压有停"有序用电；以监管促节能，能源监察大队探索开展能源监察；以项目促节能，80 个重点节能项目完工 67 个，创建全省首个生物质成型燃料集中供热点—虹霓生物质供热点并投入使用。

——抓倍增。率先起草制订新兴产业、大企业倍增发展计划并牵头推进。光机电、临港、生物医药、新能源、新材料、节能环保"六大新兴产业"规模企业产值增长 30.4%、占比 66.1%。着重加快"六大新兴产业特色园区"建设，上海张江平湖科技园正式开园，光电新能源装备（平湖）产业基地列入第一批省级产业示范创建基地。全力抓企业梯度培育，企业规模不断壮大，10 亿元以上企业净增 4 家，景兴纸业成功增发 A 股，莎普爱思药业已接受浙江证监局辅导验收。创新开展民营经济"富民工程"督查交流制，确保净增市场主体超额完成 2500 户年度目标。

——优服务。建立健全中小企业运行监测体系，完善重点企业直报系统。筹备召开服装、箱包行业工作座谈会，探索转型举措。牵头深入开展服务企业专项活动，189 个问题交办有关职能部门。全年减轻企业负担 14.5 亿元。2009 年起持续第三年推进中小企业综合授信，全年履约率 164.2%。9 家中小企业担保公司全部申领融资性担保机构经营许可证，累计担保总额 6 月末首次突破 10 亿元，全年达 15.4 亿元，增长 246.4%。向国家、省争取专项资金 745.96 万元。

——强队伍。倡导"人求进步、事求快办、做求实效"的"三求"工作作风，强化局领导和中层干部每周工作动态报告制，形成互看互学良好氛围。结合创先争优，召开党员领导干部作风建设专题民主生活会，建立局领导联挂镇（街道）工作机制。扎实推进信访维稳工作并被评为先进集体。

△ 组织召开服装行业工作座谈会

△ 组织开展民营经济"富民工程"督查交流

△ 嘉兴市"破难题、推项目、促转型"节能降耗平湖现场会

平湖市商务局

△为平湖经济作出积极贡献的又一批外商成为荣誉市民

△平湖投资环境说明会是宣传推介平湖的重要手段

△平湖企业抢滩广交会，65亿美元进出口额创出新高

2011年，全市开放型经济工作紧紧围绕转型发展这条主线，深入开展“项目推进年”活动，全面推进招商引资“一号工程”和“外贸转型发展”，开放型经济保持了积极向好态势。全市审批外资项目86个，合同外资（不含嘉兴港区）41947万美元，同比增长3.77%，实到外资18038万美元，同比增长5.32%。进出口总额64.97亿美元，同比增长27.8%，其中，出口35.3亿美元，同比增长16.8%；进口29.6亿美元，同比增长44%。

扎实推进招商引资。全市采取多种招商形式主动出击，主动推介，先后组织参加浙江投资贸易洽谈会、举办上海“招才引智、招商引资”座谈会、上海投资说明会、举行台商投资平湖推介会，组织企业参加各类展销会、洽谈会以商引商，在上海国际网购大会上举办平湖投资环境说明会、举办平湖市光伏(新能源)产业园投资环境推介说明会，服务业上海投资说明会。先后接待上海张江高科经济园区新经济组织、虹口区科技企业联合会等到平考察。成功举办2011中国平湖西瓜灯文化节投资贸易洽谈会。积极推介平湖市产业特色，宣传平湖光机电、临港、生物医药三大主动力产业和新能源、新材料产业。加大对日本和中国香港、台湾等重要投资地区招商，大项目、鼓励类项目比例有所提高，项目质量有新的提高。切实解决现有企业生产经营中碰到的困难和问题。

外贸外经稳定发展。积极争取政策扶持，共帮助企业申报国家进口贴息等上级扶持资金954.9万元，兑现全市参展摊位补助等外经贸发展资金426.3万元。深入推进出口服装检验监管区建设，独山港镇成为全省首个服装区域化管理示范区，2家企业成为国家免验企业，9家企业成为出口检验示范企业，162家企业申报第二批跨境贸易人民币结算试点单位。成功创建成为省级光机电、箱包出口基地，成功注册两枚集体商标，新增省著名商标3件，嘉兴市著名商标7件；建成了“平湖制造”电子商务网等行业电子商务平台，搭建了平湖特色产业网上交易市场。外经工作稳步开展，企业境外投资100.3万美元；境外企业带动出口8500万美元，外派劳务营业额165万美元，均完成嘉兴市下达目标。

△国家火炬计划平湖光机电产业基地，也是浙江省唯一的省级光机电高新技术特色产业基地

△生物医药产业园区

平湖市农办、农经局

2011年，在市委、市政府的正确领导下，深入贯彻落实科学发展观，围绕农业增效、农民增收、农村繁荣目标，以开展创先争优活动和作风建设暨执行力建设活动为动力，扎实推进农业“两区”、“两新”工程、美丽乡村建设，全市农业农村经济实现持续健康发展。2011年，全市实现农业总产值26.90亿元，可比增长11.4%。

生态高效现代农业不断发展。粮食生产再创新高，全年粮食生产面积55.2万亩，比上年增长2.9%；粮食总产量24.6万吨，产量已连续6年超出22万吨。调整优化农业产业布局，“4+3”农业特色优势产业发展迅速。生态循环农业示范市建设有序开展，农业规模化、产业化、组织化程度和科技社会化服务水平不断提高。新型农业经营主体发展壮大，培育农业龙头企业44家，农民专业合作社88家，培训各类农村劳动力15000多人。

新农村建设步伐不断加快。大力推进城乡统筹发展，加强农村公共服务和社会保障，加快农村基础设施建设，促进农民创业就业，农村经济、社会、文化面貌得到全面改善，农村社会更加和谐稳定。全市“6+32”布局规划不断优化，18个中心村和21个城乡一体新社区规划编制全面完成。大力推进农房改造集聚，全市累计完成改造集聚户数20089户，集聚率达到24.2%，农民生活水平显著提升。坚持“以人为本”惠农利民，农村劳动力素质培训、“低收入农户奔小康”、“五送十行动”等工程深入实施，农民创业就业政策进一步完善。农民收入稳步增长，全年农村居民人均纯收入达16641元，比上年增长16.43%。村级集体经济发展壮大，农村集体资产产权制度改革不断深化。加快农村社会保障，60%以上的低收入农户家庭人均纯收入超过4000元，农民生活品质不断提高。

2011年，平湖市先后获得了全国粮食生产先进单位、全国平安农机示范市，浙江省社会主义新农村建设优秀县、浙江省美丽乡村创建先进县、浙江省平安渔业示范县称号，市农办、农经局被评为浙江省百万亩生态型水产养殖塘标准化建设先进集体、浙江省农产品质量安全整治先进集体、浙江省农业宣传工作先进集体、浙江省农民信箱先进集体、浙江省森林消防工作先进单位，嘉兴五个一百示范工程建设先进市、第六批农村工作指导员工作市级先进单位。

△ 时任省委副书记、省长吕祖善，省委常委、副省长葛慧君来平调研“三农”工作

△ 水产养殖基地

△ 新农村建设

平湖市水利局

△ 全省农田水利基本建设现场会在平湖召开

△ 省水利厅厅长陈川调研平湖水利工作

2011年是“十二五”开局之年，也是全市水利事业成绩斐然的一年。中央一号文件出台、中央水利工作会议的召开，为水利改革发展带来了历史性的机遇，市出台《关于加快水利改革发展的决定》，编制完成《平湖市水利发展“十二五”规划》，确定了“十二五”期间着力实施总投资达45亿元的“十大工程”的目标。2011年，全市实施了太浦河引水工程、中小河流综合治理、农村圩区建设、东湖清淤清障、农村河道综合整治、千万农民饮用水工程等建设项目，总投资约3.13亿元，其中争取省级以上补助资金4592万元。2011年度，平湖市水利局共获得省级以上荣誉7项，嘉兴市级荣誉4项，平湖市级荣誉6项，并被评为工作目标绩效考核奖优秀部门。

△ 平湖市中小河流盐船河二期治理工程建设现场

△ 建设中的林埭三村圩区沈荡港闸站

△ 利用生态清淤技术实施东湖清障清淤工程

平湖市文化广电新闻出版局（体育局）

2011年，文化事业和文化产业均取得了新发展，获得了新突破。市文化馆被国家文化部授予“国家一级文化馆”，平湖市被列为省级体育现代化试验县（市）之一。举办“欢乐平湖”——镇（街道）“文化走亲”系列活动、第五届全民读书月（第七届未成年人读书节）、“当湖十局杯”围棋邀请赛等大中型文化活动40余场（次）；占地20亩、建筑面积10860平方米的文化馆新馆完成全部结构工程的施工；文物保护继续强化，开辟非遗传承工作室，积极探索非遗保护新路子；严格依法行政，强化管理职能，推动文化市场健康发展；积极备战、参加嘉兴市第七届运动会，成功举办以“活力市运、健康平湖”为主题的平湖市第十二届运动会。

△ 平湖市第五届全民读书月暨第七届未成年人读书节启动仪式

△ “欢乐平湖”——镇（街道）文化走亲系列活动

△ 2011西瓜灯节期间举办“当湖十局杯”围棋邀请赛。图为围棋国手聂卫平和中国围棋协会主席王汝南对弈

△ 市第十二届运动会开幕式

平湖市公安局

△市委常委、公安局长傅金明带头深入企业走访

△开展“排雷”行动，定点合围清查，强化区域整治

积极探索社会管理创新，全力推进公安工作发展

2011年是实现“十二五”规划的开局之年。作为一方平安的守护者，市公安局在市委、市政府和上级公安机关的正确领导下，紧紧围绕“打造长三角最具安全感的城市”总目标，深入推进社会矛盾化解、社会管理创新、公正廉洁执法“三项重点工作”和公安信息化建设、执法规范化建设、和谐警民关系建设“三项建设”，实现了公安工作和队伍建设的双轮驱动。获得全省、嘉兴市公安机关打防控考核优胜单位，实现“三连冠”；执法质量连续11年被评为全省公安机关优秀单位。全年，1名民警荣立一等功，5个集体、7名民警荣立二等功，10个集体、29名民警荣立三等功，44个集体、94名个人受到嘉奖，涌现了全省优秀公安基层单位当湖派出所、一等功荣立者金贤明等一大批先进集体和先进个人。特别是在推进社会管理创新工作中，及时出台“强服务解企忧保稳定”八项制度，大力实施公安局长警民恳谈、公安民警“五进”警务机制等制度，形成了民意警务的工作导向，获得了广大群众普遍好评。

△坚持民调评警，搭建沟通平台

△主动警务公开，密切警民联系

△“送法进校、上门宣传”，播撒平安种子

△践行民生警务理念，重拳打击侵财型犯罪

平湖市工商局

△建立“民企发展台账”工作会议召开，标志着“民企发展台账”工作在全市启动

2011年，平湖市工商局认真贯彻十七大、十七届五中、六中全会精神，围绕市委、市政府和上级局部署要求，贯彻落实科学发展观，深入开展“三年”活动和十大工程建设，进一步强化服务科学发展意识、维护公平公正意识、促进和谐稳定意识，创新举措，在服务转型发展、培育市场主体、维护市场秩序、保障民生安全、建设高效队伍等各方面做出积极努力，并注重探索创新，成功打造了民企发展台账、菜篮子指数、企业信用体检、食品安全信用分类监管等多项特色品牌工作，全系统工作开展取得明显成效，相关工作得到浙江省副省长王建满批示肯定、平湖市主要领导6次批示肯定，并荣获“浙江省依法行政示范单位”、“全省政务信息工作先进单位”及嘉兴市工商系统工作目标责任制和党风廉政建设责任制考核双优秀等嘉兴市级以上先进集体和个人荣誉35项。

△全市党员个体户“亮身份、讲诚信、树形象”主题实践活动启动仪式

△嘉兴市农贸市场改造提升工作现场会于2011年6月10日在平湖召开。图为与会人员实地参观平湖市南门农贸市场

△3·15大型消费维权现场受理活动现场

平湖市财政（地税）局

△ 全市财政地税国资工作会议

△ 地税系统民主评议行风工作动员大会

△ 省局领导指导“税友龙版”上线

2011年，市财政（地税）局坚持以科学发展观为指导，牢固树立“依法治税、为民理财、务实创新、廉洁高效”的工作理念，突出生财、聚财、用财、理财、管财“五财”职能，紧紧围绕“三年活动”、“十大工程”总目标，开展以基本、基础、基层为重点的“三基”建设和“金平湖”创先争优活动，圆满完成上级下达的各项目标任务，促进了全市经济社会持续平稳健康发展，实现了“十二五”良好开局。

主要目标任务全面超额完成。全市公共财政总收入突破60亿大关，达到64.07亿元，同比增长24.07%。地方公共财政收入突破30亿大关，达到32.44亿元，同比增长27.16%。全年地税系统累计组织各项收入41.58亿元，增收8.44亿元，同比增长25.47%。其中地方税收收入24.83亿元，增收5.99亿元，同比增长31.80%；其他非税收入16.75亿元，增收2.45亿元，同比增长17.13%。全市地方公共财政支出32.93亿元，增加5.61亿元，同比增长20.55%。收入结构进一步优化，地方公共财政收入比重比上年提高1.23个百分点，达到50.63%。

发挥财税职能，做好“五篇”文章。鼓励支持中小企业发展、地方特色经济发展和现代农业生产发展，推动经济转型升级，实现“生财有道”；突出监控管理、征收管理、数据信息管理，确保收入持续平稳健康增长，实现“聚财有法”；加大对农业、教育、文化、医疗卫生、就业和社会保障等公共服务领域投入，切实保障和改善民生。全年民生支出194164万元，增长25.55%，占当年地方公共财政预算支出的比重为69.47%，实现“用财有度”；深化预算管理和国库集中支付改革，实现“理财有方”；强化财税监管，提高科学化精细化管理水平，实现“管财有效”。

2011年，平湖市财政（地税）局连续第八年获市工作目标绩效考核优秀部门称号，被评为服务业发展优秀部门、创新发展“新仓经验”工作优秀部门、安全生产目标管理责任制考核优秀单位、项目推进服务优秀单位、统筹城乡发展工作先进集体、平安创建先进单位，被省局评为纪检监察先进集体。所属黄姑税务分局被评为“嘉兴市级基层文明单位”、“省级基层文明单位”；新仓税务分局被评为“嘉兴市级基层文明单位”；当湖税务分局被评为嘉兴市财政地税系统先进集体。

△ 爱心结对助学

△ 政策宣传

△ 纳税人之家税收政策培训班

平湖市交通运输局

创先争优，走在前列，加快推动平湖交通事业转型升级

2011年是“十二五”规划的开局之年，也是平湖交通加快转型升级、提升公共交通发展水平的基础之年。交通运输局紧紧围绕全年交通中心工作和“加快交通转型升级”这一主线，努力在服务全市科学发展中实现率先发展率先转型。立足交通建设为先，攻坚克难，畅通工程推进稳步有力。全年完成交通建设投资2.30亿元。立足交通服务为本，创新机制，行业管理服务高效有序。开展公交体制改革调研，为配合公交体制改革，制定了延长城乡公交经营权经营期限的办法。鼓励企业改革城乡公交经营模式，逐步推行公司化、集约化经营；实现公交IC卡多票制升级；大物流发展进一步加快，年内有两家龙头企业向省物流与采购协会提出申报AAA级企业的申请并通过审核；出租车行业稳定健康发展，完成出租车进行计价器技改，对全市45辆到期的出租车进行经营权重新配置；全面整治道路非法营运行为，全年共查处“黑车”231辆；港航全面实施“扎口”管理，大力加强新埭站建设，确立其重点监管站地位；深入抓好农村公路养护管理工作，积极开展主动的预防性养护工作，示范路创建得到推广；大力规范交通行政执法，全年全系统共实施行政处罚2340件，行政许可1028件；加强交通行业安全管理，全年全市上报道路运输行车事故5起；水上交通发生一般事故1起（沉船一艘），小事故4起。立足中心工作为重，合心合力，“创卫”暨“美丽乡村”工作成效明显。立足人员素质为纲，多管齐下，干部队伍建设高效有为。全年全系统未发生一起违法乱纪行为，实现了责任交通、廉洁交通、平安交通目标，平湖交通形象稳步提升。

△2011年11月15日，省交通运输厅副厅长王德宝调研平湖交通工作

△2011年9月8日，平湖市委副书记、市长翁建荣调研交通工作

△2011年8月26日，嘉兴市农村公路管养工作现场会在平湖市新仓镇召开

△2011年6月20日，浙江省平湖市地方海事处、上海市金山区地方海事处在杭平申线金山航段开展内河水上安全联合演习

△2011年12月30日，平湖公交移动手机一卡通暨公交东方路首末站正式启用

平湖市司法局

2011年，平湖市司法行政系统围绕党委政府工作大局，按照嘉兴市局争创示范的整体规划，将各项职能工作与“创先争优”、主题教育实践活动有机结合，突出社会管理创新，抓住机遇，立足职能，精心谋划，扎实运作，推动司法行政在新一轮改革发展中实现新突破。

继续深化平湖市司法行政法律服务中心建设，整合“中心”内受理接待、人民调解、法律援助、公证服务、司法鉴定、律师服务以及法律顾问、专业调委会等资源，形成司法行政法律服务综合优势。在继续做好法制宣传教育各项工作的同时，积极筹备“六五”普法启动工作，实现从“五五”普法到“六五”普法的顺利过渡。

借助村级换届选举，选优配强专职调解员，加强基层人民调解组织、队伍和工作保障，建立以人民调解为基础的多元化纠纷解决机制，在市级层面，巩固发挥诉前联合调解中心、新居民调委会、医患纠纷调委会等专业调解机构作用，扩大调解组织建设。12月27日，平湖市社会矛盾联合调解中心揭牌，平湖市“大调解”工作体系基本形成，为新时期化解人民内部矛盾搭建了有效的平台。

开展法律援助，对新居民、老年人、妇女、残疾人等特殊群体的法律援助案件，优先受理审核，全年办理法律援助案件527件，其中非诉讼法律援助案件240件。采取多种措施，强化对社区矫正对象的管控，全年共有矫正对象316名，在人数比上年多21.54%的情况下，实现矫正对象脱管率、漏管率、重新犯罪率为零的“三零”目标。平湖市在原有村级法律顾问建设的基础上，借势全省重点推进乡村法律顾问工作，争取市委、市政府重视，全市全面建成以执业律师、法律服务工作者为现“一村一社区一顾问”。村级法律顾问发挥熟悉法律、贴近基层的优势，积极走访，对村组织内发生的各项矛盾纠纷，积极做好协调工作，引导村民通过理性合法的方式解决问题。

△召开“六五”普法规划听证会

△表彰优秀法制副校长

△法律服务进军营

△12·4全国法制宣传日文艺汇演

△市委副书记胡水良调研法律服务中心

平湖市环境保护局

△嘉兴市环保局局长章剑督查减排及生态建设

2011年，市环保局紧紧围绕市委、市政府中心工作，以开展环境保护八大行动计划和“三清两绿”三年行动计划为重点，深入推进污染减排和生态建设工作，全市空气环境质量优良率维持在90%以上，行政交接断面水质考核达到良好。

探索建立减排与发展联动机制。出台了《关于加强建设项目新增COD排放量管理的意见》，在全市完成COD减排任务的前提下，各镇（街道）超额完成的减排量，作为本区域内建设项目新增COD排放量的可替代量，可替代量按上年完成全市减排量所占的比例进行分配。

全面实行初始排污权有偿使用。117家企业申购了初始排污权，占核定企业的85%，共申购化学需氧量（COD）1736吨，二氧化硫（SO_2）2520吨，占全市排放总量的90%以上，共收取排污权有偿使用费9038万元。全市金融企业还首次推出排污权抵押业务，共有11家企业进行了初始排污权抵押贷款。

严厉打击各类环境违法行为，妥善处置环境安全事件。对98家（次）存在环境违法行为的企业进行行政处罚，个案最高处罚额度高达53万元。关闭污染企业11家，其中铅酸蓄电池企业3家、锡箔生产企业3家、化工企业3家、印染企业1家、其他1家。取缔无证造粒44家，开水房75家。在金山臭气污染、大胜村污泥等环境安全事件的处置过程中，始终第一时间现场追查，积极协调各方意见，使事件得以妥善处置。特别是取水口大胜村污泥事件，经近一年调查取证，对污染肇事者提起环境公益诉讼，这是全省首例环境公益诉讼案件，被《法制日报》评为年度最有影响力的十大案件之一。

环境整治全面铺开。依托“清洁河网”，开展第二轮水环境整治三年行动。围绕“一湖（东湖）、二塘（盐平塘、广陈塘）、三断面（上海塘、广陈塘、黄姑塘）”，开展重点区域环境整治，着力改善水环境质量。结合“金平湖·美丽乡村”建设，推进以曹桥街道为重点的农村环境连片整治，深化畜禽养殖污染治理，全面加强农村环境保护。

生态镇（街道）、村和绿色创建活动深入推进。钟埭街道创建成省级生态街道，当年建成嘉兴市级生态村32个，累计建成47个；新埭镇姚浜村用循环农业谱写生态村建设新篇章，得到上级好评；当年创建省级绿色企业5家、绿色社区2个、绿色家庭3户、绿色医院1家。

辐射环境安全进一步加强。在继续做好放射源和射线装置使用单位辐射安全管理的基础上，加强了熔炼企业辐射安全和防护工作。全市12家熔炼企业全部通过了“放心熔炼企业”创建验收。

创新技防手段实现水气兼控。对环保设施实时监控系统的监控范围实行全面拓展，把监控重点由废水转向废气，完成首批20家定型、酸雾等废气类型产生企业废气环保设施实时监控的建设。

△嘉兴市环保局督察热电企业中控建设运行情况

△减排督察

△开展涉重金属企业执法检查

平湖市教育局

推进教育科学和谐　服务经济社会发展

2011年，平湖市认真学习贯彻落实全国、全省教育工作会议和国家、省教育规划纲要精神，坚持育人为本，扎实推进校园安全工作和校舍安全工程，着力促进公平，努力提高质量，切实加强队伍建设，深化教育教学改革，全市教育事业在新的历史起点上得到了进一步健康协调可持续发展，“十二五”开局良好。

年内，全市教育工作会议顺利召开，“十二五”教育发展规划、学前教育三年行动计划印发实施，顺利通过国家三类城市语言文字工作评估，“减负提质”工作深入推进，中小学教师专业发展培训全面实施，市教育局荣获浙江省重视教科研先进单位，被推荐为全国双拥工作先进集体。市职业中学创建为国家中职改革示范校，嘉兴交通学校创建为国家级重点中等职业学校。学前三年入园率97.61%，义务教育学龄人口入学率100%，一级重点高中保送生比例50%，初升高比例98.76%。2011年，高考重点上线320人，本科上线1404人。中职学生获全国技能大赛银奖3个、铜奖3个，高职单考单招上线499人。

△ 浙江省重视教育科学研究先进单位

△ 浙江省教育厅厅长刘希平到平调研

△ 隆重表彰第二届“十佳名班主任”

△ 全市教育工作会议

△ 国家中职改革示范校——平湖市职业中学

平湖市统计局

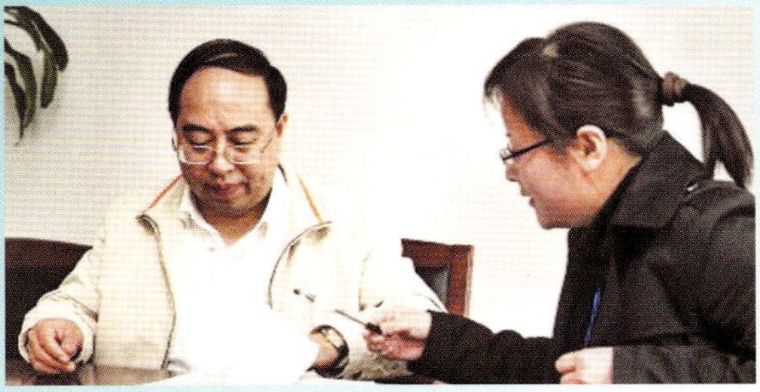

△ 市委副书记、市长翁建荣接受第六次全国人口普查登记

△ 嘉兴市依法统计工作座谈会在平湖召开

△ 走访慰问困难群众

△ 市政府召开全市统计工作会议

△ 经济形势新闻发布会

把握大局、致力创新、主动服务、参谋决策，为提升全市发展的综合实力和区域竞争力，为建成全面小康、建设和谐幸福的现代化“金平湖”提供有力的统计保障。

2011年是“十二五”规划的开局之年，全市统计系统以科学发展观为统领，在市委、市政府的正确领导和上级统计部门精心指导下，在市人大、市政协的关心支持下，在各镇（街道）党委、政府（办事处）和市级各部门的支持配合下，深化创先争优活动，夯实统计基层基础，提高统计数据质量，加强统计能力建设，深度解读统计数据，努力提升服务水平，圆满完成全年各项统计工作任务，取得可喜的成绩，为全市经济社会发展提供了强有力的统计保障。第六次全国人口普查和第二次全国R&D资源清查荣获省先进集体荣誉，市统计局连续第9年在市委、市政府目标绩效考核中被评为优秀部门，连续第9年获嘉兴市统计系统综合考核先进单位称号。2011年，统计档案工作目标管理通过省二级标准认定。荣获2011年度节能降耗工作优秀部门、污染减排工作优秀部门、项目推进服务良好部门、创建国家卫生城市工作良好部门。1名干部被评为第六次全国人口普查国家级先进个人。

△ 嘉兴市统计局局长郑莉英到平调研指导工作

平湖市科学技术局

△副省长毛光烈到平湖市调研

2011年，在市委、市政府的领导下，市科技局紧紧围绕年初工作目标，认真实施创新引领战略，坚持环境、平台、项目和人才四位一体，推进科技进步，为全市经济转型提升提供了有力的科技支撑。

科技投入继续增长，创新环境不断优化。全年全市R&D经费支出8.45亿元，占GDP2.1%。编制“十二五”科技发展规划，完善科技激励政策，市及各镇（街道）共兑现科技奖励政策760余万元，有效激励企业加大科技创新，加快转型升级；科技产出绩效考核全省先进，专利量质较快提升。2011年再获省科技产出绩效考核挂钩补助200万元，考核名次居全省前15位、嘉兴市领先。全年专利申请受理量1620件、专利授权量1481件，其中发明23件，知识产权工作获副省长毛光烈批示肯定；科技平台建设深入推进，科创中心发展势头良好。加快推进“一院一所一中心”建设，东华大学—平湖服装技术中心获省科技厅引进大院名校创新载体立项，宜兰车用LED内外饰件省级高新技术企业研究开发中心成为市首家省级外资企业研发中心。市科创中心通过省级科技企业孵化器认定，入驻企业（单位）32家，入驻率达到80%，注册资本达4700多万元；科技合作交流有序开展，招才引智有新起步。组织开展2011中国遗传学会—嘉兴（平湖）生物产业成果对接会、浙江工业大学—平湖童车企业对接会等近30项对接活动，参与企业300多家，邀请专家100多人，达成各类合作协议30多项。主动出击，赴中国电子科技集团和西安、武汉、上海、苏州等地开展招才引智工作。全年列入嘉兴市领军人才3名，嘉兴市创新团队1家，平湖市领军人才2名，平湖市创新团队2家。

2011年，通过全国县（市）科技进步考核，获得全国科技进步先进县（市）称号，市科技局被评为全省县（市、区）防震减灾工作先进单位，连续第五次被评为市工作目标绩效考核优秀部门。

全国县（市）科技进步考核
科技进步先进县(市)
中华人民共和国科学技术部
二〇一一年十一月

△2011年度科技进步考核先进县市

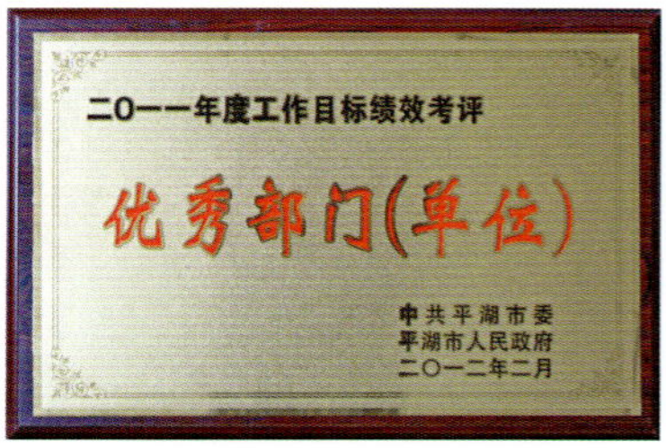
二〇一一年度工作目标绩效考评
优秀部门(单位)
中共平湖市委
平湖市人民政府
二〇一二年二月

△2011年度工作目标绩效考评优秀部门

△上海张江平湖科技园战略合作框架协议签约仪式

△2011中国遗传学会—嘉兴（平湖）生物产业成果对接会

平湖市供销合作社联合社（农合联）

△大学生村官培训

△资金互助社开业

2011年，平湖市供销合作社联合社进一步创新发展“新仓经验”，以项目建设和企业内部机制创新为重点，坚持服务方向，拓展经营领域，编织服务网络，充分发挥农合联、连锁网络、村综合服务社等服务载体作用，提升综合实力，改善资产面貌，不断提高服务“三农”的水平和能力，为促进全市农村经济又好又快发展做出了贡献。全年商品综合经营销售20.03亿元，比上年增长10.4%；规范管理村级综合服务社92家、连锁网点692家；领办、参办专业合作社2家，开展101人农民经纪人骨干培训班一期。

坚持高起点、高标准组建农民专业合作社，提高了专业合作社水平。到2011年末，市供销社领办、参办的农民专业合作社达30家，其中，省级示范社3家，市级示范社4家，强化了综合服务社管理。综合服务社实现了从建到管的转变，重点在长效管理上下功夫，提升了基层供销社转型。按照开放办社的要求，重现了基层供销社的活力，实现了项目建设。开展了农产品销售、仓储等项目建设，增强了自身实力，推进了镇级农合联实体运作。镇（街道）农合联实体运作全面启动，巩固、探索适合当地发展的模式，丰富完善了农合联组织服务“三农”的内容。

△农产品展销中心开业

△农产品进社区

平湖市科学技术协会

△省科协代表中国科协进行全国科普示范县市创建工作验收

△省、嘉兴市科协领导视察科普惠农示范基地

2011年，平湖市科协坚持“三服务一加强”的工作定位，推动自主创新，提升科学素质，科普工作迈上新台阶，平湖市创建成为全国科普示范市。市科协被评为2011年全国科普日活动优秀组织单位，嘉兴市科协目标责任制考核优秀单位。

创建成为全国科普示范市。中国科协《关于命名2011-2015年度全国科普示范县（市、区）的决定》，平湖市被正式命名为2011-2015年度全国科普示范市。

围绕中心，服务经济社会。在全市开展以“科普惠农、科技助企”为主题的科技创新“双服务”活动，推进“科普惠农兴村计划”。金桥工程立项47个（其中重点项目28个，一般项目19个），全年增加利税5077万元，节约资金3799多万元。编印“科技工作者建言”10期，其中4篇建言得到市领导批示。

《平湖市公众科学素质行动计划(2011－2015年)》公布实施。认真总结“十一五”《行动计划》，精心谋划、加强统筹，编制并公布实施《平湖市公众科学素质行动计划（2011－2015年）》。在全市举办百场科普活动，共发放科技资料8万多份，展出科普图版390块，播放科普电影35场次，举办科技讲座报告43场，受益群众近15万人次。

努力建设“科技工作者之家”。 组织二期“金平湖讲坛”。邀请浙江盘石信息技术有限公司董事长兼首席执行官、浙江省十大杰出青年田宁作《发挥科技引领推进创业创新》报告。邀请中国工程院院士、卫生部原副部长、中华预防医学会会长王陇德作《遵循客观规律科学指导保健》报告。开展第六轮优秀科技论文评审，参评论文107篇，评出一等奖7篇、二等奖20篇、三等奖29篇，获奖作者112人。

成立平湖市首家院士专家工作站。在嘉兴市“星耀南湖”精英峰会上，浙江晨光电缆有限公司与西安交通大学邱爱慈院士正式签约，建立了平湖市首家嘉兴级院士专家工作站。

△平湖市2011年科技（科普）活动周开幕式

△平湖市全国科普日系列活动开幕式

△新居民子弟科普教育基地行

目　　录

中共平湖市委员会

平湖市人民代表大会

平湖市人民政府

政协平湖市委员会

民主党派·工商联

主要群众团体

地方军事

政　　法

农　　业

水　利

工　业

经济开发区

交　通

邮　　电

国内贸易

对外经济贸易

旅　　游

城乡建设

环境保护

嘉兴港区

财政·税务

金　　融

综合经济管理

教　　育

科学技术

文化·体育

新　闻

卫　生

社会·生活

镇·街道

人物·名录

文件选编

国民经济统计资料

特　　载

继往开来　奋发超越
推动平湖在科学发展的道路上越走越宽广

在市委十二届十次全体（扩大）会议上的报告

中共平湖市委书记　盛全生

（2010年12月25日）

这次市委十二届十次全体（扩大）会议，是在两个五年规划承前启后、平湖科学发展继往开来的重要时刻召开的一次总结过去、规划未来的会议，时机关键，议题重大。会议的主要任务是：深入学习实践科学发展观，认真贯彻落实党的十七届五中全会、中央经济工作会议和省、嘉兴市有关会议精神，回顾总结今年工作和"十一五"发展成就，认真谋划"十二五"发展重点，审议通过《中共平湖市委关于制定平湖市国民经济和社会发展第十二个五年规划的建议》，研究部署明年任务，动员全市各级党政组织和广大党员、干部，继往开来，奋发超越，推动平湖在科学发展的道路上越走越宽广。

下面，我代表市委、市政府，讲四个方面的意见。

一、保增促调，转型升级，取得"十一五"发展的丰硕成果

即将过去的2010年，是国内外经济环境复杂多变的一年，也是我们坚定信心应对挑战、抢抓机遇奋力开拓的一年。我们深入贯彻落实科学发展观，不断完善巩固和扩大应对国际金融危机冲击成果的一系列举措，紧扣"保增促调，转型升级"主线，全力开展"三年"活动，扎实推进"十大工程"，全市经济回升向好势头继续加强，社会和谐稳定局面得到巩固，各项工作取得了新的进展。预计今年全市生产总值突破300亿元大关、达到330亿元，同比增长14%，人均GDP达到1万美元，服务业增加值突破100亿元、增长12%；财政总收入突破50亿元、地方财政收入突破25亿元，分别增长16.9%和21.8%；实现规模以上工业企业产值830亿元、增长33%，利税69亿元、利润47亿元，分别增长25%和35%；城镇居民人均可支配收入28800元、农村居民人均纯收入14000元，分别增长11.2%和12%；全社会固定资产投资突破200亿元大关、达到230亿元，增长24%，不含嘉兴港区，工业生产性投资90亿元、增长13%，服务业投资54亿元、增长18%；进出口总额49亿美元、出口29亿美元，分别增长21.9%和19.8%；社会消费品零售总额88亿元、增长18.9%。

一年来，我们坚持不懈抓项目，经济质态全面提升。始终把项目作为经济增长的"生命线"、转型升级的"支撑点"，连续第六年开展项目推进年活动，以强势投入、优质增量为保增促调、转型升级提供坚实支撑，全市经济运行较快回升、逐步向好，一些主要经济指标超过国际金融危机前的水平，装备制造业产值增长64%、高新技术产业产值增长55%，增幅分别高出规模以上工业31和22个百分点，规模以上工业企业研发经费支出增长16%、专利授权量增长61.9%、新产品产值增长30%，新增5家国家级高新技术企业，“平湖箱包”成为省级区域名牌。经历了这次国际金融危机，全市上下尤其是广大企业家们在发展的观念理念上发生了很大转变，尤为重要的是我们的经济发展方式正在逐步转变之中。保持招商引资强攻态势。充实招商力量，改进招商方式，务实招商作风，提高招商质量，形成了自觉招商、自信招商、自强招商的浓厚氛围，尤其是强化蹲点招商、活动招商、节会招商，认真落实“两个优先发展”导向，突出光机电、临港和生物医药三大主动力产业招商，以招商兴产业、促转型。不含嘉兴港区，全市合同外资首次突破4亿美元、增长43.1%，实到外资1.7亿美元、与去年持平，引进内资25亿元、增长38.9%，服务业引进内资占比提高到57%，外资利用重返全省“十强”，成功引进了星劲机电、加展光电、汉声精密机械等一批光机电产业项目和泛亚生命、悦康医药、立恩医药等一批生物医药产业项目，以及嘉峰港务、华瑞储运、盈得气体等一批临港产业项目。激励民营企业创业创新。一手抓扶优扶强，一手抓创业富民，落实74家行业龙头骨干企业“一对一”服务措施，实施“2358”技改投入工程，健全完善创业孵化、科技创新、信用担保等服务体系，市科创中心建成投用并引进了一批科技型企业入驻，中小企业信用担保机构累计达到9家、注册资本4.1亿元，新增市场主体3500户、超额完成年度目标，企业法人数、注册资本数、个体工商户数增幅均高于嘉兴平均水平，亿元以上工业企业达到136家。狠抓重点项目开工竣工。404个“双百亿”工程项目累计开工率85%、新开工率75%，珠光颜料机械、电产新宝增资等一批重点项目开工建设，鸿禧光伏、一就生物等一批重点项目加速推进，三星精密不锈钢、赛亿汽车零部件等一批重点项目竣工投产。夯实工业园区平台基础。平湖经济开发区整合提升步伐加快，综合实力重返全省“十强”，预计规模以上工业企业产值可达225亿元、财政总收入11亿元，经济社会服务中心和平湖技校、质监大楼、新华公园等一批配套项目全力跟进。独山港区开发建设力度加大，“六纵四横”道路框架全面拉开，总投资8.5亿元的治江围涂工程顺利竣工，上港集团等码头项目快速推进，华辰能源码头建成投运，一批临港制造业重大项目正在组织实施之中。镇街道工业园区建设势头强劲，“三年行动计划”两年完成。在平台体系群的支撑带动下，全市项目投入实现了总量、体量、质量三提升，新引进内资超亿元、外资超千万美元大项目64个，平湖经济开发区外资利用连续九年列全省“十强”，独山港镇、当湖街道内资利用进入嘉兴“十强”。

一年来，我们坚持不懈抓统筹，城乡面貌全面改善。始终把统筹城乡发展摆在突出位置，更加注重推进新型城市化，扎实开展城市形象提升年活动，不断增强城乡发展的动力和活力。着力完善城乡规划体系。把规划编制作为提升城市品位和内涵的一项基础性工作，全面提高规划标准，引进国际先进理念，高质量开展城市总体规划修编，完成新一轮土地利用总体规划、城乡一体新社区详规、东湖新区中央商务地块城市设计和圩区建设总体规划等规划编制工作。着力提升主城区形象。国家卫生城市创建活动全面扎实展开，全市上下充分认识到城市卫生状况既是体现一个城市人民群众文明素质和城市管理水平的重要标志，也是体现这个城市社会发展程度的重要标志，三个“十大系列工作”有力有序有效推进，城中村、城郊结合部和市区河道等专项整治行动深入实施，26个老住宅小区整治改造全面完成，抓创卫工作的思想越来越统一、氛围越来越浓、力度越来越大、成效越来越明显、信心也越来越足。新行政中心落成启用，长胜路、洁芳路、健康路和新兴二路、三路等一批市政道路建成投运，平湖·中国服装城、南苑国际大酒店等一批楼宇工程开工建设。着力构建综合交通网络。平湖作为长三角立体交通枢纽中心的地位越来越凸显，内接外连的大交通网络越来越完善，在平朱公路基本建成和市客运中心、公路养护中心等站场项目启动建设的同时，平湖大道拓宽改造和城市南环线、独山港区疏港公路建设等项目也已完成前期基础工作并将相继开工。着力推进“两新”工程建设。独山港继新仓、新埭之后列入省级中心镇，“两镇两城”四大重点板块农房改造集聚和中心村培育、城乡一体新社区建设积极推进，现代农业园区发展“238”工程启动实施，国家级现代农业示范区和省级粮食生产功能区建设扎实推进，3个农村土地综合整治项目立项开工，首个农村圩区工程启动建设，全市改造集聚农房新增5000户、累计达到17500户、集聚率达到21.1%，复垦建设用地800亩，流转土地新增13500亩、累计达到8.95万亩、流转率达到26.8%，7个村实现整村流转。着力加强生态文明建设。召开市委十二届九次全会，专题研究部署生态文明建设，全力打造“洁净秀美、富裕和谐”的生态平湖。全面实施生态环境功能区规划，深入实施“811”环境保护和绿化建设两个“新三年行动计划”，突出重点领域、重点行业、重点企业节能减排，健全完善企业排污“总量倒逼”监管机制和排污权交易制度，积极发展农业循环经济，有序推进生态环境修复和环保基础设施建设，全市城乡污水管网实现全覆盖，饮用水切换工作基本完成，新增城市绿地85万平方米、农村绿化4325亩。

一年来，我们坚持不懈抓民生，社会建设全面推进。始终把改善民生作为一切工作的出发点和落脚点，扎实推进百姓“民生工程”18项重点工作，扩大公共服务，加强社会管理，促进社会和谐。保障体系持续健全。扎实推进三级就业服务平台规范化建设，建成启用市人力资源市场，新增城乡就业岗位17650个。“五大保险”和城乡居民社会养老保险提前超额完成全年目标任务，实施“两分两换”人员享受被征地农民基本生活保障和生活补助政策，新型合作医疗农村居民参保率达到96%。慈善救助常态化，助学、助医、助残、助困等活动深入开展，残疾人低保和救助实现全覆盖。提前完成支援四川地震灾区恢复重建任务。积极推进保障性住房建设，新建各类安置房、经济适用房14880平方米。各项事业协调发展。各级各类教育水平稳步提升，创建成国家级社区教育示范区，普通高考上线率和重点率再创新高，校舍安全工程扎实推进，完成东湖中学新校区二期建设和多所中小学校舍改造。统筹推进城乡精神文明建设，文化事业持续繁荣，文化设施建设积极推进，市文化馆（科普活动中心）开工建设，镇街道图书馆分馆全面建成，文化遗产的挖掘、保护和传承得到加强，成功举办西瓜灯文化节、李叔同人格与艺术学术研讨会等活动。全民健身运动广泛开展，顺利完成第十四届省运会在平赛事的组织保障工作。医药卫生体制改革不断深化，启动实施全省农村医改试点和国家基本药物制度，扎实开展新一轮镇街道卫生院基础设施建设，第一人民医院迁建工程完成中间验收。精心组织第六次人口普查。统筹解决人口问题，低生育水平保持稳定。社会管理不断加强。扎实推进社会矛盾化解、社会管理创新和公正廉洁执法三项重点基础工作，高度重视社区、社团、社工建设，积极推广“网格化管理、组团式服务”、“一站式服务”、“民生台账”等新型社会管理和服务模式，着力解决影响社会和谐稳定的源头性、根本性、基础性问题，平安建设不断深化。健全落实应对公共突发事件的应急机制和重大事项社会稳定风险评估机制,扎实开展重点疑难信访积案化解、领导干部下访约访和“民情工作日”活动。切实加强社会治安综合治理,扎实推进校园安全、全员维稳等专项工作,群防群治和治安视频监控系统作用有效发挥,严重刑事犯罪和“两抢一盗”等多发性犯罪明显下降,圆满完成上海世博会“环沪护城河”安保任务,大调解、大信访、大防控、大维稳格局进一步健全,新居民服务管理体制机制创新入选“浙江省年度十大民生工程”,五度蝉联省级“平安市”,荣获全省社会治安综合治理先进集体等称号。

一年来,我们坚持不懈抓保障,党的建设全面加强。深入学习实践科学发展观活动圆满完成,“金平湖先锋”创先争优活动全面认真自觉有效推进,学习型党组织建设深入展开,“深化作风建设年”活动扎实开展,《廉政准则》和干部“四项监督制度”在认真学习的基础上得以有效落实,思想再解放大讨论、涉企科室满意度测评和机关效能示范岗建设、群众满意站所评创、“飞行检查”等活动卓有成效,党员干部的思想、组织、作风和能力建设进一步加强;舆论引导能力得到提升,舆论宣传工作不断加强,新闻发言人制度继续完善,监管和引导网络舆论的长效机制进一步健全;干部人事制度改革不断深化,建立立体式干部考察机制,实行空缺领导职位公开提名推荐和干部任用差额比选,公开选拔7名副科级领导干部,抽调5个批次、157名干部参与“两新”工程建设和招商引资等重点工作,在统筹城乡发展、推进转型升级中培养、锻炼和使用干部;党管人才工作大力加强,制订出台一系列引才、育才、用才政策,以高层次创业创新人才为重点,统筹推进各类人才队伍建设;城乡统筹的基层党建新格局继续完善,“强村计划”全面实施,农村党建社区化转型积极推进;党风廉政建设责任制全面落实,对党员干部的教育、监督、管理工作逐步规范化、制度化、常态化,岗位廉政风险排查防控工作继续深化,惩治和预防腐败体系进一步健全。与此同时,人大、政协围绕中心、依法履职,创造性地开展工作,为推进发展、促进和谐作出了积极贡献;人武、统战、史志、档案、宗教、对台、群团、老干部、关心下一代等各项工作也取得了新进展。

2010年的不懈努力,为“十一五”发展画上了圆满句号。此时此刻,我们回味近年来的创业艰辛,品尝近年来的胜利果实,相信每一位情系平湖、关心平湖的各界人士都会深感欣慰,每一位热爱家乡、建设家乡的平湖人都会倍感自豪。回顾“十一五”的奋斗历程,我们由衷地感到:

——平湖的综合实力更强了。过去五年,平湖发展遇到的挑战和困难异常严峻,特别是国际金融危机对经济社会发展带来严重冲击。面对复杂多变的国内外经济环境,全市上下深入学习实践科学发展观,紧紧抓住发展这个第一要务不动摇、不松劲、不懈怠,始终坚持以建设富裕和谐的现代化强市凝聚人心、激励斗志,在环境宽松时抢抓机遇乘势而上,在环境趋紧时把握机遇倒逼发展,在保持平稳较快发展的基础上加快推进经济转型升级。2006年、2007年,我们主动顺应国家宏观调控新形势,以项目推进为主抓手,切实强化有效投入与技术创新、招商引资与创业再创业、制造业与服务业“三个双轮驱动”,综合实力跃居全国百强县第28位;2008年、2009年,我们主动应对国际金融危机新挑战,在坚持项目推进不动摇的基础上,果断采取“一对一”服务、企业服务年活动等一系列针对性措施保增长、促发展,砥砺奋进、共克时艰,有效遏制了经济运行下滑势头,干部得到了锤炼,企业经受了考验,经济实现了回升;2010年,我们主动抢抓“后危机时期”新机遇,标本兼治更注重治本,保增促调更注重促调,扎实开展"三年"活动,深入实施"十大工程",持续推进"平湖经济板块"做大做强做优、发展环境优化和人民群众"两感两度"提高。正是在这一系列重大思路和举措的引领下,平湖经济社会在科学发展的道路上迈出了坚实的步伐,"三个翻一番"目标顺利实现,财政收入、工业生产性投资提前两年翻一番,单位生产总值综合能耗和 COD、SO2 排放量全面完成削减任务,还获得了"浙江新魅力之城"、长三角最具投资价值县(市)、中国最具投资价值金融生态示范城市、国家园林城市等一系列荣誉。

——平湖的发展后劲更足了。"十一五"以来,我们矢志不渝地埋头苦干、不事张扬、积蓄后劲,着眼于多干实实在在的事,多干打基础的事,多干利长远的事。完全可以说,我们这几年所做工作的最大意义,就在于为平湖今后的科学发展打牢了现实基础,提供了坚实平台。我们围绕形成有利于科学发展的体制机制,推进强镇扩权,调整建立"两镇合并,区镇合一、以区为主"的独山港区行政体制和开发建设管理体制,实施向基层倾斜的财政体制,建立"马上办"、"两集中、两到位"等机构机制;围绕构建现代产业体系,确立先进制造业、现代服务业"两个优先发展"导向,提出三大主动力产业培育目标,强化产业规划、产业招商、产业扶持、产业宣传、产业服务;围绕"投资集中、产业集聚、资源集约、功能集成",不遗余力打造平湖经济开发区、独山港区和九龙山度假区等大平台,推进镇街道工业园区和创业孵化中心、标准厂房等平台体系群建设,探索形成招商引资、项目推进、平台建设、要素保障"四位一体"的项目推进格局;围绕强化要素保障,开展土地利用总体状况普查和新一轮规划修编,推行排污权交易制度,优化重组国资营运公司,成功发行"10 平湖债"。值得欣喜的是,我们的经济结构在快速重构、优化、转型、升级,呈现了整个工业从小工业到大工业、从轻工业到重工业、从加工业到先进制造业积极转变的发展态势,呈现了传统工业改造提升、三大主动力产业和光伏等新兴产业又好又快发展的大好形势,呈现了三次产业协调发展、融合发展的喜人趋势,转型升级和产业结构调整水平居嘉兴前列,真正逐步走上了一条全面、协调、可持续的发展道路。所有这些,都将对平湖未来的发展产生积极而深远的影响。应该说,我们已经为新一轮发展积蓄了较强的后劲,为科学发展开辟了更加广阔的空间。有了这样的基础和平台,我们就一定能够在新的起点上实现新的发展。

——平湖的城乡面貌更新了。我们坚持把城市看作最大的公共产品,坚持以城带乡、以工促农,走新型城市化道路,加速推进城乡一体化进程,城乡统筹发展水平居全省前列。确立了以市域总体规划为龙头的规划体系,拉开并不断完善 30 平方公里主城区框架,既注重提升城市的外在面貌,更注重提升市民的精神风貌和城市内涵,有序实施东湖新区、南市新区开发和旧城改造,积极构筑内接外连的综合交通网络,胜利路、启元路、福臻路、东方路、如意路、城南路和东湖大道、新华南路等一批城市主干道路全线贯通,新行政中心、工人文化宫、体育场等一批公建配套项目建成使用,城市防洪工程、东片污水处理工程、老年公寓二期和地面水切换地下水等一批重点民生项目全面建成,太浦河取水、第一人民医院迁建等一批政府实事项目扎实推进,世纪商业中心、平湖·中国服装城、南苑国际大酒店等一批楼宇工程加快建设,老 07 省道高桥至东西大道段、新 07 省道和一批通村公路建成通车,文明、卫生、园林、"双拥"、生态环保等"五城同创"活动和城乡群众性精神文明系列创建工作深入推进,城市化水平由 2005 年的 45.6% 提高到目前的

52.4%。与此同时,我们始终把新农村建设牢牢抓在手上,积极稳妥推进新市镇新社区建设,创新发展“新仓经验”,持续改善农村环境,“十一五”期间全市累计投入财政支农资金17亿元。越来越多的人由衷地感到,平湖的变化更大了,城乡面貌更新了,自豪感和归属感更强了。

——平湖的人民生活更好了。我们深深地懂得,发展为了谁,发展依靠谁,发展成果由谁共享。因此,我们牢固树立以人为本、民生优先的工作理念,全面落实“五有”要求,制定实施改善民生“六项计划”,不惜投入、不遗余力帮“民富”、解“民忧”、促“民享”、保“民安”,人民群众生活品质显著提升,消费结构加快升级,城乡居民人均收入连续五年保持两位数增长,人均住房面积分别达到38和68平方米,每百人拥有固定电话35部、移动电话85部,每6户家庭就有1户拥有私家汽车,数字电视用户接近5万端,覆盖城乡的社会保障体系和基本教育、公共文化、公共卫生等服务体系基本建立,垃圾收集、污水处理、公共交通等实现城乡一体化,新居民服务管理、“网格化管理、组团式服务”、村级治安巡逻、一站式服务、民生台账等新型社会管理服务模式全面推行,各项社会事业快速发展,改革发展的过程真正成为了人民群众“两感两度”不断提高的过程。

回顾过去的五年,我们不仅取得了超出预期的发展成果,创造了平湖发展史上的又一个黄金期,而且积累了在复杂局面中推进又好又快发展的新经验。这其中,凝聚了全市上下持续奋斗的智慧和力量、心血和汗水。在此,我谨代表市委、市政府,向奋战在全市经济社会发展一线的广大干部群众,向给予我们鼎力支持的全体老干部和社会各界人士,表示衷心的感谢并致以崇高的敬意!

在总结工作成效的同时,我们也分析了面临的挑战和工作中存在的不足:一是经济运行中仍然存在不确定、不稳定因素,尤其是投资增幅回落压力增大,经济内生增长和创新发展的动力有待增强,一些企业生产成本不断上升、经营环境继续趋紧,资源环境的约束进一步加剧特别是节能减排任务艰巨。这说明,我们在加快经济发展方式转变方面还没有取得实质性突破,对经济运行中一些新情况新问题的预见性还不够强,用改革的办法和创新的举措来解决发展中的难题、破解发展中的矛盾还不够有力有效。二是保障和改善民生工作压力较大,社会建设和社会管理依然比较薄弱,社会矛盾特别是各种“两难”问题凸显,一些关系群众切身利益的突出问题还没有得到根本解决,促进社会和谐、维护社会稳定的任务艰巨繁重。这说明,我们对于新形势下加强社会管理、构建和谐社会的特点和规律研究还不够深,对于新形势下的群众工作和基层基础工作抓得还不够细,对于在发展变化的社会环境中妥善化解社会矛盾、协调社会关系、减少社会问题,还有很多工作要做。三是党的建设特别是领导班子和干部队伍建设仍然存在薄弱环节,有些领导干部尚未牢固树立科学发展观、正确政绩观,精神状态不够振奋,抓工作的执行力不够强,思想不够解放,对群众缺乏感情,领导干部和各级机关的思想作风和工作作风还有待于进一步改进,干部人事制度改革的各项工作还需要进一步深化,对各种消极腐败现象的防范和惩治力度还要进一步加大。这说明,我们对加强和改进新形势下党的建设中的一些深层次问题研究还不够深入透彻,工作中还有不到位、不细致、不落实的问题,特别是抓班子、带队伍、强素质的力度还不够,敢抓敢管、敢于碰硬的力度还不够,等等。这些都是发展中的问题、前进中的挑战、转型中的矛盾,我们必须以改革的精神、创新的勇气和发展的办法切实加以解决。

二、继往开来,奋发超越,开启“十二五”

发展的崭新征程

"十二五"时期是平湖转型发展的重要时期，是加速向全面小康社会迈进的关键时期，更是为建设富裕和谐的现代化强市全面奠基的攻坚时期。《中共平湖市委关于制定平湖市国民经济和社会发展第十二个五年规划的建议》提出，到2015年，全市生产总值、财政收入力争比2010年翻一番，累计生产性投资力争比"十一五"翻一番，综合实力迈上新台阶、转型创新取得新突破、改革开放实现新跨越、城乡建设展现新形象、人民生活得到新改善、社会事业取得新进步、和谐发展得到新提升。

"十二五"时期的任务繁重而艰巨。要实现"十二五"奋斗目标，我们必须高举中国特色社会主义伟大旗帜，以邓小平理论和"三个代表"重要思想为指导，深入贯彻科学发展观，全面落实省委"八八战略"和"两创"总战略，以科学发展为主题，以加快转变经济发展方式为主线，更加注重结构优化，更加注重改革创新，更加注重统筹发展，更加注重改善民生，更加注重社会建设，大力实施与沪同城、产业提升、城乡一体、以港兴市、创新引领、生态立市六大战略，加快建设上海南翼开放型经济强市、杭州湾北岸现代化港口新市、江南水乡生态型文化大市，转型发展走在前列，惠及全市人民的小康社会全面建成，为建设富裕和谐的现代化强市奠定坚实基础。具体工作中，要做到"三个牢牢把握，三个始终坚持"：

（一）要牢牢把握重要战略机遇期，始终坚持科学发展主题。发展是硬道理，坚持发展是硬道理的本质要求就是坚持科学发展。我们要清醒地认识到，我们仍处于可以大有作为的重要战略机遇期，这是党的十七届五中全会作出的重大科学判断。平湖改革开放以来的实践充分证明，能不能抓住机遇、推进发展，是能不能赢得主动、赢得优势、赢得未来的关键所在。当前，虽然国际金融危机的后续影响依然存在，但经济全球化的趋势没有改变，世界经济结构进入调整期、治理机制进入变革期、创新和产业转型处于孕育期、新兴市场国家力量步入上升期，我国经济长期向好的基本面没有改变，长三角一体化加快推进的格局没有改变，尤其是随着长三角区域规划全面实施和杭州湾大桥、沪杭高铁、嘉绍通道、跨江隧道等一系列重大基础设施的逐步建成，以及海洋经济发展上升为国家战略，将使平湖的区位交通优势更加凸显、"与沪同城"效应进一步增强。所有这些，为我们新一轮发展带来了不可多得的叠加机遇。机遇极为宝贵、稍纵即逝，我们一定要进一步增强机遇意识，紧紧抓住和用好重要战略机遇期，抢占先机、发展自己。发展，首先要抓好经济发展。社会的一切进步和文明，都是建筑在经济发展这个物质基础之上的。抓经济关键是抓投入，抓投入根本是抓项目，抓项目主要是抓招商引资和民营经济。实现"十二五"奋斗目标，必须始终突出发展第一要务，围绕力争"三个翻一番"，进一步走好外源型经济和内生型经济相结合的发展路子，不断提高利用"两个市场"、"两种资源"的能力，坚持招商引资、项目推进、要素保障、平台建设"四位一体"的项目推进格局和城乡统筹的发展模式，集中力量组织实施一批先进制造业、现代服务业和生态高效都市型现代农业重点项目，扩大经济总量、提升发展质量，毫不动摇地做大做强做优"平湖经济板块"。时代发展到今天，我们现在抓经济工作，不能就经济论经济，而要用统筹的方法、从基础工作入手，在做生态、造环境、引人才、育文化、抓创新、强素质、硬作风等方面大做文章、有所作为，尤其要抓紧推进城乡统筹、综合交通、港口码头、水利水务、生态环保、资源能源等一批具有全局意义、事关长远发展的重大基础配套项目，为经济社会又好又快发展提供有力保障。

(二)要牢牢把握发展阶段的新特征,始终坚持加快转变经济发展方式主线。以加快转变经济发展方式为主线,是推动科学发展的必由之路,符合平湖发展的阶段性新特征。今年,平湖人均 GDP 将达到 1 万美元。国际经验表明,人均 GDP 达到 1 万美元以后,经济形态、社会结构和增长动力将发生一些重大变化,尤其是进入到一个工业化的提升期和城市化的加速期,三次产业更趋融合,产业结构加快从劳动密集型向资金密集型和创新密集型、从粗放型向生态循环低碳型转变,新型工业化和新型城市化对经济社会发展的“双轮驱动”作用进一步增强。我们必须牢牢把握这一阶段性新特征,自觉遵循经济社会发展规律,积极适应工业化、城市化发展新趋势,努力在加快转变经济发展方式上实现新的更大突破,切实增强发展的全面性、协调性和可持续性。要持续推进新型工业化。坚持以结构调整培育新的经济增长点,按照“两个优先发展”导向,集中力量发展壮大光机电、临港和生物医药三大主动力产业,力争到“十二五”末三大主动力产业形成近千亿产出规模,积极鼓励光伏等新兴产业发展,着力提升传统优势产业,加快培育大企业、大集团,全面增强平湖经济的整体竞争力;按照“投资集中、产业集聚、资源集约、功能集成”的要求,构建完善平台体系群,着力推动平湖经济开发区向国家级经济技术开发区、独山港区向省级工业园区、九龙山度假区向国际知名度假休闲中心提升,加快建设独山港区综合物流园、生物医药产业园、临沪产业园、光伏产业园、服装城、箱包城和现代农业园区等一批特色产业基地,为产业提升提供平台支撑。坚持以自主创新抢占发展制高点,以培育自主知识产权、自主品牌和创新型企业为重点,在增强企业创新能力、推动产学研合作、建设科技创新平台、加快科技成果转化等方面取得更大进展,大幅度提高科技投入,大幅度提高自主创新能力,大幅度提高科技进步对经济增长的贡献率。坚持以节能减排提高可持续发展能力,坚持源头控制、科技支撑、严格监管三管齐下,加快淘汰高能耗、高污染、高排放的落后产能,严把项目准入关,鼓励环保产业加快发展,更加注重节约集约用地。要加速推进新型城市化。坚持以科学规划为先导,以优化提升城市整体功能为目标,在“一主两副两节点”的总体框架下,着力构建“一心四轴五片区”的主城区布局和“1632”新市镇新社区格局,加快建立、全面运行科学高效的城市管理新体制,全面推进城乡一体化建设步伐。

(三)要牢牢把握人民群众的新期待,始终坚持惠及人民主旨。我们所做的一切工作,都是为了人民。经济发展、社会进步,归根到底是为了人的全面发展,为了让全市人民过上更加美好的生活。“十二五”时期,平湖的发展进入了新的阶段,人民群众对过上更加美好生活充满新的期待。在经济持续快速增长的同时,人们对加快提高收入水平有了新的期盼;在基本生活得到保障的同时,人们对提高生活质量、改善生活环境提出了更高要求;在物质生活不断改善的同时,人们对丰富精神文化生活、扩大政治参与提出了新的需求。顺应这些新期待新要求,我们必须更加自觉地坚持以人为本、民生优先,从人民群众最关心、最直接、最现实的利益问题抓起,坚持管理和服务相结合、硬件和软件“两手抓”、突出重点与均衡发展相统一,进一步按照“五有”要求做好各项民生工作,努力满足人民群众在教育文化、就业创业、社会保障、医疗卫生、住房安居等方面的基本需求;建立健全覆盖城乡居民的公共服务体系,扩大供给、优化结构、提高质量、促进公平,推进基本公共服务均等化;创新完善适应社会结构变化的社会管理机制,加强基层基础工作,健全大调解、大信访、大防控、大维稳和应急管理体系，加快推动社会管理由防控型向服务型转变，让改革发展成果更多更好地体现在提高人民生活水平上、体现在满足人民物质文化需求上、体现在促进人的全面发展上，进一步提高人民群众“两感两度”。同时，要围绕社会建设和管理创新，推进政府职能转变，优化社会治理结构，形成和完善党委领导、政府负责、社会协同、公众参与的公共服务和社会管理新格局。

三、突出重点，持续奋斗，迈出“十二五”开局的坚实步伐

2011年是“十二五”发展的开局之年、起步之年，恰逢建党90周年，又是平湖撤县设市20周年。做好2011年的工作，意义重大，影响深远。拼搏“十二五”，关键看头年。对于“十二五”来说，这是关键的一步，走好关键的一步就海阔天空，一步落后就步步落后。我们要进一步深入学习实践科学发展观，紧紧围绕“十二五”发展的目标任务，在今年工作基础上深化项目推进年、城市形象提升年、环境建设年“三年”活动，扎实推进招商引资、民营经济、大企业培育、城市形象提升、市区楼宇、交通畅通、新市镇新社区、机关效能、百姓民生、社会平安“十大工程”，真正为“十二五”发展开好局、起好步。明年全市经济社会发展的主要预期目标是：在节能减排完成上级下达任务的基础上，生产总值同比增长11%、力争13%；地方财政收入增长11%以上；城乡居民人均收入分别增长11%；全社会固定资产投资增长12%、力争14%，其中生产性投资增长15%以上，工业生产性投资确保100亿元，合同外资4.6亿美元、实到外资2亿美元，引进内资28亿元、力争33亿元；研究与试验发展经费占GDP 2%以上；进出口总额、出口均增长10%以上；社会消费品零售总额增长14%；城镇登记失业率控制在4%以内。

按照上述要求和预期目标，明年重点要抓好三个方面的工作：

（一）深化项目推进年活动，全力构筑转型发展的强大引擎。持续不断加大有效投入，既是平湖当前发展的当务之急，更是保障长远发展的必然选择，特别是在转型发展的关键阶段，更要坚定不移地抓住项目推进这一着力点，继续实施“双百亿”工程，在重点项目新开工和累计开工率上实现新突破。围绕项目推进，要突出四个重点：

1. 突出招商引资“一号工程”。开局之年要实现“开门红”，首先看生产性投资，关键看招商引资。近年来，平湖经济社会之所以能够保持平稳较快发展的良好态势，主要是来源于我们坚持不懈地实施招商引资“一号工程”，得益于源源不断、生生不息、持续长久的项目引进。要始终保持平湖经济社会的平稳较快发展，全面实现转型发展的各项目标任务，招大引强依然是最有力的工作举措、最现实的路径选择。当今世界正处于“后危机时期”，这是一个大发展、大变革、大调整时期，面临经济增长模式的重大调整，特别是以低碳经济为主要特征的一批新兴产业正在兴起，国家和省里也分别确定了七个和九个战略性新兴产业重点加以培育，这意味着产业的重构和行业的重新洗牌，也意味着一些企业将寻求更大的发展空间。同时，对于众多国内外投资者来说，在比选投资地的过程中，更加注重载体平台、区位优势和商务政务环境，这为我们更大规模、更高水平地承接产业转移提供了难得的机遇。因为，随着海洋经济发展上升为国家战略和长三角一体化进程加快，平湖的岸线资源和区位交通等独特优势更加凸显。更为重要的是，经过前几年的打基础、造环境，平湖发展的大平台逐步形成，项目的承载力显著增强，生产生活生态环境、商务政务环境、创业创新环境、人文人居环境、民生民主环境逐步优化，优越的投资环境越来越被投资者看好,我们有条件、有优势、有自信在招商引资中实现更大的作为。而且,经过国际金融危机的冲击,一些层次低、实力弱的企业已经关门歇业,能够生存下来的都是有实力、有资金、有技术的客商。从我们近期接触的一些项目来看,大多都是科技含量高、产业链长、带动能力强的大项目、好项目。总之,机遇就在眼前、不可多得,关键是看谁抓得早、抓得紧、抓得牢。各级各部门要紧紧围绕年度招商引资目标,牢牢抓住“后危机时期”产业重组重构重建的重大机遇,以更大的力度、更快的速度、更强的举措,迅速展开新一轮招商引资攻势。要紧盯重点区域、重点对象和重点产业,立即行动,迅速出击,尤其是对重大项目盯住不放、锲而不舍。要找准招商引资与科学发展、转型发展的结合点,坚持招商引资与招商选资并举、招商引资与招才引智并举、制造业招商与农业和服务业招商并举,进一步加大对光机电、临港和生物医药三大主动力产业项目的引进力度。要超前谋划好西瓜灯文化节等节会招商活动,确保在签约项目的总量、体量、质量上实现全面提升。招商引资的最终落脚点是项目。要把转化招商引资成果作为当务之急,进一步创新完善项目推进服务机制,加大服务力度,提高服务水平,变被动服务为主动服务,变低效服务为高效服务,变慢节奏服务为快节奏服务,为重大项目的引进、开工和投产创造一切必要条件,真正体现“项目就是命令”,全力打造“平湖速度”。

2. 突出创业富民和扶优扶强。创业是衍生项目的重要渠道,充裕的民间资本和优秀的创业者是平湖最具活力、也是最有潜力的发展要素。面对转型发展的新形势,我们要在新的起点上继续加大对民营经济的扶持力度,尤其要进一步推进镇街道工业园区、创业孵化中心、标准厂房建设,完善投融资担保体系,健全技术创新、检验检测、人力资源等公共服务平台,为百姓创业和民营企业发展创造更为宽松的环境,确保企业法人数、注册资本数、个体工商户数增幅继续高于嘉兴平均水平。发展快的国家和地区的实践告诉我们,一个地方要又好又快发展,必须要有几个优势产业和优势产业中的一批龙头企业的带动、引领和支撑。因此,我们要坚持“抓两头、带中间”,在推动中小企业发展的同时,加快大企业大集团的培育,尤其要引导民营企业通过资本经营等途径实现裂变式发展,确保明年 1 家企业实现上市、2 家企业进入上市辅导、4 家企业完成股改,新增亿元以上企业 18 家,50 亿元企业实现零的突破。

3. 突出产业结构调整优化。结构调整是转变经济发展方式的主攻方向。中央《建议》提出现代产业体系的五个特征,就是结构优化、技术先进、清洁安全、附加值高、吸纳就业能力强。联系平湖实际,就是要构建以先进制造业、现代服务业“两个优先发展”和生态高效都市型现代农业为导向的产业结构。我们提出的“353”产业发展战略、现代服务业集聚区建设、现代农业园区发展“238”工程,是构建现代产业体系的重要举措,要聚焦政策、聚集资源、聚合力量,加快推进实施。围绕实施“353”产业发展战略,突出发展三大主动力产业,不断增强三大主动力产业对全市经济的拉动力和贡献率。要强化人才和科技支撑体系建设,进一步优化科技资源配置,充分发挥市科创中心、光机电技术服务平台、清华长三角研究院先进制造技术研究所、中科院平湖无机非金属材料分中心和东华大学平湖服装研发中心等机构的作用,开展多种形式的产学研合作,着力构建以企业为主体、市场为导向、产业为依托、高端人才为保障的创新体系。围绕建设现代服务业集聚区,既要注重发展中高档购物中心、星级酒店、特色商业街区和商贸、旅游等业态,积极推进解放东路大型购物中心、东湖商业广场和南苑国际大酒店等项目建设，更要突出服务业与制造业的互动互联，大力发展金融、担保、信息咨询、文化创意、临港物流、服务外包、总部经济等业态，特别要充分发挥港口资源和区位优势，加快建设独山港区综合物流园区等区域性物流基地和服装城、箱包城等专业市场，积极引进国内外知名物流企业，加速构建与区域经济相适应的现代物流网络。围绕实施“238”工程，深入推进现代农业园区建设，加快国家级现代农业示范区和省级现代农业综合区、主导产业示范区、特色农业精品园及粮食生产功能区建设，积极推进土地流转，加快实施农村土地综合整治项目，稳步推进农村集体产权制度改革，全面展开农村圩区建设，新建、扩建、续建4个农村圩区，努力用现代物质条件装备农业，用现代科学技术改造农业，用现代产业体系提升农业，用现代经营形式推进农业，全面提升现代农业发展水平。

4. 突出平台体系构建完善。平台建设始终是转型发展的基础工作，必须坚持不懈抓紧抓实。平湖经济开发区、独山港区、九龙山度假区是平湖经济发展的重要平台，必须按照特色互补、三区并进的思路推进开发建设。平湖经济开发区要紧紧围绕“争创国家级经济技术开发区、争当全市科学发展排头兵和争做创业宜居生态示范区”的目标定位，坚持一手抓项目推进，重点抓好川源机械、新东钢丸、一就生物、泛亚生物科技等项目的快速推进和卡尔吉食品、森永食品、光科新能源、泛华实业、立恩生物等项目的开工建设，进一步抓好生物医药产业园、经济社会服务中心、工业新城商贸核心区块等配套项目建设，完善基础设施，加强开发区管理，提升平台能级和水平；一手抓招商引资，充分发挥全市外资利用主阵地作用，坚持主动力产业招商不动摇，继续做强光机电产业集群，加速推进生物医药产业集聚，年内再引进一批千万美元乃至1亿美元以上的外资优质项目。独山港区要紧紧围绕“上海国际航运中心重要配套港、杭州湾北岸重要物流中心和浙北大型临港工业集聚区”的目标定位，紧紧抓住海洋经济和临港重工业加速发展的大好机遇，充分发挥其独特的交通区位条件、陆域腹地资源和港口岸线优势，坚持基础设施配套和产业支撑“两手抓”，以决战决胜的气魄推进开发建设，加快向省级工业园区升格。一方面，要完善大配套。按照滨海新城“三大分区、三大基地”的功能规划，全力推进商务服务中心、总部经济大楼、星级酒店、高档小区等配套项目，整合集聚教育、卫生、金融等各类优势资源，以新城建设快出形象、功能作用快速释放来构筑吸引资金、技术和人才的强大磁场。另一方面，要集聚大产业。把临港产业作为港口开发的命脉和根本来抓，紧紧抓住国际产业转移和上海等地临港产业项目外溢的契机，重点锁定新能源、大物流、重装备等战略性、旗舰型企业，加紧跟踪上港集团、中航油、浙能和SK、太平洋恩利等战略伙伴，积极洽谈一批总投资10亿元以上乃至百亿元的关联度高、带动力强的龙头型临港产业项目，并继续推进上港集团首期多用途码头、中航油仓储物流等重点项目的建设，迅速催生一批新的经济增长点。九龙山度假区要紧紧围绕“浙江旅游亮点、华东重要休闲胜地、国际知名度假休闲中心”的目标定位，加快推进威斯汀大酒店、海洋花园等项目建设，进一步提升开发建设水平。同时，要积极推进临沪产业园、光伏产业园等特色园区建设，打造新的经济增长点。

（二）深化城市形象提升年活动，全力打造平湖城市的现代形象。城市是一个地方经济社会发展的重要载体，最优质的发展资源在城市，最有力的发展依托在城市，最强劲的发展动力在城市。要牢固树立抓城市就是抓发展的理念，以抢抓机遇的姿态乘势而上、以自加压力的精神负重奋进,进一步深化城市形象提升年活动,全力打造集品质、品格、品位于一体的现代城市。

一方面,要精心开发新城区。在进一步完善总体规划、拉开城市框架、突破征迁瓶颈的基础上,精心组织,会战新城,集中精力开发建设南市新区,统筹兼顾配套完善东湖新区。城市新区开发建设管理委员会要抓紧运作,对两个新区统一规划、统一建设、统一招商、统一管理。要完善规划设计,抓紧抓好金融、商务、行政等重点地块规划和标志性建筑设计,起点高一点、眼光远一点、特色浓一点、开放性强一点,提高新区的规划设计质量,使每一个区块、每一条道路、每一栋建筑、每一片绿地与城市定位和谐统一,彰显城市个性和风格。要推进重点项目,精心开发南市新区金融集聚园区、企业总部经济地块、机关行政区域和东湖新区中央商务地块,迅速启动城市南环线、新华南路延伸段、曹兑路等主干道路和龙湫公园、市民文化中心等配套项目,快速推进望湖路、池海路和市客运中心、市文化馆(科普活动中心)、平湖总商会大厦、温州商会大厦等项目建设。提升城市形象,既要重外在,更要重内涵。要以创卫活动为主抓手,全力提升城市内涵,思想再统一,氛围再营造,信心再增强,力度再加大,进度再加快,措施再落实,再苦再难再累也要成功创建国家卫生城市,尤其要全力推进城市基础设施、市容环境卫生、宣传教育实践三个“十大系列工作”,强化城市管理综合行政执法,重点推进城乡“两违”、城中村、城郊结合部、交通秩序等各类专项整治行动,着力解决市容市貌、道路交通、市场秩序等方面存在的突出问题,并通过教育、引导、约束等多种途径提高市民素质,让广大市民既成为城市文明的享受者,更成为城市文明的创造者。

另一方面,要突出培育新市镇。新市镇是统筹城乡发展的战略节点、产业集聚集约发展的新增长极、城乡基本公共服务均等化的重要载体。全市各级要抢抓中央推进城镇化、省里推进中心镇发展改革和小城市培育试点、嘉兴统筹城乡综合配套改革先行等重大机遇,创新思路,突破关键,加大力度,加快进度,着力建设新市镇。要因地制宜建设小城市。以新仓、新埭、独山港三个镇列入省级中心镇为契机,完善新市镇规划,提升新市镇功能,推进行政管理、社会管理和投融资等体制机制改革创新,统筹好生产与生活、经济与环境、镇区与园区的关系,努力打造具有地域特点和产业特色的现代化小城市。要积极稳妥建设新社区。坚持“两新”工程发展方向,按照“政府可承受、农民可接受、发展可持续”的原则,有计划、有步骤、有重点地推进农房改造集聚,加快农村土地综合整治项目区内农房搬迁,新仓镇芦川花苑、新埭镇虹桥社区要进一步完善配套、提升品位,独山港城建设要综合统筹推进,三港新城建设要取得实质性进展,其他镇街道也要积极稳妥推进农房改造集聚。要统筹兼顾建设美丽乡村。以建设美丽乡村为总导向,全面推进新农村建设,进一步提升村庄整治、省级中心村培育和城乡一体示范性新社区建设水平,深入实施“强村计划”三年行动,继续推进“新仓经验”创新发展,再现江南水乡田园风光。

与此同时,要牢固树立“城市发展、交通先行”理念,顺应平湖城市形象不断提升和外部交通条件不断改善新趋势,进一步加快构建大路网大港口大物流一体化综合交通网络,抓紧推进翁金线改建、平湖大道拓宽改造、独山港区疏港公路建设和杭平申线“五改四”等重点项目,真正把平湖打造成为长三角立体交通枢纽中心。

(三)深化环境建设年活动,全力塑造宜居宜业的发展环境。经过各方努力,平湖的发展环境正在不断改善之中,但环境建设只有开始没有结束、只有起点没有终点、只有更好没有最好，必须与时俱进、常抓常新，况且我们的发展环境与科学发展的要求还有差距。环境建设是最高层次的经济建设。只有在环境建设上大有作为，才能在科学发展上大有希望。

1. 要更加注重作风建设，着力优化执行环境。作风，是干部办事效率、工作效能的综合反映，也是一个地方投资软环境和发展软实力的关键要素，更是党风政风的具体体现。干部作风，事关党和国家的生死存亡，也事关一个地方的科学发展、民生改善、社会和谐，一个地方的民风也需要靠干部作风来带动。执行落实既是执政能力的重要体现，更是思想作风、领导作风、工作作风的显著标志。如果说，我们“十一五”发展取得了巨大成就，靠的就是优良的党风、政风、民风；如果说，我们的发展与先进地区还有差距，那么差距也在干部的作风，在于我们各级干部的执行力、落实力和思想解放的程度。现在，我们最缺的不是发展的目标和思路，而是抓执行、抓落实的强度和速度。“十二五”发展规划得再好，如果没有优良的作风作保障，规划的目标就必定会落空。“十二五”发展要开好局、起好步，归根结底也要靠作风来保障。新一年的环境建设，我们要以作风建设为主线，以抓执行、抓落实为重点，突出强调目标导向、结果导向，切实强化谋发展、做工作的使命感、危机感、紧迫感、责任感，面对落后状况奋起直追，面对过去成绩乘势而上，面对新的起点加速前进，以抓落实的硬本领、解决问题的硬功夫、完成任务的硬实绩来体现党员干部的执行力，并以好的党风促政风带民风，推动整个社会风气的进一步改善。同时，要坚持以好的作风抓作风，围绕全市中心工作、重点工作的推进和落实，深入开展解放思想讨论、项目推进竞赛、创新创优评比、作风抽查测评等一系列活动，继续深化“机关效能建设示范岗”、“群众满意站所”和涉企科室满意度测评、“飞行检查”等工作，深入推进行政审批制度改革，巩固提高“两集中、两到位”成果，切实加强行政责任体系建设，强化效能综合指数考核，注重考核结果运用，切实做到履职有责、失职必究、执行有力、运转高效。

2. 要始终坚持以人为本，着力优化民生环境。时刻关注人民群众的所思所盼，在政策制度、财力资金等方面向民生倾斜。完善城乡统筹的就业服务体系，充分发挥人力资源市场作用，高度关注高校毕业生、城乡困难人员等重点人群的就业创业；积极推进“五大保险”和城乡居民社会养老保险扩面，逐步提高最低生活保障、被征地人员养老保障和城乡居民医疗保障水平；完善新型社会救助体系，全面推进城乡居家养老服务，真情帮扶社会弱势群体，积极倡导爱心帮扶的良好风尚；提高老龄、慈善等事业发展水平，深入实施残疾人共享小康工程；健全住房保障体系，基本建成6万平方米经济适用房和廉租房。坚持教育优先发展，促进优质教育资源向学前教育、农村教育倾斜，加快推进中小学校舍安全工程。大力发展医疗卫生事业，深化医药卫生体制改革，全面实施国家基本药物制度，全面完成第一人民医院迁建和新一轮镇街道卫生院基础设施建设。践行社会主义核心价值体系，统筹推进城乡精神文明建设，深入开展新一轮“五城同创”工作。加快完善公共文化服务体系，广泛开展群众性文化活动和全民健身运动，进一步完善城乡公共文化设施，积极稳妥推进数字电视转换。认真抓好第六次人口普查工作。高度重视妇女儿童权益保障。积极完善人口和计划生育服务体系。扎实推进生态文明建设，深化节能减排，深入实施“811”环境保护和绿化建设两个“新三年行动计划”，启动新三年水环境综合整治，完成太浦河取水一期工程，推进城乡供水一体化，积极创建全国国土资源节约集约模范市，扶持发展绿色经济、循环经济、低碳经济,加快构建生态产业体系,实现经济持续发展、污染持续下降、生态持续改善。

3. 要全力维护社会稳定,着力优化平安环境。平安和谐的社会环境是最基本的发展环境,平安建设要一以贯之。要牢牢把握“后世博时期”平安建设的新形势新特点,继续推进社会矛盾化解、社会管理创新、公正廉洁执法三项重点基础工作,不断巩固大调解、大信访、大防控、大维稳格局,进一步提高人民群众“两感两度”,确保实现七年蝉联省级“平安市”目标。特别要把矛盾纠纷排查化解、社会治安综合治理、违法犯罪打击防控、网络舆论管理引导、基层基础夯实巩固等工作牢牢抓在手上,进一步健全完善疑难信访积案化解、领导干部约访下访、社会稳定风险评估、全员维稳、群防群治、新居民服务管理和“网格化管理、组团式服务”等体制机制,确保不发生重大治安案件、重大群体性事件和非访活动。加强党管武装工作,推进国防动员和应急管理体系建设。深化“法治平湖”建设,扎实推进依法行政、公正司法、法制宣传教育等工作,努力营造公正公平的法治环境。严格落实各项安全制度,切实加强对危险化学品、道路交通、建筑、消防等重点行业、重点部位、重点环节的安全监管,坚决杜绝重大安全事故发生。同时,要高度关注国家宏观经济政策调整等带来的新情况新问题,加强经济运行调节和生产要素的供需衔接,确保经济平稳运行、社会和谐稳定。

四、固本强基,合心合力,凝聚科学发展的强大力量

实现“十二五”时期经济社会又好又快发展,做好“十二五”开局之年的各项工作,党的领导是根本政治保证。要充分发挥党委总揽全局、协调各方的领导核心作用,始终坚持以人为本、执政为民,始终坚持解放思想、与时俱进,始终坚持相信群众、依靠群众,始终坚持求真务实、艰苦奋斗,最广泛地动员各方面力量,最大限度地调动一切积极因素,为顺利实现市委《建议》提出的目标任务而不懈奋斗。

要以改革创新精神加强党的建设。坚持以执政能力建设和先进性建设为主线,全面推进党的思想、组织、作风、制度和反腐倡廉建设。大力加强领导班子和干部队伍建设,认真做好新一轮换届工作,深化干部人事制度改革,提高推动科学发展、促进社会和谐的能力。广泛开展创先争优活动,扎实推进基层党组织“双强争先”,深化学习型党组织建设,不断增强各级党组织的创造力凝聚力战斗力。加强惩治和预防腐败体系建设,进一步落实党风廉政建设责任制,严格权力运行制约和监督,营造风清气正的发展环境。各级领导班子和领导干部要在提高“三个能力”上下更大功夫。着力提高学习能力,自觉地把学习作为一种责任、一种追求,勤于学习新知识,善于接受新理念,敏于接受新事物,不断增强研究新情况、解决新问题的本领。着力提高把握大局的能力,适应越来越迅速、越来越复杂的国内外环境新变化,善于从全局高度思考和处理问题,把握工作的主动权,提高应对复杂局面的能力,增强工作的原则性、系统性、预见性和创造性。着力提高抓落实的能力,牢固树立正确的政绩观,一心一意谋发展、聚精会神搞建设、心无旁骛抓落实,坚决反对形式主义、表面文章,坚决反对铺张浪费、奢靡之风,保持和发扬勤俭节约、艰苦奋斗的优良传统,把心思和精力用在抓工作、促落实上,把功夫下到察实情、出实招、办实事上,以求真务实的作风、为民务实清廉的实际行动,把各方面工作做得更深入、更扎实、更有成效。

要以新的思想解放引领新的发展。改革开放以来,平湖每个发展阶段取得的成就,都离不开解放思想为先导。在新的起点上实现新的发展,必须大力推进新的思想解放。要在解放思想中凝聚共识,坚持不懈地用党的理论创新成果武装党员、教育群众,不断增强贯彻落实科学发展观的自觉性坚定性,用平湖发展的美好前景激励人心、凝聚力量,进一步打牢共同奋斗的思想基础,使“十二五”的目标任务、发展思路、重大举措转化为广大干部群众的共同意志和自觉行动。要在解放思想中锐意创新,继续大力弘扬创业创新“两创”精神,旗帜鲜明地鼓励创新、支持改革、善待挫折、宽容失败,更大力度地推进发展思路、体制机制、政策措施的与时俱进,以创新的思路和改革的举措破解发展难题,争创新的优势。要在解放思想中勇于超越,以宽广的视野考量自身的发展,清醒认识与先进地区存在的差距,不为过去的成绩而自满,不为既有的经验所束缚,不为传统的模式所局限,树立更高的发展定位和追求,使平湖的发展更好更快更稳健。

要以提高群众工作水平更好地凝聚民心民力。群众观点是历史唯物主义的基本观点,群众立场是领导干部最重要的政治立场,群众路线是我们党的根本工作路线。我们要认真贯彻胡锦涛总书记在五中全会上关于做好新形势下群众工作的重要讲话精神,深刻认识做好新形势下群众工作的极端重要性,充分调动人民群众的积极性主动性创造性,真正做到发展为了人民、发展依靠人民、发展成果由人民共享。要牢固树立群众观点,正确把握同群众的关系,摆正同群众的位置,思想上尊重群众、感情上贴近群众、工作上依靠群众,始终与人民群众同呼吸、共命运、心连心。要自觉站稳群众立场,把实现好维护好发展好最广大人民的根本利益,作为一切工作的根本出发点和落脚点,始终站在人民立场而不是站在少数人立场上说话办事,确定涉及群众利益的政策时充分考虑不同群体的承受能力,凡是有利于群众的事情就干,不利于群众的事情就不干。特别是要多做惠民利民富民的事,不做劳民伤财、脱离群众的事;多做雪中送炭、为民解忧的事,不做华而不实、哗众取宠的事;多做打基础利长远的事,不做急功近利图虚名的事。要始终坚持群众路线,贯彻从群众中来、到群众中去的工作路线,着力解决少数党员干部存在的不愿做群众工作、不善做群众工作的问题,坚持问政于民、问需于民、问计于民,尊重群众首创精神,总结基层新鲜经验,善于从群众中汲取智慧和力量,凝聚民心民力,推动科学发展。

同志们,平湖“十二五”的发展蓝图展现在我们面前,美好的前景催人奋进。让我们高举中国特色社会主义伟大旗帜,坚持以邓小平理论和“三个代表”重要思想为指导,深入贯彻落实科学发展观,继往开来,奋发超越,推动平湖在科学发展的道路上越走越宽广,努力把平湖的明天建设得更加美好!

政府工作报告

2011年1月23日在平湖市第十三届人民代表大会第五次会议上

平湖市市长　翁建荣

各位代表:

现在,我代表市人民政府向大会作政府工作报告。根据市委“十二五”规划建议,市人民政府在深入调查研究和广泛听取意见的基础上,制订了《平湖市国民经济和社会发展第十二个五年规划纲要(草案)》。请各位代表对报告和纲要(草案)进行审议,并请各位政协委员和其他列席人员提出意见。

一、“十一五”主要成就和2010年工作回顾

“十一五”的五年是极不平凡的五年,是我市成功应对各种风险挑战、奋发有为的五年,也是我市经济社会发展续写历史、再创辉煌的五年。面对复杂变化的宏观形势和要素紧缺的巨大压力,我们在市委的正确领导下,在市人大、市政协的监督支持下,坚持以邓小平理论和“三个代表”重要思想为指导,全面贯彻落实科学发展观,牢牢把握经济发展大局,深入实施接轨上海首位战略和城乡统筹、产业提升、开放带动、滨海开发、科教兴市、和谐发展六大战略,全市上下齐心协力,开拓进取,真抓实干,较好地完成了“十一五”规划确定的主要目标任务,经济社会保持良好发展态势,先后获得长三角最具投资价值县(市)、浙江新魅力之城、中国最具投资价值金融生态示范城市、中国民间文化艺术之乡、中国书法之乡等荣誉称号,成为国家园林城市、国家现代农业示范区、全国粮食生产先进县、全国科技进步先进市、全国社区教育示范区、全国文化先进县、全国文物工作先进县、全国群众体育先进单位、全国农村中医工作先进县、全国计划生育优质服务先进县、全国爱国拥军模范单位、全国农村社区建设实验全覆盖示范单位,城市知名度和影响力显著提升。

五年来,综合实力明显增强。2010年,全市预计实现生产总值342亿元,比2005年增长102%,年均可比增长13.1%,人均生产总值超过1万美元;财政总收入51.6亿元、地方财政收入25.5亿元,分别是2005年的2.6倍、2.8倍,年均增长21.5%、23.2%;金融机构本外币各项存贷款余额达496.1亿元、365.5亿元,分别比2005年末增长1.7倍、2.1倍。累计完成全社会固定资产投资、工业生产性投资856.2亿元、514.4亿元,分别是“十五”期间的2.2倍、3.1倍;合同利用外资、实际利用外资28.4亿美元、11.8亿美元,不含嘉兴港区,合同利用外资、实际利用外资、引进市外内资分别达16.6亿美元、8.6亿美元和86.2亿元。2010年,全市实现社会消费品零售总额88.5亿元,外贸进出口总额50.8亿美元,其中出口30.3亿美元,年均分别增长17.1%、15.2%和15.1%。

五年来,转型升级扎实推进。三次产业比例从2005年的6.6∶63.3∶30.1调整到4.7∶64∶31.3。被农业部认定为全省两个首批国家现代农业示范区之一,现代农业园区和粮食生产功能区启动建设。加大粮食生产扶持和粮食储备力度,确保粮食安全。积极创建省级农业机械化示范区,“4+3”农业特色优势产业布局基本形成,特色优势产业占农业总产值的比重近60%。建成无公害农产品基地81个、专业合作社83家、农业龙头企业44家,培育绿色食品11个。完善土地流转服务体系,五年流转农村土地4.85万亩,流转总面积达8.95万亩、流转率27%。新型工业化水平名列嘉兴前茅,轻重工业比例调整为43.4∶56.6,资金、技术密集型产业占制造业比重由2005年的41.7%上升到66%,光机电成为全市第一大产业,并列入全省首批21个传统块状经济向现代产业集群转型升级示范区试点。全社会研发经费支出占生产总值比重从1.5%提高到2.1%,居全省前列;高新技术产业产值占工业总产值比重从15.5%提高到23.4%;浙江清华长三角研究院先进制造技术研究所、中科院嘉兴中心平湖无机非金属材料分中心、市科创中心相继建成,新认定国家级高新技术企业21家、省级企业(行业)研发(技术)中心31家;新增省级以上著名商标和名牌产品60个,其中国家级16个;净增规模企业340家,景兴纸业成功上市并增发、三江化工实现上市。全市专利授权数3737件,人才总量达7.6万人。累计完成服务业投资273.5亿元,形成港口物流、专业市场、休闲旅游等重点优势产业,建成嘉港粮食码头、世纪商业中心、建材市场等一批重点项目,九龙山旅游度假区成为首批省现代服务业集聚示范区,楼宇经济、总部经济等新兴业态加快发展。循环经济和清洁生产扎实推进,圆满完成"十一五"节能减排目标任务。挖潜节地集约发展成效明显,盘活土地5773亩,工业用地亩均投资强度和产出分别比2005年增加113万元、82万元。

五年来,城乡面貌不断改善。城乡一体化进程加快,城市化水平从52.2%提高到60%(老口径,新口径为52.4%),城乡统筹水平位居全省第五、嘉兴第一。累计完成城市和基础设施投资14.3亿元,城市建成区面积从2005年的14平方公里扩大到23.3平方公里。东湖景区成为4A级景区并荣获中国人居环境范例奖,东湖新区一期基本建成。平湖经济开发区功能配套逐步完善。南市新区建设加快推进,完成行政中心搬迁。旧城改造进一步推进,拆迁面积64.5万平方米,改造整治老住宅小区27个,建成锦绣庄园、星洲东湖花苑等一大批高档住宅小区以及大润发、香弄商城等现代商业中心。市域总体规划和土地利用总体规划编制完成。以"1632"网络型城市体系为目标,新市镇新社区"两新"工程顺利推进,累计集聚农房1.81万户,全市农房集聚率达21.8%。城南路全线贯通,如意路、东湖大道、东方路、全塘-新仓公路等道路相继竣工,公路总里程1195公里,每百平方公里公路里程达221公里、是全省平均水平的2倍,完成"12360"和"一二三四"目标任务,率先实现公交"村村通"。航道和港口建设进一步加强,港口年吞吐量达4432万吨。一批水、电、热、气重点工程相继建成。完成白沙湾至水口治江围涂工程,城市防洪工程建成投运。全面禁采地下水,广陈水厂一期建成投产,太浦河取水工程进展顺利,铺设供水管道1335公里,基本实现城乡供水一体化。220千伏新华变、前进变建成投产,年供电量达22.3亿千瓦时,成为新农村电气化市。实施"新村示范、村庄整治"工程,26个村被列入省级全面小康示范村。环境保护工作进一步加强,城乡环境面貌得到改善,河道长效保洁实现全覆盖,城市绿地率、林木覆盖率分别达41%、16.5%,"两违"清理整治深入推进,城市生活污水收集率和垃圾处理率分别达82.6%和100%。

五年来,民生事业协调发展。市财政用于民生和社会事业发展支出累计达到105.7亿元。城乡居民人均收入分别达到29101元和14293元,比2005年增长79.9%、79%。城乡居民人均住房面积分别达到37.5平方米和66.9平方米,比2005年增长9.5%、4.5%。每百户居民私人汽车拥有量从4.8辆增加到17.9辆。累计新增就业岗位3.1万个,城镇登记失业率控制在3.5%以下。全民社保全国领先,基本养老保险、城乡居民养老保险、城乡居民合作医疗保险农村居民参保率分别达95.4%、95.4%和96.9%,被征地人员参加基本生活保障和基本生活补助4.52万人,基本实现居家养老服务城乡全覆盖。社会救助和慈善事业进一步发展,累计支出救助帮扶资金1.47亿元、帮扶弱势群体和困难群众22万人次。广泛开展群众性精神文明创建活动,扎实推进"五城同创"。以市为主的义务教育管理体制全面确立,教育投入占财政支出的比重达到20.5%,比全省平均水平高1.6个百分点。初升高比例达98.7%,高等教育入学率突破50%,中等职业学校国家助学金制度全面实施,成人教育、学前教育同步推进,嘉兴学院平湖校区等一批重大工程投入使用。建立覆盖城乡的公共文化体系,“15 分钟群众文化服务圈”基本建成。建成市图书馆、体育场等一批大型公共文体设施,在全省率先完成镇(街道)综合文化站建设,镇(街道)图书馆分馆实现全覆盖。西瓜灯文化节、南市文化广场分别成为全国特色文化活动和全国特色文化广场。钹子书、平湖派琵琶入选国家级非物质文化遗产名录,莫氏庄园成为全国重点文物保护单位。医药卫生事业和社区卫生服务加快发展,市、镇(街道)、村(社区)三级医疗保健卫生服务网络逐步健全。居民健康档案工作全国领先,被列为全国 13 个重点联系县之一。人口和计划生育工作保持全省领先水平。创建成为全省食品安全示范市。双拥、人防(民防)、统计、新闻出版、广播电视、爱国卫生、气象、地方志、档案和外事、侨务、对台、民族、宗教等工作取得新成绩,妇女儿童、老年人、残疾人、关心下一代等事业取得新进展。

五年来,和谐社会加快构建。坚持依法行政,扎实开展公民权益依法保障行动计划,着力推进法治政府建设。自觉接受人大法律监督、工作监督和政协民主监督,认真办理人大代表议案建议、政协委员提案,加强与民主党派、工商联和无党派人士的沟通联系,支持工、青、妇和科协等人民团体开展工作。信访和市长电话工作进一步加强,民意反映渠道不断拓宽,“网上信访”全国试点成效明显。“五五”普法任务圆满完成,法律服务工作开创新局面。加快政府职能转变,创新社会管理,在全国率先成立新居民事务局,新居民服务管理体制机制创新入选“浙江省改革开放30 周年百件典型事例”和 2010 年“浙江省十大民生工程”,探索社区、社团、社工管理新机制。深化“平安平湖”建设,加大社会治安“打防控”力度,建成覆盖全市的社会治安视频监控系统,强化综治中心规范化建设,完善工资集体协商、社会化劳动争议调处、企业主欠薪逃逸联动处置等机制,“综治进民企”经验全省推广,社会治安持续平稳。安全生产四项控制指标连续五年“零增长”,未发生重特大安全生产事故,市政府安全生产工作目标责任制考核连续五年优秀。国防动员机制和应急体系进一步完善。党风廉政建设和反腐败工作进一步加强。连续五年被省委、省政府命名为“平安市”,连续三次荣获省社会治安综合治理先进市。

过去的五年也是令人难忘的五年。五年中,我们共同经受并成功抵御国际金融危机的严重冲击,我们共同承担并合力抗击四川汶川、青海玉树、甘肃舟曲等重大地质灾害和严重雨雪冰冻天气等自然灾害,我们共同见证并积极参与北京奥运、建国 60 周年庆典、上海世博等祖国盛事。

各位代表,2010 年是实施“十一五”规划的最后一年,也是奠定“十二五”发展基础的关键之年。一年来,我们深入学习实践科学发展观,坚持保增促调、转型升级主线,深入开展项目推进年、城市形象提升年和环境建设年活动,全力实施“十大工程”,顺利完成了市第十三届人大四次会议确定的年度目标任务。一年来,我们突出抓了四方面工作:

一是全力以赴抓转型升级。坚持保增促调,在加快发展中推动经济转型升级。转型升级水平和产业结构位居嘉兴五县(市)第一。深入开展项目推进年活动,完善重点项目推进协调机制,确保重点项目顺利推进。全年全社会固定资产投资 236.4 亿元,增长27.8%。不含嘉兴港区,全年开工建设项目191 个、竣工项目 89 个,完成全社会固定资产投资 151.9 亿元,工业生产性投资 90.2 亿元(老口径,新口径为 79.2 亿元)、服务业投资 53.3 亿元,分别增长 16.4%、13.4% 和21.2%。镇(街道)工业园区开发建设三年任务两年完成,完成基础设施投资 9 亿元,拆迁农房 1570 户,新增开发面积 7376 亩,两年完成投资和开发面积分别是前两年的1.4倍、2.6倍。以现代农业园区和粮食生产功能区为重点,大力推进“238”平台建设,完成新广和林埭两个省级现代农业综合区规划,建成2.7万亩粮食生产功能区。创新土地流转机制,推进整村流转、成片流转,全年新增土地流转面积1.35万亩,累计7个村完成整村流转。完成现代农业项目投资12亿元。深入实施招商引资一号工程。强化招商队伍建设,24名优秀干部充实到招商一线,外派专职招商员比上年增加35名,蹲点招商等工作机制进一步完善。全年实现合同利用外资4.04亿美元、实际利用外资1.71亿美元,引进内资29.8亿元。其中总投资1000万美元以上项目31个,比上年增加18个;三大主动力产业项目、服务业项目分别占全市引资总量的51.9%、38.9%,提高了5.3个百分点和18.2个百分点。成功举办西瓜灯文化节和平治会等系列大型招商推介活动,签约内外资项目80余个,总投资150多亿元。加强金融保障和诚信体系建设,首次发行15亿元公司债券。深入实施民营经济富民工程。加强中小企业融资平台建设,新增担保公司3家,中小企业新增贷款38.6亿元。企业法人数、注册资本数、个体工商户数分别增长18.6%、27.7%和7.3%。深入实施大企业培育工程。完善加快工业经济转型升级、推进企业股改上市等政策意见,落实龙头骨干大企业“一对一”服务制度,不含嘉兴港区,新增年产值1亿元以上企业27家、5亿元以上企业8家、10亿元以上企业4家,规模企业产值占工业总产值比重达90%,列入全省146家行业龙头骨干企业的景兴纸业和晨光电缆完成企业发展战略规划编制。

二是合力攻坚抓城市建设。坚持规划建设管理并重和城乡统筹,努力提升城市整体功能品位。深入实施城市形象提升年活动和城市形象提升工程。启动城市总体规划修编,完成解放西路地块控制性详规等13项规划设计编制,长胜路、洁芳路、东升路西段等道路全面建成,获“钱江杯”工程4个。推进新一轮城市改造建设征迁工作,完成房屋拆迁654户、16.5万平方米。全面推进国家卫生城市创建,启动城市管理相对集中行政处罚权工作,扎实推进城市基础设施建设、市容环境卫生专项整治、创卫宣传教育三个“十大系列工作”,62项重点工作稳步推进,180项社区民生问题基本解决。完成老住宅小区整治改造三年任务,高照浜等38个城中村整治和北门、南门等农贸市场改造建设扎实推进。深入实施市区楼宇工程。完善推进服务机制,加强协调指导,全年新建成楼宇53万平方米,开工建设高层楼宇88幢。深入实施交通畅通工程。围绕实现对外交通快速化、对内交通便捷化、农村交通通畅化,加快实施骨干路网和场站建设,建成平朱公路,开工建设市客运中心,扎实推进独山港区路网和港口、航道等建设。深入实施“两新”工程。完善新市镇新社区建设规划和政策,加大新市镇培育力度,独山港镇成为省级中心镇。新仓、新埭中心社区形象初显,独山港城安置房和三港新城启动建设。

三是统筹兼顾抓民生工程。坚持经济社会协调发展,更加注重社会建设,切实解决关系群众切身利益的问题。扎实推进百姓民生工程。除3个子项目外,政府实事项目全面完成。投入5.6亿元,全力推进18项民生工程重点工作。深入实施“811”环境保护行动,推进排污“总量倒逼”监管和排污权交易,加大环境污染整治力度,畜禽养殖污染治理通过省“摘帽”验收。市人力资源市场投入使用,1255名就业困难人员实现再就业,为4497名就业困难人员发放社保补贴835万元,为困难群众发放物价补贴598万元。实施社会保险费“五费合征”,净增基本养老、医疗、工伤、生育、失业五大社会保险和城乡居民社会养老保险参保人数4.3万人、4.5万人、3.4万人、1.8万人、3.1万人和9.3万人,累计达24.1万人、22.3万人、22.5万人、14.4万人、13.6万人和16万人。加快发展教育事业,学前三年入园率达97.5%,义务教育主要指标继续全省领先,普通高考上线率和重点率再创历史新高,中职毕业生一次就业率达到98%,市技工学校光机电专业成为省内首个光机电示范专业。扎实推进中小学校舍安全工程,东湖中学东方校区二期工程建成,市技工学校迁建工程开工。加快发展文化体育事业,九彩龙、西瓜灯雕刻在上海世博会浙江周表演,市文化馆新馆(科普活动中心)开工建设。顺利完成省十四届运动会在平赛事组织工作。以创建省卫生强市为抓手,健全覆盖城乡的疾病预防控制、卫生监督执法、社区卫生和妇幼保健工作网络。启动新一轮镇(街道)社区卫生服务中心建设,加快推进市第一人民医院迁建工程。深化医药卫生体制改革,实施国家基本药物制度。城乡居民合作医疗保障水平进一步提高,住院补偿率达43%。计划生育率达98.6%,在全省率先建立省际间计划生育服务合作组织。扎实推进社会平安工程。全力抓好并圆满完成上海世博会“环沪护城河”各项安保任务,切实加强校园安全保卫工作。加大对严重违法犯罪的打击力度,刑事案件发案数下降。深入开展安全生产年活动,严厉打击安全生产非法违法生产经营建设行为。推行全员维稳责任制和重大事项社会稳定(信访)风险评估机制,成立医患纠纷调解委员会。圆满完成对口支援四川青川乐安寺乡灾后重建任务,积极做好征兵、第二次地名普查试点、第六次人口普查和档案数字化工作。

四是奋发有为抓环境建设。以建设服务政府、效能政府、责任政府为目标,进一步弘扬求真务实、开拓创新、敢于负责、狠抓落实的工作作风,切实加强政府自身建设,不断提高人民群众的幸福感、安全感、满意度和社会和谐程度。广泛开展创先争优活动,推动学习实践科学发展观向深度和广度发展。认真办理人大代表议案建议140件、政协委员提案164件,办结率100%,议案建议办理结果满意率和基本满意率99.3%,提案办理满意率和基本满意率100%。深化政府信息公开,建立领导干部与网民互动交流平台。深入开展环境建设年活动,扎实推进机关效能工程。努力创建省示范行政服务中心,积极推进强镇扩权和“两集中、两到位”工作,进驻市行政服务中心审批事项占全部事项的85.6%,实际办理时间比法定时间缩短75%。规范行政处罚自由裁量权,实施政务环境“飞行检查”,深化机关效能满意度测评。强化政府投资项目管理,严格执行增收节支厉行节约有关规定,坚持公用经费配置定额保持不变、办公设备购置标准保持不变、公务用车单位配置总量保持不变,大力压缩和控制行政成本。全面落实党风廉政建设责任制,惩治和预防腐败体系建设工作扎实推进。

各位代表!2010年及“十一五”期间我市经济社会发展取得的成绩来之不易,是市委正确领导和市人大、市政协监督支持的结果,是全市上下团结一致、锐意进取、化危为机、奋力拼搏的结果。在此,我代表市人民政府,向全市广大干部群众,向各位人大代表和政协委员,向所有关心、支持、参与平湖发展的各界人士和海内外朋友,致以崇高的敬意和衷心的感谢!

在看到成绩的同时,我们也清醒地认识到,在平湖经济社会发展过程中还有许多困难和问题。主要表现在:受国际金融危机影响,累计合同利用外资、实际利用外资和地方自营出口增长低于“十一五”规划预期目标;传统产业提升不快,服务业发展相对滞后,服务业增加值占GDP比重低于“十一五”规划预期目标，市场主体相对较少，促进全民创业、加快民营经济发展的举措方法不多，土地、资金、环境容量、劳动力等要素资源短缺对经济发展带来巨大影响，推进经济转型升级的任务依然艰巨；旧城改造的进度、城市面貌的改善和管理水平的提高与群众的要求还有较大差距，提升城市功能品位的任务依然艰巨；经济社会发展还不够协调，公共服务供给相对不足，节能减排、生态环境、民生保障和保持社会和谐稳定的任务依然艰巨；政府职能转变还不能适应发展要求，管理和服务能力有待提高，机关作风和效能建设的任务依然艰巨，等等。所有这些，都需要我们在今后的工作中采取切实有效的措施，努力加以解决和改进。

二、“十二五”奋斗目标和主要任务

“十二五”时期是我市全面建设小康社会、率先基本实现现代化的关键时期。这一时期，我市将迎来难得的发展机遇，经济全球化深入发展，绿色经济革命蓄势兴起，长三角地区仍是国际产业转移的重点地区；随着我国工业化、信息化、城镇化、市场化、国际化深入发展，国内需求不断扩大，宏观政策环境继续向好；长三角区域规划实施，杭州湾大桥、沪杭高铁的建成，使长三角区域经济交流合作进一步深入，我市与沪杭同城合作发展机遇增强；浙江列入全国海洋经济发展试点，为我市海洋经济、港口经济发展带来新的战略机遇；我市改革开放以来特别是“十一五”持续快速发展打下了坚实基础。同时，我们也面临新的挑战，国际金融危机影响深远，世界经济增长仍存在很多不确定性；随着区域交通格局的改变，区位优势相对弱化，区域竞争更加激烈；受自身产业、发展模式和人才、技术、资源等因素制约，经济转型升级难度较大。为此，我们必须增强机遇意识、忧患意识、风险意识、责任意识，科学把握发展规律，主动适应环境变化，有效化解各种矛盾，坚持科学发展不动摇、转型升级不畏难、抢抓机遇不放松，趋利避害、扎实工作，努力实现经济社会更好更快发展。

《纲要（草案）》提出，今后五年我市国民经济和社会发展的指导思想是：高举中国特色社会主义伟大旗帜，以邓小平理论和“三个代表”重要思想为指导，深入贯彻科学发展观，全面落实省委“八八战略”和“两创”总战略，以科学发展为主题，以转变经济发展方式为主线，更加注重结构优化，更加注重改革创新，更加注重统筹发展，更加注重改善民生，更加注重社会建设，大力实施与沪同城、产业提升、城乡一体、以港兴市、创新引领、生态立市六大战略，加快建设上海南翼开放型经济强市、杭州湾北岸现代化港口新市、江南水乡生态型文化大市，转型发展走在前列，惠及全市人民的小康社会全面建成，为建设富裕和谐的现代化强市奠定坚实基础。

按照上述指导思想，我市“十二五”时期经济社会发展的总体目标是：转型发展走在前列，惠及全市人民的小康社会全面建成，为建设富裕和谐的现代化强市奠定坚实基础。具体目标是实现“七个新”：

——综合实力迈上新台阶。全市生产总值、地方一般预算收入、固定资产投资年均分别增长12%以上，到“十二五”末，生产总值、地方一般预算收入力争比2010年翻一番，人均生产总值突破12万元，累计生产性投资力争比“十一五”翻一番，综合实力、可持续发展能力和区域竞争力迈上新台阶。

——转型创新取得新突破。大平台、大产业、大企业、大项目建设有效推进，经济结构明显优化，亩均投入产出不断提高，到“十二五”末，第三产业增加值占生产总值比重超过35%（不含嘉兴电厂，达到40%以上），高新技术产业增加值占规上工业的25%。科技投入和自主创新能力进一步增强，到“十二五”末，全社会研发经费支出占生产总值的2.5%以上。

——改革开放实现新跨越。政府职能加快转变,城乡综合配套改革统筹推进,资源环境要素价格、投融资体制、行政管理体制等重点领域和关键环节改革取得重大突破,体制机制新优势不断增强。对内对外开放的广度和深度进一步拓宽,联动发展、合作共赢的开放格局逐步形成。不含嘉兴港区,五年累计合同利用外资20亿美元,实际利用外资10亿美元,引进市外内资120亿元。

——城乡建设展现新形象。主城区能级显著提升,乍浦港城功能形象更加完善,独山港城开发建设初具规模,"两新"工程加快推进,水乡韵味和港口特色兼具的城市个性彰显。到"十二五"末,城市化水平达57%(新口径),创建成为国家卫生城市。

——人民生活得到新改善。社会就业更充分,城镇登记失业率控制在4%以内。城乡居民收入增长机制不断健全,年均分别增长10%以上,家庭财产普遍增加,中等收入群体持续扩大。社会保障体系和救助体系更加健全,保障水平明显提高。居住、出行、安全等环境不断优化,人民生活品质明显提升。

——社会事业取得新进步。社会建设明显加强,民生支出占财政总支出比重不断提高。公共服务体系日益完善,基本公共服务均等化水平明显提高,城乡和区域之间文化、教育、医疗卫生等基本公共服务差距明显缩小。计划生育率保持在97%以上。

——和谐发展得到新提升。全面完成上级下达节能减排任务,单位生产总值综合能耗低于全国、全省平均水平,生态环境质量明显改善,力争成为省级生态市和国家级环境保护模范城市。社会管理不断完善,基层民主更加健全,"法治平湖"建设深入推进,"平安平湖"建设全省领先。

为实现上述目标,我们必须始终坚持科学发展主题,牢牢把握转变经济发展方式主线,紧紧扭住发展不放松,依靠发展壮大经济实力,依靠发展致富全市人民,依靠发展促进社会和谐,使科学发展成为全市"十二五"工作的主旋律和最强音。《纲要(草案)》提出了"十二五"期间发展任务,概括起来主要是:

(一)坚定不移地推进转型发展

坚持把推进产业升级作为加快转变经济发展方式的重大任务,优先发展先进制造业,优先发展现代服务业,积极发展生态高效都市型农业,加快产业发展平台建设,促进三次产业融合发展、集群发展、集约发展,形成具有平湖特色的现代产业体系。

加快工业转型升级。优先发展先进制造业,全面实施"353"产业发展战略,做大做强光机电、临港和生物医药三大主动力产业;加快改造提升服装、箱包、造纸、童车、洁具五大传统优势产业;大力培育和发展新能源、节能环保、新材料三大战略性新兴产业。加快培育大企业,加大企业上市支持和中小企业扶持力度,打造若干个百亿企业(集团)和一批年销售收入50亿元、20亿元、10亿元级企业及创新型、成长型企业,加快形成现代产业集群。

发展壮大第三产业。优先发展现代服务业,大力发展现代物流、专业市场、金融、电子商务等生产性服务业,促进先进制造业和现代服务业有机融合。到"十二五"末,生产性服务业增加值占服务业比重超过50%。积极推进现代商贸、休闲旅游等生活性服务业改造提升,着力增强商业氛围。加快与民生密切相关的公共服务、社区服务、养老服务等服务行业发展。加快培育服务业新业态,积极发展总部经济、软件与服务外包等产业。加强服务业重点企业培育,新培育年营业收入(市场交易额)超10亿元企业8家以上,其中超15亿元4家以上。

大力发展现代农业。积极发展生态高效

都市型农业，以国家现代农业示范区建设为载体，加快现代农业园区和粮食生产功能区建设，形成“238”园区农业新格局，建成粮食生产功能区12万亩。大力发展设施农业、立体农业、绿色农业、休闲观光农业和农产品精深加工。完善农业科技服务体系，提升农产品的品质效益。大力培育现代农业经营主体，完善农业社会化服务体系，健全农民增收长效机制，促进农业农村经济健康有序发展。

做大做强产业平台。把产业集聚区建设与推进新型城市化、新型工业化相结合，打造大平台，着力发展大产业、承接大项目、培育大企业。推进主城区南市中央商务区、城北商务市场区和城西商贸物流区及环东湖商旅综合区等服务业集聚区建设。做优做强平湖经济开发区，争取创建成为国家级开发区。充分发挥港口优势，推进乍浦港区联合开发。大力发展海洋经济、港口经济，推进独山港区、港口、港城联动开发建设，加快省市共建独山港综合物流园区建设，创建成为省级工业园区，实现口岸对外开放，努力打造上海国际航运中心重要配套港、杭州湾北岸重要物流中心和浙北大型临港工业集聚区。加快推进九龙山旅游度假区项目建设，打造成为长三角一流、国内外有一定知名度和影响力的滨海休闲旅游度假胜地。加快平湖临沪产业园和平湖光伏产业园规划建设。推进镇(街道)工业园区和新市镇联动发展。

(二)坚定不移地推进创新发展

坚持把自主创新和改革开放作为加快转变经济发展方式的根本动力，加快建设创新型城市，不断提升发展的核心竞争力。

健全自主创新体系。加快建立政府主导，以市场为导向、企业为主体，政产学研紧密合作的创新体系，加强创新平台建设，深化科技合作交流，推进科技资源整合共享，促进科技成果产业化。引导企业加大研发投入，鼓励企业通过技术创新、科技攻关，突破一批制约产业发展的关键核心技术，获取一批拥有自主知识产权的创新型产品。加强品牌和标准化建设，推进质量强市工作，鼓励专利申请、开发和应用。发挥创业风险投资引导基金作用，提高创新主体抗风险能力。完善人才政策体系，实施人才引领工程，统筹推进各类人才队伍建设，重点加强创新团队、领军人才和创新型人才、高层次人才、紧缺型人才的培养引进。创新工作机制，优化人才发展环境。

深化体制机制改革。进一步推进资源要素市场化配置和节约集约利用。优化土地资源配置，提高土地的投入产出率。实行环境资源差别化配置，推进排污权交易和租赁。加强公共资源交易服务平台建设，进一步完善政府采购管理体制和运行机制。强化国有资产管理，提高国有资产经营管理水平。扎实推进金融改革和金融生态建设，鼓励金融创新。着力转变政府职能，推进行政管理转型。实施政社互动的政府管理方式，推进政府机构改革。优化公共财政体系，完善财政支出绩效评价，加强财政收支审计。规范政府融资、投资行为，建立以风险管理为导向的债务管理机制，推进政府投资项目代建制。稳妥推进科技、教育、文化、卫生、体育等事业单位分类改革，着力增强社会事业发展活力。培育扶持和依法管理社会组织，鼓励发展中介机构和行业协会、商会。引入竞争机制，扩大购买服务，推进基本公共服务多元化。落实财政支农政策，积极推进农村土地承包经营权流转和土地股份合作制改革，基本完成村级集体资产产权制度改革。

扩大对内对外开放。继续实施招商引资一号工程，优先引进世界500强、跨国公司、行业龙头企业、央企国企投资项目，战略性新兴产业项目及创新型、基地型、补链型项目。更加注重产业招商，积极引导外资投资先进制造业、现代服务业、农业、基础设施等领域。

突出重点地区,扩大招商区域,创新招商方式,提高招商实效。鼓励拓展国内外市场,积极引导出口产品结构调整,优化出口市场结构和贸易方式。充分利用国家扩大内需机遇,鼓励出口导向型企业积极拓展国内市场,支持有条件的企业"走出去",拓展发展空间。加快与沪同城步伐,深入推进与上海后世博时代的产业合作和互动,完善与上海深层次合作机制。以长三角区域发展规划为引领,全方位参与长三角城市间的合作与发展。积极做好山海协作和对口支援工作。

(三)坚定不移地推进统筹发展

坚持走新型城市化道路,按照"一主两副两节点"城乡空间布局和"三区一带"生态空间格局,形成以主城区为核心、中心镇为节点、新社区为网络的城乡发展一体化新格局。

科学制订城乡规划。加快构筑覆盖全市域、层级清晰、目标明确、管理有序的城乡规划体系。高起点开展各类总体规划和控制性详细规划、专业规划修编,注重上下位规划之间和专业性规划之间的协调。严格规划审批和管理,突出规划严肃性,强化规划约束力。

加快推进城市建设。统筹主城区、新市镇、新社区协调发展,促进农村人口向城区、新市镇、新社区集聚,推进新型城市化进程。实施中心城区"南进、东拓、北连、西延、中提"发展策略,以东湖为核心,以新华路、解放路、城南路和胜利路为功能主轴,形成南部片区以现代服务业为主,东部片区以居住和文教卫事业为主,北部片区以制造业及其配套的现代服务业为主,中部片区以商贸和居住为主,西部片区以商贸物流为主的功能布局。大力推进城市路网建设,全面建成和提升30平方公里骨干路网,基本形成70平方公里城市框架。加快推进独山港城建设,积极创建省级小城市。着力提升乍浦港城发展水平。

推进"两新"工程建设。按小城市标准和特色新市镇要求规划建设新市镇,大力完善中心镇综合服务功能,推进新埭、新仓省级中心镇建设。以"两新"工程为龙头,引导农房集聚,完善村庄布局,加快中心村建设,推进特色专业村建设。到"十二五"末,基本建成三港新城一期和20个示范性城乡一体新社区。大力推进农村土地综合整治,全面实施农村圩区建设,深入实施"新村示范、村庄整治"工程,全面建设"美丽乡村"。

提高城乡管理水平。树立现代城市管理理念,加快建立管理统一、规范高效的大城管体制。推行"数字城管",推动城市管理行政执法体制向镇(街道)延伸,提高城市精细化管理水平。以国家卫生城市创建为主抓手,扎实推进创卫三个"十大系列工作"。完善机制,进一步提高物业管理和环卫保洁水平。创新农村新社区管理机制,创新发展"新仓经验",完善农村社区公共服务体系,提高农村公共服务水平。

完善基础设施配套。以实现区域交通一体化为目标,加强骨干交通网络和城乡便捷交通网络建设,完成乍新公路等骨干道路建设,配合做好湖嘉乍沪铁路、沪嘉城际轨道交通平湖境内段规划建设,以及杭平申线、乍嘉苏线航道改造工程,形成外接内连的陆路网和以海河联运为重点的高等级航道网,构建安全、通畅、快捷、高效的现代综合交通运输体系。进一步加大供电、供热、供气、水利、水务等基础设施建设力度,按照城市标准,加快推进新市镇、新社区城乡公交、污水收集、垃圾集中处理、供水一体化等各类基础设施和公共服务设施建设,完善通信、宽带等信息传输系统,完成广电网络的双向化改造和有线电视用户数字化整体平移,促进城市基础设施向农村延伸、城市公共服务向农村覆盖、城市现代文明向农村辐射。

(四)坚定不移地推进协调发展

坚持以人的全面发展为目标,着力解决

人民群众最关心、最直接、最现实的利益问题,加快推进文化、教育、医疗卫生等社会事业均衡发展。

繁荣社会主义文化。践行社会主义核心价值体系,深入开展社会主义精神文明建设,扎实开展新一轮“五城同创”活动和系列文明创建。着力提升城乡公共文化水平,加快完善公共文化服务体系,加强文化基础设施建设,广泛开展群众性文化活动和全民体育健身运动。深入挖掘地方特色文化,积极开展历史文化名城创建活动,加强文化遗产的保护、传承和利用。制定文化产业发展规划,加大政策扶持力度,积极引导发展以文化创意为重点的文化产业。

均衡发展优质教育。全面贯彻落实国家教育规划纲要,推进优质教育资源向学前教育、农村教育、弱势群体教育倾斜,基本实现教育现代化。高起点构建终身教育体系,高标准发展义务教育,加快发展职业教育、成人教育、社区教育和现代远程教育,形成覆盖城乡的开放教育系统。结合“两新”工程推进,优化教育网点布局。深化教育教学改革,推进素质教育。建设高素质教师队伍,健全多样化办学体制,完成市技工学校、第一幼儿园、东湖中学育才校区等迁建。

深化卫生体制改革。加快建立覆盖城乡的公共卫生服务、医疗卫生服务、基本医疗保障和药品供应保障四大体系,积极探索公立医院改革,不断健全市、镇(街道)、村(社区)三级公共卫生服务网络,加快推进市精神康复中心和新一轮镇(街道)卫生院(社区卫生服务中心)、村(居)卫生室(站)规范化建设。建成平湖新华医院,完成中医院二期、新埭镇医院和广陈、曹桥、林埭卫生院迁建和改扩建工程。

加强人口和计划生育工作,稳定适度低生育水平,努力提高人口素质。高度重视国防事业,扎实做好双拥、征兵、人防(民防)工作。加强统计、新闻出版、广播电视、档案、地方志、爱国卫生和外事、侨务、对台、民族、宗教等工作。

(五)坚定不移地推进生态发展

坚持走生态立市之路,积极推进节能减排,大力发展循环经济,着力改善生态环境,加快构筑资源节约型和环境友好型社会。

大力推进节能减排。坚持节约优先和“减量化、再利用、资源化”原则,加强节能、节水、节地、节材和资源综合利用,逐步形成节约资源的生产方式和消费模式。扎实做好国家确定的主要污染物减排工作,严格控制污染物排放总量和标准。严格执行落后产能限期淘汰制度,淘汰更新高耗能、高污染的工艺、技术和设备。

积极发展循环经济。积极推进生产、流通、消费各个环节循环经济发展。加快生态循环农业示范市建设,积极推进循环农业特色产业园、示范村和规模经营大户建设,形成综合农业生产循环新模式。大力发展工业循环经济,强化规划环评和项目环评、能评,重点加强循环经济示范企业、园区和基地建设。全面推行清洁生产,加强资源综合利用和再生利用。倡导低碳生活,引导使用绿色产品。扶持发展建筑业,推广利用绿色节能建筑技术。

切实加强环境保护。深入实施环境保护八大行动计划和蓝天工程、安静工程、碧水工程、洁净工程,全面改善水环境、大气环境、声环境和农村生态环境质量。大力统筹城乡绿化,建设森林平湖,加大生态公益林、生态防护林建设,推进景观廊道和生态绿道建设,构建绿色生态屏障。到“十二五”末,全市林木覆盖率达到20%,城市建成区人均公园绿地面积达到13平方米。广泛开展绿色系列创建活动,扎实推进省级生态市、国家环境保护模范城市创建。

(六)坚定不移地推进和谐发展

全力保障和改善民生,切实维护人民权益,促进社会公平正义,维护社会和谐稳定。

促进社会就业创业。实施更加积极的就业政策,健全就业服务体系,促进充分就业。加强就业援助,帮助就业困难人员实现就业。完善自主创业扶持政策,努力拓展创业就业渠道。深入实施劳动者权益保护工程,构建新型和谐劳动关系。完善最低工资、工资指导线和工资集体协商制度,建立工资正常增长机制和支付保障机制。

健全社会保障制度。完善全民大社保体系,继续扩大五大保险覆盖面,扎实推进城乡居民社会养老和合作医疗保险。完善新型社会救助和社会福利体系,稳步提高低保标准和救助帮扶水平。加强保障性住房建设,不断改善中低收入家庭住房条件。加强社会化养老服务体系和养老机构建设,深化城乡居家养老服务工作。积极发展慈善事业,进一步加强妇女儿童、老年人、残疾人、关心下一代等工作。

维护社会和谐稳定。扎实推进社会矛盾化解、社会管理创新、公正廉洁执法三项重点基础工作。深化平安创建,全面落实社会治安综合治理各项措施,强化基层基础,健全"大调解"工作体系,畅通和规范群众诉求、利益协调、权益保障渠道。健全信访与行政复议工作综合协调机制,促进信访与诉讼、复议、仲裁、执法监督相配合。健全维稳责任制、重大事项社会稳定(信访)风险评估机制、公共突发事件应急处置机制,积极预防和妥善处理群体性事件。完善社会治安防控体系,依法打击各类违法犯罪活动。抓好"六五"普法,积极推进法律援助和社区矫正。严格落实安全生产责任制,有效防范和坚决遏制重特大安全生产事故发生。创新新居民服务管理方法。强化"虚拟社会"管理。

三、为"十二五"发展起好步开好局

2011年是"十二五"开局之年。政府工作必须在新起点上实现新突破,深入开展项目推进年、城市形象提升年和环境建设年活动,全力实施"十大工程",加强政府自身建设,为建设富裕和谐的现代化强市奠定坚实基础。

根据市委十二届十次全体(扩大)会议精神和《纲要(草案)》确定的目标,今年全市经济社会发展的主要预期目标是:生产总值增长11%、力争13%;固定资产投资增长12%、力争14%,其中生产性投资增长15%(工业确保100亿元);地方财政收入增长11%以上;社会消费品零售总额增长14%;全社会研发经费占生产总值2%以上;不包括嘉兴港区,合同外资4.6亿美元,实到外资2亿美元,引进内资28亿元、力争33亿元;城镇登记失业率控制在4%以内;城乡居民收入分别增长11%。主要约束性指标完成上级下达任务。

实现上述目标,必须坚持科学发展,统筹兼顾,突出重点,狠抓落实,确保"十二五"起好步、开好局。

(一)坚持项目优先,着力推进经济发展方式转变

深入开展项目推进年活动,始终把项目作为加快转变经济发展方式的主要抓手。

全力推进招商引资。坚定不移实施招商引资一号工程,突出重点地区招商,巩固日本,拓展欧美,提升台韩,继续加强对上海、广东、温台和北京等地区招商,大力加强对央企国企的招商推介。强化重大项目和产业链招商,重点引进成长性好、带动能力强、技术密集的产业项目,争取引进世界500强、跨国公司和战略性新兴产业投资,总投资1000万美元以上项目和光机电、临港、生物医药三大主动力产业项目占比均达到70%以上。坚持以商引商,鼓励合资合作和增资扩股。完善招商机制,优化招商队伍,强化政策考核激励。全市招商引资进入全省十强,平湖经济

开发区、独山港区招商领先嘉兴同类开发区，新埭、新仓两个中心镇招商跻身嘉兴市前十位。推进口岸开放和“大通关”建设，完善贸易争端应急机制，调整出口产品结构，优化出口市场结构和贸易方式，力争外贸出口增长10%。

切实增加有效投入。按照“投运一批、建设一批、报批一批、储备一批”的要求，加强重大项目建设动态管理。继续推进“双百亿”工程计划，创新项目推进机制，年内计划新开工项目202个，续建项目193个，确保新增重点项目开工率85%以上、力争90%；新批项目开工率75%以上、力争80%。突出三大主动力产业为主攻方向，发展壮大新兴产业，引导传统企业加大创新投入，加快产业提升。确保工业生产性投资占固定资产投资比重超过60%，三大主动力产业、三大战略性新兴产业项目投资占工业投资比重超过60%，重点项目投资占工业投资比重超过60%。推进先进制造业和现代服务业融合发展，加快推进上港、浙能等集团码头和平湖·中国服装城、平湖国际箱包城等重大项目建设。推进市区商贸业集聚提升，加快解放东路商贸综合体等建设。鼓励“新三资”以项目开发推动土地成片流转，全年流转土地1.35万亩以上。加快芦笋、食用菌、西甜瓜、水产等农业特色优势产业发展，新增无公害农产品10个、绿色食品1个。

大力提升平台能级。结合用地规划调整，重点推进平湖经济开发区、独山港区等平台建设。加快推进平湖经济开发区整合提升，进一步完善功能配套，加快区内生物医药产业园建设。全力推进独山港区征迁工作，加快独山港区综合物流园区建设，完善基础设施配套，加快区内路网建设，打通中山路，开工建设凤舞路二期等疏港道路，推进疏港河道及一号、二号内河港池建设，启动杭平申线平湖段“五改四”工程，完成黄姑塘改线立项。启动平湖临沪产业园规划编制，推进基础设施建设。加快建设平湖光伏产业园，完成园区征迁和基础设施配套，提升园区层次，提高产业承载力。启动新一轮镇(街道)工业园区开发建设三年行动计划。加快推进九龙山度假区等现代服务业集聚区建设。加大“238”现代农业园区和粮食生产功能区建设力度，加快推进国家现代农业示范区建设，年内现代农业园区完成投资1.25亿元，建成粮食生产功能区27个，其中千亩以上粮食生产功能区8个。

不断壮大企业集群。继续实施大企业培育工程，建立阶梯式扶强助小服务机制，进行针对性扶持培育。落实行业龙头企业“一对一”挂钩服务，构筑上市企业为支柱、行业龙头骨干企业为核心、创新型企业为骨干、成长型企业为梯队的梯度发展格局。不含嘉兴港区，全年新增年销售收入10亿元以上企业3家、亿元以上企业10家以上，新秀箱包争取海外上市，完成茉织华印务、莎普爱思药业、鸿禧光伏等企业上市申报。实施服务业重点企业培育计划，新增年营业收入(市场成交额)超1亿元重点企业8家以上。继续实施民营经济富民工程，完善市场主体培育扶持和服务机制，加强中小企业创业孵化器建设，重点培育创新型企业50家，成长型企业100家以上。全年企业法人、注册资本、个体工商户总量增幅高于嘉兴市平均水平。继续实施“强龙兴农”工程，培育现代农业经营主体和现代职业农民，新增嘉兴市级示范性农业龙头企业2家、省级农业专业合作社示范社2家。

(二)坚持城乡统筹，着力推进新型城市化

深入开展城市形象提升年活动，把新型城市化建设作为城市转型升级的重点任务。

提升城市功能品位。继续实施城市形象提升工程，完成城市总体规划修编，开展新一轮城镇总体规划修编,完成主城区、南市新区、北部片区等控制性详细规划和市区路网、市政管网、市区停车场等专项规划及市域绿道规划。扎实推进国家卫生城市创建,继续加大三个"十大系列"创卫专项工作力度,力争早出形象、早出成效。加大城市征迁力度,力争完成解放西路拆迁。理顺城市管理体制,建成"数字城管",推动城市管理行政执法体制向镇(街道)延伸,实现一体化管理。继续实施市区楼宇工程,加快南市新区开发建设,积极发展楼宇经济、总部经济,加快中国商务港、智财商务、温州商会大厦、总商会大厦等项目建设,全年新开工高层楼宇30幢。

扎实推进"两新"工程。加快三港新城地块拆迁,推进路桥等基础设施建设,启动安置房一期建设,年内完成投资3亿元。加快独山港城建设,完成独山港城中心区城市设计和商业网点专项规划,启动建设独山港区商务服务中心,加快推进安置房建设。大力推进省级中心镇小城市培育和新市镇建设。按照"美丽乡村"建设要求,做大做优镇(街道)中心社区,整体推进中心村和其他新社区建设。全面完成农村新社区详细规划,加大政策扶持力度,鼓励农村土地综合整治项目区、现代农业园区内整村整组成片搬迁农房,推进农房改造集聚。按照城市社区标准,推进农村新社区燃气管道、自来水管道、污水排污管道和供电线路、弱电线路"三管二线"等基础设施建设。深入开展强村计划,强化农村公共服务。

完善城乡交通体系。继续实施交通畅通工程,全面建成望湖路一期、文涛路二期、东升路(稚川路)三期、安浜路和大桥路西段,力争建成池海路二期、环城北路(新华路-环城东路)、曹兑路等道路,加快推进梅园路南段、大胜路一期、北城河改造及景观廊道和郊区大型货车停车场等项目,启动建设乍新公路(三港新城-林埭段)。加快新华南路南延伸段、三港路对接三港新城段、南环线、东方大桥、独山港区疏港公路(01省道-平廊公路段)等路桥和市客运中心建设,全面实施平湖大道改建工程。

(三)坚持绿色低碳,着力推进生态文明建设

深入开展环境保护八大行动计划,把生态环境保护作为经济社会发展的基础性保障工作来抓。

高度重视节能减排。严格实行节能减排工作责任制和问责制,确保完成年度节能减排工作目标。加快实施节能技改,推进合同能源管理模式,全年组织实施50项以上节能技改项目。完成初始排污权申购,推动排污权交易和租赁。探索排污总量在工业、生活等领域之间的削减替代方式。

加强生态环境保护。启动水环境整治新三年行动计划,完善污水收集系统,加快老城区污水管网改造和镇(街道)建成区污水管网建设,提高污水纳管集中收集处置率。开展农村河道综合整治和中小河流治理,加强饮用水源整合和保护,推进水环境生态修复。加强垃圾集中收集处理和农业面源污染整治,巩固畜禽养殖污染治理成果。实施清洁空气行动,加快推进集中供热,全面淘汰集中供热区域燃煤锅炉,加强市区油烟、扬尘、机动车尾气等控制管理。完善实时监控和飞行监测,加强环境执法监管。推进龙湫公园、东方公园(暂定名)和新华公园三大综合性公园绿化建设,年内新增城市绿地79万平方米、农村绿化造林190万平方米。

培育发展生态经济。推广循环经济发展模式,实现资源循环利用,平湖经济开发区争创省级工业循环经济示范园区,中心镇力争创建成为省级循环经济示范镇,引导重点能耗企业积极争创省级循环经济示范企业。推行清洁生产,20家企业年内通过清洁生产审

核。发展生态养殖和农业循环模式,推进农业废弃物循环利用。积极培育再生资源、再生能源相关产业。大力推广生物秸秆、沼气、太阳能等新能源。

(四)坚持改革创新,着力推进区域发展竞争力提升

深入开展创新型城市创建活动,把改革创新作为转变经济发展方式的主要推动力。

切实加强自主创新。加快构建以企业为主体,与高校和科研机构、中介组织、金融机构、政府良性互动的创新体系,鼓励企业加大创新力度。加强区域创新平台建设,加快市光机电技术创新服务平台建设,启动市科技创业中心二期工程,推进行业科创中心建设和发展。加强科技合作交流,发挥浙江清华长三角研究院先进制造技术研究所和中科院平湖无机非金属材料分中心作用,引导企业加强与高等院校、科研院所合作,加快科技成果转化。新增国家级高新技术企业5家、省级以上企业(行业)研发(技术)中心4家。推进国家知识产权强县工程和省知识产权示范市建设,全年申报专利1300件,专利授权1200件,新增省级以上著名商标、名牌产品6个。

大力构筑人才高地。坚持人才资源优先开发、人才结构优先调整、人才投资优先保证,培养引进各类人才。强化招才引智,大力实施创业创新人才引领工程,年内引进各类高层次人才50名以上。完善领军人才和创新团队评审考核机制,引进培育不少于2名嘉兴市创业创新领军人才和2个嘉兴市创新团队。完成人才公寓一期建设,加快推进二期建设。优化人才医疗保健、社会保险、子女入学等方面服务,营造良好的引才留才政务环境、生活环境和人文环境。充分发挥创业风险投资引导基金作用,为创业型在平人才提供有力支撑。

优化要素资源配置。深入实施挖潜节地工作,大力推进农村土地综合整治。健全经营性建设用地市场化配置和工业用地招拍挂机制,推进企业“腾笼换鸟”。全年供应土地3500亩以上,挖潜节地1500亩以上。加大投融资平台建设,进一步鼓励和引导民间投资。大力培育和发展各类新型农村金融机构来平设立分支机构。积极引导担保、典当业健康发展。鼓励金融创新,强化对中小企业、“三农”等弱势行业的信贷支持。进一步依法规范劳动用工行为,积极拓展劳务合作基地,构建和谐劳动关系,努力为企业发展提供劳动力支持。加强电力调度统筹,保障电力供应。

(五)坚持以人为本,着力推进社会各项事业发展

深入实施百姓民生工程,把发展社会事业、保障和改善民生作为政府工作的落脚点。

加强就业保障工作。完善城乡一体的就业服务体系,促进就业再就业。深化社会保险费“五费合征”,扩大社会保险覆盖面。巩固城乡居民养老保险成果,实现被征地人员养老保险“即征即保”。提升城乡居民合作医疗保障水平,稳步提高住院和门诊大病费用报销比例。完善社会救助体系,做好低保及低保边缘户社会救助工作,实现低保对象动态管理。进一步做好困难群众生活、就医、就学等救助帮扶工作。深入实施残疾人共享小康工程,全面推进城乡居家养老服务。健全住房保障体系,建成经济适用房、廉租房1.9万平方米。稳定农副产品市场供应,保障困难群众基本生活。

全面发展社会事业。深化基础教育课程改革,全面实施中职教育学分制,重视发展学前教育、特殊教育,稳步提升高考成绩。加强校园安全工作,基本完成中小学校舍安全工程。加快推进市技工学校迁建,启动东湖小学三港校区建设。力争建成市文化馆新馆(科普活动中心),加强社区文化中心建设,

创建东海文化明珠示范乡镇1个、省文化示范村(社区)1个。举办市第十二届运动会、纪念平湖撤县设市20周年暨西瓜灯文化节活动。推进全国科普示范市创建,实施公众科学素质行动计划。深化医药卫生体制改革,全面推行国家基本药物制度,实施医护人员绩效工资。扎实开展全国规范农民健康档案市、省卫生应急工作示范市试点和农村医疗卫生服务体系建设改革试点市工作。搬迁市第一人民医院,基本完成镇(街道)社区卫生服务中心建设,启动市中医院二期、精神康复中心工程和新一轮社区卫生服务站规划。完成城乡水务体制改革,完善城乡供水一体化。加强国防动员和后备力量建设,推进军民融合式发展,深化全民国防教育,积极争创全国双拥模范城。

创新社会管理。做好村级组织换届工作。探索建立社区、社团、社工"三社"互动的管理机制。全面推行"网格化管理、组团式服务",加快城乡社区"一站式"服务中心建设,提升基层组织社会管理和公共服务能力。加快推进社会组织管理体系建设,强化社会组织发展和服务监管。开展行政绩效评估,探索建立科学合理的绩效考核体系。加强新居民服务管理,促进全市居民和谐共融。

全力维护社会稳定。继续实施社会平安工程,争创"平安市"七连冠。推进综治基层基础建设,加强信访和市长电话工作,努力化解社会矛盾纠纷。深入实施视频防范工程,开展打黑除恶、打击"两抢一盗"和欠薪逃逸等专项斗争,打击和防范各类刑事犯罪活动。加强道路交通、消防、危化品、建筑施工、食品药品等重点领域、重点部位的安全监管,确保不发生重特大安全生产事故。加强应急工作,有效预防和应对突发事件,切实维护社会和谐稳定。

(六)切实加强政府自身建设

"十二五"发展的新形势,加快经济转型、社会转型、政府转型的新任务,对政府工作和公务员队伍提出了更新更高的要求。政府及其全体工作人员必须进一步增强时不我待、责无旁贷、抢抓机遇的危机感、紧迫感和责任感,大力弘扬敢于负责、勇于突破、善于创新的精神,团结一致、奋发有为,不断开创政府工作新局面。

解放思想,建设学习型政府。适应"十二五"新形势、新任务需求,以创先争优活动为载体,深入学习实践科学发展观,组织政府工作人员加强新知识和新理论学习,不断提高认识、开拓思路,增强做好实际工作的能力。围绕提高队伍素质、增强服务意识,引导政府工作人员坚持理论联系实际,注重运用学习成果指导工作实践,以改革的思路、发展的眼光,创造性开展工作。

依法行政,建设法治型政府。自觉接受市人大及其常委会的法律监督、工作监督和市政协的民主监督,认真办理人大代表议案建议和政协委员提案,广泛听取民主党派、工商联和无党派人士的意见和建议,充分发挥工、青、妇和科协等人民团体的桥梁纽带作用。重视提高行政机关工作人员特别是领导干部依法行政的意识和能力。加强和改进制度建设,坚持依法科学民主决策,严格规范公正文明执法,强化行政监督和问责,全面推进政务公开。

优化服务,建设效能型政府。深入开展环境建设年活动,继续实施机关效能工程。深化"两集中、两到位"工作,完善"马上办"工作机制,增强市行政服务中心和镇(街道)便民服务中心功能,整合行政资源,提升工作效率。完善电子政务,加快推进网上审批,创新行政管理服务方式。优化企业服务,坚持市领导联系挂钩和"一对一"服务企业制度,提升政府服务能力。深入调查研究,加强政策宣传,落实扶持政策,加强经济运行情况统计、检测、分析,着力解决企业面临的具体问题,减轻企业负担。

履职为民,建设责任型政府。加快政府职能转变,增强政府执行力、创新力和公信力,提升人民群众对政府的满意度和信任度。继续办好一批事关群众切身利益的政府实事项目。落实党风廉政建设责任制,强化廉政风险防范,严格执行廉洁从政各项规定。规范领导干部权力运行,加强政府投资项目全过程监管,强化审计监督。严肃查处违纪违法案件,坚持从源头、制度、机制上预防和治理腐败。弘扬求真务实、真抓实干作风,继续改进文风、会风。认真执行增收节支和厉行节约有关规定,科学高效使用财政资金。

各位代表,过去五年,我们顺利完成了"十一五"规划,并为实施"十二五"规划开创了良好的局面。未来五年,我们肩负的使命更加光荣而艰巨。站在新起点,展望新征程,让我们在市委的正确领导下,在市人大、市政协的监督支持下,深入贯彻落实科学发展观,团结和依靠全市人民,顺势而为、迎难而上,求真务实、开拓创新,为实现我市"十二五"规划、建设富裕和谐的现代化强市而努力奋斗!

平湖市人民代表大会常务委员会工作报告(节录)

2011 年 1 月 24 日在平湖市第十三届人民代表大会第五次会议上

平湖市人民代表大会常务委员会主任　　何大利

各位代表:

我受平湖市人民代表大会常务委员会的委托,向大会报告市十三届人大四次会议以来的工作和 2011 年主要工作安排,请予审议。

2010 年工作回顾

2010 年是积极应对国际金融危机冲击,巩固经济回升趋稳的关键一年,也是我市深化改革开放、推进科学发展,全面完成"十一五"规划目标任务的最后一年。一年来,在中共平湖市委的领导下,常委会坚持以邓小平理论和"三个代表"重要思想为指导,深入贯彻落实科学发展观,认真贯彻市委决策部署和全市人大工作会议精神,求真务实,开拓创新,切实履行宪法和法律赋予的各项职责,依法举行常委会会议 7 次,听取和审议"一府两院"专项工作报告 26 个,作出决议、决定 11 项,提出审议意见 5 件,召开主任会议 20 次,任免国家机关工作人员 16 人次,组织视察、调研 34 次,较好地完成了市十三届人大四次会议确定的各项任务。

过去的一年,常委会牢牢把握科学发展这个主题,紧紧围绕加快经济发展方式转变这条主线,始终抓住社会主义民主法制建设这一根本任务,人大监督针对性、实效性进一步增强,代表作用进一步发挥,调研工作进一步深化,履职能力进一步提升,常委会各项工作在原有基础上取得了新的进展、新的成效,为我市改革开放和社会主义现代化建设作出了积极贡献。

一、着力服务经济转型升级

巩固和发展经济回升向好势头,在转型

升级中实现更好更快的发展,是去年经济工作的重中之重。常委会密切关注经济运行,听取和审议国民经济和社会发展计划执行情况报告,强调要充分认识当前经济形势的复杂性,认真贯彻落实中央关于转型升级的一系列政策措施,加快发展战略性新兴产业,优化产业布局和结构,提升自主创新能力,打好节能减排攻坚战,提高经济运行质量,保持经济平稳较快发展。为推进产业升级,常委会围绕发展港口经济、楼宇经济和“三外”(外资、外经、外贸)工作、高新技术产业发展、政府实事项目建设、节约集约利用土地等重点、热点问题,深入政府职能部门、经济开发区、独山港区和各镇(街道),开展工作调研,了解经济动态,参与招商引资和项目督查,推动解决发展难题。听取和审议市政府关于生物医药产业发展情况的报告,要求政府进一步提升生物医药产业发展定位,加强自主创新,积极培育和引进具有自主知识产权和国际竞争力的生物医药产业。专题听取市政府关于经济激励政策及新组建机构绩效情况报告,督促政府完善政策,加强绩效考评,加大对重点产业的财政扶持力度。为推进城乡统筹,常委会听取和审议市政府关于“两新”工程建设情况的报告,要求严格规划管理,注重规划间的衔接,规范资金使用,有效开展土地置换,积极稳妥推进“两新”工程建设,特别要关注搬迁农户的生产、生活和就业问题。视察农业循环经济发展,要求政府强化农业循环经济与节能减排、土地流转、现代农业园区建设的有机结合,推动建设生态农业。对农业法执法检查意见落实情况进行跟踪督查,促进农业增效、农民增收、农村进步。为推进未来发展,常委会关注“十二五”规划编制工作,审议“十一五”规划执行和“十二五”规划编制工作报告,集思广益,提出建议意见。听取和审议市政府关于平湖市新一轮土地利用总体规划(2006－2020年)的议案及修编说明,对个别功能区块建设用地提出增量调整意见,促进土地空间的合理利用。

二、着力深化财政工作监督

随着经济的发展,财政收支规模不断扩大,对预算进行审查监督是人大及其常委会的重要职责。常委会听取和审议预算执行、审计工作等报告,批准2009年财政决算和2010年预算调整方案,要求政府继续落实积极的财政政策,不断优化财政收支结构,充分保障民生,推进基本公共服务均等化,切实提高预算执行力;加强对政府性投资项目的精细化、规范化管理,提高财政资金使用绩效;加强对财政资金的全程跟踪监督,建立人大财政在线监督平台,加大审计意见整改力度,推动公共财政建设。继续实施部门预算上会审查制度,审查文体局、安监局、档案局和统计局等四个部门的预算,跟踪监督预算执行情况,促使部门预算更加科学合理。常委会关注政府性债务管理,重视政府性投资项目融资监督,听取2006年以来政府性融资项目进展和资金使用情况汇报,组织相关人员赴瑞安学习考察债务管理经验,督促政府严格控制债务规模,规范债务管理,积极防范债务风险。

三、着力推动生态文明建设

建设生态文明是党的十七大提出的重大战略任务。多年来,常委会始终把推进生态文明建设和环境保护作为监督工作的重点,一以贯之,坚持不懈,推进水环境生态性修复。2010年4月至7月,根据省、嘉兴市人大统一部署,上下联动开展水污染防治“一法一条例”执法检查。常委会紧密结合平湖实际,围绕“饮用水源保护、跨界河流断面水质达标监测、污水收集处理、农业面源污染治理”四大重点,抓住典型案例和人民群众来信来访反映的突出问题,精心组织,周密部署,广泛开展调研,深入实地检查,听取各方意见。针对检查中发现的问题,约请市政府领导实地察看，市长和分管副市长召开现场办公会议，就饮用水源保护区存在的几个突出问题作出专题部署，并责成相关部门限期整改。6月30日，常委会听取和审议市政府关于水污染防治情况的报告，在肯定政府前期工作的基础上，针对“饮用水源仍然存在安全隐患、结构性污染难以短时间消除、污水收集支管网建设进程不快、外部污染形势严峻”等问题，提出审议意见，要求政府进一步增强环保责任意识、全面实施生态环境功能区规划、强化饮用水源保护、巩固水环境整治成果、加快污水管网建设、提升监督管理水平，切实保障人民群众饮水安全。市政府自查自纠，边查边改，认真研究和落实整改措施，促进了水污染防治法律法规在我市的贯彻执行。目前，古横桥水厂水源保护区内环境得到有效整治，嘉兴交通学校、南市中学、当湖中心小学等6家单位生活污水纳入污水管网统一处理，6幢农房已经搬迁，9家废品收购点和2个家禽屠宰点也已关停，大桥港航管理站报港船只得到较好管理和疏散，执法检查取得了阶段性成效。

四、着力推进民生的保障和改善

医疗、教育、住房事关人民群众切身利益。常委会调研深化医药卫生体制改革的情况，指出坚持公共医疗卫生的公益性，保障基本医疗卫生制度的建立和有效运行是政府的责任。要求政府进一步深化医药卫生体制改革，加大财政投入力度，改变“以药养医”现状，加强基层医疗卫生服务体系建设，强化公共卫生服务，提高医疗卫生保障水平，努力解决人民群众“看病难、看病贵”问题。常委会加强市十三届人大四次会议《关于要求进一步加大城镇居民住房保障体系建设的议案》（第38号）调处和督办，要求市政府制订规划，完善政策，加大廉租房和经济适用房实物配置与扩面力度，探索建立城乡一体的住房保障机制。保障性住房小区阳光嘉苑已于2010年7月开工建设，低收入群体住房困难将得到有效缓解。

为推进新型城市化建设，常委会听取和审议市政府关于创建国家卫生城市工作情况的报告，提出营造全民创卫氛围、完善工作体系、改善硬件环境、落实长效机制的审议意见。同时，听取市政府关于城南路拓宽改造工程建设情况的报告，视察老小区改造等工作，强化对创卫工作的监督。市政府加强创卫工作宣传，加大基础设施建设力度，尤其是城中村、老小区、农贸市场改造和市区新建道路建设等工程进展较快，创卫工作得到有序推进。常委会重视城市规划，听取市政府关于城市规划管理工作情况的报告，要求进一步增强规划编制的前瞻性，规划之间的协调性，规划执行的严肃性，提高城市规划管理水平。

常委会关注教育事业发展，专题听取市政府关于普通高中教育工作情况报告，要求加大对普通高中教育的投入，改革和完善招生制度，健全教学质量评价体系，加强学校日常教学管理。市政府及教育部门认真落实审议意见，切实抓好普通高中教育质量，2010年我市高考上线率和重点率再创历史新高。此外，常委会还围绕河道保洁、创建省扶残助残爱心城市活动开展情况等听取相关工作报告，视察职业病防治、民生档案、安全生产、食品安全等工作，调研粮食安全体系建设、广电公共服务体系建设、行政服务中心窗口运行、人口普查、侨务等工作，向市政府及有关部门提出建议意见，努力维护群众利益。

五、着力推进民主法制建设

为促进依法行政和公正司法，常委会听取法院关于行政审判工作汇报，提出引导“行政首长”出庭应诉，规范非诉案件执行等意见，要求法院抓好新形势下的行政审判工作，努力实现行政审判工作法律效果、社会效果和政治效果的有机统一。常委会审议检察院关于预防职务犯罪工作报告，提出强化预防、完善领导体制和预防机制等审议意见，得到了市委主要领导的高度重视并作出批示。检察院认真研究，提出举措，抓好落实，有力地推进了预防职务犯罪工作的深入开展。

常委会强化对政府部门依法行政工作的监督，精心组织开展文体局工作评议，通过电视、报纸、网络等媒体对评议工作进行公告，征求群众意见，扩大社会影响。专门成立工作组，调研文体部门行政执法和行风建设，开展满意度测评，提出加大工作宣传、加强文体设施建设和管理、强化文化遗产保护和利用、发展文化市场和文体产业等评议意见，后又专题听取评议意见整改落实情况报告，督促文体部门进一步履行职责，推动文体事业发展。常委会重视流动人口计划生育服务管理，审议专项工作报告，要求严格执行计生法律法规，强化统筹管理、区域协作、信息化建设，巩固完善跨区域协作模式，完善流动人口计生服务管理工作的组织网络，加强日常监管和动态跟踪服务管理，不断提升流动人口计生工作水平。常委会加强对劳动保障监察工作的监督，要求加强劳动用工执法监察，规范劳动用工秩序，防范和减少劳资纠纷。加强与公安、司法调解、法律援助、行业协会等机构和组织的协调配合，建立和完善长效、全面的监管机制。

社会治安事关群众生产生活。常委会围绕与社会治安密切相关的禁毒、世博安保、动态视频监控系统建设等进行视察调研，提出治安维稳工作意见，要求政府和相关部门加大投入，整合资源，加强社会治安防控体系建设；坚持打防并举，标本兼治，推进社会治安综合治理；加强队伍建设，努力提高驾驭社会治安局势、维护社会稳定的能力，构建“平安平湖”。

推进民主政治建设是构建和谐社会的首要任务。常委会坚持党的领导、充分发扬民主和严格依法办事三者有机统一，认真行使人事任免权，完善人事任免程序。坚持公开征集监督议题、公民旁听人代会、代表联系选民等制度和做法，畅通民情民意反映渠道，扩大公民有序政治参与。建立和实施规范性文件备案审查、司法机关重要事项报告和特定案件备案制度，累计受理政府规范性文件备案7件，接受司法机关特定案件备案45件。坚持和完善人大机关信访制度，全年受理群众来信34件，来访25批30人次。常委会及时将信访件和办理意见转交“一府两院”和有关单位研究处理，并加强督办，切实维护和保障群众合法权益。

六、着力发挥代表主体作用

保障代表依法行使职权，不断提高代表议案和建议办理质量，密切常委会组成人员与代表、代表与选民的联系，增强代表工作实效，创造代表履职的良好环境，有助于支持和保障代表更好地执行职务。常委会始终把代表工作作为基础性工作来抓，创新工作方法，完善工作机制，强化服务指导。

密切联系代表。常委会领导定期走访代表，加强与代表的沟通，听取和反映代表的意见和要求，及时帮助解决实际问题。邀请代表列席常委会会议，参加视察、执法检查和调研等活动。常委会和“一府两院”每季以书面形式向代表通报工作情况和重大事项。常委会领导定期接待代表，全年接待市人大代表88名，围绕保障性住房建设、城乡公交一体化、社会治安动态视频监控系统建设、养老保险体系建设、公共文化建设、农村新社区集聚和城乡供水一体化等议题，进行座谈和交流，收集代表建议意见138条。

督办议案建议。常委会把依法审议代表议案和办理代表建议作为保障代表民主权利，发挥代表主体作用的重要工作来抓，积极探索督办工作的新思路、新方法。一是完善网上办理。开展网上议案建议办理工作培训，首次实行办理答复网上公布，扩大了办理工作透明度。二是细化反馈意见。把办理工作满意度细分为“办理态度”和“办理结果”两项,更加准确反映代表意见。三是注重解决问题。着重解决一些办理单位存在的“重答复、轻落实”问题,努力提高办理实效,召开不满意议案建议办理工作座谈会,加强协调沟通,狠抓工作落实,提高议案建议问题解决率。四是强化跟踪监督。探索跨年度议案建议跟踪督办机制,首次盘点督查本届人大一至三次会议523件议案建议办理工作,对7个承办部门9件议案建议办理情况进行重点抽查。从盘查结果看,问题已经解决和部分解决349件,占总数的66.73%,比原来增加112件,问题解决率提高21.41%。开展年度议案建议办理工作“回头看”,采取听取汇报、现场察看、走访调查、举行座谈、发放征求意见表等形式加强督办。主任会议首次听取交通局、劳动保障局议案建议办理情况汇报,总结推广工作经验。从办理结果看,市十三届人大四次会议152件议案建议(不包括38号大会议案),得到解决和部分解决的69件,占45.39%;列入计划逐步解决的66件,占43.42%;作出说明或解释的17件,占11.19%。从反馈意见看,代表对办理工作态度表示满意的140件,占92.11%,表示基本满意的12件,占7.89%;对办理结果表示满意的94件,占61.84%;表示基本满意的57件,占37.50%;不满意的1件,占0.66%。

支持代表履职。通过举办法制讲座、代表培训班、学习会,增强代表履职意识,提高代表履职能力。丰富代表闭会期间活动,定期提出代表小组活动内容建议,指导开展代表述职评议,深化代表定向调研。为全体代表订购赠送人大杂志、人大公报等有关刊物,拓展代表知情知政渠道。组织开展代表争先评优工作,对2009年度7个先进代表小组、20名代表活动积极分子和9件优秀议案建议进行表彰,激励代表认真履行职责。指导开展代表补选工作,依法补选市人大代表6名。

七、着力提升履职能力

常委会认真贯彻全市人大工作会议精神,以开展“金平湖先锋”创先争优活动为契机,加强思想、组织、作风建设。

加强学习教育。坚持常委会机关和党组织学习日等制度,通过培训、研讨、集体学习和个人自学相结合的方式,深入学习贯彻党的十七大和十七届五中全会精神,举办预防职务犯罪、深化医药卫生体制改革、水污染防治和城乡规划“一法一条例”等法制讲座,不断提高履职的能力和水平。

加强调查研究。常委会把调查研究作为联系群众、推动工作的重要手段,紧紧围绕全市“三年”活动、“十大工程”、政府工作的重点和群众关注的热点,开展专题工作调研,掌握第一手资料,形成调研报告11个,为常委会审议有关工作和市委、市政府决策提供依据。常委会领导积极参与“十二五”发展重点课题调研,自觉执行挂钩联系制度,分赴联系点指导工作。常委会注重理论研究,交流调研成果,《关于发挥人大常委会兼职委员作用的实践与思考》等三篇文章,分别获得嘉兴市人大理论研讨与调研成果评选活动二等奖和三等奖,进一步推动了理论研讨和调研工作再上新台阶。

加强监督公开。常委会坚持公开原则,将监督工作和“一府两院”接受人大监督情况予以公开,提高人大监督工作透明度。加强人大制度和人大工作宣传,通过新闻媒体、人大网站、《人大在线》、常委会公报和简报,多层次、多形式宣传人大制度的理论与实践,宣传民主法制建设成果,宣传代表履职情况,让全社会了解、支持人大工作。

加强工委建设。注重发挥常委会各工委作用,邀请工委兼职成员参与视察调研,围绕工委成员如何发挥作用开展交流座谈,推进工委自身建设。常委会各工委围绕人大工作重点,认真履行职责,深入开展调研,提出工作建议,为全面完成常委会各项工作发挥了积极作用。

加强工作指导。密切与基层人大的工作联系,每季召开镇人大主席、街道工委主任联席会议,交流工作,部署任务,总结推广基层人大工作经验。指导各镇人大开展评议部门工作,努力提高监督实效。加强镇、街道人大干部培训,提高干部履职水平。邀请镇、街道人大负责人列席常委会会议、参加视察检查活动,强化工作的上下对接,推进全市人大工作的创新与发展。

一年来,常委会坚持党对人大工作的领导,围绕中心,服务大局;坚持依法履行职责,突出重点,务求实效;坚持把维护人民群众的根本利益放在首位,依靠代表,服务人民;坚持正确把握与"一府两院"的关系,沟通协调,强化监督,有力保证了全年各项工作的顺利开展。常委会一年来工作所取得的成绩和进展,是市委正确领导,常委会组成人员和全体代表共同努力的结果,是市政府、市政协、市法院、市检察院和各镇、街道人大积极配合的结果,也是全市人民以及社会各方面大力支持的结果。在此,我谨代表市人大常委会表示衷心的感谢!

回顾过去一年,我们也清醒地认识到,常委会工作与宪法和法律赋予的职责、人民群众的期望相比,还存在不少差距。主要表现为:行使重大事项决定权仍需进一步加强;监督工作的实效有待提高;监督的方式方法需要进一步完善;代表工作还需要不断深化;常委会自身的思想、作风、制度建设和对镇、街道人大工作的联系指导还有待进一步加强。针对这些问题,我们将认真加以研究解决。

中国人民政治协商会议
平湖市第十一届委员会常务委员会
工作报告(节录)

2011年1月22日在政协平湖市
第十一届委员会第五次会议上
政协平湖市委员会主席　　徐春林

各位委员、同志们:

我代表政协平湖市第十一届委员会常务委员会,向大会作工作报告,请予审议,并请列席会议的同志提出意见。

2010年工作回顾

2010年是决战"十一五"、谋划"十二五"的关键一年,全市人民在中共平湖市委、市政府的正确领导下,积极应对国内外宏观环境变化的影响,努力保持经济社会平稳健康发展,各方面工作取得了积极成效,为"十二五"发展打下了坚实基础。一年来,市政协常委会按照市委的总体部署和市政协十一届四次会议确定的年度工作思路,以"围绕核心、服务中心、反映民心、凝聚人心"为总要求,紧紧围绕我市"保增促调、转型升级"工作主线和"三年"活动、"十大工程"工作重心,充分发挥人民政协的制度优势、组织优势和智力优势,认真履行各项职能,努力提高履职成效，为开创政协工作新局面、促进经济社会科学发展作出了新的贡献。

一、在深化协商议政上下功夫，促进重大决策科学民主

市政协常委会始终牢牢把握围绕中心、服务大局的工作原则，经济建设上全力协助，政治建设上积极协商，文化建设上尽力协作，社会建设上努力协调，多平台认真开展协商议政。一年来，市政协共形成常委会议专题协商报告2份、主席会议专题协商报告3份、专题议政会协商报告1份、委员约谈会建议3份，努力促进党委政府科学民主决策。

科学制定“十二五”规划是事关我市今后五年科学发展的重要工作。为进一步完善“十二五”规划编制，切实提高政协常委会议专题协商“十二五”规划所提建议的针对性、前瞻性和可操作性，市政协组织部分常委和委员分成三组，分别围绕加强生态文明建设、促进中小企业发展、加快建设现代农业园区、完善社会保障体系、提升城市建设和管理水平等方面的工作开展了广泛调研。在此基础上，政协常委会议进行了专题协商，有重点地提出了若干建议，同时建议做好“十二五”规划与专项规划、区域规划的有机衔接，扩大规划编制过程中的开放度和市民参与度，健全规划实施机制等。这些建议为编制我市“十二五”规划提供了重要参考。

根据中共平湖市委意见，市政协围绕“保护挖掘利用文化资源，发展文化产业，繁荣文化事业”课题，组织开展了广泛深入的调研，倾注了大量的精力。市政协常委会议对这一课题进行了专题协商，提出了打造我市文化产业“一区三片”的发展空间布局，有重点、分步骤推动创意设计业、文化旅游业、休闲娱乐业、节庆会展业等文化产业发展，并从政策引导、要素保障等方面提出了具体建议，为挖掘我市地域文化特色、推进现代服务业发展建言献策，其中不少建议已被市政府在编制“十二五”规划纲要时所采纳。这一调研报告还荣获四年一度的全省政协系统优秀调研报告三等奖。

着眼于保障经济平稳较快发展，市政协举办专题议政会，就“培育发展中小企业、大力推进‘富民工程’”这一课题开展了专题协商。会议邀请了政府领导、政协委员和相关部门、行业协会、基层商会、中小企业代表一起开展研讨。会议提出，中小企业是发展地方经济的活力之源、发展之基，是实现“富民工程”的重要载体，要着力破解中小企业发展的要素制约，优化发展环境，强化技术创新，提高创业者和经营者素质。这些建议得到了与会人员的普遍认同，达到了交流增共识、协商谋发展的目的。

围绕“优化金融资源配置，提升金融业规范化经营水平，保障区域经济发展”、“加快建设现代农业园区，推进生态高效都市型农业发展”、“大力推进我市社区服务业发展”等课题，继续开展主席会议专题协商，积极助推相关工作。如近年来市政协持续关注“三农”问题，针对农村工作新情况，主席会议提出要进一步推进现代农业园区建设，促进农民增收和生态高效都市型农业发展。针对社区居民的新需求，在分析我市社区服务业发展现状、学习先进地区成功经验的基础上，主席会议就探索建立政府服务、居民互助服务和市场化服务相结合的社区服务业运行体系提出了前瞻性建议。

关注社会热点开展委员约谈会协商。一年来，市政协就“加强预防青少年违法犯罪的教育与管理”、“医药卫生体制改革给我市带来的机遇和影响”、“解决市区停车难题，提升城市形象”等议题，约请相关界别的委员和政府职能部门领导开展面对面交流，既拓展了部门的知情渠道，也增进了委员对相关工作的了解和理解，同时委员们提出的许多有价值的意见建议，为相关职能部门提供了多角度的决策参考。

市委、市政府高度重视政协协商议政工作。市委、市政府领导在多期政协调研报告上作出重要批示。在年末政协常委会议上,市政府继续就一年来政协重要协商议政所提建议的采纳情况向会议作了通报,有效推动了政协履职成果的采纳与落实。

二、在广泛调研视察上下功夫,助推党政工作顺利实施

市政协常委会通过开展主席调研日活动、专题视察活动、民主监督部门工作等形式,及时了解有关中心工作、民生工程实施情况,促进党委政府重大决策的深入实施;发动各委员活动组完成了18项课题的专题调研,积极为促进经济社会科学发展建言献策。

围绕"世博会'环沪护城河'安保工作"、"建设交通畅通工程"、"推进现代新市镇和城乡一体新社区建设"、"加强环境保护、推进节能减排"、"加快独山港区开发建设"等工作,组织开展主席调研日专题视察活动,通过深入一线实地视察,与基层的同志开展座谈交流,了解全市重点工作的实施进展,以及工作中存在的困难与问题,同时将调研视察中了解的情况及时向市委、市政府通报,推动相关问题解决。

创建国家卫生城市是市委、市政府当前及今后几年的中心工作之一,群众关注度高、工作难度大。为推进这项工作的顺利实施,市政协组织开展了专项视察活动。活动开展前,组织部分委员分别对我市交通秩序、饮食卫生、城建管理等方面存在的问题进行了明察暗访,拍摄了大量的现场照片并制作了演示片。在视察活动结束后的协商会议上,与会的相关部门负责人一起观看了演示片,让大家更直观地了解创卫工作中存在的薄弱环节,增强创卫工作的紧迫感和责任感。市政协还专门举办了"创卫工作大家谈"委员沙龙活动。委员们提出,要牢固树立创卫工作"人人都是参与者、人人都是监督者、人人都是受益者"的理念,引导市民更广泛地投入到创卫工作中去。

一年来,市政协各委员活动组围绕党委政府关注的大事要事和群众关心的热点难点问题,广泛开展专题调研。如《推进我市创建国家卫生城市工作的思考与建议》、《加快发展电子商务,创新企业经营模式》、《关于我市现代物流业发展的调查和建议》、《加快芦笋产业发展,促进农业循环经济建设》、《对城乡一体新社区——芦川社区服务管理工作的调查与思考》、《关于我市恶性肿瘤发病及死亡情况的调研与建议》等一份份专题调研报告,凝聚着委员们的辛勤劳动和聪明才智,为推进党委政府科学民主决策提供了重要参考。

为推进委组视察工作,市政协制订出台了《委员持证视察办法》,支持各委组采用视察的方式知情明政,助推中心工作实施,促进群众关心问题的解决。如当湖街道委员小组把参与创卫、推进创卫作为履职工作的重点之一,多次组织委员到创卫重点难点区域、城中村改造现场开展实地视察;社法组组织委员对社区居家养老服务场所开展了专项视察,并与社区干部、市民代表就完善城乡居家养老工作开展交流探讨;曹桥街道委员小组围绕渔民上岸建房工程、幼儿园建设工程等政府实事项目,以及学校周边治安问题开展专题视察,促进各项民生实事办好办实。

在重视通过协商、调研、视察、提案等工作履行民主监督职能的同时,注重发挥民主监督员在改进部门工作、提高机关效能中的作用。建立了民主监督员工作例会制度,探索建立民主监督员工作督促检查和管理考核制度,支持和保障民主监督员开展监督活动。一年来,各民主监督员受派部门对这项工作给予了大力支持,搭建了民主监督的平台,拓宽了委员知情明政的渠道。民主监督员们认真主动地参加专题视察、明察暗访、民主评议、提案办理工作督查等活动，真诚地提出意见建议，促进受派部门更好地转变作风、改进工作。

三、在突出履职为民上下功夫，维护广大群众根本利益

市政协常委会突出履职为民理念，通过提案、反映社情民意、开展政协委组联系基层等活动，广泛了解民情，充分反映民意，切实维护群众根本利益。

市政协十一届四次会议以来，广大政协委员和政协各参加单位共以提案形式提交意见建议242件，经审查立案187件，按规定全部办结。提案所提建议被采纳的有96件，占51%；部分采纳或列入计划采纳的有86件，占46%；对因条件所限未能采纳和留作参考的有5件。为推动提案办理落实，市政协加强提案办理协作联动，在坚持经常性走访督办的同时，采取深入部门实地调查、进行“面对面”协商座谈、开展提案办理“回头看”民主监督等多种形式进行督办，有效推动了一批事关科学发展和群众关注问题的解决。如不少委员提出的加强高层建筑消防安全的建议，市政府及有关部门高度重视，目前已购置了32米登高平台消防车，努力保障高层建筑人员应急疏散和灭火需要。针对委员提出的进一步加强饮用水安全管理、改善自来水水质的建议，我市将推动太浦河引水工程建设并结合城乡供水一体化工作，启动供水管道改造工程，及时公布水质检测情况，切实保障广大群众饮用水安全。市政协还进一步改进了委员对提案办理满意度测评办法。综合《提案办理情况征询意见表》和《提案落实工作满意度测评表》两份反馈意见，委员们对提案办理答复工作表示满意的有152件，占81%，基本满意的有35件，占19%；对提案办理落实工作表示满意和基本满意的有177件，占95%，不满意和保留意见的有10件，占5%。

反映社情民意信息是新时期人民政协的一项基础性、经常性工作。市政协专门召开社情民意信息工作会议，进一步修订完善社情民意信息反映工作制度。一年来，共收到委员反映社情民意信息120条，市政协编发《社情民意》10期16条，以信函形式向有关部门反映31条。在市领导和相关部门的重视下，“关于加强学校门口交通管理，建议部分路段设置为单行道”、“关于加强户外广告牌安全检查的建议”、“关于规范中介招工行为，维护企业用工稳定的建议”等一批社情民意，得到部分采纳落实。此外，向嘉兴市政协报送社情民意信息18条，其中“加强预付式消费行为管理”和“刑法修正案(八)(草案)的不足和有关建议”两条信息被转报省政协，“充分利用生物质能资源，推进农村生态文明建设”被嘉兴市政协转发有关部门办理。

继续办好政情咨询会，发挥其沟通各方、释疑解惑的积极作用。随着我市机动车保有量快速上升，行车难、停车难问题日益突出，成为广大群众和委员们持续关注的焦点。市政协以“维护公共交通秩序”为主题，继续举办政情咨询会活动，邀请市政府主要领导和分管领导到会，请相关职能部门负责同志现场解答委员和市民代表的咨询。会前，委员们深入基层，广泛了解市民对改善公共交通秩序所关切的问题，为开好这次会议作了认真的准备。咨询会上，针对委员所咨询的问题，相关部门作了实事求是的解答。会后，咨询会询答内容专版刊登在《嘉兴日报·平湖版》上，平湖电视台还专门制作并播放了咨询会专题片，让更多的市民了解这项工作。

为进一步推进委员与群众的经常性联系，市政协在2009年开展政协委员“进企业、进农村、进社区”活动的基础上，建立了“三联”机制，要求各委员活动组至少联系一家企业、一个村、一个社区，并深入基层开展活动。一年来,委员们把开展“三联”活动作为了解社情民意、践行履职为民的重要渠道,如工业组组织开展为初创企业“体检”活动,引导企业依法经营,增强风险防范意识;科技组组织开展“科技沙龙”活动,为推进企业技术和管理创新建言支招;港澳台侨联谊组组织开展统战、涉台、侨务知识进社区、进乡镇、进学校活动,一方面宣传相关知识,另一方面开展为民服务活动等。此外,各委组根据各自的实际和委员特长,组织开展帮困济贫、结对助学、义务诊治等活动,有效解决群众实际困难,树立了政协委员的良好形象。

四、在加强团结联谊上下功夫,营造和衷共济发展环境

市政协常委会始终坚持团结、民主两大主题,在市委的统一领导下,加强与社会各界的联络联谊,进一步形成共识,增进团结,为全市经济社会科学发展凝心聚力。

密切与市各民主党派、工商联、人民团体的联系,着力营造和谐融洽的合作共事氛围。市政协十一届四次会议后,政协领导分别走访了各民主党派、工商联、人民团体,征求做好新一年政协工作的意见建议;在全会召开前,专门召开各党派团体负责人座谈会,认真听取他们一年来的工作情况,征求他们对全市工作和政协工作的意见建议。重视邀请他们参与政协重要活动和集中学习,充分发挥各党派团体在政协中的重要作用。一年来,市各民主党派、工商联、人民团体充分依托政协这一平台参政议政,认真参与政协重点课题调研和协商议政,积极提交提案,反映社情民意,履职成效不断提高。

加强与政府部门和社会各界的沟通联系。主动开展对口联系工作,增进政协委组和党政部门的联系、交流与协作,形成信息共享、工作互动的良好机制。通过举办迎新茶话会,与市委统战部共同举办全市“三胞”亲属茶话会等活动,联络各界感情,增进各界团结。组织港澳台侨联谊组委员赴厦门参加海峡两岸机械电子商品交易会,发挥自身优势,推进招商引资工作。重视加强与民族宗教界委员的联系,促进民族团结、宗教和睦。

加强委员之间的团结联谊,坚持每季度开展政协领导走访委员活动,了解委员的工作、学习和生活情况,征求委员们对全市工作和政协工作的意见建议。创新举办以“创卫工作大家谈”、“平湖风光书画摄影”内容为主题的委员沙龙活动,既为委员履职搭建了新的平台,也围绕共同的兴趣爱好开展活动,进一步营造政协工作和谐融洽的氛围。此外,不少委组广泛开展联组活动,为委员们相互了解、取长补短、加强联谊提供了新的渠道,也进一步活跃了委组工作氛围。支持和保障政协之友社开展各项联谊活动,发挥老委员的作用。加强政协书画联谊会班子建设,组织书画联谊会会员开展作品创作,弘扬优秀传统文化。加强与周边县市政协的沟通联系,开展相互联谊和学习考察活动,共同提高工作水平。市协进职业学校以成立25周年为契机,进一步拓宽办学思路,在为社会办好事、做实事上迈出了新的步伐。

五、在加强自身建设上下功夫,推动政协工作创新发展

市政协常委会主动适应新形势新任务要求,重视加强政协自身建设,推进履行职能的制度化、规范化和程序化,为开创政协工作新局面奠定了坚实基础。

扎实开展“学习型政协”建设活动。出台了《平湖市政协2010年建设“学习型政协”实施意见》,制订了具体学习计划,着力营造浓厚的学习氛围。继续组织委员活动日集中学习,分别就“国内外经济形势及发展趋势”、“当前中国周边形势及我国外交对策”课题邀请有关专家学者作专题报告,年末邀请市政府主要领导向全体委员通报全市经济社会发展情况,帮助委员更好的知情明政。围绕学习贯彻市委十二届九次全体(扩大)会议精神,专门举办了以“推进生态文明建设”为主题的暑期读书会,相互交流,建言献策。各委组在抓好委员履职的同时,组织委员认真学习时事政治和业务知识,帮助委员提高理论水平和履职能力。

进一步突出界别在政协履职中的独特作用。市政协十一届四次会议以来,更加重视改进界别工作,建立了界别委员召集人例会制度,继续开展界别活动周集中活动,进一步强化界别提案、界别信息等工作,发挥好广大委员在界别群众中的代表作用。注重抓好界别活动与党政中心工作、与调查研究活动、与界别自身特色、与为民办实事活动的有效结合,进一步提升了界别活动的成效。

不断探索委员履职新机制和委组工作新方式。建立了委员年末履职述职制度,印发了《政协委员履职情况登记表》,推动委员认真履职。各委员活动组、政协联络室积极探索完善履职机制、丰富履职形式,如部分委员小组、政协联络室积极争取党委的支持,由镇(街道)党委批转了委员小组、政协联络室年度工作计划,将工作经费列入同级财政预算,进一步保障了基层政协工作顺利开展;新埭镇委员小组充分发挥政协联络室功能,成立了社情民意接待中心,开辟了社情民意网络专栏,设立了社情民意交流日,密切委员与群众的联系;新仓镇委员小组创造性地开展评议基层单位工作,促进了基层单位服务效能的提升。

加强政协宣传和文史资料工作。召开了市政协宣传工作座谈会,邀请市委宣传部领导和新闻媒体负责同志、记者一起参加,商讨加强政协宣传工作的方式方法。重视与《联谊报》、本市新闻媒体的协助配合,共同做好政协重要活动、履职成果和委员风采的宣传报道。完成平湖政协网站改版,拓宽网站功能,进一步推进政协工作信息化建设。认真做好新《平湖政协》创刊准备及首期出版工作。召开市政协文史工作会议,进一步推进文史工作。全年编发《文史通讯》4 期,扎实推进《平湖政协志》编纂并完成《嘉兴市政协志·平湖篇》的编纂任务,发挥文史资料存史、资政、团结、育人的作用。

根据市委统一部署,市政协机关认真开展“金平湖先锋”创先争优活动,健全学习制度,加强机关建设,顺畅机关运作,提高服务水平,努力把政协机关建成“委员之家”,为广大委员履职提供良好服务。与此同时,政协领导班子成员和机关干部还直接参与口岸开放、九龙山开发、融资保障、独山港区建设和“两新”工程征迁等全市中心工作。

一年来,市政协在履行职能的各个方面取得了新的成绩,这是在中共平湖市委的正确领导下,市人大、市政府、各部门和社会各界共同支持的结果,是各民主党派、工商联、人民团体共同努力的结果,更源于广大委员对政协工作的热情,对促进科学发展的激情,对广大群众的深厚感情。在此,我代表市政协常委会,向政协各参加单位和全体政协委员,向所有支持、关心政协工作的各级领导和各界人士表示崇高的敬意和衷心的感谢!

在回顾过去一年成绩的同时,我们也清醒地看到,履职工作中还存在许多需要进一步研究改进的方面,比如,如何进一步改进协商议政的选题、调研、协商和成果转化工作,更好地服务全市发展大局;如何进一步加强民主监督工作机制建设,为委员履行民主监督职能提供制度保障;如何更好地推进政协工作向基层延伸、向新的社会阶层延伸、向社会组织延伸,增强人民政协的团结面和包容性;如何进一步改进和创新履职工作,提高政协工作科学化水平;如何进一步加强委员队伍建设,充分调动全体委员的履职积极性等,还需要在新的一年中认真研究,努力改进,积极探索。

专　记

创建国家卫生城市

平湖市1996年获浙江省卫生城市称号，1998年、2004年、2007年三次通过省复查验收。为进一步巩固卫生城市创建成果，改善人居环境，2005年，市委、市政府提出以创建国家卫生城市为内容之一的“五城同创”活动，在完成各项筹备工作后，2010年正式启动创建国家卫生城市工作。2011年是启动创建的第二年，市委、市政府从贯彻落实科学发展观和建设“生态文明”的高度出发，本着“创卫为民、创卫惠民”的宗旨，按照拟订的创建国家卫生城市实施方案和实施计划的具体要求，周密部署，广泛宣传，全民动员，攻坚克难，掀起一轮又一轮的创建高潮，各项基础设施加快完善，专项整治深入实施，长效管理初显成效。2011年7月5日，平湖市创卫工作通过嘉兴市级考核，由嘉兴市爱卫办向浙江省爱卫办推荐上报。

加强领导　健全制度

市委、市政府按照“创卫为民、创卫惠民”的创建宗旨和“提升市民素质和提升城市形象，改善人居环境和改善投资环境”的“两提升、两改善”创建目标，把创卫工作作为全市的重点中心工作来抓。一是强化组织领导。成立由市长任组长的创建国家卫生城市领导小组，下设办公室，有工作人员20多名。成立9个创卫专项工作组，分别由市领导牵头负责，各相关部门、街道一把手具体负责。各街道、部门、社区分别成立创卫工作机构，由主要领导亲自抓，分管领导具体抓。创建过程中，市委、市政府适时听取创建工作汇报，召开专题会议研究、部署、协调工作。市人大、市政协常委会通过听取工作报告，组织视察调研，大力支持工作开展。二是健全制度，细化责任分解。针对创卫工作涵盖面广、内容繁复的特点，将全市创卫区域分成27个网格式责任区域，横向到边、纵向到底。每个网格式责任区域都由市领导联系挂钩，牵头责任部门、单位负责，相关部门、单位配合，主城区两个街道和市级机关所有部门、单位按照分工全部参与其中。市领导率先垂范、深入实际，现场督查，现场办公，着力推动解决重点难点问题。并建立市级领导每月督办制度、专项整治例会制度、督查交办制度、考核奖惩制度、信息报送等工作制度，确保工作高效运转。三是拟定下发配套文件，推动工作有序开展。根据创建目标和实际情况，先后制订《平湖市创建国家卫生城市规划》、《平湖市创建国家卫生城市工作实施方案》、《平湖市创建国家卫生城市工作责任分解“一办九组”及各部门(单位)职责》，要求各部门、街道、企事业单位、社区做到创卫有计划、有部署，层层有人抓，事事有人管，形成全方位、全覆盖的工作格局。为进一步增强各级、各单位的工作主动性、责任心，还出台《平湖市创建国家卫生城市责任追究暂行规定》及《平湖市创建国家卫生城市工作考核办法》，实行“督查+考核”双管齐下的推进机制，各项工作得到较好落实。

广泛宣传　全民参与

以提高市民文明素质、动员全民参与为着力点,进行广泛的宣传发动。2 月 26 日,市委、市政府召开"全市创建国家卫生城市再动员大会",各街道、部门(单位)、社区千余人参加大会,市委书记、市长分别讲话、作动员。会后,全市上下层层动员部署,广泛发动,各级领导干部和机关工作人员带头参与创卫行动。同时,通过发倡议书、举办广场文艺、发放宣传资料、各类广告等形式,广为宣传。先后制作分发《创建国家卫生城市——人人参与、人人知晓》、《创卫指南》、《创卫与健康——市民读本》等资料 12 万余册(份)、发放健康教育宣传画 2 万张、设立大型公益广告 5000 平方米、绘制墙体创卫宣传 2 万平方米,编写创卫简报 59 期。充分发挥新闻媒体作用,大力推动舆论造势。电台、电视台、《嘉兴日报・平湖版》开设创卫专题专栏,高密度、多视角、深层次宣传报道创卫工作。中国・平湖门户网、平湖网、平湖创卫信息网每日更新创卫信息,实时报道创卫进展情况。并先后组织开展"千名创卫志愿者大行动"、"千名党员干部遵守十不行为规范签名活动"、"万名党员助推创卫活动"、"创卫热心人评选"等活动,使更多的干部群众成为创卫工作者、宣传员。成立交通文明劝导队、网格式管理巡查队、健康教育讲师团等队伍,举办了"喜迎佳节,清洁平湖"、"办实事、整治城市环境卫生"等一系列创卫行动及"我心目中的卫生城市"征文摄影大奖赛,"创卫拍客"大奖赛等市民互动活动,吸引广大市民参与其中。通过多种形式的宣传和主题活动,增强了创建活力,提升了市民的文明卫生素质,营造了全民参与创卫的浓厚社会氛围。

加大投入　夯实基础

一是加强城市基础设施建设和维护。建成环城东路北段、新华南路延伸段、文涛路等一批市政道路,改造了环城西路、梅园路、当湖西路等道路,新建平湖大道大型货车停车场和 2 个公交首末站,新建公共厕所 23 座、粪便处理站 1 座、垃圾中转站 3 座。在拉大城市框架的同时,加大对城市基础设施的维护力度,连续实施市政设施改造提升工程,对主次干道以及背街小巷进行整修,疏浚下水道,改造垃圾房,城市道路更加整洁、通畅。

二是加大老住宅小区改造力度。城区的老住宅小区多建于上世纪 80、90 年代,普遍存在雨污不分流,道路破损狭窄,管线凌乱,墙体剥落,绿化损坏等问题。为此,改造老小区成为创卫重点工作内容。在前期完成 27 个老住宅小区改造的基础上,2011 年又对 12 个老住宅小区进行改造,实施雨污分流,拓宽、维修小区道路,增设停车泊位,改造小区绿化,完善小区配套设施,规范小区管理。到年底,基本完成改造的老住宅小区达到 39 个,累计投入资金约 6500 万元。通过几年的努力,城市的老旧小区环境面貌有很大提升,人民群众的居住环境得到有效改善。

三是加大城中村等改造力度。城中村环境卫生一直是创卫工作的难点问题,长期以来存在污水直排、乱堆放、乱种植、乱搭建等现象。为加快推进城中村和自建房小区的整治改造工程,市政府下发《关于市区城中村及城乡结合部整治改造的实施意见》,明确整治改造标准、范围及要求。用一年左右时间,先后投入近 1.5 亿元,基本完成城区 34 个城中村和自建房小区的综合整治改造。按照硬化、亮化、绿化、美化、净化的要求,拆除违章建筑,铺设污水管网,完善卫生设施,整治河道,硬化路面,增设停车泊位,安装路灯,粉刷墙面等,使城中村、农民自建房小区面貌得到根本性改观。

四是加大农贸市场改造力度。创卫开展前,城区的农贸市场普遍存在蚊蝇孳生、污水横流、摊位摆放杂乱、货品未划行就市、畜禽宰杀不隔离、公厕脏乱不堪等问题。创卫工作开展以来,投入1.8亿元异地新建或改造提升市区农贸市场11个,做到城区农贸市场提升改造全覆盖。其中新建北门(中心)、华家、祥中、永丰4个农贸市场,改造南门、南市、三号桥、凤凰、东升等5个农贸市场和白马堰、福臻2个临时点。改造后的农贸市场基础设施和整体环境大为改善,均达到标准化菜场设置与服务管理要求,从根本上改善了城区农贸市场的购物环境,群众满意度大幅度提高。此项工作得到嘉兴市副市长蒋仁欢的批示肯定,6月10日,嘉兴市农贸市场改造提升工作现场会在平湖召开。

五是大力实施城市绿化和亮化工程。加大城市绿化工作力度,先后建成荣获中国人居环境范例奖的东湖景区、白马湖公园、葛家塘滨水景观廊道等园林精品工程,以及一大批园林小区、园林绿地。全面启动城市亮化改造和建设工作,特别是东湖景区的不断改造和提升,增加了城市的亮点,实现了市区道路、桥梁、楼体、橱窗、户外广告的亮化,城市夜景更加优美。

关注民生　整治环境

坚持“创卫为民,创卫惠民”理念,把创卫工作作为重要的民生工程、民心工程和实事工程来抓。开通创卫投诉举报电话和邮箱,设立创卫论坛、创卫议事厅等畅通的投诉渠道,在线受理市民建议意见、投诉咨询,落实专人交办、督办,解答市民咨询问题600多个,办理群众投诉举报250多件。开展“创卫民生问题办理月”活动。在2010年排摸并解决180个民生问题的基础上,2011年4月至5月,再次在各社区开展创卫民生问题摸底工作,整理汇总、集中交办民生问题850件,由市领导挂钩督办,年底基本办理完毕,得到群众的普遍认可。与此同时,市领导对排摸的问题经过筛选,择其大者要者,组织开展系列专项整治,先后启动了城区拆迁后空地环境、市区交通秩序、城区废品收购站点、小区管线、越门设摊、建筑工地、关帝庙乱设摊等20多个环境卫生专项整治行动,拔除了一个个城市卫生管理的顽点、盲区。经过整治,清除了居民小区、城中村及城乡结合部环境卫生乱搭建、乱堆放、乱种植,清理乱涂乱画乱贴和卫生死角;取缔利用废旧木材和服装边角料作燃料违规开设的开水房77个,规范设置一批节能环保的开水供应点;对80多个小区内的各类管线进行整治,加强小区保洁队伍建设,落实环境卫生保洁制度;规范市区“五小”行业、取缔无证经营;制订“四害”监测方案,做好“四害”滋生地清理工作,完善重点行业、重点区域防蝇防鼠设施建设,11月中旬城区通过省级除“四害”先进城市达标考核;对城区建筑工地定期进行检查,检查结果纳入企业诚信考核系统;专项整治废品收购站点,取缔建点86个,整改规范26个;开展城区交通秩序专项整治,完善规范交通标志,新设停车泊位3500多个;结合“美丽乡村”建设,对六店大桥、福臻桥、古横桥等城乡结合部的环境卫生进行综合整治,拆除违章搭建,清理乱堆放,进行绿化、净化、美化,增添了市政和环卫设施;开展修理和洗车业整治、城区船只乱停泊专项整治、沙石料堆场整治、犬类专项整治等工作。围绕“改善市容市貌,提升城市形象”这个主题开展的专项整治行动,极大改善了城市面貌,提升了城市品位,实实在在地体现了创卫为民、创卫惠民的宗旨。

平湖市创建国家卫生城市工作正在有序推进，并已取得积极成果。创卫给平湖城市整体环境面貌带来的根本性变化日益彰显，创卫工作已成为群众参与度和认可度最高的政府工作之一。平湖市将进一步按照《国家卫生城市标准》，锲而不舍，继续努力，并突出长效管理，力争通过创建为广大市民创造更好的生活环境，早日通过国家爱卫办考核。（刘小丰　留研微）

“金平湖·美丽乡村”建设

随着统筹城乡改革发展的深入实施，浙江省在2010年提出建设美丽乡村，并专门制订《浙江省美丽乡村建设行动计划（2011—2015）》。据此，平湖市以“新村示范、村庄整治”工程为抓手，结合新市镇新社区建设、中心村培育、农村土地综合整治等重要工程实施，强化组织领导，落实政策措施，加强要素投入，积极开展“金平湖·美丽乡村”建设，扎实推进农村整治建设方式转变，有效推动新农村建设水平提升和农村生态文明建设。2011年，平湖市荣获首批“浙江省美丽乡村创建先进县”称号，为“十二五”时期打造宜居宜业宜游的“金平湖·美丽乡村”开了一个好头。

规划引领　形成美丽乡村建设平湖特色

美丽乡村建设是新时期新农村建设的新实践。平湖市在综合考虑区位优势、资源禀赋和发展水平等条件的基础上，通盘布局、全域设计，高标准高起点谋划美丽乡村建设格局，开启美丽乡村建设平湖实践。确定建设主题。将美丽乡村作为新农村建设的特色品牌，致力打造美丽乡村平湖特色。突出平湖市传统特色农村风貌，从传统历史、农业产业等实际出发，确定以“金平湖”为主题，打响美丽乡村建设“金平湖”区域品牌。同时，融合特色优势产业、建设愿景等因素，精心设计“金平湖·美丽乡村”建设标识，广泛应用于全市美丽乡村建设各领域和全过程，提高“金平湖·美丽乡村”建设的群众知晓度、认可度和美誉度。明确建设目标。在深入总结近年来村庄整治、“两新”工程、农业“两区”等建设经验的基础上，积极谋划美丽乡村建设思路，制订出台《关于推进“金平湖·美丽乡村”建设（2011—2015年）的实施意见》，明确到2015年，全市60%以上的镇（街道）达到“金平湖·美丽乡村”的建设要求，80%以上的村成为“金平湖·美丽乡村”，形成“一镇一品牌、一村一特色、一点一景观”的美丽乡村建设格局。编制建设规划。按照“全域规划、全域整治、全域建设”的理念，精心编制美丽乡村建设规划，形成以《平湖市“金平湖·美丽乡村”建设规划（2011—2015年）》和《平湖市平原绿化规划（2011—2015年）》为龙头，以村庄布局规划、中心村建设规划、农村土地综合整治规划、特色文化村落保护与发展规划等四项专业规划为基础的“2+4”美丽乡村建设规划体系，力求以科学的规划引领“金平湖·美丽乡村”建设实践。规划“金平湖·美丽乡村”建设空间格局为“一环、四线、八区”。

突出重点　打造美丽乡村建设金字招牌

美丽乡村建设是深化村庄整治工作、提升新农村建设水平的重要平台。平湖市紧紧围绕“四美、三宜”的总体要求,联动推进生态人居、生态环境、生态经济和生态文化建设,努力将“金平湖·美丽乡村”打造成为平湖市新农村建设的金字招牌。

布局点金,推进农房改造集聚。按照“规划科学布局美”的要求,细化完善村庄布点规划,形成了以主城区为核心、6个镇区为节点、32个新社区为基础的“1632”网络型城市体系,引导农民居住梯度集聚。大力实施“金平湖·美丽乡村”建设规划,以中心村(示范性城乡一体新社区)、农家乐、农业“两区”和农业龙头企业为节点,串点成线、联网扩面、整体推进,着力构建农村集聚发展新格局。2011年,全市累计改造集聚农房20089户,农户居住集聚率达到24.2%。

生态添金,开展环境综合整治。按照“村容整洁环境美”的要求,丰富村庄整治内涵,实现村道硬化、垃圾收集、卫生改厕、污水治理、村庄绿化等五大项目扩面提升,农村人居环境持续改善。积极开展“森林平湖”建设,实施“三清两绿”三年行动计划,农村生态环境更加美化。到2011年底,累计建成省级全面小康示范村(新社区)26个、省级绿化示范村20个、省级森林村庄4个,省级生态镇实现全覆盖,嘉兴市级生态村覆盖率达到49.5%,农村垃圾收集处理实现全覆盖,农村生活污水治理率67.4%,农村卫生户厕比率97.7%。新仓镇荣获“全国环境优美乡镇”称号。

产业掘金,发展生态高效农业。按照“创业增收生活美”的要求,以创建国家现代农业示范区为总导向,全面实施“238”现代农业园区发展战略,农业综合生产能力、市场竞争能力和可持续发展能力进一步增强,产业转型升级迈出坚实步伐。以创建省级生态循环农业示范县(市)为契机,创新发展了“秸秆—蘑菇—芦笋”等多种循环经济模式。实施精品培育项目,提升发展金龙门、金稼园、金丝娘等7个省级农家乐特色点(村),全年农家乐接待游客143万人次,直接营业收入1.17亿元,同比分别增长40.1%和30.9%。

幸福含金,提升农民生活品质。按照“乡风文明身心美”的要求,扎实推进农村生态文明建设,深入开展“十万农家创文明”活动,科学、健康、文明的生活方式和社会风尚逐渐形成。创新发展“新仓经验”,强化农村公共服务,“网格化管理、组团式服务”、镇(街道)干部驻村工作室实现全覆盖。实施农民增收九大行动、农民素质提升、“五个一批”人才培育等工程,充分发挥了农民的积极性和主动性,农民就业创业政策体系进一步完善。2011年,全市农民人均纯收入16641元,同比增长16.4%;农村社会养老保险覆盖面进一步扩大,参保人数累计达到16.6万人,新型农村合作医疗参保率达到97.39%。

强化保障　营造美丽乡村建设良好氛围

美丽乡村建设是促进城乡融合发展、增进民生福祉的德政工作。平湖市把“金平湖·美丽乡村”建设摆上重要议事日程,建立健全工作机制,强化措施落实,形成共建共享美丽乡村的良好氛围。加强组织领导。成立以市主要领导挂帅,相关部门主要负责人和镇(街道)“一把手”为成员的“金平湖·美丽乡村”建设工作领导小组。镇(街道)也建立相应的工作机构,配强工作力量,做到了党政主要领导亲自抓、分管领导具体抓。落实各创建村党支部书记为第一责任人,充分发挥各创建村的主体作用。整合各方力量。加大财政投入力度,安排美丽乡村建设专项资金1.1亿元;鼓励镇(街道)、村多方筹资配套投入,仅农村环境整治,全市各级投入资金超过1个亿。

加强部门协作,按照"美丽乡村规划建设到哪里,相关部门的服务和资金配套就跟到哪里"的要求,引导各类建设项目向美丽乡村建设倾斜、集聚,做到资源整合、资金统筹、配套推进、成果共享。完善工作机制。健全领导(部门)联系挂钩、通报、例会、督查检查等制度,确保各项建设工作落到实处。强化考核机制,将美丽乡村建设列为镇(街道)、部门目标责任制和新农村建设考核重要内容,切实增强广大干部群众建设美丽乡村的责任意识。完善长效管理机制,严格人员、制度、职责、经费"四落实",形成农村新社区管理常态化、制度化和规范化。美丽乡村建设是一个长期的过程,没有最美,只有更美。下一步,平湖市将以科学发展观为统领,集中精力抓推进,强化措施抓执行,加快建设"金平湖·美丽乡村",建设富有时代气息和平湖特色的"江南水乡",努力打造全省平原地区美丽乡村建设的样板。重点抓好四方面工作:

稳妥推进"两新"工程,进一步提高农房集聚水平。按照"做大中心点、做优一般点"原则,优化空间布局规划。坚持建设标准,兼顾农房特色和功能,加快推进新市镇新社区建设。加强中心村(示范性城乡一体新社区)建设,引导公共资源、产业要素和农村人口合理集聚。强化土地综合整治项目实施,加大农房搬迁和土地复垦力度,缓解土地供需矛盾。

加快建设农业"两区",进一步推进现代农业发展。深化实施"238"现代农业园区发展规划,加快新型农业经营主体培育,强化农业科技创新与应用,提升现代农业园区建设水平。加快粮食生产功能区建设,健全管护机制,提高粮食综合生产能力。

全面整治城乡环境,进一步推动人居环境改善。按照"三年"活动"九大专项"行动的总体部署,扎实开展整治城乡环境专项行动。加强待整治村和整镇整治项目实施,加快打造美丽乡村精品线,着力提升东线"合作之源",突出抓好北线"瓜果田园"建设,同步推进西线"菜花飘香"、南线"滨海新城"建设,扩大美丽乡村建设的示范带动效应。

积极培育乡土文化,进一步丰富美丽乡村内涵。坚持保护和开发相结合,着力培育行知文化等具有浓厚地方特色的乡村文化,加快建设特色文化村,进一步彰显美丽乡村建设文化魅力。大力培育产业文化,丰富乡村文化内涵。积极发展"金平湖"文化旅游业,促进乡村文化保护传承与旅游经济发展良性互动。　　(王利燕)

平湖市荣获"全国粮食生产先进单位"称号

平湖市继2003年、2009年两次荣获全国粮食生产先进县(市)称号后,2011年被评为全国粮食生产先进单位,受到国务院表彰。长期以来,平湖市以农业增效、农民增收为主题,以提高粮食综合生产能力、确保粮食安全生产为目标,以完善农田基础、改善农田生产环境为抓手,围绕稳定面积、主攻单产、提高总产,不断创新服务形式、拓展服务内容,粮食生产实现了连续多年持续稳定发展的良好态势,2011年,全市粮食播种面积55.2万亩,比上年增加2.9%;粮食总产量达到24.6万吨,连续6年超出

22万吨,粮食生产再创历史新高。

切实加强领导　强化粮食生产安全责任

平湖市历届党委政府高度重视粮食生产,把稳定粮食生产和确保粮食安全作为工作的重中之重,全面落实粮食安全行政首长负责制,明确主要行政负责人为粮食安全第一责任人,分管负责人为具体责任人。市政府每年根据省政府有关文件要求,及时下发关于抓好粮食生产工作的文件,将年度粮食生产任务分解到各镇(街道),与各责任主体签订粮食生产安全责任书;建立粮食生产安全责任考核办法,并将其纳入各镇(街道)和市相关部门的年度目标考核内容,对考核前三名的单位给予表彰、奖励;建立粮食生产联系、督查制度,认真做好粮食生产指导服务,对年度粮食生产目标落实情况进行督查,确保"五个到位",即:领导到位、政策到位、责任到位、指导到位、服务到位。

注重规划引领　科学确定粮食生产空间

粮食是战略产业,粮食安全问题事关社会稳定和经济持续发展。为了在工业化、城镇化加速推进的过程中确保粮食生产的有效空间,稳定粮食生产,平湖市认真落实省政府开展粮食生产功能区建设决策,结合农业实际,编制了《平湖市粮食生产功能区建设规划(2010—2018年)》,对全市粮食生产功能区建设的总体布局、建设内容、资金筹措、保障措施等方面提出了具体要求。规划从2010年至2018年,通过农田基础设施建设、农田质量提升工程建设、三新技术推广工程建设和社会化服务组织建设,建成粮食功能区154个、总面积19.33万亩,其中1000亩以上粮食生产功能区66个、面积14.72万亩。为推进规划实施,市政府制定出台了粮食生产功能区建设实施意见,建立了粮食生产功能区建设专项资金,成立了由市长任组长的粮食生产功能区建设领导小组,加强对粮食生产功能区建设工作的领导和支持。通过功能区规划,进一步明确粮食生产的空间布局,为进一步改善粮食生产条件,确保粮食播种面积基本稳定,提高粮食综合生产能力创造了条件。

落实扶持政策　提高农民种粮积极性

粮食生产的主体是农民,在种粮比较效益相对较低的情况下,调动农民的种粮食积极性是确保粮食生产安全的关键所在。为此,平湖市在认真宣传、及时兑现中央、省强农惠农政策的同时,连续多年制定了扶持粮食生产的政策意见,2011年在市政府出台的《关于加快国家现代农业示范区建设推进城乡统筹发展的若干政策意见》中进一步明确了支持粮食生产和功能区建设的政策措施,对小型农田水利设施建设、粮食生产功能区、高产示范竞赛、"三新"技术推广、农机购置和机械作业、种子储备、标准农田质量提升、测土配方施肥、肥药减量增效等给予补助或奖励。对农民购买良种除享受中央、省以上政策补助外,市财政已连续多年每年安排100万元以上专项资金用于配套补助。2010—2011年度市财政用于粮食生产的扶持资金达2800多万元。政策措施的落实,进一步调动了农民的种粮积极性。

加强技术指导　强化粮食生产科技支撑

近年来,平湖市不断完善农业新型农技推广体系建设,通过示范引导,提高农民学科技、用科技的积极性。通过大力推广种子种苗工程,示范推广单季晚稻"五改"技术、精确定量栽培、病虫害综合防治、测土配方施肥和肥药减量增效等节本增产增效技术，努力提高粮食生产水平。一是积极实施种子种苗工程。通过与省内外科研院所合作，加强粮油新品种引进试验示范，积极推广优质晚稻新品种，优化品种结构。2011年，全市粮食优质良种覆盖率达到98%以上，其中晚稻主导品种“秀水134”与“秀水114”推广面积28.7万亩，占全市晚稻总面积的87.8%。二是全面开展粮食高产创建活动。2009年以来，全市已建立农业部高产创建万亩示范片4个，通过建立粮食优质高产示范片，推进优良品种和各项先进适用技术的应用。2011年，全市共建立水稻示范方56个，面积3.5万亩，其中万亩水稻高产创建示范片1个，千亩以上水稻示范方10个，百亩高产核心示范方45个，攻关田27块，科技示范户200户。通过测产验收，示范方平均亩产达到652公斤，攻关田最高亩产达到760公斤。三是加大测土配方施肥和农药减量增效技术推广力度。以标准农田地力提升、病虫害预测预报为载体，结合农业面源污染治理，农药减量增效技术推广，加强配方肥施用，全市测土配方施肥面积达65万亩，水稻农药减量增效技术推广面积21万亩。四是扩大标准化技术覆盖范围。以无公害基地创建为突破口，加强标准化生产技术示范推广，改善稻米产品质量，增强农民无公害生产意识。全市已建成无公害大米基地8个、面积17.9万亩，绿色大米品牌1个。

加强基础设施建设　提高粮食生产能力

近年来，平湖市结合土地整理、标准农田建设、农业综合开发项目和现代农业示范区建设，全面开展了新一轮高效灌排体系建设，累计已建成地下灌溉管道3000多公里，控制灌溉面积近46万亩，覆盖全市农田面积的97.8%。2011年新建地下灌溉渠道47.62公里，新建砼U型槽排水沟46.9公里，新建、改建泵站55座，维修泵站229座，节水灌溉完成推广喷微灌面积2184亩、UPVC提水泵管47台，疏通灌溉渠道31.55公里。围绕创造肥沃、健康、安全的农田土壤环境，2009年开始实施标准农田质量提升工程，通过种植绿肥、秸秆还田、增施有机肥等地力培肥措施，实施区耕地质量明显提升。项目总实施面积2.02万亩，已建设地力培肥综合示范方9个，合计4137亩次；累计实施秸秆还田面积43216亩次；机械翻耕面积14585亩次；配方肥施用面积27184亩次；推广商品有机肥17855亩次、计2678吨；开展冬绿肥种植示范600亩次。

推广社会化服务　保障粮食生产安全

为推进粮食生产规模化经营，积极创新粮食生产经营体制机制，建立和完善专业合作组织，提高社会化服务水平，开展多形式“代耕代种”、“统防统治”等社会化服务，全市已建立农民专业合作社83家，其中粮油类专业合作社21家。2011年，21家服务组织与7454户农户共签订5万亩统防统治服务面积，通过加强农机服务，提高农业机械化水平，全市机械插秧6.12万亩，机械耕作53万亩，开展机械稻麦收割45万亩。同时，依托水稻产业提升项目，建设3300平方米规模机械化育秧中心1个，该机械化育秧中心的成功建设、运行为今后育秧中心的建设提供良好的模板，为实现平湖市水稻生产全程机械化、社会化服务打下了扎实的基础。（王利燕）

2011 中国·平湖西瓜灯文化节

2011 中国·平湖西瓜灯文化节与庆祝中国共产党成立 90 周年、庆祝平湖撤县设市 20 周年有机融合,合称“一节两庆”。节庆活动以“欢庆·和谐·发展”为主题,集中活动从 6 月 25 日开始,到 6 月 27 日结束,共举办文艺、灯展、经贸三个板块 10 多项活动。组委会精心设计活动载体,注重文化经济互动、彰显地方特色、提高群众参与度,有效地凝聚了人气、振奋了精神、推动了发展,进一步弘扬和传承了平湖地方优秀民俗文化,展示了平湖和谐、大气、开放、包容的城市形象。节庆期间,全市与外来客商共签订独资、合资和合作项目 36 项,总投资 166.77 亿元,41 个项目在节庆期间集中开工、开业、投产。另据不完全统计,节庆期间,全市接待外来游客近 4 万人次,旅游综合收入达 3300 多万元。

6 月 25 日上午,举行“欢乐平湖”系列——赛瓜事活动、“欢乐平湖”系列——游平湖活动,下午举行 2011 中国·平湖投资贸易洽谈会暨西瓜灯文化节经贸签约仪式,晚上,举行平湖市政府招待酒会、开幕式暨庆祝撤县设市 20 周年文艺晚会、“欢乐平湖”系列——赏瓜灯活动;6 月 25 日—7 月 5 日,举行平湖市庆祝建党 90 周年暨撤县设市 20 周年大型组灯展、仿瓜灯展,6 月 25 日—6 月 30 日,举行平湖市庆祝建党 90 周年暨撤县设市 20 周年精品瓜灯展。6 月 26 日上午,举行平湖市重大项目开工、开业、投产典礼,下午,举行 2011 经济转型与生物医药产业展望(平湖)论坛,晚上,举行放飞心愿——湖面放灯活动;6 月 26 日—27 日,举行“欢乐平湖”系列——东湖水上嘉年华活动。6 月 27 日,举行 2011 中国·平湖“当湖十局杯”围棋邀请赛,下午,举行平湖市庆祝中国共产党成立 90 周年红歌会,晚上,举行平湖市庆祝建党 90 周年暨撤县设市 20 周年焰火晚会。

开幕式暨庆祝撤县设市 20 周年文艺晚会

6 月 25 日晚,2011 中国·平湖西瓜灯文化节开幕式暨庆祝平湖撤县设市 20 周年“平湖国际箱包城之夜”文艺晚会在市体育馆举行。嘉兴市委常委、秘书长孙贤龙,平湖市委书记盛全生致辞,平湖市委副书记、市长翁建荣主持开幕式,浙江省人大常委会副主任冯明宣布开幕。来自省、嘉兴市有关部门领导、历任平湖市委书记;上海、广东、福建、湖北和省内杭州、宁波、温州等地经济界、金融界、科技界、文艺界、新闻界的朋友;日本、美国、韩国、加拿大、德国、澳大利亚、新加坡等国家和台湾、香港等地区的客商、朋友;平湖市荣誉市民、“东湖之友”奖章获得者、市政府高级经济顾问、招商功勋、在平投资客商以及上海市金山区、上海石化股份有限公司、嘉兴港区有关领导、市 4 套班子领导、部分老同志和在平有关单位领导等出席开幕式。开幕式后,举行了庆祝撤县设市 20 周年“平湖国际箱包城之夜”文艺晚会。

2011 中国·平湖投资贸易洽谈会暨西瓜灯文化节经贸签约仪式

6 月 25 日下午,在平湖市行政中心 3 号楼举行平湖投资贸易洽谈会暨经贸签约仪式。平湖市委书记盛全生,市人大常委会主任何大利,市委副书记、市长翁建荣,市政协主席徐春林,市委副书记胡水良等 4 套班子领导出席签约活动并见证签约仪式。签约仪式上,平湖市与各地客商共签订投资项目36个,涵盖工业、农业和服务业等领域,总投资166.77亿元。其中工业项目26个,总投资149.5亿元;服务业项目9个,总投资16.95亿元;农业项目1个,总投资500万美元。其中外商投资项目18个,总投资11.1亿美元;市外内资投资项目18个,总投资94.62亿元。

“当湖十局杯”围棋邀请赛系列活动

6月27日,2011中国·平湖“当湖十局杯”围棋邀请赛系列活动在平举行。本次活动由当湖棋院揭牌仪式,围棋国手对业余选手指导赛,媒体采访聂卫平、王汝南,围棋邀请赛以及围棋邀请赛现场挂盘讲解五部分组成。上午9时,当湖棋院揭牌仪式在市青少年宫隆重举行,副市长顾玉峰主持仪式,“棋圣”聂卫平和市委常委、常务副市长朱瑞俊共同为当湖棋院揭牌。新中国成立后第一代围棋国手、中国围棋协会主席王汝南应邀出席揭牌仪式并致贺词。市委常委、宣传部长王道平在揭牌仪式上讲话,市人大常委会副主任梁志康、市政协副主席王华根出席揭牌仪式。之后,围棋国手“一对十”对业余选手指导赛在市青少年宫底楼大厅举行,来自平湖市及嘉兴各兄弟县市区的20名围棋爱好者与“棋圣”聂卫平的两位高徒——围棋国手王煜辉、刘世振进行了比赛。在参加“当湖十局杯”邀请赛的间隙,聂卫平、王汝南出席了新闻发布会,与媒体记者进行了20多分钟面对面交流。下午,举行围棋邀请赛。由聂卫平和王汝南对弈,做示范表演,再现“当湖十局”经典。其间,国手七段王煜辉和女棋手初段陈盈为大家挂盘讲解,近200名围棋爱好者现场观摩。在平期间,聂卫平为平湖“当湖十局”题诗一首:“梅雨霏霏丽江南,范施惊风传千古。潋滟东湖棋子落,当湖十局出平湖”。

庆祝中国共产党成立90周年红歌会

6月27日下午,在市体育馆举办庆祝中国共产党成立90周年红歌会,市主要领导和镇(街道)、机关负责人等3000余人参加和观看了演出。庆祝建党90周年红歌会由老干部合唱团、市直机关合唱团、村干部合唱团、教师合唱团、驻平部队合唱团等10个合唱团和3个方阵的3000多名干部职工共同参与,分为“红船起航、红星闪耀、红旗飘扬、红歌嘹亮”4个篇章。红歌会在全场起立合唱《没有共产党就没有新中国》的嘹亮歌声中拉开序幕,台上台下以合唱、朗诵的方式进行互动,最后在歌舞《在灿烂阳光下》圆满结束。

经济转型与生物医药产业展望(平湖)论坛

6月26日,2011经济转型与生物医药产业展望(平湖)论坛在市行政中心举行,本次论坛由平湖市人民政府、国际生物医药与生物技术学会主办,邀请生物医药产业有关专家、学者及企业负责人作主题发言。全国政协副主席厉无畏向本次论坛发来贺信。论坛在解放军第二军医大学袁伯俊教授所作的《药物安全性评价与GLP》主题发言中拉开序幕。来自清华大学的罗国安教授及香港科技大学詹华强博士围绕我国传统医学——中医药学展开讨论,分别以《后基因时代的中医药现代化研究》、《中药发展方向的探讨——古方的二次开发》为主题在论坛上作了权威交流。《我国生物医药产业与企业投资选择》、《抓住机遇,迎接挑战——创新药物研究的趋势和对策思考》等专家发言,阐述了国际药物发展大变革、大调整以及生物医药产业发展的投资导向问题。

“欢乐平湖”系列活动

“欢乐平湖”系列活动包括“赏瓜灯”、“游平湖”、“赛瓜事”、“东湖水上嘉年华”等子活动。“赏瓜灯、游平湖”活动邀请了上海、杭州、宁波三地游客和本地新居民共计500人,到金龙门生态农庄参与园内的刻瓜灯、西瓜趣味游戏、品尝西瓜宴,在市区参观莫氏庄园等景点、观赏精品瓜灯展、仿瓜灯展。“赛瓜事”活动在金龙门生态农庄举行,除了传统的吃西瓜、刻瓜灯比赛外,还新增了西瓜棋、找西瓜比赛等。6月26日—27日,在东湖水面举行了“水上嘉年华”活动,国内外表演者在动力船的牵引下,脚踩水鞋在水面上前行并完成空翻、跳跃、绕行、旋转等高难度动作,吸引上万市民前往观看。 (刘 湉)

大　事　记

2011 年大事记

•1 月•

3 日　平湖市被评为 2010 年度全省防震减灾工作先进单位。

5 日　举行建行平湖支行中小企业经营中心揭牌暨银政银企签约仪式。

6 日　独山港区(镇)星华村通过嘉兴市气象局的验收,成为平湖市首个防雷安全示范村。

7 日　省人民政府发文公布第六批省级文物保护单位,平湖市庄桥坟遗址、戴墓墩遗址、马厩庙桥 3 处文保单位入选。

11 日　四川省青川县党政代表团一行到平,就平湖对青川实施两年援建工作进行交流,并送来感谢信。

12 日　平湖市农业保险行业协会成立。协会发起人为市畜牧兽医联站、市粮油种子技术推广站、市经济作物技术推广站,首批会员共 31 家。

13 日　召开全市深化供水管理体制改革会议。

17 日　平湖建立嘉兴市首家农村资金互助社新当湖农村资金互助社。互助社由平湖市供销合作总社参股,3 个合作社共同发起,募股总额 500 万元,入股社员 317 户。

同日　举行 2011 年金融与地方经济社会发展工作恳谈会暨项目推介、银企(区、项)合作签约仪式。

18 日　举行浙江景兴纸业股份有限公司 7 亿债券成功发行答谢会。

19 日　召开全市项目推进年誓师大会。

21 日　经浙江省档案局批准,市城建档案馆、市人口和计划生育局档案室被命名为浙江省首批示范数字档案室。

22 日 ~ 25 日　中国人民政治协商会议平湖市第十一届委员会第五次会议在市行政中心召开。

23 日 ~ 25 日　平湖市第十三届人民代表大会第五次会议在市行政中心召开。

25 日　举行平湖农村合作银行金诺大厦开工典礼。

27 日　日本 JFE 集团株式会社社长中岛广久一行到平访问。

1 月　全塘中心小学被授予“浙江省第三批艺术教育特色学校”称号,特色项目为剪纸。

•2 月•

2 日　科技部、财政部联合下发《2011 年度科技型中小企业技术创新基金第一批项目立项的通知》,由平湖迪工机械制造有限公司承担的“高效多功能笼式成缆机”、平湖中天合波通信科技有限公司承担的“长周期光线光栅 Q 开关脉冲式光纤激光器”和浙江新升生物科技股份有限公司承担的“印染废水高效处理设备”3 个项目列入。

10日　浙江新东(钢丸)有限公司总经理弓场利明一行到平访问。

同日　召开全市村级组织换届选举工作会议。

11日　市委、市政府召开全市三级干部大会。

14日　举行稻垣汽车配件(平湖)有限公司签约仪式。

15日　召开2011年全市蹲点招商工作座谈会暨动员大会。

同日　举行农经局人武部揭牌仪式。

18日　省教育厅、体育局联合下发《关于公布浙江省第四批浙江省体育特色学校的通知》,市百花小学榜上有名,特色项目为田径。

同日　市政府与第二军医大中医系举行战略合作签约仪式。

21日　举行日本电产三协(浙江)有限公司三期开业典礼。

23日　召开市纪委十二届六次全体(扩大)会议。

24日　全国残疾人工作示范城市验收组对平湖市残疾人工作进行考核检查。

25日　召开全市农村环卫长效保洁暨"美丽乡村"环境卫生集中整治动员会议。

同日　召开水利普查动员会议。

26日　召开全市创建国家卫生城市再动员大会。

同日　举行平师附小和白马小学合并仪式。

28日　由市委宣传部主管、嘉兴日报社平湖分社主办、市新闻网络中心承办、中国移动平湖分公司协办的平湖移动门户网站——"掌上平湖"正式开通,网址:3G. PH2009. COM。

•3月•

1日　举行嘉兴新嘉爱斯热电有限公司污泥焚烧项目投产启动仪式。

3日　省委常委、省纪委书记任泽民一行到平,调研村务监督委员会和村便民服务中心建设工作情况。

5日　平湖市首个旅游商品展示销售中心正式开业。销售中心营业面积近200平方米。

8日　由省科协党组书记鲁善增带队的全国科普示范县(市、区)创建验收组一行到平考察。

9日　中国首届百货渠道运营创新论坛暨平湖·中国服装城战略合作签约仪式在上海召开。平湖·中国服装城战略合作签约仪式由中国纺织品商业协会、平湖市人民政府共同主办,中国家用纺织行业协会《家纺时代》杂志社承办。

同日,上海市副市长赵雯一行到九龙山旅游度假区考察。

10日~11日　省卫生强市创建调研组到平调研。

15日　日本电产株式会社社长永守重信一行到平访问。

同日　平湖首推文化休闲之旅,接待首批由上海同济大学200名教师组成的旅游团。

16日　市档案馆新馆正式启用,"魅力平湖"展同时开展。市档案馆于2008年4月开工建设,2009年7月完成调试、搬迁并投入试运行。

18日　全市42个重大项目集中开工、开业和投产。

21日　全国人大外事局到平考察。

同日　召开独山港区石化产业园区发展规划评审会。

22日　副省长王建满一行到平调研旅游工作，嘉兴市委书记李卫宁等陪同调研。

23日　省扶残助残爱心城市考核组到平考核验收。

24日　由中国非遗保护中心等单位主办的2011中国桐庐国际剪纸艺术大展暨第四届“神州风韵”全国剪纸大赛在桐庐举行颁奖典礼，嘉兴学院平湖校区教师胡娇娇的作品《剪纸印象》获剪纸创意组一等奖。

25日　由中国服装设计师协会和汉帛(国际)集团共同主办的“汉帛奖”第19届中国国际青年设计师时装作品大赛在北京举行，嘉兴学院平湖校区教师孙璐的作品《糖厂》获国家奖。

26日　40名留日归国人士及新兴产业专家到平考察。

同日　前台湾高雄县县长杨秋兴一行到平访问。

28日　位于新埭镇大齐塘村福陵园公墓的革命烈士陵园正式启用。

同日　举行浙江嘉盛新材料有限公司开工奠基仪式。

同日　浙江申能光伏科技股份有限公司奠基仪式在市光伏(新能源)产业园举行。项目占地面积约80亩，总投资3亿元。

29日　电大平湖学院在园艺专业毕业生周晓的创业园举行“浙江电大农民大学生实践基地”揭牌仪式。

同日　举行国税局独山港区税务分局揭牌仪式。

30日　《平湖市国家现代农业示范区发展规划(平湖市“十二五”现代农业发展规划)》通过评审。

同日　举行市人民法院审判业务用房迁建项目开工仪式。

同日　举行平湖市当湖街道新当湖农村资金互助社开业典礼。

同日　嘉兴市服务业发展工作会议在海宁市召开，会上表彰2010年度嘉兴市8类服务行业十强企业，平湖市有5家企业入选，分别是平湖市亚太物流有限公司、浙江嘉兴港物流有限公司、平湖圣雷克大酒店、平湖市九龙山度假区旅行社有限公司、平湖市蓝天旅游有限公司，平湖圣雷克大酒店位居嘉兴十强星级酒店首位。

同日　全市“驻村工作室”工作现场推进会在新埭镇星光村召开。

31日　召开全市食品药品安全暨国家级药品安全示范市创建动员会。

同日　由平湖市委宣传部举办的“李叔同人格精神”座谈会在杭州李叔同纪念馆举行。

3月　启动国内定点招才计划，组建5个招才引智工作组，赴北京、上海、西安、重庆、武汉等高层次人才集聚地开展定点招才工作。

3月　全市村级组织换届选举工作全面结束，共选出村党组织、村民委员会、村经济合作社三套班子成员538名，其中村“两委”班子成员481名。

3月　由中央文明办主办的“我推荐、我评议身边好人”活动揭晓“中国好人榜”2011年2月入选名单，市公安局交警大队民警金贤明榜上有名，成为平湖市入选“中国好人榜”的第一人。

3月　第二届“紫禁城杯”(2010年度)全国文化遗产十佳图书评选揭晓，温州博物馆、平湖李叔同纪念馆联合编的《温州博物馆、平湖李叔同纪念馆珍藏弘一大师墨迹》(浙江古籍出版社2010年9月出版)一书入选。全书共收录两馆收藏的弘一手迹160多帧。

·4月·

1日起　平湖市最低月工资标准从980元上调至1160元,调整幅度为18.37%;非全日制工作的最低小时工资标准调整为9.5元,调整幅度为18.75%。

同日起　60周岁(含)以上、无社会保障的烈士子女,及在世时曾享受政府定期抚恤补助的在乡复员军人、带病回乡退伍军人、无工作残疾军人、参战参核试验退役人员的遗孀,纳入优抚范围。

同日　全省宣传信息工作会议在平湖市举行。

同日　位于独山港镇金桥村原沪杭公路东首与上海交界的"浙苏界"碑正式进入修缮施工阶段。"浙苏界"碑始建于民国23年(1934)。

同日　《求是》杂志副总编辑葛洪泽到平调研。

5日　泰国卜蜂集团到平考察。

5日~8日　市委常委、常务副市长朱瑞俊带队赴西安参加第十五届中国东西部合作与投资贸易洽谈会(西洽会)。

8日　召开《平湖市城市总体规划(2010~2030)纲要》评审会。

9日　举办机关在职党员"进社区、践承诺、作奉献"志愿服务暨遵守"十不"行为规范启动仪式。

10日　平湖市投资说明会在圣雷克大酒店举行,邀请上海市台湾同胞投资企业协会的200多名台商参加。

同日　国家文物局局长单霁翔考察莫氏庄园并对文物保护工作提出要求。

同日　"感动嘉兴——2010年度最具影响力人物"颁奖典礼在嘉广集团举行。市公安局交警大队事故处理中队民警金贤明、乍浦镇退休老教师陆秀珍入选。

12日　旅美侨团一行到平参加平湖市投资(创业、引智)环境座谈会。

13日　省委常委、组织部长蔡奇一行到平调研组织工作和海洋经济发展,并视察12316平湖市为农服务中心,亲笔为中心题词:"农技党员争优秀,农民朋友得实惠"。

15日　举行水口至白沙湾治江围涂工程新建海塘移交仪式。

16日　中央电视台中文国际频道《走遍中国》之《金平湖》系列节目开机仪式在东湖景区南村书堆举行。7月4日~6日晚,《海防要塞》、《莫氏庄园》和《当湖十局》在中央电视台中文国际频道先后播出。

18日　省委副书记、省长吕祖善,省委常委、副省长葛慧君一行到平调研现代农业发展和水利防汛工作,先后视察平湖塘独山应急排涝工程建设现场、广陈镇省级粮食生产功能区。

同日　举行浙江东南网架集团有限公司项目签约仪式。

19日　由嘉兴学院平湖校区主办,平湖市童车行业协会、平湖市童车检测中心、平湖市私营(民营)企业协会协办的"嘉兴学院平湖校区童车设计研发中心首届成果暨校企合作平台启动发布会"在嘉兴学院平湖校区举行。

同日　全市"良好养成·共同成长"家庭教育主题活动暨当湖街道"孙辈教育"启动仪式在当湖街道举行。

同日　举行津上精密机床(浙江)有限公司五期建设项目开工仪式。

同日　召开全市环境保护暨"三清两绿"工作动员会。

21日　市政府召开全市国库集中支付制度改革工作动员会议。

同日　省委常委、宣传部长茅临生一行到平调研基层宣传思想文化工作,先后视察新仓镇文化中心、秦沙村“五位一体”村综合服务中心。

22日　召开《平湖市服务业“十二五”发展规划》评审会。

26日　日中绿化交流基金合作项目考察组一行到平考察。

同日　平湖中学通过“全国营养与健康示范学校”考核，成为继天妃小学、稚川中学等4所中小学校后第五所创建成功的学校。

26日～27日　平湖市民张耀在浙江省中医院连续两天接受造血干细胞的采集手术，成为平湖首位造血干细胞捐献者。

29日　位于当湖街道新华北路813号的平湖市农产品展销配送中心正式营业。

同日　美国、俄罗斯、韩国等14个国家的16名驻沪签证官参观考察九龙山旅游度假区。

4月　东湖清淤清障一期工程开工。

•5月•

1日　平湖商品交易会在平湖台湾风情商业步行街开幕。

3日　召开“美丽乡村”农村环境卫生集中整治现场推进会。

7日　“红色文化·经典传承”文艺演出启动仪式在平湖经济开发区(钟埭街道)新群村举行。

同日　举行“母亲援助工程”回头看暨新一轮启动仪式。

10日　种粮大户王安思、朱永法、费咬根、徐金昌及乍浦镇惠农合作社分别代表平湖市种粮大户和合作社，与中储粮嘉兴直属库签订粮食生产、收购战略合作联盟协议。

12日　中国科协下发《关于命名2011～2015年度全国科普示范县(市、区)的决定》，平湖市被命名为“2011～2015年度全国科普示范县(市、区)”。

同日　举办科技(科普)活动周开幕式。

13日　举行第二十一个“全国助残日”暨志愿助残阳光行动启动仪式。

同日　韩国三星新世界集团原总裁金容周带领韩国大型综合现代服务业项目投资客商到平考察。

14日　平湖市上海“招才引智、招商引资”座谈会在沪举行。

15日　举行庆“七一”党员爱心送健康活动启动仪式。

16日　市职业中专通过浙江省一级心理辅导站评估。

17日　嘉兴日报平湖版、平湖市电视台、平湖网等市级主要新闻媒体同时向社会发布《平湖市2010年第六次全国人口普查主要数据公报》。

17日～29日　由浙江美术馆与平湖市陆维钊书画院联合举办的“二十世纪中国书画名家系列展——陆维钊展”在浙江美术馆举办。

18日　平湖市政协新埭镇委员小组社情民意直通信箱正式开通，这是浙江省首个基层政协社情民意直通信箱。

同日　上海纳铁福汽车零部件投资项目正式签约落户平湖经济开发区。该项目总投资3亿元，占地69.5亩，主要生产汽车传动轴及汽车零部件。

同日　第二次全省地名普查工作推进会在平湖市召开。

同日　举行日本电产储运(平湖)有限公司公共型保税仓库授证揭牌仪式。

19日　平湖市童车网上分销系统正式启动运行，这也是平湖市首个行业产业网上分销系统。

同日　举行平湖出口服装检验监管区独山港镇示范区、示范企业授牌仪式。独山港镇成为全国首个出口服装检验监管示范区。

20日　平湖市第五届全民读书月(第七届未成年人读书节)启动仪式在广陈镇图书馆举行。

21日　在河北省石家庄市举行的“秀山特产杯2010中国合作经济年度成就奖”颁奖典礼上,曹桥供销专业合作社被授予2010年“中国50佳合作社”称号,四季鲜对虾专业合作社注册的“世季鲜”获2010年度“中国最具影响力合作社产品品牌”称号。

同日　召开全市城区环境卫生整治暨创卫民生问题交办会。

23日　德西福格总裁朗德克一行到平访问。

24日　市检察院以涉嫌危险驾驶罪对犯罪嫌疑人刘某某提起公诉。这是刑法修正案(八)实施以来平湖市首例因醉酒驾驶机动车而被刑事起诉的案件。

25日　“中国美术学院书法系教学实践基地”挂牌仪式在陆维钊书画院举行。

28日　2011中国遗传学会—嘉兴(平湖)生物医药成果对接会在市行政中心举行。

同日　中国农工民主党平湖市总支委员会第九次全体党员大会在市行政中心举行。

同日　效力于美国NBA金州勇士队的林书豪到平湖中学,向校队球员传授球艺。林书豪的外婆陈意子是浙江省平湖市新仓镇人。

29日　举办市“十二五”婚育新风进万家活动暨“三优”促进工作宣传月启动仪式。

同日　中国民主促进会平湖市第七次全体会员大会在市行政中心召开。

30日　由市政府主办的2011平湖服务业项目(上海)推介会在上海喜来登大酒店举行。上海市人大常委会副主任、上海现代服务业联合会会长周禹鹏应邀出席。推介会上共推出16个重点招商项目,主要涉及现代物流、现代商贸、休闲旅游、新兴服务业等领域。同时,城南路中央商务中心、长三角物流基地、益商平湖电子商务园等8个项目在推介会上进行签约,投资额共计22.9亿元。

5月起　启用异地居住人员领取社会保险待遇资格协助认证信息系统。

5月　平湖市率先在嘉兴市范围内对政府投资建设项目招投标采取资格后审制。

•6月•

1日~3日　2011年361°第八届全国女排大奖赛(平湖赛区)在市体育馆举行。

3日　市政府发文公布,俞创硕故居等7处文物列为第七批市级文物保护单位。

5日　中国民主同盟平湖市第九次全体盟员大会在市行政中心举行。

11日　平师附小被平湖市非物质文化遗产保护协会授予西瓜灯刻制技艺传承基地。

13日　南排独山排涝应急工程第三标段桥梁新兴桥通过交工验收。桥梁及引道总长312.52米,其中桥主跨70米,桥梁全宽15米,通航标准为Ⅳ级航道。

14日　召开全市优化软环境建设暨“民企发展台账”工作会议,平湖建立民企发展台账工作正式启动。

16日　副省长陈加元一行到平检查铅酸蓄电池企业整治情况。

同日　全省突发性事件应急管理机制建设工作会议在平湖召开,省委常委、秘书长、政法委书记李强等出席会议。

同日　省卫生强市创建验收组到平考核验收。

17 日　召开 2011 年(上海)国际网络购物大会暨平湖市投资环境推介会。

同日　来自广陈镇的农村女孩蒋秋月代表浙江女子聋人篮球队,在第八届全国残疾人运动会女子聋人篮球赛上获得冠军。

18 日　全市规模最大的粮油合作社——平湖新联粮油专业合作社在新埭镇正式揭牌成立。该合作社注册股本金 100 万元。

22 日　庆祝中国共产党成立 90 周年·浙江平湖、上海金山书法联展在陆维钊书画院开展。

同日　于以定革命事迹陈列室在林埭镇徐埭小学正式落成。落成仪式上,徐埭小学少先队大队被授予"于以定大队"称号。

25 日　2011 中国·平湖西瓜灯文化节开幕式暨庆祝平湖撤县设市 20 周年"平湖国际箱包城之夜"文艺晚会在市体育馆举行。浙江省人大常委会副主任冯明宣布开幕。出席开幕式的领导还有原浙江省政协副主席徐鸿道、中国轻工业联合会副会长徐永等。

同日　举行 2011 中国·平湖西瓜灯文化节投资贸易洽谈会,平湖市与外来投资者共签订重大项目 36 个,总投资达 166.77 亿元。

26 日　举行重大项目开工(开业、投产)典礼,原浙江省政协副主席张蔚文等出席。

同日　举行 2011 经济转型与生物医药产业展望中国·平湖论坛。

同日　举行东湖水上嘉年华启动仪式。

27 日　平湖当湖棋院揭牌仪式在市青少年宫举行,围棋名将聂卫平、王汝南等应邀出席。

同日　举行庆祝中国共产党成立 90 周年红歌会。

28 日　举行平湖市庆祝中国共产党成立 90 周年大会。会上表彰近年来在全市各条战线上作出突出贡献的"金平湖先锋"、先进基层党组织、优秀共产党员和"十佳"党员志愿者。

30 日　上海长海医院到平商讨医院合作事项。

6 月　根据浙江省发改委《转发国家发改委关于下达贫困县及严重缺水县城供水设施建设 2011 年中央预算内投资计划的通知》,平湖市太浦河取水一期工程获得中央预算内投资资金 1500 万元。

6 月　受连日降雨影响,平湖市河道水位于 6 月 12 日起超过警戒水位,并持续上涨。6 月 18 日 20 时 15 分达到危急水位 1.96 米,至 19 日上午 9 时,最高水位达到 2.20 米,超过上年春汛最高水位 0.16 米,为近十年来的最高水位。

6 月　省人力资源和社会保障厅、省人口和计划生育委员会下发《关于表彰"十一五"全省人口和计划生育系统先进集体和先进个人的决定》,平湖市政府被评为"十一五"全省人口和计划生育系统先进集体,同时受先进集体表彰的还有市新居民事务局。市人口计生局方良根、平湖经济开发区(钟埭街道)计生办范定英获"十一五"全省人口和计划生育系统先进个人。

•7 月•

1 日起　全市启用《就业失业登记

证》。

3 日　举行日本电产综合服务(浙江)有限公司绿阳大饭店(三期)奠基仪式。

同日　市紧固件行业协会举行第一次会员大会。

4 日　景兴纸业股份有限公司 1.55 亿股非公开发行股票上市,发行价格为 6.13 元/股,共募集资金总额为 9.5 亿元,扣除发行费用 1904 万元后,募集资金净额 9.3 亿元。

6 日　日本小浜市市长松崎晃治一行到平访问。

9 日　举行平湖中州转型升级重装制造项目见证会暨 30 万千瓦汽轮转子交付仪式。

13 日　召开市新居民和谐促进会成立大会。

14 日　省政府下发《关于命名浙江省扶残助残爱心城市(区)的决定》,平湖市榜上有名。

20 日　召开创建国家卫生城市领导小组(扩大)会议。

同日　举行城南路拓宽改造工程项目合作补充协议签约仪式。

同日　日本电产集团副社长小部博志一行到平访问。

21 日　副省长毛光烈一行到平调研工业经济运行情况,先后到日本电产(浙江)有限公司、津上精密机床(浙江)有限公司、三星精密不锈钢(平湖)有限公司等企业考察。

22 日　省文化厅下发《关于命名"浙江省民间文化艺术之乡(2011 - 2013 年度)"的决定》,平湖市(西瓜灯)和林埭镇(平湖九彩龙)2 家单位榜上有名。

同日,举行 2011 年上半年度平湖市经济金融形势分析会暨平湖市中小企业金融服务专项活动启动仪式。

23 日　举行平湖市—台湾省南投县三民里两岸邻里节活动。

同日　"欢乐平湖、文化走亲"文艺演出在广陈中心小学启动。

24 日　市委十二届十一次全体(扩大)会议举行。市委书记盛全生作《加强和创新社会管理,保障和促进转型发展,推动平湖在科学发展的道路上越走越宽广》主题报告。

25 日　举行平湖市院地合作农业科技交流对接会。省农科院、上海农科院等有关单位领导应邀参加会议。

同日　举办平湖市统一战线纪念建党 90 周年、辛亥革命 100 周年文艺汇演。

29 日　举办"鱼水情深"——平湖市庆"八一"双拥广场文艺晚会。

7 月　省中小企业局下发《关于确认杭州市元谷文化等 33 家创业基地为省级小企业创业基地的通知》,平湖穗轮五金小企业创业基地被确认为 2011 年省级小企业创业基地。

7 月　平湖市数字化城市管理系统建成并开始试运行。

•8 月•

2 日,召开全市打击病死猪违法屠宰工作协调会。

3 日　清华大学科技成果产业化项目——年产 60 万吨 MTBE 及其衍生物项目签约仪式在独山港区举行。该项目总投资 20 多亿元,占地 798 亩,分三期开发建设。

8 日　日本电产科宝株式会社社长井泽茂到平访问。

16 日　平湖中科院新能源研究所正式签约入驻科创中心。

同日　兴业银行嘉兴平湖支行挂牌试营业。26日,支行正式开业。

同日　举行百名台商结对助学活动。

18日　安信小额贷款股份有限公司开业。这是继康泰小额贷款公司之后组建的平湖市第二家小额贷款公司。

同日　国家人口计生委党组书记、主任李斌一行到平考察人口计生工作。

20日　召开市海外归国创业人员联谊会成立大会。

23日　首届全国国土资源节约集约模范县(市)考核组到平,实地考核国土资源节约集约工作。

同日　浙能嘉兴独山煤炭中转码头工程初步设计审查会议召开。

24日~25日　全市普降暴雨,23小时累计降雨量达到260.4毫米,为20年一遇。最高降雨量出现在林埭镇,为389.9毫米。新华路、当湖路等部分市区主干道受淹,积水最深处超过0.5米。各镇(街道)受灾严重,全市共有15万亩农田受淹。

24日~26日　省爱卫会组织专家组对平湖市创建灭蚊灭蝇先进城区工作进行考核,认为城区灭蚊灭蝇各项指标达到国家规定控制标准。

26日　浙江聚龙石油化工有限公司一期年产45万吨丙烯项目奠基仪式在独山港区化工园区内举行。

同日,省创建美丽乡村核准组一行对平湖市创建省美丽乡村先进县工作进行核准。

27日　召开"数字城管"系统运行工作动员会议。

31日　召开全市打击加工经营病死猪工作会议。

8月　第七届嘉兴市文学艺术成果奖评选揭晓,平湖市4件作品获奖,其中詹政伟的长篇小说《我爱陈三波》获银奖,毛才耿的越剧小戏《养生签》、张灿明的平湖钹子书《阿果看对象》、崔民忠的歌曲《我心中的祖国》获铜奖。

8月　平湖农村合作银行与三菱东京日联银行正式建立代理行关系。

•9月•

1日起　全面实行城区建筑垃圾和散装建筑材料密闭运输。9月7日,平湖市城区建筑垃圾和散装建材密闭运输启动仪式在市体育馆广场举行。

1日　平湖市"数字城管"系统开始试运行。12月23日,该系统通过专家组验收。

5日　省农产品经纪人协会下发《关于首届浙江省百佳农产品经纪人表彰决定》,平湖市港丰畜牧专业合作社社长王玉龙凭借10905万元的营业收入名列"百佳"经纪人第六位,这也是全市唯一获此殊荣的农产品经纪人。

6日　NBA超级明星、魔术队中锋德怀特·霍华德到民工子弟学校市育新小学,与学生们进行互动。

同日　举行嘉兴四季水产万吨冷库项目竣工投产仪式。

8日　2011中国城市轨道交通发展论坛暨城市轨道交通研究理事会年会在平湖召开。

13日　嘉兴市第十四届全国推广普通话宣传周暨平湖市第十四届全国推广普通话宣传周开幕式在市实验小学如意校区举行。

15日　2011年度浙江省外国专家"西湖友谊奖"颁奖大会在杭州举行,由平湖市推荐的韩国籍专家郑镇甲获奖。

同日　在北京召开的全国老干部工作

先进集体和先进工作者表彰大会上,平湖市委老干部局获“全国老干部工作先进集体”称号并受到表彰。

19日　教育部公布2011年度国家中等职业教育改革发展示范学校建设计划拟立项支持的项目学校名单,其中浙江省有12所学校,平湖市职业中专榜上有名。

21日　召开全市公共财政管理改革暨2012年部门预算编制工作动员大会。

同日　海基会副董事长兼秘书长高孔廉一行到平访问。

同日　召开《平湖市志》初审评议会。

22日　“杰克·第八届中国服装品牌年度大奖”在平湖市正式启动。该大奖由中国服装行业协会组织,于2004年创办。

25日　上海张江平湖科技园战略合作框架协议签约仪式在市行政中心举行。

同日　举行省中医院和平湖中医院合作签约仪式。

26日　举行“呵护水域生态环境共建平湖美丽水乡”东湖景区水域鲤鱼增殖放流仪式,由亿达公司提供的30万尾锦鲤鱼被一次性投放进东湖。

26日～27日　新华通讯社国内部党委专职副书记毛庆斌率新华社采访组到平调研采访。

27日　太浦河取水一期工程平湖境内管线通过竣工验收。平湖境内管线总长27.1公里。

同日　召开“五五”普法总结表彰暨“六五”普法动员大会。

同日　全市最大农贸市场北门农贸市场正式启用。该市场是市政府实事项目,于2009年12月31日开始建造,占地15266.9平方米,建筑面积23083.5平方米,可供经营的商铺达78间、摊位261个,是平湖市规模最大、设施最好、配套最全的农贸市场。

同日　召开中医院三级乙等中医医院评审会。

28日　省爱卫办常务副主任胡伟一行到平调研指导创建国家卫生城市工作。

同日　盐船河二期治理工程开工仪式在新仓镇双红村举行。这标志着平湖市“十二五”期间“3651”骨干工程中的5条中小河流治理正式开始。

同日　举行浙江康普瑞汽车零部件有限公司奠基典礼。

同日　举行当湖街道百悦别克4S店开业典礼。

29日　平湖市第七届房地产交易会在平湖·中国服装城开幕。

同日　全省“建设美丽乡村、深化千万工程”现场会召开,平湖市作为11个首批浙江省美丽乡村创建先进县(市、区)之一受到表彰。

同日　召开派驻(出)纪检监察机构统一管理工作会议。

9月　根据浙江省发改委《关于转发国家发展改革委下达中等职业教育2011年中央预算内投资计划的通知》(浙发改投资〔2011〕1118号文件),市职业中等专业学校实训大楼项目获得中央预算内投资资金600万元。

9月　平湖市被确定为国家级药品安全示范县创建试点单位。

•10月•

7日　在日本小浜市政府举行中国平湖—日本小浜市缔结友好城市协议签订仪式。

8日　浙江金平拉丝模有限公司被评为国家火炬计划重点高新技术企业,成为平湖市第五家国家火炬计划重点高新技术企业。

11日　平湖市测土配方施肥补贴资金通过省级验收。

12日　平湖市国家级蔬菜标准化示范县项目通过省农业厅验收。

13日　环保部发布的2011年第73号公告,新仓镇被评为全国环境优美乡镇,为全市首个。

同日　市物业服务行业协会正式成立。

同日　市第十二届运动会在市体育场举行开幕仪式。

同日　举行平湖市两新组织党组织书记联谊会成立大会。

14日　中国残疾人福利基金会理事长、中国残联副主席汤小泉一行到平视察农村残疾人扶贫工作。

同日　市民谢在根向平湖市博物馆无偿捐赠两块明代墓志铭,分别为"明故赠监察御史陆公配封太孺人鲁氏合葬墓志铭"和"明威将军崔公墓志铭"。

同日　松风台古银杏保护区街头绿地工程竣工验收。工程于2010年1月开工,2011年7月基本完工。

18日　浙江平湖玻璃码头迎来到港的首批货轮,正式开始试营业。

19日　召开市、镇街道换届工作会议,部署市、镇街道换届相关工作。

20日　浙江省乡镇成校服务社会主义新农村建设座谈会在平湖市召开。

21日　全市建设美丽乡村深化村庄整治工作推进会召开。

24日　新疆教育厅调研平湖市中职内地新疆班办学情况。

25日　2011平湖"与沪同城"发展战略推介暨经贸合作项目签约在沪举行。会上,有14个项目签约,总投资达35.64亿元。其中,外资项目有4个,总投资1.05亿美元;市外内资项目10个,总投资28.92亿元。

同日　在首届世界浙商大会上,上海九龙山股份有限公司、浙江九龙山开发有限公司董事长李勤夫荣获回乡投资奖。

同日　召开第十五个浙江省环卫工人节庆祝大会暨市环卫协会成立大会。会上,"市优秀城市美容师"和"环卫工人绿叶奖"等先进个人和单位受到表彰。

26日　平湖市举行纪念辛亥革命100周年纪念会。

28日　浙江优康制药(技术)有限公司开工典礼在平湖经济开发区举行。公司占地面积52亩,主要从事药品制剂的研发。

29日　平湖市健康教育协会成立暨第一次会员大会在市行政中心召开。

29日~30日　2011浙江(九龙山)海洋休闲经济国际合作峰会在九龙山旅游度假区举行,国内外近百名海洋休闲经济方面的专家围绕如何发展海洋休闲经济产业展开讨论。浙江省副省长王建满等领导出席。

31日　平湖市举行卫生部与联合国儿童基金会关于流动人口妇幼保健项目启动会议。

10月　平湖市科创中心被认定为省级科技企业孵化器。

•11月•

2日　浙江川电钢板加工有限公司新工厂奠基仪式在平湖经济开发区举行。新工厂占地面积80亩。

10日　全国政协常委、省政协副主席、民革省委会主委冯明光一行到平视察圩区建设情况。

11日　文化部下发《关于命名一、二、三级文化馆的决定》,平湖市文化馆被确定为国家一级馆。

同日　市临沪产业园开园暨中国国际葡萄酒博览交易城奠基仪式在新埭镇举行。

14日　市委召开全市领导干部会议,宣布省委、嘉兴市委关于平湖市委、市政府主要领导职务变动的决定:翁建荣任中共平湖市委书记;盛全生不再担任中共平湖市委书记、常委、委员职务,另有任用;提名朱林森为平湖市市长候选人,任中共平湖市委委员、常委、副书记。

15日~16日　全省农田水利基本建设现场会在平湖市召开。省委常委、副省长葛慧君等出席会议。

16日　中国科学技术发展战略研究院调研组到平调研光机电产业集群。

16日~17日,国家三类城市语言文字工作评估团到平,对平湖市创建国家三类城市语言文字工作进行评估。

19日　举行黄姑中心小学成立一百周年庆祝大会。

22日　平湖、乍浦至嘉兴快客取消,由K162路、K163路公交车替代。

24日　东湖景区创建省级生态旅游景区通过省旅游局和环保厅专家组的评审。12月21日,经过省有关专家组的综合评定,东湖景区成功晋级省级生态旅游示范景区。

同日　曹兑港河滨绿化改造提升工程通过竣工验收。

25日　平湖市围涂海塘促淤坝及大方脚加固工程正式开工,由浙江钱塘江水利建筑工程公司中标承建。

同日　九龙山航天少年科学院成立仪式在市九龙山小学举行。

25日~29日　在2011浙江农业博览会上,嘉兴四季水产食品有限公司参展的世季鲜牌水晶虾仁获博览会金奖。

26日　召开市工商联第八次会员代表大会。

29日　浙江省机械工程学会铸造分会第二十二届学术年会暨浙江省铸造协会六届一次会员代表大会在平湖召开。

同日　平湖市取水实时监测系统全线改造升级工程通过验收。此项改造工程包括8台流量计的安装、28台水表和50套、62个数据采集传输装置的改造。

同日　省林业厅下发《关于命名第二批"浙江省森林村庄"的决定》,新埭镇姚浜村、当湖街道钱家村和广陈镇龙萌村榜上有名。

11月　省人民政府森林消防指挥部表彰全省"十一五"森林消防工作先进单位,市林场作为嘉兴市唯一一个先进单位获此殊荣。

11月　平湖市启动卫生部与联合国儿童基金会"城市流动人口妇幼保健服务项目",执行周期为2011~2013年,3年内联合国儿童基金会将拨付60万元基金用于此项目。

11月　省文化厅公布2011年度"浙江省文化强镇"名单,新仓镇榜上有名,荣获首批浙江省文化强镇称号。

•12月•

2日　新区管委会在如意路西侧、启元路北侧的葛家塘现场举行葛家塘-玫瑰湾绿化改造提升工程启动仪式。

6日　省旅游局到平对九龙山旅游度假区进行考评。

同日　举行《乍浦镇志》首发仪式,这是新中国成立后平湖市正式出版的第一本乡镇志。

7日　中国工商银行行长杨凯生一行到平调研工银村镇银行发展情况。

同日　召开全市残疾人事业发展大会。

同日　举办“慈善爱心一日捐”活动启动仪式。

8日　举行平湖市总商会大厦奠基仪式。

9日　召开平湖市人民政府—林州市人民政府缔结友好城市暨工作经验交流座谈会,代市长朱林森和林州市市长王军签订缔结友好城市协议。

同日　国家人口计生委、中国计生协会下发《关于为第二批全国人口和计划生育基层群众自治示范村(居)授牌的决定》,钟埭街道花园村、乍浦镇染店桥村榜上有名。

同日　中国科学院公布2011年中国科学院院士增选和外籍院士选举结果,中国科学院物理研究所研究员、磁学和磁性材料专家沈保根(当湖街道人)当选中国科学院院士。

10日　举行市第一届优秀新居民颁奖典礼。

12日　举行浙江亿丰生态农业科技有限公司投产庆典。

13日　举行三菱化学食品株式会社食品项目签约仪式。

同日　农业部、国家安全监管总局联合下发《关于公布2011年全国“平安农机”示范县名单的通知》,平湖市榜上有名。

14日　省农业厅下发《关于发布2011年浙江省名牌农产品名单的公告》,新当湖食用菌专业合作社申报的“新当湖”牌鲜蘑菇被认定为浙江省名牌农产品,有效期到2014年12月。

15日　市检验检测中心(检测大楼)工程通过竣工验收。

同日　省经信委公布2010年度浙江省绿色企业(清洁生产先进企业)名单,浙江景兴板纸有限公司、日本电产芝浦(浙江)有限公司榜上有名。

同日　市第七次归侨侨眷代表大会召开。

15日~16日　由国家档案局牵头,对平湖市创建全国社会主义新农村建设档案工作示范县(市)工作进行考核验收,验收组一致同意通过验收。

16日　召开市政府机构改革动员会。

17日　平湖晨光电缆公司与中国工程院院士邱爱慈签订《院士专家工作站合作协议书》,标志着平湖市首家嘉兴级院士专家工作站正式成立。

同日　在2011“星耀南湖”精英峰会“南湖百杰”优秀人才表彰大会上,浙江晨光电缆股份有限公司朱水良、新秀集团有限公司施继红、浙江亿达生物科技有限公司黄雪金荣获嘉兴市突出贡献禾商奖荣誉。

21日　省经信委公布浙江省工业循环经济示范园区和企业名单(第二批),浙江圣普新能源科技有限公司、平湖市广轮新型建材有限公司、浙江荣胜纸业股份有限公司被评为工业循环经济示范企业。

23日　平湖市第十二届运动会闭幕式暨群先表彰会在市行政中心举行。

26日　在人民大会堂召开全国粮食生产表彰大会,平湖市获2011年“全国粮食生产先进单位”称号。中共中央政治局常委、国务院总理温家宝为受到表彰的先进单位和先进个人代表颁奖。

26日~29日　中国共产党平湖市第十三次代表大会在市行政中心举行。翁建荣作题为《加快转型发展建成全面小康,为建设和谐幸福的现代化“金平湖”而努力奋斗》的报告。

27日　平湖市社会矛盾联合调解中心揭牌。

27日～31日　平湖市非遗项目——平湖西瓜灯在2011浙江省最具地域特色代表性民间手工艺展上展出。

28日　平湖市供电局研发的“基于多目标约束规划的停电计划优化与安全风险管控系统”在杭州通过科技成果鉴定。鉴定委员会确认该项目在提高供电可靠性、降低安全生产风险方面达到国际先进水平。

同日　生态省建设和“811”生态文明建设推进行动专项督查考核组到平考核验收。

29日　举行平湖·中国箱包产业基地授牌仪式暨中国箱包行业转型升级高峰论坛。

同日　浙江省文明示范农贸市场考核组到平考核验收。

31日　在由省农办和省旅游局主办的“长寿花杯”浙江省第三届农家乐特色菜大赛上,金龙门生态休闲园选送的农家菜“金农门花雕鸡”、“龙门烤三宝”分别摘得银牌奖、铜牌奖,厨师方建林获得“铜勺大厨”称号。

12月　平湖市通过全国科技进步市(县)考核,这是连续第7次被评为全国科技进步先进市(县)。

12月　日本电产新宝动力传动及控制技术研发中心被认定为平湖市级企业研发中心,成为全市首家通过认定的日资企业研发中心。

12月　浙江三蒙电气科技有限公司的“一种带锁扣保护门的电气附件”和“一种带锁扣保护门装置的电气插座”获得美国专利商标局授权的发明专利,这是平湖市首家内资企业获得国外专利授权。

全 市 概 况

• 行政建置 •

【建置沿革】 平湖历史悠久，春秋时为越武原乡地。秦王政二十五年（公元前222年）置海盐县，今平湖市境为海盐县之一部分。秦末或西汉初，县治陷为柘湖，移治武原乡地域（今平湖市当湖街道东湖一带）。东汉永建二年（127年）县治陷为当湖，迁治齐景乡故邑山（今乍浦附近）。东晋咸康七年（341年），县治从故邑山移治马嗥城（今海盐县武原镇东南）。明宣德五年（1430年）从海盐县分出大易、武原、齐景、华亭四乡，建为平湖县，因其地汉时陷为当湖，"其后土脉坟起，陷者渐平，故名平湖"。以后，建置长期不变，境域基本稳定。

解放后，平湖县境有三次变动。1950年，调整区乡规模时，划骑莲乡10个村归海盐县、埭乘乡4个村归嘉善县；1958年，建立人民公社时，海盐县西塘公社和嘉兴县钟埭、曹桥公社划入县内；1961年，西塘公社仍划归海盐县。1991年6月，经国务院批准，撤销平湖县，设立平湖市。

【行政区划】 2011年末，全市辖乍浦、新埭、独山港、新仓、广陈、林埭6个镇，当湖、钟埭、曹桥3个街道，106个村、56个居民委员会。市人民政府驻当湖街道。

• 地理环境 •

【地理位置】 平湖市位于浙江省北部杭嘉湖平原东端，在北纬30°35′～30°52′和东经120°57′～121°16′之间。南临杭州湾，东北与上海市金山区交界，西与嘉兴市南湖区接壤，西南与海盐县为邻，西北与嘉善县相接。南北长约30.8公里，东西宽约30.6公里，土地总面积537平方公里。

【人口】 人口自然增长率保持较低水平。全年出生人口3094人，死亡3502人，人口自然增长率－0.84‰。年末全市户籍总人口48.78万人，其中男性239599人，女性248198人。非农业人口23.37万人，占总人口的47.91%，比上年上升0.07个百分点；农业人口25.41万人，占52.09%，比上年下降0.07个百分点。全年计划生育率98.8%。

• 气象 •

【概况】 2011年，全市年平均气温较常年（指1971年至2000年30年平均值，下同）明显偏高，降水量略偏少，日照时数正常偏少。冬季（1—2月）寒冷，降雪较强；春季温暖，干旱少雨；夏季多雨，梅雨期短，梅雨量集中；秋季天气多变，秋低温偏早，雾霾天气较多，阴雨连绵。年内影响台风1个，影响程度较轻，灾害不明显。总体来说2011年气候条件属正常年景。

【主要气候要素】 气温：年平均气温16.7℃，较常年偏高0.9℃，属偏暖年份。气温的月份分布为：1月、12月气温较常年偏低，其余各月平均气温均较常年偏高。其中，1月较常年偏低3.0度，创历年第三低值（历年，指1954年以来气象记录，下同），历年最低为0.7℃，出现在1955年。7月较常年偏高2.1度，11月较常年偏高4.2度，创历年最高值,历年最高为15.1℃,出现在2006年。年极端最低气温-7.2℃,出现在1月17日。年极端最高气温37.3℃,出现在7月4日。终霜出现在4月5日,初霜出现在11月24日。全年无霜期232天。

连续5天滑动平均气温≥10℃的初日出现在3月14日(进入春季)。连续5天滑动平均气温≥22℃的初日出现在5月9日(进入夏季)。连续5天滑动平均气温≤22℃的初日出现在9月21日(进入秋季)。连续5天滑动平均气温≤10℃初日出现在12月3日(进入冬季)。

冬季(1、2月)平均气温3.4℃,较常年偏低1.1℃,属偏冷年景。1月平均气温0.9℃,较常年偏低3.0℃;2月平均气温5.8℃,较常年偏高0.8℃。

春季(3—5月)平均气温15.1℃,较常年偏高1.0℃,属偏暖年份。3月平均气温8.9℃,较常年偏高0.2℃;4月平均气温15.5℃,较常年偏高1.2℃;5月平均气温21.0℃,较常年偏高1.6℃。终霜出现在4月5日,较常年迟5天。

夏季(6—8月)平均气温27.7℃,较常年偏高1.3℃。6月平均气温24.3℃,较常年偏高0.6℃;7月平均气温30.0℃,较常年偏高2.1℃;8月平均气温28.7℃,较常年偏高1.1℃。日极端最高气温≥35.0℃的高温天数出现9天,≥37.0℃的高温天数出现1天。

秋季(9—11月)平均气温19.8℃,较常年偏高2.1℃,属明显偏暖年景。9月平均气温24.4℃,较常年偏高1.3℃;10月平均气温18.7℃,较常年偏高0.9℃;11月平均气温16.3℃,较常年偏高4.2℃(创历年最高记录)。连续3天日平均气温≤20℃的秋季低温初日出现在9月19日,出现日期较历年提早11天,初霜日出现在11月24日,较常年迟14天。12月平均气温6.0℃,较常年偏低0.2℃。

降水:年降水量1159.2毫米,较常年偏少91.2毫米。降水量月份分布为,6、8、11月偏多,其余各月均偏少。全年雨日113天,较常年少27.5天。冬季(1、2月)降水量43.4毫米,不到常年4成。1月降水量28.4毫米,是常年5成;2月降水量15.0毫米,是常年2成。春季各月均较常年明显偏少。季降水量110.6毫米,不到常年4成。3月降水量36.1毫米,是常年3成;4月降水量49.0毫米,是常年5成;5月降水量25.5毫米,是常年2成。夏季降水明显偏多,季总降水量774.7毫米,较常年偏多6成。6月降水量366.1毫米,是常年2倍;7月降水量46.9毫米,是常年的4成;8月降水量361.7毫米,是常年1.3倍。秋季降水偏少。季总降水量192.1毫米,是常年7成。9月降水量34.3毫米,不到常年3成;10月降水量54.1毫米,是常年7成;11月降水量103.7毫米,是常年2.1倍。12月降水量38.4毫米,较常年偏少2.9毫米。日降水量≥50毫米的暴雨降水出现4天,分别出现在6月(2天)、8月和11月。日降水量≥150毫米的大暴雨降水出现1天,出现在8月。

日照:年日照时数1944.9小时,较常年偏少88.8小时,与上年基本持平。全年6、7、8、10、11、12各月日照时数较常年偏少,其余各月均较常年偏多。全年光照条件属正常年份。冬季(1、2月)日照时数正常,月分布较均匀。冬季日照时数258.4小时,较常年偏多不到1成。1月日照时数132.9小时,较常年偏多近1成;2月日照时数125.5小时,较常年偏多近1成。春季日照偏多,各月分布较均匀。春季日照时数567.1小时,较常年偏多2成。3月日照时数184.0小时,较常年偏多5成;4月日照时数196.0小时,较常年偏多2成;5月日照时数187.1小时,与常年持平。夏季日照时数偏少。夏季日照时数494.0小时，不到常年8成。6月日照时数95.8小时，是常年6成；7月日照时数222.3小时，是常年9成；8月日照时数175.9小时，是常年7成。秋季日照时数略偏少，各月日照均接近常年。秋季日照时数475.4小时，是常年9成。9月日照时数210.0小时，较常年偏多2成；10月日照时数137.7小时，是常年8成；11月日照时数127.7小时，是常年8成。12月日照时数150.0小时，与常年基本持平。

2011年气象要素统计

要　素	单　位	数值
年降水量	毫米	1159.2
年雨日	天	113
年雪日	天	11
年日照时数	小时	1944.9
年平均气温	℃	16.7
年极端最高气温	℃	37.3
年极端最低气温	℃	-7.2
年无霜期	天	232
年平均风速	米/秒	2.3
年平均相对湿度	%	74
年平均最高气温	℃	20.4
年平均最低气温	℃	13.7

【重要气候事件】　一、暴雪。1月18日—21日出现持续强降雪，最大积雪深度12厘米，达暴雪量级，为2009年以来出现的最强降雪过程。由于气温较低，降雪之后，20日、21日部分道路出现了路面结冰现象，桥面结冰较为严重，给交通运输带来较严重影响。

二、梅雨。6月10日入梅，6月26日出梅，梅雨持续期较短，但降水频繁，雨量大而集中，梅雨量达289.6毫米，较常年偏多3成。梅汛期前后共出现四次强降雨过程，分别是6月4日—7日、9日—12日、14日—15日和17日—19日，其中以6月14日—15日和18日—19日过程降水量最大，全市普降大到暴雨，乍浦测站48小时降水量分别达94.9毫米和87.1毫米。19日上午9时全市最高水位达到2.2米，超过危急水位，部分低洼地区被淹，给防汛工作带来重大压力。

三、强对流。4月15日上午出现一次明显的短时强降水、大风及雷暴天气，为全年初雷，过程雨量7.1毫米，沿海风力8级，最大风力10级（出现在曹桥测站）。4月27日夜受暖湿气流增强影响，全市出现短时强降水及雷暴天气，过程降水量14.7毫米，新仓出现8级大风。6月9日、6月25日—26日受冷暖空气共同影响，出现雷雨大风天气，最大风力达8级。7月强对流天气多发，多午后雷阵雨天气，其中7月8日傍晚受强对流天气影响，曹桥、钟埭出现暴雨。7月31日下午出现局部强对流天气，其中独山港、新仓出现短时暴雨和7—8级雷雨大风，给大棚种植户带来一定损失。独山港镇一农业大户3个西瓜大棚倒塌严重，作物受灾面积3.5亩，总经济损失1.5万元。

四、台风。年内受台风影响不大，6月25日受第5号强热带风暴“米雷”外围影响，沿海海面出现10级大风（汤山26.0m/s），乍浦本站、广陈、林埭、钟埭出现8级大风，其他各站出现7级风力，过程最大风力达到影响台风标准。8月6日—7日受第9号超强台风“梅花”外围及后部冷空气南下的共同影响，全市普降阵雨，伴有内陆7—8级（除乍浦、当湖、新埭站以外其余站均出现8级大风），沿海9—10级的偏西大风，7日后期起台风远离，影响减少。

五、高温。夏季较前几年相对凉爽，高温天气主要集中在夏季中后期，以7月最为显著。季内日极端最高气温≥35.0℃的高温天数较常年偏多，但较近几年明显偏少，日极端最高气温≥35.0℃的高温天数为9天，≥37.0℃的高温天数有1天，出现在7月4日。

六、干旱。1—5月降水量创历年新低，5

月初出现局部旱情,原因如下:从气象角度来看,高温少雨的天气使得全市本季出现轻度旱情:春季(4、5 月)气温明显偏高,降水异常偏少,3、4、5 各月降水量分别占常年同期的 3、5、2 成,雨量明显偏少,按常年经验,2—3 月降水量 51.1mm < 100mm,已达平湖市春旱标准,并创历年新低。从土壤墒情角度来看,全市部分地区出现干旱。由于冬季前期,尤其是 12 月雨量较大,有一定的雨水保证底墒充足,故春季前期墒情较好,并呈缓慢下降趋势,直至 5 月气温升高,降水继续偏少,墒情明显呈下降趋势,旱情开始蔓延。

七、秋季低温。9 月 20 日—22 日全市出现连续 3 天日平均气温低于 20℃ 的秋低温天气,秋季低温出现较历年提早一周左右,给播种较迟的晚稻扬花灌浆带来不利影响,好在期间的极端最低气温并不低,同时22 日之后气温回升明显。

八、连阴雨。10 月 1 日—4 日和 26 日—30 日分别出现持续 3—4 天的阴雨寡照天气,给晚稻成熟灌浆带来一定影响。11 月上旬和中旬又分别出现 2 次阴雨寡照天气,分别为 2 日—10 日 和 16 日—19 日,降雨量为 84.7 毫米和 17.6 毫米,由于降水量大,收割机械作业困难,延迟了秋收冬种进度。

九、雾霾天气。冬春两季降水偏少,气流稳定,灰霾天气增多。4 月降水明显偏少,受北方冷空气南下推动沙尘暴影响南方,造成灰霾天气较多,月内灰霾次数达 11 天,尤其是 5 月末,大小麦收割期间,田间大量焚烧秸秆,全市大部分地区出现烟雾,5 月 31 日午后天空呈土黄色,给出行人员的健康带来极大危害。全年灰霾天数为 81 天。

十、暴雨。8 月出现 2 次暴雨过程。受强对流影响,3 日全市出现暴雨,12 小时过程雨量达到 34 毫米。24 日夜间到 25 日受冷空气和东风系统影响,全市出现大暴雨局部特大暴雨,乍浦站 24 小时雨量达到了 211.7 毫米,日雨量创近十年之最。本次过程最大雨量出现在林埭,24 小时过程雨量达到 389.9 毫米,创历史记录。连续强降水造成城区道路严重积水,对交通与市民生活有严重影响。给农业生产及设施大棚造成较为严重的破坏。

十一、强冷空气。12 月上旬经历两次强冷空气影响,分别为 11 月 30 日—12 月 2 日、12 月 8 日—10 日,降温幅度分别为 12.9℃ 和 11.8℃,12 月 10 日全市出现初冰。

【气候对各行业的影响】 交通运输。1 月 18 日—21 日全市出现持续强降雪,最大积雪深度达 12 厘米。由于气温低,20 日、21 日部分道路出现路面结冰现象,桥面结冰较为严重,此次暴雪冰冻天气,给全市公路交通运输带来较严重影响。1 月 20 日全市汽车南站的所有长途客运线路、城乡公交全部停开,车站滞留旅客 500 人。

市内设施。6 月 3 日至 19 日,受梅汛期强降雨和上游泄洪影响,全市河网水位全面上涨。6 月 18 日晚的一场大雨,使已超过危急水位的平湖水位再次上涨,一些路段及立交桥洞积水很深,严重影响行车安全。8 月 25 日受大暴雨影响,平湖市遭受较大灾情,受淹农田 15 万亩,其中受灾 58000 亩,全市直接经济损失 1883 万元。另外,由于降水强度大,积水排泄不畅,部分低洼地段受淹严重,市区部分道路出现短暂积水现象。城区当湖街道 25 个社区受淹面积 55040 平方米、危房 43 间、转移人数 49 人,其中城北路 2 人,南河头 15 人,如意 4 人,滨湖 28 人。万安桥、南河头、城北路、百步桥等社区受灾较重。降水量最大的林埭镇转移人口 138 人,工厂停工 88 家,供电线路中断 3 条。

人民生活。2011 年春季降水少,湿度低,市内灰霾等危害人体健康的现象多发,空气质量较差,呼吸道疾病患者负担加重。5

月和 12 月底是收割季节，5 月末全市大部分地区出现烟雾，5 月 31 日午后天空呈土黄色；11 月 28 日晚浓雾降临，均给市民的生活带来不小的影响。焚烧秸秆产生大量烟气和灰尘，造成空气中可吸入颗粒物增加，容易产生霾，严重影响空气质量。

农业生产。1 月，暴雪给设施大棚生产带来较大损失，部分管理不善的大棚在冰冻雨雪天气来临时受雪压坍塌损毁，越冬蔬菜瓜果秧苗受冻死亡。据市农经局统计，全市农业受灾面积 58828 亩，成灾面积 4732 亩，直接经济损失 426.75 万元。大小麦受灾面积 36460 亩；油菜受灾面积 11830 亩；经济作物受灾面积 10100 亩，其中，蔬菜受灾面积 10052 亩，损失 165.2 万元；果园受灾面积 368 亩，损失 19.3 万元；大棚设施受灾 200 亩，倒塌 92 亩。2 月光温条件较好，利于油菜抽薹和大小麦拔节，为春发打好基础。3 月气温正常，光照偏多，降水量明显偏少，气象条件对农业较为有利。春花、大小麦长势良好，油菜无明显病害出现；受前期低温影响，油菜生育期有一定延迟，油菜盛花期较常年推迟 5—7 天。4 月气温偏高，光照略偏多，降水量明显偏少，对农业生产较为有利。大小麦赤霉病、油菜菌核病等发病率较低，油菜结荚、大小麦孕抽穗情况良好。15 日出现的年内首次强对流天气，局地出现 8—10 级大风，新埭镇牌楼村平湖市晨晨蔬果种植园受到大风影响，120 多亩大棚钢管 90% 以上倒塌或折断，部分大棚芦笋被拦腰折断，损失严重。5 月气温偏高，光照正常，降水量明显偏少，气象条件对农业弊大于利。月内晴好天气较多，湿度偏低，大小麦赤霉病、油菜菌核病等发病率较低。但由于 1 月以来降水持续偏少，且 5 月降水显著偏少，上中旬均出现 30℃ 以上的高温，局部农田缺水，农作物受旱，对春花作物产量和晚稻播种期灌溉带来较大影响。尤其对油菜造成明显的高温逼熟现象。受干旱影响，全市大小麦千粒重减少 4%，油菜千粒重减少 13%，其余种植在田间地头的蚕豆、豌豆因无法灌溉而停止灌浆，对产量有明显影响。露地蔬菜生长缓慢，上市期推迟，部分毛豆提前开花，葡萄等水果坐果和膨大也受到一定影响。6 月梅汛期多场大到暴雨降水致使部分推迟收割的小麦，出现倒伏、麦穗发芽或霉变，田间积水严重，收割机械无法下田收割，3.5 万亩小麦绝收，1 万多亩已收割小麦由于发芽或霉变仅能作饲料，同时延缓了晚稻播种进度，已播晚稻秧苗受大雨冲刷，出苗情况不佳。田间成熟未收的瓜类受大水浸泡，烂根、烂果现象明显。7 月气温明显偏高，光照正常，降水量明显偏少，对农业生产较为有利。单季晚稻分蘖生长，长势较好，但适宜的气候使病虫害露头，有晚稻褐飞虱、卷叶螟、纹枯病发生。8 月气温偏高，光照略偏少，降水量明显偏多，对农业生产较为有利，但 25 日大暴雨降水给全市农业生产带来较大影响，造成多处农田受淹，低洼地区的蔬菜、草莓大棚部分受淹，桃树受暴雨冲刷落果，损失较大。9 月气温明显偏高，光照正常偏多，降水量明显偏少，但秋季低温比往年来临明显偏早，19 日—21 日出现连续 3 天平均气温低于 20℃ 的秋季低温，出现日期较历年提早一星期左右，好在此次低温持续时间不长，极端最低气温也不是很低，无降水影响，白天受光照后气温迅速回升，弥补了夜间低温的不利影响，加以农户普遍采取了夜间灌水保温，22 日之后气温回升，对晚稻灌浆和部分处于扬花期的晚稻生长影响得以减轻。10 月气温偏高，光照、降水正常偏少。月初及月末两段阴雨寡照天气对晚稻灌浆成熟不利，影响千粒重和后期收晒，但晴雨交替的天气对油菜出苗较为有利。11 月上旬出现一段长期连阴雨，导致收割旺季无法顺利开镰，田间湿软收割机无法下田，光照不足稻谷无法晾晒，收获的稻谷未能及时晾晒进仓,田块闲置时间过长,延缓了后期冬种进度。12月气温偏低,降水偏少,光照正常。月内天气晴好较多,上旬2次降温过程没有伴随明显的风雨,对露地和大棚作物的影响有限,气象条件较有利于农业生产。

【气候与农业生产】 一、春粮。大小麦播种偏迟,但播种后田间湿度好,基本苗正常,个别品种出苗差。冬季气温低,大麦生长慢,开春后气温较低,营养生长期拉长,生长推迟,大麦苗数特别多,成穗率高,拔节期始穗期推迟7—10天,抽穗期、灌浆期雨水较少,基本无大风大雨,产量超历史,平均亩产302公斤,个别田块亩产近千斤,较常年增产8%—10%左右。小麦由于冬春季气温偏低,影响生育进程,收获期较常年偏迟约一周。收获后期,6月4日起持续较大降水过程,同时受上游客水过境等多重因素影响,水位上升,收割机械无法下田收割,成熟的小麦出现发芽霉变,3.2万亩成熟小麦绝收。小麦平均亩产270公斤。

二、油菜。油菜生产期间(9月25日—5月25日)气象条件总体较好,但仍出现阶段性不利天气。油菜的生长与常年比较,播种阶段较有利,秧苗长势较好,11月上中旬遭遇连阴雨,晚稻成熟收割期有所推迟,部分油菜出现超秧龄,油菜移栽期普遍在11月下旬—12月中旬,油菜田间湿度适中,成活起发较好,但冬季低温冻害也有影响,尤其是移栽迟的油菜,开春后遇长期低温,油菜生育期明显推迟,抽苔、初花较常年推迟10天左右,花期缩短,花期与灌浆期雨水偏少,尤其是5月上中旬,平均气温较常年偏高3.9度,降水量仅6.3毫米,为常年的1/13(偏少76.8毫米),形成严重的高温逼熟现象,菜籽千粒重特别低,出油率降低,严重影响产量和质量,成熟期比常年推迟2—3天。油菜籽平均亩产166公斤。

三、单季晚稻。单季晚稻生长期(6月1日—11月20日)气象资料分析,平均气温24.3℃,较常年偏高1.5℃,降水量965.4毫米,较常年偏多239.7毫米,日照900.7小时,较常年偏少208.6小时。播种及苗期:播种后连续阴雨,苗期适逢梅雨降水,先后出现4次强降水过程,分别是6月4日—7日、9日—12日、14日—15日和17日—19日,基本覆盖整个播种出苗阶段,其中14日—15日和18日—19日全市普降大到暴雨,梅雨期降水量明显偏多,光照显著偏少,造成秧苗长势偏弱。分蘖拔节期:7月上旬及下旬出现两段持续高温天气,上中旬雨日多,有利于活棵,光照正常偏少。7月下旬日平均光照基本在9小时以上,利于秧苗分蘖。8月上中旬气温偏高,雨量正常,有利于拔节生长,孕穗期气候正常,但8月25日出现大暴雨降水对生长有一定影响。抽穗灌浆期:9月上中旬气温偏高,降水偏少,日照偏多,利于晚稻抽穗扬花,9月20日—22日连续出现3天平均气温低于20℃的秋季低温天气,但过程持续时间不长,极端最低气温不低,白天受光照后能迅速回温,农户通过夜间灌水,起到较好的保温效果。全市单季晚稻大多为中晚熟品种,因此这次秋低温对单季晚稻影响不明显,但对少部分未完成抽穗扬花的连作晚稻影响较大,造成生育进程延迟,空秕率增大,这部分晚稻的产量明显下降。10月气温偏高,光照偏多,降水正常偏少。11月气温偏高,上旬降水量显著偏多(出现暴雨降水),影响晚稻前期的收割进程,中下旬降水明显偏少,光照偏多,气温显著偏高(较常年偏高4.5℃),天气条件特别有利于晚稻的后期灌浆和收获,但因晚稻播种迟的农户灌浆不足,青谷较多,千粒重较低,产量有所下降。单季晚稻亩产556公斤。

【气象工作】 2011年,市气象局深入开展

“创先争优”活动，围绕提升公共气象服务能力，做好重大天气过程和重要活动的气象保障服务、应急预警工作，深化气象为农服务，加强防灾减灾社会管理，推进党风廉政和精神文明建设。2011 年，市气象局被命名为平湖市科普教育基地。通过嘉兴市级文明单位复评验收。年度工作目标绩效考核被市委、市政府评为良好部门。获嘉兴市综合目标二等奖，气象宣传信息工作先进集体，科技服务三等奖，党支部被评为嘉兴市气象部门先进基层党组织。

重大天气过程和重要活动气象保障服务。履行公共气象服务职能，做好强降雪、春运、两会、春季强降水、干旱、梅汛期、“米雷”强热带风暴、超强台风“梅花”及“8·25”大暴雨等气象服务。通过气象灾害预警服务系统、气象信息显示屏、报纸、广播电台、电话、传真、OA 系统、手机短信、气象网站等方式及时将各类气象信息送至气象灾害应急指挥部成员单位、有关部门、农业渔业种养大户及社会公众。全年发布气象灾害预警信号 30 次，预警、服务信息 210 余万条；发布《春运天气趋势预测》、《气象信息内参》、《重要天气报告》、《专题服务材料》等服务材料 150 期。完成公共气象服务白皮书编制并向社会发布。贯彻市府办《关于加强气象服务“三农”工作的通知》精神，制订为农服务周年方案，完善农业大户联系卡制度。开展下乡现场调研服务 20 余次。制订粮食生产气象服务周年方案及粮食生产服务流程。参与“新仓镇特色农业产业项目的研究和应用”。召开种养殖大户气象服务座谈会。

地面测报业务稳步运行。地面测报工作总基数 26368，错情率 0.04‰（省局标准 0.2‰），地面自动站气象信息化资料报表全年无错情。完成区域自动站资料信息化报表处理上报，台站基础第三批资料整理。8 人次达到连续百班无错情并验收通过。

气象防灾减灾宣传。利用“世界气象日”、“防灾减灾日”、“科普活动周”、“安全生产月”开展气象科普宣传活动。通过科普集市、气象科技下乡、气象科普进校园系列活动常态化地开展气象科普宣传，提升公众防灾减灾意识和能力。开展气象科普、防灾减灾防御知识宣传讲座 10 余场；发放防灾减灾科普图书、挂图、彩页等科普资料近万份。利用平湖农村“2131”数字电视平台，实施“千场气象科普宣传影片下乡”活动，累计播放 1020 场次，受众 20 余万人次。

推进气象防灾减灾管理。4 月，市府办召开全市防汛暨气象防灾减灾工作会议。5 月，召开镇（街道）防雷安全工作会议。加强对防雷重点单位的管理指导，扩大防雷安全宣传、加大部门协作等措施强化防雷安全管理工作。防雷重点单位检测和新建项目审核率 100%。严格执行防雷装置设计审核、施工监督和竣工验收、防雷设施定期检测等规定。加强对危险化学品行业、易燃易爆场所及学校等防雷重点单位的防雷防静电检测，排除隐患。加强气象依法行政，规范行政许可各项工作。

气象协理队伍建设。4 月，召开气象协理暨镇（街道）气象工作会议。9 月，开展气象协理员业务培训，10 月，组织气象协理员业务考试，完善气象防灾减灾队伍培训与考核机制，实行动态管理。

新农村建设、平安考核。“农村气象防灾减灾能力建设和气象防灾减灾标准化村建设”纳入“金平湖·美丽乡村”建设考核。完成 1 个气象防灾减灾标准镇和 15 个标准村（社区）建设。新仓镇气象防灾减灾标准化乡镇建设及所辖村气象灾害防御标准化村建设工作通过上级部门验收。新仓镇、当湖街道凤凰社区通过气象应急准备认证。

党风廉政建设。开展“第 24 个职业道德教育月”和“第 10 个党风廉政宣传教育月"活动。完成《平湖市气象局廉政(效能)建设风险点和防控预案》的编制,贯彻实施廉政风险防控机制建设工作方案。扎实推进基层党组织携手共建,走访慰问结对社区年老多病老党员,为结对村支部送党课。结对东湖社区开展创建全国卫生城市工作。

深化作风和机关效能建设。气象台创建"机关效能建设示范岗"、"党员先锋岗"、"群众满意基层站所(办事窗口)"。服务中心气象窗口创建"群众满意基层站所(办事窗口)"通过复评。

信息宣传工作。在《中国气象报》和中国气象局网站发表稿件9篇,省气象局多轨道网站23篇,《嘉兴气象信息》66篇,平湖市委、市政府政务信息62条。加强网站管理,做好政务信息公开工作。

固定资产条形码管理。完成嘉兴市局"固定资产标签(条形码)管理实施年"有关工作要求,建立固定资产条码管理、数据库。落实实物资产管理岗位,完善固定资产管理制度。

人才队伍建设。创造条件对干部职工进行岗位培训和学历教育,全面提高职工队伍的综合素质。组织各类业务培训学习和远程教育培训,完成现代气象业务理论知识网上考试;组织学习贯彻《国务院办公厅关于加强气象灾害监测预警及信息发布工作的意见》(国办发〔2011〕33号)精神及培训课件。

(陶建强)

•水文•

【概况】 2011年,认真开展各项水文测报和资料整编工作,按照水文水资源专业配套法规、标准和规范的规定,完成全市各区域和水系范围内的水文、水资源监测的全部业务。水文自动遥测站固态存储模块数据资料整编技术和质量稳步提高。再次被嘉兴市防汛防旱指挥部评为报汛工作先进单位。继续做好边界水文巡测工作和全市水功能区19个监测断面的水量水质同步监测,积极参与杭嘉湖地区水文巡测十周年研讨会,总结探讨先进测验技术和经验。加快水文站网和测站设施改造步伐,平湖市水文巡测基地扩建工程全面启动,达到省水文局站队结合水文巡测基地建设要求。水文信息化基础设施建设进一步完善,新技术、新设备、新方法在水文工作中的应用和推广不断加强,8月,乍浦外海水位遥测站新安装一套水位遥测设备,全塘水位遥测站由ZJ-2000升级为雨润3000,杭州湾乍浦站新安装一套含氯度自动监测设备,4个国家基本站安装"全球眼"视频监视系统,办公自动化系统进一步完善,水文数字化水平再上一个台阶。

【水情】 全市河网月平均水位在0.86米~1.45米(85高程,下同)之间,平湖站全年平均水位1.14米,汛期平均水位1.22米,低于上年,高于常年平均水位。由于1—4月雨量偏少,水位明显比常年偏低,4月出现全年最低水位,8月为全年最高。由于梅雨和局部暴雨影响,平湖站超警戒水位共有23天。汛期除4月、5月未超警戒水位外,其他月份都有超警戒水位,6月因梅雨集中降水影响,导致河网水位上升快,水位高,超警戒水位9天,其中有4天超危急水位,最高达2.20米,超危急水位0.24米;7月超警戒水位1天;8月下旬因局部暴雨侵袭,超警戒水位8天,其中有2天超危急水位,最高水位达2.30米,也是全年最高水位;9月超警戒水位4天,10月超警戒水位1天。平湖站的最高水位出现在8月25日16时12分为2.30米,青阳汇为2.00米,乍浦(塘)为2.41米;汛期最低水位平湖站出现在4月14日10时47分为0.67米,青阳汇为0.15米,乍浦(塘)为0.53米;杭州湾乍浦站的最高潮位出现在9月30

日14时25分为4.46米,最低潮位出现在4月19日21时05分为-3.05米。(陈宇峰)

·国民经济和社会发展·

【经济保持稳步增长】 2011年,全市上下坚持以科学发展观为统领,以转变经济发展方式为主线,继续深入开展项目推进年、城市形象提升年和环境建设年活动,扎实推进"十大工程",实现经济稳步增长、投资继续扩大、消费加快攀升、民生进一步改善和社会和谐稳定的良好局面。全年实现生产总值393.43亿元,可比增长11.2%。其中,第一产业实现增加值17.87亿元,增长0.9%;第二产业实现增加值248.98亿元,增长11.9%;第三产业实现增加值126.58亿元,增长11.2%。全市财政一般预算收入64.08亿元,同比增长24.1%;地方财政收入32.44亿元,同比增长27.2%。2011年末金融机构本外币存款和贷款分别为550.78亿元和382.44亿元,比年初分别增长13.8%和11.6%。2011年,城镇居民人均可支配收入和农村居民人均纯收入分别为33190元和16641元,同比分别增长14.1%和16.4%,城乡居民收入比进一步缩小。

【三次产业协调发展】 全年实现农业增加值17.87亿元,同比增长0.9%。种植业生产总体稳定,全年春粮播种面积19.9万亩,比上年增长9.6%,春粮总产量达到5.7万吨,比上年增长10.7%。畜牧业生产有增有减,肉猪出栏44.69万头,比上年下降1.6%,家禽年末存栏111.55万羽,下降9.9%。生态高效都市型现代农业发展取得新成效,国家现代农业示范区建设步伐加快,2011年新建成2.45万亩粮食生产功能区,新增食用菌栽培面积130万平方尺、水果面积705.5亩。着力提高农业生产组织化水平,新增农民专业合作社6家,嘉兴市级农业龙头企业3家。加强农业品牌建设,新增无公害农产品12个,新增省级无公害基地2个,累计91个。全年实现工业增加值234.23亿元,增长12.9%。工业经济对GDP增长的贡献率为69.4%,拉动经济增长7.8个百分点。全市538家规模以上工业企业全年实现产值945.02亿元,同比增长22.48%。产业集聚不断加快,各大工业园区合计完成规上工业产值537.8亿元,占全市规上工业总产值的87.8%。光机电、临港、生物医药、新能源、新材料、节能环保六大新兴产业进一步发展壮大,全年投资额占全市投资额的64%;服装、箱包、造纸、童车、洁具五大传统优势产业协作配套体系加快形成,平台建设得到有效推进,启动实施新一轮镇(街道)工业园区开发建设三年行动计划,全年完成开发建设投资8.5亿元、开发面积4141亩。深入实施大企业倍增计划,年产值超亿元企业161家(不含港区和电厂135家),其中超10亿元企业21家(不含港区和电厂12家)。全年服务业增加值126.58亿元,增长11.2%。旅游业加快发展,全市旅游综合收入34.1亿元,同比增长29.17%。现代物流业势头良好,全年嘉兴港货物吞吐量5258万吨、集装箱51.5万标箱,同比分别增长18.6%和47.1%。专业市场建设稳步推进,平湖·中国服装城一期A区服饰交易区、B区精品百货进行试营业,平湖·国际箱包城稳步推进。服务业重点项目加快建设,2011年新增服务业重点项目31个,完成投资4.4亿元,平湖·中国服装城等5个项目列入省2011年服务业重大项目计划。房地产市场保持活跃,全年完成房地产投资46.7亿元,同比增长31.6%。全年全社会科技研发经费支出8.5亿元,占GDP的比重约2.1%。市科创中心建设成效明显,已入驻、签约企业(单位)35家。企业研发中心建设步伐加快,新认定国家级高新技术企业7家、新增省级企业(行业)研发(技术)中心3家,新认定嘉兴市级企业研发中心10家。全年列入2011年度国家重点新产品1项、火炬计划2项、星火计划7项。全年专利申请量1620件,比上年增长12.6%,专利授权1481件,其中发明专利23件。深入实施品牌工程,新增浙江省名牌产品1个,嘉兴市名牌产品9个。新增嘉兴市著名商标7件,完成申报浙江省著名商标6件,省级专业商标品牌基地1个。

【项目建设扎实推进】 投资保持稳步增长。全年完成固定资产投资244.72亿元,同比增长18.8%。其中(不含嘉兴港区)完成工业生产性投资75.26亿元,增长8.6%。投资结构不断优化,全年71个服务业重点项目完成投资41.72亿元,完成年度计划的117.3%;工业技改投入完成49.9亿元,占全部工业生产性投入的60%;现代农业完成投资8.72亿元,完成年度计划的98.9%。政府重大投资项目有效推进,其中民生保障类项目完成投资6.8亿元,比上年增长46%;生态治理类项目完成投资3.7亿元,比上年增长18%;城市开发类项目完成投资10.6亿元,比上年增长22%。出口继续平稳增长。全年进出口总额65亿美元,同比增长27.8%,其中出口35.3亿美元,同比增长16.8%。从出口主体看,全市有实绩的进出口企业666家,同比增加57家;从出口商品看,服装、机电和箱包为三大外贸出口支柱产业,同比增幅分别为8.8%、17.8%和22.5%;从出口市场看,增加到与168个国家和地区发展贸易往来,日本、欧盟、美国等主要出口市场贸易额大部分为上升趋势,其中出口日本、欧盟分别增长19.8%和19.3%。消费需求稳中有旺。全年社会消费品零售额105亿元,同比增长18.7%。其中,批发零售贸易业、住宿餐饮业分别为81.4亿元和13.7亿元,增长16.5%和24.7%。全年销售“家电下乡”产品2.55万台(件),销售额达6483.53万元,销售“以旧换新”家电4.19万台,销售额1.48亿元。新增私家车上牌数11944辆,比上年增长27.1%。

【改革开放不断深入】 平湖市被列为全省24个海洋经济发展试点县(市、区)之一,大力发展海洋经济成为市委、市政府的一个重要战略决策。投资体制改革继续深化,政府投资项目管理方式不断改进。积极开展农村医疗卫生服务体系建设改革试点市工作,加快推动以“3+X”为主要内容的改革试点建设,积极筹建市“120”医疗急救中心、医学临床检验中心、医用消毒供应中心,探索建立以城带乡、城乡联动的支持农村卫生事业发展的长效机制。企业上市步伐加快,莎普爱思辅导验收通过并报会,景兴纸业成功定向增发,共募集资金总额9.5亿元,晨光电缆进入辅导备案。积极实施“与沪同城”首位战略,着力构筑“依托上海、融入上海、发展平湖”的开放发展格局。与上海张江高新区管委会签订战略合作框架协议,在平湖市临沪产业园内共建面积20平方公里的上海张江平湖科技园。对口协作工作有序推进,对口帮扶广元市元坝区、对口支援重庆涪陵区石沱镇、结对帮扶青田县资金足额到位。

【城乡统筹协调发展】 深入开展城市形象提升年活动,强化城市功能,加紧修编和完善城市总体规划、市区消防专项规划、市区路网专项规划和城区停车场专项规划。完成梅园路(城南路—当湖路)、百步桥路和环北二路(城北路—天主堂桥)大修改造工程,完成凤凰小区、九龙花苑、康乐新村、文华苑、大南门新村等15个老小区整治提升和35个城中村改造。市区主要道路沿街立面改造和灯光亮化工程有序推进。各类违章搭建整治力度不断加大,全年共拆除“两违”157户,完成整改121户违规设置的门头。市区“楼宇工程”不断推进,全年新开工高层楼宇34幢,累计建成高层幢数56幢。制订出台《2011年新市镇新社区“两新”工程行动计划》,开发建设农村新社区管理三维系统,全市累计集聚农户20089户,集聚率达24%;全年新增集聚农户数3288户,完成年度计划任务。农村土地整治项目通过复垦验收面积1000余亩。农村土地整村流转加快,新埭镇、新仓镇和独山港镇共有11个村完成整村流转,面积3.56万亩。完成编制《平湖市“金平湖·美丽乡村”建设规划(2011—2015年)》,平湖市美丽乡村创建工作通过省和嘉兴市验收,成为全省首批11个美丽乡村创建先进县(市、区)之一。全年列入“双百亿”工程的基础设施项目90个,其中新建项目46个,全年累计完成投资11.46亿元,新开工项目36个,新建项目开工率78.3%。其中洁芳东区安置房、市中心农贸市场、宏建路(新华北路—新兴六路)和兴平一路(独黎公路—新明路)绿化工程等项目已竣工。平湖经济开发区经济社会服务中心、阳光嘉苑(含人才公寓)一期工程全部结顶;曹兑路完成道路沥青铺设,龙湫公园顺利推进;太浦河取水一期工程已进入扫尾阶段,累计铺设取水管线55.9公里。

【生态文明建设扎实推进】 严格准入,将投资排污强度作为重要的考核指标,把总量控制作为项目准入的前置条件,全面实行排污权有偿使用。创新技防手段实现水气兼控、提升环保监管能力,全年新增6家废水排放企业和15家废气排放企业安装该套设施,基本覆盖全市主要污染物排放企业。全面实施“三清两绿”和环境保护八大行动计划,生态市建设与城乡统筹发展、产业结构调整和美丽乡村建设有机结合,生态环境得到优化。环保基础设施建设有力推进,太浦河引水工程、河道整治和清淤工程、污水管网建设等重点工程项目全面实施,全年共投入资金约10.4亿元。启动新一轮水环境整治,着力改善水环境质量,保障饮用水安全。农业面源污染得到进一步治理。全面开展畜粪收集处置,畜禽粪便综合利用率达90%以上。全年单位GDP能耗下降3.3%以上,顺利完成年度各项节能降耗任务。加快节能项目建设,推广生物质能清洁能源,全年累计节约5万吨标煤。扎实推进高耗能行业能耗对标和能源监察活动,淘汰落后设备5台、超能耗限额企业1家。通过结构调整、污水入网、中水回用、锅炉改造、用煤控制等一系列措施,完成污染减排任务。污水管网工程累计投入69778万元,建成一、二级管网498公里,泵站32座,城市污水处理率达85.13%。淘汰落后产能步伐加快。全年投入5000多万元,关闭3家铅酸蓄电池企业、2家化工企业和1家印染企业等13家污染企业。严厉打击环境污染违法行为,强化工业污染减排工作,全年累计查处违法案件119件。全年盘活建设项目用地138宗,面积1770亩,完成挖潜节地增加投资23.1亿元。积极盘活转而未供农用地转用指标,加大转而未供土地的清理处置力度。全年办理建设用地项目供地4117亩,其中转而未供用地3281亩。2011年创建为全国国土资源节约集约模范市。

【民生事业全面推进】 城乡一体就业服务体系日益完善,全市新增城乡就业岗位16620个,帮助4475名下岗人员实现再就业,农村劳动力转移就业7795人。社会保险费“五费合征”继续推进,社会保险覆盖面不断扩大,全年新增职工基本养老、医疗、工伤、生育、失业保险参保人数分别为2.52万、3.23万、1.99万、1.72万、2.22万,城乡居民社会养老保险覆盖人数16.94万,落实被征地人员养老保障5911人,做到被征地人员养老保险“即征即保”。城乡居民合作医疗保障能力得到提升,进一步提高住院和门诊大病费用报销比例。社会救助体系不断完善,低保及低保边缘户社会救助工作得到加强,更加关注困难群众生活、就医、就学等救助帮扶。保障性住房建设顺利,全年建成经济适用房、廉租房1.9万平方米,解决270户困难群众住房问题。残疾人共享小康工程深入实施,城乡居家养老服务得到全面推进。基础教育课程改革不断深化,学前教育、特殊教育得到进一步加强。学前教育网点建设完成投资3124.3万元,中小学校舍安全工程完成投资4648万元,基本完成年度建设任务。市职业中专实训大楼基本完工,市技工学校迁建加快推进。市文化馆新馆(科普活动中心)建设顺利推进,社区文化中心建设不断加强,新仓镇和钟埭街道花园村分别创建为省文化强镇和文化示范村。成功举办市第十二届运动会、纪念平湖撤县设市20周年暨西瓜灯文化节活动。大力实施公众科学素质行动计划,平湖市被命名为“2011—2015年度全国科普示范县(市、区)”。基本药物制度顺利实施,群众就医负担明显减轻。扎实开展全国规范农民健康档案市、省卫生应急工作示范市试点和农村医疗卫生服务体系建设改革试点市工作。完成城乡水务体制改革,东西片供水管网联网,实现城乡供水一体化。成功创建为全国双拥模范城。完成村级组织换届工作。全面推行“网格化管理、组团式服务”,基层组织社会管理和公共服务能力进一步提升。进一步理顺城市管理体制,建成“数字城管”,已有19个单位纳入系统,提升了城市管理水平。完成27个老住宅小区改造“回头看”,同步扩大对10个老住宅小区改造。继续实施社会平安工程,创建成为“平安市”七连冠。综治基层基础建设不断推进,信访和维稳工作进一步加强,社会矛盾纠纷得到有效化解。新居民和特殊人群的服务管理进一步加强,网络安全和虚拟社会的监管不断重视。深入实施视频防范工程,开展打黑除恶、打击“两抢一盗”和欠薪逃逸等专项行动,有效打击和防范了各类刑事犯罪活动。切实加强道路交通、消防、危化品、建筑施工、食品药品等重点领域、重点部位的安全监管,全年没有重特大安全生产事故发生。

(刘　明)

•精神文明建设•

【大力提升公民文明素质】 以社会主义核心价值体系建设为根本,深入实施文明素质提升工程,出台《平湖市公民道德素质提升行动计划(2011—2013年)》,全面组织实施公民道德素质提升“八大工程”。一、把握主题活动,以习惯养成教育人。以喜迎建党90周年、平湖撤县设市20周年、《公民道德建设实施纲要》颁布10周年为契机,重点开展五大主题活动:一是开展“爱国主义”主题活动。广泛开展中国革命史、中共党史学习教育。继续推进公共博物馆、纪念馆、图书馆等向全社会免费开放。在全市中小学生中开展“学党史、颂党恩、跟党走”主题教育活动。修缮“侵华日军登陆处”、“百人坑”2个爱国主义教育基地,新建“于以定革命事迹陈列室”爱国主义教育基地。二是开展“文明有礼”主题活动。以“做一个文明有礼的平湖人”为主题,深入基层开展百日“讲文明树新风”基层行活动,结合第9个“公民道德宣传日”,在全市城镇居民中开展“万户家庭学礼仪”活动,在当湖街道百花社区举行启动仪式,并在城镇居民中开展“文明特色家庭”、“文明和谐家庭”评创活动。三是开展“文明出行”主题活动。以“关爱生命、文明出行”为主题,广泛开展文明交通行为教育,实施

"文明交通行动计划"。继续在市区骨干道路路口开展"文明出行"劝导活动,全年机关企事业单位干部职工参与文明劝导活动4300多人次。四是开展"全民读书"主题活动。以"传承国学文化 弘扬社会美德"为主题,举办第五届"全民读书月"活动(暨第七届未成年人读书节),倡导全民阅读,营造学习氛围,打造"书香平湖"。开展"国际博物馆日"和"文化遗产日"等活动,提升市民文化素养,弘扬社会美德,提高城市文化品位。五是开展"志愿服务"主题活动。积极搭建党员发挥先锋模范作用的实践平台,全市2200多名机关党员认领工作岗位4000多项。打响社区志愿服务品牌,深入开展关爱空巢老人、关爱残疾人、关爱新居民志愿服务活动。精心组织文化志愿服务,向企业、社区、军营等送文化。广泛开展三"千"三"百"志愿服务,即"千名"志愿者参与文明劝导活动,"千名"志愿者参与创卫活动,与"千名"低收入农户子女结对帮扶活动,"百分百"在校农民工子女实现帮扶结对,"百分百"闲散未成年人实现结对帮教,"百分百"村(社区)成立平安志愿者服务队。二、把握典型引领,以先进事迹激励人。一是广泛开展李叔同人格精神大讨论和表述语提炼活动,并形成"凡事认真、勇猛精进"八个字表述语,在全市开展弘扬践行李叔同人格精神活动,使之成为平湖人民为人处事、干事创业的行为准则和精神动力。二是深入开展"树典型、学先进、创业绩"活动,推选树立一批先进典型。陈宠英被评选为嘉兴市第三届道德模范,金贤明入选中国好人榜,并被评选为"2010年度感动嘉兴人物"。各镇(街道)推选出8位道德建设先进典型,将他们的事迹改编成情景剧,在全市各镇(街道)巡演,形成良好的社会氛围。三是开展"十佳孝星"和十佳"优秀新居民"评选表彰活动。三、把握重大节日,以节庆文化熏陶人。继续深化拓展"我们的节日"系列活动,引导市民认知传统、尊重传统、继承传统、弘扬传统。一是结合庆祝建党90周年和平湖撤县设市20周年,举办2011中国·平湖西瓜灯文化节。二是举办2011新年音乐会、新春系列文艺活动、元宵节文艺晚会、迎国庆广场文艺演出、中秋赏月晚会等,为全市人民欢度节日营造了更加浓郁的文化氛围。三是举办平湖市第三届"邻居节",进一步弘扬和倡导社会公德和家庭美德,营造融洽和谐的邻里关系。

【整体推进"五城同创"工作】 出台《关于开展新一轮"五城同创"工作的实施意见》,启动以省示范文明城市创建为龙头的新一轮"五城同创"工作。一、推进省示范文明城市创建。营造创建氛围。印发《关于积极营造良好公益宣传环境的通知》,召开平湖市2011年度户外公益广告工作会议,对市区LED电子显示屏的公益广告播放情况进行"飞行检查",并连续发出2期检查情况通报。加大城市管理力度。新成立城市管理行政执法局,对城市管理进行数字化管理。大力提升市民文明素质。深入开展文明家庭评选,大力宣传市民"十不"行为规范,激发广大市民"学礼仪,守公德"的自觉意识。二、推进国家卫生城市创建。召开千人创卫再动员大会,与各创卫重点街道和部门签订责任书。下发《平湖市2011年创建国家卫生城市实施计划》等文件,对每个部门制订个性化的考核细则。对照创卫三个"十大系列工作"要求,持续推进十大硬件基础设施建设工程。完成农贸市场改造提升,基本完成22个城中村整治,加快推进11个老住宅小区改造,加强环卫设施的投入和使用,启动建筑立面的改造与亮化工程。着力推进十大环境卫生专项整治。启动城区拆迁后空地环境、市区交通秩序、市区户外广告牌匾、小区管线、越门设摊、关帝庙乱设摊等19项专项整治,与市区2000多家经营户、单位签订“门前三包”责任书,取缔20多个马路市场。积极开展十大宣传教育活动。开展“万名党员助推创卫活动”、“千名创卫志愿者大行动”、千名党员干部遵守“十不”行为规范签名等活动,举办以创卫为主题的广场文艺晚会10场,印发健康教育资料4万份,图册2000余册,调查问卷3000余份,宣传手册8万余册。三、推进新一轮省级双拥模范城创建。按照“四个结合,五个坚持,六个纳入”的双拥工作新理念,提高拥军工作水平。一是实事拥军成效更加明显,为驻平各部队提供了9000多册图书,举办退伍军人(军嫂)就业专场招聘会,为退伍军人(军嫂)提供就业岗位625个。二是优抚安置政策更加到位。年内安置退役士兵234人、转业士官2人。建立驻平部队官兵家庭困难慈善救助基金,为11名家庭特殊困难的驻平部队士兵提供2.3万元慈善救助。三是国防教育氛围更加浓厚。市四套班子领导与450多名驻平部队官兵、团员青年、学生代表参加清明祭扫革命烈士墓活动,激发干部群众的双拥热情;在全市中小学开展国防人防知识教育讲座,将国防人防教育列入中、小学校教学内容,覆盖率达100%;在市区繁华街道、主要路口设置大型双拥宣传广告牌;报社、电视台开设双拥宣传专栏。四、推进省级环保模范城创建。一是全面实施“三清两绿”和环境保护八大行动计划,制订下发《平湖市环境保护八大行动计划》和《平湖市“811”生态文明建设推进行动方案》,不断创新环保管理体制机制。“三清两绿”重点工程投入资金10.4亿元。二是继续贯彻“铁心减排、铁面执法、铁腕治污”,严厉打击和处置一批环境违法行为,查处违法案件99件,行政处罚79个。三是组织开展生态文明建设和浙江“生态日”主题宣传活动,成立市生态文明宣讲团,开展“创建环保模范城市大家谈”、“生态文明伴我行”等形式多样的主题宣传和实践活动。四是涌现一批先进单位。新仓镇创建成全国环境优美乡镇,实现平湖市零的突破。钟埭街道建成省级生态街道。全市共建成省级绿色企业2家、绿色社区2个、绿色家庭3户、绿色医院1所和生态旅游示范区1个;嘉兴市级生态村32个、生态示范村3个、生态农庄1个、绿色学校2所;平湖市级绿色学校6所。五、启动省历史文化名城创建。建立创建组织。成立平湖市创建浙江省历史文化名城工作领导小组。明确目标任务,各部门围绕创建工作目标,按照相关部署,稳步推进省历史文化名城创建启动之年的各项工作。组织相关人员赴兄弟单位学习创建经验,邀请省历史文化名城专家到平考察,并对平湖市的创建工作提出实质性意见、建议。协调推动新埭镇、乍浦镇省级历史文化名镇创建工作,并为两镇创建浙江省第四批历史文化名镇进行业务指导,协助两地完成申报文本的制作。进一步加大历史文化遗产保护力度和历史文化名城建设力度,提升城市品位,促进文化大市建设,努力打造人文平湖。

【大力提升农村文明程度】 一、深入开展“十进农家”活动,推进“十万农家创文明”。结合“金平湖·美丽乡村”建设,开展农村环境综合整治。各镇(街道)继续开展先进典型评选,市级层面评选出2010年度“文明和谐示范家庭”、“文明和谐家庭”、“文明特色家庭”210户。组织10户新评出的市级“文明和谐示范家庭”代表参加2011中国·平湖西瓜灯文化节开幕式。二、深化“双百结对、共创文明”活动,推进城乡文明共建。开展第二轮“双百结对、共创文明”活动,深化经济共建、教育共建、文化共建、党群共建、实事共建、系列创建共建等内容,结对单位为结对村办理实事280余件,落实实事经费600多万元,结对双方开展党群共建互动380多次,教育共建互动360多次，文化活动250多次。三、开展地方文化活动，丰富农村精神文化生活。举办市第四届农民文化体育周等活动。继续开展文化三下乡、“欢乐城乡”特色文艺大展演、广场文艺等活动。文化系统结合“走进基层、服务群众”主题教育实践活动，开展以丰富群众文化生活为主题的送戏下乡、以红色教育为主题的送电影下乡、以提升文艺骨干队伍素质为主题的送培训下乡、以交流互动为主题的送展览下乡、以“书香平湖”为主题的送书下乡和以文化共享、文化交融为主题的“文化走亲”、“五送一走”活动。继续以企业职工文化建设为抓手，加强对新居民的教育管理，不断提升新居民综合素质。

【切实加强未成年人思想道德建设】 一、启动实事建设，以项目化推动未成年人思想道德建设工作。挑选7件与未成年人思想道德建设密切相关的实事，包括弱势群体未成年人健康成长、中小学幼儿园读书节、未成年人“非遗”实践、“五老”帮扶关爱、关爱社会闲散未成年人、新居民子弟学校科普套餐配送、家庭主题教育等，分别由责任单位组织开展，以实事项目的形式加以推动。二、完善“三位一体”，全方位推进未成年人思想道德建设。扎实开展学校德育教育。用社会主义核心价值体系引领和主导学校德育教育，加强中小学生日常行为规范教育和礼仪教育。组织开展第四届中小学幼儿园读书节。继续深化家庭教育和孝敬教育。积极发挥“家庭教育大讲堂”作用和市家庭教育领导小组成员单位、家庭教育讲师团和各级家长学校的作用，深入开展家庭教育进企业、进广播、进电视、进新农村、进新社区等活动。继续深入开展镇（街道）家庭教育节活动。推进“春泥计划”实施。印发《关于进一步做好2011年“春泥计划”实施工作的通知》，将各镇（街道）行政村全年的“春泥计划”系列活动在嘉兴日报平湖版专版公布，接受社会监督。全年有2个村、3名辅导员和3名“春泥计划”工作者被评为嘉兴市级先进。三、开展专项整治，进一步优化社会文化环境。全年出动检查人员428人次，文化、公安、工商、关工委等部门开展联合执法行动取缔黑网吧31家，查扣没收用于无照经营的电脑92台、路由器3台。“平湖网”获省文化传播创新十佳网站提名奖。发挥“五老”网吧监督员、镇（街道）文化市场监督员等社会监督力量的作用，形成全社会共同参与文化市场监督管理的局面。

【完善文明创建的规范化建设】 一、切实推进文明创建规范化建设。建立文明单位网络文明志愿者队伍。开展文明单位复评工作，对文明单位实施动态管理，全年对已获得嘉兴市级系列文明荣誉称号的69个单位、1个镇、2个街道、9个村、2个社区、7个行业进行复评，并根据复评情况作出相应处置。二、扎实开展系列文明创建活动。积极做好2010—2011年度系列文明创建工作，独山港镇穗轮村创建成全国文明村；工商银行系统创建成嘉兴市级文明行业，当湖街道启元路社区等2个社区创建成嘉兴市级文明社区。有13家单位、1个村、1个行业、1个社区创建成平湖市级系列文明称号。三、充分发挥文明单位示范表率作用。各级文明单位积极参与省示范文明城市、国家卫生城市等创建活动，在创卫网格式管理和“双百结对、共创文明”活动中发挥积极作用。（周　鼎）

中共平湖市委员会

• 综述 •

【概况】 2011 年,中共平湖市委坚持以邓小平理论和“三个代表”重要思想为指导,全面贯彻落实科学发展观,认真贯彻落实十七届六中全会和省、嘉兴市有关会议精神,推进创先争优及作风和执行力建设等活动,紧扣“保增促调,转型升级”主线,开展项目推进年、城市形象提升年和环境建设年“三年”活动,推进招商引资“一号工程”、民营经济“富民工程”、大企业“培育工程”、城市“形象提升工程”、市区“楼宇工程”、交通“畅通工程”、新市镇新社区“两新”工程、机关“效能工程”、百姓“民生工程”、社会“平安工程”等“十大工程”,全市经济实力继续加强,社会和谐稳定局面得到巩固,各项工作取得新的进展。

全市实现生产总值 393.43 亿元,增长 11.2%;财政总收入 64.08 亿元、地方财政收入 32.44 亿元,分别增长 24.1% 和 27.2%;城镇居民人均可支配收入 33190.4 元,增长 14.1%;农村居民人均纯收入 16641.0 元,增长 16.4%;完成固定资产投资 244.72 亿元,比上年增长 18.8%;不含嘉兴电厂完成固定资产投资 199.36 亿元,增长 9.9%;不含嘉兴港区、嘉兴电厂完成固定资产投资 142.14 亿元,增长 16.4%;其中工业生产性投资 163.55 亿元,增长 19.9%,其中不含嘉兴港区 75.26 亿元,增长 8.6%;不含嘉兴港区利用内资 34.4 亿元,增长 15.0%;合同外资 4.2 亿美元,增长 3.8%,实到外资 1.8 亿美元,增长 5.3%;实现进出口总额 64.97 亿美元,其中出口 35.35 亿美元;实现社会消费品零售总额 105.02 亿元,增长 18.7%。

推进转型升级,加快经济转型步伐。坚持“两个优先”发展导向,实施三大倍增计划,加快海洋经济发展,保持经济平稳增长,推进经济转型升级。提升平台功能,推进主城区现代服务业核心区、平湖经济开发区、独山港区建设,平湖 · 中国服装城、东源电子单晶硅、汉声精密铸件等一批重点项目建成并投运、投产,平湖 · 国际箱包城、智财商务大厦、中发电气产业园等一批重点项目加快建设;九龙山旅游度假区引进海航集团战略合作伙伴;国家现代农业示范区建设产业带动效应明显,新广、林埭两个省级农业综合区启动建设,新仓食用菌等 3 个主导产业示范区、曹桥蘑菇等 4 个特色农业精品园初步建成;临沪产业园与张江高新区签订上海张江平湖科技园战略合作协议;光伏产业园初步形成以鸿禧光伏为龙头的特色产业园区;推进民营经济富民工程,新增企业法人数、注册资本数、个体工商户数分别增长 13.4%、14.6% 和 13.5%。切实加强要素保障,成功创建全国国土资源节约集约模范市,全年挖潜节地 1776 亩。大力实施人才引领工程,引进高层次人才 70 名,其中国家“千人计划”人才 1 名,培育省“千人计划”人才 2 名,引进培育嘉兴市创业创新领军人才 6 名、创新团队 2 个。

整合城乡资源,增强城乡发展活力。市域总体规划修编形成初步成果,主城区控规、市区路网和市域绿道等规划编制有序展开,新一轮土地利用总体规划启动实施。成立城市新区开发建设管委会,落户新区的智财商务大厦、温州商会大厦等楼宇工程开工建设,客运中心、文化馆新馆(科普活动中心)等公建项目加快推进,文涛路二期、大桥路西段等市政道路建成投运，老小区改造、景观绿化和立面亮化等整治工程积极实施，创建国家卫生城市三个“十大系列工作”深入推进并通过嘉兴考核验收。构建完善综合交通网络，城市南环线建设、独山港区疏港公路和杭平申线“五改四”工程加快推进，城市东环线建设、翁金线改建等前期工作有序展开。开展“美丽乡村”建设，推进以“两镇两城”四大板块为重点的农房改造集聚和21个城乡一体新社区建设、18个中心村培育，完善城乡垃圾集中收集处理系统，开展集镇、道路沿线、河道、新社区和自然村落等专项整治。加强节能减排和生态建设，制订实施“三清两绿”三年行动计划和环境保护八大行动计划，淘汰落后产能，开展铅酸蓄电池企业整治，完成初始排污权申购工作，推进水务体制改革，加强城乡绿化和供水、排污等管网建设，新增城市绿地55.4万平方米、农村绿化5807.5亩，太浦河取水一期、古横桥水厂三期等饮用水安全保障工程加快推进，新建污水管网9.7公里、新增入网单位80多家。

保障改善民生，促进社会和谐稳定。坚持以人为本、服务为先，加强和创新社会管理，推进百姓“民生工程”，提高人民群众“两感两度”。落实以创业带动就业的方针，开展充分就业社区创建、零就业家庭帮扶等工作，新增城乡就业岗位4765个。健全覆盖城乡的社会保障体系，“五大保险”和城乡居民社会养老保险提前超额完成年度扩面任务，农村居民新型合作医疗参保率提高到97.4%；城乡居民低保补助标准和被征地人员生活保障金标准逐步提高；实施困难群众医疗救助“零起点”制度，发放低收入群众生活补助救助3090万元。助学、助医、助困等救助活动深入开展，残疾人低保和救助实现全覆盖；在建的608套6.3万平方米保障性住房扎实推进。均衡发展城乡教育，提升各级各类学校教育水平，实验幼儿园扩建、平师附小改建、技工学校迁建等学校基础设施建设和校舍安全工程全面实施。繁荣发展文化事业，启动省级历史文化名城创建，开展城乡精神文明建设，加强文化遗产的挖掘、保护和传承，举办西瓜灯文化节和纪念撤县设市20周年等活动。通过省卫生强市创建验收，开展“省卫生应急工作示范市”试点，推进新医改工作，顺利实施基本药物制度，健全公共卫生体系，成立市临床检验中心、医用消毒供应中心、“120”医疗急救中心，市第一人民医院迁建工程基本完工，市中医院成为三级乙等中医院。统筹解决人口问题，计划生育率达到98.8%。深化“平安平湖”、“法治平湖”建设，社会治安打防控体系建设进一步加强，“网格化管理、组团式服务”有效实施，镇（街道）干部驻村（社区）工作室全面推行，村（社区）便民服务中心实现全覆盖，承办在平召开全省应急处置机制建设工作会议，推进疑难信访积案化解，加强社会治安综合治理，视频监控系统建设步伐加快，村级专业巡防队伍不断扩大，严打整治和破案追逃行动力度加大，刑事案件发案率降低。安全生产四项控制指标实现“零增长”，社会保持和谐稳定。

加强党的建设，提供科学发展保证。“金平湖先锋”创先争优活动取得阶段性成效，组织开展纪念建党90周年系列活动，学习型党组织建设和形势政策教育深入推进，建立“金平湖讲坛”、“青年干部论坛”等学习交流平台，作风和执行力建设扎实开展，涉企科室满意度测评和机关效能示范岗建设、群众满意站所评创、“飞行检查”等活动继续深化，党员、干部的思想、组织、作风和能力建设进一步加强。深化干部人事制度改革，严格执行“五个严禁”、“十七个不准”、“五个一律”等换届纪律，顺利完成镇（街道）和村（社区）班子换届工作。城乡统筹的基层党建新格局继续完善，“双强争先”活动在各个领域切实展开,“强村计划”深入实施,推进党务公开,村务监督委员会规范化建设切实加强,继续实施退职村干部定期生活补助政策;党风廉政建设责任制全面落实,惩治和预防腐败体系进一步健全。人大、政协职能作用充分发挥,人武、双拥、统战、群团等各项工作取得新业绩,为平湖的科学发展提供了有力保证。

•重要党务和决策•

【市委十二届十一次全体(扩大)会议】 2011年7月24日,市委召开十二届十一次全体(扩大)会议。市委书记盛全生作题为《加强和创新社会管理 保障和促进转型发展 推动平湖在科学发展的道路上越走越宽广》的主题报告。会议贯彻落实胡锦涛总书记“七一”重要讲话和省委、嘉兴市委全会精神,回顾总结上半年工作,研究部署加强和创新社会管理的各项任务,对下半年工作提出具体要求。

【市委十二届十二次全体会议】 2011年9月19日,市委召开十二届十二次全体会议。会议审议中国共产党平湖市第十三次代表大会的召开时间、会议议程和选举方式等有关事宜,并作出决议。

【市委十二届十三次全体会议】 2011年12月16日,市委召开十二届十三次全体会议。会议研究确定市第十三次党代会有关工作。

【中国共产党平湖市第十三次代表大会】 中国共产党平湖市第十三次代表大会于2011年12月26日至29日在市会议中心召开。大会应到代表360名,实到代表355名。会议回顾总结市第十二次党代会以来的工作,部署今后五年经济社会建设和党建工作的目标任务。翁建荣代表中共平湖市第十二届委员会作题为《加快转型发展 建成全面小康 为建设和谐幸福的现代化“金平湖”而努力奋斗》的工作报告。会议选举产生中共平湖市第十三届委员会委员、候补委员和中共平湖市纪律检查委员会委员。会议通过《关于中共平湖市第十二届委员会工作报告的决议》和《关于中共平湖市第十二届纪律检查委员会工作报告的决议》。

【市委十三届一次全体会议】 12月28日,召开市委十三届一次全会。会议选举翁建荣、朱林森、潘川弟、姚田宝、徐春华、王碎社、王道平、魏飚、曹国良、傅金明、陈敏红为市委常委,翁建荣为市委书记,朱林森、潘川弟为市委副书记。会议还通过《中共平湖市第十三届委员会关于加强自身建设的决定》和《中共平湖市委、平湖市人民政府2012年工作要点》。

【全市三级干部大会】 2011年2月11日,市委、市政府召开全市三级干部大会。会议认真贯彻落实市委十二届十次全会和市“两会”精神,回顾总结全市2010年工作,表彰奖励2010年全市各条战线的先进集体和个人。市委书记盛全生作题为《苦干五年 走在前列 以优良作风争创“十二五”发展的优异成绩》的主题报告。

•纪检监察工作•

【市纪委十二届六次全体(扩大)会议】 2月23日,中共平湖市纪委召开十二届六次全体(扩大)会议,回顾总结2010年全市党风廉政建设和反腐败工作情况,表彰2010年度纪检监察工作先进,研究部署2011年主要工作任务。全会审议通过市委常委、市纪委书记徐春华代表市纪委常委会向大会所作题为

《坚持以人为本,注重务实创新,在人民群众的支持、参与和监督中不断提升反腐倡廉科学化水平》的工作报告。市委书记盛全生在会上讲话,充分肯定2010年全市党风廉政建设和反腐败斗争所取得的成绩,就进一步坚持以人为本、执政为民,加强和改进新形势下的群众工作,扎实推进作风建设和反腐倡廉建设提出了要求。

【市纪委十三届一次全体会议】 12月28日,中共平湖市第十三届纪律检查委员会召开第一次全体会议。会议选举产生市纪委常务委员会,选举徐春华为市纪委书记,俞雪琴、缪志方为市纪委副书记,市纪委常务委员会委员徐春华、俞雪琴、缪志方、冯玉明、宋雪忠、钟卫红、周海林。

【组织开展作风建设暨执行力建设活动】 协助市委、市政府在全市牵头开展机关作风建设暨执行力建设活动。不断优化服务平台,重点实施"扩容升级提效"工程,在新仓镇开展镇级便民服务中心改扩建工作;推进村(社区)便民服务中心高标准提升工程,至年末,全部村、社区实现全覆盖。加强监督检查,组织开展服务企业、服务项目专项活动,开展创卫工作专项督查。建立"民企发展台账",被评为嘉兴市纪检监察工作创新奖。组织开展20次政务环境飞行检查,对存在效能问题的9个单位、14名工作人员予以公开通报并追究责任。两次开展涉企科室满意度测评,连续第四年开展软环境建设问卷调查,得分位列嘉兴市第2名。

【落实党风廉政建设责任制】 市纪委、监察局把党风廉政建设责任制作为反腐倡廉建设的一项"龙头"工作,认真执行"三书两报告"制度,切实抓好责任分工、责任检查、责任考核、责任追究,协助市委抓好责任制规定的落实。认真做好省委第二巡视组对平湖市巡视意见的整改落实。对教育局、服务业发展局和城投公司开展党风廉政建设巡查工作,落实整改措施41条。

【深化农村基层党风廉政建设】 加强村务监督委员会规范化建设,继续开展"评星晋级"深化农村基层党风廉政建设示范村创建活动。年内,全市已创建省级示范村5个、嘉兴市级示范村16个、平湖市级示范村10个。全面推行村级重大事务票决制,进一步规范村级民主决策,这项工作被评为嘉兴市纪检监察工作创新奖。深化完善农村集体"三资"监管网络平台建设,抓好农村"三资"集中清查整改落实,收回各类欠款1700多万元。

【加强政风行风建设】 开展创建机关服务品牌、满意站所和满意行业活动,平湖市国税局纳税服务科(办税服务厅)被评为省群众满意基层站所示范单位,工商局等4个部门、"96345"社区服务中心等10个品牌分别被评为平湖市创建群众满意行业先进单位和机关服务品牌。对质监系统、10个涉企行政执法部门、镇(街道)涉企基层站所开展述职述廉民主评议活动,对工商系统开展行风评议"回头看"。组织开展"小金库"治理、减轻农民负担、减轻企业负担以及教育、卫生、公路、食品药品等领域专项治理工作。完善民生台账工作机制,民生台账逐步向镇(街道)直属事业单位、基层站所延伸,2011年共记录反映民生问题12400多个,解决率96.6%。"行风视线"全年播出节目36期。

【认真开展执法监察工作】 探索开展工程项目巡查工作,对5个重大民生工程、公共安全工程以及市委市政府实事工程开展巡查,责令相关单位整改问题21个。深化工程建设领域突出问题专项治理,建立建设工程项目信息公开系统,实行建筑企业动态管理、等级考核。对水利工程建设项目实施情况开展督查。规范邀请招标活动,全年政府投资工程邀请招标数同比下降63.64%。在新仓、当湖探索建立工程建设项目管理权、工程招投标、资金拨付权"三权"制衡机制。加强电子监察系统建设,纳入率从年初的65.6%提升至91.4%。

【严肃查处违纪违法案件】 2011年,全市纪检监察组织共受理信访举报113件,其中署实名举报57件,对16名党员干部进行信访谈话,纠正信访问题6个,为4名党员干部澄清事实。立案查处党员干部违纪违法案件55件,涉及党政机关事业单位党员干部9人,重点查处了市服务业发展局原副局长沈君、曹桥街道规划建设管理办公室原主任孙跃良和市教育局教育后勤管理中心基建科原科长江连平受贿案件,挽回直接经济损失400余万元。

【推进党风廉政宣传教育工作】 在全市广大党员干部中开展"百个提醒、千个承诺"主题教育活动,组织编写《廉洁从政百个提醒》。对27名新任领导干部进行集体廉政谈话、廉政知识考试和警示教育。组织开展"倡廉洁风尚、建清廉家庭"为主题的廉政文化进家庭"五个一"活动,召开全市乡科级领导干部家属参加的警示教育大会,组织全市200多名党员干部及家属旁听典型职务犯罪案件法庭庭审。新建平湖廉政网站,拍摄《管好"三资"促效益》、《村民不出村便能办成事》、《难以逃脱的罪责》、《作风建设无止境》等宣传教育片。

【认真落实廉洁自律各项规定】 认真落实领导干部个人重大事项报告和廉洁过节"零报告"制度,全市党员干部上交"三礼"折合人民币60万余元。加强"四公"管理,压缩和取消外出参观学习考察活动4批130人次,查处违规使用公车行为10起,否决公车购置申请43起,5名党员干部因严重交通违法行为被抄告。大力推进党务公开和镇(街道)"一把手"阳光权力行动,建立党务公开网站和22个党务公开联系点,全市1290多个基层党组织实现党务公开全覆盖。在各镇(街道)和教育、卫生、规划建设等9个市级部门开展规范权力运行工作。按照省纪委的部署和要求,开展新提任乡科级领导干部财产申报工作试点,对58名拟提拔领导干部考察对象进行财产申报审核。

【加强纪检监察队伍建设】 顺利完成市纪委换届工作,对24个部门纪检组织实施统一派驻(出)管理,其中新建7个。探索建立纪检监察联合工作室制度,被评为嘉兴市纪检监察工作推进奖。以镇(街道)、村组织换届选举为契机,及时调整充实基层纪检力量,村纪检组织、村务监督委员会实现全覆盖,村监委会成员工作报酬机制得到落实。加强工作调研和创新奖评比,全市纪检监察组织开展工作调研49项,申报创新奖项目31项。加强纪检监察业务培训,对全市150多名镇(街道)、部门纪检监察干部和村监委主任进行系统培训。在五年一次的评选中,3个集体获嘉兴市纪检监察系统先进集体,1名纪检干部获省级纪检监察系统先进工作者、1名纪检干部获省纪委嘉奖、5名纪检干部获嘉兴市纪检监察系统先进工作者称号。

(陶玉中)

•组织工作•

【概况】 2011年,全市组织工作以提高党的执政能力建设和先进性建设为主线,以市镇村三级领导班子换届和"金平湖先锋"创先争优活动为重点,以提高组织工作满意度为要求,开拓进取,求真务实,各项工作取得新的成绩。年底止,全市有党委(党工委)74个,党组31个,党总支102个,党支部1190个。有党员24661名,其中女党员6628名,占26.9%,35周岁以下党员5806名,占23.5%。全年发展新党员617名。

【深入推进"金平湖先锋"创先争优活动】 开展新一轮先锋承诺,重点抓好创业、作风、服务、选纪(选举纪律)和实事五项承诺,全市1200多个基层党组织、23000多名党员共承诺事项61325项。建立领导干部直接联系点制度,市4套班子领导带头深入联系点调研、指导工作。深化"三产业一战线"创先争优,认真落实"八联手"措施,抓实抓好创先争优36条具体举措。全面开展各领域发展强、党建强"双强争先"活动,命名26家市级"双强"先进企业。做实做优"12316"为农服务中心品牌。全面推行镇(街道)机关干部驻村(社区)工作室制度,有570名镇(街道)机关、事业单位干部驻村(社区)工作。积极推进机关党员"变身"社工,引导机关党员自觉在参与社会管理中作表率、强服务。

【扎实开展市镇(街道)领导班子换届选举工作】 统筹部署开展对55个市级机关部门、8个镇(街道)领导班子、432名班子成员的集中换届考察,坚持对新一届镇(街道)领导班子成员进行全额定向推荐,对现任班子成员进行民主测评和民主评议,对拟新进班子人员进行差额考察。换届后,镇(街道)班子成员平均年龄由42.37岁下降到40.95岁,其中,35周岁以下干部33名,占28.7%;女干部21名,占18.3%;本科以上学历91人,占79.1%。积极抓好市级机关部门领导班子建设,全年人事任免共涉及乡科级领导干部285人次,属提拔任职51人,其中正乡科级干部22人,副乡科级干部29人,35周岁以下干部15人,女干部13人,非中共党员干部3人。配合嘉兴市委组织部做好平湖市级领导班子换届考察工作,圆满完成市级领导班子换届选举各项任务。

【创新干部教育培训方式】 全面落实大规模干部教育培训要求,全年累计举办各类培训班132期次,培训人员21656人次,选调17批38人次参加上级各类培训。整合培训资源,建立"金平湖讲坛",推行干部自主选学,全年举办10期,参训7000多人次。尝试推行干部论学辩学,创建"平湖青年干部论坛",全市28个机关部门、8个镇(街道)自主建立分论坛,全年举办青年干部论坛92期,参加人数达1470多人次。加大干部选派、挂职力度,全年共选派5人赴国家发改委、农业部等中央部委挂职,选派6人赴省级、嘉兴市级机关挂职,79人参与征地拆迁、招商引资(招才引智)等市委市政府中心工作。

【深化干部人事制度改革】 在镇(街道)换届中全面实行全额定向推荐提名,推行差额比选机制,对镇(街道)拟新进班子的13名考察对象实行差额推荐、差额考察。注重干部德的考察,首次探索开展干部德的专项测评,实行干部德行表现正反双向同步测评。探索考察测评情况"一表式"反馈,增强测评情况的指导性。加大基层一线选拔干部力度,首次面向优秀村党组织书记和大学生"村官"选拔了2名镇(街道)领导班子候选人预备人选,在换届中顺利当选。分两批各推出18个中层职位,面向全市机关干部进行跨单位双向选择和竞岗交流,各有9名干部实现双向选择、竞岗交流。健全干部退出机制,有5名干部因素质、能力等原因被免职或降职,在镇(街道)换届中有12名干部因年龄到杠不再安排为新一届班子预备人选。

【健全干部监督管理机制】 进一步完善领导干部日常行为量化监督管理制度,加大治庸治懒力度。牵头抓好领导干部年度考核工作,对484名乡科级领导干部考核结果进行综合排名和反馈,对排名靠后的领导干部进行谈心谈话。继续抓好领导干部经济责任审计工作,强化审计结果的综合运用,全年共对8名领导干部进行了经济责任审计,对2010年度14名领导干部经济责任审计结果进行分等评定和书面反馈,其中A等4名、B等8名、C等2名。认真做好领导干部离任经济事项交接工作,年内办理离任交接22次。继续实施拟提拔考察对象家庭财产个人申报和组织审核制度,全年对75名拟提任考察对象申报的家庭财产进行了审核。认真做好出国(境)审批和机关中层干部任免审核工作,全年办理出国(境)审批57批次143人次,办理机关中层干部任免审核46批次95人次。

【加大党管人才工作力度】 制订出台"十二五"人才发展规划。进一步建立和完善市镇两级人才工作组织体系,在各镇(街道)新建人才工作服务中心,在发改、经贸等人才工作重点部门建立人才与产业发展科。确立"像招商引资一样抓好招才引智"的工作理念,并将招才引智列为人才工作首要考核内容,全年引进高层次人才70名,其中"国家千人计划"1名,培育"省千人计划"2名,与美国128华人企业协会签订科技产业园合作协议。健全人才投入机制,落实1000万元人才发展资金,强化招才引智专项经费保障。加快人才创业平台建设,建立健全中科院平湖新材料中心等5个市级科创平台,晨光电缆建立平湖首个院士工作站。完善人才服务机制,建成启用新人力资源市场,大力推进人才安居工程,加快建设一期138套人才公寓,规划启动二期300多套人才公寓建设。

【夯实基层基础】 顺利完成95个村级组织的换届工作,村党组织换届全部采用公推直选方式。全市有27名非公企业业主经选举进入村"两委"班子,其中7名党员业主担任村党组织书记,有29名女性担任村主要领导,23名大学生"村官"进入村"两委"班子。开展社区组织设置调整工作,新建社区党委9个。认真抓好社区党组织换届选举工作。继续推进"强村计划",2011年完成20个扶持项目。做好第七批88名农村工作指导员下派和管理工作。探索实施党组织服务低收入群众增收工程,部署开展"千名干部帮千户"活动,全市5000多名干部结对帮扶1052户困难家庭。全面实施退职村干部定期生活补助工作,3260名退职村干部享受生活补助。

【提升两新组织党建水平】 深化镇(街道)企业党建服务中心建设,全市共建立企业党建服务中心8个,服务指导476家企业党组织和3000多家企业的党建工作。扎实开展两新组织(新经济组织、新社会组织)党建"集中推进月"活动,新建两新组织党组织101个。顺利实现非公有制企业党的组织覆盖率"三个100%"的目标,并对32家两新组织实施"双重管理"。全面推行"新三会一课"制度。加强非公企业党组织规范化和企业党务干部队伍建设,举办非公企业"发展强·党建强"专题研修班,成立两新组织党组织书记联谊会,选派8名乡科级协理员担任第三批专职党建指导员,以"诚信"党建品牌为抓手,积极推进个体工商户和商品交易市场党建工作。

【继续加强党员教育管理】 制订《平湖市2011-2015年发展党员工作规划》,开展发展党员工作专项督查,保证发展党员工作有领导、有计划,健康稳步地进行。做好全市2011年度党费收缴和下拨工作,共计收缴党费1775038.54元,下拨党费548357.70元。进一步规范新居民党员日常教育管理,严格实施新居民党员教育"双重管理"、"双向反馈"、"联系结对"等制度。全年发展新居民党员50名,设立新居民党员示范岗67个,充实党员志愿者队伍132人。结合建党90周年纪念活动加大走访慰问力度,全市共走访慰问老党员、困难党员群众3510名,发放慰问金66万元。

【探索深化党代表工作】 在各镇(街道)普遍推行党代会常任制。积极推进党代表工作室建设,建立了一批党代表个人品牌工作室。首次推行党代表提案工作,在市十三次党代会期间,9个代表团共提交提案50件,其中代表团集体提案22件,代表个人联名提案28件,参与代表324人,参与率达90%。积极发挥党代表作用,累计组织72名市党代表列席市全委会等党内重要会议。

【认真抓好远程教育学用工作】 制作"远教五周年成果展"专题网页,展示全市远教五周年工作成果。抓好站点建设,开展远教"创争之星"活动。抓好远教教学资源库建设,上报《光纤收发器的制作流程》等6部课件。拍摄《平湖市创先争优活动纪实》参加嘉兴纪念建党90周年特色党建电视专题片展播活动。 (朱 磊)

•宣传工作•

【概况】 2011年,全市宣传思想战线紧紧围绕"三年"活动、"十大工程"中心工作,着力营造推动转型发展、促进社会和谐的浓厚氛围,切实加强社会主义核心价值体系、公共文化服务体系、文化产业发展体系建设,进一步推进文化大发展大繁荣,为平湖"十二五"发展开好局、起好步提供坚强有力的思想保证、精神动力、舆论支持和文化支撑。市委宣传部被评为全省形势政策宣传教育工作先进集体、全省宣传信息工作先进单位和全省宣传系统网络交流平台建设工作先进单位。外宣画册《中国·平湖》获第九届全省对外传播"金鸽奖"出版物评选三等奖,省级非遗项目"西瓜灯刻制技艺"被评为2011中国(深圳)国际文化产业博览交易会"中国工艺美术文化创意奖"铜奖。

【理论武装注重实效】 以"学习深化年"为抓手,深入推进学习型党组织建设。结合庆祝中国共产党成立90周年系列活动,组建学习贯彻"七一"重要讲话精神宣讲团和党史宣讲团,在全市开展以巡回宣讲、知识竞赛、读书征文等为主要内容的"党群学习周"活动。开展"学习型党组织"、"爱学习党员"评选。抓好学习型党组织示范点建设,浙江景兴纸业集团党委被评为全省学习型党组织建设工作先进单位。以市委理论学习中心组学习为龙头,抓好党员干部理论学习教育。全年市委理论学习中心组组织专题集中学习30次,编发中心组学习参考资料暨建设学习型党组织系列专辑4期1000余册、专题学习通报7期、《平湖学刊》2期。加强对全市基层党委(党工委、党组)中心组理论学习考核和乡科级领导干部理论学习积分制考核,进一步规范基层党委(党工委、党组)中心组学习制度。全市8个镇(街道)、24个系统和市直属党委(党工委、党组)中心组共组织集中专题学习428次,参加学习4.3万余人次。

【精心组织内外宣传】 充分发挥新闻媒体优势,通过开设专题专栏、推出系列报道、开展互动采访活动等多种形式,大力宣传全市上下深入学习贯彻党的十七届五中、六中全会精神,助推经济社会科学发展、转型发展的生动实践。总结的《平湖市根据百姓需求提升社会宣传针对性和实效性》一文被选为全省社会宣传工作会议书面交流材料。做好“驻华外交官走进嘉兴看民企”平湖站的接待和报道工作。中央电视台四套《走遍中国》栏目组到平拍摄《走遍中国》“金平湖”系列专辑,选取“海防要塞、莫氏庄园、当湖十局”3个主题拍摄3集专题片,在央视国际频道(四套)播出。全年举办新闻发布会(通报会)5次。参与优秀外宣品评选,2011修订版《中国·平湖》外宣画册获第九届全省对外传播“金鸽奖”出版物评选三等奖,并和DVD《开放的平湖 希望的城市》、《长三角投资热土——平湖》分别获得嘉兴市第四届对外宣传出版物评比一、二、三等奖。

【舆论导向及时有力】 以“新闻宣传品牌工程”建设为抓手,开展节目(栏目)“体检”制度,推动建立重点品牌,打造精品栏目。报社推出“百篇典型报道促转型”活动,围绕经济社会发展和政府服务转型,开展“寻找100个转型发展平湖样本”主题采访,开设的《政策解读》栏目被评为嘉兴市“十大精品栏目”。报社和广播电视台分别推出“记者蹲点村(社区)”、“三百基层行”活动,推出一批生动鲜活的新闻报道,帮助解决一批民生实事。精心组织开展庆祝第十二个记者节“五个一”系列活动(一组评选、一项比赛、一次交流、一场报告、一次参观),进一步夯实新闻采编人员的基本功。强化网络舆论的管理引导。牵头制订《关于进一步加强和改进网络管理引导工作的实施意见》和《平湖市网络管理引导工作考核办法(试行)》,成立平湖市网络舆论管理服务中心,创办《平湖网络舆情》,加强网络舆情研判和引导,做到网络舆情“一周一研判、一月一通报、两月一考核、一年总考核”。加强网络舆论队伍建设,调整充实全市67个部门(单位)、8个镇(街道)的新闻发言人和网络新闻发言人,优化网络评论员结构,调整充实核心网络评论员队伍。举办新闻发言人、网络新闻发言人培训班,请省内有关领导和专家授课。继续办好平湖网,开通平湖网“掌上平湖”手机门户网站。强化对论坛、博客等互动性载体的管理,推动主要社会网站通过系统升级实行注册实名制。组织举办“网友沙龙”,邀请市领导、有关部门负责人与网民面对面沟通交流,解疑释惑,引导舆论。

【繁荣发展城乡文化、做强特色】 召开全市文化建设领导小组会议,贯彻党的十七届六中全会精神,总结、部署工作。结合市的“十二五”规划,完成《加快推动文化产业成为支柱性产业的若干思考》的课题调研,编制出台《平湖市文化产业发展规划(2011~2015年)》。积极推动文化体制改革,稳步推进广电有线网络“一省一网”整合发展。加快市文化馆新馆(科普活动中心)建设。加强各类文化阵地的使用管理,不断优化15分钟公共文化服务圈。启动省历史文化名城申报工作,进一步加大对历史文化遗产挖掘和保护力度。依托传统节日办好文化活动。组织舞龙、舞狮和排舞队参加嘉兴市元宵节活动,获得1个银奖和2个铜奖。坚持“送文化”和“种文化”相结合,做优“一镇一节”文化品牌,成功举办市第四届农民文化体育周、第三届“邻居节”等活动。整合资源,组织文化系统开展以送戏、送电影、送培训、送展览、送书下乡和“文化走亲”为内容的“五送一走”活动,丰富城乡居民文化生活。全年送戏下村(社区)251场次,观众36.36万人次,送电影下乡1550场次,观众33.46万人次,送书下乡33690册。开展的“欢乐平湖·文化走亲”活动,被省文化厅评为浙江省首批创建公共文化服务体系十大示范项目之一。省委常委、宣传部长茅临生4月21日到平调研时,对平湖市基层文化工作予以充分肯定。

【**精神文明建设扎实有效**】 下发《关于开展新一轮“五城同创”工作的实施意见》,启动全国文明城市(省示范文明城市)创建等新一轮“五城同创”工作。组织开展“文明素质提升年”活动,出台《公民道德素质提升行动计划(2011—2013年)》,实施公民道德素质提升“八大工程”。加强爱国主义教育基地建设,修缮“侵华日军登陆处”、“百人坑”,建成“于以定革命事迹陈列室”。结合全国第九个“公民道德宣传日”,开展“万户家庭学礼仪”和文明礼仪宣讲活动。实施“文明交通三年行动计划”,在市区主要道口继续开展文明出行劝导活动。以市第五届“全民读书月”(第七届未成年人读书节)为主要内容,开展“全民读书”主题活动。开展首届“十佳孝星”、“十佳优秀新居民”评选表彰。积极推荐嘉兴市级以上道德模范和“我身边的好人”,陈宠英被评选为嘉兴市第三届道德模范,金贤明入选中国好人榜并被评为“2010年度感动嘉兴人物”。深入开展“十万农家创文明”和第二轮“双百结对、共创文明”活动。精心挑选弱势群体未成年人健康成长等7件实事,分别由责任单位组织开展,以实事项目的形式推动未成年人思想道德建设。做好2011年度系列文明创建和嘉兴市级文明单位复评工作。独山港镇穗轮村创建成全国文明村,工商银行系统创建成嘉兴市级文明行业,当湖街道启元路社区等2个社区创建成嘉兴市级文明社区。

【**积极开展形势政策宣讲教育**】 根据中央、省和嘉兴市有关要求,把形势政策宣传教育作为一项重要的政治任务来抓,制订下发《关于开展以党的十七届五中全会精神为主要内容的形势政策宣传教育的实施意见》,由市、镇(街道)、市级部门领导按层级到挂钩镇(街道)、村(社区)、企业开展集中宣讲。同时,成立党的十七届五中全会宣讲团,利用基层党校、市民学校、“茶馆讲堂”、农民读书会等载体,开展宣讲活动。全市共宣讲800多场,受教育50多万人次,发放宣讲资料5.5万册。这一工作得到嘉兴市委常委、宣传部长武亮靓的批示肯定,市委宣传部被评为全省形势政策宣传教育工作先进集体,并在全省现场会上作典型交流。

【**挖掘弘扬“凡事认真、勇猛精进”的李叔同人格精神**】 深入挖掘“叔同故里”地方人文资源,精心提炼出“凡事认真、勇猛精进”的李叔同人格精神,结合贯彻落实党的十七届六中全会精神和省委十二届十次全会精神,在全市开展弘扬践行“凡事认真、勇猛精进”李叔同人格精神活动,使之成为平湖人民为人处事、干事创业的行为准则和精神动力。这项工作得到省委常委、宣传部长茅临生和嘉兴市委常委、宣传部长武亮靓的批示肯定。

【**抓好“一节两庆”宣传报道**】 统筹安排庆祝建党90周年、庆祝平湖撤县设市20周年、2011中国·平湖西瓜灯文化节活动,制订下发“实施意见”,组织新闻单位加强对“一节两庆”的宣传报道。西瓜灯文化节期间,来自省内外20多家媒体的60余名记者到平采访,刊播报道50多篇(条)。《人民日报》刊发报道《古有传世棋谱 今有众多棋迷 “当湖十局”再看平湖》,央视五套《体育新闻》以较长篇幅介绍平湖基本情况和“当湖十局杯”围棋邀请赛的实况。

【**开展“身边的榜样”情景剧巡演**】 选择8个道德建设先进典型事迹编成情景剧,在镇(街道)巡演,并在报纸、广播、电视开设专栏,大力宣传道德建设先进典型,电视台把直播室搬到基层,推出"身边的感动"现场互动电视节目。《以情景剧展示先进事迹》入选"全省宣传思想文化工作'三贴近'创新100例",《精神文明报》6月4日头版头条报道了平湖市"树好、选好、演好、学好"道德模范的经验和做法。

【开展"走进基层、服务群众"主题教育实践活动】 根据省委宣传部统一部署,平湖作为嘉兴市的试点,以"走进基层、服务群众"为主题,在嘉兴宣传文化系统率先启动党的群众路线主题教育实践活动,开展百支宣讲分队下基层、百篇典型报道促转型、百名宣传文化干部问民生、百道文化佳肴送下乡、百日"讲文明树新风"基层行"五个一百"活动,全市宣传文化干部主动融入,迅速掀起群众路线主题教育实践活动的热潮。此项工作得到省委宣传部副部长来颖杰和嘉兴市委常委、宣传部长武亮靓的批示肯定。(钱云翔)

•统战工作•

【概况】 2011年,平湖市统战工作深入贯彻落实科学发展观,围绕市委、市政府中心工作,服务大局谋发展,凝心聚力促和谐,不断提升统一战线工作的科学化水平,为推进全市经济社会全面走上科学发展之路作出了新成绩。市委统战部被评为全省统战工作先进集体、嘉兴市统一战线工作创新奖、宣传"精品工程"奖、信息工作先进单位三等奖。市台办连续4年和6年被评为全省和嘉兴市对台工作先进单位,市侨办被评为全省侨办系统先进集体,市侨联被评为全省侨界提(议)案工作先进单位。

服务党委政府中心工作。积极为引资引智牵线搭桥。做好"留日归国人士及新兴产业专家平湖行"、"旅美侨团平湖行"、"上海台商平湖行"、"驻沪华侨华人经理人平湖行"的组织接待工作。全年接待港澳台同胞、华侨华人、留学人员440多人次,召开各类座谈会、洽谈会17次,宣传平湖市投资创业环境、人才引进政策、科技项目等,引导海内外人才到平创业。加强联系,维护统一战线和谐稳定。开展"百名统战对象走访月"活动。全年走访慰问各民主党派、工商联、无党派代表人士,民族宗教界人士,侨、台、黄埔军校同学、原工商业者等统战成员200多人次,密切与他们的联系。努力为统战成员做好事、办实事,全年处理来信29件,接待来访35人次,解决各类投诉求助100多件,有力维护了统一战线的和谐稳定。

巩固和发展多党合作事业的良好局面。协助市委、市政府召开党外人士协商会、座谈会、通报会16次,支持民主党派与政府部门开展对口联系活动,支持党外人士参与政风行风监督检查等民主监督活动。重视推进无党派代表人士队伍建设,夯实党外知识分子领域工作基础。在市委的统一领导下,会同市委组织部、市政协党组协助做好政协换届人事安排各项工作。坚持严格标准、确保质量的原则,严把委员的政治关、素质关;坚持统筹兼顾、全面安排的原则,通盘考虑统一战线各界别代表人士和党政领导干部的安排使用;坚持发扬民主、沟通协商的原则,确保市政协换届工作平稳顺利进行。

依法管理民族宗教事务。开展日资、台资企业招收少数民族员工情况专题调查。协助做好新疆中职班的相关工作。开展民族团结宣传教育活动,全年举办5期民族宗教政策法规培训班。认真贯彻党的宗教信仰自由政策,强化宗教事务的依法管理和"属地管理"原则,抓好大型宗教活动的安全管理,全年审批许可的33次宗教活动(超过千人以上的20次)均安全有序进行。加强对宗教活动场所财务管理工作的指导和监督。全面实施教职人员认定备案工作，首批审核认定佛教教职人员27名，基督教教职人员15名，道教教职人员3名。开展教职人员社会保障工作，有15人参加社会养老保险。加强宗教教职人员队伍建设，努力培养造就爱国宗教界代表人士。

推进新社会阶层人士统战工作。加强对非公有制经济人士的思想政治工作，抓好非公有制经济人士的教育培训、综合评价和信息采集工作，对130多名非公有制经济代表人士进行综合评价。继续抓好非公有制企业党组织创先争优活动的指导。开展构建和谐劳动关系评选活动，编印《转型升级 奋发超越——平湖民企在科学发展的道路上越走越宽广》、《开拓创新谱新篇》、《企业经营管理法律风险提示与建议》等宣传资料。举办法律法规培训班、"发展强、党建强"专题研修班、生产经理科学管理实战研修班。组织非公经济人士赴中央社会主义学院、香港理工大学、浙江大学等高等院校进修学习，提升非公有制经济人士综合素质。加强对工商联工作的指导，支持工商联充分发挥党和政府联系非公有制经济人士的桥梁纽带作用，为非公企业提供各类服务；推动非公有制企业自觉履行社会责任。支持工商联加强基层商会建设。

深化对台工作。全年共组织经贸、农业、教育等5个团组赴台交流。组织新华爱心高级中学、稚川中学师生代表赴台夏令营活动。举办"平湖·台湾南投两岸邻里节"，35名台湾居民到平参观新仓镇秦沙村，与当地居民交流互动。加强涉台宣传教育，举办2期涉台干部培训班，学习对台工作政策，了解掌握台海形势和对台工作方法。邀请台湾《经济日报》、台湾三立电视台等采访平湖台资高新技术企业、西瓜灯文化节等活动。做好涉台服务工作。全年协调处理涉台诉求80多件。发挥台商联谊会、台胞台属联谊会的平台作用，拓宽两地民间交流联络渠道。

做好侨务工作。开展"暖侨行动"。密切与港澳同胞、海外华人华侨、留学人员以及归侨侨眷、留学人员家属的沟通联系，在元旦、春节、中秋、国庆等传统节日，日本、新西兰地震等特殊时段及时送去党和政府的关怀。加强与海外华侨华人、社团及专业人士的联系。做好华裔美国国家工程院院士吴建福，美国平湖同乡会会长朱锦涛，副会长屈明波、张颖婷，香港平湖同乡会会长王超回平探亲考察接待工作。接待法国昂热高等商学院(ESSCA)浙江访问团访平活动。编印《侨：活力五年——2007至2011平湖侨务工作回眸》画册，扩大侨务工作的影响力。顺利完成市侨联换届。召开第七届归侨侨眷代表大会，选举产生新一届侨联班子，引导侨资企业与村结对共建，拓展基层侨务工作，这一工作获上级侨务部门肯定，林埭镇共和村被评为全省首批"侨爱新村"。留联会工作成绩显著，在全省留联会工作会议上作典型发言。

加强信息调研宣传工作。围绕统战工作的热点难点问题抓好调研。编印统战信息21期，为领导决策服务。平湖市统战工作信息报道被省级以上媒体刊用180多篇。

【开展纪念建党90周年主题教育活动】 以"重温历史、同心同行"为主题，通过征文、演讲比赛、报告会、座谈会、书画展、文艺汇演、树立先进典型、专题宣传报道等"八个一"系列活动，引导统一战线成员自觉接受中国共产党的领导，坚持走中国特色社会主义道路不动摇。

【开展纪念辛亥革命100周年活动】 通过举行纪念辛亥革命100周年大会，纪念辛亥百年诗词书法展，纪念辛亥革命100周年吟诗会，百年足迹——纪念辛亥革命100周年诗词征文，修复中山林纪念塔等"五个一"活动,激发统一战线成员为实现中华民族伟大复兴献智出力的责任感和使命感。

【宣传“同心”典型】 组织全市统一战线成员认真学习全省统一战线中涌现的先进典型事迹,挖掘一批优秀人士的先进事迹,通过演讲、媒体报道、评选表彰等形式进行大力宣传,以身边人、身边事感召统一战线成员,形成树立和践行社会主义核心价值体系的有效载体,取得良好的社会效果。

【协助民主党派、工商联完成换届】 年内,协助民盟、民进、农工3个民主党派和工商联开好换届大会,顺利完成政治交接。事前严格按照“政治交接、优化结构、健全机制”的要求,认真做好思想摸底、综合评价、任职培训、履职通报等工作。将加强党的领导与发扬民主有机结合起来,充分尊重民主党派、工商联意愿,指导其按照各自章程和组织程序开展工作,帮助民主党派、工商联建立一支年龄梯次合理、专业结构兼备的领导班子队伍和后备队伍。

【深入开展星级平安宗教活动场所和和谐寺观教堂创建活动】 按照平安宗教活动场所创建标准,指导和督促各宗教活动场所深入开展创建工作。2011年有2个宗教活动场所被评为省级先进和谐寺观教堂,3个宗教活动场所被评为嘉兴市三星级平安宗教活动场所。

【成立海外留学归国创业人员联谊会】 8月20日,召开平湖市海外归国创业人员联谊会(简称“平湖市海创会”)成立大会,出席代表80人,市领导石云良、姚田宝,曹国良、方晓烈等出席大会。嘉兴市侨办副主任、侨联副主席陈林根出席大会并致辞。石云良、曹国良为“平湖市海创会”揭牌。大会听取海创会筹备工作报告,审议并通过平湖市海创会章程,选举产生首届海创会会长、副会长、秘书长,聘请了首届海创会名誉会长和顾问。

【美籍华裔NBA球员林书豪平湖行】 5月28日,首位进入NBA的美籍华裔球员林书豪陪同外婆陈意子访问故乡平湖,在平湖中学访问时,林书豪与平中学子切磋球技,举行篮球表演赛,将自己坚持理想终获成功的经验介绍给大家,鼓励年轻人坚持自己的梦想,努力奋进。林书豪对平湖留下了深刻印象,直言平湖比想象的更美,表示会经常回平湖走走、看看。国内20多家新闻媒体报道了这一活动。

【浙江电视台国际频道播出系列报道宣传平湖海归创业创新之路】 元旦前夕,浙江电视台国际频道连续4天在《黄金时间》栏目播出走基层系列专题报道《杭州湾畔的海归创新之路》,反映在国际金融危机大背景下,平湖海归创业人员迎难而上、自强不息的创业精神,展现统战部门为纾难解困、服务高层次海外人才作出的积极努力。这在平湖统战史上尚属首次。 (马亮春)

•老干部工作•

【概况】 2011年末,全市有离休干部102人,其中男95人,女7人,平均年龄83岁,抗战前期参加革命1人,抗战后期参加革命20人,解放战争时期参加革命81人;享受副厅级待遇2人,享受副处级待遇51人,享受科级待遇49人。另有嘉兴市直属管理的离休干部23人,易地安置到外地8人,外地离休干部易地安置平湖7人。

【加强老干部思想政治教育】 坚持老干部阅文、通报情况、参加重大活动及走访慰问等制度。每月定期组织集中学习,全年共举办12期老干部党校时政班、1期党员骨干培训班,1期全市离退休干部理论读书班,市领导6次通报平湖社会经济发展及组织工作情况,局领导2次通报老干部工作、有关部门3次通报“十二五”规划和创卫工作。开展“共庆90党生日、创先争优夕阳红”老干部主题教育活动,组织离休干部开展“春游看平湖”、“变化看农村”等就近参观考察活动,开展老干部“忆党史、育后人”革命传统宣讲和“我为平湖‘十二五’发展建言献策作贡献”及“我为党旗添光彩”活动。先后组织社经室老干部到法院、民政局、安监局、平湖经济开发区等单位进行调研,提出的意见建议受到市委书记盛全生等市领导的肯定和批示。年内表彰“五好”老干部50名,文明学习组、活动组4个。

【突出党建主题、开展系列活动】 结合老干部的特点,组织实施“七个一”等系列活动,包括:一次老干部“双先”评选表彰大会、一次纪念建党90周年党史报告会、一次红色之旅就近参观考察、一次走访慰问老干部党员活动、一次红歌大合唱活动、一次“与党同呼吸、共命运、心连心”老干部征文活动、一次老干部书画摄影展。6月,市委召开全市老干部工作暨老干部“双先”表彰大会。“七一”前夕,市领导、老干部局、老干部原单位分别走访慰问全市离休干部和部分退休干部共164人。举办平湖市老年大学庆祝建党90周年大型红歌会, 20支团队近700名老干部和老年大学学员参加。组织离休干部等64人组成的老干部合唱队参加平湖市庆祝建党90周年红歌会。有5人、7人次的应征文章分别获得中组部“与党同呼吸共命运心连心”征文比赛一等奖和三等奖。下半年,围绕学习杨善洲先进事迹,组织观看电影《杨善洲》、召开学习杨善洲座谈会、举办《杨善洲》观后感征文等活动。

【扎实开展离退休干部党支部创先争优活动】 组织全市45个老干部党支部开展“寻找身边的闪光点”活动,将287位老干部党员的300多条平凡、感人的事迹整理汇编成册。开展“我为平湖发展献一计”活动,全市各老干部党支部提出意见建议230多条,市委、市政府和有关部门采纳180多条。开展省、嘉兴和平湖市第二批“五好”老干部党支部和优秀老干部党员评创工作,经片组为单位总结交流、民主测评,6月中旬,召开全市老干部工作暨老干部“双先”表彰大会,表彰第二批12个“五好”老干部党支部和41名优秀离退休干部党员。市规划与建设局离退休干部党支部被评为省“五好”老干部党支部,方绍泉、陈菊林被评为省优秀离退休干部党员。环保局退休干部、老干部常青艺术团团长金良观被评为省优秀共产党员,原县委书记俞云芳被省委创先争优活动领导小组评为创先争优闪光言行之星(5月份)和嘉兴市优秀共产党员,经贸局离休第一支部和教育局退休支部书记许宗熙、经贸局退休第一支部书记何守用分别被评为平湖市先进基层党组织和优秀共产党员。9月,启动第三轮“五好”离退休干部党支部创建工作。

【完善落实老干部生活待遇】 完善离休干部离休费、医药费和财政支持“三项机制”,老干部各项生活待遇政策落实到位。一是实现医疗服务一体化。完善老干部集中体检、集中反馈和特殊上门等一条龙体检服务工作机制,5月集中为160名离休干部和县处级退休老领导进行健康检查。完善离休干部就医看病优先服务的“绿色通道”,继续做好老干部家庭病房工作,全年为19名老干部开展上门送医送药服务。每月举办老干部养生保健讲座,并赠送健康书籍、组织养身经验介绍等。二是坚持日常服务制度化。根据老干部特点,实行ABC分类服务制度和工作人员分片联系、职能科室分类联系等联系服务老干部制度。通过定期的电话联系、上门走访、到医院探望等,全年共走访慰问老干部400多人次。三是特殊服务体现人性化。重视对独居、丧偶等特殊老干部的照顾服务。全年为28位老干部办理了报销医药费手续,为1位离休干部协调子女落实承担日常照顾的义务,协同老干部原单位做好15名离休干部后事处理。同时积极主动为嘉兴学院平湖校区、工商银行、烟草公司等10多位省直管的离休干部协调落实相关待遇等实际问题。全年共解决信访件5件(次)。四是精神服务多样化。组织开展"新年送祝福"、"爱心电话送温暖"、"元宵游园聚会"、"上门听意见、问计(需)老干部"、"春游看平湖"、"变化看农村"等活动。发挥活动中心"聊天室"的作用,及时做好老干部关心的热点、难点问题的正面引导、释疑解惑和心理疏导

【丰富和活跃老干部精神文化生活】 扎实开展老干部"满意家园"创建活动。加强活动中心的软硬件投入,新开设室外休闲健身场所、电子阅览室,定期为老干部提供理发和扦脚服务。先后开展"建党90周年党史竞猜"及每月、每周"唱响红歌主旋律"活动,老干部常青艺术团先后深入9个镇(街道)开展"传承红色经典、唱响红歌"巡回演出。以老干部活动小组为平台,组织开展老同志送春联、摄影采风、书画展等活动。为全体老干部发放了《温馨提示》、《百善孝为先——致全体老干部子女的倡议书》和《真幸福,我们还有父母可以孝顺!——给老干部子女的一封信》。老年大学开展纪念建党90周年"七个一"活动,启动"省级老年大学教学管理先进单位"争创工作,12月底,投入1300多万元、面积3100多平方米的老年大学新校舍一期工程完工。进一步推进老年教育三级网络建设,全市有老年大学及分校11所,班级82个,各村(社区)教学点154个,全市老年大学学员7650人、9034人次。

【老干部工作队伍建设】 完善学习培训、技能竞赛等制度,举办了专兼职人事干部培训班,开展好老干部政策业务的学习培训。做好信息宣传工作,全年报送信息185条,被《老年工作者》《浙江老年报》及省、市老干部工作简报录用118篇次。市委老干部局被中组部、人力资源和社会保障部评为全国老干部工作先进集体,老干部活动中心被评为全省第二批"满意家园"称号。市委老干部局被省委老干部局评为《浙江老干部工作》通讯报道先进集体,被嘉兴市委老干部局评为嘉兴老干部部门调研信息工作一等奖。

(姚秀平)

•党校工作•

【突出重点强培训】 充分发挥党校(行政学校、社会主义学校)干部教育培训主渠道作用,全年共举办主体班次13期,共49.5天,参训1600余人次。拓展部门、单位联合办学,全年共为社会办班152期,156天,参训19400余人次。做好对外培训,承办安徽省东至县中青年干部培训班45名学员在平湖5天异地培训。抓好函授教育收尾,做好省委党校函授2007级本科班(高中起点)公共管理专业学员的教学管理工作,2008级本科班法律专业56名学员顺利毕业。加强全市干部理论学习平台日常管理,全年向理论学习平台上传55个视频学习课件,点击率5000余人次。承办全市乡科级领导干部网上理论考试,实考人数410名。承办"金平湖讲坛"专题讲座2期,听众2000余人次。

【围绕中心强科研】 2011年共申报上级规划课题7项,其中全省党校系统3项,立项2项,嘉兴市党校系统3项全部立项,嘉兴市社科重点课题1项,并获二等奖。2010年度申报的1项课题获省委党校系统第十二批规划课题优秀课题,是嘉兴县市党校唯一获优秀课题单位。做好论文撰写工作,4篇论文分别发表在《经济论坛》、《中国集体经济》、《新视界》、《唯实》等省级以上学术期刊上。1篇论文选送浙江省政协第三次理论研讨会并获三等奖,1篇论文分别获浙江省、嘉兴市宣传系统纪念建党90周年征文比赛优秀奖和三等奖,1篇论文选送第八届长三角地区党校校长论坛并被江苏省委党校《唯实》杂志刊用。开展党建研究,4篇论文被选送至省、嘉兴市党建研究会,3篇入选《红船精神引领下——嘉兴党建创新研究报告》一书。

【深入基层强服务】 充分发挥理论资源优势,围绕纪念建党90周年和学习宣传胡锦涛总书记"七一"讲话、十七届六中全会精神等主题,组织教师深入机关部门、镇(街道)、村(社区)、企业、学校等基层一线宣讲98场次。配合市级有关部门做好建党90周年征文比赛、知识竞赛的评审工作,做好"李叔同人格精神大家谈"征文活动。牵头组织相关部门为"双百结对、共创文明"挂钩的新埭镇泖河村和创卫结对的当湖街道北河漤社区等办实事,提供经费19000元。围绕市委工作中心,积极参与当湖街道北河漤社区创卫工作。选派6名同志参与招商引资、接轨上海、创卫、国家三类城市语言文字工作创建评估、城市征迁等市委市政府中心工作。加强信息报道工作,全年向上级报送并被录用信息100多篇,获嘉兴市委党校系统信息工作先进单位。做好党校网站日常维护工作,增加网站信息量。加大基础设施改造力度,将所有教室升级改造为多媒体教室。 (张 姝)

•史志工作•

【概况】 2011年,市史志办工作重点抓好平湖市志和平湖党史第二卷的编撰,同时,坚持精品意识,加强对镇(街道)和市级有关部门的协调指导和督促检查,推动全市二轮修志工作的平衡发展,加快了工作进度,党史宣传得到加强,各项工作取得较好成绩。

【《平湖市志》完成初审】 年初制订工作计划,集中精力做好《平湖市志》上、下册的校对、补充、调整、修改等工作,4月底内审完成,上半年形成送审稿,9月下旬召开由省地方志办公室领导和省、嘉兴市专家组人员参加的初审会议,获得较高评价,同时征求了各镇(街道)和市级有关部门意见,现正根据征集的意见再行修改,计划2012年出版。与此同时,全市二轮修志进度也有加快,市史志办印发《平湖市第二轮修志丛书的审稿意见》,对志书的审稿、开本、版式、装帧等提出要求,至年末,部门志、专业志累计已出书13部、已定稿1部、形成送审稿2部、10部乡镇志已出书2部。

【平湖地方党史第二卷内审稿形成】 2011年的党史编研以二卷本编撰为重点,一是组织编撰人员认真学习中央、省党史第二卷和上级党史部门工作要求,进行理论准备,并赴周边县市学习交流,借鉴外地经验;二是通过查阅档案和相关文献资料、走访当事人等多种途径进一步搜集史料,充实、丰富编研基础,做好材料准备;三是加强研讨,精心撰写。坚持每月一次的编撰人员例会制度,交流切磋,研讨问题,推动编纂进度,提高书稿质量。11月,约43万字的平湖地方党史第二卷内审稿形成。

【《平湖年鉴(2011卷)》出版】 该书于2011年12月由中华书局出版发行,全书75万字。编纂中,重视突出地方特色和年度特色,在全书框架保持总体稳定的前提下,对部分篇目、分目作了微调,在“城乡建设”篇下增设“三港新城开发建设”分目。

【编撰出版《平湖党史90年大事概览》】 为纪念中国共产党诞生90周年,在全市党员、干部、群众和青少年中开展学习党史活动,市史志办编撰了《平湖党史90年大事概览》一书。该书精选平湖党史上90件重大事件、与平湖有关的党和国家领导人以及平湖党组织负责人等,以图文并茂的形式阐述共产党在平湖活动的历史概貌。在6月28日召开的全市纪念建党90周年大会上正式发行。

【加强党史宣传】 认真贯彻《中共中央关于加强和改进新形势下党史工作的意见》和全国党史工作会议精神,市委组织部、宣传部、史志办等5部门于5月5日联合下发《关于在全市党员、干部、群众和青少年中开展中共党史学习教育的实施意见》,作出部署。中央与省党史二卷本出版后,市史志办及时下发学习、征订通知,协同业务部门做好发行工作,为基层单位提供学习教材。5月13日,市史志办、市委宣传部邀请中共中央党史研究室科研部副主任姚金果为市委理论学习中心组(扩大)会议作“富民强国——中国共产党90年奋斗”党史专题报告。从5月19日起,在《嘉兴日报·平湖版》开辟专栏,先后发表17篇文章,介绍平湖建立党组织以来的重要事件和重要党史人物。与市广播电视台联合拍摄35期平湖党史系列专题片,从6月开始在平湖电视台新闻节目中播出。

【开展于以定同志革命事迹宣传活动】 为纪念原中共海北工委书记于以定诞辰100周年,市史志办、市教育局协同做好由林埭镇党委主办的于以定革命事迹宣传活动,在徐埭中心小学建立陈列室,展出于以定革命事迹图版、于以定生前使用过的物品及往来书信等,6月22日举行陈列室开展仪式,并召开纪念座谈会。（黄　艳）

•信访工作•

【概况】 2011年,全市共受理群众来信921件,其中镇(街道)、部门受理511件,市信访局受理410件。在市信访局受理的群众来信中,群众联名来信30件次,署名群众1221人次。全市共受理群众来访2876批次6822人次,其中部门受理1564批次2936人次,镇(街道)受理423批次1390人次,市信访局受理889批次2496人次(登记接待群众来访954批次2597人次)。市信访局受理的群众来访中,集体上访109批次1324人次。群众越级到嘉兴市及以上上访70批次172人次,其中被上级登记通报的越级进京上访8批11人(全年无赴京非正常上访),越级赴省集访2批63人次。市人民政府共收到信访复查复核申请7件,对其中符合条件的5件实施了信访复查复核。经上级综合考核评定,平湖市获“2011年度全省信访工作目标管理优秀县(市)”和“2010—2011年度嘉兴市信访工作先进集体”称号。

【信访形势特点分析】 全年,在信访数量上主要表现为“两个增加两个基本持平”:一是全市信访总量略有增加。全市共受理来信来访3797件(批次),比上年增加323件(次)。其中来信件数比上年下降13.20%;来访批次、人次分别增长19.19%和9.78%。二是越级上访有所增加。全市越级到嘉兴市及以上上访,比上年增加5批次41人次。三是到市信访基本持平。市信访局共受理来信来访

1299件（批次），比上年下降0.15%。其中受理来信件数同比下降23.22%；来访批次、人次分别增长15.91%和7.31%。在市信访局受理的来访中，集体上访批数比上年增长14.74%，人数下降5.83%。四是市长电话受理量基本持平。全年市长电话总受理量14212件，比上年增长5.95%。在群众信访行为方式上三要表现为：信访秩序总体比较有序，但个别群体信访活动仍然比较频繁。群众信访反映的内容主要涉及社会保障和待遇、征迁安置、规划建设、农村建房、环境保护、城市管理以及部分群众生活、住房和就业困难等方面。

【深化信访工作领导责任制】 市委书记办公会议、市委常委会议定期听取信访工作情况汇报，分析形势，部署阶段性重要工作任务。在年初召开的信访工作会议上，市委、市政府主要领导与各镇（街道）党政主要负责人、重点部门主要负责人签订《2011年度信访工作目标管理责任书》，并集中交办一批重点信访积案。各镇（街道）和信访重点部门"一把手"在会上就信访工作作专题述职。坚持抓好目标管理考核，将信访工作列入市委、市政府对镇（街道）、市级机关部门（单位）绩效考评、"平安平湖"以及全员维稳考核体系，列入领导干部日常行为量化监督管理重要内容。继续加大考核力度，提高考核分值，严格实行信访工作"一票否决"制和重要评选活动条件之一，进一步巩固大维稳、大信访工作格局。全年，市领导亲自阅批群众来信207件，市领导信访接待日共接待来访群众563批1421人次。市委政法委牵头的公、检、法、司"四长"联合接待共接待涉法涉诉类群众来访96批130人次。不断完善市领导信访接待日制度，3月起，市政协安排部分政协委员轮流参与市领导信访接待日活动，听取群众反映，更多地了解和掌握社情民意。

【做好重要时段稳定工作】 为确保各级"两会"、"纪念建党90周年"等重要时段以及平湖市党代会、西瓜灯文化节活动期间的社会稳定，全市各级加强对重点地区、重点领域存在的信访突出问题、不稳定因素的排摸调处，做好重点人员的化解、稳控等工作。经全市上下的共同努力，各重要时段，全市未发生越级上访和有影响的信访事项。同时，根据上级安排，选派信访干部协助做好全国"两会"、"七一"期间的驻京劝返以及省"两会"驻会工作。

【协同做好嘉兴市领导到平下访调研活动】 根据上级部署，7月22日，嘉兴市委常委、常务副市长蒋唯民在嘉兴市委、市政府副秘书长、信访局局长袁建民等的陪同下，到平下访，调研曹桥、当湖街道有关河道"黑水"情况。嘉兴市有关部门、南湖区、海盐县及平湖市有关负责人陪同下访。调研组一行实地查看了平湖与南湖区交界处沈章塘、与海盐县交界的西曹三号桥处水域，了解河道"黑水"情况，并走访周边群众了解水域污染对生产生活带来的影响。随后在当湖街道办事处召开调研座谈会，召集有关方面对下一步处置工作进行研究协调，提出具体的工作措施和要求。

【深化"信访积案化解年"活动】 年内，市级层面先后排出30件信访积案和23件重点群体性信访和不稳定苗头进行集中攻坚，书记办公会议和市委常委会作专题研究，会议先后下发《关于进一步深入开展"信访积案化解年"活动的通知》（平信联发〔2011〕1号）和《关于开展"近期重点群体性信访和不稳定苗头包案化解"活动的通知》（平信联发〔2011〕2号）进行交办，市领导挂帅包案，并落实具体责任单位。8月、9月,市委、市政府部署开展信访积案化解工作专项督查活动,组建督查小组,深入重点部门(单位)开展专项督查。至年底,30件信访积案、23件重点群体性信访和不稳定苗头得到妥善解决、基本化解或程序终结、有效稳控的,分别为23件和17件,占76.67%和73.91%。同时,继续做好省级挂牌信访积案的化解工作,年内省挂牌的8件(其中2件为上年遗留)积案全部得到解决或化解,并由信访人承诺息访,两年累计化解率为100%。

【完善破解信访难题新机制】 积极探索破解信访难题的新机制、新办法,改进、完善调处手段。一是主要领导"民情工作日"。全年市委书记、市长共开展35次"民情工作日"活动,协调处理71件重点疑难信访件,接待信访群众或约见重点对象30批108人次,协调的信访事项得到圆满解决或妥善化解,受上级肯定。市主要领导包案化解的疑难信访问题——农民自建房动迁加层补偿处理办法的案例入选《和谐之路——浙江省领导干部接待群众来访工作的探索与实践》一书。二是分管领导"信访维稳月会制",每月上旬定期召开涉及重点重复信访件承办的部门(单位)负责人会议,推进一批信访问题及时有效解决。三是其他领导"一岗双责制"。对日常信访反映中一些群体性和重点疑难信访件,坚持以条线领导为主,落实"一岗双责",实行包案调处,全年,市级领导对信访件处理及信访工作的批示68件(次),市领导亲自主持召开信访协调会87次、与会市领导150人次,亲赴基层一线调研指导信访工作、处置重要信访事项或约见重点信访人代表30次,参与市领导39人次。坚持实施重点人员约访制和群体性信访联合会诊制。

【加强信访工作基层基础建设】 按照上级基层信访"五个一工程"活动要求,继续加强信访基层基础工作。一是健全工作网络。进一步健全市、镇(街道)、村(居)三级信访工作网络,注重发挥组织网络及信访信息员队伍的作用,坚持经常性(每月)排查与集中排查相结合,及时掌握信访信息动态。对各级排出的信访苗头和不稳定因素,落实相关责任单位及时介入、调查处理。二是加强预警预测。按月通报集体访、越级访、联名信以及阶段性排摸到的重要信访苗头,预防一些群体性信访和越级信访事项的发生。围绕"事要解决",加大对重要信访反映事项、领导批示件的督查力度,确保群众合法正当诉求的及时解决,全年共下发《领导批示抄告单》30份。同时,实施部分重要反映事项抽查回访制度,健全完善信访(市长电话)义务评议员制度,提高信访件的办理质量。三是创新社会管理模式。坚持实行群众信访代理、市民意见建议征集、重大事项社会稳定(信访)风险评估以及信访"导访"、"陪访"等制度,引导群众依法、有序、理性反映诉求,规范群众信访秩序,提升基层工作能力和水平。在全市推广"驻村工作室"、"民生台账"、"网格化管理、组团式服务"、民间"和谐员"队伍建设等创新工作。启用平湖市社会矛盾联合调解中心,进一步整合资源,强化联排联防联调功能。

【推进信访工作规范化建设】 开展《信访条例》及依法信访宣教活动,推进信访工作"双向规范"。市信访部门按科室职责制订百条一流岗位标准,进一步规范信访受理、办理、答复等工作行为,受上级肯定。不断加强对基层工作指导,配合有关方面为全市农村指导员、新任公务员、"参公"事业单位人员、部分换届后村(社区)干部等培训班作信访形势宣讲和业务辅导,并在全市开展百名信访干部业务知识竞赛,基层各级信访工作行为不断规范。同时,重视发挥参谋作用,全年共编发《平湖信访》普刊、增刊15期,《信访情况通报》18期,《信访工作纪实》12期,报送信访要情27条、集访报告单109份,向嘉兴及省以上上报重要信访苗头9条,上报的重要信访苗头和紧急信息均得到妥善处置或化解。全年信访部门撰写和推荐上报的30多篇信息,先后被省、嘉兴市等信访刊物录用。

【开展"创先争优"活动】 按照上级"以创先争优为动力,加强信访干部队伍能力建设"活动总体要求和部署,平湖市作为省信访局有关领导的联系点,结合实际,制订"群众工作能力大提升,信访事业再创新佳绩"的工作目标,依托"五双工程"[即以学习提素质、创新提活力为内容的"双提"工程,争先进科室、争优秀干部"双争"工程,树基层党员先进典型、树信访干部光辉形象"双树"工程,领导联部门镇(街道)、信访干部联共建村(社区)的"双联"工程,保稳定、保民生的"双保"工程]为活动载体,认真开展"十个一"系列活动,取得了阶段性成效,得到了上级部门的肯定,在4月召开的全省信访系统创先争优活动推进会上,作书面交流。结合窗口单位和服务行业为民服务创先争优活动部署,扎实开展"便民利民"、"规范效能"、"阳光公信"三大服务品牌创建,有效提升了群众满意度。

【继续做好市长电话工作】 全年,市长电话总受理量14212件,比上年上升5.95%,平均每个工作日受理57件。其中受理来电12247件(当场答复5887件,占48.07%;交办6360件,占51.93%),"网上信访"(含"市长信箱"电子邮件、网民留言交办件)994件,手机短信865件,办理嘉兴市市长电话办公室转来交办件106件。各网络单位承办按时反馈率99.27%。市民来电(件)反映主要涉及政策咨询、环境保护、城市管理、社区管理、道路交通、行业管理、"两违"整治、村镇建设、住房问题等方面内容。经市长电话受理中心会同市机关效能监察投诉中心联合对28个网络单位55批次抽查测评显示,市民对网络单位的服务态度满意率为99.29%,办理结果满意和基本满意率为92.05%。完善市长电话市政府领导和镇(街道)部门领导值机、市长电话重要和疑难件领导审批、紧急信息处置、突发事件快速反应以及疑难事项综合协调等制度,确保市长电话规范、高效运转。继续与市纪委、广播电视台等部门联办"行风视线"电视专栏,与报社联合开设"民声传递"栏目,推进市民反映问题的解决和意见、建议的落实。在市长电话开通八周年期间,开展以市长亲自接听市民来电、举办"我与市长电话"征文活动等为内容的"八个一"系列宣传纪念活动,进一步扩大"12345"的社会影响力。与此同时,各级各部门不断规范办理程序,深化服务环节,切实做到"小事当天处理、一般问题及时处理、重大疑难问题限期处理"。全年,市长电话受理中心共编发《市长电话专刊》20期、《民声专递》6期、《重要信访(市长电话)要情专报》6期。平湖市连续第九年被评为"嘉兴市市长电话办理工作先进集体"。 (范　萍)

·市直机关党建工作·

【强化理论武装】 一是加强思想政治教育。组织党员干部深入学习十七届五中、六中全会精神、胡锦涛总书记"七一"讲话精神和"十二五"规划等内容。举行市直机关十七届六中全会精神报告会,邀请省委宣讲团三位成员分别作专题解读。弘扬和践行"凡事认真、勇猛精进"李叔同人格精神。改进机关思想政治工作,加强人文关怀和心理疏导。做好党内激励关怀帮扶工作,走访慰问党员,增强党组织的亲和力、凝聚力。二是加强学习型党组织建设。与市委组织部、市委宣传部联合开展“先进学习型党组织”、“爱学习党员”评选活动,建立规范化的创建、检查、评比、表彰制度,巩固和深化学习型机关创建活动成果。三是举办纪念建党90周年党史知识竞赛。竞赛分书面竞答和抢答两种形式。在嘉兴日报平湖版刊登书面知识竞赛试题,收到答卷4129份,进行了抽奖。抢答分预赛和决赛两个阶段,先以各乡镇(街道)及系统党委分4个片组进行预赛,决赛在广播电视台演播室进行,社会反响良好。

【加强作风建设】 一是牵头开展畅谈执行力建设活动。在全市三级干部大会上发出“改进作风、提升执行、优化服务”倡议,与市作风建设暨执行力建设活动办公室、市委宣传部联合开展“深化作风建设、提高执行力”主题征文和建言献策活动,收到征文162篇、建议127条。评出一等奖3名、二等奖5名、三等奖10名、鼓励奖20名。举办全市执行力建设专题报告会暨第二期“金平湖讲坛”,653名机关干部听取报告。组织开展“项目推进服务优胜单位”评选活动,推动做好服务工作。二是继续组织开展涉企科室满意度测评工作。确定34个重点涉企部门的92个科室(其中服务类47个、执法类45个)为评议对象。以书面投票和网络投票相结合的方式分别在6月、12月进行两次测评活动。测评中提出的问题和意见建议及时反馈相关职能部门,限期解决。对测评排行最后两名的科室,向所在单位下发“勤政预警通知书”,促其整改。三是深入开展党性党风党纪和岗位廉政教育活动。严肃换届纪律。组织领导干部家属参加庭审现场警示教育活动。开展岗位廉政风险防控机制建设“回头看”,制订完善廉政风险防控6项制度和13条措施。加强廉政文化建设,组织党员参观“红色诗抄”书法展和南湖革命纪念馆,组织参加嘉兴市直机关党工委举办的廉政书画摄影比赛,获得一等奖3名、二等奖2名、三等奖4名。严格执法执纪,认真查处1起违纪案件,开除党籍1人。

【强化组织建设】 一是扎实推进创先争优活动。组织市级机关各部门(单位)党组织与基层党组织开展结对共建活动,结合党史教育和学习贯彻“十二五”规划,安排结对的独山港镇金沙村80多名党员到市委党校听党课,参观李叔同纪念馆、观看西瓜灯节仿瓜灯展。发动机关干部参与社会管理活动。全市有2230多名机关干部到居住地社区报到,担任兼职社区工作者,当好“六大员”、做到“六带头”。举行机关在职党员“进社区、践承诺、作奉献”志愿服务暨遵守“十不”行为规范启动仪式,500多名居住在城区社区的机关党员参加仪式,并在各自社区参加创卫义务劳动。表彰2010年度市直机关先进党组织19个、优秀共产党员91名。推荐上报省、嘉兴、平湖的先进基层党组织、优秀党员和优秀老干部。开展窗口单位和服务行业“为民服务创先争优”活动。市直机关62个机关党组织的1651名党员结合岗位实际作出承诺并对外公示,接受监督。认真做好“创先争优闪光言行”评选和宣传展示工作。开展先进典型教育,组织机关党员干部观看电影《杨善洲》,学习王善群、普发兴等先进事迹。二是抓好基层组织规范化建设。重新确认37个党(总)支部、考核合格13个党(总)支部为2010年度“规范化党支部”。举办123人参加的市直机关党的基本知识培训班。举办“党在我心中”青年干部论坛和青年干部座谈会。推动基层组织坚持“三会一课”、党日活动、民主评议党员等制度,认真落实党员权利保障条例。深化机关党务公开,推行机关党组织换届直选,坚持实行发展党员和党员转正票决制。全年发展党员34名,党员转正34名。完成9个机关党组织的换届工作。三是圆满完成市党代表选举工作。按照市委部署,发动市直机关和金融系统党组织发扬党内民主,充分酝酿协商,有69个提名单位的1913名党员参加市党代表候选人酝酿提名工作,最后经市直机关党代表会议选举产生市直机关、金融系统市党代表71名。同时积极做好嘉兴第七次党代会、省第十三次党代会和十八大代表候选人的推选工作。

【推动机关文明建设】 一是继续推行《平湖市机关工作人员文明礼仪规范》,提升机关公务人员文明素质和礼仪水平。牵头开展市级机关语言文字迎评工作,召开迎评动员会,邀请迎评业务指导员作业务培训。向行政中心各部门工作人员发放《平湖市语言文字规范宣传手册》,提升机关工作人员语言文字规范化水平。二是开展党员志愿活动。动员机关党员参加创卫志愿大行动。继续开展"文明出行"劝导活动,累计参与2880余人次。开展联镇(街道)挂村(社区)维护稳定工作。组建211人的市直机关无偿献血应急保障队伍。组织市直机关23个党员爱心合作社分社1108名志愿者开展爱心志愿服务,动员机关干部积极参加"慈善爱心一日捐"和"千名干部帮千户"活动。三是活跃机关文化生活。组织70多名机关党员干部职工组成的合唱团,在全市庆祝中国共产党成立90周年红歌会上演唱。市级机关组队参加市第十二届运动会,取得行业(系统)组团体总分第三名的好成绩,并获体育道德风尚奖。完成基层群团组织换届选举和领导班子调整工作。机关工会开展"工人先锋号"、"职工书屋"创建活动。组织机关干部职工疗休养工作。机关团工委举行市直机关共青团先进表彰暨青年联欢会,举办2次青年交友活动,继续开展"青年文明号"、"五有团支部"、"青少年维权岗"等创建活动,积极组织志愿服务活动。机关妇工委继续开展"巾帼文明岗"创建活动,表彰第三批9名市直机关巾帼文明岗个人岗,举行市直机关"三八节"妇女干部联欢活动。 (郑 欢)

平湖市人民代表大会

• 重要会议 •

【市十三届人大五次会议】 平湖市第十三届人民代表大会第五次会议于2011年1月23日至25日在市行政中心举行。出席代表206名，列席人员166名。会议听取和审查市长翁建荣所作的政府工作报告，书面审查平湖市2010年国民经济和社会发展计划执行情况与2011年国民经济和社会发展计划草案的报告、平湖市2010年预算执行情况和2011年预算草案的报告，听取和审查市人大常委会主任何大利所作的市人大常委会工作报告，听取和审查市人民法院院长章伯凌所作的市人民法院工作报告，听取和审查市人民检察院检察长郭军毅所作的市人民检察院工作报告，会议批准上述报告，并作出相应决议。

会议期间，代表和列席人员畅所欲言，共商全市经济社会发展大计，对全市各方面工作提出了许多建设性意见。会上，代表10人以上联名提出议案43件，建议、批评和意见100件。经议案审查委员会审查，大会主席团决定，将徐卫林等10位代表提出的《关于加大城乡垃圾集中收集处理工作力度的议案》（第23号）交市人大常委会组织调查研究，提出处理意见，交市人民政府办理。其他议案作为建议、批评和意见处理，交市政府及有关部门研究办理，并负责答复代表。

【市人大常委会会议】 2011年，平湖市第十三届人民代表大会常务委员会举行9次会议，听取和审议“一府两院”专项工作报告21项，就重大事项作出决议、决定14项，提出审议意见5件，召开主任会议15次，任免国家机关工作人员36人次。

市十三届人大常委会第三十七次会议于1月12日召开。会议听取和审议市政府关于2010年国民经济和社会发展计划执行情况与2011年国民经济和社会发展计划草案的报告；听取和审议市政府关于2010年预算执行情况和2011年预算草案的报告；听取和审议市政府关于2011年拟新建重大投资项目计划编制情况的报告。会议决定将上述报告书面提交平湖市第十三届人民代表大会第五次会议审查。会议通过市人大常委会代表资格审查委员会关于代表资格审查情况的报告，确认出席市十三届人大五次会议的代表为215名。会议听取和审议市十三届人大五次会议有关事项的报告，提出市十三届人大五次会议建议日程，提出了大会主席团和秘书长、财政预算审查委员会、议案审查委员会名单草案，确定市十三届人大五次会议列席人员名单和各代表团召集人名单。会议原则通过市人大常委会工作报告稿和市人大常委会2011年工作要点。市人大常委会组成人员进行书面年终述职。

市十三届人大常委会第三十八次会议于3月29日召开。会议听取和审议市环保局局长蔡哲斌受市人民政府委托所作的《关于水污染防治“一法一条例”执法检查审议意见落实情况的报告》，并对审议意见落实情况进行满意度投票。会议形成跟踪检查审议意见，交市政府研究处理。会议听取市人民法院院长章伯凌关于人民陪审员工作开展情况的报告，结合市人大常委会法工委的调查报告进行审议。会议审议通过市政府提请审议的迁建东湖中学育才校区事项。会议审议通过市人大常委会2011年监督工作计划。

市十三届人大常委会第三十九次会议于4月27日下午召开。会议听取市教育局局长沈祥根受市人民政府委托所作的关于全市学前教育工作情况的报告，结合市人大常委会教科文卫工委关于我市学前教育工作情况的调查报告进行了审议，会议形成审议意见，经主任会议讨论通过后，交市政府研究处理。会议听取和审议市人大常委会城建农经工委主任周盛专所作的关于十三届人大五次会议代表提出的《关于加大城乡垃圾集中收集处理工作力度的议案》（第23号）调查情况及处理意见的报告，决定将此报告交市政府研究办理，并要求市政府将办理情况适时反馈市人大常委会。

市十三届人大常委会第四十次会议于6月24日召开。会议传达学习全省人大工作经验交流会精神。会议听取市劳动保障局局长潘贤受市人民政府委托所作的全市养老保险基金管理与使用情况的报告，结合市人大常委会财经工委、法工委相关调查报告进行了审议。会议形成审议意见，经市人大常委会主任会议通过后，交市政府研究办理。会议审议市文体局、安监局、档案局、统计局4个部门2010年预算执行情况的报告。会议决定授予阿部俊、格雷厄姆·托姆林、张良宇、屠有军“平湖市荣誉市民”称号。会议原则通过《平湖市人大志》（1993—2007）。

市十三届人大常委会第四十一次会议于8月29日至30日召开。会议听取市长翁建荣所作的关于今年以来全市经济社会发展情况和下阶段主要工作安排的报告，结合市政府关于平湖市2011年上半年国民经济和社会发展计划执行情况及下半年工作的报告、市政府关于平湖市2011年上半年财政预算执行情况及全年财政收支预测情况的报告和市人大常委会财经工委关于2011年上半年全市经济社会发展计划、财政预算执行情况的调查报告进行了审议。会议听取财政局局长唐华荣受市政府委托所作的关于平湖市2010年财政决算的报告，结合市审计局局长张连根受市政府委托所作的关于平湖市2010年预算执行和其他财政收支审计工作的报告、市人大常委会财经工委关于2010年财政决算的审查报告进行了审议。会议作出关于批准平湖市2010年财政决算的决议。会议听取市卫生局局长吴云昉受市政府委托所作的关于深化医药卫生体制改革工作的报告，结合市人大常委会教科文卫工委关于平湖市深化医药卫生体制改革情况的调查报告进行了审议，会议形成审议意见，经主任会议讨论通过后交市政府研究处理。会议听取平湖经济开发区管委会主任周弟明、独山港区管委会主任陈引发分别所作的关于平湖经济开发区和独山港区经济运行情况的报告。会议听取和审议市司法局局长李明受市政府委托所作的关于全市法制宣传教育“五五”规划实施情况及“六五”规划情况的报告。会议作出关于进一步深入开展法制宣传教育的决议，同意组织实施2011年至2015年在全市公民中深入开展法制宣传教育的第六个五年规划。会议审议市政府关于落实学前教育审议意见情况的报告。根据市长翁建荣的提请，会议决定任命陈晓明为市人民政府副市长（挂职），免去周仲利的市人民政府副市长职务。决定任命蒋美玲为市人大常委会钟埭街道工作委员会主任、金导耕为市人大常委会曹桥街道工作委员会主任、陈全根为市人大常委会钟埭街道工作委员会副主任、蔡金华为市人大常委会曹桥街道工作委员会副主任；免去马进其的市人大常委会钟埭街道工作委员会主任职务、徐卫林的市人大常委会曹桥街道工作委员会主任职务、陆彩英的市人大常委会钟埭街道工作委员会副主任职务、胡根甫的市人大常委会曹桥街道工作委员会副主任职务。会议还通过了其他人事任免事项。

市十三届人大常委会第四十二次会议于10月21日召开。会议听取市服务业发展局局长徐锦连受市人民政府委托所作的关于平湖市专业市场建设情况的报告,结合现场视察中国·平湖服装城、平湖华都九龙广场、平湖·国际箱包城三个专业市场建设营运情况和市人大常委会财经工委关于平湖市专业市场建设情况的调查报告进行了审议。会议形成审议意见,经主任会议讨论通过后交市政府研究处理。会议听取市委常委、常务副市长朱瑞俊所作的关于提请与日本福井县小浜市建立友好城市关系的议案,会议原则同意平湖市人民政府与日本福井县小浜市结为友好城市。会议听取市人大常委会副主任周建安所作的关于市、镇两级人大换届选举有关情况的说明,作出关于市、镇两级人民代表大会换届选举的决定、设立平湖市选举委员会的决定、设立各镇选举委员会、街道选举工作领导小组的决定。

市十三届人大常委会第四十三次会议于11月21日上午召开。会议听取和审议市人民政府有关人事任免事项的议案,会议接受翁建荣辞去市人民政府市长职务的请求,决定任命朱林森为副市长;会议根据《地方组织法》第四十四条的规定,决定由副市长朱林森代理市人民政府市长职务;会议决定免去石云良的市人民政府副市长职务;会议决定任命傅金明为市公安局局长,免去刘国强的市公安局局长职务。

市十三届人大常委会第四十四次会议于12月12日上午召开。会议听取和审议市财政局局长唐华荣受市人民政府委托提请审议关于要求调整2011年地方财政收支预算的议案及所作的说明,作出关于调整2011年财政收支预算的决议,同意将2011年地方财政一般预算收入由年初的283330万元调整为321880万元,地方财政预算支出由年初的248075万元调整为282114万元。根据代市长朱林森的提请,会议决定免去朱瑞俊的市人民政府副市长职务。根据市人民法院院长章伯凌的提请,决定任命赵阳为市人民法院审判员、审判委员会委员、副院长。根据市人民检察院检察长郭军毅的提请,决定任命沈小平为市人民检察院检察员、检察委员会委员、副检察长。会议决定接受章伯凌辞去市人民法院院长、审判委员会委员、审判员职务的请求,报市人民代表大会备案。会议决定接受郭军毅辞去市人民检察院检察长、检察委员会委员、检察员职务的请求,报嘉兴市人民检察院检察长提请嘉兴市人大常委会批准,并报平湖市人民代表大会备案。鉴于市人大常委会已决定接受章伯凌辞去市人民法院院长职务的请求,会议决定由副院长赵阳代理市人民法院院长职务。鉴于市人大常委会已决定接受郭军毅辞去市人民检察院检察长职务的请求,会议决定由副检察长沈小平代理市人民检察院检察长职务。根据市人大常委会主任会议的提请,决定免去屠云飞的市人大常委会办公室主任职务、陈晓苏的市人大常委会法制工作委员会主任职务、周盛专的市人大常委会城乡建设农村经济工作委员会主任职务、陈品荣的市人大常委会代表工作委员会主任职务、钟菲的市人大常委会办公室副主任职务、顾解蒙的市人大常委会法制工作委员会副主任职务。会议决定接受俞雪琴、杨晓东辞去市十三届人大常委会委员职务的请求,报市人民代表大会备案。根据主任会议的提请,决定任命刘中源为市人大常委会办公室主任、李明为市人大常委会法制工作委员会主任、朱学俊为市人大常委会城乡建设农村经济工作委员会主任、周盛专为市人大常委会代表工作委员会主任、毛原华为市人大常委会办公室副主任、桂振中为市人大常委会法制工作委员会副主任。根据代市长朱林森的提请,决定任命朱健为市经济和信息化局局长、邹勤良为市科学技术局局长、俞雪琴为市监察局局长、谢龙华为市民政局局长、蔡哲斌为市司法局局长、潘贤为市人力资源和社会保障局局长、毛小弟为市环境保护局局长、张国跃为市住房和城乡规划建设局局长、姚金根为市交通运输局局长、肖建华为市商务局局长、杨晓东为市人口和计划生育局局长、顾利鹤为市统计局局长、韩云付为市食品药品监督管理局局长、吴海勤为市城市管理行政执法局局长、陆骑飚为市人民防空办公室主任;免去朱健的市经济贸易局局长职务、邹勤良的市统计局局长职务、蔡哲斌的市环境保护局局长职务、潘贤的市劳动和社会保障局局长职务、肖建华的市对外贸易经济合作局局长职务、马红观的市科学技术局局长职务、徐在法的市监察局局长职务、盛在根的市民政局局长职务、李明的市司法局局长职务、朱学俊的市规划与建设局局长职务、盛宝庆的市交通局局长职务、曹正华的市人口和计划生育局局长职务。

市十三届人大常委会第四十五次会议于12月30日召开。会议听取和审议市住房和规划建设局局长张国跃受市人民政府委托所作的关于城乡规划“一法一条例”执行情况的报告。会议形成审议意见,经主任会议讨论通过后交市政府研究处理。会议听取市政府办公室主任蔡国平、市城管局局长吴海勤受市人民政府委托分别所作的关于市十三届人大五次会议议案建议办理情况的报告和关于加大城乡垃圾集中收集处理工作力度的议案办理落实情况的报告,结合市人大常委会代表工委关于市十三届人大五次会议代表议案和建议、批评、意见办理情况的汇报进行了审议。会议听取和审议市政府办公室主任蔡国平、市发改局副局长陶剑浩受市人民政府委托分别所作的关于2011年政府实事项目实施情况的报告和关于2011年重大投资项目实施情况的报告。会议听取和审议市政府关于2011年度市人大常委会审议意见、工作建议办理落实情况的报告。会议通报了何大利等同志辞去市、镇(街道)选举委员会(选举工作领导小组)职务事项。

•重要工作•

【推进经济转型升级】 常委会始终把经济转型升级作为科学发展的重要目标和战略举措,一以贯之,深入推进。密切关注经济运行,听取和审议国民经济和社会发展计划执行情况的报告,提出推进经济转型升级和平稳较快发展的意见建议。听取和审议平湖经济开发区和独山港区经济运行情况的报告,提出要求政府严格项目准入、强化企业服务、发展海洋经济和港口经济等建议。针对服务业发展相对滞后、市场主体相对较少的状况,常委会先后听取专业市场建设、旅游经济发展等工作报告,推动政府出台促进现代服务业发展的政策性文件,推进服务业发展提速、比重提高、机构提升。

【水污染防治工作满意度票决】 常委会把水环境保护作为监督工作重中之重,听取和审议市政府贯彻水污染防治执法检查审议意见落实情况报告,并进行满意度投票表决。参加投票的常委会组成人员19人,满意9票,基本满意9票,不满意1票。会议形成跟踪审议意见,要求政府进一步健全政府主导,全社会共同参与的水环境保护机制;进一步巩固水环境综合治理成果,保障居民用水安全;进一步加强农村面源污染防控,改善农村生态环境;进一步加强依法行政,提高水环境监管水平。市政府认真落实审议意见,积极整改。至2011年底,在一级水源保护区内关停9个废品收购点和2个家禽屠宰点,搬迁4家工业企业和15户农户,疏散大桥港航管理站报港船只,将周边3所学校万余名学生的生活污水纳入污水收集管网,古横桥水厂水源保护区环境得到有效整治。

【推进城乡垃圾集中处理】 市人大常委会加强对市十三届人大五次会议代表提出的《关于加大城乡垃圾集中收集处理工作力度的议案》(第23号)的调处和督办,着力推进“美丽乡村”建设。常委会城建农经工委在分管副主任带领下,深入调研、实地视察、接待代表听取意见建议,形成议案处理意见报告提交常委会审议。常委会针对农村环卫工作重视程度不够、基础设施建设迟缓、保洁综合管理水平不高等问题,提出要求市政府坚持属地管理原则,明确职责、加大垃圾收集力度、探索垃圾清运费代收、推动城市管理行政执法体制向镇(街道)延伸等意见建议。市政府认真办理大会议案,积极推进“美丽乡村”建设,开展环境卫生集中整治活动,完善城乡环卫保洁保障机制,加大考核和督查力度,认真做好城乡垃圾集中收集处理和城乡环境长效保洁管理工作,城乡环境面貌得到有效改善。2011年3—7月共收集处理农村生活垃圾25760吨,比上年同期增加6.8%。

【关注养老和医疗保障】 根据省、嘉兴市人大常委会统一部署,常委会听取和审议市政府关于养老保险基金管理与使用情况的专项报告,针对企业职工基本养老保险个人账户尚未做实、三产服务行业参保率偏低、征地保障政策不够完善、社保经办机构力量亟待加强等问题和不足提出审议意见,督促政府研究办理。常委会听取和审议市政府关于深化医药卫生体制改革情况的报告,督促政府深化医疗卫生体制改革,提高医疗卫生保障水平,加强基层医疗卫生体系建设,努力解决人民群众“看病难”、“看病贵”的问题。

【督办代表议案建议】 继续实行常委会领导重点督办、代表工委日常督办、各工委联系催办的工作机制,认真抓好代表议案、建议办前、办中、办后的指导,着力提高问题解决率。5月底,常委会选择7件代表议案、建议,由主任、副主任牵头,会同市政府有关领导,先后到公安局、经贸局、卫生局、农经局等7个部门进行重点督办,并在主任会议上通报了督查情况。改进和完善网上代表议案建议办理工作,召开网上议案建议办理工作会议,改进督办方式,强化督办措施。办理答复件在网上公布,提高办理工作透明度。主任会议专题听取办理大户议案、建议办理情况汇报,提出加强和改进工作要求,进一步推动议案建议的办理落实。

【常委会领导接待代表】 2011年,常委会主任、副主任先后接待市人大代表活动7次,分别接待新埭、林埭、新仓、广陈、独山港镇和当湖、曹桥街道的74位市人大代表,就加大城乡垃圾集中处理力度、推进卫生城市建设、推行畜禽养殖总量控制、促进工业经济转型升级、加强环境保护等方面工作进行交流座谈,共收集到意见、建议63条,交市政府研究处理。

【开展专题视察和调研】 市人大常委会围绕全市工作重点和群众关心的热点、难点问题,先后组织视察了防震减灾工作、食品安全、企业安全生产、农贸市场建设、农村社区建设、质量强市工作等,对公安看守所工作、城乡供水一体化建设、农村集体资产产权制度改革、当地银行支持经济发展情况等进行调研,并将视察、调研中提出的意见交政府研究办理。 (王亚英)

平湖市人民政府

•重要政务和决策•

【市政府常务会议】 2011年,市人民政府召开常务会议9次,研究和决定事项42件。

1月15日,市十三届政府第三十二次常务会议讨论和决定的主要事项有:平湖市农村土地流转风险保障金管理办法(试行),关于进一步推进农村环卫保洁长效管理工作的实施意见和2011年农村环卫长效保洁工作考核办法,关于调整建设用地指标费,关于给予任付根行政开除处分。

3月17日,市十三届政府第三十三次常务会议讨论和决定的主要事项有:平湖市"十二五"服务业、新兴产业和大企业三大倍增发展计划,平湖市农村河道综合整治试点规划,平湖市城市公用管线规划建设管理暂行办法。

3月28日,市十三届政府第三十四次常务会议讨论和决定的主要事项有:关于推进国家现代农业示范区建设的政策意见,关于加快水利改革发展的实施意见,平湖市环境保护八大行动计划,平湖市实施"三清两绿"三年行动计划,关于要求将俞创硕故居等八处不可移动文物公布列为平湖市文物保护单位,关于给予高良根行政开除处分。

5月14日,市十三届政府第三十五次常务会议讨论和决定的主要事项有:关于进一步加快旅游业发展的意见,平湖市学前教育三年行动计划,平湖市2011年度城市房屋征收相关事项执行标准,平湖市转型升级十强企业评选办法,平湖市明星企业评选办法,平湖市优秀企业家评选办法。

6月17日,市十三届政府第三十六次常务会议讨论和决定的主要事项有:平湖市创新新居民服务管理体制做好新居民计划生育公共服务均等化试点工作的实施方案,关于创建国家级药品安全示范市的情况,关于平湖市荣誉市民、东湖之友奖章推荐情况,关于平湖市招商功勋奖章评选结果,关于聘请平湖市人民政府高级经济顾问,关于给予沈君、孙跃良行政开除处分。

7月16日,市十三届政府第三十七次常务会议讨论和决定的主要事项有:平湖市政府机构改革方案,平湖市"十二五"教育事业发展规划,平湖市服务业"十二五"发展规划,平湖市行政事业单位国有房产出租管理暂行办法。

8月20日,市十三届政府第三十八次常务会议讨论和决定的主要事项有:平湖市"十二五"人才发展规划,平湖市平原绿化"十二五"规划,平湖市道路交通事故社会救助基金管理实施细则。

10月14日,市十三届政府第三十九次常务会议讨论和决定的主要事项有:平湖市消防事业发展"十二五"规划,平湖市人口和计划生育事业发展"十二五"规划,平湖市创新型企业认定与管理办法(试行),传达贯彻省加强政府自身建设电视电话会议、嘉兴市六届市政府第四次全体会议精神。

12月9日,市十三届政府第四十次常务会议讨论和决定的主要事项有:平湖市公众科学素质行动计划(2011—2015),平湖市"十二五"文化发展规划,平湖市文化产业发展规划(2011—2015),平湖市卫生事业发展"十二五"规划,2012年平湖市城乡居民合作医疗保险实施办法,平湖市老龄事业发展"十二五"规划。 (严 彬)

【全省突发性事件应急处置机制建设工作会议在平召开】 6月16日,全省突发性事件应急处置机制建设工作会议在平湖市召开,会议由省委政法委副书记宋光宝主持,省委常委、秘书长、政法委书记李强出席会议并作重要讲话,中央维稳办副主任狄珊应邀出席会议并讲话。省委维护稳定工作领导小组领导、省委政法委领导、省维稳领导小组成员单位领导、各地级市维稳领导小组组长、嘉兴市和平湖市相关部门领导等170余人出席会议。会议观摩了平湖市"嘉和群体性事件"实战演练,演练由市委副书记、政法委书记胡水良主持,来自镇(街道)及公安、武警、消防、宣传、信访、司法、卫生、文体等部门工作人员和群众演员300余人参加演练。平湖市应急处置机制建设的经验做法在会上作经验交流。 (苏海强)

【创建全国国土资源节约集约模范县(市)】 2011年,平湖市以推进节约集约用地,加快经济转型升级为目标,通过挖潜节地,共盘活存量用地1776亩,实施"零用地"投入增加投资额23.1亿元。加大转而未供土地处置力度,全年消化转而未供土地3281.1亩,转而未供土地消化处置工作在全国依法促进转而未供土地处置座谈会上作经验交流。年底止,全市工业企业用地平均容积率从2007年底挖潜前的0.71提高至1.16,平均实际投资强度从挖潜前的97万元/亩提高到205万元/亩;建设用地地均GDP产出17.7亿元/平方公里。8月下旬,创建全国国土资源节约集约模范县(市)工作通过国土资源部模范(县)市创建办实地考核。年底,根据综合集中评审得分、实地考核得分和委托国家统计局开展的公众评价性指标测评得分,平湖市被列为首届国土资源节约集约模范县(市)。 (黄海其)

【创建成省卫生强市】 2009年起,平湖市扎实推进卫生创强工作。经三年创建,全市疾病预防控制、卫生监督、医疗救治三大体系配合有序;预警监测、应对突发公共卫生事件能力有效提升;镇、村两级医疗机构实现一体化管理;城乡居民合作医疗、居民健康档案管理、信息化建设等工作走在全省乃至全国前列。2011年6月,经省考核组实地检查,认为平湖卫生事业发展水平、卫生资源配置、综合保障水平、卫生管理等四方面指标达到"浙江省卫生强市"要求。12月,平湖市被列为浙江省卫生强市。

【通过国家三类城市语言文字工作评估】 年初,成立迎接国家三类城市语言文字工作评估领导小组,开展接受城市语言文字评估工作。通过组建以省级普通话测试员为主的迎评业务指导员队伍,对所有单位进行专项培训,提高语言文字规范意识和水平。同时,创建"平湖语言文字网",在解放路设置语言文字宣传文化墙,在新华路设立永久性宣传标语牌及灯箱广告,编印《平湖市语言文字规范宣传手册》,承办"嘉兴市第14届推普周"开幕式,广泛宣传迎评工作。11月16日至17日,通过国家三类城市语言文字工作评估。 (朱　磊)

【荣获全国粮食生产先进单位称号】 多年来,平湖市坚持以农业增效、农民增收为主题,以提高粮食综合生产能力、确保粮食安全生产为目标,以完善农田基础、改善农田生产环境为抓手,围绕稳定面积、主攻单产、提高总产,不断创新服务形式、拓展服务内容,粮食生产实现持续稳定发展。2011年,全市粮食播种面积55.17万亩,增长2.1%,其中,春粮作物面积19.9万亩,晚稻播种面积32.77万亩;总产25.1万吨,增长2.1%。超额完成省政府下达的粮食播种面积43.5万亩、粮食总产量21.1万吨的生产任务。12月,平湖市被国务院授予“全国粮食生产先进单位”称号。

【荣获首批浙江省美丽乡村创建先进县称号】 近年来,平湖市以深化提升“新村示范、村庄整治”工程为重要抓手,以“四美、三宜”为总体要求,结合实施“两新”工程、农业“两区”建设、中心村培育等重要工程,积极开展“金平湖·美丽乡村”建设,初步走出一条以农村环境综合整治建设带动农村全面发展的路子。至年底,全市45个村完成第二轮村庄整治建设,累计建成全面小康示范村(全面小康农村新社区)26个、省级绿化示范村20个、省级森林村庄4个,嘉兴市级生态村覆盖率达到49.5%,农村垃圾收集处理实现全覆盖,农村生活污水治理率67.4%,农村卫生户厕率97.7%。9月,平湖市被省委、省政府评为首批“浙江省美丽乡村创建先进县”。 (金晓彤)

【与上海张江国家自主创新示范区开展全面合作】 9月21日,浙江省人民政府批准同意设立上海张江国家自主创新示范区平湖科技产业园(以下简称上海张江平湖科技园)。9月25日,平湖市人民政府和上海张江国家自主创新示范区在市行政中心举行签约仪式,签订《合作共建上海张江平湖科技园的战略合作框架协议》,正式全面启动双方合作。双方拟共同出资组建联合开发公司,在平湖市临沪产业园(新埭镇工业园)内合作共建上海张江平湖科技园,努力把上海张江平湖科技园打造成长三角一流、浙江省领先的高新技术产业园,使之成为上海张江国家自主创新示范区服务长三角的标杆和平湖市经济发展新的增长点。 (傅志坚)

【建立晨光电缆院士专家工作站】 12月17日在嘉兴市委、市政府主办的2011“星耀南湖”精英峰会开幕式上,中国工程院院士邱爱慈与浙江晨光电缆股份有限公司签订《院士专家工作站合作协议书》,平湖市首家嘉兴级院士专家工作站正式成立。院士专家工作站将帮助企业进一步拓展生产领域、提高技术水平和研发能力、推动高新技术的应用和深化、提高电缆技术国际化水平。根据合作计划,浙江晨光电缆股份有限公司将与邱爱慈院士专家团队开展如何减少超高压分割异体交流电阻关键技术研究等多项联合攻关。12月19日,邱爱慈院士邀请中国海洋石油总公司、国网电力科学研究院、上海电缆研究所等单位有关专家,在浙江晨光电缆股份有限公司主持召开“海洋工程电缆研讨会”,系统研讨国内外海底电缆技术和生产现状、深水水下生产系统与脐带缆、海洋工程用电缆技术的发展与挑战等。年底,晨光电缆院士专家工作站“低交流电阻大容量导体”技术课题研究方案已形成初稿。 (朱金茹)

【人大议案、建议和政协提案办理】 2011年,市人大常委会和市政协交由市政府系统办理的代表议案、建议和政协提案320件(其中代表议案转为重要建议的41件、建议87件,委员提案192件),另有旁听公民意见9件、政协意见22件。所有议案、建议和提案均按时办结。从办理结果看,问题已经解决或基本解决的占49.38%,问题部分解决或列入计划正在解决的占42.50%,因政策所限或条件不具备等原因暂时不能解决作解释说明的占8.12%。 (李夏岚)

•政府法制工作•

【概况】 2011年,市政府收到行政复议申请21件,受理21件,内容涉及工伤认定、工龄认定、交通违法、信息公开等方面,其中,维持原具体行政行为9件,申请人撤回复议申请的12件。市法院受理以市政府为被告的行政诉讼案件1件,法院判决确认违法。法院受理以其他行政机关为被告的行政诉讼案件9件,其中判决维持3件,撤销行政行为2件,原告主动撤诉2件,驳回起诉2件。收到信访复查申请16件,受理10件,其中维持9件,部分变更1件。

【健全规范性文件备案审查机制】 按照《浙江省行政规范性文件管理办法》、《平湖市行政规范性文件制定和备案审查办法》,加强规范性文件管理,尤其是涉及规范市场运行秩序、土地利用及监管、城市征迁、建立健全社会保障体系等涉及群众利益的重大问题的规范性文件的审查、受理。明确规定相关部门凡需提请市政府出台规范性文件的,应当进行立项审查并编制年度计划报市法制办,市法制办负责制订计划进行审查并编制年度计划草案后组织实施。市政府规范性文件的出台,在提交市政府常务会议或市长办公会议审议前以及正式发布前由市法制办进行二次审核把关。在文件起草和审查环节,畅通意见征求渠道,对涉及公众重大利益的规范性文件,组织听证会听取公众及专家意见。市政府出台的规范性文件统一报上级政府及同级人大备案审查,2011年全年报备6件。同时,完善规范性文件定期清理制度,在前两年清理基础上,对11月底前发布的520余件规范性文件及其他行政管理依据进行全面清理,做到规范性文件及其他行政管理依据与国家法律、法规、规章和政策相配套衔接,与全市经济建设和社会发展的实际需要相适应。

【梳理行政执法主体】 结合机构改革以及行政强制法的实施,从是否具备行政处罚、行政许可和行政强制主体(又分行政强制措施主体和行政强制执行主体)资格三个方面,对全市行政区域内各行政执法主体资格进行重新审核,防止或纠正执法主体不合法或授权、委托混乱的现象,并对各执法主体执法依据进行细化清理。梳理结果待机构改革完成后向社会公布,接受公众监督,杜绝违法执法、滥用职权行为的发生。

【集中评查行政执法案卷】 根据省法制办制定的行政许可案卷评查要点及一般程序行政处罚案卷评查要点,进一步完善案件办理标准、案卷文书制作标准和案卷文书归档标准等各项评查标准。8月,市法制办改变以往个别评查为主的方式,组织开展执法案卷集中互评活动。全市各行政执法单位在对当年度执法案卷进行自查自纠的基础上,被抽检的单位随机报送行政处罚和行政许可案卷各5卷参加全市集中评查。评查人员对案卷逐一指出问题并扣分,并实行回避制度。评查结束后,当场公布案卷存在的问题和扣分情况,并由市法制办汇总评查组意见,对抽查的案卷进行总体点评,从行政执法理论和实务两方面对案卷中发现的共性问题和难点、疑点问题进行剖析,对一些单位存在的个性问题则督促其及时纠正,并在今后的执法过程中改进。

【推进城市管理相对集中行政处罚权工作】 2009年10月市成立领导小组,启动相关筹备工作,制订工作方案。根据省政府的批复精神,拟定实施意见和城管执法局组建、人员选用及行政处罚权划转方案等。经省法制办批复同意,11月27日,市城市管理行政执法局揭牌,行使城市市容环境卫生、城乡规划、城市绿化、市政公用、环境保护、工商行政、公安交通管理等方面的260项行政处罚权。对城市管理相对集中行政处罚权进行了梳理。

【推进公民权益依法保障行动计划】 年内，全面评估2010年度公民权益依法保障行动计划实施情况，形成《平湖市2010年度公民权益依法保障行动计划实施情况报告》并发布，除个别指标（药品零售连锁率）外，其余指标均符合要求。制订《平湖市公民权益依法保障行动计划2011年度实施计划》，明确全年工作目标和任务。密切关注群众和企业反映的热点、难点问题，加强对涉及公民人身财产权益、公民社会权益、公民经济权益、公民知情权、参与权、表达权、监督权以及公民救济权等内容的执法监督，进一步加强行政执法工作力度，规范执法程序，提升行政执法社会评价。

【创新行政争议多元化解机制】 一是以点带面，通过个案处理解决共性问题。通过对个案受理，进行深入剖析，发现普遍性、群体性的行政争议，拟订预防、化解同类型行政争议的应对措施。二是强化协作，建立复议与信访、司法协作互动机制，加强信访问题的联动处理，对能够通过复议渠道解决的信访事项，引导当事人通过行政复议渠道，依法表达诉求、维护权益。三是防调结合，发挥人民调解的维稳作用和法律服务的帮扶作用。根据矛盾纠纷的特点和调解工作的需要，以化解基层矛盾纠纷为方向，积极构建大调解工作机制。在基层，巩固扩大“组织网络化、人员专职化、津贴制度化、工作规范化”人民调解“四化”作用；在市级层面，建立诉前联合调解中心、新居民调委会、医患纠纷调委会等专业调解机构，构建广覆盖的人民调解体系。四是创新机制，初步建立社会矛盾纠纷行政调解制度。认真落实国务院提出的建立各级政府负总责、政府法制机构牵头、各职能部门为主体的行政调解工作机制要求，研究制订行政调解制度，明确行政调解的职责，规范行政调解程序，将行政争议和与行政管理相关的征收拆迁补偿、土地权属争议、公共安全事故赔偿等民事纠纷纳入行政调解范围，主动运用行政调解手段，做好群众工作，将矛盾纠纷化解在行政程序中。（李夏岚）

•经济体制改革•

【企业股改上市工作】 一是调整市级领导联系挂钩上市后备企业。充实拟上市企业后备资源，筛选一批生产效益好、科技含量高、发展潜力大的企业，作为拟上市后备企业，由市领导联系挂钩，给予重点关注和培育。二是开展工作调研。先后对茉织华印务、鸿禧光伏、晨光电缆、荣胜纸业、广轮新型建材等拟上市重点企业进行工作调研，详细了解各公司上市工作进度和拟解决的具体问题。三是组织参加各类业务培训，为企业股改上市培训业务骨干。年内，景兴纸业非公开定向增发股票1.55亿股，募集资金9.5亿元；莎普爱思药业通过辅导验收；晨光电缆进入辅导期；鸿禧光伏、中亚神力、广轮新型建材共引进战略性投资资金49351万元。

【深化医药卫生体制改革】 一是基本药物制度顺利推进。10家社区卫生服务中心（含乍浦镇）及下属122家社区卫生服务站全部实行药品零差率销售，缓解“看病贵、看病难”矛盾，减轻群众就医负担。其中，门诊、住院均次费用分别下降30%、15.36%，全市医疗单位药品收入下降30.5%。二是出台配套政策。根据市政府关于平湖市基层医疗卫生机构基本药物制度实施方案和平湖市基层医疗机构实施基本药物制度经费补助办法（试行）的精神，市卫生局出台《关于印发平湖市社区卫生服务中心（卫生院）绩效考核办法（试行）的通知》（平卫〔2011〕13号），市卫生局会同市财政局下发《关于印发平湖市社区卫生服务中心(卫生院)经费补助办法(试行)的通知》(平卫〔2011〕14号),全年财政下拨补助经费3947万元(不含乍浦镇)。三是健全基层医疗卫生服务网络。推进市一院和新埭医院迁建工程、钟埭和广陈卫生院改扩建工程。从2011年起,对新建、改扩建社区卫生服务站,由市财政分别给予800元/平方米、600元/平方米的补助。四是提高基本公共卫生服务均等化水平。全年市财政安排基本公共卫生服务经费1403.2万元,其中市本级财政1220万元;安排重大公共卫生服务项目资金765.46万元,其中市本级财政682.86万元。推进城乡居民健康档案规范化建设,全市建档442494份,其中电子档案建档率86.92%。五是及时总结医改工作经验。《建立三大"中心"推进医疗资源有效整合》等3篇典型材料入选《浙江省深化医药卫生体制改革典型经验汇编》。

【新市镇培育和省级中心镇建设】 成立市推进新型城市化建设工作领导小组及其办公室,强化组织保障。因地制宜、科学规划、分类推进。对5个新市镇提出分类推进意见,独山港镇以海洋经济为抓手,大力发展临港产业;新仓镇以建设平湖光伏产业集聚园区为起点,着力培育光伏产业;新埭镇以建设临沪产业园为重点,着力打造上海后院新兴高端制造业基地;广陈、林埭充分发挥现代农业发展优势,大力发展优质农业、现代农业和生态农业,着力建设国家级现代农业园区和省级现代农业(渔业)综合园区。全面落实市"两新"工程融资政策,兑现2009—2010年贴息补助2204.44万元,其中三个省级中心镇1602.82万元,占72.71%。积极开展省级中心镇培育专项资金补助申报,独山港镇全塘幼儿园配套设施建设项目获省专项补助资金15万元。新仓镇继续入围嘉兴市2011年度"十强新市镇"。委托中心镇履行项目审批、经贸投资等方面的管理职责,新埭、新仓两镇共为30家企业办理审批项目37个,其中新埭镇19家24个,新仓镇11家13个。

【政策性农业保险】 全年全市政策性农业保险保费收入722.44万元,其中参保险种收入和参保率分别为:水稻112.3万元,参保率100%;油菜135.96万元,参保率100%;能繁母猪361.4万元,参保率94%;农村住房险保费87.61万元,参保率100%;蔬菜大棚等25.17万元。全年发生理赔款288.94万元,其中能繁母猪278.37万元。

【推进其他改革】 全面完成市城乡供水管理体制改革。4月1日起,全市城乡供水实行一体化管理,实现"同网同质同价同管理"目标。

开展公交改革调研。根据市政府意见,市发改局、交通局、财政局进行调研,形成《关于我市公共交通改革发展情况的报告》,为推进全市城乡公共交通一体化建设,实现公共交通的转型升级和可持续发展,提出深化改革的思路。

探索金融改革模式。3月30日,嘉兴市首家"社员银行"——平湖市当湖街道新当湖农村资金互助社成立,入股社员317名,注册资本500万元,年末存款余额504万元,贷款余额1146万元。7月,第2家小额贷款公司——平湖安信小额贷款股份有限公司成立。

推进村级集体资产产权制度改革。在新仓镇红光村、新埭镇泖河村试点的基础上,6月10日,全市召开推进会,部署村级集体资产产权制度改革工作。村级经营性集体资产折股量化到户到人,改变集体资产"人人有份、人人无份"的状态。2011年,有61个村经济合作社完成改革,占应改村总数的

54%，其中有3个村进行分红，共发放人民币130万元。

有偿使用初始排污权。按照初始排污权申购实行“自愿购买、限期优惠、信贷支持、风险自负”的原则，全市首批核定排污总量的137家企业中有117家企业申购金额9038万元，新增32家企业申购金额369万元。

（蒋锡麟）

•人事工作•

【人才资源开发】 大力实施人才引领工程，先后组团赴美国、加拿大和宁波、西安、上海等地开展招才引智活动。组织或参与推介会5次，接待高层次人才来访20批次。全年引进高层次人才70名，其中国家“千人计划”1名，培育省“千人计划”2名，嘉兴市领军人才4名，平湖市领军人才2名，2人进入国家“千人计划”答辩。全年引进培育省重点企业技术创新团队1个，嘉兴市重点企业技术创新团队2个，平湖市重点创新团队6个。根据经济形势的变化和用人单位人才需求特点，以人力资源市场和平湖人才信息网为平台，全年举办招聘会37场，推出岗位31602个；通过各种途径引进人才3100人。编制完成《平湖市“十二五”人才发展规划》。完善人才资金管理办法，发放上年度人才津补贴419.7万元。建成一期人才公寓136套，组建人才公寓管理中心。设置行政中心大厅办事窗口，建立人事经理联系机制。积极开展人才宣传活动，组织召开人才联谊会理事会、人事经理联谊会等活动。加强专业技术带头人及后备人才、省“151人才工程”（第三层次）培养和管理。开展专业技术人员继续教育公共课程《创新案例》培训考核，5790人取得继续教育学分。开展全国专业技术人员计算机应用能力考试，共320人次838个模块。开展省外语水平等级考试，举办优秀专业技术人才高级研修班、大学生村官知识更新培训班。当年，市人事局被评为浙江省人力资源和社会保障宣传先进单位、人才市场管理办公室被省人才市场管理办公室评为浙江省人才交流系统先进单位。

【人事制度改革】 加强机构编制管理，积极开展政府机构改革调研工作，完善并上报了政府机构改革方案。围绕市委市政府工作重点，适时调整完善市有关机构职能。加强机构编制动态管理，及时更新机构人员编制数据库。加强事业单位管理，稳妥推进事业单位岗位设置，基本完成岗位设置方案。2011年录用事业单位工作人员283名，面向全日制普通高校毕业生公开选聘农村工作人员11名。完善工资收入分配制度，严格执行工资福利政策，做好日常工资管理工作。实施卫生系统事业单位绩效工资，积极研究其他事业单位绩效工资工作。认真开展机构编制、事业单位登记管理工作，不断强化事业单位登记管理行政执法。规范做好职称评聘，全年初定、评审各类专业技术资格1842人。

【公务员队伍建设】 深入贯彻实施《公务员法》，加强公务员日常管理，规范做好公务员年度考核的审核、行政非领导职务的审批和公务员登记管理工作。规范实施考录工作，严格规范做好公务员报考、笔试、面试、体检、考察和公示等程序，考录面试继续采用考官资格制和政协委员、人大代表旁听制度，面试过程全程录像。2011年公务员考录94人。积极开展公务员培训，举办二期新“参公”人员初任培训班，一期初任公务员培训班，主办二期“金平湖讲坛”。配合组织部做好各期“金平湖讲坛”考勤和管理工作。组织完成公务员普通话测试202人，全市公务员普通话合格率达到86%。

【人事公共服务】 加强毕业生就业服务,认真贯彻落实《关于加强普通高校毕业生就业工作的意见》,全年推出适合毕业生就业岗位9480个。启动以“就业创业,你我同行!”为主题的就业服务月活动,新增高校毕业生见习基地12个。做好3100件应届毕业生及其他各类人才的档案接收、录入。开展困难家庭大中专毕业生就业援助工作,有14人走上工作岗位实现了就业。完成2011年度“985”工程高校毕业生回乡工作岗位补贴、企业录用平湖籍高校毕业生社保补贴和未就业高校毕业生见习补贴,共发放资金47万元。加强退休干部管理,关心退休干部生活,组织开展各类活动。组织1353名机关、有关事业单位40周岁以上工作人员体检。切实做好信访维稳工作,重视信访排摸预测,加强重点信访问题的预警调处工作,确保早发现、早控制、早化解。全年共办理群众来信11件,受理市长电话交办件7件,按时反馈率100%。加强军转干部管理,安置军转干部9人。做好企业军转干部和政调企人员的解困工作,全年累计发放慰问金121万元。

【政府机构改革】 2011年4月29日,嘉兴市政府召开动员大会,部署县级政府机构改革,提出“大稳定、小调整”的改革思路。市编委办根据嘉兴市会议精神,拟订市新一轮政府机构改革初步方案。5月7日,市委书记办公会议听取市编委办关于《嘉兴市新一轮政府机构改革主要精神和我市新一轮政府机构改革初步设想》的汇报,经修改完善后,将《平湖市人民政府机构改革方案》(草案)上报嘉兴。嗣后,根据嘉兴市编委办的反馈意见,对改革方案作了进一步修改完善,并分别提交市政府常务会议、市委常委会讨论通过,向市人大、市政协作了汇报(通报)。最后报经嘉兴市委、市政府批复同意。12月16日,市召开政府机构改革动员大会并下发有关文件,付诸实施。

这一轮市政府机构改革,调整优化了政府部门的组织结构:组建市经济和信息化局,(挂中小企业局牌子),不再保留市经济贸易局;组建市商务局,不再保留市对外贸易经济合作局;组建市人力资源和社会保障局,不再保留市人事局、市劳动和社会保障局,原挂靠市人事局的市机构编制委员会办公室单独设置,列党委机构序列;组建市交通运输局,不再保留市交通局;组建市住房和城乡规划建设局,不再保留市规划与建设局;组建市城市管理行政执法局。市食品药品监督管理局由省以下垂直管理调整为市政府工作部门。在市农业经济局挂牌的市委农业和农村工作办公室更名为市委、市政府农业和农村工作办公室,调整为与市农业经济局合署办公。市科学技术局挂市地震局牌子。市文化广电新闻出版局挂市文物局牌子。市人民防空办公室由议事协调机构的常设办事机构调整为市政府工作部门,市人民防空办公室挂市民防局牌子。

经过上述调整,市政府设置工作部门26个,即:政府办公室(政府法制办公室)、发展和改革局、经济和信息化局、教育局、科学技术局、公安局、民政局、司法局、财政局、人力资源和社会保障局、国土资源局、环境保护局、住房和城乡规划建设局、交通运输局、水利局、农业经济局(市委、市政府农业和农村工作办公室)、商务局、文化广电新闻出版局(体育局)、卫生局、人口和计划生育局、审计局、统计局、安全生产监督管理局、食品药品监督管理局、城市管理行政执法局、人民防空办公室。其中,政府法制办公室与政府办公室合署办公;发展和改革局挂物价局、服务业发展局、经济技术协作办公室牌子;经济和信息化局挂中小企业局牌子;科学技术局挂地震局牌子;市委、市政府农业和农村工作办公室与农业经济局合署办公,农业经济局挂海洋与渔业局、林业局牌子；体育局与文化广电新闻出版局合署办公，文化广电新闻出版局挂文物局牌子；人民防空办公室挂民防局牌子。此外，监察局与纪律检查委员会机关合署办公，民族宗教事务局与统战部合署办公，列入政府工作部门序列，不计入市政府机构数。原挂靠市人事局的市机构编制委员会办公室单独设置，列党委机构序列。（陈广平）

•档案工作•

【概况】 2011 年，平湖市档案工作围绕市委、市政府工作中心和省、嘉兴市档案业务主管部门工作要求，以实施“两个推进”（全面推进档案与电子文件登记备份，大力推进档案文化建设）发展战略为重点，扎实做好各项工作，为“十二五”档案事业发展开好局起好步。当年，平湖市获首批“全国社会主义新农村建设档案工作示范市”称号。市档案局被省人力资源和社会保障厅、省档案局评为全省档案工作先进集体，被省档案局评为全省农村档案信息资源共享工作先进单位和《浙江档案》杂志宣传工作一等奖，在嘉兴市县市区 2011 年度档案工作目标考核中获优秀单位，在平湖市工作目标绩效考核中被评为良好部门。

【平湖市成功创建为全国社会主义新农村建设档案工作示范市】 市档案局以创建全国社会主义新农村建设档案工作示范市为契机，按照“一点、一网、一批”的平台搭建思路，整合资源，创新举措，全力打造可供多渠道查询的社会主义新农村建设档案工作信息专栏和新农村档案信息发布和共享平台，推进“农村档案信息共享工程”建设，覆盖全市所有 106 个建制村，基层查询点扩大到 13 个。2011 年 12 月 15 日至 16 日，由国家档案局牵头，组织国家民政部、福建省、湖南省档案局等相关专家及领导，到平进行考核验收。验收组在省档案局前期预验收的基础上，通过听取汇报、查阅材料、现场抽查、综合评议，一致同意并通过验收，成为全国首批社会主义新农村建设档案工作示范市。

【稳步实施档案登记备份工作】 进一步完善基础设施建设，高标准、严要求建设好档案登记备份中心；进一步加强制度建设，年内重新修订《备份数据移交制度》等 7 项制度，以确保登记备份工作安全、规范；进一步夯实备份业务建设，全年共完成 46 家单位档案与电子文件登记备份工作，总容量 398GB；进一步强化考核机制，完善镇（街道）年度工作责任制档案工作目标考核办法，加大登记备份工作考核比重，并进行严格考核，形成一级抓一级，层层抓落实的工作格局。

【创新思路提升档案文化建设水平】 积极开展纪念建党 90 周年活动，按省局要求上报“党的光辉历程”展览图片、文字及实物 13 件。《魅力平湖》永久性展厅建成并于 3 月 22 日正式开放；底层 800 平方米大展厅《平湖撤县设市 20 周年成就展》12 月对外开放，接待参观 3023 人。《精彩回眸——平湖撤县设市 20 周年图片集》公开出版，完成《2010 年度档案利用实例选编》编制工作，收集整理典型事例 58 条，1.6 万字。开展平湖名人建档工作、收集整理了陆清澄、陈巨来、陆维钊等 15 位名人的个人相关资料。

【加快推进档案信息化建设进度】 平湖市数字档案馆建设项目于 2011 年 12 月 5 日经市长办公会议讨论决定正式立项，总投资 624 万元。市档案局馆藏和基层单位室藏的档案数字化工作进展顺利，全年完成条目输入 13.9 万余条，全文扫描 90 万页，视频采集及制作 24 个，总计 13392.34M。平湖档案网添加兰台博览、工作动态等140条。至年底,全市建成示范数字档案室25家,其中省示范数字档案室14家,嘉兴市规范化数字档案室9家,平湖市数字档案室1家。8个镇(街道)档案室全部建成省示范数字档案室。

【扎实提升档案公共服务能力】 根据浙江省人力资源和社会保障厅、浙江省财政厅联合下发的《关于解决未参保集体企业退休人员及其他相关人员基本养老保障等遗留问题的实施意见》(浙人社发〔2011〕221号)、《关于调整城乡居民社会养老保险部分参保人员待遇政策的通知》(浙人社发〔2011〕222号)和中共浙江省委组织部、浙江省人力资源和社会保障厅、浙江省财政厅、浙江省民政厅联合下发的《关于进一步解决部分精减退职人员生活困难补助问题的通知》(浙人社发〔2011〕223号)精神,市档案局(馆)的查档业务剧增,在全年接待的查档利用档案5348人次、15588卷次中,仅为这3种情况进行查阅的就达2158人次、6002卷次、复印11528页、出具证明817份。

【深入开展档案监督指导工作】 一是抓好2010年度文件材料归档整理工作的监督指导,全市91个单位整理完成59641件,并开展了档案工作年度检查;二是加强对计划年度达标升级单位的业务指导,年内有9家单位达省级、1家单位通过省级认定复查;三是继续推进村(社区)规范档案室的创建,年内又有4个村和5个社区达省示范档案室,5个社区达嘉兴市级规范化档案室。

(陆曹珺　王怡蓝)

• 外事工作 •

【概况】 全年审核办理因公出国(境)团组38批94人次,调整压缩10批21人次。出访34批73人次,其中自行组团13批50人次,省内组团21批23人次。出访人员中,党政干部52人次。

【主要出访和重要来访】 主要出访:7月10日至19日,市委常委、副市长石云良率团赴日本、韩国进行为期10天的经贸考察。12月8日至19日,市委常委、纪委书记徐春华率团赴法国、德国、意大利进行为期12天的经贸考察。12月13日至24日,人大主任何大利率团赴巴西、智利、阿联酋进行为期12天的经贸考察。10月9日至18日,副市长金玉珍率团赴美国、加拿大进行为期10天的人才交流考察。12月13日至22日,副市长陶明方率团赴澳大利亚、新加坡进行为期10天的经贸考察。重要来访:3月15日,日本电产集团会长永守重信一行到访,与市领导盛全生、翁建荣、石云良、陶明方商谈未来商业合作。4月20日,日本三菱化学食品株式会社社长内藤明一行到访,与市长翁建荣商谈三菱公司在平湖经济开发区食品产业园的投资项目。4月29日,美国、俄罗斯等16个国家的驻沪总领事馆领事和签证官一行到平参观考察九龙山旅游度假区,市领导翁建荣、石云良陪同考察,并介绍平湖经济社会发展情况。5月31日,巴西兰顿股份集团主席劳尔兰顿一行到访,与市领导盛全生、石云良交流兰顿集团今后在平湖的发展意见。11月11日,土耳其驻上海总领事馆总领事 Deniz Eke 一行到访,与副市长陶明方探讨双方进一步的交流、合作。

【友好交流】 7月6日,日本福井县小浜市市长松崎晃治、国际教育协会会长食见直孝等一行到平访问,与市长翁建荣、副市长石云良洽谈进一步的深化交流合作,特别是教育、旅游、农业等方面的交流合作。10月6日至11日,应日本小浜市市长松崎晃治邀请,副市长石云良率团赴日本参加小浜市建市60周年庆典活动，其间，代表团参加了小浜市美食文化节等活动，考察访问小浜市政府、文化馆、清池烹饪专科学校、小浜水产养殖职业中专、若峡普通高中、日本电产高科电机控股公司等单位，介绍平湖经济、文化、旅游等方面情况，宣传平湖优势，双方洽谈了今后在校际、旅游等方面的合作。

【一批境内外人士获“荣誉市民”等称号】 6月25日，在2011中国·平湖西瓜灯文化节投资贸易洽谈会上，市政府授予佐文精密零件（浙江）有限公司总经理高桥光夫、东特（浙江）有限公司总经理小宫山秀俊、日本电产（浙江）有限公司总经理竹上清好、宜兰汽车配件制造（平湖）有限公司总经理陈春风、平湖爱驰威汽车零部件有限公司董事长贺向鹏、嘉兴大友汽车座椅有限公司副总经理星川新一等6人平湖市“东湖之友”奖章。市人大常委会决定授予浙江川电钢板加工有限公司董事长兼总经理阿部俊、斯凯孚驱动系统（平湖）有限公司总经理格雷厄姆·托姆林、翰诠特种纺织品（平湖）有限公司总经理张良宇、浙江大明玻璃有限公司董事长兼总经理屠有军等4人平湖市“荣誉市民”称号。

（陈　敏）

•侨务和港澳工作•

【概况】 2011年，市侨务部门围绕全市工作大局，进一步发挥凝聚侨心、汇集侨智、拓展侨力积极作用，引资引智、联络联谊、为侨服务、参政议政等各项工作取得新的成绩。当年，市侨办被省侨办评为“浙江省侨办系统先进集体”，市侨联被省侨联评为“浙江省侨界提（议）案工作先进单位”，林埭镇共和村被省侨办评为首批浙江省“侨爱新村”，侨办副主任、侨联副主席周虹获“浙江省侨务工作先进工作者”、“浙江省侨联系统先进个人”和“浙江省侨法四进活动先进个人”等多项荣誉。

【召开第七次归侨侨眷代表大会】 12月15日，召开平湖市第七次归侨侨眷代表大会，参加大会代表100人。市领导胡水良、姚田宝、陈晓明及嘉兴市侨联主席浦金英等出席大会，市级有关部门、各人民团体和各镇（街道）的相关人员应邀参加会议。会议听取和审议方晓烈代表市侨联第六届委员会所作的工作报告，表彰2007年至2011年度归侨侨眷先进个人，选举产生由15人组成的市侨联第七届委员会，新一届委员会成员平均年龄42岁，其中，中共党员8名，大专以上学历13名、专业技术人员比例增加，整体素质进一步提高。

【成立海外归国创业人员联谊会】 8月20日，平湖市海外归国创业人员联谊会（简称海创会）成立暨第一次会员大会举行，会议通过平湖市海创会章程，选举产生首届会长、理事会理事，现有会员40名。海创会的成立，为留学人员搭建一个创业服务平台，实现了侨务工作的延伸拓展。海创会以提升海创人员素质为切入点，组织会员参加各种学习、交流活动，参加“星耀南湖才富论坛”、企业管理讲座等，深受海创人员欢迎。

【开展引资引智活动】 先后举办“留日归国人士及新兴产业专家平湖行”、“旅美侨团平湖行”、“法国昂热高等商学院（ESSCA）浙江访问团”访平、中国星月集团平湖考察、“驻沪华侨华人经理人平湖行”等一系列引资引智活动，全年接待港澳同胞、海外侨胞近300人次，进一步密切与海外侨商、专业人士的联系和合作。承办上海、江苏、浙江各级侨办负责人参加的“2011相聚长三角”活动，宣传推介平湖经济社会发展、引智引才及侨务工作情况;通过牵线搭桥促成浙江省“千人计划”入选者、留日归国人士寿国忠博士与平湖市签订协议,投资建筑面积约3万平方米的微电子科技总部园,投资额2.5亿人民币。

【深化海内外联络联谊】 做好回平港澳同胞、华侨华人接待工作,接待了美国国家工程院院士吴建福教授、首位进入NBA的华裔球员林书豪、美国平湖同乡会会长朱锦涛博士、副会长屈明波博士、张颖婷女士、旅美生物医药博士王水龙、香港平湖同乡会会长王超等30名港澳同胞、海外侨胞;做好日本、新西兰震后的联系慰问工作,市侨务部门在震后第一时间组织侨务干部向60多名旅日、20多名旅新华侨华人、留学人员及其亲属致电了解情况,表示慰问。开展“暖侨行动”,做好在平港澳同胞、华侨华人、留学人员及其家属联络联谊工作,组织召开“三胞”及亲属迎中秋、迎春茶话会,邀请侨界医务人员上门为农村的侨眷义诊,全年走访归侨侨眷、留学人员家庭100多户,赠送慰问品、慰问金折合人民币近6万元。

【发挥参政议政民主监督作用】 充分调动侨界人大代表、政协委员积极性,积极履行参政议政职责,组织侨界委员,围绕政府关心、侨界关注的热点、难点问题,深入调查研究,建言献策,市政协会议期间,侨界委员撰写提案26件,集体提案3件,社情民意10条。其中《关于进一步提高我市城市建设规划工作的一点建议》被列为市政协十一届五次会议优秀提案。

【加大侨务工作宣传力度】 编印《侨:活力五年——2007至2011平湖侨务工作回眸》宣传画册,展现平湖市侨务事业蓬勃发展的喜人局面。邀请浙江电视台国际频道新闻部到平拍摄系列报道《杭州湾畔的海归创业创新之路》,共四个专题,介绍在平海归人员创业创新的典型事迹及当地党委、政府扶持海归人员创业创新的做法。专题之一《汪维佳和她的留心之道》获浙江广播电视集团年度优秀节目一等奖。承办省侨办《浙江侨声报》通联工作会议,会议于11月15、16日在平召开,全省各地市及部分县(市、区)分管信息宣传工作领导参加会议,市侨办副主任周虹在会上就如何做好侨务外宣工作作了典型发言。 (周虹)

•涉台工作•

【概况】 2011年,平湖市台办紧紧围绕对台中心工作,服务大局,各项对台工作取得良好成绩,被评为全省县(市、区)台办工作目标管理考核先进集体、嘉兴市级对台工作先进单位、嘉兴市级信息工作二等奖。

【密切平台两地交流交往】 全年组织5个团组、68人(公务员15人)赴台交流。拜会多位台湾政界人士,与彰化县政府有关人员座谈探讨两地建立友好往来事宜,访问20多家台湾重点企业上门招商,推动在谈项目增资项目落户进度。年内,先后接待台湾无党派人士、原高雄县县长杨秋兴和台湾海基会副董事长兼秘书长高孔廉一行等访平考察,市领导接见并陪同考察相关台资企业,介绍平湖投资环境及平湖台资企业发展情况,扩大两地经贸等各个领域的合作交流进行探讨。继续做好对台招商引资牵线搭桥工作。全年共邀请和接待6批300多位台湾客商访平,其中,重点接待了上海市台协会长李茂盛一行260多位台商,举行台商投资环境推介活动。邀请台湾城市建设考察团到平,专题考察平湖城市规划建设工作。在2011中国·平湖西瓜灯文化节投资贸易洽谈会上,签约2个台资项目，总投资4亿美元。7月，市台办举办“平湖·台湾——两岸邻里节”，邀请以里长萧承仓为团长的台湾南投县三民里居民代表35人访平，参观新仓镇秦沙村，考察平湖新农村建设和农民聚居点建设。组织指导平湖稚川实验中学27名师生、新华爱心高级中学22名师生赴台夏令营活动，稚川中学与结对的台北龙门中学举行了教学经验交流会和联谊活动。2011年平湖市民近600人赴台旅游，增进两地民众的亲情和友谊。

【深入开展涉台宣传教育】 开展涉台知识进社区、进村活动。年内分别在当湖街道永丰社区和台属企业金平服饰公司举办2次涉台知识宣传活动，现场解答群众咨询。参加活动500多人次，发放宣传手册200余份。加强领导干部涉台教育，举办2期涉台干部培训班，组织各镇(街道)党委分管对台工作的副书记、委员、统战干事开展理论业务学习，提高对台干部队伍素质。

【加强宣传信息工作】 邀请台湾三立电视台“在中国的故事”摄制组一行到平，采访拍摄平湖西瓜灯文化节活动，通过瓜灯文化、瓜灯雕刻、糟蛋制作等，向台湾民众展示平湖悠久的历史文化底蕴和西瓜灯文化的独特魅力。邀请台湾《经济日报》记者采访报道台资高新技术企业，宣传推介平湖的投资环境。办好《平湖涉台工作》，全年编发普刊4期、特刊10期，反映对台工作动态，为领导决策提供服务。加强“平湖网——涉台工作”网页建设，提升涉台网络宣传力度。向省及嘉兴市台办上报信息70多条(次)。

【开展台资企业政策法规宣传】 完善台商工作例会制度，全年召开例会9次，先后邀请公安局(交警、出入境管理)、供电局、安监局、司法局等部门，通过台商沙龙、政策宣讲、现场咨询等形式，宣传相关涉企政策法规，解释最新出台和调整的有关政策，构建便捷的政府政策宣讲和台企诉求反馈及矛盾化解平台，促进与台商、台胞、台资企业的良好互动。

【做好亲商安商工作】 3月，开展“台资企业走访月”活动，走访台资企业40多家，帮助企业解决困难问题20余件，根据企业需求，邀请政府职能部门送政策上门，做好宣传服务工作。为台资企业员工赴台学习培训和考察交流提供服务，帮助台资企业加快技术创新与转型升级步伐。认真处理台胞台商的信访求助。全年协调处理各类求助80余件。开展联络联谊活动，举办平湖台商尾牙酒会，共度新春佳节；组织台商参加嘉兴端午民俗文化交流活动——两岸同胞裹粽子友谊赛，增进两岸同胞同宗同文的情谊。推荐台商参与平湖市“荣誉市民”和“东湖之友”评选，年内各有1名台商被授予平湖市“荣誉市民”称号和“东湖之友”奖章，1名台商获授市政府招商功勋奖章。

【加强台商联谊会建设】 健全台商例会制度，全年召开会长办公会议4次，理事会议4次，研究部署联谊会工作。协助做好嘉兴市台商协会换届工作，完成嘉兴市台协五届理事会候选人选推荐，完成平湖台商联谊会理事会换届工作，选举产生新一届理事会。年内联谊会新发展2家会员单位。

【加强台胞台属联谊会建设】 全年召开4次台联理事会议。做好重点台属的春节、中秋走访慰问，加强联系沟通，帮助解决困难问题。组织台联界别专业人士送医进台属企业，开展2次义诊活动。 (马国健)

• 电子政务 •

【概况】 2011年,全市电子政务工作围绕建设高效服务型政府的目标,以“中国·平湖”门户网站建设为重点,进一步加强门户网站群间的协调、管理和监督,切实提高建设质量和应用效果。年底,被评为浙江省电子政务建设综合考核优秀单位。

【“中国·平湖”门户网站升级改版】 优化网站框架,对原有栏目进行分类整合。丰富网站内容,强化网站检索,创新推出党务公开,加强政府信息公开、网上办事、便民服务、政府与公众互动交流等栏目建设的力度。引入网站群管理思路,增加信息集群功能,有效整合全市政务信息资源。提升公共服务,对办事服务内容进行充实和完善。初步形成以“中国·平湖”门户网站为核心的“一网通”政府公共服务品牌。

【继续推进政府信息公开工作】 依托政务信息公开平台,重点推进与公众利益密切相关的重大事项信息公开,主动公开土地征用、房屋拆迁、突发公共事件应急预案、关系公众人身安全的卫生环保、安全生产等方面监督检查情况等信息。严格执行项目审批和实施进展情况“公示公布”制度,对各类城乡规划和所有“一书二证”项目办理情况通过规划“中国·平湖”门户网站公布。严格按照《政府信息公开条例》,推进全市政府信息公开工作,继续通过以部门和各镇(街道)网站为基础,以公共企事业单位以及村(社区)信息公开栏为延伸的三级政府信息公开平台,依照法定程序和时限,对能公开的政策法规和相关信息资料及时予以公开,充分保障社会公众的知情权、参与权和监督权。截至12月20日,共加载政务公开信息12542条。全市各级机关、镇(街道)通过办公自动化系统办理文件约31000件,请示件约970件,网上收发文部门115个,公文内部传阅部门58个。年底,累计有1411件人大建议、议案、旁听公民意见和1648件政协委员提案实现网上办理。

【整合应用网络资源】 充分利用现有网络资源,实现多种业务平台并行运行。在全市政务网络上,除运行政务网络办公平台外,还有档案局的“数字档案”及“浙江省行政村档案信息发布与共享平台”、组织部的远程教育平台、卫生系统部分网络运用平台、市信息报送系统、市行政执法信息共享平台、市长电话办理系统、市理论学习平台、建议提案办理系统,实现对市财政支付(核算)中心各种应用系统的访问。10月,接入省政府主导的电信运营的电子政务内网,开通省应急指挥视频会议系统;11月,接通浙江省淳安县信息中心机房的两条高速光纤网络,为两地异地备份打好基础。市政府信息中心继续为其他单位提供设备托管服务,年内新托管市城管局的数字城管系统的9台服务器和1台存储设备;社保中心和卫生局的3台核心交换器、6台服务器和1台存储设备。

【提升网络服务安全与应急能力】 继续推进网络服务安全建设,基于现有服务器设备采用虚拟化技术进行整合利用,提升服务效率和安全性能。加强网站应用安全管理,严格设置虚拟主机internet来宾用户权限,提高网站应急能力,防止网站被黑客攻击利用,提高虚拟主机服务质量。年底,市政府信息中心机房共为45个网站提供服务保障。同时进一步规范镇(街道)和部门网站域名,共为56个单位提供为*.pinghu.gov.cn的域名解析服务。

【开发城市房屋征收管理系统】 2011年,

城市房屋征收管理系统经过前期调研和技术开发，初步形成由政策法规、项目管理、安置房源、查询统计、系统设置五大模块组成的总体框架，实现对被征收人产权登记、房屋评估、签订补偿安置协议、支付补偿资金、房屋产权调换5个工作环节的网络化操作。系统通过对每个项目地块、每个被征收户的网络跟踪来实现对征收实施单位、评估机构在征收工作过程中的有效监督和动态管理，切实规范征收行为，维护被征收人的合法权益，体现“公开、公平、公正”原则，更及时、便捷地为政府和公众提供各种信息服务，更好地为城市建设服务。（翟群英）

•行政服务中心•

【概况】 2011年，市行政服务中心（包括分中心，以下简称中心）共办理各类行政许可和服务事项1068908件，按时办结率和审批准确率均为100%，满意率99.98%以上，平均提速率71%，中心大厅收取各类规费37959.33万元；公共资源交易中心全年各项业务交易共853批次，交易总额660512.68万元，其中建设项目交易额462155.69万元，国土资源交易额190798.4万元，政府采购交易额7558.59万元，共节约、增收资金110979.91万元。当年，中心获省级卫生单位称号。

【加强作风建设和创先争优工作】 发动全体窗口单位开展服务承诺、履诺活动，举办作风建设优秀征文评比、“创先争优强服务、换位思考转作风”主题演讲比赛，召开纪念建党90周年党史专题讲座暨创先争优表彰会议，推动中心作风建设。4月1日起实行中午错时服务、下班延时服务、双休日预约服务三项服务新措施，其间共受理咨询和办理各类审批服务事项5000多件次，方便了群众。9月底，中心正式开通“平湖行政服务中心”官方微博（网址：http://weibo.com/phxzf-wzx），通过微博服务的方式加强和社会群众交流互动、倾听民声、强化沟通、扩大宣传。

【梳理优化五条审批链】 涉及工商、税务、质监、统计窗口的企业注册登记链“一表通”软件制作基本完成；政府性项目审批链、生产性投资项目审批链、工程建设项目审批链、房地产登记链经过梳理，理顺了审批过程，梳理了审批环节，方便了企业和群众。汇编5条审批链资料，下发镇（街道）、部门和企业，放置相关窗口方便群众取阅。

【规范满意度测评器使用及考核】 认真抓好平行服〔2010〕25号《满意度测评器使用考核暂行规定》的落实，提高窗口工作人员使用满意度测评器的积极性和自觉性，使用数和服务质量有明显提高。平均每月使用次数由原来的2000多次增加到7000多次；中心办事窗口的服务质量和能效受到企业和群众的普遍认可，也得到了上级领导的肯定。

【完善电子监察系统建设】 根据嘉兴市组织的电子监察系统运行和绩效考评情况，中心对行政许可事项和非行政许可事项进行了梳理、调整，取消行政许可事项9项（平政发〔2011〕145号），并重新公布了非行政许可事项（平政发〔2011〕148号）。中心现有行政许可事项379项，非行政许可事项76项，应纳入电子监察事项数为455项。下半年又有91项事项新纳入电子监察系统。

【深化“马上办”工作】 进一步拓展“马上办”服务范围，优化服务方式，实行服务提前介入和项目后期回访。年内共组织对5个重点项目进行联合审批，总投资15.3亿元，提高审批效率，促进项目落地，改善了发展环境。5月在广陈镇对镇(街道)项目代理员开展了一次业务交流培训活动。

【规范政府投资建设项目招投标活动】 2011年平湖市在嘉兴市范围内率先对政府投资建设项目招投标采取资格后审制。市政府出台《关于进一步规范政府投资建设项目招投标活动的意见》,推行资格后审制,完善资格审查办法,取消投标报名环节,不限制投标人的数量,满足各项资格条件的投标人均可参加投标,招标文件实行网上下载。5月以来,共实行资格后审的项目50个。同时完善评标办法,改"权重系数法"为"有效最低报价基准价法"、下浮点数法和二次平均价法确定评标基准价。改进保证金收退方式,制订《投标保证金和诚信保证金管理意见》。严格投标授权委托,制约借资质挂靠行为。

【推进招投标平台信息化建设和镇(街道)平台正规化管理】 充分运用计算机科技手段,不断完善计算机辅助评标系统、监控系统、语音通知评委系统、信息查询系统,升级网站功能,建设业务管理系统。对公共资源交易中心网站进行升级改版,现有硬件系统进行全面升级,提升硬件水平,更有效、安全、快捷地实现业务交易信息化,并升级了监控系统、会议音响等设备,改善平台软硬件环境,完善提升平台功能。新网站上线后,各镇(街道)按照各自的权限可在中心网站上发布公告和公示,效率有了提高。 (林 琳)

政协平湖市委员会

•重要会议•

【市政协十一届五次会议】 中国人民政治协商会议平湖市第十一届委员会第五次会议于2011年1月22日至25日在市行政中心举行。出席会议的市十一届政协委员214名。市委、市人大、市政府全体领导参加会议。在平的嘉兴市六届政协委员,不担任市十一届政协委员的历届市政协主席、副主席、秘书长,市政协六届之友联谊社理事,市级机关各部门、有关单位负责人共131人应邀列席会议。

会议听取并审议通过政协主席徐春林代表市十一届政协常委会所作的工作报告和副主席王华根所作的提案工作情况报告。会议期间,与会人员列席平湖市第十三届人民代表大会第五次会议,听取并讨论市长翁建荣所作的《政府工作报告》,听取市人大常委会工作报告和法院、检察院工作报告,讨论《平湖市国民经济和社会发展第十二个五年规划纲要(草案)》及发改、财政报告,会议赞同这些报告。会议期间,委员们对事关全市经济社会发展的重要工作和人民群众关心的热点问题,提出许多建设性的意见和建议。大会收到委员以提案形式提出的意见建议253件,经提案委员会审查,立为提案的216件。会议通过市政协十一届五次会议决议和提案审查报告。市委书记盛全生在大会闭幕时讲话。

【市政协常委会会议】 2011年,市政协常委会共召开4次会议。

市十一届政协常委会第二十一次会议于1月24日下午在市行政中心3号楼8号会议室举行。会议听取市政协十一届五次会议期间各组对《政府工作报告》、《平湖市国民经济和社会发展第十二个五年规划纲要(草案)》及发改、财政报告讨论情况的综合汇报;听取各组对政协常委会工作报告、提案工作报告讨论情况的综合汇报。会议审议通过市政协提案委员会关于十一届五次会议提案审查情况的报告(草案)和市政协十一届五次会议决议(草案)。

市十一届政协常委会第二十二次会议于6月21日举行,协商讨论“转变用地理念,进一步提高工业用地利用效益”工作。上午,市政协常委会部分组成人员实地视察浙江金平服饰有限公司、平湖市伟峰科技有限责任公司、德西福格汽车配件(平湖)有限公司等6家用地单位。下午,会议在市行政中心3号楼8号会议室举行。市国土资源局局长谢龙华代表市政府作“平湖市节约集约用地(工业用地)”情况通报,市政协经济科技委员会主任汪龙观代表市政协专题调研组向会议汇报“转变用地理念,进一步提高工业用地利用效益”调研报告,与会人员进行协商审议。在听取协商审议后,市政协主席徐春林,市人大常委会副主任周建安、副市长潘川弟讲话。会议审议通过“关于转变用地理念,进一步提高工业用地利用效益”的建议案。会议审议通过撤销徐陟市十一届政协委员资格的决定。

市十一届政协常委会第二十三次会议于9月20日下午在市行政中心3号楼8号会议室举行。会议协商审议“加强和创新社会管理,促进社会和谐”工作。市委政法委副书记王木根作平湖市加强和创新社会管理工作情况通报,市政协社会法制与港澳台侨联谊委员会主任陆玉其向会议汇报“加强和创新社会管理,促进社会和谐”调研报告。在听取协商审议后,市政协主席徐春林和市委常委、市政府常务副市长朱瑞俊讲话。会议审议通过有关人事任免事项。会议决定,陈击任市政协当湖街道联络室主任,金茜任市政协新埭镇联络室主任,曹冬梅任市政协广陈镇联络室主任,俞四龙任市政协钟埭街道联络室主任,程佳俊任市政协曹桥街道联络室主任;免去孙晓云的市政协当湖街道联络室主任职务,免去柳永良的市政协新埭镇联络室主任职务,免去金志元的市政协广陈镇联络室主任职务,免去沈海良的市政协钟埭街道联络室主任职务,免去金导耕的市政协曹桥街道联络室主任职务。

市十一届政协常委会第二十四次会议于12月20日上午在市行政中心3号楼8号会议室举行。会议听取副市长金玉珍作关于2011年市政协常委会建议案、常委会议和主席会议专题协商所提建议采纳情况通报,并开展讨论。会议对进一步落实相关建议、完善这一通报机制提出建议。会议听取市发改局局长邱其良代表市政府作关于2011年平湖市国民经济和社会发展情况及下年度预期情况通报、市财政局副局长沈幼锋代表市政府作关于2011年财政预算执行情况及下年度预算草案通报,市政府办公室副主任陶熠旻代表市政府作关于市政协十一届五次会议以来提案办理工作情况通报,并开展讨论。会议对2012年市政府部分重点工作安排、进一步改进提案办理工作提出建议。会议听取市政协提案委员会关于市政协十一届五次会议以来重点提案办理情况汇报,并开展讨论。会议对进一步落实重点提案所提建议提出建议。会议讨论《市十一届政协2011年工作总结》,对部分内容和文字表述提出修改建议,并原则通过《市十一届政协2011年工作总结》。会议审议通过关于表彰2011年度政协工作先进集体和积极分子的决定、关于表彰市政协十一届五次会议以来优秀提案获得者的决定、关于表彰2011年政协提案先进承办单位的决定、关于表彰2011年政协社情民意信息工作先进集体、先进个人的决定。会议听取市委统战部副部长张永良代表市委作《关于提议徐家祺等同志职务任免的通知》(平干通〔2011〕39号)通报,审议通过有关人事任免事项。会议决定,吴美芳任市政协提案委员会主任,王华根不再兼任市政协提案委员会主任;徐家祺任市政协经济科技委员会主任,杨燕任市政协乍浦镇联络室主任,邵秀俊任市政协新仓镇联络室主任;免去汪龙观的市政协经济科技委员会主任职务,免去张卫根的市政协乍浦镇联络室主任职务,免去沈志凤的市政协新仓镇联络室主任职务,免去顾炳其的市政协办公室副主任职务。

•重要工作•

【开展“学习型政协”建设活动】 开展委员活动日集中学习,分别就“宏观调控与中国经济运行”和“新时期党的群众工作和社会管理创新”课题邀请有关专家学者作专题报告,帮助委员更好地知情明政。围绕学习贯彻胡锦涛总书记在庆祝中国共产党成立90周年大会上的重要讲话精神、中共平湖市委十二届十一次全体(扩大)会议精神,以及推进“美丽乡村”建设主题,举办暑期读书会。推动委员自学,将全国和省市“两会”精神、国情市情、政协业务知识等纳入自学安排。充分利用政协门户网站,收集整理并转载20余篇相关资料供委员学习。对各镇(街道)新任政协联络室主任开展提案和社情民意信息等政协基础知识培训。各委组在抓好委员履职的同时,组织委员认真学习时事政治和业务知识,帮助委员提高理论水平和履职能力。制订出台《市政协2011年“学习型机关"建设实施方案》,推动机关干部职工学习。组织机关干部 74 人次参加"金平湖讲坛"专题讲座学习。

【开展主席会议专题协商和主席调研日活动】 2011 年,市政协主席会议共召开 14 次会议,除讨论确定常规工作安排以外,围绕"挖掘利用各种资源,丰富群众文体生活,倡导文明健康生活方式"和"培育发展我市临港产业"课题开展协商审议,并形成专题报告,不少建议得到采纳,市委、市政府主要领导对报告作了批示。市政协主席调研日共开展 4 次活动,围绕创建国家卫生城市、三港新城建设、楼宇工程建设、食品安全等工作开展专项主席调研日活动,听取专题汇报,实地查看工作进展情况,并就工作中存在的困难和问题与相关部门开展讨论,提出意见建议,协助推进相关工作。

【开展委员约谈会协商】 2011 年,市政协围绕"迎接国家三类城市语言文字工作评估"和"探索工资集体协商机制,促进和谐劳动关系"召开委员约谈会进行专题协商,在广泛了解情况的基础上,市政协领导、部分政协委员和相关部门负责人进行面对面交流。协商成果《探索工资集体协商机制,促进和谐劳动关系的若干建议》以专报形式编发社情民意报送市政府,市长翁建荣、副市长陈晓明分别作了批示。

【举办政情咨询会】 2011 年 9 月 27 日下午,市政协围绕"创建国家卫生城市,建设美丽和谐平湖"主题举行政情咨询会。通过向政协委员和市民代表征集咨询问题,拓宽政情咨询会的参与面和社会影响。120 余人参加活动,11 名委员和 1 名市民代表进行咨询。市长翁建荣、市政协主席徐春林、副市长陶明方和市政协副主席冯美仙、王华根、俞明祥参加会议。因时间所限未能现场提问的问题,由市政协书面提供给相关部门,由相关部门在会后作出书面答复。会后,询答内容专版刊登于《嘉兴日报·平湖版》,平湖电视台专门制作播放咨询会专题片,让更多市民了解会议情况。

【开展委组调研视察工作】 各专委会按照市政协年初确定的调研课题,分别组织相关委员深入开展调研,全年共组织课题调研 5 次,形成书面报告 5 篇。各委员活动组围绕企业转型升级、三农问题、城乡统筹、公共资源配置、创新社会管理、文化大发展大繁荣、基础教育发展、医药卫生体制改革、社会保障等工作开展广泛调研,形成调研报告 18 篇,其中 14 篇在《平湖政协·调研专刊》刊发。各专委会、委员活动组、政协联络室围绕推动"美丽乡村"建设、爱国主义教育、镇村两级文体设施使用情况、工业企业转型升级、构建多功能都市型现代农业园区、安置房建设等工作开展视察,提出意见建议。

【切实加强提案工作】 市政协十一届五次会议前,市政协召开各民主党派、工商联和人民团体负责人会议,着重征集高质量的集体提案。大会期间严格把好提案立案环节。认真实施重点提案办理协商会、对重点提案采取由主席会议督办、主席分工督办、市政府领导领办、专委会对口督办、民主监督员督办派驻部门提案等行之有效的做法推动办理工作,同时创新开展对本届政协以来全部提案办理情况进行盘点督查,对交通局提案办理工作进行民主评议,推进提案办理再落实。市政协十一届五次会议的 216 件提案,全部如期办结。提案所提问题已经解决或基本解决的 106 件,占提案总数的 49.1%;正在解决或列入计划准备解决的 98 件,占 45.4%;对因政策、条件所限一时难以解决的 12 件提案,有关承办单位均已实事求是地作了说明。从反馈意见看,提案人对承办单位办理态度总体反映良好,对办理结果的满意和基本满意率达99.5%。

【努力提高社情民意信息质量】 通过召开社情民意信息工作会议,加强对委员撰写社情民意的指导;通过界别活动周、政协委员帮扶企业、农村、社区活动和委员约谈会、政协领导走访委员等途径,进一步畅通收集社情民意的渠道。建立健全社情民意信息反馈机制,对社情民意信息的采纳和反映、领导批示、部门回复等情况,通过信函、网站等载体及时向委员反馈。认真做好向上级政协机关报送信息工作。2011年,市政协共收到社情民意91条,编发《社情民意》12期25条,其中8期市领导作了批示,要求有关部门及时解决所反映的问题;直接向有关部门报送34件,收到部门答复21件。向嘉兴市政协报送社情民意信息37条,其中2条被转报省政协并得以采纳。新埭镇委员小组在全镇9个村、1个社区和新居民事务所开通11个社情民意直通信箱,聘请11位社情民意直通信箱联络员,进一步拓展社情民意收集渠道。

【完善民主监督工作机制】 出台《平湖市政协民主监督员工作考核办法(试行)》,建立民主监督员知情、沟通、反馈、考核等环节的工作机制,推动民主监督员工作的规范化建设。年底对民主监督员小组和民主监督员进行考核表彰。各受派部门主动接受民主监督员的监督,积极采纳民主监督意见,促进和推动本部门工作。

【进一步深化界别工作、密切各界联系】 建立政协领导和专委会联系界别活动制度,加强界别工作的指导、协调力度。年内共召开两次界别委员召集人会议,交流工作,总结经验。5月16日至22日开展"界别活动周"活动,16日上午,在曹桥街道百寿社区大桥新村举行市政协2011年"走入群众,服务民生"界别活动周启动仪式暨农工党、社会科学界现场服务活动。在随后的活动周时间里,市政协19个界别组织广大委员深入群众,通过举行专题调研、培训讲座、志愿服务、座谈视察等形式,围绕企业转型升级、基层医疗教育、社会文化事业发展等工作开展活动,取得较好的社会反响。年内,市政协领导组织走访各民主党派、工商联、人民团体、无党派人士联谊会和民族宗教界人士,听取工作情况介绍,征求对政协工作意见。邀请民主党派、工商联和有关人民团体参加政协重要会议和活动。与统战部联合举办全市"三胞"及亲属中秋茶话会,举办全市各界人士迎新茶话会,加强与各界人士的联系。密切与委员的联系,年内共走访委员60人,本届政协领导未走访的全部走访一遍。围绕纪念"平湖撤县设市20周年"和围棋"当湖十局",举办委员沙龙活动。参加苏浙沪15县(市、区)政协工作研讨会、嘉兴市政协工作交流会,互相学习,共同提高。

【创新开展委员参与信访接待工作】 制订出台《市政协委员参与信访接待工作制度》,由委员主动报名、政协统筹安排,每月安排3名委员参与15日的市领导集中接访活动,年内已有30名委员参与接待,政协于每季度末召集参与接待的委员座谈交流,分析了解社情民意,研究如何协同做好信访接待工作。

【创新服务群众平台】 2009年以来,市政协相继开展政协委组对企业、农村、社区"三进"、"三联"、"三帮"活动,以此作为了解社情民意、践行履职为民的重要渠道。2011年,仅科技组就走访企业43家,对企业生产、经营、管理等方面提出建议150条;林埭镇委员小组以群丰村为帮扶对象,结合该村实际就如何依托文化产业等载体壮大村级集体经济提出意见建议。

【做好政协文史和宣传工作】 2011 年共征集文史资料 8 篇 7.3 万字,刊用 4 篇 2.6 万字。举办浙江省第二届“兰亭奖”中小学生书法大赛平湖赛区比赛,有 1 幅作品获省二等奖。做好市政协重要活动和履职情况宣传,扩大政协影响力。完善政协门户网站;创办《平湖政协》季刊,年内出刊四期;每月在《嘉兴日报·平湖版》开设“政协之窗”专栏;有 6 名委员和政协机关干部在《联谊报》发表文章 13 篇,被上海市政协《联合时报》转载 1 篇。 (杜雪英)

民主党派·工商联

·中国民主同盟平湖市总支委员会·

【加强政治学习】 民盟平湖市总支始终把政治理论学习作为一项重要工作来抓,根据形势确定重点,通过各种形式组织学习科学发展观、“七一”讲话精神、十七届“六中全会公报”、市人大会议《政府工作报告》、《平湖市十二五规划纲要》、市委书记盛全生在全市三级干部大会上的报告。总支组织青年盟员理论学习读书会,与杭州桐庐民盟支部和浙江同德医院民盟支部一起赴桐庐开展联谊、学习。

【顺利完成换届选举工作】 6月5日召开全体盟员大会,选举张洪琪、王祥甫、姜忠良、陆跃、吴小娟(女)、沈保良、钱海英(女)为新一届总支成员,主委张洪琪、副主委王祥甫、姜忠良、陆跃。新班子平均年龄45岁,比上届下降4岁。新班子成立后及时开展工作,布置各项活动,6月底全部完成各支部的换届工作,顺利完成新老交接。总支和支部换届后,一批年富力强的盟员走上领导岗位,盟组织更有生机、有活力、有朝气。

【开展建盟70周年系列活动和参加纪念中共建党90周年、辛亥革命100周年活动】 2011年是中国民主同盟建盟70周年,总支组织盟员参加民盟省委会纪念民盟成立70周年知识竞赛、千名盟员签名活动;创作配乐诗朗诵《为你举杯》参加嘉兴市盟纪念活动演出,得到好评。为继承和发扬民盟的优良传统,激发盟员爱国、爱盟的热情。总支出版纪念册《我们这五年》、举办盟史专题讲座、开展书画(篆刻)摄影展等活动。在纪念中共建党90周年、辛亥革命100周年活动中,总支组织盟员参加市委统战部举办的征文活动、演讲比赛,徐卫卫获二等奖,张福观获优秀奖。盟总支还派出选手参加统战界别纪念建党90周年和辛亥革命100周年文艺演出。

【参政议政、建言献策】 2011年,盟员在省、嘉兴、平湖“两会”上撰写提案议案25件,其中集体提案3件。总支在中共平湖市委十二届十一次全体(扩大)会议后,制订出台《关于积极参与加强和创新社会管理的意见》,要求全体盟员积极参与配合。盟员徐卫卫被嘉兴市委宣传部授予宣教工作先进个人称号。重视信息报道工作,全年在浙江民盟、嘉兴民盟网站发表各类文章、信息20多篇和80多篇,嘉兴民盟网站用稿量居嘉兴市第一。在9月17日召开的民盟浙江省宣传工作会议上,总支获纪念民盟成立70周年盟史知识竞赛、民盟风采摄影比赛优秀组织奖,以及先进个人等7个奖项,盟员钟峨获省级先进个人称号。

【加强组织建设】 总支把组织发展工作与参政议政有机结合,年内吸收经济界人士周旭楚(伴宇集团副总经理)入盟。按照“保证数量、强调质量,立足当前、考虑长远,政治标准与代表性并重”原则,完善工作机制,加强后备干部动态管理,总支现有2名盟员在政府部门担任副局级领导干部。组织3名盟员分别参加民盟省委基层干部培训、青年盟员培训、宣传工作培训。创新形式与平湖财政地税局黄姑分局中共党支部开展对口联谊交流活动。组织盟员参观上海世博园中国馆、跨海大桥、兰溪八卦村等,通过活动增强盟组织的凝聚力、战斗力。制订《民盟平湖市总支规章制度》,推进盟务工作的规范化、程序化。年末进行总结评比,表彰先进集体1个、单项先进4个,先进个人10名。

【立足本职、服务社会】 联合民进市委会、农工党总支为老年公寓老人举办“暖冬晚晴慰问演出”,组织党派的医务工作者为老人医疗义诊。总支联合各镇党委政府主办“梨园闹盈盈 花开新农村”文艺下乡演出。政协界别周活动中组织盟员到广陈中学送教下乡。科技支部盟员与贫困山区学生结对助学,扶贫帮困,并结合自身优势,为居民修理家用电器、为电大学员讲课,为企业管理人员作税法和税务知识讲座。文卫支部盟员到乍浦镇开展文艺下乡演出,并联合其他党派成员进行医疗义诊。校区支部组织盟员与新居民子弟学校进行结对活动。盟员张洪琪被评为全国青少年普法工作先进个人,钟峨被浙江商业职院评为100名杰出校友,吴小娟被嘉兴市财税系统评为先进个人,郭照明获得全国希望杯数学竞赛优秀辅导老师等。盟员吴建伟(莎普爱思研发中心主任)组织科技人员攻关,研制的新药被认定为国家重点新产品,已申请2项发明专利。

·中国民主促进会平湖市委员会·

【召开民进平湖市第七次会员大会】 5月29日,中国民主促进会平湖市第七次会员大会召开,民进嘉兴市委会主委、嘉兴市政协副主席王淳,平湖市领导胡水良、姚田宝、李仁、周仲利、方晓烈等出席开幕式,王淳、胡水良分别作了讲话。大会听取并审议民进平湖市第六届委员会工作报告,选举产生民进平湖市第七届委员会。新一届委员会由宋怡玲、邹贤春、姜其根、顾玉峰、钱秀林、郭杰光、倪惠娟、程灵坚、鲁跃华9人组成。在民进平湖市第七届委员会第一次会议上,推选产生了主委、副主委及秘书长,主委顾玉峰,副主委宋怡玲、郭杰光、程灵坚,秘书长钱秀林。

【开展“同心同行”主题教育】 组织全体市委委员、支部主任学习胡锦涛总书记“七一”重要讲话精神和中共十七届六中全会精神,带动广大会员学习。组织在职会员参加市委统战部举办的暑期读书会,听取省社会主义学院副教授林芳作《重温历史,同心同行——当代中国的多党合作制度》的辅导讲座、嘉兴市台办副主任章建琴作台海形势报告和嘉兴市委党校教授徐连林的“七一”讲座辅导报告。通过学习,进一步坚定在中国共产党领导下走中国特色社会主义道路的信念。组织正副主委收听收看省委统战部举办的践行社会主义核心价值体系电视电话报告会,学习省委副书记夏宝龙讲话,听取6位民主党派和无党派人士在树立和践行社会主义核心价值体系活动中先进事迹的典型发言。积极参加市委统战部举办的纪念建党90周年、辛亥革命100周年系列活动,提交征文7篇,2名会员参加演讲比赛,宣传会员中涌现的先进事迹。加强制度建设,向全体会员印发《中国民主促进会章程》,市委会和各支部组织学习,使全体会员进一步了解民进会史,牢记民进宗旨。根据《中国民主促进会章程》精神,市委会在梳理原有工作制度和规则的基础上,拟订《中国民主促进会平湖市委员会规章制度》,经多个层面广泛征求意见后印发实施。这一规章制度,包括自律修养规约、学习制度、市委会议事制度、参政议政制度等8个方面,对市委会和会员的有关活动和行为作了明确规定,进一步推动了民进工作的规范化、制度化和科学化。

【开展调查研究】 围绕全市学前教育情况,前往3所幼儿园进行调研,考察幼儿园办学环境,听取幼儿园负责人情况介绍,在教育局召开座谈会,教育局党委书记邵守平介绍了全市学前教育基本情况、存在的困难和问题。经过调研,与会人员就进一步加强学前教育提出了意见建议。围绕提高农村教育质量和推行小班化教学,听取市教育局有关情况介绍,深入曹桥街道行知中学,邀请学校负责人、班主任和教师代表进行座谈,现场观摩小班化教学,详细了解当前农村教育教学基本情况,研究开展小班化教学的具体举措。围绕美丽乡村建设情况开展调研,在政协暑期读书会上,副主委程灵坚作题为《关于推进我市美丽乡村建设的建议》的发言,提出了加快推进美丽乡村建设的4点建议。

【积极提交提案议案、参政议政】 市"两会"期间,民进平湖市委会在市政协大会上作题为《关于推进我市农村新社区生态文明建设的若干建议》的大会发言,提交集体提案5件、个人提案21件。其中市委会《关于进一步加强企业自主创新能力培养,力推我市经济发展方式转变的建议》集体提案被列为市十一届政协五次会议重点提案并重点督办。集体提案《以推进"两新"工程为契机,加快我市农村生态文明建设的建议》和《关于创建省级历史文化名城的建议》,以及会员彭正海、陶国华的2件个人提案被市政协评为优秀提案。

【开展各类社会服务活动】 会同民盟、农工党派成员赴老年公寓举行慰问演出;教育界民进会员先后赴黄姑中心小学、广陈中心小学、平湖经济开发区幼儿园等学校送教下乡;医卫界民进会员赴钟埭街道宏建小区开展义诊活动;文化支部会员积极参加各类文化下乡活动,义务为村民写春联等。通过开展各类社会服务活动,进一步增强了会员的社会责任感,彰显民进民主党派的价值。

【召开会员所在单位党组织负责人座谈会】 12月16日,召开会员所在单位党组织负责人座谈会,民进对口联系部门教育局、文体局和卫生局党委负责人参加,市委统战部副部长张永良应邀出席会议并讲话。座谈会上,主委顾玉峰介绍民进的历史沿革和平湖民进创立、发展的过程和基本情况、开展的工作和取得的成绩。教育局、文体局和卫生局党委负责人和会员所在单位党组织负责人分别介绍了所在单位民进支部工作情况、发挥的积极作用,表示今后将继续关心支持民进基层支部建设、开展工作。

【民进会员本职工作取得新成绩】 会员郭杰光撰写的8篇有关平湖名人的文章在2011年《平湖政协》上连续发表。会员彭正海被评为嘉兴市政协先进个人,彭正海的个人作品参加省级、嘉兴市级的多次画展。市台联会理事、会员程杰参加"平湖—台湾"两岸邻里节活动,与台湾南投三民里居民交流互动,向台湾同胞赠送书法作品。会员张群群辅导学生在全国"吴越杯"美术大赛中获金奖,在嘉兴市书法比赛中获1个一等奖,3个三等奖。会员倪惠娟指导的学生参加第十三届"语文报杯"全国中学生作文大赛,获国家级二等奖1人,省级二等奖1人,省级三等奖2人。会员朱平生完成省社科联2010年度重点研究课题《嘉兴地区民俗礼仪仪式音乐研究》的结题工作。(吴　亮)

•中国农工民主党平湖市总支委员会•

【紧紧围绕中心参政议政】 开展中医药事业发展情况、实行药品零差价后新情况、非物质文化遗产保护以及美丽乡村建设等调研，积极为科学发展献计出力，在嘉兴市政协六届五次会议上提交提案2件，向平湖市十三届人大五次会议提交议案1件，向平湖市政协十一届五次会议提交提案13件。市政协会议上的集体提案《关于进一步扶持中医药事业发展的建议》，被列为重点督办提案，市长翁建荣作批示，建议得到很好落实，市政府将中医药事业列入经济社会发展的整体规划，政府出台专项政策，加大中医人才的引进、培养力度，加强中医药服务网络建设，为全市中医药事业发展起了较好的推动作用，被评为优秀提案。《关于在东湖新城区加快建设大型超市的建议》的提案，书记盛全生作批示，被市政协经科委列为对口督办提案。另有多件提案被编入《提案摘报》，呈送市领导参阅。

【积极反映社情民意】 总支主委、副主委应邀参加市委全体（扩大）会议、领导干部会议、政府工作报告意见征求会、党外人士情况通报会等，就市委、市政府工作，“十二五”规划等事关经济和社会发展的重大问题提出多项建议均得到吸纳。全年向市政协上报社情民意信息45条，其中《关于个人所得税法修正案的建议》和《关于行政诉讼法修改案的建议》被省政协录用，《关于培育绿色消费环境的建议》等6条社情民意信息被嘉兴市政协录用，《北门新菜市场的交通秩序亟需整治》，市委书记盛全生作了批示。有2名同志被市政协评为社情民意信息工作先进个人。担任有关部门特邀民主监督员的农工党员在行风评议、作风建设、政务公开、执法检查、专项视察等工作中，认真履行民主监督职能，为促进机关效能建设和党风廉政建设作出贡献。有2人被市政协评为年度民主监督员先进个人。

【思想建设常抓不懈】 坚持每月20日集中学习制度，认真学习胡锦涛在庆祝中国共产党成立90周年大会上的讲话、十七届六中全会精神、新时期统一战线政策和多党合作理论、党章党史及上级组织重要文件、平湖市“两会”、“三级干部大会”精神等。深入开展树立和践行社会主义核心价值体系活动，参加统一战线庆祝中国共产党成立90周年和纪念辛亥革命100周年系列活动，获得演讲比赛一等奖，征文比赛2项三等奖、1项鼓励奖。召开纪念中国共产党成立90周年座谈会，回顾农工党与中国共产党风雨同舟、患难与共的光辉历程，畅谈中国共产党的丰功伟绩，坚持与中国共产党在思想上同心同德、目标上同心同向、行动上同心同行，努力把农工党老一辈同中国共产党在长期革命建设实践中形成的优良传统和高尚风范一代又一代传承下去。

【召开第九次全体党员大会】 5月28日，在市行政中心隆重召开农工平湖市第九次全体党员大会，嘉兴市人大常委会副主任、农工民主党嘉兴市委会主委金成胜到会祝贺，市委副书记胡水良应邀出席会议并讲话，市委常委、统战部部长姚田宝等领导参加开幕式。全体党员认真听取和审议主委胡跃奇代表总支委员会作的工作报告，大会选举产生新一届领导班子和出席农工民主党嘉兴市第七次代表大会代表，胡跃奇当选为主任委员，方方、汤建萍、富建国为副主任委员。认真做好支部班子换届工作，一批年轻有为的骨干党员进入支部班子，增强了组织的活力。

【修订规章制度健全工作机制】 坚持从实际出发，认真总结工作经验，修改、完善《政治学习制度》、《参政议政制度》等20项规章制度，形成一套符合形势要求、适合自身特点，有利于各项工作开展的新机制，使总支各项工作有章可循,做到全年活动有计划,每次活动有主题,组织活动有制度,重要活动有报道,政治理论学习与履职实践相结合,参政议政与市委市政府中心工作相结合,组织生活与加强自身建设相结合,每月工作安排与执行上级组织的工作部署相结合。加强与政府对口联系部门的联系工作,先后与海盐、嘉善总支开展交流活动。组织女党员开展庆祝妇女节活动,组织老党员参观嘉善县碧云生态农庄等。

【发挥人才优势开展社会服务】 注重发挥党员专业特长,积极探索社会服务工作新思路,每月15日、16日组织医卫专家为中共当湖街道直属总支党员开展医疗服务。年初与兄弟党派联合到老年公寓举行"冬暖晚晴"慰问活动。参加市政协"走入群众,服务民生"界别活动周仪式并开展现场义诊、法律咨询和传染病防控、预防接种等咨询活动,还多次组织到社区开展服务活动。

【信息宣传工作成效显著】 努力办好《平湖农工》,积极向上级组织和新闻媒体投稿,每次重要活动通过电视台、报社作新闻报道,《一次义诊结下的深情》等多篇文章刊登在《浙江农工》、《嘉兴日报·平湖版》以及《南湖晚报》等报刊杂志上,展示农工党党员岗位建功、服务社会的成绩,扩大了总支的影响。

【本职岗位建功立业】 一年来,党员们积极开展学术研究,申请了8项专利,发表论文13篇,开展课题研究12项,发表文艺作品15本。1名党员被列为平湖市卫生系统学科带头人,2名党员被列为平湖市卫生系统后备学科带头人,1名党员被评为"嘉兴市基层名中医",1名党员被评为"嘉兴市优秀教师",1名党员晋升主任医师,2名党员晋升"副主任技师",1名党员获得浙江大学公共卫生硕士学位。(胡跃奇)

•平湖市工商业联合会(总商会)•

【贯彻落实中发〔2010〕16号文件精神】 2011年,平湖市工商联(总商会)认真贯彻落实中发〔2010〕16号《中共中央、国务院关于加强和改进新形势下工商联工作的意见》,浙江省、嘉兴市实施意见及工商联工作会议精神,全面实施省工商联"223工作计划",围绕市工商联(总商会)班子换届、行业协会商会组建与规范化建设、服务民企转型提升、总商会大厦建设等方面开展工作,取得显著成绩。市委常委会于3月4日、11月7日两次听取工商联工作汇报,帮助工商联解决工作中存在的困难和问题,明确工商联为全市经济类行业协会业务主管单位。11月,市编委同意工商联增设行业协会管理科,履行行业协会商会管理和服务职能,增配股级领导职数1名。年内市工商联指导成立了市紧固件行业协会、物业服务行业协会。市工商联换届时,一些重要行业协会负责人均安排为新一届工商联执委、常委、副主席(副会长)。当年,市工商联获全省工商联系统先进单位和宣传工作创新奖,嘉兴市工商联、总商会系统优秀集体,撰写的《平湖市中小企业综合性调研情况报告》获2010-2011年度全省工商联系统优秀调研成果三等奖。

【实施企业家素质提升工程】 一、做好思想政治教育工作。开展社会主义核心价值体系教育、形势政策宣传教育、学习实践科学发展观和"发展强、党建强"等内容的主题教育活动;组织企业参加统一战线纪念建党90周年、辛亥革命100周年系列活动;与结对的新埭镇杨庄浜村商会开展主题为"规范企业用工、构建和谐劳动关系、努力贯彻实施《社会保险法》”的城乡基层党组织共建活动。二、开展非公经济人士综合评价工作。坚持“凡进必评”原则，把综合评价作为推荐非公有制经济人士担任人大代表、政协委员和工商联执委、常委等的必经程序，作为优秀中国特色社会主义事业建设者等评比表彰的基本依据，配合统战部对新作政治安排的130名企业家开展综合评价，完成信息采集，建立数据库。三、配合统战部做好第四届优秀社会主义事业建设者评选活动，评出9名平湖市第四届优秀社会主义建设者，在全市三级干部大会上给予表彰，3名非公经济代表人士获嘉兴市第四届优秀社会主义事业建设者称号。开展“抓典型、树典型、学典型”活动，向上级工商联上报6名典型人物的先进事迹。四、组织教育培训。举办第二期《生产经理科学管理实战研修班》，与组织部等部门联合在浙江大学举办全市非公企业“发展强、党建强”专题研修班，组织企业家赴中央社会主义学院、香港理工大学培训，举办《最新工伤事故处理实务与企业用工成本控制技巧》、新《工伤保险条例》等培训和提升企业经营管理大型论坛，全年各类培训共参训3200多人次。编印宣传册《转型升级 奋发超越——平湖民企在科学发展的道路上越走越宽广》、《开拓创新谱新篇》，宣传优秀典型经验，发挥示范带动效应。

【引导非公企业投身光彩事业】 市、镇（街道）两级商会组织民营企业参与社会公益事业。据初步统计，全市民营企业结对贫困家庭学生、农村贫困户等900多人，助医助学88.02万元。发动企业家参与“义行天下·浙商感恩行动”和“送温暖”惠民活动，全年共走访慰问困难群众731户，发放慰问金54万元。围绕统筹城乡综合发展，以“双百结对、共创文明”活动为载体，引导非公有制企业积极参与美丽乡村建设，共捐资375.8万元。参与西部开发，景兴纸业入户四川广元川浙产业合作园的四川景特彩8000万平方米纸品纸箱项目建成投产，总投资2.4亿元。

【协调构建和谐劳动关系】 配合党委、政府中心工作，积极协调劳动关系。年内，获省级劳动关系和谐企业5家，嘉兴市级35家，平湖市级731家。4月，全国构建和谐劳动关系调研组到平调研，对平湖市构建和谐劳动关系工作给予肯定。

【实施组织网络拓展工程】 一、加强会员队伍建设。全市21家经济类行业协会吸收为总商会团体会员，会员数由2010年底的1015家增至1118家。二、完成工商联换届工作。经协商推荐产生第八次会员代表大会代表284名，11月26日召开市工商联（总商会）第八次会员代表大会，选举产生第八届执委108名、常委54名、正副主席19名、正副会长29名，浙江景兴纸业董事长朱在龙任主席（会长）。三、履行社会团体业务主管单位职责。市工商联在市政协会议上提出“进一步加快行业协会商会改革步伐，加强行业诚信自律建设 促进社会和谐发展”的集体提案，市政协与市政府专门召开提案协办会，为工商联工作营造良好的氛围。四、加强基层组织建设。指导镇（街道）商会完成注册登记工作，使之成为社团法人，年内还与审计局联合开展对全市基层商会的财务审计。修订完善2011年基层商会工作考核办法，定期召开基层商会秘书长例会，按照《嘉兴市工商联关于开展镇、街道商会工作评价的通知》要求，抓好基层商会规范化建设，在《嘉兴日报·平湖版》开辟《今日商会》专栏，展示基层商会工作亮点。年末止，全市有7个基层商会被评为嘉兴市工商联（总商会）系统先进基层商会，经与民政部门联合评估，当湖、乍浦、新埭3个商会被评为4A级社团,新仓、广陈、经济开发区、曹桥4个商会被评为3A级社团。探索村级商会组建工作,在镇(街道)商会下设村级分会,年内已建7个村级商会。五、加强异地商会建设和业务指导。平湖市温州商会自成立以来,充分发挥自身的作用和优势,在做好会员服务工作的同时,积极参与平湖的经济建设、招商引资和社会公益事业,为平湖经济社会发展作出了贡献,2010年被民政部门评为4A级社团,受到表彰。2011年底,该商会会员已有182家,占地28.9亩的温州商会大厦于2010年10月开工建设。六、推进商会大厦项目建设。平湖市总商会大厦于12月8日奠基开工。大厦用地33278平方米,地面建筑135000平方米,地下建筑55175.7平方米,由每幢地面25层、地下3层的4幢商务楼组成,投资概算6亿元,由全市71家民营企业投资参建。大厦功能定位为集企业商务培训中心、产品展示中心、创新研发中心及相关公共服务功能为一体的综合性商务中心,建成后将成为平湖南市新区标志性建筑。

【提高参政议政品位】 一、加强参政议政平台建设。"两会"前夕,组织会员中的人大代表、工商联界别政协委员开展调研,撰写提案、议案;市"两会"期间,提供政协大会发言1篇、集体提案2件、个人提案35件,人大代表议案建议43件。二、加大调查研究工作力度。围绕党委政府中心工作和经济社会发展的热点问题,特别是非公有制经济的发展问题,结合上级工商联调研课题,深入基层商会、企业调查研究,形成《平湖市中小企业综合性调研情况报告》、《进一步加快行业协会商会改革步伐 加强行业诚信自律建设 促进社会和谐发展》、《发挥助手作用 服务企业经营者 建和谐劳动关系》、《关于象山县基层商会成立互助资金会经验的学习考察情况报告》等4篇调查报告,供党委、政府决策参考。三、畅通建言献策信息渠道。继续深入开展"中小企业百家服务行"活动,走访企业,了解用工、用电和经营情况,及时上报《关于频繁限电影响中小企业正常生产造成经济损失的情况专报》、《平湖童车产业近期受蓄电池产业停产整治和关停影响严重的情况专报》,受到市委、市政府重视。组织开展工商联界别政协委员活动,围绕"调结构、促转型、抢发展"的主题开展研讨;组织商会代表参加市政协专题议政会课题协商,提出意见和建议。及时、准确地完成上级工商联上规模民营企业、光彩事业、中小企业等调研的报表统计和上报工作。加强信息工作,全年出刊《平湖商会》6期,向省、嘉兴市工商联报送信息200多条。做好市工商联(总商会)网站的日常维护、信息上传更新等工作,上传信息1000多条。

【践行服务立会理念】 市工商联帮企业所需,全方位做好服务工作。一、融资服务。积极推动银企对接,加强与金融机构的联系,邀请银行与镇(街道)商会、村级商会、行业协会开展银会、银企对接活动,年内共签订授信协议12.613亿元。引导会员企业抱团发展,组建小额贷款公司,拓展民间融资渠道,缓解中小企业融资困难。以民营企业为主发起人的康泰、安信小额贷款公司,成立以来累计已为全市中小企业提供贷款20亿元。二、人才服务。3月,市工商联、妇联和劳动保障局联合开展第七届"架金桥、求发展、促和谐"女性就业专场洽谈会,免费为企业提供招工场地,有63家企业进场洽谈。各基层商会组织企业与劳动力相对富余地区职业技术学校对接,定向培训,并组织会员企业参加省内外各类人才招聘会,广揽人才。三、信息服务。与国税、科技等部门联合举办各类宣传咨询会,为企业老总及财务主管作企业所得税汇算清缴、高新技术企业申报、科技研发费税前列支等政策辅导。组织企业参加广交会、2011 商会大会暨商会博览会、中国国际工业博览会等经贸洽谈、展销活动。市工商联通过搭建手机短信平台,向会员企业发送经贸服务短信 5000 多条。四、法律维权服务。与司法部门联合开展“送法律服务进企业”法律咨询活动,印发《企业经营管理法律风险提示与建议(二)》宣传册 600 册。开展“诚信守法示范企业”评定工作,对首批申报的 14 家企业进行考核表彰,其中新秀集团和依爱夫纺织有限公司被评为嘉兴市“诚信守法示范企业”。与审计局联合推进民营企业内部审计工作。五、外联服务。与国外商会组织、工商社团、企业和驻华商务机构加强联系与合作,为企业实施“走出去”发展战略服务。市、镇(街道)两级商会分别组织 70 余家会员企业赴澳大利亚、新西兰、加拿大、欧、美、韩国考察 6 次;组织 340 余家会员企业赴重庆、湖南、云南、福建、内蒙古等省(市、区)学习考察 13 次;接待境外工商社团和企业 3 批 18 人次,接待国内各级商会领导、会员企业 15 批 100 余人次。组织基层商会秘书长赴宁波象山学习组建基层商会互助资金会经验。

(王春玲)

主要群众团体

•平湖市总工会•

【概况】 截至2011年底,全市共有24个系统(局)工会,8个镇(街道)总工会,15个市直属工会,4个行业工会联合会。全市机关、企事业单位5164家,职工267945人,已建工会4909家,会员245617人,工会组建率为95%,入会率92%。2011年,市总工会被评为全国"五五"普法工作先进单位,市总工会职工学校被命名为"2011年度全国职工教育优秀示范点",市总工会获省"安康杯"竞赛活动优胜组织单位、嘉兴市务工新居民加入工会工作先进单位、平湖市工作目标绩效考核良好部门、市双拥工作先进单位、市信访工作先进集体、创建国家卫生城市工作良好单位、平湖市对外宣传报道奖, 2011·中国平湖西瓜灯文化节特别贡献奖。

【劳动竞赛】 2011年,市总工会开展"当好主力军、建功'十二五'"主题劳动竞赛活动,出台《平湖市劳动竞赛五年规划》,举办第七届职工职业技能大赛,全市830多家企业组织职工开展各类岗位竞赛。围绕创建国家卫生城市目标,在职工中开展"我为节能减排作贡献"活动,组织引导广大职工为建设生态文明城市、发展循环经济、低碳经济作贡献。加大先进典型的选树和表彰力度,命名表彰10个平湖市"工人先锋号"、10名平湖市"杰出职工"、6名平湖市第七届职工职业技能大赛"技能之星",聘任9人为平湖市第三届职业技能带头人。市农村合作银行当湖支行女职委获浙江省"五一巾帼标兵岗",平湖市畜牧兽医站范夫获嘉兴市"杰出职工",晨光电缆有限公司岳振国获嘉兴市优秀职工,嘉兴银行平湖支行营业部、平湖市公安局出入境管理大队获嘉兴市"工人先锋号"。嘉兴永成制衣有限公司刘建英获"全国五一劳动奖章"称号。深化"安康杯"竞赛活动,评选和表彰11家企业和19名"安康杯"竞赛活动优胜企业和先进个人,4个优秀组织单位,嘉兴广越制衣有限公司和浙江华城实业投资集团有限公司分别被评为省"安康杯"竞赛活动优胜企业和示范企业。

【创建劳动关系和谐企业】 召开工会与人大联席会议、工会与政府联席会议,完善劳动关系三方协商机制。深入推进劳动关系和谐企业创建活动,以中小非公企业为重点,全面推进和谐企业与和谐园区创建工作,全市劳动关系和谐企业创建面达85%以上。宣传创建工作中取得的成效,营造创建工作良好氛围,命名表彰19家平湖市创建和谐劳动关系示范企业,40家平湖市创建和谐劳动关系标兵企业。出台《关于进一步推进工资集体协商深入开展和谐企业创建工作的意见》,成立平湖市企业工资集体协商推进工作督查组,组织开展工资集体协商推进月活动。截至2011年底,全市签订工资集体协商专项协议1585份,覆盖企业2245家,占全市建会企业总数2324家的96.6%。

【落实"两个普遍"工作】 按照上级工会"双措并举、二次覆盖"的工作要求,努力拓展工会组织覆盖领域。在组建工作举措上,采取"三建三管"办法,一是源头建,跟踪管。按照"党建带动工建"思路和《关于做好务工流动人口加入工会工作的通知》精神,把分散在新农村、新社区小企业的农民工组织起来,实行农民工会员会籍“一卡制”管理。二是行业建,系统管。在平湖农民工较为集中的特色行业,建立行业工会或工会联合会,把同行业的农民工组织好、管理好、服务好。三是区域建,属地管。把工会组织下延到工业园区、新市镇、新社区、集贸市场和施工工地,实行属地管理。加强镇(街道)、村(社区)、企业“小三级”工会建设,完成嘉兴市总工会下达的组建任务,全市工会组建率达95%、职工入会率达92%。认真做好镇(街道)总工会换届工作。

【扶贫帮困工作】 加强市总工会职工维权帮扶中心和维权帮扶窗口建设,加强对困难职工的日常帮扶救助,全年共实施临时救助54人(户)次,发放救助款5.5万元;春节期间,市总工会组织走访慰问劳模、困难职工家庭90户,发放救助款10多万元,其中大病救助7户,各基层工会慰问职工近万人次,发放慰问品折合人民币50多万元。完善困难职工救助档案,新建困难职工档案90户,特困职工档案10户,累计建立市级困难职工档案685户(全部录入全总帮扶管理系统)。组织举办“春风行动”专场招聘会,112家企业提供岗位2887个,应聘人员1200多人。调整充实职工法律援助站机构人员和工会法律援助信息员队伍,加强工会维权热线“12351”管理。

【基层民主建设】 推行以职工代表大会为基本形式的企事业单位民主管理制度,并列入市委、市政府反腐倡廉建设重点工作。定期召开市推行厂务公开民主管理工作领导小组成员单位会议,听取厂务公开民主管理工作汇报。出台《2011年平湖市厂务公开民主管理和反腐倡廉建设重点工作责任分工实施方案》、《2011年平湖市厂务公开民主管理工作要点》、《关于深入推进厂务公开民主管理工作联系点制度的通知》等文件,积极推进厂务公开民主管理工作。进一步深化“五个一”活动,更好地保障职工的知情权、参与权、表达权和监督权。截至2011年底,全市职代会和厂务公开建制率均达85%,其中规模以上企业达到100%。

【中国共产党成立90周年红歌会】 6月27日,平湖市庆祝中国共产党成立90周年红歌会在市体育馆举行,平湖市老干部合唱团、新居民合唱团、村干部合唱团等10个合唱团和3个方阵的3000余名干部职工参加演出。整个红歌会分红船启航、红星闪耀、红旗飘扬、红歌嘹亮4个篇章,分别对应不同时期中国共产党带领中国人民艰苦奋斗的场景。

【职工教育文化】 加强市总工会职校、工人文化宫主阵地建设。全市全年各级工会举办农民工上岗培训班112期,培训职工近万人,其中:214人获得初级以上职业资格证书,90%以上培训合格后走上工作岗位。组织好以“五一”为重点的重大节庆活动:春节举办迎春全市职工趣味运动会,“五一”举办全市职工情景歌舞诗汇演,选派代表队参加嘉兴市“电力杯”红船颂职工歌咏大赛并获金奖,在全市广大职工中开展“颂红船、展风采,学规划、比贡献”读书学习征文活动,组织3000余名职工参加“铁人杯”全国工会知识竞赛活动。五一前夕,在市“二台一报”开辟专题专栏,宣传劳模先进、职业技能之星的创业创新事迹。加强工会宣传和对外信息交流,60多篇稿件分别在《工人日报》、《中国工运》等省、国家级刊物刊登,4篇信息分别被省政府办公厅、嘉兴市政府录用。

【创先争优】 以机关作风建设暨执行力建设为抓手,出台《平湖市总工会关于开展机关作风建设暨执行力建设活动的实施意见》、《2011年创先争优活动工作要点》,加强自身建设,组织引导机关干部在服务"三年"活动、推进"十大工程"和创建国家卫生城市中创先争优。巩固完善"五联工作责任"制度和"四考核"机制,市总工会挂钩联系新仓镇和建国门社区,3名领导分别挂钩大利、秦沙、中华3个村和芦川花苑社区、新仓镇幼儿园,并抽调机关干部担任新仓镇秦沙村、双红村农村工作指导员,全年共走访慰问挂钩联系优抚对象、贫困学生、老党员、劳动模范45人次。 (查伟豪)

•共青团平湖市委员会•

【概况】 2011年,团市委在平湖市委及上级团组织的领导下,认真学习贯彻党的十七大及历次全会精神,贯彻落实团省委第十三次代表大会精神,围绕中心,创先争优,引领广大团员青年开拓创新、建功立业,为推动平湖经济社会科学发展发挥作用。年末,全市有基层团委62个(团工委2个),团总支33个,团支部825个。

【青少年思想教育工作】 抓住纪念建党90周年,唱响主旋律,组织开展各类理想信念教育。开展纪念建党90周年系列活动。根据团省委"学党史、知党情、跟党走"主题教育活动总要求,深入学习胡锦涛总书记"七一"重要讲话精神,开展纪念建党90周年系列活动,举办"青春献礼·红心向党"文艺汇演、"唱颂红色经典·共庆九十华诞"主题红歌会、"学党史、知党恩、做党的好孩子"及"红领巾心向党、四好少年我争当"等活动,引导青少年坚定跟党走的理想信念。根据市委宣传部有关要求,开展"六个一"活动,在全市团员青少年中广泛开展学习弘扬践行李叔同人格精神活动。

【各类主题实践活动】 引导青少年投身"十二五"规划宏伟蓝图,举办"与祖国共奋进,与浙江同发展"形势政策宣讲平湖农村青年专场活动。联合有关部门举办"爱党爱祖国爱家乡"平湖市少儿故事大王比赛、"我是国土小卫士"国土知识进校园活动、平湖市自强不息好少年评选活动等,引导青少年从小树立爱国爱家乡的自觉性。

【少先队工作】 召开中国少年先锋队平湖市第九次代表大会,选举产生新一届少工委班子,明确今后3年的目标任务。聘请市总辅导员、校外总辅导员和少先队工作顾问,提高少先队工作合力。根据团浙联〔2011〕76号文件精神要求,专题对少先队工作进行督导调研。在市中队活动公开展示课的基础上创新方式,开展大队活动公开展示课。成立平湖市少先队队校,举办雏鹰干部培训班。

【服务青年就业创业】 助推青年创业。与农办和新埭镇政府合作,举办首届平湖市农村青年创业项目设计大赛,给予创业青年资金、人才、技术、土地方面的支持,促进青年投身农业、积极创业。大赛共吸引71名农村青年、46个项目参加,评选出15个优秀项目。从评选出的优秀项目中挑选部分项目落户平湖市农村青年创业示范园。深化与各银行合作,抓好小额贷款工作,为124名创业青年提供860多万元小额贷款,带动就业人数934人。完善青年就业平台建设。联合市劳动和社会保障局举办第三届青年专场招聘会,62家企业(单位)提供1029个岗位。抓好青年就业培训,共开展进城青年农民工"订单式"技能培训5期,发动160人次参加,上岗40多人;开展农村青年培训783人次,实现就业112人;新增青年就业创业见习基地24个,新增见习岗位180个,实现就业279人。

【青年文明号创建活动】 集中开展"青年文明

号”创先争优活动，通过亮身份、亮承诺等方式增强青年的服务意识。2011 年新增嘉兴市级“青年文明号”3 个，争创岗 6 个，新增平湖市级“青年文明号”12 个，争创岗 19 个。继续抓好“青年岗位能手”评选活动，3 人被评为嘉兴市级“青年岗位能手”，30 人被评为平湖市级“青年岗位能手”。

【低收入家庭子女帮扶】 整合各方资源，做好低收入农户子女结对工作，全市低收入农户子女结对率达到 92.7%。发动市青联、“青年文明号”集体等开展结对助学活动。继续开展“爱心岗位助成长”活动，共为 17 名贫困家庭大学生提供 17 个暑期实践岗位。开展“倡导全民阅读、送关爱进校园”正版图书普及惠民助学活动，共向全市贫困家庭学生捐赠价值 1 万余元的图书工具。加大节假日的走访慰问，帮助协调解决有关问题和困难。

【未成年人保护工作】 定期召开未保委工作会议，集中开展未保法宣传月活动，加强未成年人保护。抓好各级“青少年维权岗”创建工作，全年新增平湖市级“青少年维权岗”6 个。提升 12355“阳光小屋”工作职能，成立平湖市“阳光小屋”青少年成长服务中心，全年共接电、接访 70 余人次，多次为社区矫正未成年人进行心理辅导，举办心理讲座 5 场。

【关爱青少年活动】 组织开展暑期青少年安全自护志愿服务活动，来自浙江外国语学院的 11 名志愿者为全市各镇（街道）的青少年学生送去 8 堂暑期安全自护课程。暑假期间，开辟名媛时代广场（平湖）少儿游乐城，为青少年快乐欢度暑假提供优良环境。举办 2011 中国·平湖西瓜灯文化节“欢乐平湖”系列活动之赛瓜事活动、平湖市第五届青年乒乓球赛、“世界读书日”专题讲座、第七届阳光少年才艺大赛、少儿棋类大赛等多项活动，丰富青少年文化生活。

【志愿者工作】 围绕“五城同创”，开展“三千三百”志愿服务活动（三千：千名志愿者文明劝导、千名志愿者创卫活动、千名低收入农户子女志愿结对帮扶；三百：百分百在校农民工子女实现结对、百分百闲散未成年人实现结对帮教、百分百村（社区）成立平安志愿者服务队）。一是服务创卫等中心工作。围绕创建国家卫生城市和省级文明示范城市，开展文明劝导、千名志愿者服务创卫活动，共开展 93 场文明劝导活动，1116 人次志愿者参与。开展以“小手拉大手·齐心共创卫”为主题的红领巾创卫宣传教育系列活动、“创建国家卫生城市、共建平湖美好家园”创卫公益行系列活动，共 1 万多人次志愿者参与，累计发放各类宣传资料 5 万多份。助推美丽乡村建设，联合市环保局开展主题为“低碳知识进农村 共建美丽新乡村”环保宣传教育活动。二是服务大型活动。西瓜灯文化节期间，组织 200 余名志愿者参与焰火晚会安全保卫、秩序维护工作。倡导低碳绿色出行，组织 200 多名志愿者开展宣传和“无车日”交通管制文明劝导活动。三是服务群众民生。开展“3·5”学雷锋大型广场便民志愿服务活动、“全国助残日”暨志愿助残阳光行动、“三老”场所专项整治、“12·5”国际志愿者日广场便民服务活动，共 1000 多人次参与。

【“两新”组织团建】 在新经济组织团建方面，新增非公企业团组织 100 个，列嘉兴五县两区第一位，覆盖企业 100 家；在新社会组织团建方面，新增团组织 10 家，当湖街道汇银大厦团总支成为平湖市首个楼宇团组织；建立驻外团工委 3 家。为巩固“两新”组织建团基础，出台《关于进一步推进全市非公企业团组织规范化建设的通知》，加强典型引导，评选出新秀集团等“两新”组织团建典型 10 家。7 月 22 日，嘉兴市“两新”组织党建带团建工作推进会在平湖市召开，提高了平湖市团建工作影响力。

【团建活力进一步提升】 在全市各级团组织和广大团员中深入开展创先争优活动,坚持党建带团建,推进区域共青团整体化建设。联合市委组织部出台实施意见,全市所有村级团组织通过直选方式完成换届。开展镇(街道)团组织格局创新工作,扩充团干部队伍,增强团组织的凝聚力和影响力。开展第二届"村村都有好青年"评选活动,评选出90位好青年。继续深化"双建双创"和"一团一品"创建活动。加强对团干部的培训,以"明德至善、青年为先"为题,举办青年干部论坛,提高团干部工作能力。

【信息宣传工作】 编辑《平湖青年》杂志4期,出刊《平湖团情》2期,抓好网站信息管理和维护工作,开通少先队微博。2011年,共有22篇信息被团中央录用、158篇信息被团省委录用、168篇信息被嘉兴团市委录用,名列嘉兴全市首位。

【市青少年宫建设】 加强对市青少年宫的管理,充分发挥青少年宫校外教育主阵地的作用和优势,进一步完善宫内各项规章制度。全年共培训学员近12000人次,组织开展全市性公益活动11次,开展流动青少年宫活动11次,学员获得嘉兴市级以上荣誉122人次。

(胡晓蕾)

•平湖市妇女联合会•

【概况】 平湖市妇联下属8个镇(街道)妇联和21个直属系统妇委会,1个社会团体,1个事业单位。2011年,市妇联以科学发展观为统领,围绕党政工作中心,深入实施妇女素质提升、巾帼创业创新、家庭文明建设、妇女儿童权益保障、固本强基五项行动,妇女运动和妇女各项事业蓬勃发展。2011年,市妇联获省"平安家庭"创建活动先进集体、嘉兴市妇女儿童工作先进集体、嘉兴市妇联系统信息工作先进集体、平湖市"五五"普法先进集体。

【创办平湖市和谐家庭社工事务所】 市妇联在嘉兴五县两区中率先着手创办非营利性质的民办非企业单位——平湖市和谐家庭社工事务所。经过人员招聘、选址、运作筹划等一系列筹备工作,于11月正式成立。社工事务所以服务社会、服务妇女和服务家庭为工作理念,为家庭提供法律帮助、心理辅导、亲子教育、就业帮扶等服务,更好地发挥妇联在参与和创新社会管理中的作用。此项工作被嘉兴市妇联评为2011年度妇女工作创新奖。

【举行"母亲援助工程"回头看暨新一轮启动仪式】 5月,市妇联举行"母亲援助工程"回头看暨新一轮启动仪式。启动仪式上,为8名受援母亲赠送了书籍、各类蔬菜种子等价值16000元的物资,建设、供电、农经、工商等部门和8名受援母亲建立了援助关系。自2009年在全市开展"母亲援助工程"活动以来,累计向46名受援母亲发放援助资金及各类物资价值12万多元,开展技术帮扶106次,累计参加各类技术、创业培训89人次。通过"四送"即送物资、送项目、送技术、送岗位等举措,扶助贫困、残疾、自强母亲们改善生存和发展环境,增强生活的信心和希望。

【开展建党90周年系列活动】 全市妇联系统开展三大系列活动为建党90周年献礼。一是开展红色主题宣传教育系列活动。举办平湖市"幸福家庭·美丽城乡"女性摄影大赛、开展"红歌大家唱"活动和"回顾党的光辉历程"专题宣传活动。二是开展"童心向党"才艺展示系列活动。根据儿童特点,开展形式多样、丰富多彩的"童心向党"才艺展示活动,注重在活动中融入红色文化,让孩子们接受革命传统教育,增强孩子们爱家、爱党、爱国、爱社会主义的情感。

三是开展“真情关爱”爱心互助系列活动。组织农技专家走访“母亲援助工程”受援对象、组织市直机关部分女干部参观爱国主义教育基地——市档案馆“魅力平湖”展，走访慰问平湖市女党员合唱队，联合团市委和市科协举办党史专题报告会，召开妇联机关纪念建党90周年座谈会等。

【巾帼建功20周年系列活动】 抓住巾帼建功20周年契机，举办“创先争优，共促和谐，行业巾帼展风采”DV大赛、有奖征文比赛、“巾帼创新功 岗位争优秀”主题演讲比赛等系列活动，得到各级妇女组织和广大巾帼文明岗的积极响应。不断深化“巾帼文明岗”创建活动，2011年成功申报并创建浙江省巾帼文明岗2个，嘉兴市级巾帼文明岗8个。开展平湖市“十佳巾帼建功标兵”评选活动，展示各行各业女性岗位建功的巾帼风采。2011年，全市获省级“巾帼建功标兵”称号1人，嘉兴市级“巾帼建功标兵”称号1人，嘉兴市十佳“双学双比”女能手称号1人。平湖市金稼园农业科技有限公司被评为嘉兴市十佳“双学双比”示范基地，平湖市阿奴杜瓜子专业合作社、平湖市巾帼蘑菇产业园专业合作社被评为嘉兴市“十佳巾帼专业合作社”。

【举办平湖市第三届“邻居节”】 9月，市妇联联合市委宣传部、文明办举办平湖市第三届“邻居节”，通过开展以“邻里亲情，靓丽家园”为主题的邻里系列活动，进一步弘扬社会公德和家庭美德，引导居民成为和谐社会的实践者。“邻居节”期间，开展“万户家庭学礼仪”、“十佳邻里之星”评选、“低碳达人，时尚家庭”游园会、社区家庭才艺表演等多项活动。同时，各镇(街道)也纷纷推出镇(街道)、村(社区)邻居节，开展丰富多彩的互动性邻里活动。

【启动万户家庭学礼仪活动】 9月19日，由市委宣传部、市文明办、市妇联主办的平湖市“万户家庭学礼仪”活动启动仪式在当湖街道百花社区举行。“万户家庭学礼仪”行动分三个阶段实施，第一阶段，从2011年10月至2011年12月底，以“知礼仪，做文明人”为主题，以普及礼仪知识为重点，对活动进行深入宣传，使活动家喻户晓；第二阶段，从2012年1月至2012年12月底，以“行礼仪，办文明事”为主题；第三阶段，从2013年1月至2013年12月底，以“享礼仪，开文明花”为主题。

【百花社区和花园新村被评为全国妇联基层组织建设示范村(社区)】 2011年，全市各级妇联组织积极开展党群共建创先争优活动，推进村(社区)妇女之家建设，开拓创新，固本强基，创造性地开展示范创建活动，在镇(街道)和村(社区)涌现出一批先进典型。其中，当湖街道百花社区和平湖经济开发区(钟埭街道)花园村被评为第二批全国妇联基层组织建设示范村(社区)。

【成立首个农业专业合作社妇代会】 3月，平湖市三丰果蔬专业合作社妇代会正式成立，这是平湖市成立的首个农业专业合作社妇代会。平湖三丰果蔬专业合作社位于新埭镇姚浜村，创办于2010年，是一家专业从事水果、蔬菜等农产品种植、销售的农业专业合作社，有社员200余人，其中女社员33人。针对女社员普遍年龄较大、文化较低的实际，在当地妇联的大力帮助下，大胆创新，实施“合作社+妇代会”管理模式，组建合作社妇代会，隶属于新埭镇姚浜村妇联管辖。农业专业合作社妇代会的成立，扩大了妇女工作在新社会组织中的覆盖面，能进一步发挥妇联组织在专业合作社中的积极作用。

(曹　越)

•平湖市科学技术协会•

【概况】 2011年，市科学技术协会(以下简称市科协)下属有9个镇(街道)科协,32个市级学(协)会,13个企业科协。市科协在市委、市政府正确领导和上级科协的精心指导下,组织团结广大科技工作者,围绕市中心工作,坚持"三服务一加强"的工作定位,推动自主创新,提升科学素质,科普工作迈上新台阶。2011年,平湖市创建成为全国科普示范市,市科协被评为全国科普日活动优秀组织单位、嘉兴市科协目标责任制考核优秀单位。

【创建成为全国科普示范市】 根据中国科协《关于命名2011—2015年度全国科普示范县(市、区)的决定》,平湖市被正式命名为2011—2015年度全国科普示范市。一是领导重视,创建氛围浓厚。市委、市政府高度重视科普示范创建工作,从2006年实施《行动计划》开始,进行科普基地建设、科普画廊(宣传栏)制作等硬件设施方面的准备工作。结合平湖实际,成立创建工作领导小组,安排专项创建经费,通过广播、电视、报纸等宣传媒体和科普电子显示屏等宣传工具,加大科普宣传力度,营造创建氛围,提高市民知晓度,形成创建工作的强大合力。二是五大重点人群的科学素质行动扎实推进。在认真总结"十一五"《行动计划》实施工作的基础上,按照五大重点人群行动方案,进一步明确责任,重点突出、整合科普资源、建设科普平台,航天科普、科普惠农载体等在科协系统具有一定的影响力。针对平湖外来务工人员多的特点,着力推进外来人员科学素质建设,组织开展科普一日游等活动。三是创建工作成为科普工作的有力推手。科普示范市的创建,对平湖市科学素质工作各个方面都是一次检验和提高。科普活动中心主体工程建设基本完成,建成嘉兴市首家"平湖市防灾减灾科普教育基地"。科普宣传手段多样化,群众性科普活动广泛开展,科普示范体系日趋完善,全市村(社区)科普画廊(宣传栏)实现全覆盖。

【精心谋划《平湖市公众科学素质行动计划(2011—2015)》】 一是认真总结。"十一五"期间平湖市认真实施《行动计划》,教育培训与科普活动广泛开展,科普设施不断发展,科普资源逐步丰富,大众传媒科技传播能力显著增强,科学素质服务能力得到较大提升,公众提高自身科学素质的机会与途径明显增多。科普工作保障措施得到进一步落实,健全"科普工作联席会议"制度,形成齐抓共管的工作格局,联合协作的大科普工作机制初步建立。打造一批有影响、有特色的品牌项目,科普工作逐步纳入法制化轨道。2009年调查数据显示,平湖市公民具备基本科学素质的比例达到3.82%,较2005年提高1.51个百分点,提前实现"十一五"时期3%的目标。二是反复讨论。在总结、归纳好"十一五"各项成功经验的基础上,认真履行公众科学素质工作领导小组办公室职责,以实施《行动计划》为抓手,以服务党和政府中心工作为己任,围绕公众科学素质建设目标,加强统筹协调,召开全市公众科学素质行动计划实施工作会议和公众科学素质行动"十二五"规划研讨会,广泛征求意见,做好"十二五"公众科学素质工作规划的编制工作。三是公布实施。《平湖市公众科学素质行动计划(2011—2015年)》(征求意见稿)形成后,对照全国、省和嘉兴市的规划内容,进行修改、补充。并向公众科学素质工作领导小组成员单位和广大科技工作者充分征求意见,经市政府常务会议讨论通过,公布实施。

【科普主题活动贴近公众】 以"节约能源资源、保护生态环境、保障安全健康、促进创新创造"为主题,各成员单位积极组织动员广大科技工作者,围绕五大重点人群,以科技(科普)活动周和全国科普日为契机,在全市举办百场科普活动,共发放科技资料8万多份,展出科普图版390块,播放科普电影35场次,举办科技讲座报告43场,受益群众近15万人次。一是动员充分。科普活动周、全国科普日活动全面展开。2011科技(科普)活动周开幕式暨平湖市防灾减灾科普教育基地揭牌仪式在平师附小举行,中国工程院院士张履谦等航天专家出席仪式。全国科普日活动开幕式暨“节约保护水资源、建设生态金平湖”科普系列活动启动仪式在广陈天纯自来水有限公司举行,成立平湖市水资源保护科普志愿服务小分队,节水科普志愿者向全体市民发出《共建人水和谐,共创美好家园》的倡议。二是主题鲜明。科普活动紧紧结合平湖实际,围绕民生,关注水资源。在全市组织开展水资源保护知识讲座进农村、水资源保护科普集市进社区、水资源保护科普知识进学校等系列共50多项科普宣传活动。制作“节约保护水资源,建设生态金平湖”科普宣传图版,在全市农村、社区和学校展出。全市开展水资源保护科普知识竞赛、科普宣传片播放、科普讲座等系列活动。形成“全民共同参与、节约保护水资源”的良好氛围。三是活动丰富。全市各科协组织结合自身实际,科普活动精彩纷呈。面向全市中小学生开展防灾减灾科普演练,科技创新、模型拼装、电脑机器人比赛,低碳知识培训,环保主题征文和气象科普进校园等活动,中科院老科学家演讲团专家,为中小学生作题为《科普万花筒》和《如何学好物理》的科普专题报告。组织黄姑中学“十佳学生”到北京参加科技夏令营,参观中国运载火箭技术研究院等航天科研单位,感受航天人的精神。邀请浙江工商大学教授、浙商文化研究所所长韩永学作企业文化建设报告。邀请中国科学院地球物理研究所研究员徐文耀为机关公务员作“空间时代人类面临的新的环境问题”讲座。组织科技干部培训班和招才引智干部培训班,进行科技政策、科技人才管理、人才招聘政策等培训。

【“金平湖讲坛”助力创业创新】 根据《关于建立“金平湖讲坛”推行干部自主选学的实施意见》的要求,创新方法,提升公务员和领导干部的科学素质,与市委组织部、市人事局、市委党校组织2期“金平湖讲坛”。邀请浙江盘石信息技术有限公司董事长兼首席执行官、浙江省十大杰出青年田宁作《发挥科技引领推进创业创新》的专题报告;邀请中国工程院院士、卫生部原副部长、中华预防医学会会长王陇德为全市广大公务员、科技工作者1000余人作《遵循客观规律科学指导保健》专题报告。

【发挥科普宣传平台作用】 科普宣传平台进一步巩固,实现全方位、多渠道的科普宣传格局。经过多次筹划、修改,平湖市科学技术协会网站改版成功,坚持“科普大篷车”栏目每周1期(重播1次)播放知识影片,“科普之窗”专栏每周1期刊登科普知识,“科普之声”重点面向农村每周3次宣传科普知识和科技动态,科普电子屏营造氛围、普及科学知识的作用得到进一步发挥,全年科普画廊(宣传栏)更新内容8期以上,出刊《平湖科普》4期11000册,“百姓科普”手机短信每周一次宣传日常科学小知识,根据读者要求专门结集成册出版《百姓科普短信精选》。科普画廊(宣传栏)实现全覆盖,针对管理中发现的问题,创新举措,在嘉兴市首家与各镇(街道)科协签订《平湖市科普画廊(宣传栏)日常管理、使用和维护责任书》。明确责任分工,明确建设、使用和维护要求,并建立考核机制。组织检查组对各镇(街道)、村宣传栏、社区画廊进行实地明查暗访,加强与村(社区)管理人员交流和沟通,听取管理维护工作的意见,对发现的问题,及时落实整改,建立优秀管理员表彰机制。

【成立平湖市首家院士专家工作站】 按照市委、市政府的工作要求,市科协在充分调研,与企业沟通和省、嘉兴市科协的支持下,在浙江晨光电缆有限公司建立院士专家工作站。由嘉兴市科协、平湖市科协和晨光电缆相关人员组成联络组,前往西安交通大学拜访浙江籍院士邱爱慈和她的团队,寻求深化校企技术合作途径,商讨在企业建立院士专家工作站等相关事宜。在嘉兴市"星耀南湖"精英峰会上,浙江晨光电缆有限公司与邱爱慈正式签约,建立平湖市首家嘉兴级院士专家工作站。

【进一步发挥科技工作者作用】 全年组织各学(协)会围绕新农村教育、科学利用生物质能、森林平湖建设、生态循环农业发展和污水管网建设等内容进行充分调研,共编印《科技工作者建言》10期。开展第六轮优秀科技论文的评审工作,收到参评论文107篇,共评出56篇获奖论文,其中一等奖7篇、二等奖20篇、三等奖29篇,获奖作者112人。积极组织、鼓励、支持科技界政协委员积极参政议政,由科协提交的政协提案《关于加强区域名品牌建设的建议》被列为市政协重点提案。学术交流水平不断提高,各学(协)会大力开展各类学术交流活动,医学会、中医药学会和教育学会分别邀请省知名学者、专家举办学术讲座、报告会,提高会员知识水平和改善知识结构。

【深入开展"双服务"活动】 围绕"服务群众、服务企业、服务发展"这一宗旨,在各镇(街道)开展以"科普惠农、科技助企"为主题的科技创新"双服务"活动。深入农村,在全面推进科普惠农服务站建设的基础上,结合各镇(街道)产业优势,推进服务,创立特色。深入实施"科普惠农兴村计划",继续抓好农函大培训、农民专业技术职称评定等工作,开展科技下乡和科技扶贫活动。充分发挥"科普惠农服务站"作用,强化全市10家科普惠农服务站建设,开展优秀农村科普带头人评选。嘉兴市科普惠农服务站工作交流会在平湖市蘑菇技术协会召开。在企业中,科技人员把自身发展与服务企业相结合。积极开展各类科技创新活动,参与企业关键技术攻关,提供产品开发咨询服务,促进企业技术改造和产品升级。依托企业科协开展"讲、比"竞赛,会同农函大、党员干部远程教育培训等机构,结合企业实际,采取请进来、走出去,集中培训、实际操作等方式,增加培训项目,加大培训力度,为企业培养科技、管理等方面的人才。各涉企学(协)会组织专家和科技人员深入企业调查研究、现场咨询、提供技术服务,帮助企业坚定发展信心,推动建立以企业为主体的自主创新体系。

【实施"金桥工程"项目】 实施"金桥工程",为科技成果的转化应用牵线搭桥。各镇(街道)科协、市级学(协)会、企业科协和有关单位积极组织申报,经"金桥工程"专家组初评,市"金桥工程"领导小组审定,确定47个项目为2011年度平湖市"金桥工程"项目,其中重点项目28个,一般项目19个。项目涉及工业、农业、医学、教育等领域,既有产效明显的经济类项目,又有围绕百姓生活的社会服务类项目。

【加强机关作风和执行力建设】 积极投身"金平湖先锋"创先争优活动,扎实开展机关作风建设暨执行力建设活动,围绕"立说立行、敢抓敢管、创新创优、高质高效"的要求,加强机关干部和工作人员的执行力教育,增强机关党员干部的宗旨意识和纪律观念,提高工作效能和执行能力。开展走访慰问基层共建结对村老党员、困难党员活动。举办《党史》专题报告会,增强党员干部的党性教育,不断促进机关自身建设。加强基层科协、科技工作者的培养,组织参加嘉兴市科协举办的镇(街道)科协秘书长培训班,安排基层科协秘书长到上海世博文化园进行考察和体验。组织科技工作者参加疗休养活动,组织市第二届十佳科技工作者到杭州进行健康体检。积极推优宣优,推荐的陆贾贤获嘉兴市第五届青年科技奖并被评为"南湖百杰"。

(翁秀忠)

·平湖市文学艺术界联合会·

【概况】 2011年,市文联以十七届六中全会精神为指针,坚持"二为"方向和"双百"方针,扎实巩固"浙江省文联系统先进集体"创先成果,顺应形势变化和实践发展的要求,认真履行指导、联络、协调、服务的职能。一是抓学习,抓作风改善。坚持政治学习和业务学习并重。二是开好每季度协会负责人例会,交流工作经验。加强乡镇文联工作,策划、指导乍浦镇于3月成立文联,创刊文联刊物《杭州湾》;召开3次乡镇文联联席会议,为基层文化普及、文艺惠民搭建平台,拓宽工作思路。三是加强机关队伍建设,充分调动干部职工的工作积极性,健全规章制度,注重信息宣传工作,激活内部工作机制。2011年获嘉兴市文联先进个人1名,推荐近10名创作、活动上有突出贡献的同志参评嘉兴市"十佳文艺工作者"、"十佳文化服务志愿者"、"文艺事业贡献奖(个人)"等,评选产生年度先进协会、个人和先进基层文联、个人。积极配合市政府创卫工作,做好责任区内卫生保洁;开展创先争优工作;配合市政协进行文化调研;积极参与"走进基层、服务群众"活动,为基层群众撰写文章、授课宣讲、送春联,并下企业摸底调研,解决有关问题,捐款到挂钩村进行扶贫帮困。全年,各协会发展新会员10余名,加入省级协会10人,加入国家级协(学)会1人。西瓜灯文化节期间,市文联承办仿瓜灯展和"放飞心愿·湖面放灯"活动,获"特别贡献单位"称号。

【文艺活动丰富多彩】 2011年,市文联围绕党和政府的中心工作,开展一系列活动,丰富人民群众的文化艺术生活。3月,市文联配合嘉兴市委组织部等部门与有关单位发动庆祝建党90周年中国电信·天翼3G杯"红船先锋·90年90人90事"创先争优摄影、DV作品大赛;3月至5月,与市政协文教卫体、文史委员会联办"再回首"纪念平湖撤县设市20周年征文大赛;4月至6月,为庆祝中国共产党成立90周年,与市委宣传部、市文体局联合主办全市文艺作品征集活动,征集到全市近50位作者的小说、散文、诗词、曲艺、音乐、书画摄影作品,并将其中优秀作品结集出版《九十韶华日正红》;5月,参与《辉煌平湖——平湖市庆祝建党90周年暨撤县设市20周年大型图版展》"文化建设篇"的拍摄活动;4月至11月,为庆祝中国共产党成立90周年和辛亥革命100周年,与市教育局、浙江东湖教育基金等单位联办"学习平湖先贤"读书活动征文大赛。市文联积极开展横向联系,注重文艺交流。全年,与20多个部门、街道、企业和单位联合举办互惠互利的文艺宣传活动。接待嘉兴市文联组织的第三届"红船颂"全国美术名家赴港区、东湖景区采风创作活动,接待黄亚洲、钟求是、周闰三、汤丽娟、梅新林、翁持更、蔡大中、陈维昭等一批知名文艺界人士。2月,接待长兴、嘉善文联考察组。4月,文联机关人员赴宜兴、长兴文联考察。10月,文联组织协会负责人与部分文艺骨干赴遂昌采风,并派员参加"西南作家笔会"、"山海协作采风行"。

【协会活动精彩纷呈】 市文联及下属各协会发挥文艺优势,围绕全市中心工作,根据艺种特点开展各类活动,主要有:组织书法家协会骨干赴镇(街道)送春联;与市长电话办公室、报社等单位联办"我与市长电话"征文比赛;与市创卫办、文明办等联办"智财杯·我心中的卫生城市"征文大赛;与市妇联联办"幸福家庭·美丽城乡"女性摄影大赛;与义乌市文联、书协举办两地书法联展;邀请著名作家、《江南》杂志副主编钟求是到平作《小说世界的设计方向》文学讲座;邀请复旦大学博导、中国红学会理事陈维昭作《娱乐红学谭》讲座;与市委宣传部、嘉兴市音协联合主办“情满水乡”嘉兴五县二区优秀青年歌手演唱会和研讨活动;作协、摄协与嘉兴港区政治处、乍浦镇文联联办“我看港区这十年”征文比赛、摄影比赛;书协举办“平湖书法系列展——扇面展”、庆祝中国共产党成立90周年平湖市“红色诗抄”书法展、“平湖纪念辛亥革命百年诗词书法展”、“平湖市第三届书法大展”等9个展览;美协举办“金龙门写生作品展”、庆祝建党90周年暨平湖撤县设市20周年——平湖风情美术展”、杨鸿圣书画展、杨森山水画展、朱文治学习汇报展等多个展览;舞协积极参与平湖市首届全城舞动电视舞蹈大赛;民协与市非遗中心联办“守望家园”全市非物质文化遗产征文赛;藏协举办藏品鉴赏活动;红楼梦学会承办浙江省首届红学论坛;电子琴钢琴学会主办平湖市首届青少年“金斯波格”杯钢琴比赛;诗词楹联学会举办纪念建党90周年诗歌朗诵会。作协、摄协等组织会员深入企业、风景名胜等地进行采风创作。支持会员参加各类文艺交流,美协会员参加红色起点陕北采风、作协会员参加中国·杭州国际诗歌朗诵会以及各类文学笔会。

【文艺创作硕果累累】 2011年,市文联围绕创作加大工作力度。与第七轮实施“文艺精品”战略的签约作者保持经常联系,了解创作进度,解决创作中遇到的困难,签约24件作品完成16件;通过举办各类征文大赛活动推动创作;组织作者参加上级各类文艺赛事,积极推荐作品。年内,推荐8位会员的作品参评“嘉兴市文学艺术成果奖”,获一银三铜;推荐近20位会员的文学、曲艺作品入编《人文嘉兴》文艺丛书;提供平台,展示创作成果。编辑《平湖文坛》1期,与市文体局、陆维钊书画院联办《平湖文化报》8期。民协、红楼梦学会、诗词楹联协会以及收藏家协会利用《金平湖文丛》、《平湖红学报》、《鹉湖诗刊》、《平湖收藏报》等载体展示会员作品。全年,共出版文艺专著11部,主要有:潘法官短篇小说集《微醉的月亮》、张猛诗集《一月交响》、张云诗文集《梅家浜记》、陆永祥《乳舟词三续》和《乳舟文存续》、曹元与仓仓长篇小说《东湖儿女》、《张宏书法作品集》、杨森《幽谷鸣泉·杨森绘画作品》等等。数百余件文艺作品在省市、国家级发表、演出或获奖。在“嘉兴市第七届文艺成果奖”评选活动中,詹政伟、崔民忠、张灿明、毛才耿的作品分获一银三铜。作协詹政伟的长篇小说《我爱陈三波》在《长江文艺》发表,《乱套了》等数篇短篇小说在《红豆》等刊发表;张典、千叶、冯金斌、芦笛、蔡幼玉、杨颖涛等会员的200多首诗在《上海文学》、《诗林》、《诗建设》、《诗江南》、《中国诗人》、《文学港》等刊发表;竹剑飞、金星、徐卫卫等分别有多篇微型小说、散文、随笔在《文艺报》、《联谊报》、《文学报》等发表。书协张宏、谢璨等会员作品入展“万山红遍——浙江省第三届篆刻大展”;张宏入选由甘肃《神州诗书画报》举办的“中国当代书法年度人物百家风云榜”;沈明中作品入展“全国首届手卷展”;许栋作品入展“全国邓石如杯书法篆刻展”及“中国书法家协会成立30周年——中国书法家协会会员优秀作品展”。美协朱永强、汪新宇作品入展浙江省纪念建党90周年红色写生展;沈保良作品入选“辉煌浦东”全国中国画作品展。摄协郁中奇作品入选由中国摄协等单位主办的“印象水乡·锦溪”全国摄影大展;张翼作品入选第14届中国国际摄影艺术展,获2011“现代高技术杯”中国国际IT人摄影大赛优秀奖;张强国作品获第二届“百鸟之都、魅力威宁”全国摄影大展优秀奖。民协、曲协会员张灿明创作的独脚戏《找洞房》获“中华颂——第三届小戏小品曲艺大展”三等奖。曲协毛才耿创作的钹子书作品获第十三届中国上海国际艺术节“浦东北蔡杯”长三角地区曲艺邀请赛铜奖，其创作的钹子书《抓阄》获浙江省第六届曲艺新作大赛暨“群星奖”选拔赛二等奖、表演三等奖；周斌导演的小品获浙江省第21届戏剧小品大赛三等奖等。

【完成第八届文艺“金平湖”奖评选工作】 5月至9月，完成第八届文艺“金平湖”奖(摄影、广播电视，2006—2010)评选工作。5月，在《嘉兴日报·平湖版》、《平湖文化报》及相关网络媒体刊登启事，向全社会公开征集参评作品。截至7月底，共收到申报作品17件，其中摄影7件，广播电视10件。按照《评选办法》规定，市文联聘请上级专家组成初评组，于8月26日对17件作品进行集中评审。初评程序科学合理：在市文联负责人对17件作品进行客观介绍的基础上，专家们采取集中审阅、讨论评价、记名打分、填写评语的方式进行，产生10件获奖作品，其中金奖1名，银奖2名，铜奖3名，提名奖4名。8月31日，在《嘉兴日报·平湖版》刊登初评结果，向全社会进行公示。7天公示期间，无情况反映。9月26日，召开终评会议，确定本届文艺“金平湖”奖获奖作品。（姚国权）

·平湖市残疾人联合会·

【概况】 2011年，平湖市残疾人联合会(以下简称市残联)围绕市委、市政府工作大局，全面落实科学发展观，以推进残疾人社会保障和服务体系建设为抓手，抢抓机遇、开拓创新，推进残疾人事业在新的起点上科学发展。2011年，平湖市创建成为首批“浙江省扶残助残爱心城市”；市人民政府、新仓镇残联、市培智学校被评为“十一五”期间嘉兴市残疾人工作先进集体；市残联被评为嘉兴市创建“全国残疾人工作示范城市”先进集体、2011年度嘉兴市残疾人工作优秀单位、2011年度平湖市工作目标绩效考核良好部门。

【成功创建省扶残助残爱心城市】 3月23日，平湖市接受“浙江省扶残助残爱心城市”考核验收组的考核验收。考核组一行观看平湖市创建爱心城市电视专题片，听取题为《深化共享小康、聚力爱心创建，加快推进我市残疾人事业科学发展》的创建工作报告，查看相关的78本台账资料，并实地考察当湖街道残疾人托管托养中心、独山港镇全塘康复中心、新仓镇战斗村残协、康复站及广陈镇高新残疾人扶贫创业基地，同时随机对300户残疾人家庭就残疾人生活水平、残疾人事业发展水平及对平湖市开展“浙江省扶残助残爱心城市”创建工作的知晓率与满意度等方面的内容进行入户抽样调查。通过考核验收，考核组一行对平湖市在爱心城市创建工作中所取得的成绩给予了充分肯定。6月28日，浙江省人民政府授予平湖市“浙江省扶残助残爱心城市”称号。

【深入实施残疾人共享小康工程】 做好康复服务工作，实施残疾人助听、助明、助行、启智、精防等各项工程，全年共有1807人次享受康复补助或免费服务，累计补助135.7万元。加快推进市、镇、村三级康复机构建设，全市建有康复中心10个、康复示范站57个、康复站133个，覆盖全市的“20分钟康复服务圈”基本建成。保障基本生活，实施贫困重度残疾人单独施保工作，全市共有945名贫困重度残疾人享受全额低保或全额低保补助金，共补助金额386.33万元。扩大贫困残疾人参保覆盖面，对710名贫困残疾人参加城乡合作医疗保险个人承担部分予以补助；对134名贫困残疾人参加城乡养老保险予以50%的补助，共计金额42.38万元。做好重度残疾人托(安)养工作，对符合条件的580

名重度残疾人全部实行集中托养或居家安养,发放补助 157.56 万元。开展贫困残疾人危房改造工作,16 户农村贫困残疾人享受一次性 3000 元的危房改造补助,补助资金 4.8 万元。加强残疾人就学救助。市委、市政府将“加大残疾人助学力度”列入 2011 年百姓“民生工程”行动计划,将九年制义务教育助残对象扩大到低保及低保边缘户残疾人家庭子女,并对残疾儿童和低保及低保边缘户残疾人家庭子女学前教育实施每人每学年补助 500 元。对接受九年制义务教育及高中、大专、本科等继续就学的残疾人学生、困难残疾人家庭子女每年给予就学补助。全年共有 225 名残疾人学生和贫困残疾人家庭子女受到资助,发放资助金额 13.41 万元。儿童节期间,市残联会同市教育局、市关工委等部门分别走访慰问全市 1 个培智学校、5 个培智班的 88 名师生及 27 名在嘉兴市特殊教育学校和省盲人学校就读的平湖籍学生,为他们送去慰问品和慰问金。创造就业条件,采取就业推荐、专场招聘等措施,多渠道、多形式地安排残疾人就业。4 月 20 日,与市劳动保障局联合举办第五届残疾人就业专场招聘会,13 家企业提供 308 个岗位,为残疾人就业搭建平台。鼓励残疾人创业就业,认真落实残疾人个体工商户养老参保补贴、创业小额贷款贴息等政策。全年共为 49 名残疾人小额贷款贴息补助 19.84 万元。继续依托镇(街道)残联开展各类实用技术培训,全年共举办 14 期残疾人及残疾人家庭成员参加的种养殖业培训班,518 名残疾人及其家庭成员参加培训。对专门从事残疾人职业培训机构及参加职业技能培训的残疾人给予补助,补助金额 1.56 万元。加快扶贫基地建设,全市现有规范化扶贫基地 11 个,发展分散种养业 245 户,共补助资金 50.79 万元。

【营造扶残助残良好社会风尚】 开展以“五爱”为主要内容的第 21 次“全国助残日”系列活动。向贫困残疾人赠送轮椅、助听器等残疾人用品用具,发放残疾人扶贫创业启动资金,向全市培智学校(班)赠送教学用具购置资金。向全市残疾人发放《致全市残疾人朋友的公开信》和有关扶残助残政策宣传折页,送去节日问候,提高政策知晓率。开展平湖市残疾人事业发展金点子征集活动,面向社会征集到金点子 186 个,评选出“十佳金点子”予以表彰。联合团市委、市教育局、市少工委开展“十佳自强不息好少年”评选表彰活动。启动志愿助残阳光行动,联合团市委、市志愿者协会下发《关于进一步加强志愿者助残工作的实施意见》,打造助残志愿者服务品牌,不断深化志愿助残活动。开展“七色光”行动,向就读于全日制大专以上普通高等院校的 61 名平湖籍持证残疾学生和低保户残疾人家庭子女赠送笔记本电脑。继续加大主流媒体的宣传力度,在两台一报开设专题栏目(节目)报道各类残疾人事业新闻。联合市广播电视台继续办好每周一次的电视手语新闻节目。维护残疾人合法权益,全年共为残疾人提供免费法律援助 23 件,其中民事案件 14 件、刑事案件 9 件。加强信访工作,落实信访工作责任制,接受并处理市长电话、来信来访共计 23 件。

【搭建文体活动平台】 重视开展各类文体活动。举办“我们放声歌唱”全市残疾人歌唱比赛,为广大残疾人陶冶情操、展示才艺搭建平台。结合“热爱学习,改善生活”主题,组织开展第二次全国“肢残人活动日”书影留香——读一本好书、看一部好电影活动,向 50 多名肢残人代表赠送励志书籍,组织观看电影《建党伟业》。在第 54 个国际聋人节期间,组织聋人朋友游览西溪湿地公园。举办全市残疾人乒乓球比赛,来自各镇(街道)的 78 名选手参加比赛,展示残疾人顽强拼搏、重在参与的精神风貌，推动全市残疾人体育运动的发展。组队参加嘉兴市残疾人棋类比赛，获团体总分第三名，并获"体育道德风尚奖"和"组织奖"。组织430名残疾人、残疾人工作者、在校学生赴杭州观看第八届全国残运会开幕式和杭州及嘉兴两个赛区的比赛。配合上级残联做好八残会嘉兴赛区的相关工作。走访慰问选送参加八残会的5名优秀运动员。选送的5名运动员在八残会上共获得1个第一名、2个第三名、1个第四名、3个第五名。

【夯实残疾人事业发展基础】 切实推进残联组织自身建设，制订下发《关于进一步加强基层组织建设做好村、社区残疾人协会换届工作的通知》及《关于开展2011年度镇、街道残疾人工作目标责任制考核的通知》，切实加强对镇（街道）及村（社区）残联组织的规范化、动态化管理和考评工作。开展扶残助残爱心镇（街道）、村（社区）创建工作，新仓镇、广陈镇、林埭镇申报创建首批嘉兴市扶残助残爱心镇。积极鼓励残疾人参政议政，推荐一名优秀残疾人当选为市政协委员。设立残疾人康复指导中心，进一步增强为残疾人提供康复服务的能力。举办全市残疾人专职委员工作交流会、全市残联系统会计、出纳人员工作会议，进一步提高残疾人工作者的服务意识和能力。市、镇（街道）、村（社区）三级安装扶残助残爱心平台，提高残联系统办公自动化和信息化水平。（俞逢笑）

•平湖市个体劳动者协会 平湖市私(民)营企业协会•

【概况】 2011年，平湖市个体劳动者协会、平湖市私（民）营企业协会（以下简称个私协会）深入贯彻落实科学发展观，大力实施"创业富民、创新强市"总战略，加强协会转型创新工作，引导会员加快转变经济发展方式，促进平湖市经济平稳健康发展。出台实施《深入推进"富民工程"十项意见》，从积极培育市场主体、助动企业转型升级、发布数据运行分析、开展企业指导服务、助力网络创业、深入调查研究等十个方面精心部署了一系列的举措，合力培育一大批创业和再创业的市场主体，引导全民创业致富，为营造最优经济发展软环境作贡献。

【深化全市民营企业读书活动】 在民营企业中开展读好书，访（游）学，民企图书馆示范单位、学习型民营企业和民营企业家评定，国学知识竞赛，设立民企大讲堂等活动。积极推广华城、依爱夫等12家企业的企业文化建设做法和经验，通过典型、榜样的引领示范作用，真正让企业、员工自觉参与到读书活动当中，增强企业创业创新精神动力，共同营造书香民企、人文浙商的社会氛围。

【推进民企"1+3培训工程"】 积极推进民营企业人文教育素质提升"1+3培训工程"，邀请国内专业人士开展"请进来"培训1期，1000余人次参训；开展人文教育大讲堂1次，130人次参训；组织高级经理特训1次、经营管理培训3次，共299人次参加培训；开展职业技能培训6次，530人次参训；组织以会代训8次，参训303人次。

【建立民企发展台账】 积极探索在全市企业中建立服务企业发展台账，开展"大走访"活动，深入企业收集企业面临的困难和需要破解的难题，并积极分流实施、监督管理、协调反馈，以更好地服务发展经济软环境建设。截至2011年，共走访企业562家，记录台账447份，通过年检、走访等方式，共收集企业困难、问题248个（其中共性问题230个，个体性问题18个，已解决30个）。

【组织开展网络创业系列活动】 依托服装、箱包、童车、洁具等四大网上专业市场的构建,促进电子商务成为平湖市新经济增长点。5月19日,举行“电子商务与产业转型升级研讨会暨平湖童车网上分销系统启动仪式”,利用童车企业在地域上高度集中性和平湖童车集体商标,实现网络销售的统一宣传、统一包装、统一配送,培养专业的童车售后服务团队,实现资源共享。启动电子商务网上创业培训,近千名群众踊跃咨询、报名,培育新网商473人。

【搭建银企合作平台】 7月27日,个私协会联合市工商局携手建设银行平湖支行,共同举办“支持中小民营企业发展签约仪式”。通过牵线搭桥,为中小民营企业改善发展环境,应对资金困境提供服务,进一步提升服务经济发展的水平。

【举办促进就业再就业招聘会】 年初,会同市工商局、市劳动和社会保障局举办促进就业再就业招聘会,此次招聘会共有125家民营企业提供就业岗位4467个,应聘者近4500人,达成就业意向或签订劳动合同的1767人。

【开展民企健康体检服务活动】 切实贯彻个私协会会费“取之于会员、用之于会员”的宗旨和服务会员的理念,组织开展全市性关爱企业家健康体检服务活动。为扩大宣传面和知晓度,印发近8千份通知文件,利用企业年检、企业走访等形式将体检通知送到每个私营(民营)企业主手中,有330家450多名企业主参加健康体检。

【开展“创业之星”评选】 联合市委宣传部、市工商联开展首届嘉兴市级个体劳动者“创业之星”争创评选活动。2011年全市共推荐4名个体劳动者“创业之星”争创候选人。嘉兴市委宣传部、工商局、工商联、个体劳动者协会联合发文认定李英(平湖市黄姑镇飞达水产店)等一批个体工商户为“嘉兴市首届个体劳动者创业之星”。

【推进非公党建工作】 召开工作推进会,制订工作方案,设立工作推进委员会,全面做好调查摸底工作。联合市委组织部和市委“两新”工委出台《关于在党员个体工商户中开展“亮身份、讲诚信、树形象”主题实践活动的实施意见》,11月27日,举行全市党员个体工商户“亮身份、讲诚信、树形象”主题实践活动启动仪式。 (王璧恒)

地方军事

•综述•

【抓好理论学习、加强思想政治建设】 严格落实每季度一次的党委中心组带机关理论学习制度。每次学习围绕重点问题深入思考，重点解决。结合实际抓好专题教育。扎实开展"加强党性修养、锤炼思想作风"和"坚定理想信念，忠实履行使命、加强官德修养、树立良好形象"2次专题教育整顿，查找分析思想作风上存在的问题，研究落实整改措施。

【贯彻民主集中制、增强班子凝聚力】 一是部党委坚持集体讨论决定重大问题。做到大事上会集体研究决定，涉及到人武部建设方向性、全局性、政策性的一些重大事情，严格按照党委议事规则要求，及时召开党委会，在集中大家智慧的基础上作出决定，确保党委核心领导作用的发挥。二是每次讨论决定问题前，正副书记不"定调"，广泛征求其他委员意见，充分发扬民主，集中正确意见，提高执行民主集中制的质量。三是党委会议有议有决，决定事项分工负责，抓好落实。市人武部被省军区评为全面建设先进团单位。

【军事斗争准备扎实推进】 按照可能担负的任务，认真修订完善战备方案，按方案组织演练。加强日常战备管理，突出抓好重大节日期间的战备值班，加强与上级机关和地方有关部门的密切联系，进一步完善处突应变机制，确保战备期间的安全稳定。开展以"一学四练"为主要内容的党委班子岗位练兵活动，依托岗位练兵活动平台认真抓好首长机关按岗施训，夯实干部队伍的体能和业务基础。在军分区年度考核中，取得总评第二的好成绩。抓好民兵军事训练，先后完成民兵防空营、民兵干部骨干和情报侦察等分队训练任务；按照"三个现地"要求，成建制、多批次地组织基干民兵点验、拉动，检验了各类分队遂行任务的能力，市人武部被省军区评为"十一五"期间民兵预备役训练先进单位。

【严格廉洁自律、加强风气建设】 坚持用《领导干部廉洁从政若干准则》严格要求，用党风廉政建设有关规定严格约束，不断加强"班子"成员的人品、官德、党性锤炼。做到"班子"成员生活待遇不搞特殊，掌权用权不谋私利，对外交往不逾规矩。落实党委集体理财、定期报告、审核把关等制度，做到预算经费"专款专用"、预算外经费"收支两条线"，严把经费使用关。

【夯实安全发展的基础】 坚持每季至少一次人员思想安全形势分析，查找问题，研究对策。结合新条令学习，扎实开展"三清"工作，定期组织安全隐患排查整治。坚持大项活动安全评估机制，确保年度安全无事故。

【参加"浙预—2011"演习】 8月3日至8日，根据省军区、军区分年度工作安排，组织市国动委各机构相关成员及民兵预备役官兵参加"浙预—2011"快速动员演习。部党委成立演习工作领导小组，筹划好演习预案方案，着重抓好完成传达部署任务、收拢集结人员和请领、征用装备物资三个阶段的工作，并组织预备役人员反复进行预演预练。全体参演官兵发扬吃苦耐劳精神，克服天气炎热等不利因素，展示了平湖预备役人员风采，受到省军及军分区首长机关的高度评价。

（唐文恺）

【完成战备规范化建设】 2011年,平湖市人武部贯彻落实《浙江省军区战备工作规定》和上级关于加强后备力量建设和人武部战备规范化建设的指示要求,围绕军事斗争准备,树立“建为战”的思想,按照“突出战时、兼顾平时”的原则,以强意识、配设施、抓队伍、明职责、建制度、重管理、求规范、促实效为主要目标,完成“四室两库一中心”为主要内容的人武部战备建设,提高人武部战备工作的规范化、制度化、经常化管理水平,健全一套可行的各类方案。

（杨海军）

【纪念建党90周年活动】 在党员干部中深入开展“学党史、知党恩、听党话、跟党走”活动,通过阅读党史书籍、参加党史知识竞赛、灯箱图版宣传、重温入党誓词、观看影片《建党伟业》、参观南湖革命纪念馆等形式,引导党员干部深刻理解我党成长发展历史和执政建国的伟大成就,进一步强化军魂意识和使命意识。

【积极参加“双拥共建活动”】 2011年,市人武部坚持建武装与用武装相结合,积极组织民兵预备役人员参与全市“两创”战略,服务经济社会发展全局。超强台风“梅花”影响期间,全市应急动员近1000名基干民兵,分别在训练基地和各镇(街道)集结待命,加强海堤巡防,协助转移群众和驻军车辆。当湖街道先后2次组织近百名民兵预备役人员在杭平申航道决口处抢险护堤。圆满完成省政法委应急处突演练、嘉兴市党管武装会议暨军事日保障、平湖市西瓜灯节执勤等任务。先后组织600余名民兵预备役人员参加“创卫”劳动、城镇绿化工程、扶贫帮困等活动,近300名民兵预备役骨干参加各村(社区)的业余巡防队,在服务经济发展和创新社会管理中发挥了较好的作用。

（徐利军）

•人民防空•

【概况】 2011年,全市人防(民防)工作坚持以邓小平理论、“三个代表”重要思想为指导,认真贯彻落实科学发展观,牢固树立“融入发展、统筹发展、创新发展”的建设理念,强化人防战备主业,大胆探索、勇于实践,大力推进人防(民防)的整体转型,人防(民防)应战应急能力建设取得显著成效。2011年被评为嘉兴市人防(民防)工作先进单位和嘉兴市警报社会化管理先进单位。

【人防工程建设管理有新加强】 坚持规划指导建设,全市人防工程布局和结构得到优化和完善。2011年,全市共竣工人防工程x个,建筑面积xxxxx平方米。其中:市应急救援指挥中心(F0901工程)于9月初开工建设。市民文化中心(兼顾人防)工程正在编制可研报告。嘉兴港区F1101工程已由省人防办批准立项。年末止,全市累计建成防护工程总量xx个,总建筑面积达xxxxxx平方米。依法把好人防行政审批关。对符合易地建设条件的人防工程项目足额征收易地建设费。对需要建设的项目,加强设计、施工质量监督和竣工验收管理。2011年累计现场质量监督检查工程17个42次,出动112人次。重点检查工程土建施工质量,防护设备生产、安装质量,施工、监理单位资质审查等。全年无人防工程质量安全事故发生。严格执行《嘉兴市人民防空工程平时使用和维护管理办法》,建立人防工程使用证年检管理制度,较好发挥了人防工程的综合效益。

【提高人防应急应战能力】 修订人防应急行动方案,在原有基础上新增三防保障计划等内容，11 月中旬通过专家组评审。加强指挥所平时的维护管理和联络训练，人防综合业务网和单边带电台通信联络出勤率、联通率保持在 98% 以上。5 月下旬，完成嘉兴市应急指挥车应急通信野外训练任务。7 月中旬，架设无线短波电台收发报自动化处理系统，通过嘉兴市人防办调试检测。研发人防（民防）三维综合信息管理系统，完成三维地图制作和民防专用信息分析管理系统，正在后期完善。加强警报器维护管理，落实"周巡检，月维护，季检测，年检查"制度，建立警报器维护管理数据库。5 月 12 日，经市政府批准在全市范围内组织防空防灾警报试鸣，全市 29 台警报器统一采用无线遥控控制发放，警报鸣响率达到 100%，音响覆盖率市区达到 98%、镇达到 100%，报警能力明显增强。继续推进民防应急能力建设。新埭镇年内已完成民防应急指挥中心建设。全市镇（街道）相继建立 8 支 600 余人的民防应急救援志愿者队伍，并投入 264 万余元采购应急救援装备。林埭镇、广陈镇和曹桥街道按照"组织领导、工作网络、办公设施、管理制度和工作任务"五到位的要求开展人防规范化建设达标活动，年底通过嘉兴市人防办考核验收。加强人防专业队伍建设。5 月下旬，对 6 支 205 人的民防专业队开展整组。整组后的队员年龄、文化程度、专业结构均有较大改善和提高。委托市人武部对 80 名专业队骨干在市民兵训练基地进行为期三天的封闭式集训，队伍遂行任务的能力进一步提高。开展社区人口疏散演习。12 月 17 日下午，在当湖街道永丰社区组织人口疏散接收演练。动用医疗救护和交通运输 2 支专业队，民防指挥车和人员运输车各 1 辆，200 余人参加演习，社区人口疏散与接收方案的可行性得到验证，社区居民紧急避险能力提高。

【深入宣传人防建设氛围】 继续抓好人防宣传"进学校、进社区、进机关、进党校、进网络"五进工作。编制小学民防教材，2011 年起在全市 18 所小学普及民防知识教育，有 134 个班级 6521 名小学生接受民防知识教育。9 月 8 日，在南市广场举办人防法律法规咨询活动，接待市民咨询 200 人次，向社区居民发放宣传手册 500 多份。10 月中旬，邀请上级有关专家在平湖市委党校公务员初任培训班作"现代战争和人民防空"专题讲座。结合国际民防日和纪念人防机构单设 10 周年开展系列宣传活动，做到电视有图像、报刊有文章、网络有板块、社区有阵地。与市文联于 6 月联合举办"民防杯"瓜乡风情美术展，展示建党 90 周年的发展变化和平湖民防 10 年来建设业绩。加强政务信息报道工作，全年被各类报刊、杂志采用稿件 20 多篇。

【完善人防法制化建设】 编制完成人防"十二五"规划。根据市政府法制办有关要求，对人防规范性文件和许可事项进行汇总和清理，进一步完善和规范审批程序和行政许可案卷归档。清理后，10 项行政许可事项、2 项非行政许可事项，由市行政服务中心人防窗口保留办理。这 12 项事项中 11 项为"一审一核"，平均承诺办结时间为 5.16 天，比规定的 20 天压缩了 70% 以上。年末，对全市已建成的人防工程进行专项执法检查。对部分工程没有按照人防工程管理有关规定进行维护管理，出现墙体油漆脱落、密闭门开启不灵活和下水道有杂物等现象，责令有关业主单位限期完成整改。（陶浩东）

• 武装警察部队 •

【概况】 2011 年，中队以《纲要》为统揽，以《条令条例》为规范，按照"建强班子抓队伍，盯住经常抓落实，严格标准求突破，鼓足士气创先进"的总体思路，在部队全面建设稳中有进的基础上,着力提升现代化、正规化建设的标准档次,进一步坚定信心、增强干劲、务实作风、敢于创新,高标准实现了“两个”确保,保证了各项任务的圆满完成。

重视加强中队党支部建设,支部一班人保持理想信念坚定,工作干劲充沛,支部战斗力、执行力进一步提升。年内6名士官转改、4名战士入党、2名技术学兵、1名战士考学,均按规范程序办理,官兵心悦诚服。平时主动关心官兵的工作、生活。中队为特困退伍战士何明明捐款9000余元,并向市民政局申请特困救助金3000元。干部队伍能力素质进一步提高,在上级组织的军事比武中,中队干部获得团体第三、中队长张坚飞获得个人全能第一的好成绩。

思想政治工作扎实有效,中队以鼓足士气为目标,在抓经常抓落实上下功夫,切实加强思想政治工作,取得显著成效,涌现许多先进事迹。士官吴新华被支队评为“学雷锋先进个人”,士官王盼盼被评为“爱警精武标兵”,中队长张坚飞被评为“爱岗敬业好干部”,指导员姜恺在支队政工干部“四会”考评中获第三名,教育课件《遗传和优生》被总队评为优胜课件。中队的传统特色文化舞龙受到总政和总队领导好评,参加总队党委扩大会议开幕式和省双拥会议开幕式的表演。

执勤战备能力进一步提高。“四防一体化”建设完成迅速,得到支队、总队领导好评,为确保看守目标安全打下扎实的基础。全年押解勤务、城区武装巡逻、公判大会、法院“打四黑、除四恶”开庭审判现场警戒保卫任务均完成圆满。全年执勤安全无事故,看守目标连续16年安全无事故,4月,中队哨兵连续两次因执勤形象好受到总队电话表扬。中队官兵英勇顽强、不怕牺牲、敢打头阵,先后三次参加嘉兴市公安局组织的“排雷”行动,在协助处置海宁袁花群体性事件中受到领导好评,圆满完成杭州西湖国际烟花节的现场保卫任务,做好各级“两会”期间的执勤任务。

坚持日常管理正规化。认真抓好条令的学习贯彻,精心组织“学条令、知条令、用条令”活动,4月,在支队组织的条令法规知识竞赛中获团体第三。严格落实各项制度,坚持每日早换牌、晚点名交班和每周的警容风纪检查、内务卫生检查制度。深化治理“人、车、枪、弹、酒”五个重点问题,全年车辆行驶安全无事故,干部零违纪,部队安全稳定。一季度被支队评为“落实纲要红旗单位”。

按照后勤建设正规化要求,中队先后对部分库室、中队营门和器械场进行改造装修,建成室内健身房、室内多功能训练场、塑胶篮球场。加大农副业生产力度,中队菜地建设成为支队试点模范单位。

密切警民关系。中队官兵始终把驻地当故乡,视群众为亲人。先后与新仓镇镇政府、友联村、新埭镇姚浜村、市供电局、烟草局、工行、平湖中学、新华中学等十多个单位结成警民共建对子,经常开展形式多样的活动。中队还承担了平湖市大部分企业单位、学校的军训任务,每年军训人数达5000多人次。

(姜　恺)

政　法

·综述·

【概况】 2011年,全市政法综治维稳工作以深化"三项重点工作"为重点,大力加强和创新社会管理,全力维护社会稳定,为全市的经济社会发展创造了和谐稳定的社会环境。全市继续实现反邪教工作"三零"目标;社会治安秩序良好,全年警情数同比下降8.2%,刑事立案数同比下降0.84%,严重刑事案件破案率100%,没有发生重大群体性事件和突发事件;平安建设工作考核列全省第二位,连续七年被省委、省政府命名为"平安县(市、区)"。

服务经济转型升级。深化"综治进民企"工作,妥善处理经济领域不稳定因素,主动为企业提供法律服务,妥善处理涉企矛盾纠纷。深入开展重大事项社会稳定(信访)风险评估,评估41项重大事项,其中暂缓实施1项,从源头上有效预防和减少社会矛盾的发生。严厉打击破坏市场经济秩序、侵犯企业财产安全的各类犯罪,经济案件破案率100%。开展解决劳资纠纷专项行动,成立打击企业主恶意欠薪逃匿专案组,稳妥处置企业主欠薪逃匿案(事)件16起,抓获欠薪逃匿企业主11人,挽回经济损失250万余元;侦破企业主欠薪逃匿涉嫌犯罪案件5起,追究刑事责任3人,审结全省首例拒不支付劳动报酬罪案件。制订下发"通知",做好村级组织换届选举过程中的法律服务和保障工作。

加强矛盾纠纷排查化解。完善全员维稳责任制,深入开展社会矛盾排查化解,全年共开展矛盾纠纷排查16次,调处各类矛盾纠纷5532起,调解成功5451起,调解成功率98.5%。健全大调解工作格局,成立社会矛盾联合调解中心,开展行政调解和调审对接工作,将刑事和解工作引入人民调解,加强医患纠纷专业调委会、诉前调委会以及新居民调委会等行业性专业人民调解组织建设,医调会受理、调处医患纠纷38起,均得到圆满解决。

强化打防控体系建设。严厉打击各类严重刑事犯罪,深化打击整治"两盗"、打黑除恶等专项斗争,全年共破获各类刑事案件1927起,打击处理各类犯罪嫌疑人1084人,查处各类违法人员11538人。批准逮捕612件933人,提起公诉761件1250人。审结刑事案件740件,判处被告人1250人。深入整治突出治安问题,重点梳理化解经营性矛盾纠纷,推进校园安保工作的督查。健全街面巡逻、社区群防、重点部位监控和区域警务协作的社会治安动态防控网络,全市累计建成并应用的视频监控点1375个。打造技防进农家工程,开展"平安联防进家庭,邻里互助促和谐"活动,全市已开通报警求助功能电话2.3万部。

加强和创新社会管理。认真贯彻落实市委《关于加强和创新社会管理服务的意见》,抓好各项行动计划和意见的具体实施。完善重点人群管理和服务,成立新居民和谐促进会,开展首届"平湖市优秀新居民"评选,促进新老居民和谐共处。加强对刑释解教人员、社区矫正对象等特殊人群的分类管控帮教,建立健全接纳安置、教育转化、跟踪服务、定期回访等衔接帮扶机制,未发生社区矫正人员重新犯罪,由公安机关收监执行1人,归正帮教人员重新犯罪率为2.07%。高度关注社会热点、敏感事件和群体性事件的信息发布,成立网络舆论管理服务中心,科学引导网络舆论。

夯实基层基础。深化“网格化管理、组团式服务”、“和谐促进工程”等载体,全面推行“驻村(居)工作室”。继续推进综治工作中心规范化建设,加强基层综治工作室和综治干部队伍建设,新埭镇综治工作中心被命名为“省级示范综治工作中心”。建立健全基层综治维稳信息平台,实现工作部署、情报信息报送和平安建设宣传的信息化和快捷化。加大平安宣传力度,共制作电视专题节目25期,举办平安宣传专场演出1场,开展法律咨询服务2场,发放各类宣传资料3000余份,制作灯箱宣传画276幅,开通固定电话平安宣传彩铃,平安建设知晓率参与率均高于嘉兴市和全省平均水平。

坚持公正廉洁执法。深入开展“发扬传统、坚定信念、执法为民”主题教育实践活动,深化政法系统党风廉政建设和惩防体系构建工作,推进涉法涉诉信访案件排查化解,中央、省交办的4件重点疑难涉法涉诉信访案件全部结案,提前完成积案清结任务。认真组织开展案件评查活动,评查案件78件,案件优良率达100%。

【社会管理创新试点工作】 扎实开展平湖经济开发区(钟埭街道)、独山港区(独山港镇)社会管理创新试点工作,结合各自实际,制订试点意见和方案,从完善“矛盾纠纷预防化解、治安防控、公共安全监管、思想道德建设、重点人群服务管理和基层基础建设”等六大工作体系着手,以加强和创新体制机制和方式方法为重点,组织开展25个服务管理项目创新试点,取得明显成效,为全市加强和创新社会管理工作摸索经验。平湖市加强社会管理创新经验得到省委常委、副省长葛慧君批示和省委政法委的肯定,《探索实践“四驻四强”工作方法》一文入选《浙江省社会管理创新典型经验汇编》。

【推进应急处置机制建设】 以承办全省应急处置机制建设工作会议在平召开为契机,深入研究新形势下群体性事件发生的特点和规律,修订完善《平湖市处置群体性事件应急预案》,健全党委负总责、相关部门联动的联合指挥机制;加强相关人员培训,组织开展重大群体性事件应急处置实战演练,不断提高各部门对信息研判、快速反应、现场处置、舆论引导的能力,推进应急处置工作的科学化、规范化。6月16日,全省应急处置机制建设工作会议在平召开,省委常委、秘书长、政法委书记李强出席会议并作重要讲话,中央维稳办副主任狄珊应邀出席会议并讲话。省委维护稳定工作领导小组领导、省委政法委领导、省维稳领导小组成员单位领导、各地市维稳领导小组组长及嘉兴市和平湖市相关部门领导等170余人出席会议。平湖市应急处置机制建设的经验做法在会上作经验交流发言。

【成立社会矛盾联合调解中心】 12月,市成立“社会矛盾联合调解”工作领导小组,依托信访联合接待中心建立平湖市社会矛盾纠纷联合调解中心,制订具体实施方案,实行上下联动,依托镇(街道)综治工作中心、村(社区)便民服务中心,按照网格化管理划分的网格,形成“一网三级”矛盾纠纷调解网络,做到横向到边、纵向到底,使矛盾纠纷第一时间在联调中心分流交办,联合调处,合力化解。

【开展“发扬传统、坚定信念、执法为民”主题教育实践活动】 根据上级政法委的统一部署,结合创先争优活动,从3月起在全市政法系统深入开展“发扬传统、坚定信念、执法为民”主题教育实践活动。政法各部门按照

"人人参与活动,人人受到教育,人人得到提高"的要求,通过多种形式,深入开展光荣传统教育、理想信念教育、群众观念教育和警示教育,广泛征求意见,深入查摆问题,认真整改落实,着力解决部分干警在理想信念、宗旨意识、执法司法等方面存在的问题,切实提高政法干警的执法水平和为民意识,推进工作措施的落实。

【开展案件评查活动】 按照省"百万案件大评查"的工作部署和要求,及时下发工作方案,明确指导思想、目标任务、评查范围、评查内容和评查方法,认真开展案件评查工作,及时发现和纠正执法过错和瑕疵。共评查案件78件,案件优良率达100%。对评查过程中的典型案件,会同相关政法部门认真剖析,完善和制订相关制度,建立长效工作机制。

(丁　军)

·公安·

【概况】 2011年,市公安局紧紧围绕党委政府工作大局,突出抓好社会矛盾化解、社会管理创新、公正廉洁执法"三项重点工作"和公安信息化建设、执法规范化建设、和谐警民关系建设"三项建设",不断推进各项公安工作和队伍建设。当年获得全省、嘉兴市公安机关打防控考核优胜单位称号,实现"三连冠";执法质量连续11年被评为全省公安机关优秀单位;当湖派出所被评为全省公安机关优秀基层单位;1名个人荣立一等功,5个集体、7名个人荣立二等功,10个集体、29名个人荣立三等功,44个集体、94名个人受到嘉奖。

【圆满完成建党90周年安保工作】 重视和加强隐蔽战线斗争,深化与"法轮功"等邪教组织的斗争,及时查处法轮功违法案件2起,行政拘留法轮功违法人员2名。切实加强各类重大紧急信息及预警信息的收集、研判和报送工作,及时落实网络舆情管控引导,有效防范和处置了一批网络舆情苗头危机。扎实开展矛盾纠纷排查调处,进一步完善信访重点对象稳控、局领导信访包案督办等机制,依法妥善处置因劳资纠纷、征地拆迁、环境污染、道路交通事故赔偿处理等引发的不安定事件150余起,及时处置较大规模的群体性突发性事件48起。圆满完成纪念建党90周年、"6·16"重大群体性事件处置实战演练、各级"两会"、市党代会、西瓜灯文化节等重大活动和重要会议安保任务,为建党90周年大庆创造了稳定的社会政治环境、安全的社会治安环境、良好的网上舆论环境。

【全力维护社会治安稳定】 坚持以打开道,深化打黑除恶、命案侦防等专项行动,切实加大"黄赌毒"整治力度,严打"两抢"、诈骗、盗窃等系列性、团伙性、流窜性违法犯罪。全年共破获刑事案件1927起,破案率同比增加0.9个百分点;打击处理犯罪嫌疑人1084名,同比上升2.7%。6起命案均在第一时间告破。坚持打黑除恶不动摇,摧毁涉恶团伙15起82人,打黑除恶实绩名列嘉兴全市前茅。严打经济领域犯罪成效明显,其中,打击侵犯知识产权和制售伪劣商品犯罪"亮剑"专项行动以及银行卡犯罪"天网—2011"专项行动实绩均列嘉兴全市第一。深入开展"打四黑除四害"专项行动。强势推进网上追逃"清网"行动,抓获在册逃犯61名,网上在逃人员总量下降率91.1%,超过省厅考核目标31.1个百分点。

【组织开展打击整治"两盗"犯罪行动年活动】 以打击防范多发性侵财类犯罪为安民护民重点,在全市范围部署开展为期一年的打击整治盗窃居民住宅、盗窃单位(简称"两盗")犯罪行动年活动,有效治理人民群众反映强烈的突出治安问题。坚持全警参与,发动群防群治力量共同参战。屯警街面、巡卡相联、严密防控,最大限度地预防和减少"两盗"案件的发生。创新现场勘查"分级分类、责任包干、质量保障、案件串并、预警通报"等五大机制建设,强化信息警务技战法研究,实现"两盗"犯罪破案新的增点。全年共破获"两盗"刑事案件298起,同比上升31.3%;其中系列性"两盗"刑事案件18串183起,摧毁职业性盗窃犯罪团伙12个52人,追缴赃款赃物52万余元。

【创新落实社会治安管控措施】 结合实际,创新治安防控举措,组织千名民警、协警在当湖街道、平湖经济开发区(钟埭街道)等重点区域连续开展声势浩大的"排雷"系列行动,确保城区及周边治安状况进一步改善。始终保持打击黄赌毒犯罪的高压态势,组织开展严厉打击涉赌涉黄违法犯罪"百日攻坚"专项行动。全年共查处各类治安案件4536起,其中查处赌博违法案件198起,处罚990人,收缴赌博机1481台;破获有组织赌博刑事案件40起,追究刑事责任108名;查处卖淫嫖娼违法案件94起,处罚241人;破获涉毒刑事案件45起,移送起诉涉毒犯罪嫌疑人61人,摧毁涉毒团伙3个15人,缴获冰毒1660余克。深入推进社会治安动态视频监控系统工程建设,累计完成1375个监控点建设,并启动新一轮建设。切实加强社会治安巡逻防控工作,通过巡逻抓获现行违法犯罪分子297名。组织开展电瓶自行车登记报备工作,登记电瓶自行车8.7万辆,有效遏制电瓶自行车被盗案件高发态势。全年刑事警情数同比下降8.2%。

【优化公共安全管理服务】 坚持主动服务经济社会发展,不断改进户籍、出入境、交通、消防管理,落实严管措施,全年刑事发案、交通事故、火灾事故继续保持"零增长"。围绕道路交通管理"控大"目标,组织开展各类专项集中整治行动40余次,查处各类交通违法行为23.2万起,行政拘留48人。全年共发生道路交通事故149起,同比下降0.7%;死亡44人,与上年持平;受伤131人,同比下降0.8%;直接经济损失88.0万元,同比下降0.2%。切实加强消防安全工作,先后开展"三老"场所整治、消防安全排查整治"清剿火患"等专项行动,嘉兴、平湖两级政府挂牌督办的3处重大火灾隐患单位得到有效整改。全年共发生火灾事故13起,同比下降13.3%,直接经济损失42.95万元,同比下降16.2%。加强监所监管和武警看守工作,市看守所第15年安全无事故。

【扎实推进民生保障服务】 以民意为导向,深入推进开门评警"大走访"活动,通过大走访活动为群众解决实事232件。连续推出提升群众安全感满意度系列措施,群众安全感达94.4%,满意度达92.6%。以"速度+态度"、"规范+高效"为方向,强势推进110接处警改革,接处警群众满意度不断攀升。重视校园安保工作,切实开展全市中小学、幼儿园"拉网式"安全大检查,校园秩序安全有序。按照创建国家卫生城市要求,切实抓好全市交通秩序专项整治。全年,新增城区停车泊位1200余个,设置停车标志106块,较好缓解停车难等民生问题。出入境服务管理工作不断加强,被评为嘉兴市公安机关"外国人管理服务推进年"工作先进集体。户政窗口积极开展送证上门、预约登记等便民服务,群众满意度不断创新高。

【及时出台服务解企忧保稳定八项制度】 强化民生警务理念,以服务市委市政府"三年活动"为重要抓手,从公安职责角度,围绕中小企业特殊需求，及时出台“强服务解企忧保稳定”八项制度，即企业走访常态制、帮困服务提速制、侵企案件严查制、企业权益保护制、涉企信息传递制、涉企矛盾介入制、安全防范指导制、社会舆情引导制等，以优质态度、快捷效率和畅通平台，提供更加便捷、高效服务，全力帮扶中小企业健康发展。

【全面推进110接处警勤务机制改革】 启动当湖派出所接处警勤务机制改革先行试点，精心组织实施110接处警改革，建立110接处警专业队伍，实行四班三运转，主要承担先期处置、处置突发事件、设卡堵截、巡逻追查、协助保卫、接受求助等职责，实现静态待警向动态处警、快速接处警模式转变。在取得试点经验基础上，召开全局110接处警改革工作推广现场会，按照一、二、三类派出所110处警模式，全面推行“巡处合一”的动态、快速接处警工作模式，进一步调整优化处警巡区，推出高效配套措施，提升110接处警工作群众满意度。

【加强公安队伍建设】 市公安局以作风建设深化年活动为抓手，强化中层干部“一岗双责”，健全完善责任倒查、责任追究制度，加大追责问责力度，提高执行力、落实力。狠抓执法规范化建设，研究出台执法规范化建设“软件建设年”活动10条具体措施，健全完善每月执法质量检查通报制度，执法质量和民警办案能力进一步提升。探索队伍标准化管理机制，定期开展队伍状况分析制度，落实分级监督管理责任，完善队伍管理预警机制，筑牢拒腐防变思想防线。创新督察工作机制，实施重点工作跟踪督察、局领导带班督导、异地交叉督察以及回访督察等新机制，保证了各项工作落实到位。进一步加强警察公共关系建设，大力加强公安文化建设和对外宣传工作，弘扬先进，激发民警的工作热情，提升队伍的凝聚力和战斗力。

【快速侦破当湖“4·23”杀人抛尸案】 2011年4月23日中午，当湖街道朝南埭小区附近河道内发现一旅行箱，内有一具女尸，经勘查，系他杀。案发后，嘉兴、平湖两级公安机关高度重视，市委常委、公安局长刘国强、公安局政委傅金明等领导第一时间赶赴现场指导案件侦查，调集全局警力组建15个工作小组的专案侦办应急队伍，参战民警发扬连续作战作风，综合运用多种侦查手段，开展全方位调查走访和排查工作。于次日上午一举锁定并抓获犯罪嫌疑人邓昌福（男，31岁，福建顺昌人），案件成功告破。

【成功抓捕嘉兴市局督捕在逃六年命案逃犯】 2004年8月22日晚11时许，新埭镇发生一起杀人命案，犯罪嫌疑人车亮（男，28岁，安徽利辛县人）长期潜逃。多年来，市公安局从未放弃追捕工作，派出追捕组远赴安徽、黑龙江等地组织追捕。2011年“清网行动”开展后，市公安局通过连续对涉案人员关系人进行梳理，再次落实主要领导前往黑龙江双鸭山带班追捕，追逃组民警克服种种困难，于9月17日将潜逃6年之久的命案逃犯车亮抓获归案。

【摧毁特大贩毒团伙】 9月初，市公安局深入侦查，及时获取一批涉毒线索，调集禁毒大队、当湖派出所等警力成立专案组，集中优势警力循线攻坚。10月19日，先后抓获胡品芳（男，33岁，当湖街道吉祥小区）、蒋祥芝（男，36岁，安徽省亳州谯城区）、朱其林（男，48岁，当湖街道吉祥小区）等4名犯罪嫌疑人，当场缴获冰毒560克，一举摧毁平湖市禁毒史上最大的贩毒团伙。后循线深挖，11月11日又兵分三路，在杭州、绍兴新昌、平湖等地，抓获正欲潜逃的贩毒犯罪嫌疑人吴小明

(男,50 岁,广东惠来县)等 3 人,缴获冰毒 1035 克、毒资 13 万余元,再破贩毒大案。该案被省公安厅评为 2011 年度浙江省缉毒十大优秀案件之一。 (钱 焱)

• 检察 •

【概况】 2011 年,市检察院认真践行“强化法律监督,维护公平正义”的检察工作主题,深化“社会矛盾化解、社会管理创新、公正廉洁执法”三项重点工作,依法履行法律监督职责,努力提高检察机关执法公信力,推动各项检察工作全面协调发展。全年共受理提请批准逮捕案件 638 件 971 人;经审查,批准逮捕 612 件 933 人,不(予)批准逮捕 26 件 38 人。受理移送审查起诉案件 782 件 1281 人;经审查,依法向法院提起公诉 761 件 1250 人,不起诉 7 件 7 人,移送嘉兴市人民检察院审查起诉 13 件 23 人,移送南湖区人民检察院起诉 1 件 1 人。立案查处贪污、受贿等职务犯罪案件 5 件 13 人,其中副科级以上干部 2 件 2 人,为国家挽回直接经济损失 500 余万元,受贿数额最大 115 万余元,贪污数额最大 99 万余元。依法开展诉讼监督工作,向侦查机关发出《说明不立案理由通知书》4 份,监督立案 4 件 6 人,监督撤案 2 件 3 人,追诉漏罪 14 件 21 人。受理民事行政申诉案件 22 件,立案审查 10 件,决定提请抗诉 3 件,建议提请抗诉 4 件,法院再审改判 1 件,民事调处 5 件,督促起诉 17 件,挽回国家损失 6648 万元,监督行政执法机关纠正违法 8 件,接待来信来访、法律咨询、不服法院生效裁判的当事人申诉 100 余人次。加强对监管场所的监督,对在押人员个别谈话了解情况 98 人。接待在押人员家属法律咨询 21 人次,受理在押人员申诉 3 件。审查呈报减刑 129 件。向看守所提出口头检察建议 27 件,书面检察建议、书面纠正违法意见 53 件,其中减刑书面纠正违法意见 9 件,向社区矫正部门发出检察建议 18 件。

【参与社会管理创新、服务全市工作大局】 深入贯彻中央关于加强和创新社会管理的决策部署,发挥检察职能,找准检察工作与经济工作的结合点,积极参与加强和创新社会管理。1. 严厉打击侵犯知识产权犯罪。加强对行政执法机关移送涉嫌犯罪案件的监督,依法督促相关部门移送并立案侦查人民群众反映强烈的涉嫌侵犯知识产权和制售假冒伪劣商品犯罪案件,批准逮捕侵犯知识产权和制售假冒伪劣商品犯罪 12 件 17 人,提起公诉 19 件 37 人。2. 积极推进检调对接工作。和市司法局联合出台《关于轻微刑事案件和解工作检调对接实施办法(试行)》,保障受害人的合法权益,对违法犯罪者的改造更加人性化,化被动改造为主动改过,促进社会和谐稳定。3. 深入开展职务犯罪预防教育。分别在国土、国税、供电、卫生、教育系统、公共资源交易中心等部门开展系统预防工作,举办预防职务犯罪讲座,深入讲解《浙江省预防职务犯罪条例》。协助组织全市机关部门、镇(街道)负责人 100 余人参观“全国检察机关惩治和预防渎职侵权犯罪展览”。开展专项预防工作,组织警示教育活动 6 次,列席招投标会议 17 次,受理行贿犯罪档案查询 42 次。4. 加强对青少年的教育和保护。以争创“优秀青少年维权岗”为载体,积极参与对青少年的司法保护,通过提供法律咨询、深入学校上法制课等方式,预防和减少青少年违法犯罪,通过开展庭审教育、结对帮教等方式,认真做好失足未成年人的教育转化工作。

【强化诉讼监督、维护司法公正】 市检察院深入贯彻省人大常委会《关于加强检察机关法律监督工作的决定》,以诉讼监督为重点,加强对立案、侦查、审判、刑罚执行以及民事、行政诉讼的法律监督。1. 加强对侦查活动的监督。从办案入手,采取多种方式加大对侦查活动的监督力度,惩治犯罪,保障人权,促进公正司法。对侦查活动中发现的问题,采取追诉、检察建议、发纠正违法通知等形式及时监督,保证诉讼活动顺利进行。2. 加强对审判活动的监督。不断完善工作机制,认真执行《量刑建议工作规则》,提高量刑程序的透明度,强化对审判活动的法律监督,切实保障当事人合法权益。3. 加强对刑罚执行和监管活动的监督。以监督减刑、假释、保外就医、留所服刑为重点,强化刑罚执行和监管活动的法律监督。积极探索适应监外执行"五种"罪犯、刑释解教人员社区矫正特点的检察方式,配合公安机关、司法行政机关加强对特殊人群的帮教工作,预防此类人员重新犯罪。4. 强化民事行政检察监督。积极探索民事执行监督特点和规律,深入推进综合治理执行难工作体系建设,市检察院被列入全省开展民事执行活动法律监督试点单位。

【加强检察队伍建设、不断提高公正执法水平】 市检察院坚持把检察队伍建设作为履行检察职能的有效保障,认真组织开展"发扬传统、坚定信念、执法为民"主题教育实践活动,大力加强队伍规范化建设,不断提高队伍整体素质,促进公正廉洁执法。1. 重视司法考试,提高干警素质。重视加强检察官后备人才的教育培训,为参加司法考试的干警创造条件,2011 年有 6 名干警通过了司法考试,通过率 75%。依托高等院校培养高层次、实用型人才,鼓励和支持干警报考法律研究生,已有法学、法律硕士学位干警 5 名, 3 名干警在读法律硕士学位,全院本科以上学历干警占 84%。2. 推行岗位练兵,加快人才培养。加大年轻干警的培养力度,组织开展轮岗交流锻炼、岗位练兵,参加岗位技能比赛、理论研讨,营造人才成长的良好氛围,提高检察队伍公正执法水平。3. 加强队伍规范化建设,确保文明规范执法。加强对执法办案重要岗位和关键环节以及自侦案件的监督,积极推行"一案三卡"、执法档案、检务督察等措施。实行司法警察编队管理,强化警务工作保障功能。加强办案安全防范工作,完成办案工作区设施的改造,建成符合安全防范要求的办案工作区。运用技术手段加强对办案工作的监督,全部讯(询)问均执行同步录音录像,促进规范高效文明执法。

【以原告身份办理全省首例环境保护公益案】 2010 年 11 月,平湖市环保局、信访局接到群众投诉,经调查发现嘉兴市绿谊环保服务有限公司将海宁市宏昌制革有限公司、大众皮业有限公司、瑞星皮革有限公司、蒙努集团有限公司等 4 企业所产生并委托其处理的大量制革污泥倾倒在平湖市古横桥饮水源二级保护区内,占地约 30 亩。2010 年 12 月,市检察院将本案作为刑事立案监督案件,由侦查监督科参与调查,民事行政检察科同时跟踪调查。2011 年 4 月,平湖市环保局对绿谊公司作出罚款 5 万元的行政处罚,并限期一个月清除上述污泥。7 月底,绿谊公司处理污泥 14000 多吨,但堆放场地土壤仍存在重大污染,经进一步清除后,该场地土壤符合相关标准。10 月 24 日,市检察院正式立案,11 月 3 日,向市法院提起民事诉讼,请求法院判令五家公司赔偿因环境污染造成的直接经济损失计人民币 541373 元,并承担本案诉讼费。11 月 30 日,平湖市法院公开开庭审理本案。12 月 16 日,本案调解结案,5 被告全部履行检察机关提出的诉讼请求,赔偿因环境污染造成的直接经济损失 54.1 万元。这是浙江省检察机关首次以原告身份提起环境公益诉讼,是检察机关作为原告依法维护公众利益的有益尝试,开辟了浙江省环保公益诉讼案的先河。副省长陈加元在省检察院

《检察情况反映》上批示:“这是一次维护公众环境权益的成功司法实践,希望进一步总结完善,逐步在全省推广。”本案入选《法制日报》2011年中国十大影响性诉讼、“2011年浙江十大法治新闻事件”。

【查处沈君受贿案】 沈君,男,1957年9月25日生,平湖市服务业发展局副局长。2006年至2009年,沈君先后担任平湖市经济贸易局副局长和平湖市服务业发展局副局长,分管全市商贸流通、专业市场建设管理、服务业重点项目推进和建设管理等方面工作,主要参与石琳置业(平湖)有限公司投资的平湖市世纪商业中心项目的前期招商引资、项目谈判、中后期项目推进、建设等工作。期间,在世纪商业中心项目开发过程中,部分业主为优惠购得该中心商品房,通过他人介绍向沈君行贿1020000元;被告人沈君利用职务便利,还收受其他贿赂134000元,美元1000元,其行为已构成受贿罪。2011年4月9日,市检察院以涉嫌受贿罪对沈君立案侦查,9月7日提起公诉。10月19日,市人民法院以受贿罪判处沈君有期徒刑十二年三个月,剥夺政治权利二年,并处没收财产15万元。

【查处徐陟受贿案】 徐陟,曾用名:徐吱,男,1966年4月4日生,平湖市市场开发服务中心主任、平湖市新世纪市场发展有限公司董事长兼总经理。2009年至2011年,徐陟在担任平湖市市场开发服务中心主任、平湖市新世纪市场发展有限公司董事长兼总经理期间,利用全面负责市场商业开发建设、经营管理、服务等工作的职务便利,多次向施工单位承建人索取贿赂计827000元,其行为已构成受贿罪。2011年3月17日,市检察院以涉嫌受贿罪对徐陟立案侦查,5月25日提起公诉。6月16日,市人民法院以受贿罪判处徐陟有期徒刑十二年六个月,剥夺政治权利二年,并处没收财产12万元;扣押的贿赂款50000元予以没收,上缴国库;由市检察院冻结其位于当湖街道商业中心2幢814室房产,处理后上缴国库。 (陆虹霞)

•审判•

【概况】 2011年,市人民法院积极践行为大局服务、为人民司法工作主题,深化落实“八项司法”,抓队伍、强审判、促公正、保民生,各项工作取得新进展。全年受理各类案件7562件(含旧存352件),结案7057件,结案率为93.32%,法官人均结案数124件。

【大力推进平安建设】 全年共审结刑事案件740件,判处被告人1250人,其中判处五年以上有期徒刑83人。严惩“两抢一盗”等侵财性犯罪和暴力犯罪,推进“扫黑除恶”专项斗争,依法审结以李大宁、董雷为首的涉黑案件2起。参与反腐败斗争,审结贪污贿赂罪6件7人。对轻罪、过失犯罪、未成年人犯罪从宽处理,对277人免予刑事处罚或适用缓刑。发挥对知识产权司法保护的主导作用,审结假冒注册商标和销售假冒注册商标的商品案件23件44人。

【民商案件“调解优先”】 贯彻“调解优先、调判结合”工作原则,运用诉前、立案、庭前、庭中和庭后“全程调解”工作机制,引导当事人互谅互让,从根本上化解纠纷。全年共审结各类民商事案件4143件,同比增长10.7%,调撤率达63.6%,民事调解案件自动履行率为87.73%。加强释明工作,一审民事案件息诉率为96.63%。

【妥善处理涉企案件】 针对部分中小微企业经营陷入困境的实际情况,确立“主动服务、司法暖企”的工作理念,开辟涉企案件审执"绿色通道"。通过法官进企业走访、举办法律与经济论坛等方式,了解企业的法律需求,帮助企业解决涉法问题。采取提前介入、灵活保全、"放水养鱼"等方法,充分运用调解手段,努力挽救有发展前景的困难企业。依靠党委的领导,加强与政府有关部门的沟通协调,依法慎重处理群体性纠纷。全年共受理涉企案件2136件,结案2102件,解决争议诉讼标的额5.2亿元。

【执行工作"内外联动"】 完善执行联动机制和协助执行网络,与市财政局联合发文,对举报被执行人财产线索公民进行奖励,与市工商局、市企业信用体系建设工作领导小组办公室达成联合意见,加强企业信用信息互通共享。强化执行威慑机制,用好财产申报、执行曝光、悬赏执行等措施,通过电视、报纸等渠道曝光"老赖",起到公布一批教育一片的效果,执行工作从"执行难"向化解"拒执难"转化。全年共受理执行案件2290件(含旧存168件),执结2046件,执结率为89.34%,实际执行率为70.5%。全年共拘留41人次,罚款2人次,曝光51人次。以"房屋腾退"专项执行活动为切入点,大力开展反规避执行专项活动,有效化解积案,维护当事人胜诉权益。

【阳光司法落到实处】 全面推行立案公开、审判公开、执行公开、听证公开,文书公开,扩大司法公开的广度及深度。通过邀请旁听庭审、组织法制宣传、开展巡回审判、举办"公众开放日"活动等方式,畅通与人大代表、政协委员及群众之间的互动渠道。全年共开展"公众开放日活动"11次,先后邀请人大代表、政协委员、机关党员干部、社区群众、在校学生190余人次参观法院、旁听庭审,增进社会公众对法院的了解。完善法院外网建设,公布裁判文书,增强工作透明度和司法公信力。

【举行审判业务用房迁建项目开工仪式】 3月30日,市人民法院在院新址隆重举行审判业务用房迁建项目开工仪式。市有关领导、上级法院有关领导、市法院全体干警及项目施工、监理等单位代表参加了开工仪式。

【审结全省首起环境保护公益诉讼案】 12月16日,省首例环境保护公益诉讼案在市人民法院调解审结,公益诉讼原告市人民检察院与嘉兴绿谊环保服务有限公司等五公司之间达成和解协议:嘉兴绿谊环保服务有限公司等五公司支付因环境污染造成的直接经济损失54万余元,并承担案件诉讼费。该案被新华社、《浙江日报》等媒体广泛报道,被《法制日报》列为2011年中国十大影响性诉讼之一。

【依法惩治醉酒驾驶】 5月1日起,《中华人民共和国刑法修正案(八)》正式实施,醉酒驾驶作为危险驾驶罪追究驾驶人刑事责任。5月27日市法院审结平湖市首起醉酒驾驶案件,以危险驾驶罪判处被告刘某拘役一个月,并处罚金1000元。截至12月31日,市法院审结危险驾驶罪56件56人。

(孙淑君)

•司法行政•

【精心谋划启动"六五"法制宣传教育】 2011年,市司法行政部门将启动"六五"普法作为年度重点工作,以征集"六五"普法工作思路为载体,面向社会开展宣传、调研、论证等工作,进行舆论引导,营造工作氛围。在全市开展"我为'六五'普法建言献策"活动,广泛征集工作思路。邀请人大代表、相关部门、法学会成员以及村(社区)、企业代表召开了

6次座谈会,并举行“六五”普法规划听证会,征求意见,为制订“六五”法制宣传教育规划提供依据,成为平湖市法制宣传教育工作的一项开创性举措。9月27日,市召开法制宣传教育“五五”总结表彰暨“六五”动员大会,市四套班子主要领导参加会议,市长翁建荣对“六五”普法工作提出要求。会议回顾总结“五五”普法工作开展情况,表彰先进集体和先进个人,先进代表作交流发言,市和各镇(街道)及“法律八进”牵头部门在会上签订法制宣传教育责任书。

【扎实开展主题教育实践活动】 市司法行政系统围绕工作职能定位,扎实推动“发扬传统、坚定信念、执法为民”主题实践活动有序开展。一是增元气。以提高机关执行力和工作效能为目标,根据对内、对外不同职能,合理整合调整内部机构序列,设置“后勤保障、检查指导、法律服务”三个中心,内部科室按职能特点分属各中心,形成合力。在全系统开展光荣传统教育和专题学习,通过专题读书会、培训班、司法行政论坛、网络平台和中心组学习等多种形式,组织全体干部和法律服务机构人员进行集中教育,强化宗旨意识,坚定理想信念。二是聚人气。扎实抓好先锋承诺、履诺践诺、“闪光点”评议等环节,推进机关党员干部队伍“廉洁高效先锋”、法律服务工作者队伍“诚信服务先锋”创争活动,确保活动成效。围绕嘉兴市局提出的争创全省司法行政示范市和创新社会管理服务,注重“名所名长”培育,抓好基层“双先”表彰,大力开展司法行政先进典型选树活动。三是接地气。建立领导联系点制度,局班子成员与司法所、公证处、律师事务所等机构挂钩联系,做好服务。抓住群众最关心的生产生活、权益保障、公平正义问题,大力开展以“法律援助农民工讨薪维权大行动”、“先锋服务基层,节日送法下乡”主题宣传活动、“社会矛盾化解专项行动”等为主要内容的“送法律送温暖”惠民行动。四是正风气。将主题教育实践活动与“创先争优”结合起来,开展“五找五问”大讨论,按照“四个一律”和《平湖市机关工作人员日常行为十条禁令》要求,从严治警,加强行为规范建设。在司法所、专职社工队伍中,加强助推经济、构建和谐、依法治理、为民解忧、教育管控“五种能力”建设。在“法律服务中心”窗口和法律服务行业中,开展形象亮化、服务优化和党群共创为内容的创先争优活动。

【平湖市社会矛盾联合调解中心揭牌】 12月27日,平湖市社会矛盾联合调解中心揭牌,标志着平湖市“大调解”工作体系的基本形成。中心整合各类调解资源,依托信访接待中心窗口,实现人民调解、行政调解、司法调解的有效对接,并运用联调机制化解复杂疑难社会矛盾。一是快速受理,方便群众。对于信访窗口接待的群众诉求,接待人员认为可调的,直接引导到联调中心接待;符合受理条件的,即网络分流到调解组织,即时调解。二是专家会诊,制订方案。对突发性、重大疑难复杂的纠纷,联调中心组织法律专家和行政专家分析研究,制订调解方案,组成联合调解组进行调解,及时化解矛盾。三是属地管辖,合理分流。联调中心受理的案件,按属地管理原则分流到各镇(街道),由镇(街道)调解中心调处,或指导、参与村(社区)调解组织调处;调处难度高的,则由市联调中心参与帮助调处。

【稳步推进农村法律顾问建设】 2011年,平湖市在原有村级法律顾问建设的基础上,借势全省重点推进乡村法律顾问工作,市政府于4月下发《关于推进全市基层法律顾问工作的意见》,提出全市基层法律顾问建设的总体目标、工作任务及各项保障。年内全市

95个村,45个社区全面建成以执业律师、法律服务工作者为主的基层法律顾问网络,一举实现"一村一社区一顾问"。所需经费,视村集体经济具体状况,分别以市政府购买法律服务的形式或由镇(街道)财政安排补助经费的方法解决。村级法律顾问建立后,发挥熟悉法律、贴近基层的优势,对村内发生的各项矛盾纠纷,做好协调工作,使大量矛盾纠纷得以就地化解。

【认真服务人大换届工作】 2011年底,市、镇两级人大换届选举,市司法行政系统充分发挥职能作用,抓好各项法律服务和保障工作。一是把好"宣传关",确保氛围浓厚。结合实施全市"六五"普法规划,围绕换届选举相关工作,利用各种传媒工具,有针对性的宣传宪法、选举法、人民代表法、地方组织法等相关法律法规,在12月选举集中阶段,结合"12·4"法制宣传日活动,重点宣传选举的日期、程序、方法、候选人条件及选民的基本权利义务,激发选民参选热情,充分行使民主权利。二是把好"稳控关",确保社会稳定。围绕可能影响换届选举的各种隐患,积极开展矛盾纠纷的排查和调处。准确掌握特殊对象的思想和行为动态。加大对两类人员的衔接管控和教育帮扶力度,防止各类妨碍选举事件的发生。三是把好"程序关",确保流程规范。发挥市、镇两级政府法律顾问作用,要求选举单位严格执行选举中适用的法律法规、方案及选举流程,协助有关部门共同接待换届选举过程中的来访群众,及时准确地为群众解答相关法律问题,引导和帮助广大选民更好地实现民主权利。四是把好"审查关",确保主体合法。根据选举法中关于不宜推荐为候选人的法定情形,协助选举单位对候选人资格进行全面审查,协助做好选民资格认定工作,确保选民资格合法有效。

【建立跨地区人民调解联动机制】 为有效化解上海市金山区与平湖市接边区域发生的各类民间纠纷,实现纠纷化解快速响应,提高调处能力,在总结以往经验的基础上,两地共同推出人民调解联席会议制度。6月30日,接边两地金山区金山卫镇、平湖市独山港镇举行签约仪式,联席会议由金山卫镇、独山港镇分管领导牵头负责,接边镇、村调委会为成员单位,两地司法所人员,接边5个村调解主任为组成人员。联席会议还确定了4项制度,一是定期会议制度,由两地司法所牵头组织,每季度举行一次会议,遇有特殊情况随时召开。二是联合排摸制度,各成员单位间定期互通跨地区纠纷排查情况,在重要时间节点、重大活动前后集中排摸跨地区不稳定因素。三是联合调解机制,涉及跨区域纠纷调解,一般纠纷由纠纷涉及地村级调解组织调解处置;重大、疑难、复杂纠纷由两地镇、村两级调解组织联合调处。四是信息互报机制。联席会议成员单位间加强信息交流,定期沟通互报跨地区纠纷的排摸、受理、化解情况,对重大、突发性、易激化矛盾纠纷随时沟通。联动调解机制建立后,已成功化解接边区域20余起民间纠纷,特别是一些涉及跨省两地石油化工、垃圾焚烧造成的空气污染以及道路修建、绿化建设中的尘土污染等环保纠纷,沪杭公路两侧农田灌溉、承租土地的利用等重大纠纷,均得到有效控制或化解,跨地区联调机制成效初显。

【社区矫正工作实现三零目标】 2011年,平湖市围绕社区矫正"监管安全年",采取多种措施,强化对社区矫正对象的管控,取得积极成效,全年全市有矫正对象316名,人数比上年多21.54%,实现矫正对象脱管率、漏管率、重新犯罪率"三零"目标。一是建立审前调查机制。社区矫正工作平台"向前"拓展延伸,贯彻实施《刑法修正案(八)》,规范和完善社区矫正审前社会调查工作。与监所机构做好释前衔接,全年受理各监所委托对假释罪犯社会调查46次涉及46人。协助法院开展审判前非监禁刑调查,法院将符合非监禁刑的被告人信息,判决前通知司法局,司法局派人到庭听审,办理交接。对被判处缓刑的罪犯,法院在判决书中写明“接受社区矫正,按时报到”等要求,并责令服刑人员当庭填写《接受社区矫正保证书》。二是建立核查核对机制。司法局与公安局每月对全市矫正对象人数核对一次,并填写《平湖市矫正对象人数核对单》。各司法所、派出所每半月对辖区内矫正对象人数核对一次,如有遗漏,及时找查,并落实矫正措施。司法所与派出所信息共享,派出所确定一名民警为社区矫正工作联络员,配合司法所做好辖区内社区矫正工作。三是建立重点管控机制。进一步完善目视跟控、有线查控、无线遥控和布点蹲控“四控”措施,落实社区矫正监管安全工作。四是建立心理重建机制。开展教育矫正能手“一对一”帮教攻坚活动,落实“定人包案”制度,实现司法所辖区内重点人员的个案化矫正实施率达到100%。通过心理疏导,帮助矫正对象消除不良心理,释放心理压力,重拾信心,全面开展对矫正对象的心理测试,建立心理档案,为实施分类管理、分类教育、分级处理等个案化矫正工作,提供科学、准确的依据。 (孙剑威)

农　业

·综述·

【概况】 2011年,全市农业和农村工作以科学发展观为统领,紧紧围绕"农业增效、农民增收"目标,努力克服长江中下游旱涝急转等自然灾害带来的不利影响,创新发展理念,转变发展方式,狠抓工作落实,圆满完成全年各项任务目标,实现了"十二五"时期农业农村经济发展良好开局。全市实现农林牧渔业总产值268958万元,比上年增长11.4%;农民人均纯收入16641元,增长16.4%。当年,平湖市被评为"全国粮食生产先进单位"、"浙江省美丽乡村创建示范县",市农办(农经局)在粮食生产、"美丽乡村"建设工作中成绩突出,被市委、市政府授予工作特别奖。

【平湖市被评为全国"平安农机"示范市】 2011年,在浙江省"平安农机"示范市基础上,进一步完善规章制度,落实安全生产责任,促进农机安全管理工作法制化、规范化。在健全基层农机安全监管网络的前提下,逐步构建起农机安全生产的源头管理、执法监控、宣传教育"三大防线",切实预防和减少农机事故的发生。通过不断创新农机安全管理长效机制,建立起"政府领导、农机主抓、部门协作、社会参与"的农机安全生产社会综合监管新格局,实现全市农机安全生产的全程监督管理。2011年,全市全年无重大农机事故发生,新创建农机安全示范镇7个、示范村45个、示范户400个,被评为全国"平安农机"示范市。

【平湖市被认定为浙江省平安渔业示范县】 根据省海洋与渔业局《关于印发〈浙江省创建"平安渔业示范县"活动实施方案〉的通知》要求,深入开展"平安渔业示范县"创建工作,出台落实《平湖市创建"平安渔业示范县"活动方案》和《关于进一步加强渔业安全生产工作的通知》,建立起"政府领导、渔业主抓、部门协作、社会参与"的工作机制。不断强化"责任体系"和"工作体系",突出抓好海洋捕捞安全管理、提升防御灾害性天气的能力和救助信息平台建设。切实加强执法监督、宣传培训、制度完善、台账建设等工作,不断夯实渔业安全生产基层基础工作,全市渔业生产呈现出平安和谐的氛围,2011年,平湖市被认定为浙江省平安渔业示范县。

【农业"两区"建设步伐加快】 以国家现代农业示范区建设为契机,进一步加快农业转型升级,提升农业现代化水平。2011年,区内共流转土地31253亩,新建道路24565米、渠道35036米,新增设施钢架大棚2300亩、微滴灌面积1800亩,引进经营主体14家,投入资金1.2亿多元,完成农业部现代农业示范区粮菜循环标准化示范基地等21个项目建设,3个主导产业示范区和7个特色农业精品园列入省创建点。推进粮食生产功能区建设,继续抓好标准农田质量提升试点,提高粮食生产综合能力。全年建成粮食生产功能区27个,面积2.45万亩,其中千亩以上粮食生产功能区8个。

【生态循环农业建设成效显著】 2011年,围绕省级和嘉兴市级生态循环农业示范市创建工作,出台《平湖市生态循环农业示范市建设工作实施意见》,明确示范市建设目标和任务,成功创建2个嘉兴市级生态循环农业示范区和3个嘉兴市级生态循环农业示范企业。不断创新农作制度,积极推广水稻—蘑菇—水稻(芦笋、西瓜、蔬菜)农林牧结合等循环生态链。全面推进农业面源污染治理,实施畜禽养殖污染"双控"机制,继续开展规模猪场和散养户"两分离三配套"治污设施建设,强化后续服务体系建设,巩固畜禽养殖污染治理成果。积极推进生态型标准池塘建设改造,累计完成1.81万亩。

【"12316"为农服务工作成效明显】 12316为农服务中心成立一年来,依托信息平台服务推送作用明显。2011年,共发布各类政策、技术、行情、价格、产销、务工、预警信息800多万条次,发布"每日一助"信息200多条,达成交易150笔,促成农产品交易意向2000多万元。发布土地流转信息500多条,对接意向22笔,交易额近300万元。发布劳动力招工信息20期,信息量达700多条次。同时,通过农产品展示展销活动,共展示推介瓜果、蔬菜、畜产品、水产品、粮油副食品等优质农产品500个品种(批次),销售量超120多吨,销售额达800多万元。积极引导农技党员一线为农办事,全年共安排专家及党员志愿者在窗口坐席值班1200多人次,专家下乡现场指导700多人次,接待来电来访1500多人次。

【嘉兴市首家"农村资金互助社"成立】 2011年1月,嘉兴市首家"农村资金互助社"——平湖市当湖街道新当湖农村资金互助社成立。互助社由平湖市食用菌合作社、平湖市四季对虾专业合作社、平湖市新中大生猪专业合作社3家专业合作社自愿入股,联合发起组建,入股社员317户,资本总金额达500万元。该社是通过吸纳社员闲散资金,实行封闭式运作,只为入股社员提供存款、贷款、结算等业务,属社区互助性银行业金融机构,它的经营宗旨是服务社员,谋求社员共同利益,切实帮助社员解决农业季节性资金紧缺问题,有效破解农民融资难题。2011年,该社吸收社员存款360户、936万元,发放贷款120户、1608万元。 (王利燕)

•农村经营管理•

【继续推进土地整组整片流转】 2011年,土地流转面积新增15030.8亩,全市土地流转面积累计105972.8亩,占全市总承包面积的32.07%,涉及农户38800多户。其中,100亩以上的规模流转面积60887.5亩,占全市土地流转面积的57.46%。新埭镇姚浜村、兴旺村、星光村、鱼圻塘村,新仓镇杉青港村、芦湾村、新征村、杨盛村和庆丰村,广陈镇龙萌村和独山港镇穗轮村共11个村完成整村流转,整村流转面积3.56万亩。农村土地承包经营权规模流转,加快了农业特色主导产业培育步伐,促进了现代农业建设。8月18—19日,农业部在新疆昌吉召开全国农村土地承包管理工作座谈会,平湖市作为典型进行交流发言。

【58个村完成产权制度改革工作】 2月,新仓镇红光村和新埭镇泖河村两个试点村先行启动产权制度改革。在试点成功的基础上,3月,制订并下发《平湖市农村集体资产产权制度改革实施细则》,指导各村规范开展农村集体资产产权制度改革工作。6月,召开全市产权制度改革动员大会,部署各镇(街道)全面推开改革工作。9月,市人大常委会就农村集体资产产权制度改革开展专题调研,对全市的农村集体资产产权制度改革工作给予肯定。2011年,全市58个村完成农村集体资产产权制度改革工作,其中新仓镇和新埭镇全面完成改革任务。58个村共核实资产61038.17万元,量化资产17014.24

万元,发放股权证25991本。

【加强农村集体资金资产资源监管力度】创新和强化“三资”管理方式,建立农村集体“三资”监管网络系统,当湖街道村村安装“三资”管理电子触摸屏,实现“三资”管理情况全公开。全市农村集体“三资”清查成效显著,累计收回各类欠款1702万元,进一步规范了集体资产租赁行为,收回了部分历年欠缴租金,盘活了集体资产,确保了资产安全。继续强化审计监督,全市完成审计村(社区)103个,审计金额139640万元。

【全面完成村经济合作社换届选举工作】根据省、嘉兴市和平湖市委、市政府的要求和统一部署,按照党委领导,同步部署,于法周严,于事简便,精干精简,交叉任职的基本原则,2011年,全面完成村经济合作社的换届选举工作。通过换届,选举产生新一届村经济合作社社管委成员315人,行政村党组织书记全部被依法选举为村经济合作社社长,进一步优化了村班子素质结构,新进合作社班子成员85人。

【农民专业合作社规范化建设】 认真贯彻《浙江省人民政府关于促进农民专业合作社提升发展的意见》,农民专业合作社从数量发展转变到提升发展,扎实推进农民专业合作社规范化建设,对全市农民专业合作社从健全内部治理结构和运行机制、社会影响力和社员带动力等方面开展示范社建设。至2011年底,全市共有农民专业合作社88家,其中嘉兴市规范化农民专业合作社67家,嘉兴市示范性农民专业合作社14家,浙江省示范性农民专业合作社10家,带动农户5.71万户,当年实现销售总额2.76亿元。

【减轻农民负担工作】 开展减轻农民负担监督管理明查暗访,强化农民负担责任追究制度,严格规范涉农收费行为,全力维护农民合法利益,促进农村和谐稳定。继续做好省“一事一议”财政奖补工作,2011年,全市有21个村被列为省级财政一事一议奖补项目实施主体,项目以村组道路、桥梁建设为主,投资总额2505.9万元,其中:省财政667万元,地方财政907万元,农户筹资筹劳127.7万元,社会捐助332.5万元,村集体投入471.7万元。 (徐桂明)

•种植业•

【概况】 2011年,全市农作物播种面积79.98万亩,其中,粮食播种总面积551688亩,单产446公斤,总产量245968吨。水稻总面积327706亩,单产556公斤,总产182364吨,其中单季稻面积324116亩,单产557公斤,连作晚稻面积3590亩,单产526公斤。大麦面积115378亩,单产302公斤,总产34872吨。小麦面积78817亩,单产270公斤,总产21252吨。油菜籽面积107073亩,单产166公斤,总产17788吨。棉花面积6824亩,皮棉总产570吨。蔬菜复种面积110696亩,单产2052公斤,总产227103吨。其中芦笋面积4071亩,创产值3192万元。西瓜面积17930亩,单产2031公斤,总产36423吨。食用菌总面积2100万平方尺,其中秋季蘑菇面积1850万平方尺,比上年增加130万平方尺,总产22758吨,创产值13650万元。

【种子供应与繁育】 2011年,平湖市惠农种业有限责任公司积极做好良种繁育和供应工作。全年繁育稻麦良种面积4924亩,共收购稻麦良种151.3万公斤,其中繁育大小麦品种4个,面积1520亩,收购春粮种子38万公斤;繁育晚稻面积3404亩,收购晚稻种子

113.3万公斤。全年供应大小麦种子34.1万公斤、晚稻良种74.24万公斤,其中常规稻品种73.53万公斤,主要有"秀水134"55万公斤、"秀水114"7.1万公斤、"秀水08"5.2万公斤;杂交稻种子7150公斤,品种以甬优系列和闵优香粳为主,种植面积18.86万亩。全市晚稻良种统一供种率达57.7%,实现粮食生产安全用种。

【全面开展粮油高产创建活动】 2011年,在粮食生产功能区内开展粮油高产创建活动,通过粮食优质高产示范与竞赛活动,推进优良品种和各项先进适用技术的推广应用,加快粮食生产机械化、社会化服务进程,提高粮食生产科技支撑能力,全面提升粮食生产水平和综合效益。全市共建立水稻示范方56个,面积3.5万亩,其中在新埭镇建立国家级万亩水稻高产示范片1个。全市建立千亩以上水稻高产示范方10个,百亩水稻高产核心示范方45个,攻关田27块,科技示范户200户。在林埭镇建立油菜万亩高产示范片1个,示范品种"浙油50"。

【国家级蔬菜标准化示范县项目通过验收】 按照全国农业标准化示范县的建设任务和要求,建立起新仓、广陈和钟埭为主的蔬菜标准化核心示范区、覆盖全市的农业标准化制订、宣传、培训和推广体系、以农资配送、农资信用为主的农业投入品监管体系及以农产品质量安全为主的农产品质量检测监管体系。全国蔬菜标准化示范县的创建,取得的经济、社会和生态效益显著,全市规模示范面积达20011亩,创总产值4026万元,示范区单产效益比非示范区提高10%以上。2011年10月,顺利通过省农业厅组织的考核验收。

【全面落实大户直补和农作物良种补贴等惠农政策】 2011年,通过邮政一卡通下发各类粮油惠农补贴资金共计3318.96万元,其中:国家农作物良种补贴发放631.23万元,补贴总面积48.39万亩;国家种粮农资综合补贴发放2267.09万元,补贴农户9.02万户,补贴面积51.30万亩;省稻麦大户直补237.96万元,补贴20亩及以上稻麦种植大户593户,补贴面积7.93万亩;省级水稻良种繁育基地补贴46.98万元。小麦梅灾损失补助135.7万元。

【"金平湖"西瓜顺利通过绿色食品续展认证考查】 "金平湖"西瓜被认定为绿色食品A级产品以来,严格执行绿色食品质量管理规程,全程实行"从土地到餐桌"的质量控制和检测,使西瓜种植户的产品质量意识和品牌意识得到进一步增强,西瓜的产品质量得到进一步提升,平湖西瓜的品牌效应得到进一步彰显,"金平湖"西瓜成为平湖市西瓜灯文化节指定西瓜品牌。2011年3月,"金平湖"西瓜顺利通过绿色食品续展认证考查。

【蘑菇新型菇棚推广应用成效显著】 2011年,全市春菇菇棚推广应用新型阻燃保温材料覆盖菇棚212户、面积614.5万平方尺,占全市总菇棚面积的45%,实现总产量7128吨、总产值5137万元、总效益2556万元。据对41户应用新型菇棚的菇农调查(250.1万平方尺):平均每平方尺鲜菇单产1.16公斤、产值8.36元,与传统毛竹稻草型菇棚相比,单产、产值分别增加0.03公斤和0.62元,其中在新型菇棚基础上再增加钢架采暖棚的10户共128.3万平方尺菇棚平均每平方尺鲜菇单产1.17公斤、产值9.34元,比传统毛竹稻草型菇棚单产、产值分别增加0.04公斤和1.6元,新型菇棚增产增效明显。2011年全市秋菇推广应用新型菇棚面积达1180万平方尺,占菇棚总面积的76%。

(唐红芳 陆玉其)

• 畜牧业 •

【概况】 2011年,全市畜牧业总产值69483万元,占农业总产值的25.83%。全市生猪总饲养量91.63万头,年末存栏为46.94万头,其中能繁母猪存栏6.44万头。全年出栏肉猪44.69万头,年产苗猪119.5万头,其中外销84.9万头左右。2011年全市年出栏50头以上的规模猪场(户)1285户,出栏肉猪32万头,规模猪场肉猪出栏占全市出栏的71.59%。全年外调肉猪35.8万头,以供苏为主。存栏10头以上的母猪养殖规模猪场有435户,二元母猪比例达到84.58%。全市家禽总饲养量319.4万羽,年末家禽存栏111.6万羽,出栏207.8万羽,年出栏2000羽以上的肉禽规模养殖户达到83户,存栏数28.8万羽,年出栏103.4万羽。存栏500羽以上的蛋禽养殖户有160户,存栏数24.4万羽,年产蛋量达到3770吨。奶牛年末存栏744头,牛奶产量2220吨。羊年末存栏1.41万头,年内出栏1.75万头。兔年末存栏3.36万只,年内出栏2.66万只。养蜂年末7490箱,年蜂蜜产量366.4吨,蜂王浆产量44.94吨。

【畜产品安全监管】 签订2011年动植物疫病防控和农产品质量安全工作目标管理责任书,集中开展以“瘦肉精”为重点养殖环节、饲料环节、生鲜乳环节三大专项整治。全年抽样送检540个尿样样品,未检测到含有违禁药物成份;快速检测生猪尿样中违禁药物达13.229万份,合格率为99.999%;检查公路运输动物车辆1374车次,其中生猪61车次6707头,动物产品(猪肉、牛肉、禽肉)1285车次96.731吨,畜副产品28车次1.501吨,未发现染疫动物及产品车辆;查处动物卫生违法案件31起,结案31起,行政处罚罚款2.3926万元,无一例行政复议或行政诉讼案件,有效打击了逃避检疫和经营病死动物及产品行为。

【动物防疫检疫】 2011年,继续开展春秋季重大动物疫病防控集中免疫行动,完善动物产地检疫工作流程,制订《平湖市动物检疫员工作制度》,全面实施省级动物标识及疫病可追溯体系省级数据库系统试点。全市全年家禽高致病性禽流感免疫注射229.39万羽次、猪重大疫病免疫注射480.79万头次、牛O—亚洲I型口蹄疫免疫注射1484头次、羊口蹄疫免疫注射1.16万头次。产地检疫生猪62.08万头、家禽187.13万羽、种蛋107.6万枚,出县境检疫生猪46.869万头,家禽9.28万羽,种蛋96.5万枚。

【加强生态畜牧建设】 2011年,开展大规模专项检查3次,共检查规模畜禽养殖场311场次,发放整改通知书10份,立案6户处罚6户,进一步营造良好的治污氛围,有效巩固治污成果。全年清理沼气池625只2.27万立方米,收集处置畜粪4.99万吨。全市已建造户用沼气池742户8906立方米;沼液储存池72户2165立方米;雨污分离盖板14户790.5平方米;干粪棚17户256平方米;封堵排污口15户385块。同时,起草《2012—2015年生态畜牧业发展指导意见》,严格落实养殖双控、生态养殖模式推广、治理与处罚并重措施,努力实现生态保护、畜牧业生产、农民增收的协调发展。2011年,平湖市被嘉兴市市委、市政府授予2011年度生态畜牧业建设先进市二等奖。

【落实能繁母猪信息预警体系常态化管理】 2011年,根据浙江省财政厅、浙江省农业厅《关于印发2011年浙江省能繁母猪补贴实施方案的通知》和省畜牧兽医局《关于做好能繁母猪信息预警体系常态化管理工作的通知》精神,认真开展能繁母猪补贴的调查与核实,迅速进行能繁母猪生产、免疫、更新、淘汰及死亡等信息更新工作,全市共有66766头母猪符合能繁母猪补贴政策,新购无线射频识读器10台,新钉载能繁母猪电子耳标2.6万头,信息更新4.2万头,全面更新了全市能繁母猪系统数据库,顺利完成任务。

2011年畜产品、饲料市场行情表

单位:元

项目		一季度			二季度			三季度			四季度		
年份		2011	2010	±%	2011	2010	±%	2011	2010	±%	2011	2010	±%
畜产品价格动态(元/公斤)	二元苗猪价格	13	9	44.44	18	8	125	24	12	100	16	12.2	31.15
	三元苗猪价格	18	10.8	66.66	22	11	100	26	16	62.5	18	16.4	9.76
	二元肉猪价格	13.8	9.8	40.82	15	9	66.67	19	11.4	66.67	16	13.4	19.40
	三元肉猪价格	16	11.2	42.86	16.6	10.7	55.14	21	13.6	54.41	16.6	14.6	13.70
	猪肉统货零售价	20	14	42.86	21	16	31.25	26.5	18	47.22	21	18.5	13.51
	放养黄羽肉鸡	20	17.5	14.29	21	16	31.25	22	19	15.79	22	20	10.00
	圈养黄羽肉鸡	14	13.5	3.7	14	11	27.27	15	14	7.14	14	14	0.0
	快大型肉鸡	10	9	11.11	10	7.5	33.33	12	10	20	8	10	-20.0
	鸡蛋	9.2	7.8	17.95	9.2	7.6	21.05	11	8.6	27.91	12	8.8	36.36
	鸭蛋	8	6	33.33	8	6	33.33	12.5	7.6	64.47	12	7.6	57.89
饲料价格动态	地产仔猪料(元/包)	126	116	8.62	126	116	8.62	130	118	10.17	128	120	6.67
	地产中猪料(元/包)	116	110	5.45	116	110	5.45	120	112	7.14	115	115	0.0
	地产肉鸡料(元/包)	123	113	8.85	123	113	8.85	125	115	8.70	115	120	-4.17
	地产肉鸭料(元/包)	113	102	10.78	113	102	10.78	115	105	9.52	107	110	-2.73
	玉米零售价(元/吨)	2330	1940	20.10	2350	2050	14.63	2500	2200	13.64	2500	2320	7.76

说明:1. 调查日期:每季度的第二个月25日前后。

2. 调查地点:选择代表性的1~2个地点,取平均值。地点确定后保持相对稳定。

【加强犬防工作】 2011年,继续实行农村地区犬类防疫费减负政策,对全市农村散养犬实行"政府买单、免费防疫"。根据市防办指《关于进一步加强犬类管理工作的通知》,加强领导、明确职责、落实措施、强化考核,全年狂犬病免疫注射2.71万条次,有效控制了狂犬病发生,使犬防工作形成常态化。

【开展饲料行业、生鲜乳质量安全专项整治】 2011年,认真开展对饲料生产企业、饲料经营点的饲料原料、预混料、配合饲料产品抽查行动,全年出动180多人次,抽查养殖户自配料12份、外来配合饲料12个样品、预混料2个样品;饲料生产企业26份、预混料2个样品、饲料原料4个样品,均未查到违禁药物。同时,专门购置饲料用违禁药物的快速检测条进行快速筛选检测,全年检测饲料生产企业和饲料经销点的饲料原料9份、配合产品73份、预混料及添加剂48份,检测饲料生产企业自配添加剂16份,均未检测到违禁药物成份。建立定期督查奶牛场制度,部署开展奶牛“两病”防控工作,全年3个奶牛场共送检及省抽检42份样品,合格率为100%,未发现违法添加三聚氰胺、皮革水解蛋白酶等有毒有害物质行为。

【病死畜禽无害化处理池建设】 继续开展病死畜禽无害化处理池建设,落实无害化处理公共设施建设运营经费和规模场(户)处理池建设补助资金。2011年,全市建成村级病死畜禽无害化处理池46只4074立方米,规模户病死畜禽无害化处理池39只2208立方米,共计建设无害化处理池85只、6282立方米,无害化处理家畜家禽2.66万头(羽)。

(沈亚菊)

•海洋与渔业•

【概况】 2011年,全市水产养殖面积30219.15亩,水产品总产量35692吨,渔业总产值44166万元,比上年增长11.3%。南美白对虾、观赏鱼、青虾、罗氏沼虾、甲鱼等养殖20173.1亩,占全市养殖面积的66.76%,比上年提高10.29个百分点。其中,南美白对虾养殖14133.2亩,占全市养殖面积的46.77%,年产南美白对虾4442.44吨,年产值13366.4万元。观赏鱼露天池塘养殖856亩,温室养殖60013平方米。为扩大养殖规模,利用海南省的气候优势,海南省美兰养殖基地扩大到了1600亩,全年生产苗种5090万尾,商品鱼2480万尾,销售商品鱼1902万尾,总产值达19231万元。南美白对虾和观赏鱼合计产值32597.4万元,占全市渔业总产值的73.81%。全年,检验合格渔船1260艘,其中内河渔船595艘、海洋渔船665艘。举办“阳光工程”培训班,培训渔民船员400人,发放救生衣1300件。海洋与渔业安全生产形势持续稳定,2011年,平湖市荣获“浙江省平安渔业示范县”称号。

【开展“护渔2011”海洋渔业执法行动】 根据省海洋与渔业局统一部署,结合平湖实际,开展“护渔2011”海洋渔业执法行动,加强渔船规范化和渔具渔法管理,开展对渔船标识、“三证”持有情况的执法检查。对违规使用禁用渔具、地笼、电脉冲渔具作业、禁渔区和禁渔期内非法捕捞行为进行查处,保护渔业资源,维护正常渔业秩序。

【开展渔业资源增殖放流行动】 2011年,平湖市的渔业资源增殖流放列入省渔业资源增殖流放项目,全年在广陈塘、丰收河、黄姑塘、乍浦塘等水域投放鲫鱼、鲢鱼、鳙鱼、草鱼等鱼种共计500多万尾、河蟹种20万只,另向东湖投放锦鲤30万尾。投入资金达到20万元,是全市外荡水域渔业资源修复力度最大的一年。

【渔业互保】 2011年,全市有658艘渔船、2499位渔民投保,发生理赔案件44起,结案30起,赔款15.5万元,切实保障了全市渔业安全生产,促进了渔业生产稳定发展。

【水产品质量安全监管】 根据年初指定的

初级水产品质量安全和禁用药物残留专项整治方案,全年检查重点水产养殖场所70余家,参检人员100多人次,发现6家养殖场存在三项记录不全的情况,当场责令整改。开展水产养殖投入品质量抽检,全年抽检甲鱼、南美白对虾等样本64个批次,经检测全部合格。

【设施渔业发展迅速】 2011年,省级林埭南美白对虾产业示范区内35亩钢架大棚建设逐步推进,新建较高档次的养殖温室大棚150亩,顶棚采用钢骨架支撑结构,池壁硬化,纳米管增氧,集热、供气俱全,苗种中间培育、商品养殖兼用,设计年亩产商品虾1吨,是一般池塘养殖产量的2.5倍。

【现代渔业示范园区建设成效显著】 2011年,全市有4个示范区、6个精品园被列入省级现代渔业园区创建点,使全市省级现代渔业园区达到了12个,投资规模3.1亿元。其中平湖市"独圩省级主导产业示范区"、"省级林埭南美白对虾产业示范区"、"省级曙光特色渔业精品园"、"大齐塘省级南美白对虾特色精品园"被列为第三批省级现代渔业园区创建点。平湖市"广陈鱼虾示范区"、"新埭鱼虾示范区"、"金家桥鱼虾精品园"、"祥中鱼虾精品园"、"姚浜设施养殖鱼虾精品园"、"华丰南美白对虾精品园"被列为第四批省级现代渔业园区创建点。至2011年底,全市渔业园区已完成投资10331.5万元。

(李春念)

• 林业 •

【概况】 2011年,全市林业用地111100.5亩(林地103972.7亩),其中乔木林面积78332.7亩(林场4675亩),竹林面积15744亩,经济灌木面积380亩,竹林带面积139亩,树圃面积9377亩。树带面积3075亩,四旁树占地29526亩。全市平原森林覆盖率12.4%,平原林木覆盖率17.16%。全市活立木蓄积总数为149288立方米,其中乔木林蓄积78801立方米,四旁树蓄积70481立方米。全年完成绿化总面积6868.3亩。新仓镇荣获"省森林城镇"称号,成为平湖市唯一的省级森林城镇。

【平原绿化建设】 2011年,按照省委、省政府确定的平原绿化"1818"行动要求,全市完成绿化造林6868.3亩,新增城市绿化面积1033.5亩、公路绿化面积1177.7亩、河道绿化面积1079.2亩、农村绿化面积3577.9亩,其中农田林网造林613.4亩、小城镇绿化795.9亩、村庄绿化1193.6亩、平原防护林片林125亩、经济片林705.5亩、苗圃144.5亩。结合创建国家卫生城市,大力开展城市公园、大型绿地和景观廊道建设,划出5680平方米市区黄金地块,新增投资350万元,将建国北路东移15米,为"松风台古银杏保护区街头绿地"让路,给一棵一千余年树龄的古银杏设立保护区,该工程入围浙江省园林标化工地项目。完成北东湖景观廊道、海盐塘东侧东方路南景观廊道、平中东侧景观廊道、松枫港东侧河滨防护林等景观廊道,以及金色华庭、尚景花苑二期等住宅小区的绿化工程。完成新07省道绿色通道(景兴东路至南湖界段)、老07省道改造提升,乍王公路(乍浦段)绿色通道,杭浦高速新仓连接线绿色通道等通道绿化工程,公路绿化形象提升成效明显。按照突出生态、兼顾景观、以乡土树种、乔木树种为主的原则,结合农村圩区建设和疏浚清淤、生态护岸建设等工程,重点推进方塘港、新港河等绿化工程。

【三个村被命名为第二批"浙江省森林村庄"】 2011年,结合生态市和村庄整治建设,扎实推进村庄绿化工作。以创建森林村庄、绿化示范村为载体,进一步加大村庄内道路、河道、庭院的绿化建设力度,充分利用房前屋后、小块闲置空地,见缝插绿,大力发展村域内闲散地小片林和庭院特色经济林,提高乔木树种种植比例,村庄绿化建设取得明显成效。2011年11月,新埭镇姚浜村、当湖街道钱家村和广陈镇龙萌村被命名为第二批"浙江省森林村庄"。

【《平湖市平原绿化规划(2011—2015)》通过评审】 按照"以人为本、生态优先、城乡统筹、合理布局、因地制宜"的原则,委托省林科院编制《平湖市平原绿化规划(2011—2015)》,2011年7月21日,该规划顺利通过评审,形成了"点、线、面"结合的平原森林空间布局体系发展框架,明确了"一沿、两带、三区"("一沿",就是沿海绿化屏障,即建成一定宽度的高标准基干林带;"二带",就是以公路和河道为重点,在绿色通道、清水河道建设基础上,加强沿线沿河绿化和林带改造;"三区",就是城镇休闲景观森林建设区、平原农区防护林网完善区和乡村多功能森林建设区)的建设布局,努力打造水绿交融的网络化平原水乡风光带。

【全面完成重点防护林建设任务】 2011年,全市完成重点防护林造林面积2348.8亩,为省下达任务数2165亩的108.5%,其中泥质基干林修复78亩,为省下达任务数(75亩)的104%;岩质基干林造林76亩,为省下达任务数(75亩)的101%;基岩抚育改造168亩,为省下达任务数(165亩)的101.8%;平原林网造林1724.8亩,为省下达任务数的111.3%;封山育林302亩,为省下达任务数(300亩)的100.6%,全面完成重点防护林建设任务。

【加强松材线虫病防治】 2011年,清理病枯死松树669株,防治面积713亩,完成率100%;投入资金96万元;更新造林75亩、补植造林175亩、封山育林302亩,种植香樟、木荷、石楠、榉树等苗木16200余株;做好中幼林抚育工作,确保造林成活率和保存率在90%以上。3月组织人员对森林公园南湾景区内的3000株松树药物滴注射甲维炎4000余瓶,增强松树生长势,提高抗病能力;5月至6月松褐天牛羽毛高峰期,用先进机械喷雾设备,对林场范围内的松林(2472亩)进行2次全面喷药处理,共喷噻虫啉500公斤;10月下旬开始,对感染松材线虫的病死树和衰弱木进行全面清理。

【森林防火】 积极贯彻"预防为主,积极消灭"的防火方针,层层签订森林防火责任书,成立森林防火领导小组,加大资金投入,加强宣传力度。2011年,修建防火宣传牌100余块,刷写800多条防火宣传标语,发放森林防火宣传资料2000余份,投入资金100多万元,安排护林防火人员22名,清明期间公安、驻军部队出动900人次协助林场参加森林防火巡逻,有效保证了森林防火扑灭力量的落实。

(张伟英)

•农业产业化•

【农业招商引资】 2011年,全市农业注册内资项目2个,实际利用内资250万元,新批农业外资项目4个,总投资4115.24万美元,合同利用外资2160.7万美元,当年实际到位外资1617.6万美元。

【农产品展示展销】 2011年,组织21家企业参加2011嘉兴农产品展示展销会,2家企业分别参加海宁市第二届农展会和在杭举办的中国品牌农产品博览会,8家企业参加

2011浙江农业博览会,1家企业参加永康市第六届农展会,2家企业参加环杭州湾绿色优质农产品博览会(慈)。推荐2家企业参加“杭州市民喜欢十大农产品”评选活动和“农博爱心大使”活动,组织6家单位6只农产品申报省农博会优质产品奖评选,5只农产品获得了省农博会金奖和优质奖。通过各类农产品展示展销会,现场销售农产品130多万元,实现订单100多万元。

【培育壮大农业龙头企业】 出台扶持政策,明确补助标准,鼓励农业龙头企业进档升级。完成18家嘉兴市级以上龙头企业资产负债和经营业绩情况监测工作,申报嘉兴市级农业龙头企业3家。开展农业龙头企业基本情况调研,促进农业龙头企业做大做强。2011年末,全市共有农业龙头企业44家,其中国家级农业龙头企业1家(浙江亿达生物科技有限公司)、省级以上农业龙头企业3家、嘉兴市级农业龙头企业18家。44家龙头企业资产总额达到14.99亿元,农业龙头企业从业人数达到3167人,带动农户11.21万户、联结基地15.6万亩。

【休闲观光农业稳步发展】 2011年,结合旅游部门精品线路和金平湖美丽乡村线路推介,通过规范管理、加强宣传、彰显特色,全面提升平湖市休闲观光农业发展水平和知名度。金龙门、金稼园等5家嘉兴市级休闲观光农业基地全年实现营业收入6813万元。

【农产品营销大幅增长】 2011年,全市农产品供长三角城市销售金额为21.24亿元,比上年增长20.41%,其中供沪农产品销售金额达到16.95亿元,比上年增长40.29%。

(赵良明)

•农业科技•

【农业科技项目】 2011年,完成18项平湖市丰收计划项目、4项嘉兴市丰收计划项目、2项科技项目、7项金桥工程、9项推广基金项目立项工作。获2011年度平湖科技进步奖一等奖1项(纳米生物技术在生猪中的研究与利用)、二等奖1项(蘑菇生态高效集成技术研究与开发)、三等奖1项(平湖市农业植物重大生物灾害监测防控体系建设);浙江省农业丰收计划二等奖1项(晚稻新品种推广应用与集成技术应用),嘉兴丰收计划二等奖3项(标准农田强化地力培育示范推广、规模猪场养殖集成技术的应用与推广、蘑菇菌渣综合利用技术示范推广)、三等奖1项(稻麦良种的繁育与示范推广);金桥工程重点项目获一等奖1项(虾鳖混养模式开发)、三等奖1项(高致病性猪蓝耳病防疫技术推广),金桥工程一般项目获一等奖1项(斜纹夜蛾监测预警与防治技术研究)、二等奖1项(桃、梨蜜蜂授粉综合配套技术示范推广)、三等奖1项(番茄嫁接栽培技术应用与示范)。

【实施新一轮农民培训工作】 认真抓好农广校工作,全年有42名种养专业学员完成学业并获得中等学历证书和职业技能等级证书,63名学员完成第一学年的教学和考试工作,54名学员开班学习。申报并实施省农业厅农业教育培训“流动课堂”项目,获省级财政支持15万元,全年组织科技下乡6次,下乡139人次,群众参与8950人次,赠送科技书籍627册,发放技术资料7605份。全年各镇(街道)农民专业技能培训开班9个,开展培训43期,参训729人,累计培训4670人次,共计发放各类书籍1769册,赠送各类资料3919份。全年各镇(街道)开展实用技术培训125期,累计培训6155人次,发放各类书籍2265册,赠送各类资料7720份。

【农村统一灭鼠】 2011年,市、镇(街道)两级召开春季统一灭鼠工作会议56次,培训人员1811人,印发资料3664份,广播稿(讲座)77篇(次),制作黑板报、宣传窗83块。全市春季灭鼠工作共投入2998人次,总投放毒饵数量16400公斤,投放毒饵农田面积25.1万亩。灭鼠后的室内外鼠密度明显降低,取得了良好的社会、生态和经济效益。

【植保统防统治扎实推进】 以创建全国专业化统防统治示范区建设县为契机,坚持"政府扶持、部门引导、农民自愿、市场运作"原则,积极推进植保合作社等服务组织建设。全市有21家经工商注册的专业合作社开展病虫统防统治作业服务,拥用各类机动喷雾机623台(架),作业机手698人,初步形成了以植保(粮油)专业合作社为主导的专业化、社会化病虫统防服务组织体系。2011年,全市植保统防统治服务组织与农户签订水稻病虫统防统治服务协议7454份,水稻病虫统防统治面积50255.6亩,合计省工节本增产增效377.22万元,基本实现主要粮食生产功能区水稻病虫统防统治全覆盖,这一做法得到省委常委、副省长葛慧君充分肯定并作出批示。

【继续开展"加拿大一枝黄花"防控】 2011年,全市开展春秋两次"加拿大一枝黄花"集中防控行动,累计防除面积5433.7亩次,投入防除用工5819个。经过连续多年春秋两季集中防控,外来有害植物"加拿大一枝黄花"的扩展蔓延势头已得到有效遏制,发生面积逐年减少,连片重发生比例明显下降。全市春季发生面积2782.8亩,秋季发生面积2258.46亩,发生面积分别比上年同期减少48.6%和20.8%。

【开展测土配方施肥省级示范县建设】 2011年,全市推广测土配方施肥面积66.5万亩,在广陈镇龙兴村、三兴村和新埭鱼圻塘村建立2个测土配方施肥万亩示范方,新埭镇、广陈镇、曹桥街道实现整镇(街道)推进,40个村实行整村推进,建立村级示范点80个,培育科技示范户500个。制定两个主推配方肥的补贴政策,印发配方肥补贴券5000份,测土配方施肥技术指导意见等相关技术资料3.06万份,落实田间试验27个。10月中旬,顺利通过省农业厅组织的2006—2010年测土配方施肥补贴资金项目整体验收。

【抓好农作物重大病虫害监测和预警】 2011年,在抓好油料、大小麦、水稻等传统大宗作物病虫测报的同时,重视经济作物病虫测报调查,不断拓展服务领域。根据当地生产实际,突出重点病虫,实行系统定点调查与分类调查相结合,点上调查与面上普查相结合,加强信息联络与沟通,随时掌握田间病虫发生动态,及时分析病虫发展趋势,为决策防治提供科学依据。通过综合分析预测,于4月中旬对全年水稻病虫发生趋势进行中长期预报,共发布《病虫情报》20期,通过电视、广播、网络、会议、黑板报等多种形式,及时将病虫发生和防治技术信息传达到农户。

【加强农药安全使用管理】 2011年,积极配合市相关部门做好"两高"农药查处和监管工作,在对近年来引进筛选出的高效低毒低残留新农药进一步加大示范推广力度的基础上,继续抓好新农药的引进开发和应用技术的试验示范,针对性地开展了9项农作物病虫害药剂防治效果筛选试验,引进参试农药新品种10余个、试验处理50余个。同时,充分发挥"12316"为农服务热线、农村信息网、《金色田野》电视专栏等服务窗口作用,开展宣传和服务,帮助农户解决生产技术难题。

【实施标准农田质量提升项目】 标准农田质量提升项目建设时间为2009—2012年,涉及18个子项目,9个镇(街道)21个村,135个小组,5151户农户。2011年,市、镇(街道)两级举办培训班30次,召开工作会议41次。项目区内建立地力培肥综合示范方14个、1793亩。开展冬绿肥种植示范面积合计305亩,稻草还田面积19420.6亩;麦秆切碎还田翻耕示范面积450亩;水稻、春花两季作物机械翻耕面积7922亩;配方肥施用面积10260亩;推广应用商品有机肥2882吨。

(李建强)

•农机•

【概况】 2011年末,平湖市农业机械总值(原值)23786万元,比上年增长14.4%。全年享受国家补贴机具金额为1625.63万元,全市农业机械总动力234170千瓦,平均每亩耕地拥有0.74千瓦。当年全市机耕面积32.11万亩,机耕作业面积45.63万亩,机械收割面积47.45万亩,稻麦机械化收割率达到92%,较上年提高了2个百分点。全市农用小型拖拉机2785台,配套农具4251台,联合收割机377台。全市开展农机社会化作业服务的组织22个,从业人员2144人。农机维修网点72个,维修人员120人,全年维修各类农机具12986台次,全年农机经营总收入19694万元,总利润4189万元。2011年,平湖市被评为全国"平安农机"示范市,市农机管理站被评为2011年度全省农机化信息工作考核优秀单位。

【农机购置补贴】 加大对农业机械化发展的扶持力度,扩大农机购置补贴范围和种类。利用各类传播媒介,组织开展形式多样、丰富多彩的宣传活动,以省、市农机宣传周活动为契机,开展了农机购置宣传百日活动,全方位宣传农机购置补贴政策。积极提升服务质量,做好购机农户的申请、审核、公示等工作,并协调供货商做好购机供货服务工作,进一步调动了农民购买农业机械、运用农业机械开展生产的积极性。2011年,共发放购机指标确认书214份,受益农户87户,共购置各类农业机械804台(套),农机购置金额为1625.63万元,使用中央购置补贴479.987万元,省级补贴资金35.494万元,县级补贴资金59.36万元。

【加快粮食全程机械化生产】 加强技术示范推动,采取专家请进来、技术人员派出去的方法,探索水稻机械化育插秧栽培技术路线,重点抓好机插示范基地和育苗中心建设,2011年,新增高速插秧机16台,总量达到91台;秧盘8.7万只,总量达到近110万只;在全市建立机械化育插秧示范基地20个,全年完成机械化插秧面积61255亩,共安排农机作业补贴资金264.128万元,其中省财政专项补贴资金105.6512万元,地方财政资金158.4768万元。同时,积极推广粮食机械化烘干技术,全年新增粮食烘干机4台(套),全市粮食烘干能力达18000吨。

【推进省级农机化示范区建设】 2011年,全市共建47个农业机械化示范基地,其中粮油生产农机化示范基地20个,粮食烘干中心示范合作社2个,设施农业装备示范基地7个,农机化服务示范合作社3个,平安农机示范镇3个,平安农机示范村12个。

【农机社会化服务不断完善】 2011年,继续坚持"农民自主、政府扶持、示范引导、规范发展"的原则,加强政策、管理、服务等多方位扶持力度,引导合作组织多样化创建、规范化管理、市场化服务、产业化经营,不断提高农机组织化程度,推进农机社会化服务。全市参与农机服务的合作社达22家,其中农机化服务示范合作社6家,涌现了乍浦镇惠农、平湖顺天等一批具有一定规模、善于经营、带动能力强的专业合作社。平湖市顺天粮油专业合作社在满足周边农户服务需求的同时,到钟埭街道开展机插秧作业1136亩,在全市首次实现跨乡镇大面积机插秧服务,为合作社延伸作业时间、增加作业量、提高作业效益树立样板。

【设施农业设备补贴项目申报】 2011年,以加快粮食生产功能区和现代农业园区建设,推进农业转型升级为出发点,积极申报设施农业设备补贴项目。全年办理7个农业生产经营主体申请,共申请建设GP—825单栋钢架大棚35.4744万平方米,建设GP—622单栋钢架大棚24.6996万平方米,建设GLP—622连栋钢架大棚3.6655万平方米,总计享受项目补助资金365万元。 (王晓林)

•农业行政执法•

【概况】 2011年,农业行政执法工作以强化农业投入品质量监管为重点,认真贯彻落实《浙江省农作物病虫害防治条例》,深入推进农资监管与服务信息化试点工作,积极调处农业生产事故,维护农民群众合法权益。平湖市农业行政执法大队被省农业厅评为2011年度全省农业行政执法绩效考核优胜单位,金伟被评为2011年度全省农业行政执法先进工作者,缪美林被省林业厅评为全省木检执法文明个人,大队办理的一起经营假兽药案被省农业厅列为典型案例。

【开展"绿剑护农"系列活动】 开展春秋两季"绿剑"系列集中执法专项行动,深入推进农资打假专项整治,全年出动执法人员3581人次,检查农资网点228个,共立案查处各类农业违法案件30起,处罚没款8.8万元。

【扎实推进兽药经营质量管理规范】 根据农业部《兽药经营质量管理规范》(简称GSP)和《浙江省兽药经营质量管理规范实施细则》,通过宣传培训、示范引导、检查验收,多措并举推进兽药GSP进程,各兽药经营单位认真按照GSP标准进行整规,在店容店貌、经营人员素质、内部管理、产品可追溯等方面都有明显的改善,进一步提升了兽药市场经营业态,至2011年底,共有34家兽药店通过兽药GSP验收。

【深入开展"打非"专项行动】 根据省农业厅《关于严厉打击农产品非法添加和滥用食品添加剂深入开展农产品质量安全整治工作的通知》,扎实开展"打非"专项行动,重点加强对"瘦肉精"及其他非法添加剂的监管。全年查处饲养生猪使用违禁药物案1起,查处蘑菇加工环节使用不符合国家有关强制性技术规范的添加剂案件3起。

【推进农资监管与服务信息化建设】 2011年,平湖市被省农业厅列为全省农资监管与服务信息化建设的首批试点县市,农业行政执法大队及时制定农资监管与服务信息化实施方案,通过调查摸底,政策激励,示范引导,指导培训,率先在规范化程度较高的农资经营单位推行农资信息化建设。年底,经市招投标中心公开招标,试点所需的设备全部到位,年内完成信息化建设试点单位7家。

【开展"放心农资下乡进村"活动】 3月15日,参加由市工商局在市区大润发广场举行的国际消费者权益日大型宣传咨询活动,现场设立咨询投诉台,接受广大消费者对农资产品质量的投诉及相关农业政策法规的咨询,发放各种养殖业法律法规、科技资料。4月7日至12日,分别在林埭、新仓等四个镇(街道)开展以“放心农资下乡、保障春耕生产”为主题的宣传活动。

【抓好森林植物检疫】 扎实开展“保护生态、绿盾护林”检疫执法专项行动,深入排查全市种苗花卉和树木移栽调运过程中违法违规行为,重点检查棕榈科、蔷薇科等植物是否携带红棕象甲、冠瘿病菌等检疫性有害生物,严厉查处无证调运、从疫区调运等违法违规行为。加强疫区疫木管理,开展春秋季松材线虫病专项普查。11月,对全市40多家苗木生产经营单位进行苗木产地检疫。

【加强林政执法】 加强木材公路巡查,全年检查木材1752立方米,树木(苗木)11712株,没收非法运输木材18.5立方米,没收采挖的树木17棵。严厉打击各种林业违法行为,全年立案18起,共处罚没款2.58万元。加强野生动物保护工作,认真开展“利剑1号”专项行动,联合工商、城管等部门对水洞埭路边市场以及北门农贸市场等场所进行全面清理检查,严肃查处非法经营野生动物及其产品的违法行为。 (金 伟)

•农业信息化•

【“农民信箱”工作取得明显成效】 2011年,全市农民信箱工作继续围绕“以用促建”开展规范化建设,积极做好“每日一助”农产品供求信息服务,农民信箱应用面不断扩大,服务成效日益显现。至年底,全市累计发展农民信箱注册用户达3万个,新发展集团采购单位用户300个,设立网上摊位总数477个。全年累计通过农民信箱平台发布农产品买卖信息16000多条、公共信息6000多条、“每日一助”服务信息200多条,促成交易额达2000多万元。预警信息800多万条次、各类便民服务信息25万条次。由于工作成绩突出,市农经局连续第三年被评为浙江省农民信箱工作年度考核先进单位。

【16个村级网站被评为浙江省万村联网工程新农村示范网站】 2011年,平湖市积极参与由省农业厅组织开展的“万村联网新农村示范网站创建活动”,严格按照《万村联网工程新农村示范网站创建标准》与《浙江省万村联网工程村级网站基础信息发布指导目录》有关要求,量质并举做好村级网站建设和信息维护工作,重点加强了对网站信息的审核把关和对村级网站管理员的操作技能培训。全市建立万村联网行政村(社区)子网站107个,全年发布各类信息13288条,平均每个村级网站发布信息数量达到124条,涌现出一大批版面充实、内容丰富、更新及时、能较全面反映本村特色的村级网站。全市有曹兑村、穗轮村、华丰村等16个村级网站在此次创建活动中被评为“万村联网工程新农村示范网站”(全省共评选200个),获评数量在全省领先。

【举办首届“12316十佳服务之星”评选活动】 “12316”平湖市为农服务中心作为全市农经系统服务“三农”工作的重要窗口及一产领域“金平湖先锋”创先争优活动的重要平台,在服务“三农”工作上,通过整合资源形成了服务合力,为全市农业增效和农民增收发挥了积极作用。为进一步弘扬“情系三农,一心惠农”的敬业奉献精神,表彰在为农服务中尽心尽职并赢得广大求助者好评的农技专家、党员志愿者、社会化服务加盟企业(个人)等所做的贡献,推进新一年为农服务再创佳绩,2011年12月,成功举办首届“12316十佳服务之星”评选活动。经过评选组委会审核初评、社会公众投票、专家投票等程序,最终产生了褚桂生、陆照梅、潘亚均、时勤根、盛保龙、陶秀林、江健、徐军、张跃荣、张健等10位平湖市“12316十佳服务之星”。

【开展全省现代农业地理信息系统试点建设】 2010年底,平湖市被省农业厅列为浙江省现代农业地理信息系统建设项目试点县之一。项目实施任务下达后,市农经局根据省厅《浙江省现代农业地理信息系统建设试点工作方案》要求,及早制订试点建设方案,积极规划布设农业电子政务内网,充分整合要素资源,确保建设质量和网络信息安全,按时完成了试点建设任务并以优秀成绩通过项目验收。通过现代农业地理信息系统项目建设和应用,有效提升了全市对现代农业园区、粮食生产功能区和千万亩标准农田质量提升工程建设的信息化管理水平。

【在全省率先建成农村新社区三维管理系统】 2011年,组织实施“平湖市农村新社区三维管理系统”项目建设,开发建设了基于地理信息系统技术、数据库管理技术和三维建模技术相结合的农村新社区三维管理系统。该系统在全市范围的卫星影像图基础上对所有已经形成的农房集聚新社区和新广省级现代农业园区、林埭省级现代农业(渔业)综合区的建筑物、设施大棚、苗木、林带、农田等建立了三维模型,同时与数据存储子系统、信息管理子系统实现了无缝集成,能够生动形象地在三维地图上展现全市“1+X”空间规划布局、农房改造集聚点建设动态、现代农业园区建设格局和农家乐地理位置、“金平湖·美丽乡村”旅游路线等内容,具备强大的宏观统计分析功能和灵活的报表输出功能。该系统的建成和投入应用,有效提升了全市“两新”工程、农业“两区”建设、“金平湖·美丽乡村”建设的信息化管理水平和监管能力,是信息化技术在社会主义新农村建设领域的创新应用,在全省范围内也属于首次尝试。

(肖斐霏)

水　利

·综述·

【概况】　中共中央国务院关于加快水利改革发展的决定(中发〔2011〕1号)出台,中央水利工作会议召开,给水利事业带来了跨越发展的历史机遇,全市水利各项建设加快推进,水利管理工作取得新成效。2011年,全市水利建设共投资31294万元,年度水利各项任务圆满完成。

【市委、市政府出台《关于加快水利改革发展的实施意见》】　2011年4月14日,市委、市政府出台《关于加快水利改革发展的实施意见》。《实施意见》明确加快水利改革发展的指导思想、主要目标和基本原则,并从八个方面全面统筹今后一个时期内全市的水利工作重点。对今后10年水利建设投入渠道和组织领导保障都做出明确规定,力争今后10年全社会水利年平均投入比2010年高出一倍。并提出要发挥政府在水利建设中的主导作用,把水利作为公共财政投入的重点领域,市本级财政从土地出让收益中提取10%用于水利建设。

【积极谋划一批中央、省级水利重点项目】　把握中央、省加大水利投入的机遇,积极谋划全市水利项目与中央、省水利项目的对接,共有防洪减灾、农田水利、水资源开发利用、水土保持与河湖生态修复、水利行业能力建设5大类18个子项目,列入《浙江省水利发展"十二五"规划》等国家、省有关规划,预测"十二五"期间,平湖塘延伸拓浚工程中央、省直接投入12亿元,其他水利项目可争取省级以上资金6亿多元。2011年共争得省级以上补助资金4592万元。

【编制完成《平湖市农村河道综合整治试点规划》】　平湖市被列为浙江省十个农村河道综合整治试点县(市)之一。《平湖市农村河道综合整治试点规划》于2011年3月17日经市政府第三十三次常务会议讨论通过。根据规划,全市计划从2011年开始开展农村河道综合整治试点工作,通过水系连通、清淤疏浚、河道护岸、植物绿化、河道景观、水生态修复示范工程等综合措施,用3—5年左右的时间,采取"成片连村,整体推进"的方式开展农村河道综合整治试点,共规划试点项目区37个,总投资约1.44亿元。通过整治,使试点农村地区实现"河畅水清、岸绿景美、人水和谐"的综合整治目标。

【水利普查工作顺利推进】　按照国务院统一安排,顺利推进平湖市第一次全国水利普查工作,在2010年组建普查机构、配备工作人员、制定普查方案、开展宣传动员的基础上,2011年重点进行试点和培训,全面开展清查登记、台账建设、现场调查及普查数据获取等工作。据统计,全市共完成普查市域境内水闸86座、泵站23座、堤防48段、农村供水工程7处、河湖取水口1757个、地表水水源地2个、治理保护河流9段、规上灌区9个、城乡居民典型用水户100户、建筑业与第三产业用水调查对象114家、工业企业163家、规模化养殖场23个、公共供水企业7家、规模以上机电井9口、规模以下机电井、人力井87220眼、涉水单位21家。2012年按计划开展填表上报、数据处理和审核验收等工作。

【组织开展“水利发展问计于民”活动】 以贯彻落实中央一号文件为契机，以提升工作执行力为主题，紧密结合水利普查工作，走访全市行政村104个，通过走访村、农户，了解基层水利的需求，对调研中发现的问题进行梳理汇总，并制定《水利发展问计于民践诺方案》，提出5大类10项对策措施，并明确牵头领导和责任科室，全面加以落实，切实解决水利难题，社会反响普遍良好。

•水利建设•

【概况】 各项水利建设全面推进，清水河道建设加快实施，河道保洁成果进一步巩固，水环境面貌持续改善，农田水利设施不断完善，农业生产保障能力持续提高，水利重点工程项目有序推进，区域防洪能力不断提升。

【全面推进农村圩区工程建设】 根据《平湖市圩区建设规划（2010—2020年）》，全市计划建设36个圩区，总面积28.03万亩。工程完成后，农村防洪标准将达到20年一遇，排涝标准达到10年一遇，可基本解决全市汛期农村地区的受淹问题，切实提高防洪抗灾能力。为了深入贯彻落实中央一号文件精神，及早提高农村地区防洪排涝能力，市委、市政府提出了“十年任务，五年完成，三年攻坚”的目标。除已建成的当湖东升三港圩区外，2010—2015年，全市将全面完成剩余的35个圩区，总面积27.89万亩，总投资约6.4亿元，其中2012—2014年三年内建设圩区22个，防洪面积17万亩，总投资4.65亿元，以基本解决易涝地区受淹问题。针对圩区建设资金投入大、工作难度高的现状，根据各镇（街道）建设任务及财政状况实际，市级财政分类别提高资金补助标准，制订出台《平湖市圩区建设管理办法》，明确圩区建设的相应程序和有关要求。2011年续建林埭三村圩区，新建当湖塘桥、广陈萌芽、新埭星光3个圩区，面积2.86万亩。

【顺利实施东湖清淤清障工程】 为改善东湖水域生态环境，实施东湖清淤清障工程。工程采用环保清淤专用机械——环保绞吸式清淤船（荷兰进口）作为清淤设备，该技术也成为此项工程的一大亮点。工程于2011年4月18日正式开工，至8月8日完工，共完成障碍物清除87处，清淤13.57万立方米，完成投资500万元。工程的实施增加了湖体库容，提升了防汛减灾能力，提高了湖水自净能力，改善了东湖水环境。

【盐船河二期治理工程完成主体工程建设】

盐船河北起金山区廊下，向南至独山港镇衙前，西转经新仓镇，西至广陈镇，河道全长19.35km，是全市东北部一条骨干引泄河道。盐船河二期治理工程实施范围自金山区廊下至新仓集镇段河道，工程被列入《全国重点地区中小河流近期治理建设规划》，并经浙江省水利厅、财政厅批复同意实施，工程建设规模为：河道治理长度11.07km，新建护岸19.47km，河道疏浚11.07km，植物护坡9.74万平方米，概算总投资2990.76万元。该工程由平湖市水利建设投资开发有限责任公司组织实施，于2011年9月8日正式开工，合同工期9个月，年内完成主体工程建设，完成投资1800万元，获中央及省级财政补助资金1017万元。工程实施后可全面提升河道防洪减灾、水土保持能力，保障区域粮食安全，改善区域水环境。盐船河二期治理工程的开工建设标志着平湖市中小河流治理项目建设拉开帷幕。

【全年完成河道整治152公里】 2011年实施完成152公里农村河道整治及疏浚，疏浚土方95.89万立方米,新建护岸32.18公里,河道绿化面积1181亩,完成计划的110.3%。启动实施农村河道综合整治工程新埭、曹桥、新仓三个项目区建设。继续开展城中村河道整治工作,重点实施了钟埭、当湖、曹桥三个街道的创卫城中村22条12.87公里河道整治,完成新建护岸11.06公里,河道疏浚12.69公里,土方13.35万立方米,投资1133万元。积极推广植物措施河道建设,全市完成3条17.5公里河道建设,列入水利部2010—2011年度科技推广项目,其中新埭镇方塘港河道列入2011年度省生态河道建设计划。围绕服务"两新"工程建设,积极开展生态护岸建设,全年共建设生态护岸7.68公里,投资631万元。

【加快实施农田排灌系统建设】 结合全国千亿斤粮食增产能力建设项目和农业综合开发项目,重点实施灌区更新改造和完善配套,基本完成年度农田水利建设任务。新建地下灌溉渠道47.62公里,新建砼U型槽排水沟46.9公里,新建、改建泵站55座,维修泵站229座,地下灌溉渠道疏通32.6公里,节水灌溉完成推广喷微灌面积2314亩、UPVC提水泵管102台。

【农村饮水安全保障工程扎实推进】 2011年共实施完成了独山港镇、林埭镇、乍浦镇、曹桥街道4个农村饮水安全工程项目,铺设供水管道495公里,解决5万人饮用水安全问题,总投资2439万元。

【河道保洁长效管理工作蝉联全省考核一等奖】 河道保洁长效管理工作继续在资金保障、队伍建设、日常监管、制度建设等各个方面加大投入力度,稳定保洁质量,全市河道保洁长度增加至2201公里,实现保洁全覆盖;组织开展"美丽乡村·洁净河道"专项集中整治活动,全市清理河浜856处,清理垃圾2342吨,打捞沉船430艘4160吨。通过努力,河道环境明显改善,河道保洁质量进一步提升;年内引进新型保洁设备——"固体浮子式PVC围油栏"助力开展低等级航道保洁试点工作,出台《平湖市河道保洁公示制度》,提高了河道长效保洁质量标准,实行飞行检查、检查结果通报等制度。平湖市在2011年度全省河道保洁长效管理考核中再次获一等奖。

•防汛抗旱•

【概况】 2011年,牢固树立"防大汛,抗大灾"思想,坚持以防为主,扎实做好防汛抗台各项工作,密切关注水情、雨情,严格水文预报测报工作,加强水利工程安全运行管理,做好防汛抢险物资的储备,严格执行汛期24小时值班制。先后经受了"6·19"梅汛、"梅花"台风和"8·25"强降雨等防汛防台考验,最大限度地降低灾害损失。平湖市被评为2011年全省基层防汛防台体系管理考核优秀县(市、区)。

【积极应对"6·19"梅汛】 2011年梅汛期发生了近十年来最强的梅雨降水过程和最高水位,全市平均降雨量324.4毫米,6月19日8时45分出现了最高水位2.20米,河网水位接近或超过警戒水位达11天,全市农田受淹面积近15万亩,直接经济损失7478万元。梅汛出现后,全市各级党委、政府和各部门高度重视,密切关注,全力应对,密切配合做了大量工作,以扎实有效的举措确保人民生命财产安全,确保不死人、少伤人,将梅汛带来的损失降到最低限度。

【成功防御9号台风"梅花"】 面对2011年9号台风"梅花"的袭击,市防汛防旱指挥部多次召开会议,及时传达上级指示精神,本着“不死人、少伤人、少损失”的原则,启动防汛防台预案,落实各项防台措施,积极科学有效地应对。全市组建应急抢险队伍50支,落实抢险队伍人员1211人,共转移人员6812人,做好347艘出海渔船回港避风安全防范工作,最大限度减少灾害损失,确保人民群众生命财产安全。

【遭遇罕见特大暴雨】 2011年8月24—25日,全市遭遇近年来罕见的短历时大暴雨。本次强降雨从8月24日11时开始,25日凌晨2时50分,降雨强度开始加大,至25日下午16时,仅13个小时,全市共遭遇三次短历时强降雨袭击,且强度逐渐加大,25日18时起降雨开始减弱并逐渐停止。河网水位从24日12时(1.25米)开始,一直上涨,于25日5时05分超过警戒水位(1.56米),12时40分超危急水位(1.96米),随着降雨的不断加大,水位节节攀高,洪峰水位不断刷新,25日16时12分,出现了近十年来最高水位2.30米(仅低于“99630”洪水时的最高水位0.06米),超危急水位0.34米,短短一天时间水位涨幅达1.05米。受暴雨影响,农田受淹15万亩,农田受淹最大水深1.0米左右,其中受灾58000亩,全市直接经济损失1883万元。

【全面完成防汛视频会商系统的升级改造】 根据浙江省委、省政府关于加强基层防汛防台体系建设、实现“会商到乡、视频到村”的要求,2011年,全市投资187万元完成了防汛视频会商系统建设,并将防汛会商系统和政府会商系统有机结合起来。该系统采用目前主流的全高清模式,建立市防汛防旱指挥部(水利局)、平湖市政府会议中心、当湖街道、钟埭街道、曹桥街道、林埭镇、独山港镇、广陈镇、新仓镇、新埭镇和城市防洪控制中心11个会场。市防汛防旱指挥部(水利局)会场上联嘉兴市防指、省防指,下联各镇(街道)和城市防洪控制中心9个分会场,市政府会议中心下联平湖市各镇(街道)8个分会场。该系统建成后在当年主汛期中发挥了重要作用。

【城市防洪工程运行效益日益显著】 2011年,平湖市城市防洪工程累计运行8次,合计55天,水泵运行总计881.5小时,向外河排水857万立方米,运行期间组织人员对防洪包围圈巡查108次,453人次。在运行期间外河于2011年8月25日16时12分达到最高水位2.30米,内河水位控制在1.2—1.3米,内外河最高水位差1米。城市防洪工程的持续运行,确保市区在洪水来临时不受淹,工程减灾效益显著。

•水利管理•

【概况】 2011年水利管理能力进一步提高,实行严格的水资源管理制度、水资源管理体系逐步完善,水政执法能力得到强化,水利基础工作不断巩固。平湖市水政监察大队2011年度被评为全省水政监察队伍考核优秀单位,平湖市水利局还分别获得2011年度全省水利系统信息工作考核先进单位、嘉兴市水利建设与管理先进集体、嘉兴市水资源管理先进集体等荣誉称号。

【禁采地下水工作全面完成】 按照“供封同步”的原则,切实做好深井封堵工作。截至12月底,对剩余的19口深井全部完成切换封堵任务,其中封堵深井10口,供水切换9口。同时在全市范围内,做好禁采和保护地下水的宣传和打击非法广告语的工作,共喷写宣传标语153条,通过宣传,有效地巩固禁采地下水的成果。

【加强取水计量管理】 2011年平湖市列入嘉兴市水资源管理信息系统试点(市),建设的新系统整合了取水、地下水、水情雨情的实时监测以及取水许可、水资源论证、水功能区监测等所有水资源管理相关信息,至12月底共完成22家企业取水数据采集终端、数据传输建设和25家企业监控点水表的远传改造。全市85家单位共安装计量装置93只,监控终端77套,有85只接入远程监测。通过对系统改造升级,实现全市依法取水企业取水实时监控系统建设的全覆盖,提高了水资源管理水平和效率。

【加大水事案件查处力度】 加大水行政执法力度,坚持秉公执法、规范执法,有效维护法律的严肃性,维护全市水事秩序的稳定。全年查处非法开采地下水和非法占用、损坏海塘等水事违法案件7起,在执法水平、案卷质量等方面取得显著进步。

【组织开展《水法》宣传】 在"世界水日"、"中国水周"期间,围绕"城市用水:应对都市化挑战"、"严格管理水资源,推进水利新跨越"的宣传主题,组织了市老年体协自行车骑游队上街进行水法宣传,向市民发放《保护水资源倡议书》;与教育局联合开展节水进校园、节水主题征集等系列活动,有3件参赛作品在省里获奖;在《嘉兴日报·平湖版》上专版介绍全市水利事业的发展成就和发展目标;利用城市户外频道、电子屏幕等载体开展水法宣传;发送手机宣传短信,制作分发水法宣传纪念品等。据统计,整个水法宣传期间,全市张贴标语1100条、悬挂宣传横幅38条,发送手机短信4万条,制作宣传资料6000余份,取得了良好的社会效应。

【开展水资源专项执法检查】 根据水利部和省水利厅部署,为全面落实最严格的水资源管理制度,促进水资源的可持续利用,7月中旬在全市范围内组织开展水资源专项执法检查活动,对全市74家自备取水企业和3家公共供水企业的摸排及信息再核实,对66家企业安装的75个监测终端和89套计量装置,进行全面核查登记和维护。 (郭千里)

工　　业

·综述·

【概况】　2011年末，全市全部工业户数8093家，实现工业总产值1083.56亿元，增长20.9%；实现工业增加值234.23亿元，增长12.9%。其中年主营业务收入2000万元以上工业企业538家，按登记注册类型分组：内资企业367家，港澳台商投资企业51家，外商投资企业120家。完成工业总产值945.02亿元，增长22.48%。其中，国有企业全年完成工业总产值117508万元，下降81.34%；集体企业完成4705万元，增长6.33%；股份合作制企业完成2836万元，下降7.41%；有限责任公司完成1141124万元，增长153.62%；股份制企业完成585409万元，增长83.18%；私营企业完成2934585万元，增长23.9%；港澳台投资企业完成1346285万元，增长31.6%；外商投资企业完成3317737万元，增长21.65%。完成工业销售产值916.82亿元，增长21.54%；实现利税总额74.62亿元，增长3.13%；实现利润总额47.5亿元，增长0.2%。出口平稳增长，全年全市完成出口交货值287.6亿元，增长9.60%。出口对销售拉动作用减弱，全市出口交货值占销售产值的比重为31.3%，下降3.4个百分点。7项经济效益指标考核综合得分162.3分，11项经济效益指标考核综合得分256.5分，分别比上年提高7分、15.9分。

【产业结构优化调整】　2011年，制订《“十二五”新兴产业倍增发展计划》，把光机电、临港、生物医药“三大主动力产业”和新能源、新材料、节能环保“三大战略新兴产业”列为全市“六大新兴产业”，把培育新兴产业作为优化产业结构、加快工业转型升级的重要抓手，全面推进新兴产业发展。投资结构继续优化，全年“六大新兴产业”投入稳步增长，完成投资53亿元，增长21.3%，占全市投资额的64%，传统产业投入有所下降。全年全市共有工业总产值超百亿元行业4个，分别为光机电行业213.7亿元、服装行业156.82亿元、石油化工行业147.57亿元和电力行业113.98亿元。新材料行业64.49亿元列全市各大行业第5位。造纸和箱包行业分别以58.03亿元和39.12亿元列第六位和第七位。全市规上工业高新技术产业工业总产值184.6亿元，增长28.3%，占规上工业比重19.5%。规模以上工业新产品产值263.87亿元，增长60.1%，新产品产值率27.92%，提高6.56个百分点。轻重工业结构继续调整，全市规模以上工业中轻重工业比39.4: 60.6，重工业占比首次突破60%，重型化趋势明显。

【龙头骨干企业队伍壮大】　2011年，全市工业总产值超亿元企业增加14家，共计161家，实现工业总产值780.89亿元，占全部规上工业总产值的82.5%，其中不含港区、嘉兴电厂为127家，实现工业总产值462.43亿元；全市5亿元以上企业增加10家，为38家，实现工业总产值537.28亿元，其中不含港区、嘉兴电厂为22家，实现工业总产值262.07亿元；全市10亿元以上企业增加4家，为21家，实现工业总产值412.03亿元，其中不含港区、嘉兴电厂为10家，实现工业总产值175.27亿元；全市20亿元以上企业增加2家，为6家，实现工业总产值195亿元,其中不含港区、嘉兴电厂为2家,即浙江景兴纸业股份有限公司,实现工业总产值32.98亿元;日本电产(浙江)有限公司,实现工业总产值23.84亿元。

【优化工业投资管理】 开展投产项目竣工验收工作,全年通过验收工业投资项目84个,平均投资强度165万元/亩,比上年提高3万元/亩,建筑容积率1.14。推进挖潜节地,继续不定期实地调查全市挖潜节地实施情况,做好月度统计分析,全年全市共盘活用地138宗、1770.2亩,其中盘活闲置空闲用地12宗、520.7亩,盘活低效利用土地46宗、383.7亩,退低进高项目3宗、17.6亩,挖潜节地增加投资23.1亿元,占全市投资的27.8%。进一步完善制订《平湖市工业投资项目准入标准》,大幅提高原有准入标准,要求平湖经济开发区、独山港区项目投资强度标准应大于250万元/亩,亩均资本金外资应大于25万美元、内资应大于100万元,其他各镇(街道)工业园区项目投资强度标准应大于200万元/亩,亩均资本金外资应大于20万美元、内资应大于80万元。继续对招商引资、民营企业工业投资项目进行产业导向、投资强度、项目能效、工艺设备和技术等方面综合准入评价,提高投入有效性。强化审批项目推进督促,加强与拟建项目的企业联系,做好投资项目的审批准备和服务,完备项目审批前期工作,提高报批速度。每月汇总分析工业投资项目审批情况,建立月度计划审批项目汇总制度,及时掌握项目审批动向。

【加快企业自主创新】 2011年,全年企业研发经费(R&D)投入8.5亿元,增长20%,研发经费占GDP比重为2.1%,年末,全市有各级高新技术企业92家,各级专利示范企业49家,其中全国企事业知识产权试点单位1家、省专利示范企业11家、嘉兴市专利示范企业26家,2011年新增省专利示范企业2家、嘉兴市6家、平湖市5家。全市专利申请1620件,增长12.6%,专利授权1481件,增长1.5%。全市共有各级高新技术企业92家(不含嘉兴港区),其中国家高新技术企业24家,省高新技术企业19家,嘉兴市高新技术企业47家。2011年新认定国家火炬计划重点高新技术企业1家、国家高新技术企业4家(不含嘉兴港区)、嘉兴市级8家。新增浙江省著名商标3件、累计25件,浙江省级中小企业(行业)技术中心1家、累计17家,嘉兴市级首台套产品3件、累计13件,嘉兴市级企业(行业)技术中心2家,累计14家。

【招商引资硕果累累】 2011年,全市继续深入开展项目推进年活动,树立“项目为王、落地是金”的项目推进理念,实施招商引资“一号工程”、民营经济“富民工程”和大企业“培育工程”,招商引资力度不断加大,全年共设置29个招商点,派出79名干部分赴北京、上海、广东和温州、台州等地区开展蹲点招商工作,全年利用内资(含嘉兴港区)51.7亿元,全年新批、增资三资企业97家,合同利用外资6.7亿美元,实际利用外资2.7亿美元。其中不含嘉兴港区,全年利用内资34.4亿元,比上年增长15%;合同外资4.2亿美元,增长3.8%,实到外资1.8亿美元,增长5.3%。2011年中国·平湖西瓜灯文化节投资贸易洽谈会内外资签约项目36个,总投资166.77亿元,增长65.8%。其中内资签约项目18个,总投资94.62亿元,比上年增长61.05亿元,注册资本20.66亿元,比上年增加9.58亿元;外资签约项目18个,总投资11.1亿美元,合同外资4.73亿美元,增长20%。

【重点工业项目进展良好】 2011年,143个平湖市重点工业项目完成投资额52.3亿元，完成年度计划投资额60.1亿元的87.02%，其中76个计划新建项目已开工62个，新项目开工率81.6%。列入嘉兴市新兴产业培育和电子信息产业、装备制造业、传统产业提升以及工业生产性服务业“五个一批”重点工业投资项目54个，总投资86亿元，全年累计完成30.1亿元，完成年度计划的96.9%。其中新兴产业培育项目18个，完成投资17.4亿元，电子信息产业项目3个，完成投资0.3亿元，装备制造业项目16个，完成投资6.6亿元，传统产业提升项目9个，完成投资2.7亿元，工业生产性服务业项目8个，完成投资3.1亿元。年内，重大竣工投产项目有：总投资2.5亿元的浙江景兴纸业股份有限公司单机多纸种及增产5万吨技改项目，总投资2亿元的浙江汉声精密机械有限公司年产2万吨铸件及加工项目，总投资1.6亿元的浙江上方生物科技有限公司年产食品添加剂7140吨项目，总投资1.5亿元的平湖市华孚金瓶纺织有限公司年产新型纱线6000吨项目，总投资9900万元的日本电产汽车马达（浙江）有限公司年产汽车零部件2000万件套项目，总投资9600万元的嘉兴金瑞光伏科技有限公司年产60WM晶体硅太阳能电池片项目。

【推进银保企合作】 年初，集中推介工业项目75个，总投资114亿元，需求贷款44.6亿元，项目主要集中在机械、电子、医药、新能源、造纸等行业，2011年计划新增贷款79.41亿元，实际新增55.46亿元，履约率69.8%，扣除企业不需要因素，实际履约率76%。2009年起持续第三年推进中小企业综合授信，中小企业综合授信46.8亿元，计划新增贷款29.3亿元，实际签约48.1亿元，履约率164.2%。成功引进兴业银行并举行开业庆典暨银企签约仪式。中小企业担保公司更加规范，全市9家公司全部申领融资性担保公司经营许可证，担保业务快速增长，6月末，累计担保总额首次突破10亿元，全年达15.5亿元，在保余额7.9亿元。

【推进工业园区建设】 经过不断发展，平湖市形成以平湖经济开发区、独山港区为龙头，镇（街道）工业园区为基础，中小企业创业孵化中心为有效补充的三级工业园区联动开发建设的工业平台格局。2011年，全市工业园区新增企业85家，新增企业用地2979亩，新增建筑面积144.3万平方米，累计入驻园区企业数达1710家，从业人员总数约18万人。全年园区实现工业总产值618.6亿元，约占全市各镇（街道）工业总产值的90%，其中规上企业537.8亿元，占全市规上企业工业总产值612.7亿元的87.8%；实现利税43.6亿元；区内企业累计完成工业生产性投资491.4亿元，约占全市工业生产性投资的90%；产业集聚度不断提高，各园区企业主导产业工业总产值488亿元，主导产业集聚达78.9%。光电新能源装备产业基地列入第一批省级产业示范基地行列，新仓镇工业园区被评为嘉兴市转型升级甲级工业园区，新埭、曹桥工业园区被评为嘉兴市转型升级乙级工业园区。生态园区建设有力推进，平湖经济开发区、林埭工业园区工业循环经济发展规划（2011—2015）通过嘉兴市评审验收。

【开展人才培训工作】 2011年，充分发挥镇（街道）和各类职业培训机构的作用，开展职工技能培训4020人次；启动电子商务网上创业培训中心，培育新网商473人，指导53家企业入驻淘宝商城；各部门组织或举办各类培训近50期，培训企业经营管理者3842人次，其中EMBA培训1期，精细化管理示范企业培训1期，南湖文化论坛经济系列讲座2期，清洁生产、合同能源管理3期，中小企业重点监测企业网上直报系统、融资性担保机构网上直报系统培训3期,行业准入管理培训2期,国内、国外经济合作交流2期。发放浙江省企业网络学院学习卡100张。

【节能降耗成效显著】 以控电促节能,制订实施“有保有控有压有停”有序用电工作意见,并采取集中办公制,合理调度用电,推进党政机关、事业单位和金融机构节约用电,7、8、9三个月用电量同比下降17.9%。以监管促节能,严格实行节能评估,全年评估固定资产投资项目45个,通过审查项目25个,总能耗19.3万吨标煤;发挥能源监察大队职能,开展能源监察,推进八大高耗能行业对标活动,监察出淘汰落后设备5台、超能耗限额企业1家。以项目促节能,80个重点节能项目完成投资5.1亿元,已完工项目67个,可节约标煤2.7万吨。将服装、箱包、机械等行业纳入清洁生产审核范围,完成清洁生产审核27家。虹霓生物质供热点投入使用,为全省首个生物质成型燃料集中供热点,可实现年节约标煤2.3万吨。加快淘汰落后产能,一台2.2M水泥磨机及两台幅宽3.2M以下造纸机全部关停,一台2.4M水泥磨机提前拆除,三家铅酸电池厂等关停。2011年,不含嘉兴港区和嘉兴电厂,全市万元GDP综合能耗下降4%,万元工业增加值综合能耗下降5.7%,全面完成单位GDP综合能耗下降3.3%和单位工业增加值综合能耗下降6%以上的目标任务。

【积极扶持企业】 组织排摸企业创新项目,分类建立企业节地节能、技术创新、高新技术产品开发、省级以上新产品、企业(行业)技术中心等项目储备库,对照国家、省申报条件积极筛选推荐争取专项扶持,在嘉兴五县(市)两区处领先地位。帮助企业申报争取专项资金和用地指标,全年共争取列入国家、省技术改造、转型升级、循环经济和中小企业专项21项,获项目资金746万元。加大企业减负力度,贯彻落实国家、省级出台的各项优惠政策,扎实开展服务企业“送信息、送政策、送诊断、送措施”等活动,全年减轻企业负担14.5亿元。

•光机电工业•

【概况】 2011年末,全市共有光机电企业1083家,从业人员5.68万人。其中年主营业务收入2000万元以上光机电企业99家,从业人员3.88万人,实现工业总产值213.7亿元,增长24.2%;主营业务收入207.79亿元,增长17.9%;利税总额16.6亿元,增长17.4%,其中利润9.72亿元,下降17.2%。

【技术创新服务平台获表彰】 7月11日,在嘉兴市科技创新暨发展战略性新兴产业大会上,浙江平湖光机电产业技术创新服务平台获省科技厅授予的“省级重大科技创新平台”称号。平湖光机电平台建设按照“政府搭建平台、平台服务企业,企业自主创新,创新推动升级”的工作理念,围绕“整合、共享、服务、创新”的八字方针稳步推进,2011年安排近2000万元资金用于光机电平台的孵化中心、检测中心、人才引进和培育。

【光机电企业创新提升】 11月9日,浙江晨光电缆有限公司与西安交大邱爱慈院士共同草签建立院士工作站的协议,这是全市第一家院士工作站。12月,日本电产新宝动力传动及控制技术研发中心被认定为平湖市级企业研发中心,成为全市首家认定通过的日资企业研发中心。

【三蒙电气获得美国专利授权】 12月,浙江三蒙电气科技有限公司获美国专利商标局授权两项发明专利,分别是“一种带锁扣保护门的电气附件”和“一种带锁扣保护门装置的电气插座”。该两项发明专利可应用于电气插座的安全保护装置,能够防止异物插入电气插头的插脚,起到保护的作用,为平湖市首家获国外专利授权的内资企业,将更好地保护企业在美国市场的经济利益。

•临港工业•

【概况】 2011年末,全市共有年主营业务收入2000万元以上企业51家,从业人员1.35万人。全年实现工业总产值384.08亿元,增长31.3%;利税总额29.57亿元,下降13.1%,其中利润22.92亿元,下降10.7%。全年完成投资11.8亿元,下降12%,占全市投资额的14.3%。

【重点项目进展顺利】 2011年,临港工业重点推进项目14项,全年实际完成13.83亿元,完成年度计划的93.8%。主要项目有:华辰能源年产5.5万吨1.4丁二醇项目投入2.67亿元,预计2012年可进行试生产,干气及二氧化碳废气综合利用技改项目投入1.16亿元,其他项目共投入2.93亿元;浙江大明玻璃日产1300吨新型定日镜超白浮法玻璃及深加工项目投入6.38亿元,预计2012年进行试生产;中发电气产业园年产32间隔超高压开关设备投入1.24亿元;中荷(平湖)生物科技有限公司年产2000吨生物蛋白饲料项目投入0.12亿元;新建项目浙江聚龙石化成功入驻港区石化产业园,其年产45万吨丙烯项目已投入1亿元。

【石化产业园发展规划通过评审】 3月,《浙江省独山港工业区石化产业园发展规划》通过评审。独山港区石化产业园位于独山港区东南沿海,紧邻上海市金山区,总用地面积为998.03万平方米,园区以“集约、生态、一体化”为特色,按从南到北、分类推进的原则分两期建设,2010年至2015年主要立足浙江华辰能源有限公司、中国航油物料公司等已入园企业和拟入园企业的建设,启动黄姑塘南侧、进港铁路东侧等用地的开发建设;2015年至2020年开发建设逐步推进至黄姑塘北侧、进港铁路西侧等地块,并依次发展到全区,最终形成功能完善、特点鲜明的石化产业基地。园区内主要发展精细化工产品深加工、化工新能源、合成材料、高新技术(含生物医药)、化工产品等产业,将打造成为长三角重要的临港石化产业基地。

【《亚洲财富》推介平湖临港产业】 6月,商界有较大影响力的《亚洲财富》(6月刊)观察栏目刊载推介文章《平湖临港产业之深海远航》,用5个版面从“发挥临海区位优势、优化临港产业布局、打造现代临港产业、建设临港经济强市”等方面介绍平湖市临港产业发展的优势和巨大潜力。

•生物医药工业•

【概况】 2011年,生物医药产业完成投资2.5亿元,增长65.5%,占全市投资额的3%。年末,全市共有年主营业务收入2000万元以上企业4家,从业人员1286人,全年实现工业总产值11.1亿元,增长78.1%;利税总额2.8亿元,增长234.4%,其中利润1.5亿元,增长190.4%。

【军地双方生物医药产业合作正式启动】 2月18日,平湖市政府与中国人民解放军第二军医大学(中医系)专家团签订战略合作协议,同时相互签订合作协议的还有平湖经济开发区管委会及浙江泛亚生物医药股份有限公司。标志着平湖市军地双方生物医药产业合作正式启动。

【举行中国·平湖国际生物医药产业发展论坛】 9月19日,平湖市人民政府、国际生物医药与生物技术学会联合主办以经济转型与国际生物医药产业展望为主题的中国·平湖国际生物医药产业发展论坛。解放军第二军医大学教授袁伯俊作《药物安全性评价与GLP》主题发言,清华大学教授罗国安及香港科技大学博士詹华强围绕中国传统医学——中医药学展开讨论,许多生物医药专家从不同角度深入浅出地阐述国际药物发展大变革、大调整以及生物医药产业发展投资导向问题。

【莎普爱思制药有限公司获多项荣誉】 10月23日至25日,第二届中国·浙江成长型企业投融资大会在杭州召开,莎普爱思药业获2011年度省“百家最具投资价值企业”和“千家成长之星企业”称号,受到大会表彰。

•服装工业•

【概况】 2011年末,全市共有服装企业1400多家,从业人员12.36万余人,年产各类服装3亿件(套),服装及衣着附件完成出口实绩11.98亿美元,增长8.8%。其中年主营业务收入2000万元以上企业167家,从业人员7.91万人,实现工业总产值156.82亿元,增长16.6%;主营业务收入156.05亿元,增长12.7%;利税总额9.65亿元,下降7.2%,其中利润3.38亿元,下降34.9%。

【召开中国服装品牌年度大奖】 9月22日,由中国服装协会主办,新杰克缝纫机股份有限公司冠名的“杰克·第八届中国服装品牌年度大奖”在平湖市举办。本届大奖首次提出“年度品牌”概念,特别邀请“安踏”、“以纯”、“凡客诚品”等品牌的高级经理人与平湖服装企业代表共同参加启动仪式。

【平湖·中国服装城正式营业】 10月9日,平湖·中国服装城外贸服装区域正式对外试营业。12月25日,设立在浙江平湖·中国服装城的名媛时代百货试营业,多家国际著名品牌入驻。

•箱包工业•

【概况】 2011年末,全市有箱包企业450家,主要分布在新埭、钟埭、当湖等镇(街道),从业人员2.73万余人,旅游用品及箱包完成出口实绩3.64亿美元,增长22.5%。其中年主营业务收入2000万元以上企业49家,从业人员1.81万人,实现工业总产值39.1亿元,增长25.4%;主营业务收入38.44亿元,增长23.7%;利税总额2.4亿元,增长52.9%,其中利润6232万元,增长15.7%。年内,市箱包行业成功注册“平湖箱包”这一集体商标。

【启动建设平湖·国际箱包城】 3月30日,颐高集团总裁助理、市场研究院总经理李军辉与平湖箱包城董事长施继红及平湖国际箱包城全体股东签订《平湖国际箱包城项目投资合作协议》。平湖国际箱包城占地242亩,规划建筑面积40万平方米,总投资12亿元,预计年市场成交额25亿元。6月26日,平湖·国际箱包城举办开工奠基仪式,并举办“2011全球箱包产业发展暨第五代专业市场高峰论坛”。

【举行共建平湖市·中国箱包产业基地授牌仪式】 12月29日,共建平湖市·中国箱包产业基地授牌仪式暨中国箱包行业转型升级高峰论坛在平湖·国际箱包城举行。副市长陶明方与中国轻工工艺品进出口商会签约，并与中国轻工工艺品进出口商会副会长李文峰一起为平湖市·中国箱包产业基地揭牌。

•造纸工业•

【概况】 2011年末，全市有造纸及纸制品企业168家，从业人员7350余人。其中年主营业务收入2000万元以上造纸企业4家，从业人员4189人，实现工业总产值58亿元，增长25.9%；主营业务收入58.57亿元，增长20.4%；利税总额4.5亿元，下降8%，其中利润3.2亿元，下降23.3%。规上企业机制纸及纸板115.16万吨（其中箱纸板96.17万吨）、纸制品46.25万吨（其中瓦楞纸箱34.47万吨）。

【荣成纸业完成废水治理设施臭气污染治理】 5月，浙江荣成纸业有限公司完成废水治理设施臭气污染治理，通过了市环保局及当地镇、村代表的现场检查验收，在嘉兴市乃至全省成为最早基本完成废水治理设施臭气治理的造纸企业之一。

【景兴纸业沼气资源综合利用项目在联合国注册成功】 景兴纸业沼气资源综合利用项目作为清洁发展机制项目通过莱茵认证中心的审定，正式在联合国注册成功，注册信息公示日期为2011年10月17日，注册日期为2011年7月28日，项目计量期为：2011年10月1日至2021年9月30日。该项目充分利用废水处理厌氧过程中所产生的沼气资源，变废为宝，每年可发电1091.4万千瓦时，同时减少甲烷的排放，每年减排二氧化碳当量60577吨。该项目的注册成功为公司每年带来45万欧元的收益。

【景兴纸业获多项荣誉】 12月3日，中国造纸协会在北京主办的“第二届中国造纸工业绿色发展论坛”上，景兴纸业被授予2010—2011年度“中国造纸工业环境友好企业”称号。12月，市工商行政管理局受省工商行政管理局委托，认定平湖市景兴包装材料有限公司为2010年度省工商企业信用AA级“重合同守信用”单位，有效期3年。

•洁具工业•

【概况】 2011年末，全市卫浴洁具生产企业72家，从业人员2600余人。其中年主营业务收入2000万元以上企业15家，从业人员1210人，实现工业总产值6.95亿元，增长1.4%；主营业务收入6.7亿元，增长2%；利税总额2249万元，增长2.2%。

【联合制订浴室多功能集成柜联盟标准】 5月，平湖市质监局召集卫浴洁具行业协会和多家洁具企业，共同研究浴室多功能集成柜联盟标准的制订。该标准已通过相关参数认证，全市30家浴室多功能集成柜生产企业将从中受益，产品合格率可达90%以上。

•童车工业•

【概况】 2010年末，全市有童车及配套企业100余家，全年生产各类童车上千万辆，从业人员4000余人。其中11家年主营业务收入2000万元以上童车企业拥有职工2013人，实现工业总产值8.14亿元，下降4.9%；主营业务收入8.03亿元，下降3.9%；利税总额2796万元，下降21.4%，其中利润1060万元，下降38.7%。年内，童车行业成功注册“平湖童车”这一集体商标。

【启动童车网上分销系统】 5月19日，平湖市童车网上分销系统正式启动运行，这是平湖市首个行业产业网上分销系统。童车网络分销系统能使童车企业快速对接优质分销商,建立和发展零售分销体系,实现网络销售渠道的快速搭建、管理及运作,极大地拓展销售面,扩大商品在网络的影响力。平湖市双喜童车制造有限公司、浙江佳佳童车有限公司等多家龙头企业入驻该系统。

•新能源工业•

【概况】 2011年,新能源产业完成投资7亿元,增长68.4%,占全市投资额的8.5%。年末,全市共有年主营业务收入2000万元以上企业4家,从业人员1426人。全年实现工业总产值16.95亿元,增长82.1%。

【举行光伏产业园投资环境推介说明会】 2月28日,平湖市光伏(新能源)产业园投资环境推介说明会在新仓镇举行,美国、德国、法国等国家以及国内知名光伏企业的有关负责人听取平湖市光伏(新能源)产业园的情况介绍,并对企业入驻产业园的相关政策及配套设施进行咨询。

【宏阳新能源被认定为省专利示范企业】 浙江宏阳新能源科技有限公司被认定为浙江省专利示范企业,该公司于2008年3月正式建立知识产权办公室,负责专利申报与管理,累计拥有授权专利30多项,另有10多项专利正在申请受理中,累计专利产品产值5000多万元。

•新材料工业•

【概况】 新材料企业主要集聚平湖经济开发区和独山港区,2011年完成投资10亿元,增长101.6%,占全市投资额的12.1%。年末,全市共有年主营业务收入2000万元以上企业11家,从业人员2718人。全年实现工业总产值64.5亿元,增长51.3%。

【平湖经济开发区引进日资新材料项目】 3月,日本综研化学株式会社与平湖经济开发区正式签约,成立综研高新材料(平湖)有限公司,总投资30亿日元,注册资本10亿日元,主要从事高功能树脂的研发、生产与销售,投产后产值可达3.8亿元人民币。企业的主导产品——高功能树脂粘合剂广泛应用于液晶显示屏和汽车零部件领域。

【迈克罗申报创业风险投资引导基金投资保障项目】 6月,平湖迈克罗新材料有限公司申报2012年度科技中小企业创业风险投资引导基金投资保障项目,是全市首例申报该类项目的企业。2011年全市共有8个项目申报2012年国家科技型中小企业技术创新基金项目。

•节能环保工业•

【概况】 平湖市节能环保产业总体规模相对较小,2011年4个节能环保在建项目完成投资2350万元,下降41.7%,占全市投资额的0.3%。年主营业务收入2000万元以上企业实现产值约2.5亿元。

【节能环保企业获自主创新贡献奖】 7月,2011年度嘉兴市科学技术奖获奖项目公布,浙江平湖绿色环保技术发展有限公司张金华获“嘉兴市自主创新贡献奖”。 (罗 婷)

•地方电力•

【概况】 2011年,不含嘉兴港区、嘉兴电厂,全市共有地方发电企业4家,全年发电47645.57万千瓦时,其中平湖热电厂发电

19858 万千瓦时,同比增长 14.83%;浙江荣胜纸业股份有限公司发电 3148.33 万千瓦时,同比增长 13.76%;浙江荣成纸业有限公司发电 13174.7 万千瓦时,同比下降 4.91%;浙江平湖市德力西长江环保有限公司垃圾发电 11464.44 万千瓦时,同比增长 7.76%。(吴琼炜)

•浙能嘉兴发电有限公司•

【安全生产总体平稳】 公司以深化"安全生产年"活动和做好保障电力供应工作为重点,以强化安全预控为抓手,认真落实安全生产责任,不断强化安全管理,精细抓好机组运行维护和检修工作,确保机组的安全运行和电力的持续稳定供应。实现全年安全生产无事故,连续安全生产 2952 天;两台 300MW 机组完成发电量 37.47 亿千瓦时,仅发生一次非计划停运;四台 600MW 机组完成发电量 144.18 亿千瓦时,实现"零非停";两台 1000MW 机组完成发电量 42.98 亿千瓦时,发生一次非计划停运。二号、四号机组再次获得"全国火力发电可靠性金牌机组"称号。

【全面接管三期机组】 公司完成了嘉兴发电厂三期工程两台百万千瓦超超临界机组的生产准备、调试配合等工作,先后于 6 月 23 日和 10 月 18 日顺利接管七号、八号机组,确保了项目建设和生产运营的"无缝对接",实现管理规模由 300 万千瓦到 500 万千瓦的大跨越。三期工程的投产,为缓解浙江省电力供需紧张局面发挥了积极作用。

【污泥干化处置项目正式投产】 6 月 26 日,"生态浙江"建设示范工程－嘉电公司 250t/d 污泥干化处置项目正式投产,该工程是国内首个在大型燃煤发电机组实施污泥干化处置的工程。工程的成功实施缓解了嘉兴城市污泥处置的难题,对地方环境保护工作发挥了积极作用,同时具有在大型燃煤发电机组可以实施污泥干化处置的示范意义。投产后系统经过消缺完善,总体运行情况良好,截至 2011 年 12 月底,累计处置污泥 2 万多吨。

【企业管理水平再上新台阶】 进一步加强企业规范化管理,抓好标准修订工作,不断健全完善标准化体系。顺利通过能源管理体系认证审核,推进质量、环境、能源、职业健康安全和信息安全管理体系的整合和优化,提升企业管理水平。加大人才队伍建设力度,抓好教育培训工作,多人在集团系统举办的各类技能比武中获得佳绩,公司一名职工作为浙江省首批"金蓝领"高技能人才赴德国深造。积极推进创新工作,"发电企业档案信息化管理与实践"获全国电力行业企业管理创新成果三等奖;专利实现"零"的突破,三项成果分获国家发明专利和实用新型专利。加快企业信息化工作,推进 EAM、FMIS 等应用系统建设和优化,信息化水平进一步提升。

【节能减排成效明显】 以能效对标和小指标竞赛为抓手,深化运行优化工作,使机组在经济工况下运行,挖掘节能潜力。加大节能技改力度,成功实施一号机组主设备本体节能增容改造,改造后机组供电煤耗降低 6 克/千瓦时以上,铭牌出力增至 330MW。有序推进机组供热改造,项目通过平湖经贸局核准,公司与平湖市独山港区物流投资有限公司共同投资设立"平湖市滨海热力有限公司",承担供热项目的运营工作。做好环境保护工作,完成五号、六号机组脱硝改造和一号机组低氮燃烧器改造,氮氧化物排放浓度进一步降低。脱硫、除尘等环保装置保持正常运行,全年实现二氧化硫减排 7.2 万吨。

【和谐企业建设稳步推进】 围绕企业中心

工作,深入开展创先争优活动,为企业发展提供政治保障和精神动力。扎实开展党建示范点创建工作,公司党建"闪光工程"被浙江省国资委党委授予首批"省属企业基层党建工作示范点"。深化精神文明建设和企业文化建设,公司顺利通过"全国文明单位"复评,"一班一品"班组文化建设成果获"全国电力行业与企业文化优秀案例"三等奖。进一步加强思想政治工作,强化人文关怀,确保职工队伍稳定。积极推进社企共建,开展党支部结对共建、帮扶慰问和科普宣传等活动,促进社企和谐。（查烨斌）

•电力配送•

【概况】 2011年,全市全社会用电量21.16亿千瓦时(不含滨海新区),比上年增长9.18%(同口径比,下同);最高日负荷37.58万千瓦,同比增长3.27%;售电量18.64亿千瓦时,增长11.27%;综合线损率1.52%,下降2.18个百分点;城农网综合电压合格率分别为99.94%和99.89%;城农网供电可靠率分别达到99.96%和99.89%;全员劳动生产率96.59万元/人·年。年末,平湖市供电局管辖范围内有220千伏变电所2座,主变总容量81万千伏安/4台;110千伏变电所9座,主变总容量86万千伏安/18台;35千伏变电所2座,主变总容量4.8万千伏安/3台。220千伏线路116.414千米/6条;110千伏线路143.578千米/21条;35千伏线路43.353千米/9条;10千伏线路1749.421千米/172条。安全日达2370天。获同业对标第二类综合管理标杆单位(售电量30亿千瓦时以下10亿千瓦时以上,全省排名第二)。

【开展"安全风险管控年"活动】 结合"抓执行、抓过程、建机制",深化安全风险"强意识、明辨识",充分运用IDOP系统(安全风险智能管控系统),累计辨识出风险216条,针对三星级及以上风险,制订、执行风险控制卡43张,运行方式风险预警通知书20份,基本形成风险管控工作常态化。成立警企联络室,构建电力设施保护"立体式"防护体系,实现"警—企—民联动",提高防外盗、外破水平,全年未发生外盗事件。

2011年全社会用电量及构成统计表

用电分类	用电量(万千瓦时)	构成(%)	同比±(%)
全社会用电量合计	211635.30	100.00	9.18
农林牧渔水利业	1748.52	0.83	19.74
工业	164461.72	77.71	8.24
建筑业	2401.7	1.13	36.45
交通运输、仓储、邮政业	583.26	0.28	-9.29
信息传输、计算机服务和软件业	1244.17	0.59	20.79
商业、住宿和餐饮业	10299.03	4.86	18.78
公共事业及管理组织	5175.16	2.44	6.03
金融、房地产、商务及居民服务	2280.45	1.08	6.52
城乡居民生活用电	23441.29	11.08	10.03
其中:城镇居民	12742.14	6.02	12.44
乡村居民	10699.15	5.06	7.28
按产业类别分			
其中:第一产业	1748.52	0.83	19.74
第二产业	166863.42	78.84	8.56
第三产业	19582.07	9.25	12.76

注:全社会用电量合计中含热电厂厂用电量。

【电网建设稳步推进】 全年完成电网发展投资约2.44亿元,新增110千伏变电容量12万千伏安,建设改造电力线路297.786千米。

完成110千伏溪洋变扩建和110千伏园区变增容投产运行,新增容量12万千伏安;完成配网项目24项,新建、改造中压线路142.68千米,新增、改造配变140台,容量28155千伏安;完成新仓营业所办公楼等12项小型基建和非生产性大修项目建设。开展低电压治理工作,投资约400万元,补点和增容共63个台区,提高了供电能力。

【加强规划项目储备】 做好电网规划与地方规划的衔接,编制《平湖市基于可靠性的中低压配电网目标网架规划》,完成"十二五"期间每年度配网项目储备,全面提升配网建设科学发展。建立完善规划项目库和项目储备库,坚持"全面计划全面预算",建立管理清晰,管控有力,流程顺畅的工作机制。110千伏塘桥变、永兴变新建工程和钟埭变、曹桥变增容工程核准工作提前完成。110千伏双庙变、丰收变纳入可研计划。

【提升营销管理和服务水平】 加强"红船"电力服务品牌推广,服务内容由单一抢修向多元服务拓展。优化大用户用电模式,向全市5万多户居民发送家庭用电建议书。深入开展"电力·社区"、"电力·乡村"、"电力·园区"服务共建,不断扩大服务外延,更好地服务居民、企业。实施国家电网公司农村用电安全强基固本工程,建设曹桥街道"居民用电服务站",形成农村居民表后用电服务新模式,被国网公司列为农村居民表后用电服务试点单位。配合政府落实节能减排,精心编制、平稳实施有序用电方案,基本实现"限电不拉电"目标。全年95598工作站共接到报修6421起,工单2630起,回访率100%。与市邮政局、文明办开展第三方满意度调查,满意率达到99.85%。建立科学规范的业扩报装工作机制,规范服务行为,年内,新增、增容电力客户5893户,新增用电容量16.792万千瓦。积极推广充值卡、POS机上门服务等新型缴费方式,电费回收率100%。加强营销智能化支撑系统建设和应用,完成智能电能表推广应用2.6288万只,完成率106%;安装居民集抄采集器4.2万台,覆盖用户10万多户;专变负控终端安装率100%、远程抄表率99.32%。加强窗口建设,推广《营销标准化礼仪服务规范》,获嘉兴电力局供电服务技能竞赛团体二等奖,4个供电营业所都建设成浙江省电力公司标准化供电营业所。

【坚持依法从严治企】 成立监察审计部,强化审计、监察在企业决策过程中的把关作用,全年累计完成审计项目9个,提出审计意见、建议4条,完成工程外委审价44个,审减金额181.97万元。发挥企业法律顾问作用,加强合同管理,开展依法治企工作培训,职工法律意识得到提高。完成突出矛盾、问题排查治理工作和敏感性问题排查工作。每月召开局务工作会议,加强部门间沟通与交流,确保局各项决策合理、合法、合规,全面提升依法治企水平。

(骆　炎)

经济开发区

·平湖经济开发区·

【概况】 2011年,平湖经济开发区按照市委、市政府总体部署,围绕转型提升主线,深入开展创先争优活动,以产业引领、平台提升、环境保护和干部作风为抓手,进一步提升开发区经济竞争力、发展承载力、社会凝聚力和工作执行力,各项指标均创新高,进一步提升了对全市的贡献度。全年完成生产总值741874万元,同比增长12.4%,占全市(不含嘉兴港区和嘉兴电厂,下同)24.92%,比上年提高1.08个百分点。工业总产值2800375万元,占全市40.63%,比上年度提高2.15个百分点。145家规模以上工业企业实现工业总产值2532075万元、主营业务收入2461541万元、利税总额197111万元、其中利润119544万元,分别增长17.7%、15.4%、13.5%和-7.6%。完成进出口总额256243.67万美元,同比增长18.23%,其中进口总额102113.27万美元,增长21.89%,出口总额154130.41万美元,增长15.93%。实现财政一般预算总收入141709.32万元,增长34.24%,其中地方财政一般预算收入54913.36万元,增长36.44%。当年度平湖经济开发区(钟埭街道)被评为平湖市优秀镇(街道)。

招商引资再创新高。2011年开发区审批外资项目54个,总投资34546万美元,合同外资18624万美元,实到外资10368万美元,合同外资和实到外资分别占全市的44.4%和57.48%,连续9年列入全省利用外资十强。完成市外内资注册资本69451万元、实到内资40591万元。全年引进硕士30名、博士7名,3人入围省千人计划答辩环节。

项目质量和产业层次明显提升。全年引进总投资1000万美元以上外资项目12个,其中3000万美元以上项目1个;新引进注册资本1000万美元以上外资项目5个;引进注册资本3000万元以上市外内资项目11个,其中5000万元以上项目4个,实到注册资本1000万元以上项目15个;引进世界500强项目2个。

重点项目有序推进。列入市重点工业47个项目加快推进,其中续建项目22个,14个项目已投产或试生产,8个项目已完成厂房建设或设备安装。20个新建项目中,除溢彩服饰正在筹备建设外,其他项目均开工建设,其中5个项目已经投产或试生产。中天合波、侨鸣光电2个科技创新项目正在顺利实施中,荣胜纸业3个节能减排项目均已完成。

企业技改创新步伐加快。2011年科技项目申报取得阶段性成果,申报国家星火计划1个、国家中小企业创新基金2个、省级新产品7个,组织17家企业申报平湖市级科技计划项目,其中5个重大项目和2个重点项目已全部立项。成功培育和建立平湖市级研发中心2个,新增嘉兴市级专利示范企业2家,获得平湖市级科技进步奖企业1家,新培育浙江比例包装股份有限公司成为国家级高新技术企业。组织申请专利45项,其中发明4项、实用新型17项、外观设计24项。完成专利授权量共计183项,其中发明专利2项、实用新型87项、外观设计94项。

挖潜节地、节能减排取得突破性进展。全年收回低效用地227.3亩,盘活新晋优势项目,同时通过企业自身挖潜,盘活土地

570.6亩,实现不新增占地投入7.7亿元。完成新建7公里污水管网工程和24公里污水管网疏通工程,开展废塑料造粒行业和铅酸蓄电池企业整治,取缔了8家无证废塑料造粒企业,把好建设项目环保预审关和项目“三同时”竣工验收和监管,环评项目执行率和企业环保“三同时”验收率均达到100%。全年共申报节能项目20项,已完成18项,完成节能技改投资10142万元,完成清洁生产企业6家。当年规上工业企业万元增加值能耗下降8.7%。

平台建设继续优化。全年开发区完成基础设施投资(不含征迁)约1.5亿元。新增农村绿化面积352.7亩、完成全年任务的105%,其中新增河道绿化面积81亩、农田林网面积66.7亩、村庄绿化155亩、小城镇绿化50亩。完成了电产三协(三期)、电产东测(一期)和福莱斯乐(二期)定向标准厂房建设并投入使用,福莱斯乐三期厂房已开工建设,中部理化项目正抓紧筹建。其他建设项目稳步推进,垃圾中转站(二期)、太浦河引水工程已完成建设和政策处理,钟埭幼儿园、养老服务中心、职工文化大厦等均已启动前期筹备工作。

【光机电产业集群推动全区经济快速发展】 2011年光机电产业实现工业总产值156.8亿元,同比增长23.5%,占全区的63%。全年审批光机电外资项目31个,占项目总数的55%,光机电项目合同外资占总额的80%,先后引进艾德能源、凯中电机、爱知磁石、九益机电、稻垣汽车配件、泽鑫精密锻造、铨宝精密机械等一系列优秀项目。平湖经济开发区仅仅用了十年时间,就把光机电产业从零培育为超百亿支柱产业,成为国家级的光机电特色产业基地。

【生物医药产业加快集聚】 生物医药作为朝阳产业一直是平湖经济开发区的重点培育对象,开发区重点规划3500亩生物医药产业园,并在规划定位的生物医药细分产业中率先发展生物制品、食品保健品两个细分产业。已落户生物医药企业项目17个,初步形成具有一定影响的产业集聚区。2011年,又新引进爱食客食品和优康制药2个生物医药(食品)产业项目,开发区生物医药企业(项目)达到17个,4家规上生物医药企业共实现产值13亿元,同比增长53%。

【森永食品(浙江)有限公司新工厂开工】 6月,平湖经济开发区生物医药(食品)产业集聚再传捷报。来自日本的食品行业龙头企业——森永食品(浙江)有限公司新工厂开工仪式正式举行。森永食品项目总投资3000万美元,注册资本1400万美元,用地仅20亩,每亩注册资金70万美元。项目投资方——日本森永制果株式会社创立于1899年,主要从事糖果、饼干、巧克力等休闲食品的生产,是世界食品行业的龙头企业,拥有世界领先的生产设备和技术、严格的质量管理和体系及庞大的销售网络。由于对开发区的服务和投资环境非常满意,森永食品项目将进行再次增资,总投资增加800万美元,注册资金增加560万美元。此外,森永新工厂与开发区另一家重点生物医药企业——嘉吉食品科技(平湖)有限公司仅一墙之隔,而嘉吉公司生产的高果糖浆正是森永食品的重要原材料,从而创下了开发区生物医药(食品)产业链延伸的典型范例。

【第16个世界500强项目落户】 5月,平湖经济开发区第16个世界500强企业投资项目——上海汽车工业(集团)总公司投资的上海纳铁福汽车零部件项目正式签约开发区。作为项目投资方的上海汽车工业(集团)总公司是中国三大汽车集团之一,主要从事乘用车、商用车和汽车零部件的生产、销售、开发、投资及相关的汽车服务贸易和金融业务。该项目总投资3亿元,注册资金1.4亿元,用地69.5亩,主要生产汽车传动轴及汽车零部件,项目计划2012年6月投产,预计年产值2亿元。

【为小微企业破解融资难题】 11月,平湖经济开发区银企座谈会顺利举行,该座谈会由开发区和中国邮政储蓄银行平湖市支行联合主办。为缓解企业资金压力,开发区邀请区内44家中小企业、小微企业老总“坐而论道”,共商破解融资难问题。会间,分析了国内外异常复杂的经济发展形势和中小企业面临着诸多的发展难题。经过座谈,取得了2600万元6家小企业受惠的成果,彰显开发区与企业同舟共济、共克时艰的信心和决心。

【徐威荣获全国优秀党务工作者称号】 徐威,男,1959年8月出生,1985年6月入党,现任平湖经济开发区日本电产集团党委书记、日本电产(浙江)有限公司工会主席。由他创设的“徐威大哥工作室”已经成为反映职工诉求、调解劳资纠纷、凝聚党员合力的品牌。他率先垂范,树立形象,带头在公司中亮明党员身份,注重与企业管理层的沟通协调,争取了企业党组织每月与公司召开联席会议,积极参与公司生产经营活动,及时反映职工群众的要求。并争得15万元建立企业党群驿站,设立党建展示栏,开设图书吧、休憩站和爱心超市等,使企业党建工作得到党员职工的拥护、企业管理层的认可、上级党组织的赞同。他先后获得嘉兴市优秀共产党员、嘉兴市优秀新居民及优秀新居民党员、嘉兴市“十佳”基层工会主席和优秀新经济组织、新社会组织党组织书记等诸多荣誉。2011年被中组部授予全国优秀党务工作者称号。

【开发区被评为第二次全国R&D资源清查先进单位】 开发区根据第二次全国R&D资源清查的要求,按照平湖市第二次全区R&D资源清查领导小组办公室的统一部署,先后完成了机构组建、人员落实、清查摸底调查、数据核查等各项工作,对辖区内重点科技型企业认真开展核查工作,通过核查数据、检查台账,确保数据质量,顺利通过了省级、国家级领导小组的验收,被评为第二次全国R&D资源清查先进单位。 (邹辰玮)

•独山港区•

【概况】 2011年,独山港区抓住省海洋经济发展上升为国家战略等重大机遇,加快开发建设步伐,着力打造“实力港区”、“平安港区”、“和谐港区”。全年完成生产总值(含独山港镇,下同)455115万元,可比增长10.1%。实现财政一般预算总收入61877.06万元,其中地方财政一般预算收入24880.29万元,比上年分别增长20.37%和21.01%。

平台建设有序推进。“六纵四横”道路框架全面拉开,疏港公路(01省道至平廊公路段)开工建设,振港路北段等工程扎实推进。水口至白沙湾治江围涂海塘管理完成移交。地面水厂一期工程初步规划评审通过,供水管网、污水管网建设步伐加快。

招商引资成效显著。按照“三高两低”的项目选择路径,主攻大项目、好项目,全年完成合同外资3446万美元、实到外资3621万美元。引进市外内资首次突破10亿元,达14.5亿元,实到98007万元。项目推进步伐加快。坚持突出重点和整体推进相结合,大明玻璃二期、中发电气产业园等一批重大项目进展顺利,重点推进华辰能源、大明玻璃二期、中发电气产业园等在建重大项目。聚龙石化、嘉盛新材料、根源光大等一批大项目开工，普英特高层设备、美嘉容器、维克斯等项目进展顺利，伴宇集团、阿莱德生物等项目竣工投产。全年完成固定资产投资272227万元，其中工业生产性投入189882万元。优化项目服务，建立班子成员领办服务重点项目制度，21名班子成员带头，领办服务29个重点项目，总投资达180多亿元。通过例会交流、现场督办等机制，在对接中强化服务，在服务中推进项目建设。成立项目服务中心，实施“一站式受理、一条龙办理、全过程服务”，建立健全即时即办、交办督办等相关制度，实现由被动服务到主动服务的转变，零碎服务到合力服务的转变，低效服务到高效服务的转变，全力打造“港区速度”。全年进入报批程序的项目11个，通过项目服务中心积极主动的服务，完成审批5个项目。

工业经济增势强劲。95家主营业务收入2000万元以上工业企业工业总产值、主营业务收入分别达到1115235万元、1083120万元，同比分别增长11.8%、11.5%。产值超亿元企业达24家，其中15亿元以上企业2家。服装行业转型升级步伐坚定，管理水平不断提高，产品质量不断提升，被评为全国首个出口服装检验监管示范区。新能源、新材料等临港先进制造业快速发展，有力地助推了港区产业结构的调整和工业经济的快速发展。

港口物流快速发展。借助省“双服务”组的资源和力量，不断健全独山港综合物流园区长效管理机制，推进港口物流快速发展。码头方面，平湖玻璃散货码头泊位试运营，上港集团多用途码头项目获省发改委批准，浙能煤炭独山中转基地围堤工程正在进行抛石作业。物流方面，中航油、宝达物流、甘泽糖酒仓储等一批物流项目快速推进，华瑞仓储期货交割仓库项目正在进行地基处理。甘泽糖酒、华瑞仓储列入“2011年浙江省服务业重大项目”，综合物流园区申报“省级现代服务业集聚示范区”。

【清华大学科技成果产业化项目签约】 2011年8月3日，清华大学科技成果产业化项目——年产60万吨MTBE及其衍生物项目签约仪式隆重举行。嘉兴市委副书记、市长鲁俊在签约仪式上致辞，平湖市领导盛全生、翁建荣等出席。来自清华大学、北京清华工业开发研究院、浙江清华长三角研究院及信汇科技有限公司的有关专家参加签约仪式。该项目是清华大学科技产业化成果，项目总投资20多亿元，占地798亩，分三期开发建设，建成投产后产值达60亿元，届时将成为亚洲地区规模最大的合成材料基地。

【上港集团独山港多功能码头项目试桩】 2011年9月26日，上港集团独山港B23、24多功能码头项目进行试桩，经过2年时间的前期精心准备，在完成岸线、国土资源、规划、环评、通航、水土保持等一系列审批手续的前提下，项目完全具备了试桩条件。该项目总投资83557万元，设计年通过能力为250万吨，项目的试桩标志着项目建设正式进入了施工阶段。

【根源光大节能建材项目落户、开工】 2011年5月24日，独山港区管委会与平湖根源光大节能建材有限公司正式签署项目合作协议。平湖根源光大节能建材有限公司、山东诸城兴贸玉米开发有限公司将投资8亿元，在独山港区投资建设节能建材、糖醇加工、玉米淀粉中转三个项目。其中年产1000万平方米的保温隔热装饰一体板项目实现当年签约、当年开工建设，进展顺利。

【嘉盛新材料项目开工】 2011年3月28日，浙江嘉盛新材料有限公司首期20万吨复合钢板项目正式开工。该项目总投资9.5亿元,主要产品为钢铝复合板和铜铝复合板,至2011年底累计完成投资19800万元。

【独山港区散杂一期码头工程通过交工验收】 2011年9月22日,独山港区散杂一期(浙江平湖玻璃)码头工程通过交工验收。此次交工验收的工程内容为1万吨级散货、件杂货泊位各一个(兼靠3.5万吨级散货泊位一个)以及码头相应配套设施,设计吞吐能力140万吨/年。该项目的建成运营将有效缓解独山港区公用泊位的紧张局面,有力地推动海洋经济的发展。

【生活垃圾焚烧发电工程通过竣工验收】 2011年2月17日,国家环境保护部发函通过了平湖市生活垃圾焚烧发电工程竣工环境保护验收。该工程于2007年10月开工建设,2010年1月三炉两机全面投产,主要建设3台日处理300吨的垃圾焚烧锅炉(2用1备),配置2套9MW纯凝汽轮发电机组,以及3套烟气处理系统,规模为日处理600吨生活垃圾及160吨油菜秸秆。

【港区项目服务中心成立】 2011年5月11日,独山港区项目服务中心正式揭牌成立,在企业项目报批、项目建设、项目投产前这三个阶段实施领办、交办、督办、协办、代办等综合性办公,加快项目报批速度,缩短项目投产时限,全力打造"港区速度",获得当年度"平湖市机关服务品牌"称号。

【万余亩征而未用土地"上岗再就业"】 针对征而未用土地这一长期以来管理中的一个盲点,2011年独山港区在加强征而未用土地管理上探索出了一条新路子。对于这1.5万亩征而未用的土地,采取一年一定的方法,临时包租给种植户使用,但种植户在土地的使用上必须遵循不种植多年生作物,不开挖,不转包,不搭建建筑物、构筑物等原则。"上岗再就业"使土地管理得到了规范,承租户实现规模生产,农民从中得到了实惠,获得租金约530万元。

【水口至白沙湾治江围涂海塘管理完成移交】 2011年4月15日,市滩涂围垦开发有限公司与市海塘管理所签订了海塘管理移交书,治江围涂海塘日常维护管理由现在的市滩涂围垦开发有限公司移交到市海塘管理所管理。海塘移交范围包括:治江围涂海塘主堤一条,长度9991米;促淤坝一条,长度9655米;东、中、西隔堤三条,总长2008米;截水沟一条,长9779米,及相关海塘竣工验收资料一套。 (莫忠海)

交　通

·综述·

【概况】 2011年,市交通运输局围绕全年交通中心工作和“加快交通转型升级”这一主线,推进“交通畅通”工程,提高行业管理效能,构建综合运输体系,努力在服务全市科学发展中实现率先发展率先转型。畅通工程推进有力,全年完成交通建设投资2.30亿元。开展公交体制改革调研,逐步推行公司化、集约化经营,出租车行业稳定健康发展。全面整治道路非法营运行为,深入抓好农村公路养护管理工作,全市交通行业管理服务高效有序,交通形象稳步提升。

【推行城乡公交公司公营】 8月,市天龙汽运公司收回K205路(平湖至陈匠)承包经营权,实行公司公营。之后,又顺利完成K201(平湖—金桥)、K202(平湖—黄姑)、K203(平湖—衙前)、K210(平湖—乍浦)等线路的收购工作。至年末,全市城乡公交50条线路265辆公交车辆中的38条线路210辆车实现公车公营,城乡公交公车公营比例达到79.25%。

【港航全面实施“扎口”管理】 2011年,是实施浙北航区港航管理模式调整的第一年,港航处大力加强新埭站建设,确立其重点监管站地位。首先,进行人员调整,从大桥站抽调人员充实到新埭站,使人员从5人增加至20人(大桥站从31人减少到16人)。其次,进行职能调整。新埭站实行24小时监控管理,重点负责对进出省界外省籍船舶的安全监管和规费征收工作,其他4个站配合新埭站做好船舶动态监管,重点强化本辖区的码头管理和通航秩序管理。

【县道及以上公路实施长效保洁】 制订《平湖市县道及以上公路长效保洁实施方案》,按照“统一领导、分级负责、标本兼治、长效管理”原则,建立起“管理定额化、定额考核化、考核日常化”管理机制,将精细化管理理念融入日常保洁管理,对保洁质量及管理措施进行日常督查。年内,保洁人员由88人增加至166人,配备保洁车133辆,重点做好应保洁190.6公里公路边沟以内(含边沟)和路肩外绿化带(含绿色通道)的保洁工作,改善了全市公路沿线环境卫生面貌。

·交通建设·

【嘉兴王店至平湖公路新07省道至乍王公路段新建工程】 全长约3.9公里,按一级公路技术标准建设,路幅宽36米(桥梁宽40.5米),估算投资2.84亿元,至年末完成投资6000万元。

【平湖独山港区疏港公路01省道至平廊公路段新建工程】 全长3.22公里,路幅宽16.5米(杭浦以南24.5米),概算投资6091万元,至年末完成投资2500万元。

【公路大中修项目】 完成01省道慢车道单幅10公里中修工程,总投资660万元;完成农村公路大中修16.85公里,项目总投资1667万元。

【平湖市公路养护中心】 占地12.41亩,建筑面积11134平方米,总投资4730万元,年内完成投资2000万元。

【客运站场建设】 平湖市客运中心占地8万平方米,建筑面积2.55万平方米,设计日发送旅客1~2.5万人次,总投资1.31亿元,年内完成投资3000万元。全年建成港湾式停靠站16个。

【农村联网公路工程】 完成农村联网公路16.47公里,总投资1190万元。

【危桥改造工程】 完成改造危桥25座,总投资1570万元。

【安保工程】 完成公路漆划标线投资128万元,安全设施完善投资250万元。

【绿色通道工程】 重点建设项目3个,完成投资2900万元。其中07省道(景兴东路至南湖交界段)绿色通道工程长2.4公里,两侧各20米,项目投资1000万元;07省道(杭浦高速至乍浦出口段)绿色通道工程长3.4公里,两侧各20米,项目投资1400万元;杭浦高速新仓连接线绿色通道工程长3.9公里,两侧各12米,项目投资500万元。

【水路基础设施建设】 完成乍嘉苏线乍浦闸桥至关桥段航道护岸养护工程一期,新建护岸444米,疏浚土方1.90万立方米;实施乍嘉苏线乍浦闸桥至关桥段护岸养护工程二期,9月开工,12月底完工,新建护岸1134米,开挖土方2.74万立方米;实施杭平申线平剪线交叉口疏浚工程,9月开工,11月底完工,共疏浚土方6.60万立方米;配合做好杭平申线航道改造工程的前期工作,《杭平申线(浙江段)航道改造工程可行性研究报告》通过评估咨询会审查;配合做好丁诸线航道改造工程(平湖段3.90公里),工程可行性研究报告通过审查。

•交通管理•

【概况】 2011年,全系统共实施行政处罚2340件,行政许可1028件,未发生听证案件、行政复议或者行政诉讼案件;年内共发生道路运输行车事故5起,其中重大道路行车事故2起,死亡3人;水上交通发生一般事故1起(沉船一艘),小事故4起,未发生因管理不善造成的航道堵塞事故,未发生船舶污染水域事故;交通工程建设未发生安全生产事故。

【省际毗邻班线公交化改造】 3月,配合市委政研室,对接轨上海的公共交通体系进行调研,及时上报《平湖至石化省际毗邻班线公交化改造方案》。6月,市天龙汽运公司与上海交通大众公司协商调整改造思路,双方拟各投入2辆客车,开通平湖南站经杭浦高速、金山医院至金山新城站的快速公交线路,已做好前期准备。

【公交体制改革调研】 2月,对城市公交、城乡公交及站场设施进行摸底,提交《平湖市城市城乡公交基本情况》。由市发改局、财政局、交通运输局共同撰写《公交体制改革调研报告》。为配合公交体制改革,根据城乡公交经营权陆续到期的实际,制订延长经营期限办法,下发《关于延长平湖市县境内客运班线(城乡公交)经营期限的通知》,对当年12月底前到期的平湖市境内客运班线(城乡公交),经营期限统一延长至2012年12月31日。

【公交IC卡多票制升级】 按照多票制公交IC卡收费系统推进要求,完成收费系统升级协议签订,实现与嘉兴市区对开线路集约化经营，完成系统终端硬件、GPS站点定位测量、自动语音报站以及票价核定等工作。由交通运输局牵头制订的《平湖市老年人等优惠和免费乘坐城市公交IC卡管理办法》已完成，待市政府审批后实施。

【大物流发展】 做好嘉兴市级物流基地及市级龙头企业评定和建档评估工作，做好辖区内物流基地及龙头企业交通物流扶持项目申报工作，共申报物流基地项目1个，龙头企业项目3个，农村物流配送网络站项目1个，组织开展县级物流基地及龙头企业评定和建档工作。指导龙头企业做好甩挂运输试点申报工作，年内有2家龙头企业向省物流与采购协会提出申报AAA级企业申请并通过审核。在道路货物运输行业推广物流信息化软件，完成4家BS版普运软件和1家CS版普运软件的安装工作，组织相关企业人员参加嘉兴市举办的物流信息化推广培训班和现场交流会。优化行业结构，鼓励小、散、弱的危险品道路运输企业进行资源整合，共整合4家企业。

【出租车计价器技改】 完成全市226辆出租车计价器技术改造，更新为具有发票打印功能的税控计价器，并选择性增加营运数据管理功能和录音功能，安装服务评价器，预留刷卡功能和拍照功能。

【出租车经营权重新配置】 为保持出租车经营权重新配置政策的延续性，对全市45辆出租车进行经营权重新配置。截至年末全市共有出租车226辆，其中桑塔纳3000型170辆，宝来24辆，捷达32辆。

【打击“黑车”】 全年共查处“黑车”231辆（其中，无证小客车83辆、无证货运车85辆、无证机动三轮63辆），罚款金额92.30万元。年初，对全市客运车辆包括旅游车、学生接送车、客运租赁车等进行重点检查，在检查中查处到8辆无证营运接送学生的租赁车，是全市近年来查获的一系列“黑车”营运案件中情节最为恶劣、影响最为广泛的案件之一。

【运管执法队伍整合】 为适应复杂多变的运输市场监管环境，运管所在已建立一线执法队伍分级负责机制的基础上，再次整合执法队伍，将稽查队4个分队合并为2个中队，乍浦检查站2个分队合并为一个中队，各中队设立中队长，直接负责中队的工作，同时又服从于全所统一调度安排，形成有分有合、既能“发挥小的多变性”，又能“发挥大的整体性”的良好局面。

【水上信息化建设】 积极推广应用RFID船舶通行卡，全年发放RFID通行卡717张，累计发放1266张。做好社会船舶GPS安装工作，共安装100总吨以上船舶171艘。在乍浦站、新埭站、城西站和广陈站签证窗口新安装视频监控系统，实现港航处6个办事窗口（包括5个站点签证窗口和1个行政中心办证窗口）视频监控全覆盖。推进“海事艇载3G移动信息平台”建设，新改装“浙海巡0224”和“浙海巡0228”，增加3G移动平台。综合利用船舶动态监管系统、RFID船舶通行卡和船用GPS，实施船舶动态监管，提高了科技监管水平。

【全力抗击航运旱情】 1至5月，全市累计降雨量仅148.8毫米，为常年同期的31.5%，创下有观测资料以来最小值，河道平均水位创下近10年来新低。针对航道水位下降、通航能力降低的问题，港航处通过加强航道现场管制、码头源头管制、突发事件应急管制，全力保畅通保运输，严防枯水期发生大面积堵航。枯水期间，及时解救搁浅船舶10

余艘次,辖区未发生 4 小时以上的堵航。

【全力保障电煤运输】 继续加强乍浦内河管制,落实 24 小时船舶报港管理措施,科学分配船舶流量,严厉查处违法违规行为,重点打造安全畅通的煤炭运输通道,保障了浙北地区电煤供应。乍嘉苏线乍浦航段船舶进出流量达到 5.6 万艘次,发送煤炭 915.46 万吨。

【公路预防性养护、应急养护】 年内,在日常养护中注重预防性养护,对九场公路、福臻至嘉善公路、广平公路、老 07 省道、施新公路的混凝土板块进行灌缝处理,总长度为 118 公里;对平廊公路 18 公里路段的裂缝进行灌缝处理,防止病害发展;多次组织对新 07 省道 3 座大桥梳型伸缩缝维修;完成老平廊公路徐丰东桥桥面应急维修,铺筑桥面 117 平方米;更换独广线黄姑塘桥伸缩缝 20 米;及时对新 07 省道盐平塘大桥、狮益桥、界泾塘大桥梳型伸缩缝进行应急维修,以确保桥梁安全运营。

【路政动态巡查】 全年,路政巡查达 365 天 3454 人次,发现违章案件 1084 件;查处违规建筑 412.85 平方米,清理堆积物 1468 立方米;拆除非公路标牌 234 块。严格临时性建筑物、构筑物等审批程序、监督和管理。办理行政处理案件 52 件,办理行政许可 11 件,路政案件查处率、结案率 100%,行政处罚和许可正确率 100%,收取公路赔(补)偿费 98960 元。

【超限运输治理】 根据省公路局《关于高速公路计重收费后加强治超工作的通知》精神,周密部署,采取固定治超和流动治超相结合的方法,加强对计重收费后超限运输车辆的管理,保护公路安全畅通。全年共检测车辆 3604 辆,查处违章车辆 1084 辆,其中不可卸载 962 辆,122 辆自行卸载 1788.28 吨,罚款 70.15 万元。

【农村公路日常养护管理】 主动开展预防性养护工作,各镇(街道)农村公路养护管理站及时安排绿化养护、路面灌缝、桥头跳车处理等养护工作。同时,加大日常巡查管理力度,做到有问题早发现、早处理,保持农村公路路况稳定和畅通安全并提高养护质量和养护资金的使用效益。全年全市共完成乡道、村道养护管理投资约 666 万元(不包括大中修等专项工程投入资金)。

【农村公路示范路创建】 3 月 24 日,在新仓镇召开全市农村公路养护管理现场会,推广新仓镇示范路试点创建经验。全年全市投入资金约 178 万元,完成示范路创建 38.45 公里。新仓镇组织开展的农村公路养护管理示范镇创建活动,为全市各镇(街道)农村公路养护管理工作的发展起到积极推动作用。

【规范交通行政执法】 运管所以监督为手段,完善行政执法评议考核机制,通过行业内部互相监督,上级管理部门执法监督,人大、政协提案监督,96520 电话社会监督等手段,加强对全所行政执法的监督检查。10 月 18 日顺利通过交通运输部督导组的检查,对运管行政执法工作给予充分肯定。港航处积极推行说理式处罚文书,4 月,组织各科室、站点制作出常见案例的说理式处罚文书范本 10 余例,5 月开始,对全市重大水路交通行政处罚案件 100% 使用了说理式处罚文书。

【创新行业安全管理】 年内,各单位在安全生产工作中注重创新。运管所为进一步扩大道路运输安全宣传工作覆盖面,自年初以来积极主动收集行业内典型案例、业内经验、典型行业人物介绍等内容,编发《安全宣传教育之窗》12 期供企业下载学习,教育驾驶员安全驾驶、守法行车,以业内经验、典型行业人物为驾驶员朋友树榜样。港航处把危险品运输安全管理作为重中之重,加强对危险品作业码头、水上加油站的安全监督检查,完善视频监控,严格落实申报制度,强化危险品现场作业监管,为加强乍浦内河水域出港危险品船舶的出港安全保障,必要时采取护航措施。公路段通过治超站向过往车辆驾驶人员分发《公路安全保护条例》宣传资料,使驾驶员了解该条例,熟知相关责任、权利和义务,自觉爱护公路,依法保护公路。

【"创卫"工作】 作为网格式管理牵头部门,交通运输局制订《2011 年交通系统创卫工作计划》及《2011 年交通系统创卫工作任务分解表》,明确 30 项交通创卫工作任务责任人、责任部门及工作要求。做好创卫民生问题收集和办理,共整理出 18 个民生问题,均得到解决。在行业管理上对照创建国家卫生城市客运车辆服务规范检查表内容,对出租车及客运车辆车容车况进行认真检查,张贴创卫宣传标语 770 份,发放创卫宣传资料 1066 份;联合全市 8 家客运企业,开办 17 期服务质量与安全教育学习班,对全市客运车辆 1060 名司乘人员进行创卫知识和职业服务质量培训;采用"逐车逐辆体检"形式对全市公交车、出租车进行车容卫生检查,累计开展卫生集中检查 14 次,纠正卫生不合格车辆 240 辆次,发现车身不合格车辆 177 辆次,处罚违规车辆 17 辆次。从 3 月 21 日起,运管所 GPS 监控平台工作人员坚持每天通过平台向出租车驾驶员发送创卫宣传短信,动员出租车驾驶员从自身做起,为行业形象、城市文明贡献力量。全年累计发送创卫宣传信息 468 条,营造了良好的创卫氛围。4 月下旬至 6 月底多次开展维修(洗车)业联合整治行动,共出动人员 170 人次,排摸机动车维修点 292 家,发放整改通知书 36 份,停业通知书 4 份,对 9 家无证洗车维修点经整改到位后办证,对 6 家洗车维修点暂扣设施设备 19 件,另有 4 家洗车店被强制关停。城区范围内无证洗车装潢维修基本清理完毕,行业面貌有明显改善。开展公交站点维修整治。累计投入资金 70 多万元,对全市 8 个客运站、175 个港湾式停靠站、762 个招呼站进行系统维修整治,保证了全市公路沿线港湾式候车亭的成新率和完好率。同时积极配合有关镇(街道)开展公路沿线维修店和洗车店的整治工作,为全市"美丽乡村"的创建出了一份力。

•运输业•

【概况】 2011 年,全市共有营运汽车 7306 辆,比上年增加 1002 辆。其中营业性载客汽车 534 辆,比上年增加 27 辆;营业性载货汽车 6772 辆,比上年增加 975 辆。全年完成客运 1910.88 万人次,比上年增长 1.2%;旅客周转量 56865.37 万人公里,增长 3.8%。完成公路货运量 1942.34 万吨,比上年增长 3.1%;货物周转量 18.89 亿吨公里,增长 7.7%。拥有船舶 517 艘,载重吨 10.56 万吨,单船平均吨位首次突破 200 吨,达到 207.0 吨,比上年提高 29.8 吨。完成水路货运量 1142.74 万吨,同比增长 10.0%;完成货物周转量 141574.96 万吨公里,同比增长 8.8%。完成港口货物吞吐量 1570.50 万吨,比上年同期(不包含内河港池)增长 24.6%。

(田正玉)

邮　　电

• 平湖市邮政局 •

【概况】 2011 年,平湖市邮政局完成业务总收入 5003 万元,完成计划的 103.63%。其中函件业务 635 万元,为年计划的 90%;包件业务 93 万元,为年计划的 238.32%;储蓄业务 2528 万元,为年计划的 103.61 %。全年实现安全无事故。年内,顺利通过省级文明行业复评。

【成立邮政金融业务局和邮政保险局】 成立邮政金融业务局和邮政保险局。两局合署办公,负责经营和管理邮政金融及保险业务等。通过岗位竞聘等方式,建立了一支市场开拓能力强、富于创新、善于管理、精通业务的邮政金融人才队伍。

【开通平湖—嘉兴(早报)邮路】 4 月 13 日,平湖—嘉兴(早报)邮路正式开行。邮路增开后,《浙江日报》等党报和主要畅销类报纸到局时间提前了近一小时,确保主要党政部门在第一时间阅读到党报信息,以满足早报早投时限要求。

【推进信息化引领工作】 4 月 11 日,为贯彻落实省公司提出的"一个引领,三个转变"工作思路,加快推进平湖邮政向现代邮政服务有效拓展,出台《信息化引领工作实施意见》。并要求全局干部职工用信息化思维思考问题,用信息化手段发现、分析、解决问题;增强企业核心竞争力,拓展邮政新领域,提升现代邮政服务品质。

【邮政信息化便民报亭】 6 月 26 日,首批二只邮政信息化便民报亭完成升级改造,亮相街头。信息化报亭以"便民服务站"的形式,为居民提供手机缴费等各类公共事业代缴费服务,以及电子商务等一系列服务,方便居民的日常生活,为提高社区居民的信息化水平和社会生活效率,创建和谐社会起到积极的作用。

【制作《新居民招工手册》】 1 月,将企业招工难作为业务发展切入点 ,由劳动和社会保障局和新居民事务局联合发文,利用邮政数据库资源,开展"春风送岗位、邮政促就业"活动,专门制作《新居民招工手册》。内容主要有新居民政策法规、劳动人事政策法规等宣传及各中上规模企业的企业简介、招工简章和员工待遇等。不仅为当地中小企业破解了用工荒的难题,也促进了邮政业务的发展。

【成功开发《平湖金名片》】 6 月,借助平湖的区位优势和文化旅游优势,整合多方资源,大力开发函件业务,推出《平湖金名片》,成功招商 300 余家,印刷 10000 册,实现业务收入 41.14 万元。金名片以低廉的成本和优质的发布渠道为客户打造了一个广告发布的新平台。

【建党九十周年邮展进学校】 6 月 7 ~ 10 日,市邮政局、市教育局联合主办"庆祝中国共产党成立九十周年"教师邮展,以邮展这一特有的形式来庆祝党的生日。本次邮展共展出 14 个专题,计 32 框,为配合邮展还制作了两枚分别刻有党旗与红船的纪念戳, 在普及集邮知识的同时,也使参观者在邮展中感受到了集邮的魅力。

【村邮站建设】 为进一步推进城乡服务一体化,实现邮政公共服务均等化,10月22日,市政府出台《平湖市村邮站和信报箱建设工作实施方案的通知》,截至12月31日,当湖街道、新埭镇、新仓镇32个村邮站率先建成,并开始接收邮政信函报刊投递任务,承担起村邮站服务功能。

【《浙江日报》连续34年全面完成收订任务】 截至12月31日,完成一次性大收订流转额1192.06万元,增长率9.8%,完成率为100.2%,全面完成省公司下达的党报党刊及新华社报刊征订任务,《浙江日报》连续34年全面完成发行任务。 (盛筱蕾)

•中国电信股份有限公司平湖分公司•

【概况】 2011年末,中国电信股份有限公司平湖分公司设有部室4个,当湖、经济开发区、乍浦、独山港、新仓、新埭、林埭、曹桥、广陈支局共9个,职工总数134人。全年完成经营收入1.69亿元。年内,紧紧围绕上级公司的战略目标与工作部署,对照集团提出的“规模发展,创新突破,合作共赢,价值提升”十六字深化转型战略方针,坚持求变求快求好要求,全力推出“无线城市”建设、“宽带中国·光网城市”工程、新市镇新社区光宽带全覆盖、积极推进城乡管线整治建设、“平安平湖”建设、依托114平台助力政府开展企业招工、打造市政府总机7大项目。建国北路电信营业厅被评为市“群众满意基层站所(办事窗口)”。

【推进“平安联防和邻里互助”活动】 7月15日,由市政法委牵头在曹桥街道召开“平安联防进家庭,邻里互助促和谐”工程建设现场会。在各镇(街道)的重视配合下,至年底,全市已有2.5万多户用户组建了平安联防小组,此项业务完善的功能与电信优质优惠的服务,赢得了用户的一致好评。10月21日,《嘉兴日报·平湖版》在头版“典型引领转型”栏目中以《曹桥发动群众做好“家务事”》为题,报道了“邻里互助、平安联防”电信平台建设工作。

【开展大学生暑期社会实践活动】 为配合做好暑期大学生的社会实践工作,丰富实践内容,与团市委联合开展“天翼创业、助你成功”大学生暑期社会实践活动。7月,在嘉兴学院平湖校区开展了为期5天的社会实践活动,选拔14名品学兼优并有一定营销经验的学生参加。活动期间,重点介绍了中国电信企业文化和基本业务,邀请华为和中兴的高级培训师作专题培训,安排学生参观电信机房、营业厅、10000号外呼中心及开展实战销售活动。同时还安排大学生分别到公司一线部门和班组,亲身体验电信各岗位的工作。

【组织开展系列服务提升活动】 一是全面实施“五个一”服务举措,打造宽带“宽心”五项服务承诺,为电信“规范服务、放心消费”丰富了内涵。二是全面提升10000号客服能力,实现10000号服务质量监督考核、投诉处理、客户端障碍处理调度、电话营销、客户感知信息收集等五大中心的职责,向精确化和专业化管理迈进。三是将建国北路营业厅、新华南路营业厅、全塘营业厅改建成淘宝平价手机卖场,搭建真机体验环境,以体验式销售提升用户感知和服务水平。

【承建市防汛会商指挥系统】 根据省委、省政府办公厅和省政府防汛防旱指挥部有关文件要求,县市防汛防旱指挥部必须建立会商到乡、视频到村的指挥系统。4月,公司成功竞标承建平湖市防汛会商指挥系统,5月初开始施工,6月完成建设,7月通过验收。该系统的核心是高清多媒体会议电视系统,建设市防汛防旱指挥部(水利局)、市政府会议中心、各镇(街道)和城市防洪控制中心11个会场。整个会商系统可以实现点对点的会议模式、多点会议模式、数据图文会议模式,并可对整个视频会议系统进行登记,对整个会议过程进行控制,实现会议内容的传送、会议的分屏设定等方面的管理。

【推进网络运营建设与优化】 一是大力发展光缆网络。重点做好FTTH(光纤到户)工程和光进铜退工作,年内共完成43个小区的FTTH接入能力建设。二是加快移动网络建设优化。做好基站选址,加快C网基站与室分系统建设。为确保网络安全与畅通,在本地网内率先完成C网全部基站的传输环路双路由保护。三是持续优化有线宽带网络。配合上级公司完成城域网第五、六期扩容工程,平湖出口带宽由20G升至40G。

(吴　蕾)

•中国移动平湖分公司•

【概况】 2011年,中国移动平湖分公司下设综合办、网络部、市场部、政企部、全业务室共5个部室,及城区分局、新埭分局、独山港分局、乍浦分局4个分局,自办营业厅12家,公司员工156人。公司围绕"139"工作思路紧抓业务经营和企业文化建设不放松,全年完成运营收入3.4亿元,用户数突破50万。至年末,累计基站数达252个,室内分布238个,直放站46个,光缆总里程2995公里。荣获嘉兴市十佳消费维权服务(联络)站,城区分局荣获市"工人先锋号"称号,独山港分局获省公司先进集体称号。公司所辖多个营业厅荣获嘉兴市、平湖市级群众满意基层站所(办事窗口)及青年文明号称号。

【"掌上平湖"WAP网站正式开通】 由嘉兴日报社平湖分社主办、公司协办的移动门户网站——"掌上平湖"于2月28日开通。"掌上平湖"WAP网站将为市民提供丰富多彩的本地化新闻资讯及公众信息服务,推动了平湖的信息化和数字化建设。

【承建数字城管系统并通过验收】 4月8日,公司中标、承建"平湖市数字化城市管理信息系统"。该项目综合运用计算机技术、地理信息系统、全球定位系统等先进技术,严格按照国家住建部数字城管规范实施,设有监督受理、协同办公、无线数据采集等数个基础子系统和视频监控等若干拓展子系统。至6月,完成了所有项目的招投标工作和指挥大厅装修以及大屏上墙等系统集成。7月初,在城管执法局内部开展试运行及系统调试,8月19日进行项目初验并通过。8月27日,召开全市"数字城管"系统运行工作动员会议,实施意见正式发文。9月1日投入试运行,接入责任部门24个。12月23日,组织专家对项目进行终验,并通过。"数字城管"系统对存在的城市管理问题能做到第一时间发现,第一时间落实,第一时间解决,有效提高了城市管理水平。

【在徐埭小学建立爱国主义教育基地】 作为纪念建党90周年的主题活动之一,公司携手林埭镇党委在市教育局、史志办等部门的支持下,在徐埭小学建立了爱国主义教育基地。6月22日,于以定革命事迹陈列室落成暨主题教育活动在徐埭小学举行。落成仪式上,嘉兴移动公司与基地进行了推进文明单位共建工作签约。10月24日,嘉兴移动公司党群办及团委相关人员来到徐埭小学参加了“梦想书屋”捐建暨“于以定好少年基金”捐赠仪式。

【举行中小企业信息化推介会】 10月28日,公司举行“万家企业 和谐成长”中小企业信息化推介会,有48家企业参加。推介会从提升企业形象、提高办公效率、节约企业成本三方面,介绍了综合接入、视频监控、集团名片、移动400、一卡通等业务。企业代表通过观看产品介绍视频并现场体验相关业务,表达了希望能尽快体验相关产品,早日享受“信息化”给企业带来的变革和效益的愿望。随后,公司还在乍浦、独山港、新埭等地举行了5场有150家企业参加的系列推介会。

【助推政务信息化建设】 2011年,公司发挥自身网络优势和技术优势,利用移动通信具备的“移动性、个人性、实时性、安全性”四大特点,先后协助完成了“数字工商”、“平安校园”、“司法矫正”、“数字城管”、“数字工地”、“税企通”、“公交一卡通”等大型信息化项目的建设,为全市经济社会发展做好了信息化应用服务支撑。 (秦伟明)

•中国联合网络通信有限公司平湖市分公司•

【概况】 2011年,中国联合网络通信有限公司平湖市分公司设有部室5个,当湖(虚拟)、新埭和乍浦营销中心3个,职工总数91人。年内,公司围绕地方经济发展目标和上级公司的工作部署,以“创新发展求规模,精细管理保效益”的主题,整合资源,优化机制,提升能力,强化管理,实现了“十二五”的良好开局。全年完成经营收入8200万元,同比增长10.81%。

【推动区域营销中心落地工作】 为进一步理顺营销组织架构,以网格化营销为载体,进一步细分目标客户群,针对性下沉配置各类资源,提升发展能力。6月24日,乍浦营销中心正式宣布成立。这是一个纯销售单元,只设营销中心经理,内部不设部门机构。

【建党九十周年系列活动】 公司通过开展以“创先争优,争当排头兵,向建党90周年献礼”为主线的主题教育实践活动和《iphone摄影、短信——浙江红色之旅》接力传递活动。用积极向上的短信文化来传播昂扬奋进的思想内涵,为传递革命精神,宣传推广联通品牌起了推动作用。

【推广体验式营销】 年内,公司坚持创新,推广体验式营销,对全市的营业厅进行改建。在营业厅的销售柜台布置上,改变原有的统一终端机模展陈现状,全部采用真机上柜,实现目的终端演示。同时,多次开展形式多样的“3G玩家俱乐部”活动,为用户提供软件维护与技术支撑。

【通信网络建设】 公司注重WCDMA 3G和宽带网络品质的提升,不断深化3G网络建设,全年共新建3G移动基站11个、室分站点27个,移动网络进一步向村级覆盖,使全市移动网络质量得到提升,无线技术手段应用呈现多样化发展。公交车载监控、电力远程抄表等应用得以推广;FTTX等光纤接入投资建设加快,宽带提速工程的有力推进,全网已实现4M的高带宽接入能力,改善了用户的通信质量。 (董江燕)

•中国铁通集团有限公司嘉兴分公司平湖营业部•

【概况】 2011年,铁通平湖经营分局下属有营业网点3个,分别在当湖镇新华南路388

号,当湖路1号移动营业厅,乍浦建港路136号。有维护人员和代理商20多人,集团客户130多家。分局以"认清形势、协同发展、完善管理、精益求精、效益经营"为工作思路,经受住了电信市场激烈竞争的强大压力,克服了网络建设和市场发展中的重重矛盾。全年实现主营业务收入565万元,同比增长10%,新增宽带用户4000个,同比增长30%,固定电话用户稳定。年内,继续加大网络建设力度,引进具有高带宽,高效率,大覆盖范围,用户接口丰富等众多优点的无源光网络设备(GPON)。并积极推进光纤改造项目,实行光进铜退政策,在曹桥、曹金以及中心商业区3个地方对GPON设备已先行安装使用,收到了良好的效果。加强对铁路的服务和对铁路通信市场的开发配合,在位于如意路与环北二路的两处火车票销售点安装了2条铁路网络专线,保障了火车票销售渠道的全年畅通。 (严 俊)

国内贸易

·综述·

【概况】 2011年,全市实现社会消费品零售总额105.02亿元,比上年增长18.7%。其中城镇零售总额82.89亿元,乡村零售总额22.12亿元。按行业分,实现批发零售贸易业零售额81.39亿元,增长16.5%;住宿餐饮业零售额13.74亿元,增长24.7%;异地产业零售额完成9.89亿元,增长29.7%。限额以上批发零售业单位数102个,实现销售额204.82亿元,其中批发额193.49亿元,零售额11.33亿元。限额以上住宿餐饮业单位数34个,实现营业额6.29亿元,其中零售额4.66亿元。

全市48个商品交易市场成交额134.1亿元(包括嘉兴·中国杭州湾钢贸城成交额110.9亿元),比上年增长81%,其中农副产品综合批发市场成交额11.44亿元,增长9.3%,占全部成交额的8.5%。服务业实现增加值125.44亿元,同比增长11%。服务业增加值占全市GDP比重为31.8%。服务业投资(不含嘉兴港区)完成69.79亿元,同比增长32.3%。服务业地税收入完成11.11亿元,同比增长44.9%。

【规划政策】 制订出台《平湖市推进服务业发展工作方案》、《平湖市“十二五”服务业倍增发展计划》和《平湖市服务业“十二五”发展规划》,共安排服务业财政扶持资金3281.22万元;争取到省服务业发展引导财政专项资金项目3个,补助330万元,列全省县(市)首位。

【招商引资】 全年服务业合同利用外资11490.28万美元,实际利用外资3545.66万美元,引进市外内资15.23亿元,占全市引进市外内资的44.27%。推动服务业接轨上海,与上海现代服务业联合会、上海虹桥经济技术开发区、上海紫竹科学园、上海开发区协会等单位继续保持合作关系。加强招商推介工作,在重点产业、重点集聚区等领域,全年推出服务业重点招商项目16个。成功举办“2011浙江平湖服务业项目(上海)推介会”,会上签约服务业项目8个,总投资22.9亿元。

【服务业重点项目】 全年71个服务业重点项目当年完成投资39.99亿元,完成年度计划的112.5%,开工率达到95.8%,新开工项目19个,新建项目开工率86.4%。全年新增(新批)服务业项目31个,总投资108.27亿元,开工12个,当年完成投资4.37亿元。列入省服务业重大项目计划5个,继续居嘉兴各县(市)、区首位。市区“楼宇工程”扎实推进,全年开工高层楼宇34幢,超额完成年初计划30幢目标。

【企业培育】 年内,服务业品牌建设继续推进。浙江九龙山开发有限公司注册的“九龙山”生态服务产品获省服务名牌产品认定,浙江九龙山开发有限公司承担的休闲运动服务标准化试点列入省级服务业标准化项目、平湖市海天配餐有限公司承担的集体配送餐生产流程及服务标准化试点项目列入嘉兴市服务业标准化试点项目计划。重点企业发展加快,全市413家列入统计的限额以上服务业企业实现主营业务收入232.78亿元,同比增长29.2%。

【行业提升】 现代商贸业有新发展,香港新世界城南路商贸综合体、南苑国际酒店等项目加快推进。平湖·中国服装城已投入试运营,平湖·国际箱包城建设全面推进,平湖国际葡萄酒博览交易城项目即将开工建设。独山港区钢材物流交易平台、浙北化工产品电子交易中心等工业品专业市场处于前期筹备中。

【行业拓展】 楼宇(总部)经济加快推进,智财商务大厦、温州商会大厦等总部项目正在建设中,维克斯企业总部、建工大厦、总商会大厦等项目开始前期准备。服务外包产业继续突破,10 家以软件开发为主的服务外包企业全年完成接包合同签约金额 634.3 万元、合同执行金额 538.1 万元。电子商务逐步发展,已建成"平湖制造"电子商务网等行业性电子商务平台,引进益商仓储电子商务配送项目;新秀集团、罗马企业(悟客良品品牌)等制造业企业电子商务应用也取得明显成效。

【万村千乡市场工程建设】 全市已建农村连锁便利店 108 家,村覆盖率达到 100%。制订出台《平湖市农村连锁便利示范店认定管理办法》。生活资料配送中心签约结对的开展商品配送经营业主达 358 家,全年配送额达 1.59 亿元,配送商品种类为 4500 余种。

【生猪屠宰管理】 全年全市 5 个生猪定点屠宰场共屠宰生猪 262678 头(其中食品水产公司 133346 头,明大食品公司 129332 头)。共调出生猪白肉 98916 头,调入 46078 头。生猪定点屠宰率市本级 100%、乡镇 99.7%。强化监测和市场准入管理,全年 5 个定点屠宰场共实施宰前检测 11920 批次,抽检样本 23650 个,合格率 100%。 (于晨哲)

平湖市区超市基本情况表

超市名称	营业面积(平方米)	员工人数(人)	开业时间	销售额(万元)
农工商	3500	80	1999.1	3444.21
华润银河苑店	5800	110	2003.4	5663
华润南都景苑店	2500	80	2004.9	5000
世纪联华	3475	88	2004.1	4700
大润发	23000	435	2008.8	37630.1

•供销合作•

【概况】 2011 年末,供销合作社系统共有 9 家基层供销社(公司)、14 家公司(其中 5 家生产经营性公司),共有职工 453 人。全系统固定资产原值(账面数,下同)1.98 亿元,净值 1.52 亿元;全市供销社实现综合经营销售总额 20.04 亿元,同比增长 10.5%,其中生活资料销售额(含服务业)6.75 亿元,同比增长 12.7%,农业生产资料销售额 1.35 亿元,同比增长 10.7%;综合经济效益 1434 万元,同比下降 42.6%;上缴税费 1041 万元,同比增长 5.8%。当年评为省供销社系统先进单位。

【注册商标"群欢"列入国家第二批中华老字号】 平湖市老鼎丰酿造食品有限公司注册商标"群欢"列入国家第二批保护与促进的中华老字号称号,是继平湖龙牌糟蛋后第二家获此殊荣的企业字号。国家商务部委托中国商业联合会成立"保护与促进中华老字号振兴发展(专家)委员会",组织专家严格审核,形成第二批保护与促进的中华老字号名录(零售、食品类),并予以公示。浙江有 53 家企业入围,其中嘉兴 3 家。该公司年产品销售收入达 1500 万元,酱油产量 2 万多吨,成为省内大型调味品生产企业之一,“老鼎丰”的酱油、醋等产品注重品质,深受顾客欢迎,曾经多次在国内外获奖。

【在2010“中国合作经济年度成就奖”上获奖】 5月21日,“秀山特产杯”2010“中国合作经济年度成就奖”颁奖典礼在河北省石家庄市举行。市供销合作社联合社主任周琪根获“中国合作经济年度人物奖”;四季对虾专业合作社“世季鲜”品牌获2010年“中国具有影响力合作社产品品牌奖”;曹桥供销专业合作社获2010年“中国50佳农民专业合作社”称号。“中国合作经济年度成就奖”由中华全国供销合作总社指导,中华合作时报社、《中国合作经济》杂志社、中国人民大学农业与农村发展学院、中国人民大学中国合作社研究院共同主办,已举办4届。

【在省内办起首家由供销社牵头创办的农村资金互助社】 年内,为创新农村金融服务体系,进一步丰富“新仓经验”内涵,市供销合作社联合社(农合联)在调研的基础上,着手筹建新当湖农村资金互助社。新当湖农村资金互助社是由市供销合作社联合社(农合联)牵头,与供销社领办参办的三家农民专业合作社共同发起创办的,入社社员317户,股本金500万元,其中市供销社入股30万元,占总股本的6%。互助社职能是为社员办理存款、贷款和结算业务;买卖政府债券和金融债券;办理同业存放;办理代理业务;向其他银行业金融机构融入资金及经银行业监管机构批准的其他业务。农村资金互助社的创办一是丰富了“新仓经验”的内涵,创新了服务形式和服务内容;二是可有效拓展农民专业合作社的服务功能,有利于自身发展;三是为农业产业发展提供资金支撑,推动农业产业的进一步发展。

【成立农产品展销配送有限公司】 4月29日,位于当湖街道新华北路813号的平湖市农产品展销配送有限公司(也称配送中心)开张营业,这是市供销社(农合联)充分发挥自身独特的资源优势和网络优势,积极为全市农产品营销搭建的服务平台,是把一批名品、精品农产品推向禾、沪、杭,拓展农产品流通渠道,提高平湖市农产品的市场知名度的又一举措。该公司,注册资本100万元,设立的展销配送服务中心营业面积300平方米。公司与本市20多家农产品生产加工企业建立产销关系,汇集本省几十家专业合作社、企业,将200多种无公害、保健型、营养型、食疗型的农产品以产地或厂家直销价的方式进行销售,使消费者得到实惠。公司还与旅游部门合作,成为游客购物的景点,并为机关、企事业单位、学校、宾馆饭店及有一定购买量的个体客户,提供送货上门服务。

【举办优质农产品进社区和单位食堂活动】 为了进一步推进产销衔接,减少流通环节,降低流通成本,宣传推介市农业龙头企业、农民专业合作社以及种养大户生产的优质农产品,让居民吃到放心、新鲜的食品,自11月起,市供销社联合当湖街道办事处和部分单位举办了优质农产品进社区和食堂活动,活动由市供销社及市农产品展销配送有限公司负责落实货源,组织新埭三丰合作社等10多家企业的30多个产品,进社区或食堂设摊,所有产品都以最优惠的价格进行直接销售。至12月底共举办此类直销近10场,受到了社区居民和单位的欢迎。

【开展农产品经纪人培训】 年初,根据市政府的要求,供销合作社联合社(农合联)根据培训考核工作计划,于10月21日至23日,举办了培训对象为大学生村官的农产品经纪人职业技能培训班。培训内容为农产品经纪人职业道德、农产品网络营销及信息技术、市场信息采集与分析、农产品营销与品牌建设、建立客户与谈判、合同法、食品安全法等。由省经贸学院工商管理系老师前来讲课。培训结束后进行理论和实践考核。101 名大学生村官全部通过考核。（张展宇）

• 粮油购销 •

【概况】 2011 年,全市粮食规上企业共实现粮油经营总量 22050.6 万公斤,其中购进粮食 12427.4 万公斤,销售粮食 3422.3 万公斤。全年普查粮油 7007.464 万公斤,其中处理高水份粮食 1201.5 万公斤,熏蒸处理粮食 5225.3 万公斤。全市粮仓继续实现“一符四无”(账实相符,无鼠雀、无虫害、无霉变、无事故)。市粮食局被评为“浙江省粮食收购工作先进单位”。全年粮油工业企业生产大米 1514.1 万公斤,实现粮油工业总产值 0.55 亿元。当年,全市粮食晚粳谷本级订单 4000 吨,粮食订单户数 54 户;订单粮食主要用于全市粮食储备轮换补库和新增储备落实。订单内交售的粮食,政府继续给予每百斤 12 元的价外补贴。年内,以公开竞价销售形式抛售储备粮 3 批次,轮出 2009 年度地产晚粳谷 4000 吨,2008 年度早籼谷 900 吨,2008 年度地产小麦 2600 吨;轮换补库地产晚粳谷 4000 吨并收购安徽产早籼谷 900 吨、地产小麦 2600 吨用于补库;成品粮储备 370 吨由市内 3 家米厂代储,地方储备粮达到省政府指令性计划要求,做到规模、仓储、费用“三到位”。年内,全市各粮食经营、加工和涉粮企业从主产区调入粮食 20 万吨,骨干粮油企业保持平稳发展。落实应急加工企业 3 家、应急供应网点 21 个,实行挂牌定点和跟踪管理,设立 6 个粮油价格监测点,开展市场监测预警工作,粮食安全应急机制进一步完善。做好了军粮供应工作,为部队圆满完成战备训练任务提供了强有力的后勤保障。全年粮油市场货源充足、供应有序、价格稳定,有效满足了各类需求。

【全面落实粮食安全目标责任制】 市政府与粮食局继续签订《粮食安全责任书》。《责任书》明确要求:市粮食局严格按相关规定科学测算确定本行政区域粮食需求数量,落实相应保障供应措施,完善储备粮数量和品种结构;及时落实市政府下达的地方储备粮储备计划,加强储备粮轮换的管理,确保储备粮的质量和存储安全;健全和完善粮食安全应急预案,加强粮食市场实时监测和价格预警,强化加工企业、供应网点和运输环节的应急能力建设,确保不出现粮价暴涨、断供和较大范围的抢购粮食现象。当年,市政府荣获“嘉兴市粮食安全责任制考核优秀县市”称号。

【率先开展地方政府与中储粮粮食生产收购战略合作】 2011 年,平湖市在嘉兴市率先开展地方政府与涉粮央企粮食生产、收购战略合作。以联盟“两区”建设为抓手,积极拓展粮食吸储业务,发展订单粮食,保障粮农利益,确保区域内粮食安全,促进粮食产业健康快速发展,走出一条由政府牵头、部门配合、企业主体的产销合作新路子。年内与中储粮嘉兴库合作签订小麦订单数量 13000 吨,签约 50 户,涉及面积 30000 多亩;签订晚稻订单数量 8000 吨,签约 48 户,订单面积 16390 亩。

【全面完成粮油清仓查库工作】 4 月,根据国务院的统一部署,全面启动粮食清仓查库工作,以 2011 年 3 月 25 日粮食库存统计结报日为检查时点,范围包括所有中央储备粮、国家临时存储粮、地方储备粮的数量、品种和质量情况,国有及国有控股粮食企业储存商品粮的数量、品种、质量和粮权属性情况。6月,参照粮食库存检查方法,首次开展了食用植物油库存检查工作。检查结果为全市库存粮油账账相符,账实相符,数量真实,质量完好,轮换规范。

【开展“丰粮仓”推广工作】 年内,把“丰粮仓”的推广作为积极支持新农村建设的工作重点,围绕“两区”、“两新”建设,不断提升为农服务水平。试点推广范围扩大至全市5个镇(街道)、10个自然村,总数750户。丰粮仓按要求进行定向招标采购和落实生产厂家,费用按照中央财政30%、地方财政40%、农户自筹30%的比例,于年底前全额完成年度计划。

【抓好“放心粮油”评审工作】 为规范粮油产品生产经营秩序,提升市场供应质量,全年全市继续深化开展“放心粮油”活动,将放心粮油供应网点从街道向新市镇、新社区延伸,扩大放心粮油的覆盖面,同时拓展工作内涵,力求工作实效。经考评验收,年新增粮油放心店3家,至年末,全市共有粮油放心店9家和放心粮油加工企业2家。 (金玉琛)

•烟草专卖•

【概况】 2011年,市烟草专卖局共销售卷烟27817.76箱,同比增长4.26%;实现销售收入9.47亿元,同比增长12.81%;实现税利2.35亿元,同比增长13.84%。获得省工会示范“职工书屋”、省烟草专卖商业系统安全文明车队、平湖市依法行政示范单位、市创建和谐劳动关系“标兵企业”等荣誉。

【经济运行态势良好】 品牌培育见成效,卷烟销售结构改善,销量逐步向一二三类烟集中,已占到总销量的77.9%。电子商务工作稳步推进。网上订货在达到75%的基础上,新商盟转网率已达到95%以上,客户使用反映良好。加强对终端信息采集的落实部署,实时关注数据上传动态加强市场分析掌控。注重保障和提升零售客户利益,把握细节强化客户经营指导,促进了客户服务水平的显著提升。

【专卖管理成效明显】 年内,扎实地开展专卖内管工作示范所建设,对创建工作进行量化管理,提高了管理所的工作能力。充分发挥协作机制的作用,开展节假日卷烟市场整治等专项活动,规范了卷烟市场秩序。狠抓了对零售客户的合理布局、规范经营及烟草专卖零售许可证的管理。积极参与“3·15”消费者维权活动,公开销毁假冒卷烟。全年共查获涉烟案件232起,查获违法卷烟12437.6条,总案值144.65万元。处理案件185起,上缴罚没款26.08万元;移送工商部门案件38起。涉嫌犯罪判刑2人,破获符合国家标准网络案件1起。

【内部监督不断加强】 积极推进办事公开和民主管理,接受社会各界的监督。开展“小金库”治理复查工作,进一步严肃财经纪律,增强法制观念,完善长效机制。开展了对2010年1月至2011年6月期间在生产经营和财务管理方面的全面审计自查工作,受到省局(公司)、嘉兴市局(公司)的充分肯定。

【加强队伍建设】 按照企业管理体系建设要求,加强个人工作平台使用管理。做好全面预算管理信息系统上线工作,实现预算全过程信息化运作。完善内部监管工作机制,对局(分公司)实物资产进行清查盘点。联系市公共资源交易中心,规范相关公开招投标流程。继续推进人事劳资管理,鼓励员工参加学历教育,完成了劳动合同到期续签工作。建设了职工电教室,抓好职工教育培训工作。局(分公司)在嘉兴市系统第二届信息化运动会中群众赛12名选手获奖,专业组名列第一。开展“慈善一日捐”活动,向市慈善总会捐款26000元,职工捐款2720元。团支部开展爱心捐赠和爱心助学活动,前往嘉兴市儿童福利院看望孤残儿童和向新居民子弟学校捐赠了文体用品。 (封 平)

•盐务管理•

【概况】 2011年,浙江省平湖市盐务管理局(公司)坚持以科学发展为主题,以转变发展方式为主线,以提高质量和效益为核心,以“大盐业、大物流、大市场、大品牌”为方向,突出主业发展,拓展非盐经营,积极推进结构调整,强化企业内部管理,变压力为动力,努力做好各项工作。全年共销售各类盐产品9002吨,其中:小包装碘盐3056吨,不加碘食盐3597吨,工业盐1897吨,水产养殖盐398吨,多品种盐54吨。实现主营业务收入1270万元;利润总额55万元;上缴税费60万元。

【保障食盐市场供应安全】 2011年3月16日,全市突发前所未有的食盐抢购风潮,市盐务管理局(公司)快速反应,迅即启动应急预案,依靠政府和相关部门的重视与支持,加强宣传引导,统一指挥协调,全力增加调运,强化监管,稳定市场,有效地保障全市的食盐供应。5天时间,公司销售小包装食盐617.25吨,相当于平常75天的销售量,在应对食盐抢购中经受住了严峻的考验。针对腌制加工用盐需求量急剧增加的供应危机,该局(公司),以服务效益农业为根本,产销通力合作,通过科学预测、加强催调、增加运输等措施,满足了全市腌制加工用盐的需求。

【加强专项执法检查】 2011年,市盐务局建立盐政、营销配合的服务机制,增强盐政人员的服务意识。通过对农贸市场、食堂和个体饮食摊点的日常检查,对重点区域实施重点检查等方式,全力维护食盐安全。按照省盐务局的统一部署和嘉兴市盐务局的安排,先后开展了“扎口”管理检查、工业用盐联合执法检查、假冒小包装碘盐专项检查等执法行动。“3·16食盐抢购风潮”期间,盐政人员在配合工商、物价等部门,打击囤积居奇、哄抬物价和销售假冒伪劣食盐等违法行为的同时,还耐心的向居民解释、安抚,引导理性消费,确保了食盐市场的正常供应秩序。全年查获涉盐违法案件1起,查获并罚没盐产品24000千克。 (闵雨润)

•医药行业•

【概况】 2011年,为进一步深化医疗卫生体制改革,实施基本药物制度,公立医院以及乡镇卫生院试行零差价。市医药有限公司挖掘企业潜力搞活经营。实现年销售总额7960万元,其中批发销售5060万元,零售销售2900万元;实现利税134万元。并蝉联浙江省工商企业信用AA级“守合同重信用”单位称号。

【药品抽样检验合格率百分百】 3月,在省、市二级药物检验所先后对公司库存药品进行抽样检测,所检药物合格率为100%。

【通过《GSP》认证企业跟踪检查】 对已获得国家《GSP》认证的企业每年必须接受一次跟踪检查。7月,由嘉兴市食品药品监督管理局和市食药监局一行4人组成的联合专家组,对公司整个GSP流程进行了实地跟踪考查。因该公司平时工作到位,顺利通过考核。 (李建平)

·经济技术协作·

【"与沪同城"工作】 一是基础工作进一步夯实。年初，市委、市政府提出"与沪同城"战略作为六大战略中的首位战略，下发《2011年全市实施"与沪同城"工作要点》，分解落实全年工作任务，出台《2011年度实施"与沪同城"工作考评办法》，并将其纳入各镇(街道)和部门年度绩效考核。主动和上海各类机构、单位、企业以及在上海的各省市及国外各类机构加强接触，先后举办外商投资环境说明会、实施"与沪同城"战略专题研讨会、"与沪同城"战略推介会暨经贸合作洽谈会和服务业招商推介会等接轨活动。市政府与上海市现代服务业联合会、浦东外资协会签订战略合作协议。9月，又与上海张江高新区管委会签订了战略合作框架协议，在平湖市临沪产业园内建起面积20平方公里的上海张江平湖科技园。12月15日，市主要领导带班去张江高新区参观考察，争取更好利用张江这一优质资源来提升接轨上海的层次和效果。二是承载辐射平台进一步完善。加快城市建设，荣获国家园林城市称号，通过省级文明城市复查，启动国家卫生城市创建工作。加大了"十二五"城乡规划力度，开展市域总体规划的修编和控制性规划的编制。继续推进新老城区建设，完成建国北路等5个市政项目建设，启动鑫龙公寓、凤凰小区等12个住宅小区改造提升工程，新建一批环卫设施，实施首批新华路公共建筑立面整治与灯光亮化工程，提升了城市品位，强化了江南水乡的生态优势，优化了投资环境。加快产业平台建设。以"临沪产业园"建设为重点，以平湖经济开发区、独山港区和各镇(街道)工业园区为载体，着力打造全方位融入上海的特色产业平台。新制订出台《平湖市新一轮(2011年)镇、街道工业园区开发建设三年行动计划》，进一步做好"与沪同城"产业转移对接准备，使城乡空间布局更加科学。加快接轨上海主干道建设。除杭浦高速、杭州湾跨海大桥连接线外，全市已建成东西大道、平廊公路、平兴公路3条进入上海的快速通道，平湖至石化、乍浦至石化对接轨交22号线金山新城站相关公交化改革工作正在推进中，同时抓紧平朱公路建设，使内接外联的道路网络体系不断健全。三是产业对接能力进一步提高。全年全市共引进长三角地区内资项目115个，实到内资33.6亿元，其中上海项目29个，实到内资15.8亿元。在农业接轨上，以优质、高效、安全为特色，做大做强特色优势新兴产业，实施品牌战略，全年全市供沪农产品营销产值16.3亿元。在工业接轨上，致力于生产力区域布局和产业集聚的协调发展，以平湖经济开发区、独山港区和镇(街道)工业功能区为平台，确立以发展滨海临港先进制造业、光机电两大产业，服装、箱包、造纸三大传统产业及洁具、童车、五金机械、家具、医药等五大特色产业的产业发展格局。年初，市政府与上海第二军医大学签订战略合作协议，军地双方生物医药产业合作正式启动。独山港区与上海港实现两港合作，上港集团在独山港区的B23-24号两个泊位年内已核准并开工建设。完成临沪产业园总体规划编制，在原6个入园在建项目的基础上，年内又新签约项目6个，总投资12亿元，注册资金7.7亿元。在服务业接轨上，持续推进九龙山旅游度假区、金龙门生态休闲园等旅游项目的开发和建设。全年接待游客395万人次、同比增长23%，旅游综合收入35.4亿元、同比增长26%。为深化要素和规制接轨，使城市配套服务功能和政府公共管理水平有新的提升。全年组织与上海高校科研院所科技对接活动12次，达成合作项目20项、资金3.4亿元；引进各类人才3000多人，教师、卫技人员赴上海、杭州进修培训人次也超过上年。同时坚持定期刊发《上海参阅信息》,学习上海先进经验。

【对口支援帮扶】 一是上级规定资金足额到位。2011 年度对口帮扶广元市元坝区 48 万元,对口支援重庆涪陵区石沱镇 35 万元,双对口地区干部培训费 3 万元,山海协作工程 20 万元,百村经济发展促进计划二个村 10 万元,结对帮扶青田县低收入农户集中村 50 万元年底前全部到位。二是互访交流日益频繁。年内先后接待对口地区 3 批 29 人次,赴对口地区 2 批 15 人次。精心组织参与第十五届中国东西部合作与投资贸易洽谈会,平湖的展馆因设置导向突出、特色鲜明,得到大会组委会和省市领导的高度肯定。组织在外创业的企业参加首届世界浙商大会,上海九龙山股份有限公司、浙江九龙山开发有限公司董事长李勤夫荣获回乡投资奖。精心组织参加首届海洽会、浙江农博会,九龙山乐满地水上运动游乐场项目成功签约。三是援疆工作有序推进。配合新疆沙雅县做好产业对接工作,陪同沙雅招商组分赴景兴纸业、金瓶纺织等企业考察,积极探索双方合作的途径和方法。组织市内部分企业参加嘉兴沙雅产业对接洽谈活动,使他们对赴沙雅投资产生一定意向。 (张跃明)

•石油、煤炭经营•

【成品油经营】 2011 年末,全市有成品油批发企业 5 家,零售经营企业 55 家,其中加油站 33 家、水上加油点 19 家、零售网点 3 家。全年实现销售总量 26 万吨,同比下降 14.64%。其中批发总量 8.01 万吨,同比下降 46.3%,批发汽油 2.43 万吨,同比下降 55.34%,批发柴油 5.58 万吨,同比下降 41.11%;零售总量 17.98 万吨,同比增长 15.75%,零售汽油 6.26 万吨,同比增长 10.64%,零售柴油 11.72 万吨,同比增长 18.68%。2011 年全市成品油价格严格按照国家发改委调价通知执行,对成品油价格作出 3 次调整,分别是 2 月 20 日零时汽、柴油最高零售价上调 350 元/吨;4 月 7 日零时汽、柴油最高零售价分别上调 500 元/吨、400 元/吨;10 月 9 日零时汽、柴油最高零售价下调 300 元/吨。

【煤炭经营】 2011 年,全市煤炭经营企业 20 家,全年经营煤炭 91.44 万吨,上年同期 92.8 万吨,同比下降 1.47%,实现销售收入 6.95 亿元,上年同期 6.54 亿元,同比增长 6.27%。按照省煤炭整顿办文件精神,年底,全市 19 家企业参加年检,2 家企业年度检查不合格被取消煤炭经营资格。 (吴琼炜)

•物流业•

【概况】 全年交通运输及邮政业实现增加值 12.13 亿元,同比增长 10.3%;交通运输及邮政业完成投资 10.86 亿元,同比增长 21.6%。依托港口优势,港口物流发展迅速,平湖玻璃码头、华辰能源码头投入使用,上港集团码头仓储、中航油平湖油库、宝达物流仓储、食糖储备周转仓库等项目正在建设中。依托产业和交通优势,产业物流不断提升,平湖市亚太物流有限公司、浙江中坤东方物流有限公司两家企业通过 AAA 级物流企业评定。配送物流项目,申通快递物流项目一期建设建成。全年各种运输方式完成货物周转量 33.1 亿吨公里,增长 8.2%。其中公路运输 18.9 亿吨公里,水路运输 14.2 亿吨公里。 (于晨哲)

对外经济贸易

•综述•

【概况】 2011 年是实施"十二五"规划的开局之年,平湖开放型经济工作在市委、市政府的正确领导下,深入学习实践科学发展观,紧紧围绕转型发展这条主线,深入开展"项目推进年"活动,全面推进招商引资"一号工程"和"外贸转型发展",扎实开展招商引资"百日会战"、"百日冲刺",凝心聚力,难中求进,开放型经济保持了积极向好态势,外经贸工作得到全面提升。

•利用外资•

【概况】 包括嘉兴港区,全市合同外资 6.66 亿美元,实到外资 2.71 亿美元。(不含港区)全市审批项目 86 个,其中:新批 56 个、增资 25 个、转资 5 个,累计合同外资 41947 万美元,同比增长 3.77%,完成年度目标的 91.1%。实到外资 18038 万美元,同比增长 5.32%,完成年度目标的 90.2%。在嘉兴市五县市二区中合同外资第 3 位、实到外资排名第 4 位,增幅均列第三。

2011 年全市外商及港澳台商投资项目审批情况表

(不含嘉兴港区) 单位:万美元

企业名称	国别(地区)	总投资	注册资本	合同外资	备注
西江服装后整理(嘉兴)有限公司	日本			177.94	转股
平湖市乐天城商务有限公司	美国	200	200	123	
平湖大润发商业有限公司	投资性公司	2500	1000	1000	
平湖市臻尚园林绿化有限公司	香港	127.63	90.09	90.09	
浙江集美机械科技有限公司	香港	2750	2200	1760	
浙江中亚神力重型机械有限公司	香港	400	220.5	220.5	增资
浙江中亚神力重型机械有限公司	香港			322.27	增资
浙江亚菱塑料包装机械有限公司	香港	2800	1500	675	
浙江斯佩特包装材料有限公司	萨摩亚(台湾)	3500	1600	1600	
嘉兴德永运动服装有限公司	香港	89.8	70.56	70.56	
浙江圣汇美生物科技有限公司	香港	1000	500	500	
浙江世润绿色能源有限公司	香港	6000	2000	2000	
嘉兴华丽非织布制品有限公司	日本			66	转股
嘉兴罗马中望服饰有限公司	香港			-187.6	转股
平湖舞衣服饰有限公司	日本	25.27	18.05	18.05	增资

嘉兴花衣娜露服饰有限公司	日本	140	100	100	增资
浙江金丰制管有限公司	香港	2500	1000	1000	
夏图夏拉葡萄酒(平湖)有限公司	香港	1200	500	500	
浙江茉织华印刷有限公司	日本			-138	转股
平湖融天时装有限公司	日本	-0.81	-0.56	-0.56	变更
平湖金果园有机农业有限公司	台湾	7.61	7.61	7.61	
平湖友拓机械有限公司	香港	2600	1300	1300	
平湖广益堂生物科技有限公司	日本	180	128	103	
致昌和精密钢带(浙江)有限公司	香港	1000	500	500	
平湖爱驰威汽车零部件有限公司	香港	56	40	40	增资
致昌和金属制品(平湖)有限公司	香港	270	190	190	增资
平湖鼎德力精密模具有限公司	台湾	118	118	118	
安好管件装置(嘉兴)有限公司	香港	83.47	58.43	58.43	
浙江荣成纸业有限公司	开曼群岛	718	359	359	增资
嘉兴昊通贸易有限公司	日本	10	8	3.92	
平湖安泰液化仓储码头有限公司	香港	7041.15	2347.05	1197	
平湖市共和精密机械有限公司	日本	31.29	31.29	15.33	
嘉兴大宇缝制设备制造有限公司	香港		300	5	增资
平湖银鼎贸易有限公司	新加坡	1500	1000	1000	
平湖国丰齿轮有限公司	日本	44.75	31.41	16.02	
嘉兴峥辉电器有限公司	香港	60	50	50	
浙江白金海湾酒店管理有限公司	加拿大	1800	800	800	
平湖市凯普勒智能设备有限公司	维尔京(香港)	1500	1250	1250	
浙江艾德能源有限公司	香港	1800	1500	1500	
凯中电机整流子(平湖)有限公司	香港	3000	1200	1200	
浙江省平湖华神皮革有限公司	瑞典	89.64	62.76	31.38	并购
平湖市三禾染整有限公司	日本	-113	-79	-79	减资
日本电产新宝(浙江)有限公司	日本	600	300	300	增资
爱知磁石科技(平湖)有限公司	日本	480	240	240	
平湖华城茂麓制衣有限公司	香港	800	780	195	增资
浙江九益机电有限公司	维尔京(台湾)	818	408	408	
稻垣汽车配件(平湖)有限公司	日本	1250	500	480	

日本电产京利机械(浙江)有限公司	日本	285	200	200	增资
全拓交通器材(平湖)有限公司	萨摩亚(台湾)	430	300	300	增资
宜兰汽车配件制造(平湖)有限公司	香港	600	455	455	增资
津上精密机床(浙江)有限公司	日本	1500	600	600	增资
纳诺人工晶体(平湖)有限公司	萨摩亚(台湾)	-196	-154	-154	减资
浙江科达印务有限公司	香港	1000	500	500	
泽鑫精密锻造(平湖)有限公司	维尔京(台湾)	1000	500	500	
平湖台宇商务咨询管理有限公司	台湾	1500	1000	1000	
浙江欧迪恩汽车零部件有限公司	香港			-70.35	转股
森永食品(浙江)有限公司	日本	800	560	560	增资
浙江元众机电有限公司	香港	2000	1000	1000	
平湖三贤黑田汽车配件有限公司	日本	12.34	12.34	6.17	
平湖东发贸易有限公司	日本			2	转股
悠立运动休闲用品(平湖)有限公司	文莱	-143	-101	-101	减资
浙江键财机械有限公司	文莱	-460	-250	-250	减资
爱食客食品(浙江)有限公司	日本	1500	600	600	
佳达光电科技(平湖)有限公司	台湾	900	800	800	
宙达机械(平湖)有限公司	台湾	880	800	800	
日本电产京利机械(浙江)有限公司	日本	228	160	160	增资
弗玛物流(平湖)有限公司	法国	200	200	200	增资
平湖市三禾染整有限公司	日本			-14.87	转股
永创力精密模具(平湖)有限公司	维尔京(台湾)	400	250	250	
浙江丽瓷纳米新材料有限公司	香港	76.08	76.08	37.28	
益商仓储(平湖)有限公司	香港	2000	1000	1000	
嘉兴船村商务咨询有限公司	日本	1.85	1.85	1.11	
德西福格汽车配件(平湖)有限公司	德国	2112.9	845.16	845.16	增资
福莱斯乐摩擦材料(平湖)有限公司	巴西	800	400	400	增资
平湖台丽办公自动化设备有限公司	台湾	40.00	28.00	84.01	增资
平湖赞和精机商贸有限公司	日本	89.34	63.82	63.82	
浙江东发弹簧有限公司	日本	65.00	65.00	65.00	增资
津上精密机床(浙江)有限公司	日本	1250.00	500.00	500.00	增资

浙江欧迪恩传动科技股份有限公司	萨摩亚(台湾)	-608.28	386.72	127.62	股改
中部理化铝制品(平湖)有限公司	日本	225.00	158.00	158.00	
神钢特殊钢线(平湖)有限公司	日本	747.27	373.64	373.64	增资
平湖太佳机械有限公司	日本	500	490	490	
平湖精田机械设备有限公司	日本	500	490	490	
平湖精研光电科技有限公司	萨摩亚(台湾)	500	490	490	
日本电产京利机械(浙江)有限公司	日本	1250	500	500	增资
平湖耕联汽车配件有限公司	香港	60	50	50	
平湖黑伟环保设备有限公司	台湾	100	70	70	
日电产东测鱼岸(浙江)有限公司	日本	1931.2	772.5	772.5	
嘉兴三国硅业有限公司	日本	100	100	100	
铨宝精密机械(嘉兴)有限公司	香港	700	350	350	
平湖东发贸易有限公司	日本	52	38	38	增资
平湖九龙山海滨酒店管理有限公司	香港	9900	9900	5000	合作
九龙山游艇俱乐部(平湖)有限公司	香港			-437.97	转股
平湖瑞兴新型材料有限公司	澳大利亚	1080	700	700	
平湖裕佳信息咨询服务有限公司	维尔京(台湾)	650	650	650	
伟都机械(平湖)有限公司	维尔京(台湾)	600	500	500	
合计		86135.50	50860.30	41947.06	

2011 年全市外资项目资金到位情况表

(不含嘉兴港区)　　单位:万美元

企业名称	国别(地区)	实际到位	备注
平湖市华侨饭店有限公司	香港	141	
平湖市帝漫特制衣有限公司	意大利	62.3699	增资
西江服装后整理(嘉兴)有限公司	日本	177.94	转股
平湖南苑酒店有限公司	香港	200	
浙江智财置业有限公司	香港	271.1705	
平湖市臻尚园林绿化有限公司	香港	90.09	
浙江中亚神力重型机械有限公司	香港	542.5304	增资
平湖市霞杜葡萄酒有限公司	香港	762.4598	
平湖市欧迪雅厨卫设备有限公司	香港	105.77	
嘉兴德永运动服装有限公司	香港	70.5579	

平湖舞衣服饰有限公司	日本	18.51	增资
平湖炜业电器有限公司	香港	78.2995	
浙江圣汇美生物科技有限公司	香港	44.0268	
浙江纽飞尔德新能源科技有限公司	日本	48	
嘉兴花衣娜露服饰有限公司	日本	100	增资
嘉兴华丽非织布制品有限公司	日本	66	转股
嘉兴罗马中望服饰有限公司	香港	32.5	转股
平湖融天时装有限公司	日本	2.466	
利智服装(平湖)有限公司	日本	12.061	增资
平湖鸿跃箱包配件有限公司	乌干达	488.7563	
平湖盈德气体有限公司	投资性公司	2000	
平湖华瑞仓储有限公司	香港	735	
中荷(平湖)生物技术有限公司	荷兰	264.3	
浙江荣成纸业有限公司	开曼	359	增资
中捷大宇机械有限公司	香港	5	增资
平湖市共和精密机械有限公司	日本	15.33	
平湖安泰液化仓储码头有限公司	香港	242.3	
嘉兴金瑞光伏科技有限公司	香港	24.23	增资
平湖邝记汽车零部件有限公司	香港	50	
浙江晋财金属制品有限公司	香港	42.4	并购
平湖广益堂生物科技有限公司	日本	15.469	
致昌和精密钢带(浙江)有限公司	香港	400	
平湖爱驰威汽车零部件有限公司	香港	8	增资
平湖伊维斯洁具有限公司	俄罗斯	24.6094	
平湖瑞兴新型材料有限公司	香港	105.7396	
嘉兴怡宝三协五金配件有限公司	香港	64.3628	
平湖卡尔吉食品有限公司	投资性公司	2350	
浙江川电钢板加工有限公司	日本	205.59	增资
平湖远腾休闲健身咨询服务有限公司	日本	13.6	
平湖京仑工艺礼品有限公司	香港	22.5	
浙江新东钢丸有限公司	日本	720	
镇田机械(平湖)有限公司	萨摩亚(大洋洲)	25.9985	增资
平湖中天合波通信科技有限公司	香港	378.048	增资
新合发(平湖)包装科技有限公司	香港	199.737	
英非特机床(嘉兴)有限公司	美国	9.9965	
平湖允田机械有限公司	台湾	8.0015	
森永食品(浙江)有限公司	日本	280	
浙江艾德能源有限公司	香港	323.6186	
浙江新越塑胶工业有限公司	香港	318.2	增资
平湖康弗莱尔汽车发动机系统有限公司	台湾	9.994	

平湖华城茂麓制衣有限公司	香港	185	增资
日本电产新宝(浙江)有限公司	日本	300	增资
伊诺华精密材料(平湖)有限公司	萨摩亚(台湾)	630.0036	增资
东精计量仪(平湖)有限公司	日本	200	增资
日本电产东测(浙江)有限公司	日本	165	增资
津上精密机床(浙江)有限公司	日本	1100	增资
浙江华钜汽车零部件制造有限公司	维尔京(台湾)	80.5813	
平湖华城都服饰有限公司	香港	78.61	增资
嘉兴坚特美电子设备有限公司	台湾	7.4566	增资
爱知磁石科技(平湖)有限公司	日本	55	
爱邦铝业(浙江)有限公司	塞舌尔	627.8895	
日本电产京利机械(浙江)有限公司	日本	200	增资
宜兰汽车配件制造(平湖)有限公司	香港	455	增资
稻垣汽车配件(平湖)有限公司	日本	72	
泽鑫精密锻造(平湖)有限公司	维尔京(台湾)	125	
南六企业(平湖)有限公司	萨摩亚(台湾)	459.5562	增资
川源(中国)机械有限公司	维尔京(台湾)	122.998	
嘉兴吴淞建筑设备租赁有限公司	香港	131.6056	
信易电热机械有限公司	萨摩亚(台湾)	197	
益商仓储(平湖)有限公司	香港	299.997	
合计		18028.2308	

【多种形式招商引资】 采取灵活多样的形式对外宣传。以百日会战为载体,全面主动出击,开展蹲点招商、主动推介、小分队招商、节庆招商等。2011年先后组织参加浙江投资贸易洽谈会、举办上海“招才引智、招商引资”座谈会、上海投资说明会、举行台商投资平湖推介会、组织企业参加各类展销会、洽谈会以商引商、在上海国际网购大会上举办平湖投资环境说明会、举办平湖市光伏(新能源)产业园投资环境推介说明会、服务业上海投资说明会。先后接待上海张江高科经济园区新经济组织、虹口区科技企业联合会等到平考察。成功举办2011中国·平湖西瓜灯文化节投资贸易洽谈会。积极推介平湖市产业特色,宣传光机电、临港、生物医药三大主动力产业和新能源新材料产业。加大对香港、日本、台湾等重要投资地区招商,大项目、鼓励类项目比例有所提高,项目质量有新的提高。

【强化执行力优化服务】 加强每月内外资数据分析,及时公布全市各招商主体和开发区在嘉兴的争先移位情况,找出差距不足,掌握引资工作动态。同时加强投资信息的收集、分析、跟踪和推荐,多个项目成功引荐落户平湖。继续推行重点企业“一对一”结对服务模式,切实解决现有企业生产经营中碰到的困难和问题。日本地震后组织对在平日资企业走访慰问活动。2次召开日本电产集团企业座谈会,积极推进日本企业申报国家高新技术企业工作。优化以全程代理为主要方法的项目报批服务,为提高各招商主体项目报批操作能力,举办全市外资审批、报批业务培训班;全市外商投资企业政策介绍会。

全面完成外资企业年检工作。加强土地、电力、资金和环境容量保障。

【产业招商与招才引智】 抓好招商引资与招才引智考核有机结合,在修订完善2011年招商引资考核办法时,把招才引智结合进来,实现了招商招才同步骤、同考核、同落实。把招才引智工作列入招商引资工作日程,在开展招商引资工作时,同步骤开展招才引智工作,同时宣传推介招才引智环境和政策。将全市近百名镇(街道)专兼职招商员纳入"招才员"队伍,举办培训班提升招才工作人员业务水平,赴各地开展招才引智工作。围绕光机电、临港产业、生物医药等支柱产业需求,建立节能环保、新能源、新材料三个新兴产业专项招才工作组。先后开展"旅美侨团平湖行"等多场专项活动,吸引近百名海外人才到平考察,与美国波士顿128华人企业协会签订科技产业园合作协议。

•对外贸易•

【概况】 据海关统计,全市进出口总额649727万美元,同比增长27.8%,完成年度目标的116%。其中,出口353458万美元,同比增长16.8%,完成年度目标的105.5%;进口296269万美元,同比增长44%。进出口总额和进口额均列嘉兴全市第一,出口额列第二。

2011年全市进出口完成情况表(海关统计)

单位:万美元

镇 街道	进出口		出口				进口	
	实绩	同比±%	实绩	同比±%	其中:自营出口企业	外商投资企业	实绩	同比±%
新埭	40071.83	22.42	37143.96	22.56	30640.87	6503.09	2927.87	20.71
广陈	3869.23	10.73	3441.92	13.33	1781.22	1660.7	427.31	-6.55
新仓	55917.42	10.95	41146.26	12.72	17657.06	23489.2	14771.2	6.30
林埭	5955.16	10.26	5755.69	11.81	3525.23	2230.46	199.47	-21.19
曹桥	18763.9	42.34	5922.51	76.23	4295.85	1626.653	12841.4	30.74
乍浦	139230.6	34.19	36316.07	16.92	17104.73	19211.34	102915	41.57
当湖	21506.53	26.03	19775.36	25.69	15858.44	3916.92	1731.17	30.02
开发区(钟埭)	256243.7	18.23	154130.4	15.93	21681.59	132448.8	102113	21.89
其他	6871.15	21.83	6789.9	23.05	6505.27	284.64	81.25	-33.46
独山港镇	101297.4	68.73	43036.13	10.27	14688.26	28347.87	58261.3	177.31
合计	649726.9	27.79	353458.2	16.79	133738.5	219720	296269	43.90

【调整优化外贸结构】 加强国内外贸易市场、政策、法规、技术壁垒等信息的收集、调查

分析,走访企业掌握外经贸动态,指导企业稳定发展。外贸自营企业出口额占全市出口的37.8%,增长23.4%,增幅高于外资企业10.3个百分点。支柱产业产品出口表现良好,服装、机电、箱包产业出口分别占全市的33.9%、30%和10.3%,增幅分别达到8.8%、17.8%和22.5%。一般贸易增长较快。一般贸易出口额占全市51%,增长19%,占比提高1个百分点,增幅高于加工贸易4.4个百分点。国际市场持续巩固,已与170个国家和地区发展贸易往来,日本、欧盟和美国三大主导市场出口持续上升。

【积极争取政策扶持】 出台一系列加快经济转型升级的政策文件和扶持外贸出口政策,兑现境内外参展摊位补助、出口信用保险补助等平湖外经贸发展资金426.3万元。帮助企业申报各级扶持政策资金,共帮助企业申报国家进口贴息、补助资金、出口信用补助、重大外商投资项目奖励等上级扶持资金954.9万元。

2011年全市出口前30位企业情况表

单位:万美元

企业名称	出口实绩	同比±%	进口实绩	同比±%
日本电产汽车马达(浙江)有限公司	20792.47	89.00	4800.75	47.11
日本电产芝浦(浙江)有限公司	16985.96	8.11	3731.23	40.10
平湖华城茂麓制衣有限公司	9746.95	5.70	3802.48	82.78
日本电产科宝(浙江)有限公司	9661.33	28.01	6941.19	12.15
日本电产三协(浙江)有限公司	9194.27	34.80	6151.78	85.85
浙江新秀箱包营销有限公司	7246.13	20.00	2.59	-39.50
浙江省平湖市对外贸易有限责任公司	6434.32	39.24	79.82	-20.81
浙江茉织华贸易有限公司	6197.32	39.28	2662.15	48.26
茉织华实业(集团)有限公司	5722.9	0.31	2207.52	0.48
浙江乍浦实业股份有限公司	5478.54	10.89	2.91	-98.88
日本电产新宝(浙江)有限公司	5393.61	20.83	2379.34	-0.82
嘉兴瑞宇服饰有限公司	4978.34	102.55	880.42	38.64
晓星化工(嘉兴)有限公司	4514.71	2611.87	5236.51	584.58
浙江新成染纱有限公司	4390.16	28.19	0	
日本电产科宝电子(浙江)有限公司	4114.03	15.85	2245.61	-11.37
平湖新成达制衣有限公司	3794.76	3.18	1119.28	10.01
关东辰美电子(平湖)有限公司	3677.72	-19.10	2237.87	43.53
平湖茉织华服装有限公司	3646.18	7.52	1153.85	-7.75
帝人聚碳酸酯有限公司	3628.35	-64.74	15659.15	18.30
欣意企业(平湖)有限公司	3536.23	-0.46	1577.55	-24.27
嘉兴广越服装有限公司	3354.24	78.31	2019.31	23.76
津上精密机床(浙江)有限公司	3346.7	14.09	8260.6	-0.58
浙江嘉盛汽车部件制造有限公司	2870.19	64.81	0	-100.00
嘉兴震洲服装有限公司	2839.14	-11.90	44.22	58.53

浙江华盛服饰有限公司	2833.06	-1.07	347.08	-39.09
浙江银座箱包有限公司	2625.67	34.19	28.28	115.88
平湖美嘉保温容器工业有限公司	2543.57	11.98	92.28	-47.43
平湖市华杰制衣有限公司	2542.46	74.67	0	-100.00
浙江依爱夫纺织有限公司	2536.94	5.19	6.29	-37.47
嘉兴雪飞制衣有限公司	2406.25	61.78	6.62	-88.75
小 计	167032.5		73676.68	
前30位企业占全市(%)	47.26		24.87	

2011年全市出口主要市场情况表

金额单位:万美元

市场名称	出口实绩	占比%	同比±%	市场名称	出口实绩	占比%	同比±%
日本	111677.08	31.60	18.69	欧盟	86535.4	24.48	17.77
中国香港	17527.94	4.96	-13.43	其中:德国	26230.99	7.42	25.71
韩国	10883.33	3.08	24.57	法国	11267.16	3.19	38.46
美国	51758.29	14.64	4.14	英国	9694.59	2.74	-11.02
俄罗斯	8720.07	2.47	64.05	荷兰	8954.83	2.53	25.56
				意大利	8337.85	2.36	-0.45
				其他	22049.98	6.24	

2011年全市进口主要市场情况表

金额单位:万美元

市场名称	进口实绩	占比%	同比±%	市场名称	进口实绩	占比%	同比±%
日本	105605.93	35.65	22.35	泰国	8547.28	2.88	-4.24
韩国	41370.3	13.96	59.16	印度尼西亚	7778.36	2.63	13.04
中国台湾	21236.43	7.17	17.58	马来西亚	6288.14	2.12	70.65
伊朗	18435.79	6.22	377.24	其中:欧盟	16338	5.51	131.93
美国	18984.72	6.41	65.39	德国	7677.48	2.59	176.65
新加坡	16323.47	5.51	44.84				

【组织企业参展促销】 先后组织20多家企业参加2期国际专业展会;组织118家(次)企业参加广交会等5期境内重要国际性展览会,促成一批有效的外贸业务;组织5个部门30多家企业60多人参加2011中国国际网络购物大会。

【推进出口产业基地和品牌建设】 积极引导企业加大产品研发和品牌培育力度,加强自主创新,大力发展电子商务,不断提升市场竞争力,稳定国际市场,开拓国内市场。2011年,平湖市创建成为省级光机电出口基地,成功注册两枚集体商标,新增省著名商标3件,嘉兴市著名商标7件;建成"平湖制造"电子商务网等行业电子商务平台,搭建平湖服装、箱包、童车和洁具网上交易市场,推动平湖传统优势特色产业由“平湖加工”向“平湖制造”转变。开展出口信用行业联保宣传,引导企业参加出口信用保险,降低出口收汇风险。

2011 年全市出口主要商品情况表

单位:万美元

商品名称	出口实绩	占比%	同比 ± %	商品名称	出口实绩	占比%	同比 ± %
服装及衣着附件	119771.86	33.89	8.75	机电	106079.54	30.01	17.83
旅行用品及箱包	36412.14	10.30	22.45	其他	91194.68	25.80	25.36

2011 年全市进口主要商品情况表

单位:万美元

商品名称	进口实绩	占比%	同比 ± %	商品名称	进口实绩	占比%	同比 ± %
服装及衣着附件	130.55	0.04	32.14	机电	48208.57	16.27	7.46
旅行用品及箱包	1.41	0.00	0	其他	247928.17	83.69	54.16

【提升外贸基础管理水平】 深入推进出口服装检验监管区建设,独山港镇成为全省首个服装区域化管理示范区,伴宇、得盛2家企业成为国家免验企业,华城集团等9家企业成为出口检验示范企业。积极引导有条件的出口企业参与跨境贸易人民币结算试点,162家企业申报第二批跨境贸易人民币结算试点单位,伊诺华精密材料(平湖)有限公司首开全省跨境贸易人民币结算的先河。加强服装、箱包2个对外贸易预警示范点的沟通和联系,做好外贸的预警监测工作。

•外经合作•

【外派劳务】 加强对外劳务合作管理,促进对外劳务合作的依法有序进行。全年自营外派劳务营业额165万美元,完成年度计划的110%。

【境外企业】 积极创造条件,帮助企业开拓新兴市场,鼓励有条件的企业“走出去”,举办境外企业、设立营销网络,实现外贸外经良性互动,参与国际经济合作。加快推进新秀箱包境外上市。举行了日电产储运(平湖)有限公司公共型保税仓库授证揭牌仪式。新批境外企业1家,投资额100万美元,完成年度目标的33%;境外机构带动出口8500万美元,完成年度目标的106%。 (朱 俭)

旅　　游

• 综述 •

【概况】 2011 年,平湖市旅游业加大旅游政策完善、旅游宣传促销、旅游线路开发、业务培训、旅游市场管理等方面的工作力度,做好各项旅游工作。全年接待国内外旅游者 395.31 万人次,同比增长 23.45%;旅游综合收入 35.72 亿元,增长 27.07%。市旅游局被评为省旅游工作先进单位。　（金　秋）

• 九龙山旅游度假区 •

【概况】 2011 年,九龙山旅游度假区继续深化“项目建设”和“运营管理”,抓招商、促投入。九龙山海洋花园、游艇隧道、威斯汀酒店装修 3 个续建项目和西沙湾景观配套二期工程新建项目共 4 个服务业项目,年计划投资 1.35 亿元,实际完成投资额 1.46 亿元,占年度计划的 107.9%。圣马可酒店、夏宫、亚洲蝶会所装修工程完成 1800 万元、东沙湾港池改造 1000 万元、西沙湾护堤工程 3000 万元、跑马赛车俱乐部 2000 万元、绿化配套 180 万元。年度完成投资总额 2.26 亿元。完成九龙山亲水乐园和九龙山温泉会馆两个新增项目的报批。马尔贝拉度假城和航空俱乐部项目正在报批过程中,九龙山半岛酒店、九龙山高尔夫度假村、亲水湾综合社区等多个项目准备报批。

【招商引资进展良好】 全年到位内资 4.20 亿元,完成年度任务的 105%。其中,威尼斯水城项目(原海洋花园)和九龙山赛马运动项目建设资金到位 1.55 亿元,游艇俱乐部有限公司注册到位资金 2860 万元,基础设施建设和九龙山海湾度假城休闲服务有限公司配套资金到位 2.37 亿元。九龙山海滨酒店管理有限公司引进合同外资 5000 万美元。

【征迁安置平稳推进】 年内,共完成 5 户农户及 1 户小企业的搬迁签约;解决了历史遗留问题已签约但未能拆除的 3 户农房的腾空拆除;为征迁户 1400 多套房子办理了土地证。

【安全稳定工作平稳运行】 全年,接待信访 166 批次 342 人次,其中劳资纠纷引发的上访事件 20 多批次 126 人次,共涉及金额 60 余万元。

【加大特色品牌宣传】 年内,成功举办了 2011(九龙山)浙江海洋休闲经济论坛、法拉利赛道日活动、大使杯国际马球赛、鳌鱼观音开光典礼等活动。改版《九龙山旅游度假区网站》并编制《九龙山接待手册》。接待了驻沪总领馆的领事和签证官,中残联副主席汤小泉,省委常委、组织部长蔡奇,副省长王建满,上海市副市长赵雯,外交部参赞陶土根等领导的调研考察活动。　（潘　佳）

• 东湖景区 •

【概况】 2011 年,东湖景区以创建“省级生态旅游示范区”、“省级巾帼文明岗”、“省级三八红旗集体”、“国家三类城市语言文字评估”等活动为契机,积极推进景区各项工作持续、稳步、健康发展,全年实现各类收入合计 630 万元,接待游客 180 万人次。

【旅游文化挖掘】 年内,开展了改造吕公桥景观走廊,开辟文化墙,增设宣传展览橱窗,组织策划户外亲子游、感恩母亲节等各类旅游节庆活动,并协办了西瓜灯节、平湖市非物质文化遗产手工技艺展示展演等文化旅游活动。

【旅游设施提升】 根据创建省级生态旅游示范区的要求,设置了动物保护提醒标识,在北原牧唱景区改建生态停车场、设置生态宣传橱窗,将案山晓翠景区主要游步道改建成生态休闲长廊;实施绿化提升工程,在地势较低的案山晓翠北面沿湖边种植芦苇、水杉等喜水植物,在案山晓翠、十杉亭、吕公桥堍实施了绿化提升工程,植绿覆绿、绿化造景;配合水利部门做好东湖清障清淤工程,恢复东湖湖底生态、提高自净能力、改善东湖水环境,并于9月份在东湖核心水域再次投放了30万尾观赏锦鲤鱼。

【旅游市场推荐】 配合新年广场演出、闹元宵、市西瓜灯文化节等大型节庆活动,利用活动做好东湖旅游品牌,带动旅游市场;在央视《走遍中国》、浙江影视《旅游指南》栏目和《江浙沪旅游蓝页》、《2011 中国旅游年鉴》、《中国旅游景区资讯通览》等电视报刊杂志做好东湖旅游宣传;通过官方微博、电子书《Shanghai Tours and Day Trips》等平台,加强宣传推介;积极参加省、市旅游局组织的昆明和南京旅游交易会进行互动;与莫氏庄园、九龙山联合推出慈溪一日游线路及门票优惠政策,扩大了景区的知名度和美誉度。

(顾敏明)

• 莫氏庄园陈列馆 •

【概况】 2011 年,莫氏庄园陈列馆接待中外游客6万余人次,其中接待团体观众和讲解1722 批次。年内,实施建筑保护项目有屋面扫漏补瓦、部分墙壁修理粉刷、白蚁治理、古树名木保护、地下排水系统疏通、朽木更替、门窗修缮、部分木构件的加固维修等。添置和更新消防器材,组织员工开展新器材的操作练习及消防安全实战演练,保证文物古建筑的安全。5 月份,获得了“浙江省文物安全先进集体”称号。年内,先后开展参与国际博物馆日和中国第六个“文化遗产日”宣传活动;做好创建国家卫生城市相关工作;做好迎接国家三类城市语言文字工作评估验收的各项准备工作及“走进基层、服务群众”主题教育实践活动。

【完成莫氏庄园地下排水系统疏通工程】 莫氏庄园地下排水系统是莫氏庄园文物体系的重要一部分,对莫氏庄园建筑的安全起着重要的作用。由于年代久远,莫氏庄园建筑原有的排水系统多处堵塞,造成地下排水系统不畅,加上南河头街区地势较低,大雨或雨季时形成积水排不出去,对古建筑的地基造成损害并危害到建筑本身。根据“不改变文物原状”的古建筑修缮原则,从 2009 年 8 月起,采用毛竹片捅、用水管冲灌等办法逐步疏通原有的排水系统,至 6 月份,已疏通了邛庐、堂楼厅、正门、正厅、备弄、花园、轿厅等全部地下排水道。

【做好对外旅游宣传促销活动】 3 月,参加在江苏南京举行的 2011 年浙江(江苏南京)旅游交易会,8 月 18 日至 23 日,参加由嘉兴市旅游局组织的赴河北旅游促销活动,拓展了莫氏庄园在长三角和北方城市的客源市场。4 月,配合中央电视台中文国际频道《走遍中国》栏目的《走遍中国 · 平湖》专辑摄制组在庄园拍摄《神秘的庄园》专题片。5 月,配合中央电视台七套《军事频道》摄制组进行红色旅游景点系列节目《平湖莫氏庄园》

专题片的取景拍摄。6月上旬，接待由浙江天翔影视公司投资制作的电影《非常营救》摄影组。6月下旬，2011 中国·平湖西瓜灯文化节精品瓜灯展在莫氏庄园展出之际，接待了台湾三立电视台《在中国的故事》栏目组的专题采访拍摄。

【举办各类公益性展览和活动】 2月初，和市老年书画研究会、老干部书画组联合举办了老干部迎春书画展。春节期间，在莫氏庄园将军厅举办“迎新春猜谜活动”。开展参与国际博物馆日和中国第六个“文化遗产日”宣传活动。6月，在人民路上进行了平湖文化遗产图版展览，与南河头社区联合举办了社区老少同乐迎端午包粽子活动。6月下旬，2011 中国·平湖西瓜灯文化节“精品瓜灯展”在莫氏庄园展出。6月下旬至7月初，与市老年大学联合举办“庆祝中国共产党 90 华诞老年大学书画展”。9月下旬至10月下旬，与市老年书画研究会、市老年书画组举办了“国庆 重阳”老年书画展。

【做好莫氏庄园序馆翻建前期工作】 1月，莫氏庄园序馆翻建工程方案，经平湖市人民政府市长会议讨论通过，4月，市发改局批复同意莫氏庄园序馆翻建工程，地方财政下拨了专项经费。5月，向省旅游局申请旅游专项补助资金用于序馆配套设施的建设。6月22日，莫氏庄园序馆翻建项目设计论证会召开。下半年，做好莫氏庄园序馆翻建工程项目的前期各项申报手续工作，并搭建工棚用于堆放从原序馆转移出来的维修材料。

【开展“走进基层、服务群众”主题教育实践活动】 根据市委宣传部《关于在宣传文化系统开展“走进基层、服务群众”主题教育实践活动的实施意见》精神，按照全市宣传文化系统“走进基层、服务群众”主题教育实践活动领导小组的工作部署，落实“联村”工作机制，认真组织单位干部职工深入到所联系的钟埭社区和三友社区走访调研，与社区干部深入交流，了解联系社区基本情况，走访社区居民家庭，帮助社区进行文化配套设施建设，向社区居民赠送莫氏庄园免费参观券、体育用品设施，还帮助社区干部进行创卫工作宣传。 （杨云珩）

·李叔同纪念馆·

【概况】 2011年，纪念馆共接待国内外游客约30.6万人次，其中接待团体观众和免费讲解近900批次。编写出刊《莲馆弘谭》总第7期和“纪念李叔同诞辰130周年——中国·平湖李叔同人格与艺术学术研讨会”，出版《高山仰止》论文集。作为“迎接国家三类城市语言文字工作”的备检单位，纪念馆加强了对历年档案的查漏纠错、环境用字的整改、台账资料的规整工作。组织藏品管理人员参加省文物局举办的“全省博物馆藏品保管培训班”学习，并根据省文物局的要求，完善纪念馆库房的管理制度，加强对藏品的管理和保护。

【弘扬叔同精神】 年初，在上年召开“李叔同人格与精神研讨会”的基础上，配合市委宣传部在杭州和平湖两地先后召开了3次座谈会，组织名人后代、专家学者和平湖的宣传、文化、教育、新闻界人士集中进行专题讨论，反复推敲李叔同人格精神表述语。通过听取各种意见建议，集合众人智慧，最终提炼归纳出“凡事认真，勇猛精进”八个字。从4月下旬至5月中旬，《嘉兴日报·平湖版》和《平湖文化报》开设专栏、专版，先后刊发近20篇讨论文章；市电视台同时播放介绍反映李叔同生平的《月满天心》等3部专题片。充分发挥对李叔同精神的宣扬作用，在市民中扩大提炼活动本身的知晓率,使“凡事认真,勇猛精进”八字精神在广大干部群众中产生共鸣。

【辛亥百年纪念活动】 10月,为了纪念辛亥革命100周年,参与举办《辛亥元老、海派巨擘王一亭书画艺术纪念展》,并合作编印《李叔同 王一亭作品合集》在上海正式发行。10月26日,由市委统战部、市文体局主办,李叔同纪念馆、市诗词楹联学会和市书法家协会联袂承办的“平湖市辛亥百年纪念活动”在纪念馆拉开帷幕。活动内容有“平湖县中山林纪念塔”修复效果图的揭幕仪式,鹦湖诗社纪念辛亥百年诗会和“平湖纪念辛亥百年诗词书法展”3部分组成。

【展览活动】 年内,先后举办《一叶一菩提——弘一法师手书嘉句箴言展》、《行进在笔墨的精神家园——纪念国际三八妇女节101周年嘉兴女书法家作品展》、《大音希声——李叔同尺牍法书展》、《平湖书法系列展——扇面展》、《感·悟 张懿油画作品家乡汇报展》、《纪念中国共产党建党90周年“钱江潮——浙江现代革命历史陈列”图片巡回展》、《弘一法师法语箴言——许士中弘体书法作品展》、《叔同学子——张俊雨书画展》、《中国现代漫画先驱——沈泊尘画展》、和《平湖纪念辛亥百年诗词书法展》等展览活动。

【配合素质教育】 做好爱国主义教育基地建设工作,9月,为配合学校素质教育,弘扬叔同精神,携手叔同实验小学举办《叔同学子——张俊雨书画展》。10月23日,选派优秀讲解员代表赴叔同实验小学参加“纪念李叔同(弘一大师)诞辰130周年系列活动之一——‘凡事认真,快乐成长’主题讲座”,为叔同实验小学师生作《聆听叔同故事,感悟叔同精神》的主题演讲。

【馆际交流】 年内,组织业务人员先后赴杭州虎跑李叔同弘一法师纪念馆、宁波博物馆、嘉兴南湖革命纪念馆、丰子恺纪念馆、君匋艺术院、茅盾故居纪念馆、杭州名人纪念馆、南宋官窑博物馆参观交流,学习兄弟纪念馆的陈列布展、教育活动的开展、讲解水平等方面的经验,提升自身服务质量。7月18日,纪念馆精选弘一大师手书格言联句63幅(复制品)赴桐乡丰子恺纪念馆展出,扩大了展品的受众范围。接待杭州虎跑李叔同弘一法师纪念馆、杭州马寅初纪念馆工作人员的到访,并在办馆职能和业务上作探讨交流。

(戈 敏)

•旅游开发•

【旅游宣传促销】 与上海东方卫视《看东方》栏目、浙江教育科技频道《旅游快车》栏目合作,加大“要游山海湖、请到金平湖”旅游主题口号广告的宣传力度;在上海、杭州和宁波三地电视台开展平湖旅游风光专题片宣传;与上海电视台星尚频道《人气美食 吃遍东西》栏目组合作,将平湖美食与美景相结合开展宣传;加强在平湖电视台、平湖网的广告宣传投入;在《南湖晚报》旅游周刊上开辟平湖旅游专版;走进FM95浙江经济台与听众互动宣传平湖旅游;对市旅游局官方网站进行扩容改版,分设政务网与资讯网,增加服务信息量。3月,组织旅游企业参加在南京国际展览中心举办的“2011浙江(江苏南京)旅游交易会”。6月,组织5家旅游商品生产企业参展在义乌举办的“2011中国国际旅游商品博览会”。

【开通平湖旅游官方微博】 开通新浪网平湖旅游官方微博,至年末,共有粉丝近500人、发表微博近200篇,同步腾讯微博,扩大信息受众面。通过微博这种新型的网络手段及时提供相关旅游知识,发布假日旅游、自驾游服务以及旅游需注意事项等信息,及时答复网民咨询,与广大游客进行互动交流。

【成立旅游商品展示销售中心】 3月5日,由市旅游局牵头,市旅游行业协会主办,旅游商品定点生产企业参与组建的旅游商品展示销售中心正式开业。营业面积近300平方米,展示销售商品超过100种,为到平游客提供一个展示、销售旅游产品的新平台。

【推出旅游新线路】 结合全市旅游景区特色,深入挖掘地方文化内涵,当年推出以李叔同、陆维钊为代表的"名人文化";以九龙山旅游度假区为代表的"名景文化";以东湖景区为代表的"水乡文化";以莫氏庄园为代表的"名园文化";以金龙门生态休闲园为代表的"农耕文化";以澳多奇农庄为代表的"行知文化";以西瓜灯、钹子书、九彩龙为代表的传统民间"民俗文化";以平湖糟蛋为代表的"饮食文化",并根据游客的需求,将八大文化有机融合,向上海、杭州、宁波、苏州等周边城市市民推出了平湖一日、二日文化休闲之旅。同时结合建党90周年与平湖撤县设市20周年契机,挖掘与培育红色旅游线路,推出以南湾炮台——"侵华日军登陆处"纪念碑——纪念毛泽东同志批示展示馆——莫氏庄园为主线的"红色文化之旅"。

【开拓客源新市场】 与慈溪旅游部门合作,充分发挥"大桥经济"效应,全年组织旅游界人士开展一系列旅游对接活动,拓展两地旅游业深度合作交流,并于3月组织千人进行客源互送活动。3月,加强与上海同济大学的合作,推出千名教师游平湖的文化之旅活动。7月中旬,组织全市4家骨干旅行社负责人前往山东省台儿庄开展旅游考察活动,与台儿庄旅游和服务业局共同探讨两地旅游市场推广交流模式,达成合作意向,实现客源互送。11月,参加由无锡市滨湖区人民政府、无锡市旅游局主办的以"抓住新机遇、迎接新挑战——应对高铁时代旅游格局变化的思考和举措"为主题的2011泛长江三角洲旅游局长年会。当年,邀请上海、杭州、宁波等地的近百家骨干旅行社负责人到平湖考察踩线,特别是与旅游热线(上海)联盟"与沪同城谋发展、商务购物游平湖"的合作,通过政府搭台、企业唱戏的形式,加强观光休闲购物旅游、商务会展旅游的推介,进一步深化旅游交流合作。

【开展"赏瓜灯、游平湖"活动】 西瓜灯文化节期间,按照2011年西瓜灯文化节活动总体安排,组织实施"赏瓜灯,游平湖"旅游活动。活动期间,组织上海、宁波、杭州三地500名游客集聚平湖,参与感受平湖的西瓜灯多项灯节赛事,同时邀请三地的主流媒体进行全程采访和拍摄。

•旅游行业管理•

【开展旅游咨询服务活动】 3月15日,市旅游局、市旅游质量监督所配合市消协举办"3·15"大型宣传咨询服务活动,开展旅游现场咨询活动。提醒市民防止旅游低价陷阱,关注文明旅游与旅游安全,做到旅游消费理性维权。针对市民、游客提出的出游中需注意事项、如何选择旅行社、合同签订注意事项等问题,现场工作人员认真进行解答,活动现场共派发旅游宣传折页近500份,接受市民、游客咨询150多人次。

【完善旅游业奖励政策】 年内,通过走访周边县市了解有关旅游业发展扶持政策与实际操作情况,召开座谈会,听取旅游企业的意见和建议,进一步完善旅游业发展优惠奖励政策。分别对饭店上星、绿色饭店创建、景区景点上A、旅行社上星、新建旅游项目以及地接奖励等政策进行了补充和完善,出台《关于进一步加快平湖旅游经济发展的意见》。

【举办演讲比赛】 6月26日,由市旅游局、市总工会主办,市旅游行业协会、市旅游行业工会联合会承办,市蓝天旅游有限公司支持协办的“为党旗增光、为旅游添彩——平湖市旅游行业‘蓝天杯’演讲比赛”在市总工会举行,全市15家旅游企业19名选手参加比赛。经过激烈角逐,东湖景区有限公司冯晓美获比赛一等奖;交通学校唐萍萍、郑晶,白金汉爵大酒店于加影获二等奖;民俗风情馆沈丽妍、袁婷立,吴一峰艺术馆周纯等6名选手获三等奖。

【参加嘉兴旅游饭店服务技能大赛】 7月16日,圣雷克大酒店代表队代表平湖市参加2011嘉兴市第四届“禾城老酒杯”旅游饭店服务技能大赛,获团体第二名,选手孙金跃获调酒一等奖,金美娟获西式摆台二等奖,唐莉娜和汪佩霞分获中式铺床及中式摆台三等奖。

【开展行业专项检查】 9月至10月,市旅游局开展旅行社专项检查。此次检查重点为旅行社在旅游合同、档案管理、旅游保险等事项操作中,是否合法符规等。同时对旅行社转团是否正规以及历史台账记录进行检查,对查出的旅游合同书写遗漏、欠规范、保险未达到最低标准、质保金存缴等行为,发出6份《责令改正通知书》,并要求各旅行社制订相应制度,进行整改。

【举办导游培训】 11月24日,由市旅游局主办,市旅游行业协会、市旅游行业工会联合会共同协办的全市导游(讲解)人员培训班在嘉兴市交通学校举行。邀请浙江省旅游质监所黄恢月副所长及嘉兴工程技术学校张莱芝讲师到平授课。内容有旅游法律法规解读、突发事件应急处置、导游(讲解)人员礼貌礼仪、带团(讲解)技能技巧等方面,通过旅游过程中生动的实例进行了讲解。本次培训共有来自全市旅游行业的近百名导游(讲解)人员及交通学校旅游专业学生共计300人参加。

•休闲观光农业•

【四景区获“美丽田园——春游好去处”推荐】 在2011年嘉兴市生态文化旅游节上,金龙门生态休闲园、澳多奇农庄、金稼园、金丝娘农庄4家景区获得由嘉兴市旅游局和农业经济局共同主办“美丽田园——春游好去处”旅游新景推荐。

•旅游接待设施•

【概况】 2011年末,全市有旅行社13家。星级宾馆3家,其中四星级1家(圣雷克大酒店),三星级1家(君悦酒店),二星级1家(绿阳大饭店)。主要旅游景区(点)14个,其中AAAA级旅游景区(点)1个(东湖景区),AAA级旅游景区(点)3个(莫氏庄园、澳多奇农庄、金龙门生态休闲园),AA级景区(点)2个(民俗风情馆、台湾风情园)。旅游商品定点生产企业12家。农家乐(渔家乐)休闲旅游点20多个,省级农家乐特色村2个(黄姑镇海塘村、乍浦镇山湾村),农家乐特色点2个(澳多奇农庄、台湾风情园),三星级农家乐经营户14家,二星级农家乐经营户10家,其中3家被列为AA级农家乐(渔家乐)旅游点。当年新增旅行社1家(嘉兴美景假期旅行社有限公司)。 (金 秋)

城 乡 建 设

·城乡规划与建设·

【概况】 2011年,市规划建设局围绕“提升城市形象和改善人居环境”主题,以创建国家卫生城市为契机,以转变经济发展方式为主线,坚定不移地走新型城市化道路,抓好统筹城乡发展,加快住房保障建设,加大城市基础设施建设,规范建设行业管理,提升建设行业经济,城市形象和人居环境明显改善。年末,建成区面积达17.8平方公里,城市化水平达52.5%。全年房地产开发投资46.75亿元,建筑业完成总产值107.22亿元,建筑业成为继服装、光机电、临港产业后全市又一个100亿元产业。成立5个社区物业管理站和物业服务企业协会,10个拆迁安置小区、老住宅小区物业管理实现场化运作;新建阳光嘉苑保障房758套,其中廉租房150套,经济适用房608套;新增城市绿化面积78.29万平方米,完成环北二路、梅园路、百步桥路大修改造工程,15个零星老小区旧貌换新颜。被评为嘉兴市保障性安居工程建设先进单位。

【推行规划编制工作模式】 推行“政府组织、专家领衔、部门合作、公众参与、科学决策”的规划编制工作模式。4月,中国城市规划设计研究院提交《平湖市总体规划(2010—2030)》纲要,4月8日市政府召开纲要评审暨市域总体规划成果深化讨论会。整合杭州市城市规划设计研究院编制的《平湖市域总体规划(2006—2020)》两个规划的成果内容,形成《平湖市市域总体规划(2006—2020)》报批成果。编制完成《平湖市中心城区控规编制区规划》,城市规划区198.8平方公里的范围划分为31个控规编制单元,对城市规划区控制性详细规划编制工作进行统筹安排。编制完成专项规划及城市设计6个和新华路(环城北路—启元路)沿街建筑亮化设计、当湖路主要建筑及市区重点建筑亮化设计、市区主要桥梁及入城口雕塑亮化的设计。

【城市规划管理】 一是严格日照间距控制。要求房产项目必须提供由第三方(有相关资质的设计单位)出具的日照分析报告。全年协助召开规划委员会全体成员会议7次,项目42个;组织召开规划建筑设计方案评审会50次,项目72个。二是实行“增加50厘米”制度。为了防止项目实施过程中存在的高度误差导致实际建成的建筑间距不符合相关规范要求,在项目规划报批总平面审查过程中要求建筑间距在符合要求的前提下再增加50厘米。三是执行审批项目“公告公布”制度。对重要地段、重要项目或群众关心的建设项目实行听证制度和网上公告制度。组织规划放、验线项目49处,规划竣工核实项目149处,对144个商业开发项目全部实施现场批前公示与批后告示。四是执行审批项目跟踪服务制度。按照规划管理“三到场”的要求(“三到场”即放线定位到现场、建设中期监督检查到现场、验收复核到现场),全年办理“一书三证”515个,出具规划设计条件158个,召开建设项目审批例会25次,讨论审批事项211个。

【城镇总体规划编制】 新仓镇核心区控制性详细规划、林埭镇控制性详细规划通过市城市规划委员会审议;启动新仓镇总体规划、新埭镇总体规划的编制;完成浙江省农村新社区居民建设抗震设防研究及示范工程,将在2012年验收。

【人大议案、建议和政协提案办理】 2011年,市规划建设局承办的市人大代表议案、建议和政协委员提案共44件,受理市长电话640件,受理人民来信来访37件,经市长电话受理中心随机抽样,按时报结率、服务态度满意率及办理结果满意率均为100%。

【测绘管理】 一是基础测绘。完成市区二等水准沉降监测网2011年复测,完成水准点普查69座,二等水准外业观测和二等水准网平差计算110.2公里;开展市基础控制网改造项目,利用GPS C级点18座和GPS D级点31座、新埋设GPS D级点8座、联测GPS D级点57座,三等水准外业观测约250公里,形成8套坐标系转换参数。二是测绘行业管理。开展地理信息市场专项整治"回头看"行动,随机抽取8家全市涉密测绘成果使用单位,完成对使用目的完成后的涉密测绘成果保密和销毁工作;完成全市测绘成果质量监督检查;对全市5家测绘单位进行测绘资质复审与换证初审。三是地理信息系统建设。当年,平湖市被批准成为浙江省数字城市地理空间框架建设试点县市。

【农房建设管理】 组织全市农村住房在建工程质量安全大检查,排查治理农村住房建设在建工程的隐患,全年全市农村住房建设工程保持安全平稳,无重大事故发生。

(吴继承)

•平城集团•

【城南路改造】 2011年,完成签约单位3家,其中,B地块遗留1家单位完成签约,3—1号地块遗留2家单位完成签约,其他遗留问题得到有效处置,全年总计拆除面积约1200平方米;4—3号地块一期、二期项目和11号地块项目主体结构施工中,已建成安置住宅共3178套,其中,城市安置房958套,农村安置房2220套,累计安置房建筑面积达49.3万平方米。

【城市道路桥梁建设】 全年,城市道路桥梁建设投资0.72亿元,建成道路7.55公里,面积23.6万平方米。望湖路一期、建国北路、曹兑路等9个项目完成建设,环城北路建设基本完成,北城河改造及景观廊道项目完成河道清理和绿化种植工作。

【旧城区改造情况】 全年实施城市改造拆迁项目13个,完成签约175户,签约面积约7.07万平方米,完成拆迁投入2.98亿元,韩家埭地块、原标牌厂及周边地块、原农机监理站地块的签约工作全面完成。

【安置房及其他项目建设】 全年实施安置房项目14个,完成投入1.83亿元,建成安置房88幢、1710套、22.68万平方米。洁芳东区、香弄商业安置房、华丰小区四期等5个项目完成建设,松风台商城、三港小区一期等2个项目完成主体建设。实施绿化景观项目18个,完成投入0.44亿元,新增绿地面积约56.77万平方米。北河漾河道北侧绿化工程、平中东侧景观廊道工程、新华南路西侧景观林工程等13个项目完成建设。根据创卫和城市形象提升等工作需要,实施关帝庙综合整治等其他项目5个,完成投入0.15亿元。

【拆迁管理】 年内,共收到并受理裁决申请2件,行政裁决3件,向市法院申请强制拆迁1件。为审核拆迁红线规划范围内办理工商执照前置手续7件，为拆迁范围内选择货币安置方式的被拆迁人出具购房免税证明11件，按规定审查拆迁地块内被拆迁人与直系亲属的私房过户5件。

【城市规划区内农村拆迁情况】 2011年，城区拆迁共涉及6个村、145户，完成征迁67户，签约率46.2%。新征地、撤建制222亩。

【融资管理】 2011年，资金运行工作围绕保障全年18.73亿元项目建设和信贷结构调整资金任务，面对紧收的金融政策和集中还贷高峰期及疲软的土地市场，着重抓好到期还贷和重点项目的资金保障。一是切实抓好土地经营、存量资产出让、安置房房款回收等工作，成功挂牌出让东湖大道东侧、六里塘北侧、东方路西侧和东方路西侧、上海塘南侧2个地块，完成启元新村公建2号楼、原审计局办公楼等存量资产的拍卖拍租工作，年内实现各类综合收入14.1亿元。二是切实强化融资平台建设，优化城市建设负债结构，年内归还到期贷款10.2亿元，新增贷款授信4.4亿元，放贷1.1亿元，压缩公司负债9.12亿元，同时积极配合做好公司二期债券发行工作，有效控制城市建设负债规模，切实加强城市改造建设资金运行风险管理。三是合理控制项目建设投资规模，年内对池海路二期、梅园路三期等3个项目建设任务进行调整，压缩3166万元资金用于保障重点项目建设，进一步规范小型项目招投标管理，制定小型建设工程项目招投标管理办法，年内完成小型招投标项目简易招标41个，节约项目建设资金194.8万元，节约率20.65%。

• 东湖区开发 •

【概况】 2011年，平城集团完成东湖区投资7531万元。完成稚川路三期（东湖大道至案山路段）建设；完成平中东侧景观廊道工程、六平申航道西侧防护林、海盐塘东侧东方路南侧景观廊道工程、六里塘沿河景观廊道4个绿化项目建设及洁芳东区安置房、洁芳五期沿街商业用房2个安置房项目建设；三港小区一期、稚川幼儿园2个项目开工建设。东方大桥、三港路延伸段二期、东方公园一期3个项目进入前期准备。年内，东湖景区提升工程完成投资500万元，并开工建设案山至北原景区青云桥工程；先后获得“浙江省卫生先进单位”、“省级生态旅游示范区”、“浙江省三八红旗集体”、“嘉兴市青年文明号（争创岗）”、“平湖市西瓜灯节特别支持单位”等荣誉称号。 （顾敏明）

• 建筑业 •

【概况】 2011年，全市实现建筑业总产值107.22亿元，同比增长37.5%，其中省外产值44.87亿元，同比增长55.80%，房屋建筑施工面积1203.92万平方米。受理建设工程项目报建备案308只，发放施工许可证305份，其中土建项目250只，建筑面积296.78万平方米，造价54.67亿元，市政项目57只，造价2.51亿元。受理房屋竣工验收备案292只，建筑面积159.33万平方米。受理招标申请项目198只，工程造价44.63亿元，建筑面积216.78万平方米。竣工具有建筑节能措施的民用建筑单位工程152只，40.72万平方米；新开工设计具有建筑节能措施的民用建筑单位工程494只，220.28万平方米。获国家优质工程银质奖一项（市行政中心行政大楼工程被评为国家优质工程银质奖），浙江省“钱江杯”优质工程奖两项，海南省“绿岛杯”优质工程奖一项。

【建筑市场管理】 一是深入企业进行摸底调查，确定重点扶持对象，壮大优势企业，提高专业施工能力。全年全市共有16家企业资质升级或增项,其中浙江鑫达建设有限公司和浙江成城建设有限公司被建设部批准晋升为房屋建筑施工总承包壹级资质。二是率先在全省县级城市中探索建筑业企业信用体系建设,将企业的动态考核与招投标相结合,从根本上限制失信、违法者入市。自7月份实施《平湖市建筑业企业诚信考核办法(试行)》至年末,已公布诚信考核结果及企业信用等级5期,共涉及在市域内从事房屋建筑和市政工程施工的企业167家。三是严格市场准入清出制度,将不符合施工生产条件、严重失信、违法违规的企业清出平湖市场,维护了建筑业市场秩序。全年有29只项目因未办理施工许可证擅自施工被扣分,项目经理因不到岗不到位15人次被扣分。

【建筑工程质量监督】 年内,细化工程质量监管内容和手段,积极开展保障性安居工程、拆迁安置房和市政工程施工质量专项检查。严格落实住宅分户验收制度,强化对工程实体质量、钢筋等原材料、商品混凝土的质量控制,督促指导企业多创精品工程。全年受理质监注册单位工程675只,建筑面积311.2万平方米;竣工验收单位工程416只,建筑面积1161.57万平方米,出具质量监督报告单位工程372只,建筑面积143.54万平方米。

【施工安全监察】 出台《平湖市"平安工地"创建活动实施方案》,继续推进监管数字化建设,全面实施塔吊安全监控管理系统。全年,受理新开工安全备案项目267只,督查在建项目650只,102只新开工工地安装了远程监控系统,涉及建筑面积929.51万平方米,造价154.11亿元,单体1682只,责令停工项目49只,整改合格后复工47只,提出整改意见2522条,已整改完毕2487条。

【建筑工地专项整治成效明显】 建立完善"每月督查通报"、"分片包干负责"、"建筑业诚信考核与专项整治联动"等一系列制度和工作机制,促使建筑业从业人员进一步提高安全生产意识,施工现场周边环境得到极大改善,文明施工水平不断提升。自8月份至今,共发布督查通报17期,涉及城区建设项目104个,建设单位59家,施工单位47家,监理单位28家。

•房地产业•

【房地产市场】 全年,完成房地产开发投资46.70亿元,同比增加35.50%;商品房新开工面积50.25万平方米,同比减少25.64%;竣工面积44.05万平方米,同比增加5.01%;商品房累计预销售面积28.34万平方米,同比减少56.67%,其中商品住宅销售面积21.19万平方米,同比减少57.24%。

【房地产行业管理】 3月25日和29日,分别出台《关于平湖市2011年新建住房价格调控目标的通告》和《关于进一步做好房地产市场调控工作的实施意见》,对全市39家在2009年4月30日前取得三级(含)以下资质的房地产开发企业进行了专项检查清理,6月对实施商品房预售资金监管的项目及其监管银行进行了专项检查。到年底,全市房地产开发企业共有83家,其中二级资质2家、三级资质22家、四级资质28家、暂定资质31家。初审上报审批的新设立房地产开发企业12家,企业资质延期、变更、定级15家,重新核定3家,资质注销15家。核发商品房预售许可证28张。全年商品房网上预销售备案合计2431套(间),备案金额21.16亿元,备案面积26.93万平方米,其中住宅备案1835套,金额16.90亿元,面积20.95万平方米。市区普通住宅备案均价7041元/平方米。受理测绘备案登记186份,其中实测非住宅面积约135.17万平方米,住宅面积约28.08万平方米。兆盛置业有限公司被评为"2011年度嘉兴市优秀房地产企业"。

【房地产行政管理】 全年,办理房屋产权登记10586户,建筑面积327.17万平方米,办理房地产查档服务14403件,完成档案装订入库6682册,完成房屋登记信息电子文档录入32677手,协助法院查、解封426件。市房地产管理处被评为当年度全省房地产管理先进单位。全年,完成直管公房维修1833户,其中大中修32户,投入维修费约108万元。收缴各类公房租金约634.39万元,直管公房住宅租金收缴率达到98%。

【举办第七届房地产交易会】 2011年9月29日至10月2日,成功举办第七届房地产交易会,共有17家房地产开发企业参展,参展楼盘18个,可销售面积30.48万平方米,其中住宅23.64万平方米,展示面积140平方米。本届房交会为广大市民打开了一个观察市场的窗口,既提供了集中看房、选房、买房的服务通道,也促进了市民对住房保障政策和成果的了解,对引导购房者理性消费,推动房地产健康发展产生了积极作用。

【社会住房保障】 一是编制出台《平湖市住房保障十二五规划(2011—2015年)》,明确2011—2012年,全市继续实施城市低保标准2倍以下城市低收入住房困难家庭廉租住房"应保尽保",2013—2015年将实施扩面。调整经济适用住房申请条件。出台《2011年度平湖市经济适用住房实施细则》,明确规定拥有汽车以及非住宅的家庭不得申请经济适用住房。二是确定2010年度住房保障对象573户(廉租住房189户、经济适用住房384户),其中97户获廉租住房实物配租、245户获经济适用住房实物购房,实现了100%中签,轮候问题得到解决。全年发放廉租住房租金补贴91.33万元,发放经济适用住房货币租房补贴107户25.92万元。三是保障房建设力度进一步加大。2月份,洁芳东区9—16号楼200套保障性住房建设完成并交付使用。同时,加快阳光嘉苑保障性住宅小区建设,该项目建设用地9.49万平方米,建筑面积14.11万平方米(不含车库)。一期工程建筑面积6.3万平方米(不含车库),共建设保障性住房758套,其中廉租房150套、经济适用房608套,2010年7月开工建设,至2011年10月一期主体结构封顶。

【城镇住房制度改革】 城镇住房制度改革进一步深化,全年受理、审批一次性住房补贴83人次、金额26.22万元,办理房改房上市交易核准手续和房改房售房手续分别为87户和41户,认定城郊撤建制未享受城镇房改政策的征地拆迁户215户。

【住房公积金管理】 做好住房公积金扩覆缴交工作。全年新增缴交职工住房公积金单位194家,新增职工13842人,累计在缴职工住房公积金单位1144家,缴交公积金职工45252人;全年归集职工住房公积金4.78亿元,职工购房等支取住房公积金13.93亿元,累计归集余额达24.88亿元。年内,审批办理职工个人住房公积金贷款934户,发放贷款金额2.2亿元,累计发放8924户,年末贷款余额7.22亿元。通过对住房公积金的合理运用,全年实现净增值1346万元。

【白蚁防治】 全年签订白蚁防治协议157份,签约面积160万平方米,完成施药面积110万平方米,发放合格证书92份。年内为旧房(散户)防治施药203户,共计8100平方米,完成预防灭治回访140户。

•物业管理•

【规范物业管理】 年末,全市共有物业服务企业24家,其中三级资质20家、暂定三级4家;另有外来企业9家,其中一级企业2家,二级企业2家,三级企业5家。对全市共110个项目实施了管理,管理总面积达486万平方米,居民、经营户25000多户,全市累计有33个小区成立业主委员会。全市拥有全国物业管理示范住宅小区1个,嘉兴市级物业管理示范住宅小区3个,市级物业管理优秀住宅小区8个。成立平湖市物业服务行业协会,协会成员单位有30家。至年末,全市累计归集物业专项维修资金13358万元,其中2011年归集物业专项维修资金1141万元,3个小区申请动用维修资金,36个拆迁安置小区同市房地产管理处签订缓交协议,涉及缓缴的维修资金本金约5708万元。锦城春天获得“嘉兴市级物业管理示范小区”称号,金领银座和碧水云天两个项目获得“平湖市级物业管理优秀小区”称号。

【建立社区物业管理站】 通过表格式和网格式的方式对市区物业管理范围划分为五大区块,对各区块所辖小区、面积和住户户数进行统计。同时,成立5个物业管理站,各区块由1名专职人员对各小区物业管理情况按时巡查,发现问题及时处理,建立起以物业企业、物业管理站、物业管理处和市住房和城乡规划建设局为主体的四级管理模式。

【老小区、拆迁安置小区管理实行市场化运作】 由市物业管理处指导当湖街道对金平小区、松枫小区、百花东村、吉祥小区、香榭丽都、新华东村和广福园小区共7个小区通过招投标方式推行市场化物业管理;钟埭街道选定的西林寺、康乐小区2个老住宅小区引进市场化物业管理。由街道纪委、分管领导、社区办物业管理总站、招标办等工作人员通过考察形式选定市场化物业服务企业。原由市物业管理有限公司管理的卡都花苑、银沁苑、佳盛公寓、鑫龙公寓4个小区,通过征求业主委员会和广大业主的意见后,移交给市场化物业企业实施管理。

•市政公用事业•

【概况】 2011年,建国北路、永丰路、香弄路等扩建改建城市道路10条,长度4.62公里、面积为10.5万平方米,九曲港桥、洋火叉港桥等桥梁7座投入使用。年末城市道路长度达157.34公里,面积为404.9万平方米。道路网密度为5.24公里/平方公里,人均道路面积29.88平方米,城市桥梁112座。全年在道路巡查过程中发现窨井盖损坏、路面破损、窨井堵塞、路面下沉、桥栏杆损坏等市政设施破损情况939件,来电投诉68件。受理道路挖掘占道145件,收取专项费用71万元,签订市政设施安全保护协议11份。开展了为期2个月的城市桥梁安全专项整治活动,出动人员50余次,对日常发现的破坏市政设施的行为移交城管执法14件。开展桥梁伸缩缝整治、桥头跳车处理等市政设施病害治理。采用高分子聚合体改性沥青,完成了城区当湖桥、唐家桥、葛家桥、南市桥、解放路与新华路交叉口平桥5座桥梁244米破损伸缩缝无缝修复;整治上海塘桥等5座桥梁桥头跳车5150平方米;整修环城东路、启元路、宝塔路等路段与路面高差窨井80只;修缮环城东路二号桥、北仓桥铁护栏36米;疏通九龙花苑、凤凰小区,鑫龙公寓等老小区及路面窨井6944只次,调换大小窨井725副、调回窨井盖67只,调整井盖与井圈高差169座。

【小区里弄便民工程改造】 全年投资350万元,修缮北台弄、南混堂弄等背街里弄9处1206平方米;维修当湖路、新华路、东方路、平湖大道等沥青路面28030平方米;改造南市路、顾家廊下等人行道20995平方米;维修勤俭路、南河头等水泥路面4985平方米,累计解决民生问题1100多件,修缮总面积达55216平方米。

【13个老住宅小区整治改造】 全年投入2000万元,完成九龙花苑、鑫龙公寓、凤凰小区等13个老小区零星地块提升改造任务,累计改造区域19.32万平方米,惠及居民2013户。修缮或拓宽小区道路36377平方米;增设停车泊位477个;修建临街店铺隔油池17只;提升改造绿化25786平方米;改造污水管道3991米,实行雨污分流;增设石凳、石桌14套;单独石凳14条;以"桶换桶"形式改造垃圾箱106只;增设电子监控13套,电动门4套,自来水一户两表新增及更换管道21687米,实行封闭式管理小区6个;改造公厕一座等。同时,对前三年改造完成的广福园、滨湖、广场新村等27个老小区进行"回头看",新增或更换管道1575米、修复破损路面9606平方米、补植绿化、更换破损侧石1380米、更换井盖438只、新增雨水井289座等,进一步改善了老小区的居住环境。

【市政道路大修改造】 全年投入2530万元,完成环北二路、梅园路、百步桥路大修改造任务。改造环北二路主车道32835平方米、人行道13740平方米;沿线松枫港桥两侧各拓宽10.5米;新建雨水管道370米;弱电管道5558孔米,沿路移动、广电等通讯管线统一入地;新增路灯35盏;增设隔离护栏1200米。改造梅园路主车道沥青路面13440平方米、人行道10360平方米;新建弱电管道4670孔米;新增路灯45盏。改造百步桥路人行道5200平方米、修缮主车道沥青路面1500平方米;新建下水道129米;配建弱电管道2711孔米。

【燃气行业管理】 4月,对燃气设施改动实行行政审批制度,全年共收到用户燃气设施改动申请23件,符合改动要求的4件,规范了燃气设施改动行为。全市累计已敷设中低压管网93.73公里,开通居民用户13324户,公建、工业用户111家。全年供应石油液化气1.03万吨,天然气1026.49万立方米。全年组织开展燃气行业安全生产检查6次,发出整改通知书26份,涉及整改意见78条。联合城管、交警部门开展专项整治行动2次,查获六店大桥、钟埭老街2处无照经营液化气窝点。每季召开燃气行业安全生产工作例会,各企业均开展一次事故预案演练,提高企业应对突发事件的防御能力。全年,完成富嘉苑、安浜小区、华丰四期3个小区天然气专项配套工程,共配建庭院管网7980米,道路中压管网9420米,同时完成6个公建用户、7个工业用户、4个小区2448个居民用户的通气工作。完成金色华庭一期、耀江D地块等12个小区燃气工程竣工备案工作。

【城市公交管理】 2011年,新增公交大巴6辆,报废5辆,年末共有公交车辆112辆,其中大巴78辆3286座、中巴34辆576座,折合为101.8个标台,每万人拥有公交车7.51个标台。日行程1.7万公里,日班828班,夜班147班,日平均运送旅客3.1万人次,最高日客运量达6.7万人次,全年客运达1133万人次。首班运营最早时间为5点40分,末班运营最迟时间为18点30分。1路公交车开通夜间班车至21点42分、3路公交车开通夜间班车至21点48分、6路公交车开通夜间班车至21点40分、9路公交车开通夜间班车至21点08分。为推进交通缓堵保畅

“民生工程”,缓解城区交通拥堵问题,7月10日开通育才路公交首末站至东方路首末站12路公交新线路,途经香榭丽都、碧水云天、梅园西村、金平小区等15个站点,解决了沿线居民的出行难问题。（吴继承）

• 水务事业 •

【概况】 2011年,市水务投资(集团)有限公司建设水务工程共有20项,完成投资3.86亿元,为年度计划的108%。全年供水总量5242.30万吨,水质合格率达到国家饮用水标准;污水入网量2336.45万吨,城市生活污水收集率达到85.13%。

【稳步推进深化城乡供水管理体制改革工作】 年内,按照《平湖市人民政府关于深化城乡供水管理体制改革的实施意见》有关规定,于4月1日起对各镇(街道)水厂在编职工接收并代管资产,建立水务营业所,基本实现城乡水务体制一体化改革目标。同时制定了《水务营业所办理水务手续的管理办法(试行)》、《仓库材料领用手续》、《污水管网系统巡查规程(试行)》、《污水三级管网建设验收规程(试行)》、《污水入网手续办理规程(试行)》、《平湖市水务营业所开展安装业务管理办法(试行)》等相关制度,加强对水务营业所的规范管理。

【城乡供水一体化全面完成】 全市一级供水管网建成贯通,城乡供水一体化工作全面完成。古横桥水厂三期扩建工程当年完成投资额3535万元,累计完成7368万元,主体工程完成并开始试运行。独山港区工业水厂、城北水厂着手前期工作。安全供水联网工程当年完成投资1600万元,累计完成投资3230万元,1号、2号管线已建成通水。城区供水管网改造项目当年铺设管道67.063公里,累计铺设管道108.843公里,当年完成投资1459万元,累计完成投资2058万元。广陈水厂一级供水管网已完成铺设。三港新城供水管网工程、南市供水管网工程着手前期工作。

【太浦河取水工程加快建设】 太浦河取水一期工程当年铺设输水管道26.5公里,累计铺设管道56.5公里,当年完成投资16600万元,累计完成46878万元。平湖境内管网铺设完成并通过竣工验收,嘉善境内基本完成管网铺设,取水泵站土建完成50%,新取水口相关手续正在办理过程中;太浦河取水一期工程延伸段(平湖至嘉兴港区)当年完成投资3300万元,铺设管道7.4公里,管桥架设完成,埋地管铺设基本完成。

【污水管网建设快速推进】 年内,铺设污水管道39.25公里,其中一级管网铺设11.49公里,二级管网铺设27.76公里,完成投资6183.75万元,新建并投运泵站3座。城区污水泵站及管线技术改造项目当年铺设管道2.661公里,完成投资461.11万元;镇级污水支管网工程当年铺设管道27.76公里,累计铺设管道189.60公里;当年完成投资2064.22万元,累计完成19609.22万元,其中,污水公司代建的二级污水管道当年完成2.79公里,累计完成52.04公里,完成新埭5号泵站、独山港镇5号泵站、独山港海涂地块污水管网工程;市区污水管网一期工程当年铺设管道1.81公里,累计完成138.90公里;当年完成投资200万元,累计完成11357万元;市区污水管网二期工程当年铺设管道4.32公里,累计完成76.21公里,当年完成投资2764.79万元,累计完成12700.79万元;东片污水处理一期管网工程当年铺设管道1.37公里,累计完成30.85公里,当年完成投资265.86万元,累计完成7949.86万元；市区东线污水主管工程当年铺设管道1.08公里，完成投资382.07万元；三港新城污水管网工程当年铺设管道0.25公里，完成投资45.7万元。（陈颖奇）

•园林绿化•

【概况】 2011年，完成新增城市绿化78.3万平方米，累计投入绿化建设资金9518万元，城市绿地总量达923万平方米，其中建成区绿地总量735万平方米，建成区绿地率、绿化覆盖率和人均公园绿地面积分别为41.29%、42.36%和12.31平方米（建成区面积按17.8平方公里，人口按15.19万人计）。建成了松风台古银杏保护区绿地、平中东侧景观廊道、北东湖景观廊道等一批园林精品工程，龙湫桂香公园建设全面启动。2个项目获得“南湖杯”园林绿化建设优质工程。全市11家园林绿化施工企业实现产值11021万元。出台《平湖市停车场绿化指导意见（试行）》，缓解了日益突出的停车和绿化矛盾。市园林协会组织园林工人参加嘉兴市园林工人技术操作比武大赛，获团体一等奖，有3人晋升为“园林技师”。

【巩固国家园林城市创建成果】 按照市政府《2010—2012年绿化建设工作实施意见》，深入推进“新建、巩固、提升”三大绿化工程，全年完成建设项目24个，提升项目6个，创卫补绿地块12处、零星整改450条，对877万平方米已建绿地实施精细化管护，巩固了国家园林城市创建成果。

【松风台景区建成并获市“金桥工程”一等奖】 松风台古银杏保护区街头绿地面积5680平方米，工程总投资350万元，历时近两年，于2011年10月建成开放，通过千年古银杏保护复壮、亭台楼阁修建、凿池堆山造型、绿化苗木种植、历史文化展示等建设，成功打造了一座既具江南古典山水园林之美，又兼现代城市公园功能的精品园林。该项目获得市当年度“金桥工程”一般项目一等奖。

【启动生态绿道建设】 根据市政府《“三清两绿”三年行动计划》，2011年为全市生态绿道建设启动之年，经生态绿道建设调研，完成了《平湖市绿道网总体规划（2011—2020）》的编制，并纳入市域总体规划予以实施。年内已启动环东湖绿道、葛家塘绿道和海盐塘绿道建设。（吴继承）

•城市管理•

【概况】 2011年，市城管执法局紧紧围绕市委、市政府提出的深入开展“三年活动”，扎实推进“十大工程”的工作目标任务，以创卫工作为中心，以转变理念，创新工作为出发点，以“推进创建活动，提升城市形象”为目标，进一步加强执法整治，探索长效管理，强化队伍建设，推进工作创新，努力营造整洁优美、和谐有序的市容环境，全面提高城市管理工作水平，完成了全年城管执法目标任务。被评为当年度两违整治工作考核优秀部门、依法行政工作考核先进单位、市长电话工作先进集体、综治工作先进单位、工作目标绩效考核良好部门等。

【提升城管队伍综合素质】 一是抓班子自身建设。坚持集体领导，严格执行班子会议事制度，科学决策。在机关作风建设暨执行力建设的各个阶段，局党组班子成员以身作则、率先垂范。二是抓基层组织建设。年内，局党总支与5个支部分别进行改选，并调整了中队配建，通过竞争上岗新聘了9名中层干部，充实了基层党政干部队伍。其中直属一、二中队和机动中队开展规范化中队创建，各中队根据创建标准,加强内务管理,加大硬件设施的投入力度,注重软件管理。三是抓学教争创活动。开展近学嘉善“一员四岗”,远学宜兴“城市管家婆”活动,开展机关效能示范岗和巾帼文明岗创建活动,加强“廉洁城管”建设,积极办理信访案件、市长电话。四是抓城管文化建设。加大宣传工作力度,强化局网站维护管理工作,定期编写《城管动态》、《美丽乡村专刊》,与新闻媒体紧密接触,扩大群众对城管工作的知晓度,争取群众对城管工作的理解和支持。重视关注网络舆情,对群众反映的城市管理问题,及时落实责任部门予以解决或回应。同时,开展了“城管精神表述语”征集活动。五是抓制度完善。结合工作实际和规范化中队创建,不断摸索,科学论证,在原有基础上制定完善了业务工作、人员管理、内务管理、组织纪律、执法办案、学习培训等各项内部规章制度。六是抓执法成效。发挥处罚权相对集中的机制优势,加大案件办理力度,规范案件办理工作,通过组织培训及法制工作例会制度,提升了全局办案数量和质量,全年共依法查处各类案件981起。七是抓督查考核。建立“局领导、督察科、中队班子”三级督查机制,重点督查队伍的规范着装、文明执法和履职情况。创新了协管员队伍管理,推行了协管员量化记分考核办法,使管理更细化、更规范。

【提升城市综合管理水平】 一是加强户外广告管理。通过加大巡查力度、严把审批环节、开展集中整治三项措施来加强户外广告的管理。同时,将服务融于管理之中,协助汽车南站制定整改方案,协助海德城、金色华庭沿街商铺统一规划制作店招店牌,使市区户外广告管理更加规范有序。二是遏制违章建筑势头的蔓延。以建立并加强“两违”盯防巡查机制为重点,认真受理群众的来信来访,依法有效地遏止各类违章搭建的蔓延。全年共拆除“两违”184户,面积共计3959平方米。对于一些较大的案件,则抽调专门力量从速查处。三是开展市容环境集中整治。开展市区越门摊专项整治,并落实长效管理。开展早餐摊点和夜排档的整治,并对市区早餐摊设置点和设置数量进行全面摸底和初步规划。开展城区犬类整治,全年组织54次捕捉无证犬行动,共捕获无证犬245只,发放整治通告900余份。开展关帝庙商区专项整治,清租腾空、拆除39个临时地摊和14个临时彩板棚,并对停车场的15间公有营业房进行了清理和拆除。组织人员开展城市“牛皮癣”清理整治,按照相关考核办法对车管家物业服务有限公司的“牛皮癣”清洗保洁情况进行督查考核。开展市区主要路段空调外机整治工作,确定调查摸底、自行整改、集中整治和巩固提高“四步走”的工作方式,共整改166台空调外机。开展人行道乱停车整治,规定市民停车区域,并落实4050协管员加强对车辆停放的管理,规范市民停车行为。四是开展城区建筑垃圾、散装建材密闭运输工作。出台《平湖市城区建筑垃圾和散装建筑材料实行密闭运输实施意见》,开展为期2个月的建筑垃圾和散装建材密闭运输集中专项整治。全年共办理建筑垃圾处置核准175件。五是落实城区市容环卫长效管理制度。对市区主要路段、街(区)继续实施徒步巡查,加大道路、河道保洁工作力度,机械化清扫率达49.76%。组织队员协助社区进行小区环境卫生综合整治,与市区沿街店铺签订“门前三包”责任书,为全民共创国家级卫生城市奠定了良好的基础。

【加大基础设施建设力度】 一是加快推进数字城管建设。3月份,数字城管建设项目正式启动,9月1日起正式开始全面试运行,24个责任部门、单位已与系统平台联接,11月23日“数字城管”系统通过专家组验收。

二是加快环卫基础设施建设。平成路环卫基地内粪便生化处理站通过竣工验收并投入使用；完成教化桥垃圾转运站迁建、池海路垃圾转运站新建任务；完成公厕新建和改造任务，城区沿街单位公厕全面对外开放；完成城区垃圾箱提升改造工程，全面启动社区生活垃圾“以桶换桶”清洁直运模式，确保清运过程中垃圾不散落、污水不外流。

【加强农村环卫工作】 结合“金平湖·美丽乡村”建设，在全市农村开展“美丽乡村”环境卫生集中整治。各镇(街道)和职能部门密切配合，强势推进集镇、道路沿线、河道、新社区和村庄四大整治专项行动。活动结束后，又对集中整治情况进行了考核验收并编写了《农村环卫简报》。加强环卫基础设施建设、专业设备改造的行业指导和农村环卫长效管理工作，及时做好农村垃圾的清运工作，全年共清运处置农村生活垃圾61099.6吨。(夏敏莉)

·三港新城开发建设·

【工程建设】 2011年，三港新城首期启动三港嘉苑南村、北村两个安置小区。两个小区总建筑面积45.5万平方米，其中住宅面积为33.97万平方米，共有15幢高层、51幢多层、19幢联排，分6个标段，招标建筑安装金额为6.93亿元。6个标段分别于3月、4月全面启动建设。截至年底，有18幢多层、11幢联排、6幢高层进入主体施工阶段，部分房屋结顶。稼书路(三港路—长旺路)工程。至年底，完成稼书桥盖梁以下结构工程；文丰桥完成桥台下部结构50%的工程量；主车道宕渣层完成约90%；排水管铺设完成约60%。文丰幼儿园工程，建筑规模约6500平方米，占地18亩，总投资约3560万元。至年底，完成方案设计招标、规划评审、扩初论证、施工图设计和施工图审查。基本完成了农贸综合楼、明珠路、文渊路、文欣路、文丰路、三港大桥及三港路延伸段的前期准备工作。

【集聚置换工作】 年初，市农投公司共受理报名户数1817户，经过外业调查，初审复核，共核准农房置换户1573户。随着上级对农村宅基地复垦政策的调整，公司根据市委书记办公会议和市长办公会议精神，及时起草置换政策补充意见和方案调整说明，并对全市6个土地综合整治项目区内报名的130户置换户进行核对取证和分析。市政府《关于印发平湖市农村住房置换到中心城区三港新城补充意见》出台后，公司会同国土、建设等部门进行初审，对最终审核符合置换条件的进行公示，由市现代新市镇和城乡一体新社区建设工作办公室专门下发文件予以公布确认。最后，经逐一核实并通过市两新办审批，符合置换条件的有114户。从12月1日开始签订协议，到12月30日完成签约108户。

【征迁工作】 至年底，首期征迁地块完成签约398户，占总户数410户的97.1%。同时，征迁范围内涉及的个体工商户，完成签约并兑现有证18户、无证16户。当年新启动征迁的地块主要为一期规划三港路以南范围及上年末开展征迁的地块。涉及征迁农村房屋48户，承包田9户，自留地、竹园等杂地11户，工厂、商店、农业合作社9户，承包面积320.86亩。至年末，68户青苗、附着物补偿兑现，57户基本生活保障、48户房屋评估、71户坟墓迁移均全部完成，签约43户，占89.6%。涉及征迁的9户工厂、商店签约8户。110KV高压线涉及的政策处理工作全面启动。

【融资保障工作】 面对国家宏观调控影响下带来的严峻金融形势，市农投公司一方面调整投资计划,把年初确定的“2511 工程”调整为“211 工程”,使总投资减少了约 5 亿元,全年财务支出数压缩了约 4000 万元;另一方面,积极争取国家开发银行浙江省分行的支持并主动联系其他银行。全年到位资金 2.5 亿元,其中国家开发银行浙江省分行到位资金 2 亿元,中信银行到位资金 0.5 亿元。建行 4 亿元的贷款项目也已获省行批准。

(俞一峰)

•城市新区建设•

【概况】 根据市委、市政府《关于完善城市新区开发建设管理体制的实施意见》,2010 年 12 月 16 日城市新区管委会成立。管委会内设综合办和招商办。5 月,人员到位,出台《平湖市城市新区开发建设管理委员会 2011 年度工作思路》,明确任务,各项工作进入运行轨道。5 月 30 日,市机构编制委员会同意管委会设立市城市新区开发建设服务中心。6 月 21 日,建立城市新区党工委机关党支部。11 月 16 日,市总工会同意设立城市新区开发建设管理委员会第一届工会。管委会所辖城市新区开发建设的范围为:南市新区、东湖新区、北市场新区。南市新区北起当湖路、东起海盐塘—乍嘉苏航道—老 07 省道、南至杭浦高速北侧规划铁路、西至乍嘉苏航道及向南延伸线,规划开发建设面积约 16 平方公里;东湖新区北起上海塘、东起六平申航道、南至乍嘉苏航道、西至海盐塘,规划开发建设面积约 10 平方公里(除当湖街道长胜路商区约 0.4 平方公里);北市场新区北起平城路、东起新华北路、南至福臻路、西至嘉善塘,规划开发建设面积约 0.6 平方公里。工作职责是负责南市新区、东湖新区、北市场新区 3 个新区域的开发建设工作。负责研究、决策、协调城市新区开发建设等重大问题。协调落实城市新区产业、项目、用地等规划控制。组织实施城市新区征迁、建设、招商、项目服务等工作。2011 年,管委会全力推进 3 个区的开发建设,实现服务业生产性投入 14.67 亿元,完成计划的 113.11%。引进和转接内资项目 18 个,实到市外内资 2.6 亿多元,其中注册资金 1.55 亿元,完成年度任务的 117%。实到外资 271 万美元。基础设施建设实现投入 1.8 亿元,征迁投入实现 1 亿元,较好地完成了各项工作任务。被评为市级“服务业发展优秀部门”,并获当年度生产性投入工作三等奖。

【项目建设】 城市新区总落地开工建设项目有 20 多个,在推进工作中,箱包城、服装城、建工大厦、御珑湾、智财商务大厦等项目被列为重点项目,管委会主动加强协调服务,确保了进度、质量、投入的到位。面对全新的工作实际,主动与城投集团、服务业发展局和当湖街道等单位进行衔接,同时通过上门走访、开会交流等一系列措施,在短时间内全方位摸清辖区内项目的基本情况。半年来,主动为项目协调解决施工道口调整、红线内外绿化移植和管道线路转接等问题 20 多个。其中与其他部门联合协调问题 8 个,向市政府上报 4 个,向相关部门发函和对接联系 12 个。先后参与主持“葛家塘—玫瑰湾绿化提升改造工程仪式”、“东湖商贸城开业仪式”等活动,协办“同创活力新区 · 共建魅力新城”平湖 · 中国国际箱包产业基地授牌仪式、平湖 · 中国服装城韩国企业平湖考察团欢迎仪式暨投资环境推介会等大型活动。为促进业务工作规范有序的体制机制建设。先后建立起一对一联络制度、重点项目建设全程跟踪服务制度、工作例会交流制度和重大问题联合办公协调制度等制度,使业务处理达到规范化、程序化。对在建的 16 个项目逐一建立档案,跟踪、服务、督办项目的每一环节,做到项目建设情况明,项目过程无缝对接。先后召开重点项目建设工作例会2次，通报工作进展情况，分析当前政策形势，沟通交流推进情况。11月召开的项目推进对接交流会上，30多个部门与业主实现面对面“零距离”沟通，得到了项目业主与相关部门的充分肯定。

【招商引资】 一是树立优质招商理念，重点引进投资额大、成长性好、带动能力强的服务业项目，以诚实、诚信、诚意贯穿招商全过程，努力营造亲商、安商氛围。二是优化招商环境。配合市新一轮城市开发建设征迁工作指挥部开展征地拆迁工作，推进南市地块的征迁工作，实现征迁投入1亿元。结合新区实际，配合规划、水务等相关单位，对现有城市总体规划和区域详规，多次提出合理化建议，以强化城市功能配套，推进新区水、电、路、通讯等基础设施。三是细化招商要求。明确招商内容，细化具体条件。明确规划布局，包括城市总体规划、区域控制性规划、“十二五”服务业发展规划和土地利用总体规划；明确城市新区招商引资要求，包括城市新区的功能定位以及每一块用地的性质、面积、建设指标等要求；明确目标任务，搞好招商推介方案，并多渠道进行宣传推介。四是切实引导监管，排忧解难，引导招商项目单位积极融入到全市社会经济发展的大环境中。从登记注册环节入手，做好注册前、注册中和注册后服务、监管文章，帮助协调解决项目业主人地生疏带来的众多问题。先后解决了华途物流项目首期用地指标的置换、泰兴实业公司客商子女的就学等多个问题，得到了客商的好评与信赖。五是建立招商工作信息数字库。按照新区招商工作的定位，对新区的规划项目要求和所接触的客商进行动态管理。从而分析、捕捉有价值的招商信息，有选择、有目的地对有关客商进行论证、考察。提高了招商工作的针对性和实效性。六是主动“走出去”，热情“迎进来”，先后主动举办外出招商活动12次，其中华途物流总部园和西斯特姆微电子科技总部园2项目在西瓜灯文化节经贸洽谈会上完成签协；与25批“迎进来”的客商，进行了协商、洽谈。

【建立网站】 7月，建成城市新区网站，实现专人负责，运行规范，信息公开与交流100多则，成为新区工作外部宣传的有力平台。同时，有30多则综合材料被平湖电视台、门户网、服务业发展简报等录用，展现出了管委会充满朝气的工作风貌。 （何小叶）

环 境 保 护

•生态建设•

【概况】 2011年，平湖市委、市政府深入贯彻落实科学发展观，坚持“生态立市”发展战略，以省级环保模范城市建设为载体，全面实施“三清两绿”和环境保护八大行动计划，把生态市建设与城乡统筹发展、产业结构调整和美丽乡村建设等工作有机结合起来，积极发展生态经济，着力优化生态环境，大力弘扬生态文化，加快形成节约能源资源和保护生态环境的产业结构，促进全市社会经济的可持续发展。太浦河取水工程、河道整治和清淤工程、污水管网建设等重点工程项目全面实施，推进环保基础设施建设。市镇工业园区整治全面开展，工业园区环境管理水平得到提升，独山港镇穗轮五金工业园完成整治验收，列入嘉兴市年度计划的新仓镇、新埭镇、曹桥街道工业园区整治基本完成。通过持续地城乡环境综合整治，城乡环境面貌明显改善，被省政府命名为省级“美丽乡村”创建先进县。农村绿化、河沟池塘整治、农村垃圾收集处置等工作协同推进，全年完成绿化造林面积6868.3亩，全市林木覆盖达到17.2%，城市人均公园绿地面积12.3平方米。政府实事项目老小区改造有效开展，基本实现基础设施完善、环境整治美化、雨污分流污水入网的整治改造目标。结合生态市和省级环保模范城市创建，新仓镇建成全国环境优美乡镇，实现“零”的突破，钟埭街道建成省级生态街道。全市共建成省级绿色企业5家、绿色社区2个、绿色家庭3户、绿色医院1所和生态旅游区1个；嘉兴市级生态村32个、生态农庄1个、绿色学校2所、生态示范村3个；平湖市级绿色学校6所。

【污水治理】 完成覆盖全市各镇(街道)的污水收集网络，西片两镇三街道污水进入嘉兴市联合污水管网，东片三镇污水进入东片污水处理厂。进一步加强东片污水处理厂监管，确保稳定达标排放；加强生活污水入网工作，全市各镇(街道)污水管网建设完成27.757公里；完成城区污水泵站及管线技术改造项目，铺设管线2.553公里；完成新埭5号泵站、独山港镇5号泵站、独山港海涂地块污水管网工程。目前，全市已累计建成一、二级管网498公里，泵站32座，累计投入69778万元。继续推进老小区改造，实施雨污分流，提高污水收集率，城市污水处理率达85.13%；对14家涉重金属和日排放50吨废水以上企业实施限期入网，工业生产废水入网率超过90%，单日最大污水入网量达9万吨。

【畜禽养殖污染】 一是结合畜禽养殖污染“双控”试点工作，按照“减量化、无害化、资源化、生态化”要求，推进农牧结合，逐步建立和完善农业产业结构的可持续循环生态链。对生猪养殖重点区域常年存栏生猪在20-49头小型生猪养殖场选择重点逐步开展治理。二是健全长效管理机制，全市建成的6个畜粪收集处置中心，全面开展畜粪、沼液收集处置，建立健全畜粪、沼液、沼渣收集清理后续服务，全市共建立了22支由90多人组成的专业服务队。三是进一步落实监管责任，加大监督检查。市环保局和市农经局联合成立农业环境监察中队，加强合作，探索养殖区域和总量控制机制。对500头以上规模养殖场开展环保飞行监测，每季度进行一次全面监督检查。四是建立健全村级监管体系,按照属地管理原则,落实专人,由村干部分片负责对本行政村内的规模畜禽养殖户每月进行一次监管检查。

【水环境整治】 依托"清洁河网",开展第二轮水环境整治三年行动(2011—2013 年)。2011 年,围绕"一湖(东湖)、二塘(盐平塘、广陈塘)、三断面(上海塘、广陈塘、黄姑塘)",开展重点区域环境整治,着力改善水环境质量。确定了污水入网建设、饮用水安全保障、河道整治保洁等"六大工程"18 个项目,总投资将达 18.53 亿元。结合全国农村河道综合整治试点工作投入 4783 万元,完成水土流失治理面积 10 平方公里,河道河沟治理 150 公里,解决了全市农村人口饮水安全问题。新增了两个饮用水源地水质自动监测站,现有 3 个出入境水质自动监测站扩充了监测指标,实现标准化建设。水环境面貌得到改善,在省行政交接断面水质考核中,成绩稳定在合格以上,预测全年达到良好。

• 环境管理 •

【概况】 2011 年,以开展环境保护八大行动计划和实现"十二五"环境保护目标为重点,认真推进污染减排工作,探索建立减排与发展联动机制,采用"倒逼"机制控制排污总量,全面实行初始排污权有偿使用。严格建设项目管理,确保实现全过程监管。创新技防手段全面拓展实时监控范围,实现水气兼控。加强辐射污染物控制,全面开展辐射安全监管工作。强化固废的规范化处置和管理工作。深入开展环境信用等级评价,增强企业环保意识。

【减排与发展联动机制】 市环保局从确保完成 2011 年及"十二五"污染减排任务出发,把污染减排作为推进经济转型升级的重要手段,提出增量控制工程、工业污染减排工程、污水处理厂减排工程、脱硫脱硝减排工程、机动车污染减排工程、畜禽养殖污染减排工程等六大工程,以及加强责任考核、加大投入力度、加快结构调整、加强机制创新、加强环境监管等五大保障措施。将污染减排纳入镇(街道)岗位目标责任制考核的重要内容,实行"一票否决"。完成全年的污染减排工作报告和技术报告。出台了《关于加强建设项目新增 COD 排放量管理的意见》,探索建立减排与发展联动机制,各镇(街道)超额完成的减排量,作为区域内建设项目新增 COD 排放量的可替代量,可替代量按上年完成全市减排量所占的比例进行分配。完成了 2010 年度污染减排专项资金项目联合验收工作,对已实施完成 11 个项目进行现场验收和资料审查,对项目的实施进行绩效评估。开展 2011 年度污染减排专项资金项目计划申报工作,对污染减排专项资金项目的实施情况进行督查。

【全面实行初始排污权有偿使用】 市环保局基本完成了现有企业初始排污权有偿使用。全面启动初始排污权申购工作,共有 117 家企业申购了初始排污权,共申购化学需氧量(COD)1736 吨,二氧化硫 2520 吨,收取排污权有偿使用费 9038 万元。金融企业首次推出排污权抵押业务,共有 12 家企业进行了初始排污权抵押贷款,贷款金额为 1927 万元。新增 COD 和二氧化硫两项主要污染物的建设项目,一律通过总量替代削减并经排污权交易取得。全年完成建设项目排污权交易 369 万元。平湖市 COD 排放指标租赁市场已初步形成,自 2010 年以来,已有 32 家企业参与租赁,完成租赁交易 15 笔,发生交易金额 36 万余元,既控制了企业排污总量,又盘活了排污指标,缓解了环境容量对企业发展的制约。

【建设项目环境管理】 全年共完成建设项目审批499个,否决项目23个,环评执行率100%。在严把准入关的同时,加大了建设项目"三同时"执行情况检查力度,提高建设项目竣工验收率,确保对建设项目的全过程监管。加大了对项目试生产的审核力度,市环保局经过内部讨论,列出试生产现场检查内容,对来申请试生产的项目全部到现场进行审查,使项目审批的各项措施要求得到了更好的落实。加大了"三同时"验收力度,对验收组织、程序、资料、现场等作出明确要求,加强对已投产项目的检查,督促已投产项目办理验收手续,对不具备验收条件且整改无望的,予以立案查处。对既建项目未依法办理"三同时"竣工验收手续的,不再受理其"新、改、扩"建项目的审批。全年,市环保局共受理建设项目试生产申请36个,同意32个,受理"三同时"验收87个,通过验收87个。"三同时"执行率100%,验收合格率100%。组织完成了荣成纸业、独山环科、杭星化工限期整改验收;同时完成了6家印染行业定型废气整治和80%的加油站油气回收治理工作。

【创新技防手段实现水气兼控】 自平湖市在全省率先启动环保设施实时监控系统建设工作后,全市已有78家废水和20家废气企业安装该系统,有70家企业通过系统验收,基本覆盖全市主要废水排污企业。结合行业与环境信访特点,市环保局对环保设施实时监控系统的监控范围实行全面拓展,把监控重点由废水转向废气,确定26家定型、酸雾等废气类型产生企业作为首批废气环保设施实时监控系统的建设范围。目前,有15家企业完成建设任务。

【加强辐射污染控制】 在继续做好放射源和射线装置使用单位辐射安全管理的基础上,根据省、嘉兴市部署,今年,市环保局又加强了熔炼企业辐射安全和防护工作。全市12家熔炼企业均签订了辐射安全责任书或不使用废旧金属承诺书,配备了辐射监测设备,成立了专门的辐射管理机构,落实专人进行辐射管理,开展辐射源及医疗机构专项检查。对全市11家放射源使用单位、2家Ⅱ类射线装置使用单位和2家外来移动探伤单位进行了现场检查,并督促有关单位落实整改措施。制定各项规章制度并上墙,落实了各项台账,全部通过了"放心熔炼企业"创建验收。完成3个辐射建设项目的审批和12个辐射建设项目的预审工作及5个辐射建设项目的"三同时"验收工作。加强对"放心放射源工作单位"的长效管理,开展对"放心放射源工作单位"的复检工作,巩固"放心放射源工作单位"创建成果。市环保局还添置辐射环境监测设备,并对监测人员进行上岗和设备使用培训,强化辐射环境安全监管。

【强化固废管理工作】 一是做好固废信息系统的使用和管理工作,及时参与危险废物转移网络平台审批,掌握我市危险废物转移的数量、种类和运输路线。督促危废企业必须将危险废物送有危废处置资质的单位处置,并严格履行危废转移计划报批和转移联单手续。二是在新埭镇政府召开了全市洁具边角料集中收集处置工作会议。同时制定和下发了《关于开展服装箱包边角料集中清理处置工作的通知》、《平湖市洁具边角料集中处置收费标准(试行)的通知》和《平湖市洁具边角料集中处置中心考核补助办法(试行)》等文件。三是污泥规范化处置和管理工作。督促我市的重点污泥产生企业开展污泥规范化处置和管理工作,向两家列入省计划的重点污泥产生企业下发了限期整改意见，并督促这两家企业完成污泥规范化处置工作的整改任务。四是推行危险废物台账管理制度，扩大推行危废管理台账的企业面，目前我市共有45家危废企业建立了危险管理废物台账。

【环境信用等级评价】 对全市造纸、印染、水洗、电镀、化工、制药、皮革等重点污染行业，设置18项评价指标，按绿、蓝、黄、红、黑五级进行评定标色，并向社会公布。评价结果作为环保专项资金补助、上市环保核查、建设项目审批、银行贷款等环保审查方面的重要依据。对2010年重点企业环保信用等级评定在《嘉兴日报·平湖版》上予以公告，共评定企业90家，其中绿色企业25家、蓝色企业42家、黄色企业11家、红色企业10家、黑色企业2家。开展"绿色保险"试点工作，今年景兴和荣胜两家造纸企业投保环境责任保险，保额约150万元。企业环保信用等级评定，强化了对企业环境管理力度，增强了企业自身环保意识，更加提升了群众参与环境监督信心。

•环境监测•

【完成新一轮省级计量认证复审及扩项认证工作】 2001年初，根据《实验室资质认定评审准则》规定，进行了新一轮省级计量认证复审及扩项认证工作。通过全体工作人员的共同努力，于4月20日正式通过了此次计量认证复审和扩项评审工作，监测站的监测能力也经由此次扩项工作由原来的59项增加到现在的86项，大大提高了自身的监测能力。

【发挥环境监测技术支持职能】 2011年全年共完成各项环境监测工作量计133181个监测数据（其中：手工监测数据20023个，水质自动监测站46270个，空气自动站66888个）。完成地表水、太湖流域地面水和出入境交界断面等常规监测，及饮用水源保护区的监测任务，全市地表水质量总体仍处于劣V类水平，水环境质量没有出现改善的趋势。进行农村地面水、土壤、环境空气等环境质量监测和畜禽养殖业相对集中区域的地面水环境质量监测。按规定完成年度城市区域环境噪声、交通干线噪声、功能区噪声定点监测，共布测点134个，市区等效声级平均值为54.7dB(A)。配合"飞行监测"，开展污染源监督性监测407厂次，按计划完成国控、省市控重点污染源监测和太湖流域重点污染源、直排海污染源、污水处理厂、主要泵站等监督性监测工作。完成土壤污染状况、重金属污染的企业专项监测，对全市范围22家主要废旧金属熔炼铸造企业进行γ射线辐射剂量率监测。开展各类信访处理、污染事故调查监测与应急预警监测。全年完成盐平塘"氟污染"和"黄水污染"调查、西部"黑水污染"调查监测任务，为污染事件的处置提供科学、及时的依据。开展各类委托监测工作，接受委托112厂次。完成3个大型建设项目的环境影响评价监测工作，共获取各类监测数据1200多个。编制了《2011年平湖市环境监测年鉴》、《平湖市2011年地表水出入境水质现状与分析》等专题报告，完成空气质量日报、交界断面水质联合监测月报、污染源监测月报等工作。

【环境污染自动监测监控】 继续做好两个环境空气自动站的运行维护和水质自动站的日常管理，及时处理各类仪器故障，按时进行监测项目比对和质控样的考核工作，提高监测数据的准确度和正常数据获取率，按时上报监测数据。2011年全年两个空气自动站获取有效数据66888个，获取率98.1%；三个水质自动监测站获取有效数据46270个，获取率94.4%。同时做好以上两个站的升级改造工作。按计划完成两个饮用水源地水质自动监测站的建设,监测项目包括水质常规五参数、COD、氨氮、总氮、总磷、生物毒性和叶绿素等。两个自动站于9月正式进入试运行,已完成数据比对工作。完成独山港镇大气污染物特殊因子自动监测站的调研立项、方案论证、设备招标工作,正在建设中。常规空气质量监测由两个自动监测站完成,数据传送到市气象局并在天气预报节目中播出,全年共获有效监测数据监测365天,根据监测数据分析,环境空气质量达到二级标准,其中空气污染指数≤100的天数为333天,优良率91.2%。

• 环境执法 •

【加大环境执法力度】 2011年,开展了以铅酸蓄电池企业为重点的重金属行业检查与整治;开展锡箔制品加工生产企业环境污染整治;加强了对热电厂及污水处理厂等减排重点单位检查力度;加强化工行业重点企业监管,对全市化工行业重点企业及部分危化品使用单位进行梳理、检查;开展辐射源及医疗机构、医药制造企业、太阳能光伏企业、化学品环境管理及危废的专项检查;开展医疗机构专项飞行监测;开展沿海地区陆源溢油污染风险防范大检查;开展环境行政执法后督察,检查企业共计38家次;加强建设项目环评审核及分析,深入开展"三同时"现场监察。同时,强化辖区内环境隐患排查力度,定期梳理环境纠纷敏感区域和重点行业,开展对涉饮用水源安全及重金属行业、"两高一资"、医药行业、化工行业、危险化学品和放射源单位及非铅蓄电池涉铅行业的大排查;拓展环境应急预案编制,对电镀、化工行业27家企业要求修编制环境应急预案,并组织开展专家评审;在国控、省控及部分市控企业中深化企业环境监督员试点工作;推进环境问题整治进度,开展废塑料造粒(加工)企业整治、创卫整治。全年,市环保局共出动6968人次,检查企业3194厂次。以"飞行监测"为载体,加大对造纸、电镀、印染、制革、化工等重点污染行业企业日常监管力度,共开展飞行检查11次,检查企业511家次,采样407份,超标38家次,达标率90.66%,依法立案查处企业34家次。对98家次存在环境违法行为的企业进行行政处罚,罚款总额352.875万元,比2010年全年罚款总额302.2万元增长16.8%,个案最高处罚额度高达53万元。共关闭企业11家,其中铅酸蓄电池企业3家、锡箔生产企业3家、化工企业3家、印染企业1家、其他1家。取缔无证造粒44家,开水房75家。

【强化环境信访调处】 深入开展环境信访调处工作,有效维护地区稳定。2011年共受理信访720件,同比减少4件。在市机关效能监察中心和市长电话受理中心两次抽查中,服务态度满意率达100%,办理结果满意率达90%。注重加强信访制度建设,继续深化局领导包案制度,采取市级、部门、基层政府三级环境信访化解机制。制定《平湖市2011年度镇(街道)环境信访工作暨考核办法》,将非执法类的环境信访问题基层化,及时化解矛盾纠纷。加强重点、热点信访排摸调处,定期梳理信访苗头,加强调处力度,全年未发生一起因环境污染问题引发的群体性事件。

【规范排污费征收】 加强排污收费规范化管理,做到"依法、全面、及时、足额"征收排污费。强化服务,方便企业,及时报送排污申报与收费工作各类报表。完善排污费电子缴费业务,新增电子缴费企业94家。加强建筑施工申报监管,共申报登记审核建筑施工项目88个,开征超标噪声排污费207.5002万元,同比增长20%;审批夜间施工项目34个,开征夜间施工排污费0.58万元。深化排污申报与排污费征收工作,提高申报质量,现场核定、集体会审、动态征收,加强排污量核定和催缴力度,实现排污费季征季清。深入开展排污费稽查,对造纸、印染企业排污收费情况开展稽查,开展"两高一资"行业排污费征收专项稽查,对用煤量较大的热电企业排污量数据通过四种方法进行测算。2011全年共征收入库排污费计1076.29738万元,同比2010年增长10.14%,其中废气排污费748.7773万元,超标污水排污费104.98018万元,噪声排污费221.3999万元,污水排污费1.14万元。

•环境宣教•

【开展全民教育】 在全社会开展各类保护生态、爱护环境、节约资源的主题宣传和知识普及活动。市环保局和团市委联合举行了8次主题为"低碳知识进农村,共建美丽新乡村"农村青年环保宣传教育活动。在党校开设专题讲座,环保教育宣传普及率100%。成立了青年环保宣讲团和平湖市生态文明宣讲团,开展环保宣讲20余次,针对社区、农村、企业、学校等不同对象,开展以"珍惜地球资源,转变发展方式"为主题的世界环境日宣传活动和"创建环保模范城市大家谈"、"生态文明伴我行"、浙江"生态日" 等形式多样的主题宣传和实践活动。同时,深入企业,在企业法人、经理、环保专管员、治理设施操作员等各个层面,开展针对性的环保知识培训,强化环保意识。

【加强媒体宣传】 以市环保局为主,相关部门协助,运用广播、电视、报刊、网络等公共宣传媒体,开展多层次、多形式的宣传教育活动。完善市环保局门户网站,开通环保政务微博。在《嘉兴日报·平湖版》开设专版,每月一期宣传生态文明建设的决策部署和工作成效。全年报送各类环保信息(新闻)稿件250余篇。《中国环境报》、《中国法制报》等国家级媒体报道3篇;省环保政务网录用为重要新闻30余篇。对外媒体宣传50次。

【强化公众参与】 全市已建立"4+1"公众参与模式,即由企业环保专管员、乡镇环保专管员、公众环保监督员、环保行风监督员等"4员"加上一支环保志愿者队伍组成,全面启动公众参与活动,增强全民忧患意识、参与意识和责任意识,充分调动社会各界投身环境保护的积极性。

•环境质量公报•

【空气环境质量】 2011年,市区空气环境质量总体保持良好,符合国家二级空气质量标准。全年空气质量有效监测365天,其中有97天空气质量为优,占26.58%;有236天空气质量为良,占64.66%;有28天为轻微污染,占7.68%;有1天为轻度污染,占0.27%;有1天为中度污染,占0.27%,有1天为中度重污染,占0.27%,有1天为重度污染,占0.27%。首要污染物均为PM10。城市空气质量综合污染指数为1.69,与上年(1.38)相比上升了0.31,主要原因2011年为东湖和陆家桥村两站平均数据,2010年1—7月为东湖站数据,8—12月为两站平均数据。降尘数据12个,年月平均降尘量3.35吨/平方公里·月。4项主要污染物指标中,二氧化硫、二氧化氮和可吸入颗粒物的年平均浓度均比上年有所上升,仍均达到二级空气质量标准;降尘年月平均浓度为3.35吨/平方公里·月,降幅38.6%,达到年月平均浓度8吨/平方公里·月的省控制标准。

全年市区降水 pH 值的范围为 3.45—6.56,年均值为 4.59,酸雨样品率为 96.2%。与上年相比,降水 pH 值年均值下降了 0.4,酸雨样品率上升 2.8 个百分点,酸雨强度有所加重。

【地表水环境质量】 2011 年,全市河流污染物以氮、磷和有机物为主。14 个断面的水质均劣于 GB3838－2002《地表水环境质量标准》Ⅲ类水质标准,14 个断面的水质类别均为劣Ⅴ类,与上年(14 个断面的水质类别劣Ⅴ类水质)相比,无明显变化。从全年的出、入境水质比较看,溶解氧、氨氮、总磷是出境水优于入境水,高锰酸盐指数、化学需氧量是出境水劣于入境水。

【近岸海域水环境质量】 近岸海域水质监测委托浙江省海洋生态环境监测站进行监测,设两个监测站位,009 号站位(121.2282°E,30.651°N)所在海域属于独山四类功能区;013 号站位(121.1524°E,30.5832°N)所在海域属于九龙山三类功能区。全年两个站位水质均未达到所属功能区水质目标要求,其中,009 号站位活性磷酸盐、无机氮超四类海水水质标准。其余监测指标均达到四类海水水质标准。013 号站位无机氮和活性磷酸盐指标超过三类海水水质标准,其余指标达到三类海水水质标准要求。

【城市声环境质量】 2011 年,当湖街道环境噪声污染基本保持在上年的水平,城市区域环境噪声平均等效声级为 54.7 分贝,与上年相当。交通干线两侧噪声平均等效声级为 65.0dB(A),与上年度的 66.4dB(A)相比,下降了 1.4dB(A)。

【废气排放】 2011 年,全市煤炭消耗总量为 101.07 万吨,其中工业煤炭消耗量为 100.83 万吨,生活及其他煤炭消耗量为 0.24 万吨。二氧化硫排放量为 8529 吨,其中工业二氧化硫排放量为 8499 吨,生活及其他二氧化硫排放量为 30 吨。氮氧化物排放量为 6582.07 吨。烟(粉)尘排放量为 1711.75 吨,其中工业烟尘排放量为 1621.75 吨,生活及其他烟尘排放量为 90 吨。

【废水排放】 2011 年,全市废水排放量为 3166.41 万吨,其中工业废水排放量 1937.61 万吨(其中排入污水处理厂 1777.12 万吨),城镇生活污水排放量 1228.8 万吨。化学需氧量(COD)排放量为 9506.21 吨,其中工业化学需氧量(COD)排放量 2634 吨,城镇生活化学需氧量(COD)排放量 3944.21 吨,畜禽养殖化学需氧量(COD)排放量 2928 吨。氨氮的排放量为 1463.67 吨,其中工业氨氮排放量 290 吨,城镇生活氨氮排放量 623.67 吨,畜禽养殖氨氮排放量 550 吨。

【工业固体废物】 2011 年,全市一般工业固体废物产生量为 38.98 万吨,综合利用量为 32.15 万吨,处置量为 6.83 万吨,综合利用率和处置率分别为 82.47% 和 17.53%。危险废物产生量为 0.45 万吨,综合利用量为 0.01 万吨,处置量为 0.42 万吨,贮存量为 0.01 万吨,综合利用率、处置率和贮存率为 3.11%、94.57% 和 2.32%。

【工业“三废”处理情况】 2011 年,全市工业“三废”处理情况如下:废水排放达标率 90.66%,二氧化硫去除率 60.12%,烟(粉)尘去除率 98.20%,一般固体废物综合利用处置率 100%(其中综合利用率 82.47%,处置率 17.53%),危险废物综合利用处置率 97.68%(其中综合利用率 3.11%,处置率 94.57%),贮存率 2.32%。 (谭丽霞)

嘉兴港区

·综述·

【概况】 2011年，嘉兴港区（乍浦开发区）完成一般财政预算收入14.05亿元，同比增长29.24%；合同利用外资2.46亿美元，实际利用外资9032万美元，引进市外内资近18亿元人民币；实现规上工业总产值334亿元，同比增长33.4%；固定资产投入完成70亿元，其中工业生产性投入完成43亿元。化工、电力、金属制品、服装等行业分别实现产值165亿元、85亿元、59亿元、14.5亿元，其中特色产业化工新材料产业发展进一步加快，同比增长44.5%；实现规上工业增加值51.2亿元，规上工业利润总额、利税总额分别达20亿元、26亿元。完成货物吞吐量3900万吨，集装箱突破50万标箱；二期3号多用途泊位工程通过交工验收，三期美福码头项目通过竣工初步验收。"三位一体"港航物流服务体系建设、大宗商品交易平台建设稳步推进，长三角国际石材城、海鲜农贸城顺利开业，浙江嘉兴石油化工品交易市场正式签约落户。信汇合成、永明石化、嘉化邻对位、鸿基石化等重大项目顺利投产；化工新材料产业链进一步完善，市场占有率和知名度加快提升，盈利能力不断增强；嘉兴石化、美福石油、湖石化学等在建项目有序进行，兴兴新能源甲醇制烯烃、信汇二期卤化橡胶等项目前期工作稳步推进；浙江传化集团有限公司顺丁橡胶项目、浙江南洋铂金酒店有限公司星级酒店及观光农业园等大项目正式签约。完成基础设施、社会事业及房地产项目投资16亿元，完成东方大道、雅山西路沥青路面改造等重点工程，道路配套亮化工程等美化项目有序实施，城市形象进一步提升；生态建设及"三清两绿"工作扎实推进，绿化工作取得初步成效，落实清洁河网、清洁生产、清洁能源建设各项措施。"两新"工程建设进一步加快，实施嘉兴市规模最大的亭子桥、八字村农村土地整治示范项目，完成宅基地复垦新增耕地946亩，废弃园地开发新增耕地176.859亩；占地400亩、总建筑面积76万㎡的高层农户集聚安置小区中山花苑建设加快推进。建成九龙山小学并投入使用，养老服务中心加快建设，平湖二院二期、乍浦小学等前期工作加快推进；就业再就业、社会保障等各项民生工作扎实推进。"平安港区"建设不断加强，在"清网"行动中港区公安分局以100%的抓捕率名列全省第一；安全生产事故三项指标实现零增长。

【太浦河取水工程嘉兴港区段正式开工】
3月28日，太浦河取水工程嘉兴港区段正式开工。太浦河取水工程取水口位于嘉善县银水庙村北侧，工程管道铺设从嘉善向南至平湖境内，再从平湖境内到嘉兴港区，总取水规模50万吨/日，一期工程取水规模35万吨/日，输水管道长达65公里，总投资约7亿元。太浦河取水工程延伸段，就是平湖境内到嘉兴港区的输水管道长约8公里，取水规模25万立方米/日，开工的一期工程总投资约5000万元，取水规模为11万立方米/日。

【省级专家入驻港区开展服务】 嘉兴港区化工新材料园区于2010年被列为浙江省第二批产业集群示范区。为帮助港区化工新材料园区转型升级，4月27日，6位来自浙江省石化建材集团、浙江大学材料与化学工程学院等单位（院校）的化工领域权威专家入驻港区开展服务,为港区产业集群提供指导和帮助。其主要职责是提出发展建议、推进技术创新、提供科技服务、推荐贷款项目及宣传优惠政策。

【举行海洋经济战略嘉兴探索新闻发布会】 5月18日,来自中央、省、市以及中国香港的媒体记者来到嘉兴港区,参加"南湖红船·驶向大海——海洋经济战略嘉兴探索"新闻发布会。本次新闻发布会由浙江省委外宣办举办,是省"90周年光辉历程看浙江"系列新闻发布会的第二场,也是该新闻发布会到各地市进行现场发布的第一场。

【传化集团合成材料产业基地项目落户港区】 5月28日,传化集团合成材料产业基地项目签约,标志着传化集团正式入驻港区化工园区。该项目总投资约80亿元,占地面积1200亩,其中首期5个项目总投资32亿元,建设用地500亩,二、三期产品项目建设用地约700亩,全部建成投产后产值将达到200亿元以上。其中10万吨顺丁橡胶项目总投资约7亿元,预计年销售收入23亿元以上。

【嘉兴长三角国际石材城开业】 5月28日,嘉兴长三角国际石材城开业。该国际石材城一期占地500亩,建筑面积15万余平方米,投资近3亿元,已引进商家100户。占地500亩的二期、三期工程正待建,嘉兴港港口的300亩堆场即将启动。全部工程完工后,嘉兴长三角国际石材城将建成集销售、展示、加工、仓储、咨询、设计、电子商务、配送、安装、美容、护理和培训为一体的航母级专业市场,将是泛长三角地区规模最大、功能最齐全、配套最完善的专业石材市场。

【浙江信汇合成丁基橡胶一期工程竣工投产、二期工程奠基】 7月20日,浙江信汇合成新材料有限公司丁基橡胶一期工程竣工投产暨二期工程奠基。浙江省副省长毛光烈、清华大学党委常务副书记陈旭、嘉兴市委书记李卫宁等各级领导、嘉宾出席仪式。一期5万吨/年丁基橡胶项目采用世界先进的淤浆法进行生产,项目总用地面积约400亩,总建筑面积164000平方米。项目建成后,将实现年产值24.3亿元,利税7.56亿元。开工的二期项目总投资13亿元,建设年产7.2万吨卤化丁基橡胶生产装置一套。建成后年产值约30亿元,利税5亿元。

【嘉兴港区消防中队成立】 7月26日,嘉兴市公安局港区分局消防中队挂牌成立。为保障港区社会稳定和经济发展,发展壮大区域消防力,港区在原有的专职消防队基础上正式成立消防中队。上半年,港区消防大队共接警出动84次,出动消防车145辆次,消防官兵678人次,抢救被困人员6人,疏散人员1450人。

【调整滨海新区新一轮管理体制和运行体制】 参见第264页【滨海新区新一轮管理体制和运行机制调整工作正式启动】。

【港航物流服务体系项目获重大进展】 11月2日,嘉兴市石油化工品交易市场签约。这标志着以大宗商品交易平台为核心的"三位一体"港航物流服务体系建设获重大进展。该项目建设用地约26亩,总建筑面积在4万平方米以上,总投资在1.5亿元人民币以上,计划在2012年开工建设,2014年建成并投入运营。浙江嘉兴石油化工品交易市场的发展目标是,2013年底市场入驻经营户100家以上,市场交易金额100亿元;2015年入驻经营户300家以上,市场交易金额300亿元以上。

【浙江壳牌化工石油有限公司 2x + 扩展项目开工】 11 月 8 日,浙江壳牌化工石油有限公司 2x + 扩展项目开工。浙江壳牌化工石油有限公司自 1995 年落户嘉兴港区以来,连续 10 余年保持港区十佳纳税大户称号。新开工项目总投资 4999 万美元,建成投产后将使浙江壳牌化工石油有限公司润滑油年产量达到 400 万升,使浙江壳牌有限公司在全球润滑油市场中占据更高的份额和更重的话语权,为港区化工新材料产业发展增添更强的动力。

【港区获“两新”工程 12 亿元授信贷款】 11 月 24 日,嘉兴港区获农发行总行 12 亿元授信贷款批复。12 亿元的授信贷款将为嘉兴港区农房改造集聚工程建设提供重要保障。嘉兴港区农村新社区农房改造集聚工程项目总投资 18 亿元,总建筑面积 76.8 万平方米,50 幢高层,14 幢多层,建成后将安置约 3690 户的农村居民。

【《乍浦镇志》举行首发式】 参见 388 页【《乍浦镇志》举行首发式】。

• 嘉兴出口加工区 •

【概况】 2011 年,嘉兴出口加工区实现进出口总额 24278 万美元,同比增长 139.7%,其中出口 6785 万美元,同比增长 69.1%,进口 17493 万美元,同比增长 186.1%。全年实现工业总产值 4.91 亿元,同比增长 79.6%;工业产品销售额 4.40 亿元,同比增长 64.4%。交纳海关关税及代征税 7000 万元,同比增长 1 倍。

【招商引资】 2011 年,嘉兴出口加工区累计入区内外资项目 15 个,其中外资项目 10 个,主要来自美国、英国、日本和中国香港等国家和地区,涉及生物医药研发、电子、汽车配件、纺织、金属加工、制冷剂等产业。项目投资总额 13586 万美元,其中外商投资总额 7812 万美元,投资超 1000 美元的项目 4 个。截至年底,投产项目 11 个。 (周鑫海)

• 嘉兴港 •

【概况】 全港全年完成货物吞吐量 5258 万吨,同比增长 18.7%,其中外贸完成 594 万吨,同比增长 32.7%,煤炭首次突破 3000 万吨,达到 3243 万吨,同比增长 18.8%。年货物吞吐量位列宁波—舟山港、温州港之后,上升至全省第三位。全年装卸国际标准集装箱 51.49 万标箱,同比增长 47.1%,增幅位居全国沿海港口前列,年集装箱吞吐量超过温州港,列宁波—舟山港之后,跃至全省沿海港口第二位。

大港口建设不断加快。全年完成水运建设投资 11.56 亿元,同比增长 10.7%。乍浦港区嘉港石化码头等 4 个码头项目完成竣工验收,海盐港区秦山码头一期等 3 个码头项目完成竣工初步验收,嘉兴电厂三期煤码头等 4 个泊位投入试运行。引进浙能集团建设的独山煤炭中转码头项目获国家发改委核准。与上港集团合作的独山港区 B23、B24 多用途泊位项目获省发改委核准。与宁波港集团合作的海盐港区 C3、C4 多用途泊位项目岸线获交通运输部批复。乍浦港区内河航道东段工程完成北侧护岸。海盐港区黄家堰至曙光(疏港)公路项目港区段基本完成。

港航物流服务体系建设加快推进。大宗商品交易市场项目建设取得阶段性成果。嘉兴港物流项目、平湖市独山港区及临港产业平台项目、浙北生产资料交易市场项目在省“三位一体”港航物流服务体系建设北京推介会上现场签约,投资总金额达 73 亿元。钢材等6大交易平台被纳入全省“三位一体”建设,规划总投资61.9亿元。杭州湾钢贸城交易额实现稳步增长,并由线下交易扩展至网上交易。全年完成交易额167亿元,完成钢材吞吐量157万吨,同比增长130%。长三角国际石材城投入运营。浙江嘉兴石油化工品市场项目、浙北生产资料交易市场项目先后签约落户。海陆联动集疏运网络建设稳步推进。乍浦港区内河航道(东段)工程、海盐港区何家桥线改造工程开工。独山港区南排应急航道全面竣工。独山港区黄姑塘改造项目稳步推进。港口信息支撑系统建设启动。嘉兴港综合管理信息系统方案设计和嘉兴港EDI发展研究报告先后通过专家评审。

港口合作继续深化。港口联盟建设成果显著,嘉甬两港合作效应继续放大。嘉兴—宁波集装箱航线发展到日均3.5班,最高达5班,带动嘉兴港集装箱业务实现快速增长,同时提升了宁波港腹地辐射范围。乍浦港区二期3号泊位建成并投入运行。海盐港区首期合作项目海盐港区C1、C2号多用途码头项目基本建成。深入实施与沪杭同城战略,与上海、杭州两地港口领域合作稳步推进。独山港区与上港集团首期港口合作项目独山港区B23、B24号多用途码头项目岸线使用变更获交通运输部批复、项目获国家发改委核准。嘉兴杭州两地联合建设的嘉兴粮食中转库及码头项目一期产能不断释放,发展成为国内沿海地区最大的PTA化纤原料中转码头及浙北地区最大的粮食中转码头。启动嘉兴港粮食码头二期前期建设。

港政管理持续强化。港口经营市场环境不断优化。完成新版《港口经营许可证》全部换发工作,港口经营资质监管进一步强化。港口节能减排扎实推进。依法行政工作有序开展。全年共办结建设项目使用港口岸线许可1起、工程竣工验收4起、港口经营许可11起、危险货物港口作业资质认定6起、港口经营许可注销3起。制订《嘉兴市港务管理局行政规范性文件制定程序暂行办法》。出台《嘉兴市港务管理局法制宣传教育第六个五年(2011—2015)规划》,开展以《浙江省航道管理条例》、《浙江省港口岸线管理办法》宣传贯彻为重点的普法活动。港口安全形势持续稳定。完成为期2个月的安全隐患大排查活动,港口企业本质安全水平进一步上升。危险货物港口作业监管进一步加强,共审批危险货物港口作业2760批次,共计839万吨。矛盾纠纷化解工作扎实开展,妥善处置“3·14港内运煤车辆停运”事件,全港全年没有发生一起赴京、去省、到市集体上访事件。

文明创建和行风建设扎实开展。开展建党90周年纪念、十七届六中全会精神学习等系列活动,文明创建成果进一步巩固,无“三乱”现象发生。扎实推进廉政风险防控机制建设,开展查找廉政风险点、评估风险等级等工作。开展港口工程建设领域突出问题专项治理。围绕海洋经济发展、“三位一体”建设、滨海开发带动战略实施等中心工作,在嘉兴日报、嘉兴电视台、嘉兴广播电视集团新闻综合频率及浙江卫视推出滨海新区五周年、“海洋经济”系列报道,为“十二五”规划顺利开局营造良好舆论环境。

【乍浦港区石油作业区B1和B2泊位结构加固改造工程通过竣工验收】 5月13日,嘉兴港乍浦港区石油作业区B1和B2泊位结构加固改造工程通过竣工验收。该工程于2009年5月15日开工,2009年11月17日完工,2009年12月9日通过交工质量鉴定并于12月28日通过交工验收,开始试运行。2010年4月29日通过省交通运输厅工程质量监督局的竣工质量检验。该泊位结构加固改造工程主要对B1和B2泊位进行结构加固改造,其中B1泊位改造后靠泊2.5万吨至

8 万吨原油船(控制吃水 9.5 米),B2 泊位改造后靠泊 2 千吨级至 8 万吨成品油船(控制吃水 9.5 米),投资概算 4541.77 万元。

【浙能嘉兴独山煤炭中转码头项目获国家发改委核准】 5 月 19 日,嘉兴港独山港区煤炭中转码头工程项目获国家发改委核准。8 月 22 日至 23 日,该工程初步设计在嘉兴通过交通运输部水运局组织的审查。嘉兴港独山港区煤炭中转码头工程建设规模为 3 个 3.5 万吨级海运煤炭接卸泊位(水工结构均按靠泊 5 万吨级船舶设计)、18 个 500 吨级内河装船和待泊泊位(水工结构均按靠泊 1000 吨级内河船舶设计)以及相应配套设施,设计年通过能力 3100 万吨。该工程是浙江省实施"三位一体"港航物流服务体系建设、打造嘉兴煤炭交易市场的重要载体,也是浙江省能源集团投资的又一大型煤炭中转基地。

【海盐港区 C 区 3 号和 4 号多用途码头工程使用港口岸线获批复】 5 月 27 日,嘉兴港海盐港区 C 区 3 号和 4 号多用途码头工程使用港口岸线获得交通运输部批复。该工程建设规模为新建两个 1 万吨级(水工结构按靠泊 2 万吨级船舶设计)多用途泊位,年吞吐量为 160 万吨(其中集装箱 3 万 TEU),年设计通过能力 162 万吨。

【乍浦港区二期 3 号泊位通过交工验收】 6 月 14 日,嘉兴港乍浦港区二期 3 号泊位通过交工验收。该工程属于省级重点工程,分引桥和码头两个单位工程。引桥全长 818 米,宽 16 米。码头平台长 196 米,宽 35 米,高桩梁板式结构,建设规模为 1 个 2 万吨级散杂货泊位(兼顾 3.5 万吨级浅吃水肥大型船),设计吞吐能力 95 万吨/年。

【乍浦港区一、二期码头海关监管场所通过验收】 6 月 22 日,嘉兴港乍浦港区一、二期码头海关监管场所通过杭州海关"171 号令"验收小组的现场验收。

【浙江林龙港口有限公司一期散杂货泊位 3000 吨级专用码头工程通过竣工验收】 7 月 29 日,浙江林龙港口有限公司一期散杂货泊位 3000 吨级(兼顾 5000 吨级)专用码头工程通过竣工验收。该工程建设规模为新建 3000 吨级(水工结构兼顾 5000 吨级)散杂货泊位 1 个及相应配套设施,设计年吞吐能力为 75 万吨。

【独山港区 B 区 23 号和 24 号多用途码头工程项目申请报告通过评审】 8 月 12 日,嘉兴港独山港区 B23 号和 B24 号多用途码头工程项目申请报告通过专家评审并于 9 月 5 日获省发改委批复。该工程建设规模为两个 3.5 万吨级多用途泊位(水工结构兼靠 5 万吨级),设计年综合通过能力 250 万吨(其中集装箱 12 万 TEU)。

【乍浦港区三期 5 号泊位(美福码头)项目通过竣工初步验收】 8 月 29 日,嘉兴港乍浦港区三期 5 号泊位项目通过竣工初步验收。该项目建设规模为 3 万吨级石化码头 1 个、兼靠 2 艘 3000 吨级油轮,以及陆域配套仓储罐区,设计通过能力 195 万吨/年。

【嘉兴港港务、海事、码头企业联合成功施救一艘被撞船舶】 8 月 31 日,本计划在乍浦港区三期靠泊的"顶盛 12 号"煤船失控后撞上乍浦港区一期 2 号泊位上正在靠泊的"锦兴海"PTA 船舶,导致"锦兴海"船体进水。事故发生后,港务、海事、码头企业迅速联合展开相关施救工作,避免了沉船事故发生,成功将事故造成的损失降到最低。

【嘉兴电厂三期上大压小扩建工程配套码头工程投入试运行】 9月13日,浙江嘉兴电厂三期上大压小扩建工程配套码头工程完成试运行备案,正式投入试运行。该项目建设规模为3.5万吨级煤炭接卸泊位1个(水工结构按靠泊5万吨级船舶设计)及相关配套设施,设计年吞吐能力为498万吨。

【独山港区散杂一期(浙江平湖玻璃)码头工程通过交工验收】 9月22日,嘉兴港独山港区散杂一期(浙江平湖玻璃)码头工程通过交工验收。该工程建设规模为1万吨级散货、件杂货泊位各一个(兼顾3.5万吨级散货泊位一个)以及码头相应配套设施,设计吞吐能力140万吨/年。

【嘉兴港安全隐患大排查活动圆满结束】 9月31日,嘉兴港完成为期两个月的安全隐患大排查,活动期间,共排查安全隐患291处,已整改260处,整改率为89%。排查港口在建工程建设单位2家,排查隐患10处,排查港口在建工程监理单位2家,排查一般隐患10处,整改2处,排查港口在建工程施工单位3家,排查隐患18处,已全部整改。

【乍浦港区三期1号泊位(富春)工程通过竣工初步验收】 10月14日,嘉兴港乍浦港区三期1号泊位(富春)工程通过竣工初步验收。该工程建设规模为2万吨级(水工结构兼顾3万吨级)多用途泊位1个以及陆域配套设施,设计年吞吐能力105万吨。

【嘉兴港迎来开港以来最大吨位煤炭船】 10月26日,来自印度尼西亚的"LEA"号轮成功停靠嘉兴港二期码头,该轮共装载有41426吨煤炭,是嘉兴港开港以来停靠的最大吨位煤炭船。

【滨海新区新一轮管理体制和运行机制调整工作正式启动】 8月23日,《中共嘉兴市委嘉兴市人民政府关于加快滨海新区改革发展的若干意见》(嘉委〔2011〕22号)出台,明确嘉兴市滨海新区开发建设领导小组办公室与嘉兴市港务管理局、嘉兴市人民政府口岸管理办公室合署办公。10月28日,嘉兴市委常委、常务副市长蒋唯民主持召开滨海新区干部大会,会议宣布了新调整的滨海新区组织架构和人事任命,将原由嘉兴港区管委会代为行使的嘉兴市滨海新区开发建设领导小组办公室单设,并与嘉兴市港务管理局、嘉兴市人民政府口岸管理办公室合署办公,标志着滨海新区新一轮管理体制和运行机制调整工作正式启动。

【海盐港区秦山散杂一期码头工程通过竣工初步验收】 11月10日,嘉兴港海盐港区秦山散杂一期码头工程1#泊位及栈桥工程通过竣工初步验收。该工程规模为5000吨级散杂货泊位2个及相应配套设施,设计吞吐能力58万吨/年。

【嘉兴6个海洋经济项目签约首届海洽会】 11月10日至12日,在宁波举行的首届中国海洋经济投资洽谈会上,嘉兴有中国大唐集团新能源海盐风电场项目、浙江澉浦港物流基地有限公司码头工程项目、信汇科技有限公司年产60万吨MTBE及其衍生物项目、浙江传化股份有限公司年产10万吨异戊橡胶项目、平湖九龙山乐满地水上运动项目、浙商总部经济基地项目等6个项目现场签约,总投资近200亿元。

【海盐港区C区1号和2号多用途码头工程码头平台及栈桥工程通过交工验收】 11月17日,海盐港区C区1号和2号多用途码头工程码头平台及栈桥工程通过交工验收。该工程规模为2个万吨级散杂货多用途泊位，设计年吞吐能力160万吨。该项目是嘉兴宁波两港在海盐港区的首期港口合作项目。该工程的交工验收实现了海盐港区万吨级泊位零的突破。

2011年嘉兴港分货类吞吐量表

单位：吨

吞吐量 货物分类	总计			出港			进港		
	合计	外贸	内贸	合计	外贸	内贸	合计	外贸	内贸
总　　计	52583377	5942073	46641304	11301669	1100959	10200710	41281708	4841114	36440594
其中：转口	18234812	883908	17350904	9117406		9117406	9117406	883908	8233498
1. 煤炭及制品	32428173	665111	31763062	7781445		7781445	24646728	665111	23981617
2. 石油、天然气及制品	7704294	755495	6948799	963689		963689	6740605	755495	5985110
其中：原油	3230818	63933	3166885				3230818	63933	3166885
成品油	3820427	118595	3701832	945622		945622	2874805	118595	2756210
液化气、天然气	346672	336738	9934	3321		3321	343351	336738	6613
3. 金属矿石	387071		387071	24752		24752	362319		362319
其中：铁矿石	376992		376992	14673		14673	362319		362319
4. 钢铁	147212	86961	60251	3753		3753	143459	86961	56498
其中：钢材	146762	86961	59801	3303		3303	143459	86961	56498
5. 矿建材料	1236950		1236950	68137		68137	1168813		1168813
其中：砂	1207089		1207089	55781		55781	1151308		1151308
6. 木材	22663	19162	3501	729		729	21934	19162	2772
其中：原木	19891	19162	729	729		729	19162	19162	
7. 非金属矿石	162765		162765				162765		162765
8. 盐	261979		261979				261979		261979
9. 粮食	455339		455339				455339		455339
其中：玉米	455339		455339				455339		455339
10. 机械、设备、电器	7350		7350				7350		7350
11. 化工原料及制品	3439513	1719847	1719666	393058	4500	388558	3046455	1715347	1331108
其中：纯碱	20639		20639				20639		20639
12. 轻工、医药产品	5037063	2104060	2933003	1475163	849438	625725	3561900	1254622	2307278
13. 农林牧渔业产品	92725	92725					92725	92725	
14. 其他	1200280	498712	701568	590943	247021	343922	609337	251691	357646

【嘉兴港集装箱年吞吐量首次突破 50 万标箱、货物年吞吐量首次突破 5000 万吨】 2011 年,嘉兴港累计完成货物吞吐量5258 万吨,同比增长 18.6%,首次突破 5000 万吨。全年累计接卸集装箱 51.49 万标箱,首次突破 50 万标箱,同比增长 47.1%,增幅位居全国沿海港口前列,攀升至全省第二位。

(王大丽 任 健)

•嘉兴海关驻乍浦办事处•

【概况】 2011 年,嘉兴海关驻乍浦办事处(嘉兴海关驻出口加工区办事处)全年共审核进出口报关单 23343 份,同比增长 51.48%,完成税收 43.08 亿元,同比增长 50.6%,监管货运量 539.3 万吨,同比增长 39.49%,监管进出境船舶 1566 艘,同比增长 22.92%,监管进出境人员 24729 人次,同比增长 22.77%;共计审核报关单 2427 票,征收税收 6952 万元,增长 68.61%,审批各类进出区单证 3705 份,完成电子账册审核 137 份。

【发挥海关职能作用】 以税收为轴心,强化审单和后续监控工作,提高税收征管质量。围绕全年税收目标任务,做好税收征管动态分析,及时掌握口岸纳税企业动向,把握税收工作主动权;强化纳税环节跟踪管理,加强各涉税岗位间的联系配合,密切企业、海关、银行三方联动;完善风险排查预警机制,提高海关征管质量。通过内控、廉勤等系统对进出口数据及时分析,锁定重点防范商品,及时移交风险线索。加强风险分析,提高监管的针对性和有效性,查办两起大案——4·13 案件和11·21 案件。4·13 案件查获出口冰柜侵犯“SONY”、“LG”、“SHARP”等知名品牌知识产权及夹藏夹带案,案值 348 万余元,系杭州海关建关以来货物进出口渠道查获的案值最大的侵权案件;11 月 21 日海关监管货物擅自交付大案,案值 1.8 亿元人民币,为乍浦办事处近年查获的最大案件。

【服务口岸经济发展】 以杭州关区大通关平台二期系统切换为切入点,发挥口岸海关作用,做好内外服务。配合杭州海关职能部门推广大通关平台系统,密切与内陆海关现场联系,积极落实杭州海关提出的“将嘉兴港打造成关区重要出海口”的要求,继续做好内支线转关监管服务,加强与宁波、上海等口岸海关的联系配合,优化“多点申报、乍浦验放”等通关模式,扩大嘉兴企业属地报关的积极性,按照省三项国家战略部署,配合完成口岸调研任务,为海洋经济发展建言献策。

【加强廉政建设】 以加强内部管理和内控机制建设为抓手,积极防控执法、管理和廉政风险。加大执法监督检查和审计问责力度,提高执行控制、职能控制、专门监督和处置评估的能力和水平,防范执法风险。加强和完善各项工作制度,规范工作流程,严密工作程序,明确工作要求,提高工作效率和执行力,确保岗位有职责、工作有依据、操作有规范、检查有标准,防范管理风险。加强反腐倡廉主题教育,开展廉政学习教育和宣传工作,开展《廉政准则》专项检查、“六廉套餐”、节日廉政提醒和日常廉政谈话等反腐倡廉工作,组织开展政风行风突出问题专项治理,召开廉政教育形势分析会,筑牢关员思想防线,查找腐败易发的“风险点”,完善制度建设,强化行为监督,防范廉政风险。

【加强基层队伍建设】 深入开展“创先争优”和“四好”主题实践活动,推动党员示范岗和党建示范点建设,鼓励广大关员立足岗位投身争创“国门先锋”活动,把“四好”要求转化成为岗位工作的标准和规范。深入推进准军事化纪律部队建设，把准军事化管理与日常管理相结合，建立授衔仪式、升国旗仪式、内务规范化督察等工作机制，强化作风纪律养成，做到令行禁止、关容严整，增强队伍凝聚力和战斗力，本着“尊重武警、依靠武警、服务武警”的要求，维护关警之间融洽的工作氛围，进一步发挥协勤武警的作用。

（李　珏）

•嘉兴出入境检验检疫局乍浦办事处•

【概况】 2011年，共检验检疫出入境货物26390批，货值17.91亿美元，其中出境21655批，货值10.32亿美元；入境4735批，货值7.59亿美元。检验检疫出入境船舶1129艘次，查验船员18817人次。检验检疫出入境集装箱122830标箱。签发各类原产地证书19762份，其中普惠制原产地证书8299份；一般原产地证书8666份；区域性优惠原产地证书2797份。规费收入2275万元。

【疫情截获和疫病防控】 2011年，截获有害生物1170批134种，批次同比增长15.7%（含检疫性有害生物44批9种，其批次同比增长为18.9%），其中奸诈材小蠹为全国首次截获，南部松齿小蠹为浙江检验检疫系统首次截获，亨氏长小蠹、赤材小蠹等2种检疫性有害生物为嘉兴检验检疫局首次截获，并对截获有害生物船上的船用食品和进口货物进行封存、销毁或除害处理；截获病媒生物635批27种，批次同比增长86.2%，其中黄胸鼠（活鼠）、森林革蜱、微小牛蜱、黑斑海花蝇、吸溜蝇、紫翠蝇等6种为嘉兴检验检疫局首次截获，并对截获病媒生物的交通工具实施除虫处理；按照上级部署，落实浙江检验检疫系统口岸卫生检疫查验和传染病防控新模式。

【口岸重大专项工作】 在日本大地震引发核泄漏事故后，加强口岸核与辐射监测。一方面，对来自日本的船舶、人员及货物加强核辐射监测和受理要求；另一方面，在主要集装箱码头安装启用口岸通道式放射性监测仪，提高口岸核辐射监测的效率和准确率。

【查获不合格品】 全年查获出入境检验检疫不合格货物532批，其中入境不合格货物500批，货值9732万美元，全为口岸（含出口加工区）查获，作出退运处置1批；出境不合格货物32批，货值104万美元。入境不合格货物检出率比上年增长1182%；出境不合格货物检出率比上年增长78%。

【出口服装区域化管理工作】 围绕“造势、扩面、提升”六字精神，开展以构建平湖出口服装检验监管区长效机制为重点内容的“区域化管理建设提升年”活动。通过探索长效机制、大力营造声势及推行标杆管理等举措，区域化管理的理念和措施日益得到认同、完善与落实，工作绩效明显。2011年，浙江得盛实业股份有限公司通过质检总局免验企业考核，浙江华城实业投资集团有限公司被举荐列入2012年免验培育计划，监管区内再添5家示范企业和6家一类企业；针对出口童装和新列入目录纺织品的安全、卫生、环保项目，有重点性地加强检测把关。2011年，检验监管区（含独山港镇示范区）内出口服装继续保持国外“零召回、零通报”。

【监管之中显服务】 继续拓展绿色通道、直通放行制度的企业实施面，新推荐绿色通道企业2家、直通放行企业10家。推进落实针对出入境船舶、集装箱等的检验检疫便捷化措施;对符合条件的船舶实施电讯检疫,对管理规范、信誉良好企业的入境木质包装推行移位检疫监管。主动介入乍浦、独山、海盐等三个港区码头的前期设计、建设及对外开放等相关事宜,助推独山港务有限公司码头再获临时开放,积极支持嘉兴港事业发展。大力宣传ECFA、中国—哥斯达黎加自贸区等原产地优惠贸易政策,积极帮助辖区外贸企业享受进口国/地区关税减免,提高当地出口产品的价格竞争力。为辖区相关外贸企业减免各类检验检疫费用约161万元,为浙江省某企业进口棕榈仁油挽回近50万元巨额损失。

【出口加工区业务】 2011年,共计检验检疫嘉兴出口加工区A区(含保税物流)出入境货物及集装箱805批,法检货值579万美元,集装箱748标箱(其中入境76标箱,出境672标箱)。做好对出口加工区政策宣传和日常检验监管,加强其有关场地管理,根据食品安全质量形势和上级精神,针对性地加强进出口食品检验监管;在2011年"打击假冒进口酒侵权行为"专项行动以及"质量月"活动中,共查获不合格进口酒3批。(邹向东)

财 政 • 税 务

• 财政 •

【概况】 2011 年,财政部门以科学发展观为指导,树立"依法治税、为民理财、务实创新、廉洁高效"工作理念,突出生财、聚财、用财、理财、管财"五财"职能,围绕"三年活动"、"十大工程"总目标,开展以基本、基础、基层为重点的"三基"建设和"金平湖"创先争优活动,为促进全市经济社会平稳健康发展、实现"十二五"良好开局做出积极贡献。全年财政一般预算总收入和地方一般预算收入分别为 64.07 亿元、32.44 亿元,比上年分别增长 24.1%、27.2%。全市财政一般预算支出 32.93 亿元,增长 20.6%。运行情况良好,财政收支平衡。连续第 8 年被评为市级优秀部门。

【组织财政收入】 一是加强收入预测预警。开展经济税源、政策效应、管理风险和预测预警分析,提高组织收入的预见性和主动性,加强重点税源监控,全年纳入重点监控范围企业 886 户,比上年新增 36 户,税源监控企业缴纳的税收占地税税收收入的 93.0%,比上年提高 14 个百分点。二是落实征管举措。实施税收精细化管理,开展纳税评估,推广电脑发票、不动产建筑业税收项目管理软件和数字证书应用;加强营业税分行业、分税目税源管理,规范营业税差额征管;加大小税种征管力度,注重个体税收征管,巩固双定户"参数定税法";加强年收入 12 万元以上的个人所得税征收;加强部门联动,完善第三方信息采集应用机制。三是加强非税收入征管。深入推进社保"五费合征"机制,全年征收社会保险费 13.19 亿元,增长 16.1%;贯彻《浙江省政府非税收入管理条例》,全年征缴入库政府性基金 44.05 亿元,增长 11.4%;完善土地出让金非税收入管理,实现国有土地出让金收入 38.00 亿元;规范行政事业性收费项目和收费标准,全年减负金额 1103 万元。

【促进经济转型升级】 一是制订完善激励政策。制订出台《平湖市推进服务业发展工作方案》、《关于进一步加快旅游业发展的意见》、《关于污染减排工作的意见》、《关于进一步加大企业服务减轻企业负担促进工业经济平稳发展的若干意见》等激励政策,助推转型升级。二是筹措兑付专项资金。全年兑付各类财政专项补助资金 1.63 亿元,其中:工业发展资金 4850 万元,农业发展资金 5000 万元,服务业发展资金 1617 万元,外经贸发展资金 1000 万元,科技发展资金 2840 万元,人才专项资金 1000 万元,鼓励工业平台建设、"两新"工程建设、企业技术进步和自主创新、中小企业发展、品牌创建、高层次人才和创新团队的引进。三是落实税收优惠政策。贯彻落实中小企业、小型微利企业和个体工商户税收优惠,规范实施下岗失业人员、残疾人员个人所得税减免,落实房产税、城镇土地使用税、水利建设专项资金等减免政策,全年共减免税费 1.75 亿元。四是落实扩大内需政策。全年兑付家电、摩托车下乡补贴 948 万元,兑付家电以旧换新补贴 1298 万元。

【保障民生支出】 优化财政支出结构,加大对农业、教育、文化、医疗卫生、就业和社会保障等公共领域投入,切实保障和改善民生。全年民生支出 19.42 亿元,增长 25.6%,占当年地方公共财政预算支出的比重为69.5%。一是大力支持“三农”投入。全年安排农林水事务支出2.87亿元,同比增长33.5%,重点支持水利、农业综合开发、现代农业生产发展、农村公益事业一事一议项目等。二是支持教育事业发展。加大财政教育投入,全面落实完善义务教育经费保障机制改革的各项政策措施,公共财政预算教育支出7.34亿元,增长31.2%。三是支持社会保障事业发展。加大社会保障投入,提高职工养老保险等社会保障标准。全年社会保险基金支出13.04亿元,增长16.1%。加大就业再就业政策落实,支持就业服务体系建设。四是支持医疗卫生事业发展。全年医疗卫生支出19992万元,增长55.2%,主要用于农村合作医疗经费、镇卫生院改造、人民医院基建支出等。五是支持文化事业发展。全年文化体育支出7767万元,增长24.3%,主要用于文物保护、群众体育、体育设施建设等。六是加大科技投入。全年科学技术投入1.20亿元,增长21.97%,主要用于科技平台建设、科技创新、科技交流与合作、科技成果和高新技术推广等项目。

【深化财政改革】 一是深化部门预算改革。按照“收入一个笼子、预算一个盘子、支出一个口子”要求,完善公共财政体系,全面推进预算编制、执行和监督三分离的“三位一体”机制改革。执行收支两条线,加强预算内外资金统筹和项目支出审查,提高财政资金运行质量和效率。二是推进国库集中支付改革。全市所有部门预算单位实行国库集中支付和公务卡改革,实现国库集中支付和公务卡改革全覆盖,完成《2011年国库集中支付及公务卡改革目标责任书》下达目标数(46家)的357%。三是规范政府采购。严格采购预算管理,推进政府采购“扩面增量”。完善协议供货管理体系,提高政府采购比例和效率。全年实行政府采购节约资金7743万元,节约率12.0%。四是推进镇(街道)财政管理改革。加强镇(街道)财政内控制度建设,规范资金拨付流程,确保镇(街道)财政资金安全运行。五是推进信息化建设管理。以“金财工程”建设为目标,推进财政信息化项目建设,做好“非税收入”、“国库集中支付”、“土地出让金管理系统”、“预算编制系统”、“乡镇(街道)财政会计统一核算平台”等系统的推广应用和日常维护。

【强化财政监管】 一是开展全市财政资金专户清理整顿。为规范财政专户管理,确保财政资金安全、规范、有效运行,对全市财政资金专户进行清理整顿,撤销了26个市财政专户,15个镇(街道)财政专户。二是开展公务用车专项治理。对全市74家行政单位及直属单位、231家部门所属单位及其登记的车辆进行自查登记,并按照“浙江省公务用车控购管理系统”要求做好单位信息和车辆信息的维护工作,强化公务用车日常管理,为推进公务用车制度改革,深化部门预算,创造有利条件。三是开展“小金库”专项治理全面复查。分别对全市党政机关、事业单位、社会团体、国有及国有控股企业“小金库”重新进行全面复查,强化整改落实,跟踪治理效果,构建长效机制,规范财务行为。四是推进财政支出绩效评价。采取自评和重点抽查相结合方式,对当年预算资金超50万元的52个项目进行财政支出绩效自评,涉及资金2.01亿元,同时对再就业专项、城乡公共卫生专项、现代农业园区等8个项目进行重点抽查评价,涉及资金3973万元。五是规范行政审批职能。进一步完善行政审批制度改革,梳理明确4项行政许可事项和13项非行政许可事项,规范许可事项审批流程;明确行政服务中心财政地税局窗口审批权限,制定财政地税局局行政许可十公开办法;配合纪委(监察局)开展行政审批电子监察系统考核工作,接受上级相关部门督查。六是完善规范性文件制订与评估。严格规范性文件立项、起草、审核、公布、清理、备案等管理程序,清理2010年底前制发的规范性文件目录,保留24个文件;评估2010年度发布的规范性文件,形成19个评估文件。

【创新国资监管】 一是创新政府性债务管理方式。防范债务风险,控制债务规模,规范债务资金使用管理,优化债务结构,加快推进政府融资平台改造。完善债务偿还机制,健全债务考核指标,实行债务动态监管。二是加强国资营运公司监管。制订《平湖市市级国资营运公司负责人2011年度经营业绩考核评分实施细则》等文件,加强对公司负责人的考核监督。三是促进国有资产保值增值。制订《平湖市行政事业单位国有房产出租管理暂行办法》及其实施细则、《平湖市级国有公司房产出租管理暂行办法》,加强对行政事业单位和市级国资营运公司的闲置房屋对外出租的监管和重大资产转让管理,强化对国有资产购置、处置及资产核销等审核管理。四是推进投融资工作。配合做好二期12亿元公司债券发行各项工作;指导推进地方政府融资平台整改工作;帮助指导镇(街道)研究制订资金应急和统筹方案。

(李　莉)

•国家税务•

【概况】 2011年,市国税局坚持"为国聚财、为民收税"的工作理念,大力组织收入,强化征管基础,推进依法治税,提升服务水平。全年,组织税收收入(不含港区)32.05亿元,同比增长10.82%。被省委、省政府命名为省级文明单位,被嘉兴市局记集体三等功,获市工作目标绩效考评优秀部门、依法行政工作考核先进集体、推进惩防体系建设和落实党风廉政建设责任制考核优秀部门等荣誉称号。纳税服务科(办税服务厅)获得省级"群众满意基层站所(服务窗口)"创建工作示范单位、省级"青年文明号"、省级"巾帼文明岗"称号,被嘉兴市局记集体三等功。税源管理四科被嘉兴市局记集体嘉奖。

【国税收入持续增长】 坚持组织收入原则,国税收入首次突破30亿元大关。一是及时分解税收计划,实行税收任务到位、税收进度到位、责任落实到位。二是掌握税收征收情况及变化趋势,根据经济、行业、国内外经济形势结合微观个体情况,做好税收分析和预测工作。三是加强对重点税源的监控。做好36户总局监控和676户省局监控重点税源企业的监控工作。四是强化管理防新欠。探索预防新欠的有效机制,建立"三色"预警管理机制,加强欠税管理,对不同企业管理做到重点防控,注重实效。

【全面落实税收新政】 围绕国家加快转变经济发展方式的战略目标,全面落实各项税收政策。一是落实增值税转型改革政策,促进企业扩大投资、加快技术改造和结构调整,全年全市固定资产累计申报抵扣进项税额32007万元。二是贯彻落实《平湖国税服务经济社会发展转型升级政策措施62条》。办理福利企业退税5419万元,资源综合利用退免税5374万元,软件企业退税56万元,新型墙体产品企业退税54万元。三是落实促进技术创新的税收优惠政策。全市高新技术企业享受减免税2650万元,符合条件的企业享受研发费用加计扣除优惠政策,加计扣除额1814万元。四是全面落实支持中小企业健康发展的政策措施,出台《平湖市国家税务局关于支持中小企业健康发展的实施意见》,对符合条件的小型微利企业1115户次,减免所得税309万元。五是落实增值税起征点调整工作。上调销售货物、应税劳务的起征点为月销售额20000元,按次纳税的起征点为每次(日)销售额500元。截至12月底,起征点以上的个体双定户由原来的3780户减少到419户。

2011年度国税纳税前10名企业

序号	企业名称	税收合计(万元)
1	日本电产芝浦(浙江)有限公司	12539.51
2	日本电产(浙江)有限公司	10692.92
3	平湖市恒泰再生资源有限公司	6971.14
4	平湖九龙山海湾度假城休闲服务有限公司	4838.16
5	日本电产科宝(浙江)有限公司	4832.48
6	浙江莎普爱思药业股份有限公司	4643.84
7	浙江平湖农村合作银行	4598.84
8	日本电产轴承(浙江)有限公司	3912.16
9	嘉兴市烟草公司平湖分公司	3890.29
10	平湖市供电局	3668.24

【坚持依法行政】 一是严格税收执法监督,推进执法风险防范。制订《关于开展2011年税收执法检查工作计划》,对享受资源综合利用优惠政策的混凝土生产企业,组织开展专项核查。加强执法管理信息系统运行管理。认真做好重大、疑难税务案件审理及规范工作,全年共审理完成5起重大税务案件,共查补增值税125.81万元,所得税14.89万元,罚款36.88万元,滞纳金15.58万元。二是进一步完善风险监控管理平台的应用功能。把风险监控覆盖征管全过程、税收的全行业、税源的主税种,有效提高了征管基础工作和征管质量水平。全年,通过风险项目管理系统累计发布风险数据4374条,风险解除率100%。三是规范纳税评估方法,提升风险监控水平。制订了《纳税评估监控管理办法》,对评估案件进行二级审核、审批。同时注重纳税评估的基础性管理工作,做好行业建模的动态管理,确保应入模企业及时进入监管。关停企业及时删除,全年共清理企业826户,对核实后的352户入模企业及时办理导入手续。全市共有模型个数63个,纳入监控总户数4858户。四是大力加强税务稽查,着力保障税收秩序。充分发挥稽查的职能作用,打造公平税收环境。着重开展房地产、食品、水洗印染等十二个行业的专项检查,认真做好协查工作,继续抓好举报案件查处。全年共检查216户次,查补金额2017万元(累计入库1955.69万元),为年度计划的100.85%,选案准确率95%,查补入库率100%,结案率100%。

【加强税收管理】 一是探索税源专业化管理,提升服务管理效率。积极探索"重点税源重点管理、一般税源分片管理、个体税源社会化管理"的新模式。对外资企业和年纳税总额在50万元以上的企业,全部纳入重点税源管理。二是加强所得税季度申报预警管理。努力创新所得税季度申报管理模式,探索对重点行业的纳税人季度申报情况实施预警管理。按税源集中度和管户分布确定重点行业,对重点行业的企业利润率实行从低到高的排名,选取异常企业,于季度征期结束后10个工作日内予以通报。三是加强主要税种的基础管理。修订了《增值税一般纳税人日常监控管理办法》,全年累计发布日常监控信息1474户次,及时堵塞漏洞。加强增值税减免退税管理,实行审批项目、审批环节和审批程序"三规范"。强化所得税税前扣除审批管理工作,审批财产损失税前列支企业15户次,金额2757万元。四是强化出口退税管理。规范操作流程,做好出口退税单证申报、审核和审批工作。研究制订了"外贸公司出口退税管理实施意见"。认真贯彻落实总局出口货物函调管理办法和省局规定，防范出口骗税行为。建立"快、勤、常、优、准、新"六字工作法，有效提升出口退税管理水平，提高工作效率，防范出口退税风险。全年全市共办理出口退(免)税23.20亿元，同比增长28.01%。五是加强涉外税收管理。推进反避税工作，以拓展反避税案件新领域为重点(包括资本弱化、特许权使用费、股权转让等)。抓好与外汇管理部门、外经贸及其他非居民管理相关部门的配合。完善"走出去"企业服务与管理机制，对所有"走出去"企业进行培训，加大税收协定执行力度，维护企业境外权益。

【优化纳税服务】 一是深化纳税服务，进一步简化程序，把纳税服务工作分成七大类、37项任务，并全部分解下达到各个责任部门。二是建立统一高效的纳税服务平台。推进办税服务厅标准化规范化建设，以"七个统一"的标准建设办税服务厅。升级"一站式服务"为"一窗统办"，实现每个窗口全能式办税办事。纳税人每次办税须经历1.5个窗口减少到1个，等候时间缩短三分之一。三是"机构下设、同城通办"。3月，在设立开发区税务分局的基础上，再增设独山港区税务分局，使基层办税机构由1个增加到3个，逐步形成"机构下设、服务下延、就近办税、能下不上"的服务新机制。四是大力推进税收宣传。针对经济转型税收政策、新《发票管理办法》及《实施细则》的施行、网络开票等热点内容发放各种宣传资料10000多本(册)，提高社会各界对税收新政的认知度。大力推进"税企连心"QQ群的建设，建立税企连心QQ群4个，QQ群已成为信息发布的窗口、政务公开的渠道、在线咨询的平台、征纳沟通的桥梁。五是努力创新服务举措。进一步完善"免填单"系统，编写了"免填单"企业端退税业务使用指南，进行集中辅导培训，使"免填单"服务得到深化。开发手工发票缴销辅助系统并投入运行，大大缩短纳税人等待时间，有效提高了窗口办事效率和计算准确性。

(顾凯磊)

·地方税务·

【概况】 2011年，平湖市地税部门共组织各项收入41.58亿元，同比增长25.5%。其中：税收收入24.83亿元，同比增长31.8%；组织各类基金、费等其他收入16.75万元，同比增长17.1%，其中，社保基金收入13.19亿元，同比增长16.1%，占地税部门组织全部收入31.7%。

【税收特点】 一是总量较快增长。地税部门组织收入总量首次超过40亿元，税收收入超过20亿元，增幅分别为25.5%和31.8%，税收收入占全部收入59.6%。在嘉兴五个县市中，全市税收规模和增幅均排名第三。二是月度收入前高后低。前7个月月度同比增幅30%以上，四季度增速放缓，10月、12月同比下降20%。三是税种收入三快一平。企业所得税、个人所得税、地方十税均实现30%以上较快增长，特别是企业所得税增幅达到116.8%；营业税增长24.0%，保持平稳增长。四是三产较快发展。第三产业税收累计入库11.11亿元，同比增长44.9%，占各行业收入的49.5%。

【支持转型升级】 制订政策助推转型升级。年内，出台《平湖市推进服务业发展工作方案》、《关于进一步加快旅游业发展的意见》、《关于污染减排工作的意见》、《关于进一步加大企业服务减轻企业负担促进工业经济平稳发展的若干意见》等政策。落实优惠政策助推转型升级。贯彻落实小型微利企业、个体工商户、高新技术企业等税收优惠政策，开展房产税、城镇土地使用税、水利建设专项资金等税收减免工作,全年减免各项税费0.58亿元。

【分离发展服务业】 加强推进分离发展服务业工作部署,明确各税务分局分离发展服务业任务和具体职责,制订并出台《平湖市地方税务局关于建立企业分离发展服务业工作长效机制的实施意见》,推进分离发展工作常态化。通过深入调研、走访企业和召开座谈会等形式,对分离出的服务业企业进行“回头看”,实施跟踪服务,引导企业做强做大。年内,分离服务企业4户,累计分离服务企业30户,为地方财政作出400万元贡献。

【税收法治】 开展执法风险防范机制建设,提高执法风险防范能力和防范意识。加强ISO9000质量管理,坚持组织按月内审和专项内审工作,提高征管质量。加强税收日常执法检查和重点专项检查,提升执法水平。深入推进行政执法责任制考核,落实基层单位行政执法责任制。及时调整税务案件审理委员会及其办公室成员,加强重大税务案件的审理工作,提高稽查案件的复审率,规范办案程序,提高办案质量。

【税源管理】 加强税收收入分析和预测工作,按季召开税收形势分析会。加强重点税源监控,新增36户重点税源户,税源监控面达到92.92%。加强行业税收管理,依托信息化利用不动产和建筑企业开票软件加强对房地产和建筑业重点行业的税源管理。加强税种管理,开展营业税差额管理,做好房产税、城镇土地使用税入库数与基础数据比对工作,抓好土地增值税预征率提高后政策贯彻执行工作,加强股权转让所得及高收入者所得个税管理工作。按照省局“抓大、评中、定小”的税源管理工作思路,严格按照“参数定税法”,加强和规范个体工商户定期定额税收管理。

【“大集中”工程】 围绕《税友龙版》上线,扎实开展基础数据清理工作。对《日常税源管理质量情况表》中涉及的欠税、未按期缴销发票、未处理违章信息等内容,及时进行处理,共清理106306户、180033笔数据。加强上线的组织领导。成立上线领导小组及办公室,下设业务、技术、保障三个组,制订《上线运行应急预案》。开展业务测试培训和业务工作交流。开通“400”服务热线、增设QQ群,设立技术服务电话和咨询服务电话,加强与企业沟通。《税友龙版》11月顺利上线。以《税友龙版》上线为契机,加强各模块的应用,提高征管质量,提升依法治税水平。

【规费征收】 巩固和完善“五费合征”机制,调整“五费合征”考核办法,提高“日常指标、结算管理、临时性工作、征缴管理和总结”五部分考核力度,加强部门配合和社保费清欠力度,全年征收社会保险费13.19亿元,同比增长16.1%。开展三项规费管理和数据比对工作,全年教育费附加、地方教育附加和水利建设专项资金分别入库0.83亿元、1.23亿元和1.27亿元,分别增长6.6%、50.1%和10.4%。落实水利减免政策,认真审核减免水利建设专项资金155户,减免金额1079万元。做好残疾人就业保障金征收管理,入库残保金0.21亿元。

【税务稽查】 一是规范税收秩序。开展对金融业、广告业、建筑安装业、交通运输业重点行业重点企业专项检查以及房产税、城镇土地使用税、股权转让个人所得税等重点税种专项检查。全年稽查查补入库2744万元。二是加大假发票打击力度。开展对餐饮娱乐业、建筑安装业和交通运输行业整治虚假发票“买方市场”的专项检查,发现28户有问题企业涉及假发票353份,查补税额3.06万元。三是坚持稽查回访制度。案件检查结束后及时组织走访或寄出《稽查局走访企业、案件回访表》,加强社会监督力度。四是推进征管互动机制。发放《税务稽查建议》,提高“以查促管、以查促收和以查促查”能力。

2011年度地税纳税前10名企业

序号	企业名称	税收合计(万元)
1	嘉兴江浩置业有限公司	4632.96
2	平湖市兆盛置业有限公司	3882.55
3	平湖市诚泰房地产有限公司	3275.26
4	平湖市景乐房地产有限公司	2709.14
5	平湖星洲置业有限公司	2458.41
6	平湖市科来华市场开发有限公司	2408.11
7	平湖浙能置业有限公司	2168.64
8	浙江平湖农村合作银行	2143.62
9	平湖吉翔置业有限公司	1999.21
10	浙江浙能嘉兴发电有限公司	1940.06

【纳税服务】 一是推进“同心汇聚”纳税服务品牌建设。加快办税服务大厅建设及相关标识的制作和安装,落实涉税事项“一次告知制”、“补正承诺制”和“同城通办”等服务举措,并提高办税服务厅服务规范水平。二是坚持“四个日”税收活动。认真开展新办企业办税辅导日、值班分局长接待日、重点税源企业座谈日、最新税收优惠政策宣讲日等活动。三是开展纳税服务载体建设。纳税志愿者服务队开展送税收政策下企业、扶残助残、重点及成长企业“一对一”政策宣传和释疑服务等活动。利用“纳税人之家”平台,召开房地产政策说明会、社保政策说明会、与企业负责人座谈会等活动。

【税收宣传】 围绕“税收·发展·民生”主题,积极开展第20个“全国税收宣传月”活动。开展“学生眼中的税收”宣传活动。组织当湖中心小学学生分别参观教育、文化、科技、农业等4企业(部门),了解税收在发展民生中作用,构建小小心灵和谐税收、诚信税收意识。利用媒介税收宣传。充分利用电视、报纸、短信、宣传标语以及电子显示屏等媒介开展税收宣传。开展“以税说事(法)”征文活动。进一步提高对税收(法)认识。开展专项税收宣传活动。开展服务企业、服务基层“双服务”专项行动,以及“走在春天里”——三访三问活动,加强面对面税收宣传力度,提高宣传影响力。 (毛晓巍)

金　　融

• 综述 •

【概况】　2011年,全市金融运行总体平稳。社会融资规模适度增长,融资结构保持合理;存贷款增速继续放缓,投向结构持续改善;银行业加强总量调控,贷款投放均衡有序、重点突出;跨境人民币稳步发展,企业参与度提高。

2011年末,全市金融机构本外币各项存款余额572.57亿元,同比增长15.41%,比嘉兴全市平均存款增速16.08%高出0.67个百分点;全市金融机构本外币各项贷款余额419.25亿元,同比增长14.71%,比嘉兴全市平均贷款增速16.67%降低1.96个百分点。银行存款增长乏力,季末季初存款波动加剧。1—12月,全市新增本外币各项存款74.11亿元,同比少增49.75亿元。其中本外币单位存款新增36.18亿元,同比少增51.66亿元;本外币储蓄存款新增33.33亿元,与上年持平。从走势看,各项存款增速呈现下滑趋势,特别是受考核因素影响,季末季初存款波动加剧。分析存款增长乏力的主要原因,一是企业存款提用率上升。在通胀及流动性趋紧的双重压力下,企业普遍面临成本递增、应收账款上升、库存增加的局面。二是财政性存款增长乏力。受制于基础设施建设、社会保障、医疗卫生等刚性支出,12月份全市财政性存款减少3.67亿元。

货币政策微调预调初现成效,信贷结构趋于优化。四季度,全市金融机构贯彻上级意图,支持中小企业贷款需求,贷款增速持续回落有所缓和。至年末,全市金融机构本外币各项贷款419.25亿元,同比增长14.71%,增速比一季度下降0.76个百分点、比二季度和三季度分别上升0.57和1.59个百分点。新增贷款54.16亿元,同比少增18.98亿元。特别是12月份,各金融机构较好贯彻了央行货币政策微调预调,新增贷款9.67亿元,同比增加3.06亿元。从信贷投向结构看,"有扶有控"的信贷政策有效落实,信贷投放重点突出,结构进一步优化。一是继续重点投向实体经济。1—12月,全市制造业本外币贷款新增19.4亿元,占全部贷款增量的35.82%;批发和零售业本外币贷款新增1.07亿元,占全部贷款增量的1.98%。二是中小企业贷款大幅增长。年初11家银行与192家重点企业和重点项目合作签约新增贷款79.41亿元,到年末实际新增55.46亿元,完成履约率69.84%。年初11家银行与中小企业局合作签约,对中小企业计划新增贷款29.30亿元,到年末实际完成48.08亿元,完成履约率164.10%。三是房地产贷款大幅减少。1—12月,房地产贷款减少1.66亿元,其中房产开发贷款减少0.78亿元,地产开发贷款减少0.75亿元;购房贷款新增4.55亿元。

社会融资规模适度增长,融资结构保持合理。全年全市社会融资规模总体保持合理水平,企业融资渠道不断拓宽。全市社会融资规模新增84.56亿元,比上年同期少增9.07亿元。其中,金融机构本外币贷款新增52.83亿元,同比少增20.31亿元;银行表外融资(委托贷款、信托贷款和银行承兑汇票)新增16.27亿元,同比少增3.56亿元;直接融资(企业债券和股票融资)新增13.3亿元,同比增加13.3亿元;其他融资新增2.16亿元,同比多增1.5亿元,其中小额贷款公司新增贷款2.05亿元,同比多增2.01亿元。

跨境人民币结算稳步发展,企业参与度提高。全年全市跨境人民币结算量快速增长,有效降低了进出口企业汇率风险和汇兑损失,进一步促进了贸易和投资的便利化。1—12月,全市累计发生跨境人民币结算业务406笔,累计结算金额57.58亿元,同比增加56.03亿元,资本交易17.44亿元,其中核准利用境外人民币作为注册资本金业务11笔,金额1.26亿元。办理跨境人民币业务银行8家,参与企业36家,同比增加29家。

开展中小企业金融服务专项活动。为缓解中小企业的资金压力,严防资金链断裂,加快转型升级步伐,促进中小企业持续健康快速发展,维护社会和谐稳定,7月13日,市政府转发《中国人民银行平湖市支行关于在全市开展中小企业金融服务专项活动的实施方案》的通知。通知要求各银行业金融机构在活动期间平均至少联系结对镇(街道)或商会1个以上,创新信贷至少1个以上,计划全年新增中小企业贷款30亿元以上。服务对象为在平湖市依法设立,上年度销售收入在1亿元及以下企业。7月22日,人行平湖市支行又举办了2011年平湖市中小企业金融服务专项活动启动仪式,得到了各银行机构积极响应。至年末,参与中小企业金融服务专项活动的10家银行业机构,对2500家小微企业,新增贷款51.64亿元,其中表外22.49亿元,累放贷款172.83亿元,超额完成30亿元目标任务。银行机构不良贷款率有所上升。全年全市银行机构五级分类不良率为1.05%,比年初上升0.36个百分点,不良贷款额为4.43亿元。银行盈利能力继续保持。至年末,全市银行机构实现利润17.53亿元,比上年同期增加6.92亿元,同比增长65.22%。

2011年平湖市金融系统机构和人员表

	一、机构	行司	二级支行	分理处	储蓄所	二、在册人员
人民银行	1	1				27
银监办	1	1				4
工商银行	9	1	4	4		184
农业银行	13	1	4	8		261
中国银行	9	1	4	4		150
建设银行	9	1	7	1		199
农发银行	1	1				15
农村合作银行	45	1	10	24	10	548
中信银行	1	1				30
嘉兴银行	2	1	1			30
交通银行	1	1				33
浦发银行	1	1				14
工银村镇银行	2	1	1			36
邮政储蓄银行	26	1	3	7	15	52
兴业银行	1	1				23
资金互助社	1	1				5
中国人寿	1	1				47

人保财险	1	1				70
太平洋保险	1	1				22
中华联合	1	1				25
金通证券	1	1				26
银河证券	1	1				18
康泰小额贷款	1	1				10
安信小额贷款	1	1				10
合计	131	24	34	48	25	1839

•中国人民银行平湖市支行•

【加强窗口指导传导货币政策】 2011年,为发挥调查研究工作对货币政策决策、传导中的参谋作用,从三个层次加强货币政策的传导．一是利用内部会议对员工进行政策解读,形成传导稳健的货币政策的整体合力。二是通过地方政府相关会议对政府部门领导进行政策解读,提高地方党政领导对稳健的货币政策的认识。三是通过经济金融形势季度例会等专题会议对金融机构进行政策解读,提高金融机构对稳健货币政策的执行力度。

【构筑融资平台】 一是举办2011年金融与地方经济发展工作恳谈会暨银企合作签约仪式。组织192家企业与11家银行进行合作签约,签约授信总额达165亿元,创历史新高,构筑起了项目建设的"金引擎"。二是积极推动来平设立各类金融机构,缓解资金紧张状况。3月30日,嘉兴首家农村资金互助社——平湖市新当湖农村资金互助社正式开张营业,至年末,存款余额405万元,贷款余额1076万元;此外,注册资金1.2亿元的安信小额贷款公司、兴业银行平湖支行也相继落户平湖。三是推动建立"绿色信贷"机制。结合当地实际,督促金融机构严把信贷关,有针对性地进行信贷风险提示。引导金融机构加大对文化产业、三产服务、高新技术、排污权质押贷款新兴产业发展的金融支持和倾斜力度。

【推进跨境人民币工作】 一是开展跨境贸易人民币结算宣传月活动。组织辖内企业、金融机构与各职能部门共同学习、宣传与探讨跨境贸易人民币结算政策。组织第二批跨境贸易人民币结算试点企业申报工作,共收集企业申请表225份,占符合申报条件企业的87%。开展对金融机构进行回访,对新接入RCPMIS系统的平湖农村合作银行进行验收。二是浙江省首笔以人民币注册资本金汇入境内跨境结算业务落户平湖。中国人民银行办公厅2月12日发文《关于伊诺华精密材料(平湖)有限公司资本金汇入采用人民币结算的批复》,同意伊诺华精密材料有限公司外方以相当于1209万美元的人民币投资于境内公司。三是嘉兴市首笔人民币股东外债与首笔人民币境外金融机构外债均落户平湖。5月23日,日本电产新宝(浙江)有限公司相当于23000万日元的人民币外债在市外汇局办结登记手续。债权人是日本母公司,为节省相关汇兑费用,规避汇率风险,协议约定由债权方在境外金融机构把日元兑换成人民币后汇入境内。6月21日,浙江美福石油化工有限责任公司收到融资款1.22亿元。这是嘉兴市首笔人民币境外金融机构类直接外债。

【加强征信工作】 一是8月11日,市政府出台《平湖市社会信用体系建设联席会议制度》,明确人民银行在社会信用体系建设联席会议中的牵头和召集人地位,改变了过去全市信用建设工作多头管理、条块分割的状态,有利于人民银行更好地发挥"管理征信业,推动建立社会信用体系"的工作职责。二是支行人大代表和政协委员分别撰写了"关于加强平湖市社会信用体系建设的建议"的议案和"尽快建立平湖市农村信用体系建设领导小组切实解决农民增收的贷款难、融资难问题"的提案,为推动平湖市信用体系建设进行了多方探索。三是6月15日,组织举办"珍爱信用记录 享受幸福人生"全市金融系统有120多人参加的征信知识演讲比赛。市电视台进行了宣传报道。四是开展征信宣传月活动。9月,发送"珍爱您的信用记录,享受幸福人生"手机短信6.2万条、各类征信宣传折页和宣传画3000余份、接受群众咨询500余次。五是举办"征信宣传进农村"暨"农村征信工作示范村"授牌仪式。9月21日,支行在钟埭街道沈家弄村隆重举行"征信宣传进农村"暨"农村征信工作示范村"授牌仪式,对沈家弄等9个村进行了授牌。至年末,全市有信用镇2个;当年新增信用村9个,累计87个;当年新增信用户10389户,累计50736户。六是做好征信基础工作。全年发放个人贷款卡236张,发放企业贷款卡466张,查询个人信用报告350份。征集中小企业档案812家,累计已达3210家,中小企业获得授信797家,累放贷款284.28亿元。完成2011年贷款卡年检任务2813家,完成率92%。做好2011年借款企业外部规范化信用评级工作,共完成196家企业信用评级,同比增长96%。

【开展对金融机构"两管理"、"两综合"专题活动】 一是开展综合评价工作。年初,逐条对照《银行业金融机构评价项目与标准》,对辖内银行业金融机构在货币信贷、金融稳定等14个方面进行评价,评出了"A"等行3家、"C"等行2家。对于评价为"A"等的银行业金融机构,在系统准入、业务试点、产品创新、信息共享、人员培训等方面予以优先考虑;对于评价为"C"等的银行业金融机构,将其列为当年度重点监督对象,加大对其管理与指导力度。二是开展综合业务检查。支行于8月23日至9月16日,对农村合作银行就执行货币政策、征信管理、金融统计业务、账户管理、国库经收处、反洗钱、反假货币、外汇业务等方面进行了全面深入的综合业务检查。三是开展对金融机构新开业和新业务准入管理。组织对新成立的兴业银行开业前从业人员准入考试及浦发银行等外汇新业务准入考试,提升了人民银行对金融机构日常管理上的影响力。

【发挥调研参谋决策作用】 建立调研信息专报制度,确定了"加强基础积累,完善调研机制、培育分析精品、努力推动调研工作再上新台阶"的调研工作目标。《地方社会融资规模对地方经济金融影响研究》、《跨境人民币业务在外汇"减顺差"工作中的探索研究》等100余篇调研信息被人民银行总行、上海总部、杭州中支、嘉兴中支和各级党政部门各种刊物录用。当年支行被上海总部评为信息先进单位、被嘉兴市中心支行评为调研信息先进集体、被市委、市政府评为党政信息工作先进集体。

【推进反假反洗钱工作】 一是继续推进城乡反假货币网络建设。在主要社区形成了"宣传到位、反馈及时、防范有效"的城市反假货币宣传网络,在农村建成了"层层有组织、村村有人管、宣传经常化"的农村反假货币宣传网络。二是加强现金管理,确保现金供应。至年末,全市累计现金净投放30.10亿元。进一步完善商业银行间现金调剂工作,1—12月共开展现金调剂金额6.7亿元。组织开展“银行员工家庭激活沉淀硬币周”活动。共收到硬币34172.3元,缓解了阶段性硬币周转不灵的现状。三是做好流通纪念币的公开发行工作。成立纪念币发行工作领导小组,制订发行方案和发行应急处置预案,组织发行督查组对各网点进行巡视督查,确保发行工作顺利进行。四是开展反洗钱培训。利用反洗钱季度例会、以会代训等形式,组织和指导辖内金融机构举办反洗钱培训45场次,参训人员达1256人次。五是集中开展可疑交易核查。为推动反洗钱工作的有效开展,在10—11月,集中开展了对可疑交易监测报告的分析核查工作,重新梳理今年以来的公检法等执法机关查询、冻结、扣划通知书,及时发现其中可能存在的涉嫌洗钱犯罪线索。

【净化支票使用环境】 继续对支票违规行为实施处罚。全年,共受理支票违规行为举报88笔,涉及违规金额453.22万元,发出行政处罚决定书68笔,拟处罚金额23.43万元,67笔罚没款缴纳入库,入库金额18.03万元。

【推进支付结算电子化进程】 一是出台《关于深入实施平湖市“便农支付工程”的指导意见》,对相关银行、部门以及镇(街道)明确了相关职责,对中心镇实施“便农支付工程”提出具体工作目标。二是推进银行卡产业发展。至年末,辖内拥有各类银行卡存量达203.93万张,其中新增25.83万张;拥有ATM288台,其中新增ATM62台;拥有POS机具2460台,新增450台。开展银行卡助农取款服务业务的推广工作,方便偏远地区农民小额现金支取。至年末,辖内33家商户开通了此项业务,弥补了33个村的金融空白。三是实现金融机构银行本票业务全覆盖。至年末,68家金融网点开通了本票业务,比年初增加10家,日均业务170笔左右。四是推动电子商业汇票系统业务的应用。重新修订了《平湖市金融机构支付结算考核办法》,将电子商业汇票推广应用纳入考核范围。至年末,开办电子商业汇票的对公银行网点为18个,签约电子商业汇票客户总数为440户,辖内银行使用电子商业汇票承兑66笔,承兑金额4.27亿元。五是组织做好新、旧版银行票据的换版过渡工作。及时协调处理好辖内银行机构印制新版票据使用中的相关事宜,督促银行机构认真开展2010版新版票据宣传工作,确保新版票据平稳应用。六是加强公用事业服务。随着广陈自来水公司于4月份顺利加入“一户通”,平湖水费“一户通”实现了全覆盖,农村居民告别了现金缴纳水电费的时代,水电费缴纳全部实现了电子化。七是创新监管方式,加强账户非现场监管。通过人民币银行结算账户管理系统数据的监测,及时发现超期使用的临时账户及为预算管理的事业单位任意开立一般存款账户等情况,发出人民币银行结算账户非现场监管意见书4份。

【加强国库工作】 一是树立“零差错、零风险、零在途”的管理理念,夯实国库基础工作,提高核算质量。认真办理日常核算业务,保证各级库款收纳、报解、拨付的及时性、准确性、合格性,促进国库会计核算规范化,实现了国库汇划报解业务处理无差错、无迟报、无风险的目标。二是配合财政部门做好国库集中支付的扩面工作。积极参与国库集中支付扩面方案的制订,做好各业务系统新增代理银行的系统参数的维护工作,完成了164家预算单位加入国库集中支付,顺利实现国库集中支付业务全覆盖。三是加强国库统计分析工作。严把国库统计数据关，及时与乍浦代理支库沟通，确保提供给上级国库和有关部门国库数据信息准确及时。四是加强现场检查。年内对辖内6家代理国库业务的金融机构实施现场检查，检查面100%，针对个别机构存在税款上划不及时等问题，及时提出整改意见，以规范国库代理业务行为。五是配合市政府做好公务卡在辖内试点工作。已在20家预算单位中进行公务卡推广试点，年末全部完成。六是开展县支行国库全面履职试点工作。支行作为杭州中支确定的全省第一批4个县支行国库全面履职试点单位之一，认真开展试点的各项准备工作。制订了《人民银行平湖支行国库全面履职的实施办法》和《平湖支行国库全面履职试点业务考核办法》。为保证国库履职的独立性，对国库岗位人员，分成国库核算与横向联网、国库内控与监管、国库统计与调研等3个小组，同时将新招聘大学生优先充实到国库队伍。

【推进外汇管理工作】 一是面向银行业传导外汇政策。9月中旬，支行召开全市银行业打“热钱”、防风险案件通报会，组织各外汇指定银行分管行长、客户经理集中学习《中华人民共和国外汇管理条例》及相关外汇管理法规中对银行违规的处罚条款，通报了近两年发生的银行外汇违规及处罚的典型案例，提高银行协同外汇监管水平。二是面向涉汇企业传导外汇政策。举办3期《平湖市外汇政策培训班暨外汇违规案例通报会》，共有500多名涉外企业的外汇核销人员及财务人员参加了会议，培训面覆盖全市全部涉外企业。三是开展贸易外汇管理改革培训工作。11月18日至22日，支行举办了6期货物贸易外汇管理改革政策培训班，辖内700余家涉汇企业的外汇从业人员参加了培训。使企业及时掌握货物贸易外汇管理新政策，为12月1日新政策的顺利实施打下了基础。四是创新非现场监测方法，提高外汇监管效率。全年共查处外汇违法案件6起，收缴罚没款23.4万元。五是“降顺差”工作取得成效。通过积极开展各项宣传和政策引导，统一银行及企业对转口贸易“支付”概念的理解、禁止在转口贸易中混币结算、鼓励企业采用人民币收付等方式，使1—3季度辖内经常项目跨境收入结汇率较上年同期下降了3个百分点，缓解了结售汇顺差压力。

（王其高）

•嘉兴银监分局平湖办事处•

【概况】 2011年，平湖银监办围绕坚持“科学监管”理念，突出“防风险、守底线、促转型、重服务”四大重点，认真贯彻落实上级银监部门工作部署，结合平湖经济金融实际，增强监管工作的前瞻性、持续性和有效性，为促进平湖经济金融平稳较快发展出谋划策。

【做好政府融资平台的“调出”工作】 银监会34号文件下达后，及时贯彻文件精神，有效推进地方政府融资平台优化整改工作。第一批即调出了13家平台贷款。至年末，共有20家平台公司退出转为一般公司类贷款进行商业化营运管理，涉及银行贷款67.29亿元，占总平台贷款的65.90%，为嘉兴五县市中调出平台最多、涉及贷款最多的一个县市。

【贯彻贷款新规严控不良贷款】 年内，对建行、农村合作银行、村镇银行、农发行和邮政储蓄银行开展了“三办法一指引”贷款新规贯彻执行情况、房贷调控政策执行情况、序时性、大户贷款、贷款偏离度等方面的现场检查。对存在问题较多的个别银行及时约见班子成员，要求制订整改措施，限期整改。通过各项检查,有力地推进了贷款新规的执行力度,提高了各银行防范和化解金融风险的能力,在严峻宏观形势背景下,严控不良贷款的大幅反弹。到年末,银行业不良贷款仅上升1.9亿元,贷款不良率上升0.36个百分点。

【提升县域金融服务水平】 指导农村合作银行认真落实金融强农惠农政策,支持农业增产、农民增收和农村经济发展,增加对中小企业和水利建设的有效投入,促进城乡金融统筹发展,不断提升金融服务水平。到年末,农村合作银行各项贷款85.88亿元,比年初增加12.63亿元,其中,小企业贷款余额60.37亿元,比年初增加9.63亿元;农户贷款余额8.80亿元,比年初增加1.84亿元。指导村镇银行明确"支农支小"市场定位,坚持"小额、流动、分散"的经营原则。通过金融产品创新,先后为农户设计推出了"农民创业贷款"、"农户种养殖贷款"、"农户消费贷款"、"农户建房贷款"、"农民子女就学贷款"等金融产品,全年为专业合作社、种养业434户农户,发放贷款487笔共计2.12亿元;为300多家小企业解决了融资担保贷款2.18亿元。

【新颖农村金融机构顺利开业】 3月30日,经嘉兴银监分局批准,平湖市当湖街道新当湖农村资金互助社挂牌营业,这是嘉兴第一家,全省第七家开业的农村资金互助社。至年末,贷款1146万元,当年实现微利。

【加强调研当好领导参谋】 日本地震发生后,及时指导各银行开展对日资企业风险排查,通过加大信贷支持力度、拓展配套服务等手段,积极应对地震产生的负面影响。同时把主要做法、取得的成效形成《日本经济下行背景下浙江平湖银行业支持国内日资企业平稳发展》一文,被银监会录用,为全市的投资环境做了一次好的宣传。年内,开展海洋经济发展情况的调查,对基本状况、主要特点、金融支持海洋经济发展的现状、发展态势等情况作了调研。调研成果被浙江省银监局《专报信息》综合录用。 (鲁家鹏)

•商业银行•

【中国工商银行股份有限公司平湖支行】 2011年,工商银行平湖支行以科学发展观为指导,持续推进自身的经营转型和结构优化,以服务地方经济为己任,积极支持基础建设、扶持企业发展,不断运用新型金融产品,挖掘市场潜力,开展了形式多样的宣传、竞赛、"下乡进村"活动,资产业务得到良好发展。至年末,全行本外币各项存贷款余额分别达75.09亿元和65.77亿元,较年初新增8.85亿元和14.91亿元;累计新建信贷关系企业60户,综合授信10亿元;国际业务发展继续领跑同业,累计实现国际结算35.43亿美元,结售汇业务7.9亿美元,分别较上年同期增加12.02亿美元和0.9亿美元。

强势推进对地方实体经济的信贷投放力度。受国际国内大环境影响,众多中小企业呈现订单和利润双降的态势,经营较为困难。为有效支持中小企业的发展,帮助他们渡过难关,支行积极制订大力支持中小企业发展的经营战略,对全市近千家规上企业进行逐户的排摸,从符合产业导向、经济转型发展要求和信贷政策入手,明确支持目标,组建小分队加强与企业的沟通与交流。并根据企业的结算和资金特点,为企业量身定做,提供涵盖网络融资、订单融资、发票融资、保理、商品融资,以及贴现等金融业务,紧密结合企业贸易环节的融资为企业加快了资金的流转速度。至年末,国内贸易融资余额达6亿余元,占流动资金贷款余额20%,新增发生额4亿元;国际贸易融资余额13亿美元,占流动资金贷款余额43%;累计签发银行承兑汇票(含代签)39.55亿元,在客户中树立了良好口碑。

全力打造服务实体经济的金融软硬环境。支行从客户体验的角度评估设计流程,加快网点、自助银行、离行式ATM机的设置,为广大客户提供便捷的金融服务。至年末,支行有物理网点9个,其中包括营业部及3大集镇支行,自助银行2个,ATM机50台(年内新增14台),台均日均交易量291笔。在平湖经济开发区的企业密集区,投放ATM机18台,扩大了服务范围。年末,在新仓设立一家二级支行,支持了新仓众多中小企业的发展。 (胡珊珊)

【中国农业银行平湖市支行】 2011年,中国农业银行股份有限公司平湖市支行围绕二次创业和追求长期成功的两大战略,加快创新步伐,突出网点转型,强化内部管理,各项业务在高平台的基础上实现了新的进步。年末,各项存款总量88亿元,当年新增14.7亿元;各项贷款余额65亿元,当年新增6亿元;实现中间业务收入9400万元;实现拨备后利润2.57亿元;不良贷款1265万元,比年初减少3660万元,不良贷款率为0.19%。

调整业务结构,推进经营转型。重点是调整优化公司业务与零售业务、大客户与中小客户、主体业务与新兴业务三个结构,更好地服务当地经济结构调整和产业转型升级。以创新为突破口,全面提升农行竞争力。重点从改进业务流程、完善营销体系、细化差异化服务、加快产品创新、优化渠道建设、适度扩大对经营行的授权等方面推动竞争力建设。坚持城乡一体化发展,扎实做好服务县域和“三农”工作。进一步找准服务“三农”的市场定位,加快惠农卡和农户小额贷款工作进度,拓宽了服务覆盖面。进一步强化风险控制,构筑稳健运行和可持续发展的微观基础。处理好竞争、增长、发展与风险控制的关系,处理好当期业务增长与建立可持续发展机制的关系,处理好高效发展、快速发展与平安发展、和谐发展的关系,使有效风险监控完全覆盖了经营管理各环节、各岗位、各层次的关键风险点。 (纪美娟)

【中国银行股份有限公司平湖支行】 2011年,中国银行股份有限公司平湖支行紧紧围绕省行“一〇〇工程”战略目标,深入推进“客户基础、核心存款、网点转型”三大战役,重点做好网银、网络和中小企业业务,加快业务转型、加固风险防线,保持了业务快速持续发展。至年末,人民币各项存款余额45.44亿元,比年初新增3.44亿元。各项外币存款余额6805万美元,比年初增加3393万美元。各项人民币贷款余额27.23亿元,比年初减少1.26亿元。各项外币贷款余额1.64亿美元,比年初增加1434万美元。本外币贷款收息率99.94 %,其中:人民币贷款收息率99.94%,同比下降0.1个百分点;外币贷款收息率100%,与上年末持平。实现中间业务净收入3133万元。实现拨备前利润6772.84万元,人均拨备前利润44.56万元,税前利润1111.3万元。

年内,面对复杂多变的经济金融和宏观调控形势,支行利用海外机构优势和海内外报价差及叙作出口业务海外融资等便利,为客户解决资金问题,成功叙做了作为牵头行的国结内部银团贷款4.35亿元。在新增一批中型客户的同时,成功叙作了一重点客户3.6亿元项目的贷款。积极支持地方经济建设,支持中小企业发展,利用“网络通宝”业务准入门槛低、审批手续简便、时效性高等特点,自8月份起共为全市11家小企业投放贷款1400万元。加强网点效能建设,完善网点考核激励机制,落实理财经理和客户经理考核办法,网点营销队伍和营销能力进一步加强。对公理财产品销售实现转型网点全覆盖,网银开户、手机银行、电话银行新增开户数完成率处于全辖领先地位。加强电子化建设,全年新增4个离行ATM点,1个自助银行,至年末已有10个自助设备(自助银行)点。 (眭一鸣)

【中国建设银行股份有限公司平湖支行】 2011年,中国建设银行股份有限公司平湖支行准确把握经济金融形势的新变化、新特点,坚持科学发展主题和转变发展方式主线,至年末,资产负债双双突破100亿元大关,资产总量110亿元,负债总量109亿元,成为嘉兴分行系统和当地四大国有股份制商业银行中首家存款余额超百亿的金融机构。实现一般性存款余额104.8亿元,四行占比33.75%,贷款余额71.7亿元,四行占比29.93%,均位居嘉兴建行系统和当地第一。外汇存款实现历史性突破,存款余额1.48亿美元,当年新增达9285万美元,列嘉兴建行系统和当地四行第一。

国际业务再创历史新高,国际结算量达30.05亿美元,连续三年在全省建行系统保持领先地位。资产质量不良率为0.03%,连续7年对公对私当年新增贷款做到“三零”,即零不良、零逾期、零欠息。支行获得省建行先进基层党组织,建总行、省建行“五四”红旗团支部,省建行女职工文明示范岗,支行营业部获省级“青年文明号”等称号。

年内,支行主动适应国家产业政策和监管政策变化,信贷主要投向新型产业、信息网络、先进制造业、生产性服务业和新能源、新材料、生物医药、高端装备制造业等特色产业和招商引资项目,并大力支持新农村建设,总投入16亿元。支行成立中小企业经营中心,设置专业化业务操作流程,与市工商局联合举办支持民营企业发展签约仪式,从扶持和推动中小企业、个体工商户等发展入手,推出适合中小企业需求特点的金融产品,降低中小企业的融资和运行成本。全年发放“成长之路”小企业贷款7.1亿元,网络银行贷款1.6亿元,“速贷通”8465万元。支行在全市金融系统中率先在各镇(街道)开展“金融知识送下乡”活动,组织金融专家讲师团深入农村宣传,普及农村金融知识,帮助企业主提高金融风险意识、信用意识和使用现代化金融服务的能力。为适应人行政策导向,大力推广电子银行承兑汇票,全年累计开立15笔,1.33亿元。同时积极拓展跨境人民币业务,交易量达6264万美元,列全省建行系统首位,并成功办理了全省建行单笔金额最大的跨境人民币结汇通交易1240万美元。

(朱　蕾)

【中国农业发展银行平湖市支行】 2011年,中国农业发展银行平湖市支行坚持政策性银行办行方向,深入贯彻科学发展观,着力抓投入、调结构、强管理、控风险、提素质、构和谐,实现了“十二五”发展的良好开局。继续保持省级文明单位称号并获得市政府“支持地方经济发展考核一等奖”及“良好部门”称号。至年末,各项存款余额1.73亿元,同比增加6986万元,增幅67.51%,完成增量目标任务的261.65%;日均存款余额1.60亿元,同比增加6432万元,增幅67.13%,完成增量目标任务的349.95%。各项贷款余额5.91亿元,同比增加2.77亿元,增幅88.35%,完成增量目标任务的214.77%;日均余额41995万元,同比增加17702万元,增幅72.87%,完成增量目标任务的98.33%。中间业务收入40.03万元,其中结算手续费收入1.28万元,咨询类业务手续费收入30.14万元,代理保险手续费收入7.3万元,国际业务手续费收入1.31万元。中间业务收入完成全年目标任务的141.60%。实现账面利润1197.15万元,同比增加633.22万元,增幅112.29%。人均考核利润55万元,增幅27.9%。

支行认真贯彻落实国家强农惠农富农政策,实施“两轮驱动、重点突出”的发展战略,着力加大对农村改革发展重点领域和薄弱环节的支持力度,加大信贷投入。一是继续把支持粮、棉、油收购资金供应放在首位,支持地方政府做好地方储备粮食轮换工作。共发放1910万元县级储备粮贷款,支持企业轮入县级储备小麦2600吨、县级储备晚稻4000吨,县级储备早稻900吨。二是支持企业入市收购地产棉花,发放200万元棉花收购准政策性贷款,支持企业收购地产籽棉4400担。三是不断拓宽农业中小企业贷款领域,为农业中小企业加速发展创造宽松的融资环境。年末小企业贷款余额达2000万元。四是抓住中央支持水利和新农村建设的有利时机,开展项目客户营销。支行在组织开展项目贷款摸底调查、建立充实项目库的基础上,加强与政府部门的联系和沟通,成功营销批复了嘉兴港区农村新社区农房改造集聚工程12亿元贷款项目、独山港区海河联运及城乡防洪综合整治工程4亿元贷款项目。在营销新项目的同时,积极做好已批复项目贷款的发放工作,累计发放中长期项目贷款28300万元,其中:嘉兴市海港港口开发建设有限公司20000万元,独山港城建设投资有限公司6300万元,市教育投资有限公司投放2000万元,较好地支持了地方水利及新农村建设。

抓好存款组织和中间业务,拓宽经营增收渠道。一是加强与政府及财政部门的联系协调,加大财政性存款的组织力度,做好财政补贴资金监督拨付工作,积极组织财政性拨款和其他各类财政支农资金存入农发行,成功营销3年期财政定期存款5000万元。年末,财政性存款达9274万元,比年初增加6328万元,占比存款总额的53.5%。二是加强对开户企业的存款管理,及时了解企业资金状况,有针对性地组织存款攻关,继续与企业签订销售货款回笼协议,实时监测和督促企业销售货款回笼。三是根据支行实际,制订出台市域存款考核奖励办法,鼓励员工组织存款,同时延伸存款营销链,对信贷企业的上下游关系企业加强存款营销,扩大了存款客户群体。

强化经营管理,运营能力进一步改善。年内,咨询顾问业务全面开办,支付结算能力提升。CM2006系统升级(一期)顺利上线运行,办贷质量和办贷效率提高。完善经营绩效考核,发挥了激励约束机制的导向作用。认真开展“小金库”专项治理工作,优化固定资产和基建管理。强化信息科技基础管理,各生产和管理系统实现了平稳安全运行。

(毛冬健)

【中信银行嘉兴平湖支行】 2011年,中信银行嘉兴平湖支行紧紧围绕总行“转型、提升、发展”的工作指导方针及分行“加强全方位风险管理,提高精细化管理水平”的要求,强化营销与创新,完善制度体系,寻找新的业务增长点,各项业务保持了稳步发展。年末,本外币存款余额31.41亿元,比年初增加4.09亿元;本外币各项贷款余额21.44亿元,比年初增加2.68亿元;实现国际结算收付量4.34亿美元,比上年翻了近一番;利润总额9070万元。支行风险管理部被市人民银行评为当年度征信工作先进集体。

年内,支行紧跟市场节奏,主动适应市场和产品,推动新业务发展,积极开拓各行业中具备技术优势、品牌优势和较大市场份额的优势企业,加大对中小企业的扶持力度。全年银行承兑汇票余额达5.32亿元,比年初增加1.71亿元,全年累计贴现3.46亿元,同比增加2亿元,有力地支持了地方经济的发展。同时,重视零售业务发展与队伍建设,全年理财产品累计销售11亿元,中信理财产品也被越来越多的客户所熟知。 (戴士勤)

【嘉兴银行平湖支行】 2011年末,嘉兴银行平湖支行人民币总资产25.51亿元;人民币各项存款余额25.24亿元,比年初增加4.69亿元,增长22.81%;人民币各项贷款余额为17.64亿元,各项贷款比年初增加3.57亿元,增长25.43%;存贷比为69.88%;银行承兑余额为6.14亿元,比年初增加1.84亿元,增长29.97%;考核绩效账面利润7368万元。荣获嘉兴市级"工人先锋号"、"青年文明号"、"金融系统文明礼仪示范窗口"和市级"巾帼文明岗"等称号。

支行各项业务稳健快速发展。一是存款市场拓展有力,通过搭建平台、考核引导、全员营销等方法有效开展存款组织工作,存款业绩增长率处嘉兴银行全辖领先水平。二是努力创新业务模式,支行积极参与排污权抵押贷款项目,成为全市排污权交易的唯一一家金融配套服务机构,年内完成授信企业11户,授信金额4297万元。三是立足中小企业市场,服务中小企业客户,全年共新增中小企业客户71户,累计发放贷款16.63亿元,占贷款总量的96.89%,走出了"小微化"特色鲜明的发展道路。四是开展"管理深化年"活动,严格内控管理,审慎经营。完善信贷审批流程,设置独立的风险经理岗,防范信贷风险。 (汪海峰)

【交通银行嘉兴平湖支行】 2011年,交通银行嘉兴平湖支行紧扣"跑赢大市、巩固份额、争先进位"的总目标,强化存款立行、两化一行、发展转型理念,直面压力、立足市场,深入践行县域支行提速发展战略,创新发展思路,扎实推进并较好地完成各项业务指标。年末,各项存款余额17.95亿元,比年初新增7606万元。其中对公存款余额14.64亿元,比年初增加8257万元;储蓄存款余额3.31亿元,比年初减少650万元。各项贷款余额14.20亿元,比年初新增1.62亿元。国际结算量完成5394万美元。中间业务收入845万元,其中国际条线132.28万元。新增沃德客户30户,私人银行客户8户,财管客户191户。累计完成信贷主动清退5787万元,继续保持不良率为零的记录。

年内,加快业务转型、业务创新,叙做嘉兴分行首笔信用证项下完全现金代付业务,带动了稳定存款;大力营销短融业务,取得阶段性突破;通过国内信用证业务的启动有效缓解当前银票双控的瓶颈,为国内贸易项下表外业务发展提供了新的途径。(沈金玉)

【浙江平湖农村合作银行】 2011年末,浙江平湖农村合作银行各项存款余额122.84亿元,比年初增加19.42亿元;各项贷款余额85.88亿元,比年初增加12.63亿元,其中农村企业贷款余额65.37亿元,农户贷款余额8.8亿元,全行存贷规模突破200亿元;国际结算量6.2亿美元;上交各类税收9587万元。先后获得市纳税大户、市绩效考评优秀部门、推广"新仓经验"优秀部门、省"十一五"金融统计先进集体等称号。

深化支农举措,做好信用评定。年末,全市信用村达到87个,新增信用村9个;评定信用户5.07万户。兴农贷款授信额10.02亿元,累计发放贷款7.03亿元。在新埭开展文明标兵户评选,共评定180户,贷款授信1010万元。加强对小额贷款卡的发放力度,全年发卡4899张,授信总额为2.76亿元,累放贷款4.3亿元。积极做好农村党员创业贷款、个人创业小额担保贷款以及农村住房抵押贷款的发放,做好巾帼创业、青年团员、大学生村官创业的信贷支持,扩大个人贷款覆盖面。至年末,个人贷款余额达10.05亿元,比年初增加2.1亿元。积极推进新型农村合作经济组织建设,支持农民专业合作社、农业龙头企业、农业示范园区、农村规模种养户等高效生态农业和特色农业，至年末，支持涉及农民专业合作社的各类贷款累放2.71亿元，余额2.29亿元。

2011年，经济金融形势复杂多变，小企业发展面临严峻挑战。该行调整思路，深入开展“小微企业金融服务月”活动，设立小企业服务中心22个，排查困难企业累计348户，解决资金需求3.12亿元。加强银政企合作，选择59家企业进行签约，年末新增贷款额6.23亿元。推出了股权质押贷款，至年末贷款余额2200万元。全年支持小企业户数达到1558户，比年初增加150户；贷款余额60.37亿元，比年初增加9.63亿元。

年内，加快服务升级。确定钟埭支行营业部（转型为全功能网点）和曹桥支行城西分理处（转型为多功能网点）作为网点转型的试点。通过网点硬件环境改造、业务流程的改造、客户分层服务的优化、网点资源的优化配置、员工服务行为的规范管理以及考核激励机制的进一步完善，提升了网点的服务和效率。在嘉兴农信系统考核中，两个试点网点均获得了先进单位的荣誉称号。曹桥支行城西分理处还获得了省联社授予的网点转型先进单位的荣誉称号。推进便民助农金融服务。确定钟埭街道沈家弄村为首家助农取款服务点。全年和107个行政村（社区）便民服务中心签订了便民助农金融服务协议，安装了8台银行卡助农取款POS机，及时把党和政府的惠农温暖送到农民手中。抓好文明服务单位创建工作。钟埭支行营业部、曹桥支行城西分理处成功创建“嘉兴农信机构2011年度文明服务单位”，钟埭支行营业部同时获得“浙江农信2011年度文明规范服务示范单位”、“嘉兴市金融系统文明礼仪示范窗口”称号。

加强风险管理。就大企业和大项目、异地办厂、多元化投资、服装箱包行业、招商引资入户企业的信贷管理和风险防控提出了相关指导意见。加大对业务人员排查力度，防范道德风险，严格执行“三办法一指引”，重点关注客户贷款资金流向。至年末，受托支付占应受托比例为99.71%，超过银监要求19.71个百分点。当湖支行和钟埭支行试点实施风险经理制，进一步完善了风险管理的运行机制和载体。在广陈支行全面启动了信贷电子化审批试点，实现了信贷业务在系统中的流程化操作。

（山红梅）

【浦发银行嘉兴平湖支行】 2011年，浦发银行嘉兴平湖支行围绕“抓发展、促转型、强内控、增效益”发展的总体要求，各项业务取得发展。至年末，各项存款12.32亿元，其中储蓄存款1.86亿元；各项贷款14.23亿元。

年内，落实多种措施，推进存贷款业务的发展。一是布置落实嘉兴分行2011年旺季负债业务竞赛活动，积极组织各项存款工作，使存款下跌势头得到明显遏制。二是要求营销人员将客户维护与拓展相结合，逐步扩大支行基础客户群。三是加大对中小企业贷款及银团贷款的投入，全年中小企业贷款余额达26881万元。

调整信贷投向，优化贷款结构，积极推广业务新品，有效拉动负债业务。一是提倡国内信用证业务，全年国内信用证签发和代付推广涉及15家客户。二是跨境人民币业务快速发展，上半年，办理了嘉兴分行全辖范围内首笔海外代付业务。同时，成功办理了转口贸易业务。与“南苑花苑”成功合作，并陆续开展个人按揭贷款项目的操作。至年末，个人贷款余额15672万元，比年初新增加5280万元。在个人理财上，通过开展“浦发银行私人金融顾问进社区”等宣传活动与努力营销，在销售银行理财产品、发展个人优质客户、白金客户、钻石客户等方面，完成了年度计划任务。

（赵忠良）

【浙江平湖工银村镇银行】 2011年,浙江平湖工银村镇银行以"做优服务、做活金融、做优结构、做强实力"为指导思想,克服经济金融形势复杂多变,监管政策趋向严谨,组织存款难度加大,资金短缺、支付和流动性压力加大等困难,通过创新经营,各项业务实现平稳发展。

至年末,各项存款余额达14.02亿元,比年初增加2.34亿元。其中对公存款余额达到11.81亿元,储蓄存款余额达2.21亿元。全行对公和个人客户数为3703户,比上年新增1777户,其中对公客户692户、个人客户3011户,比上年分别新增158户和1619户。各项贷款余额13.9亿元,比年初增加2.99亿元,融资总量超过29亿元。在全部贷款中涉农贷款占比90%以上,比年初上升6个百分点。"小、农"客户增加较快,共为524户农户发放贷款1.26亿元,占全部贷款的比例由年初的2%提高到9%,贷款结构渐趋合理。全行实现净利润4849.28万元,全年上缴各项税费达到2126.68万元,经营效益不断提升。各项监管指标执行情况良好,贷款不良率为零,资产质量良好。

坚持创新理念,金融产品和服务有新的突破。通过细分客户,在全市率先为科技型小企业和科技型农业推出"创业和科农孵化贷款"业务;先后为辖内城乡求读大学的困难学生、农民建房和个体工商户设计推出"圆梦贷款"、"农民安居"联保联贷、"生意贷"贷款和农民创业贷款等产品,与平湖紧固件行业协会建立了紧密型合作关系,推出"先贷款,后办理"的服务理念。进一步深化支农服务,在8个镇(街道)和嘉兴港区选聘14名支农信息联络员,初步建立银村金融支农信息网络。先后与农经局、科技局、发改局、总商会及村级商会联合举办了金融支农支小服务对接会,通过现场签约、现场放贷等活动,在践行"惠农、惠小、惠民"服务中,充分发挥了村镇银行"拾遗补缺、差别经营、方便快捷"的服务特色。 (叶卫忠)

【兴业银行嘉兴平湖支行】 兴业银行成立于1988年,总行设在福建省,是经国务院、中国人民银行批准成立的首批股份制商业银行,2007年成为上市公司,进入全国十大商业银行之列。兴业银行嘉兴平湖支行于2011年8月16日试营业,8月26日正式开业,是嘉兴地区设立的第二个县域支行。支行内设综合部、财务会计部、平湖企业金融部、零售业务部等4个部门,共有员工26人。

2011年支行以"抢抓机遇、重在执行、服务平湖、助力成长"的市场定位和"以人为本,同心兴业"的服务理念,融入到平湖本土金融市场,以"规模是基础、质量是保障、效益是中心"的发展模式,不断探索和加强与地方经济建设,推进绿色金融,践行赤道原则,发展可持续金融政策。支行积极参与地方政府性建设融资,有效缓解地方建设资金压力;支行大力推进企业可持续发展金融服务方案,支持节能减排项目,提供绿色信贷;为解决中小企业融资和现金有效管理,提供"兴业金芝麻"和"兴业金立方"等金融产品,积极支持实体经济的发展。支行深入研究优势产品,大力宣传和搞好第三方合作,打出"兴业理财的拳头产品";结合平湖外贸型经济发展的鲜明特点,不断加强支行针对外贸型企业的金融产品,实现人民币跨境业务突破,开立了兴业银行嘉兴地区的首笔1000万元的人民币远期信用证跨境业务。年末,支行实现本外币存款余额69824万元,其中:对公存款61542万元,储蓄存款8282万元;各项贷款余额70499万元,存贷比101%;单位开户数129户,其中基本账户15户;零售账户657户。 (周芷兰)

【中国邮政储蓄银行有限责任公司浙江省嘉

兴市平湖市支行】 2008年5月15日,经中国银行业监督管理委员会嘉兴监管分局批准,中国邮政储蓄银行有限责任公司浙江省嘉兴市平湖市支行建立。内设综合管理部、综合业务部、信贷业务部、会计核算部等4个职能部室。下属有支行营业部、黄姑镇支行、乍浦支行3个营业网点。支行受嘉兴市分行、市人民银行及嘉兴银监分局平湖银监办事处的领导与监督,依据国家法律、法令、政策和计划,经营各项金融业务及上级批准的业务范围内授权的其他业务。

2011年,邮储银行平湖市支行紧紧围绕年度经营方针和经营目标,强化基础管理,加强合规建设,以发展为主线,以利润为目标,以高品质、专业化服务为手段,积极扩展市场、培育客户,实现了各项业务的全面发展。至年末,业务收入3173万元,同比增长66.82%,完成年计划的107.2%,收入规模继续保持嘉兴市各县(市)支行第二位。实现对公存款余额3.27亿元,日均余额1.21亿元;完成个人储蓄存款余额4.18亿元,比上年底净增9663.80万元,增长30.1%;全年日均余额净增9150万元,完成年计划102.15%,列嘉兴市各县(市)支行第一位;全年累计发放贷款4136笔,金额10.24亿元,净增2.25亿元,贷款结余2869笔,金额7.1亿元,年末贷款逾期率0.03%,比上年末下降0.05个百分点,其中小额贷款逾期率1.65%,比上年末下降0.22个百分点;年内,新增乍浦支行网点1个,ATM机3台。支行被评为浙江省银行业文明规范服务示范单位、同城票据交换考评三等奖、突飞猛进旺季争先赛活动优秀组织奖;黄姑镇支行获省分行"个人业务发展优秀网点"称号。

支行加快步伐向现代商业银行转型,一是提高转型认识,转变经营理念;二是转变信贷业务部职能,信贷业务部对信贷员的管理由原先的行政管理转变为业务管理,信贷业务部的职能由原先的经营、管理一把抓转变为以风险控制和信贷管理为主,信贷员也逐步向综合客户经理转型,业务也从原先单一的信贷业务扩大至个人、公司、信贷等综合业务;三是强化培训、提高整体素质,切实改善营业网点服务环境,增强邮储员工服务意识和服务技能,积极开展以"按章操作,规范行为"为主旋律,全面提升支行服务水平。

(陆爱观)

•保险公司•

【中国人民财产保险股份有限公司平湖支公司】 2011年,中国人民财产保险股份有限公司平湖支公司准确把握市场形势变化特点,实行以客户为中心,推进以服务促发展,以信誉立口碑的理念,全年共实现保费收入10835.92万元,迈入亿元大关,遥遥领先于市场同业。实现利润1350万元,未决赔案准备金3926.8万元,综合赔付率46.09%。同时,履行为三农服务的义务,努力做好政策性农业保险,作为农险共保体首席承保人,全年收入保费489.59万元,当期赔付223.76万元。

推进涉农保险长效建设,公司结合地方经济发展实际需求,加强与市、镇两级政府职能部门的联系,持续推进政策性农业保险,为全市广大农户撑起保护伞。年中,母猪大量死亡等灾害给农户造成了巨大的损失。公司把保险救灾理赔服务作为公司头等大事,为涉农保险开通绿色通道,对关系到农民群众生产生活的各类保险赔案第一时间进行理赔查勘,从狠抓第一现场的查勘率入手,坚持实事求是、"迅速、及时、准确、合理"的原则。严格按照快速赔付流程,为客户提供力所能及的方便。使受灾群众尽快拿到保险赔款,尽快恢复生产生活。

(王　婷)

【中国人寿保险股份有限公司平湖市支公司】 2011年,中国人寿保险平湖支公司以加快转变发展方式为主线,按照“促调保增、固本强基、依法合规”的工作思路,深入开展“四个意识”、打造“六大工程”主题活动,调结构,提品质,抓转型,促发展,防风险,全年共实现保费收入2.52亿元。寿险首年保费1.33亿元,其中新单期交保费4019.31万元,趸交保费9356.51万元;短期险保费1206.25万元,全年各类赔款和给付4582万元,理赔案2858件。

年内,公司坚持三马齐驾,统筹三大销售渠道协调发展,把握着平湖寿险市场的主动权。个险渠道通过“做大业务、做大格局”的集中宣导,以“会议经营”为抓手,金卡客户升级为主线,突出效益导向,充分利用2011营销员新基本法上线为契机,大力发展人力资源。强化营销区部制的建设,巩固并扩大竞争优势。团险通过攻关大客户、大企业为突破口,以政保合作为主导思想,学平险、新居民保险、农民建房险业务有较大增长点。进一步规范通泰险的销售流程,得到了省、嘉兴市公司的肯定。银保业务在面临取消驻点销售的不利因素下,通过渠道经营和维护及对银行临柜人员的培训力度,在信用社、邮政等重点渠道保持了业务稳定。 (王叶明)

【中国太平洋财产保险股份有限公司平湖支公司】 中国太平洋财产保险股份有限公司平湖支公司是太平洋产险旗下一家地(市)级公司。支公司在乍浦设有营销服务部,公司在编员工23人。作为一家负责任的保险企业,太平洋产险平湖支公司一直秉承“诚信天下,稳健一生,追求卓越”的核心价值观,致力于当地经济建设与社会风险管理功能的最大化。2011年,公司秉承和实践了“结果导向,关注过程,持续优化,责任到人”的太平洋保险绩效文化。至年末,公司当年累计保费收入3039.82万元。 (沈 斌)

综合经济管理

• 发展计划管理 •

【综合计划管理】 一是做好规划编制。颁布"十二五"规划纲要，提出专项规划目录体系，做好规划间的衔接、论证和审核工作。二是抓好千亿斤粮食综合生产能力项目建设。组织起草实施方案并加强监督检查，工程建设进展顺利，各项监管制度不断完善。三是抓信息化推进工作。完成2010年度信息化建设计划补助项目的验收、资金下达和2011年度项目立项。四是抢抓海洋经济发展机遇。调研编制了《关于加快发展平湖海洋经济的实施意见》，同时积极组织申报海洋经济发展示范区建设资金项目，确保2100万元海洋经济专项资金争取到位。

【项目推进】 一是项目推进促进有效投入。全市完成固定资产投资244.72亿元，同比增长18.8%，其中工业生产性投资163.55亿元，同比增长19.9%。列入"双百亿"工程的396个项目预计完成投资125.14亿元。二是精心筹划三次重大项目的开工（开业、投产）典礼活动，共有109个项目（开工项目78个、开业投产项目31个）集中开工。三是积极申报专项资金。全年申报各类上级资金项目21个，总投资16.45亿元。至年末，18个项目已获批准，共获上级补助资金5205万元。

【金融服务】 一是及时组织银企项签约。2011年银项、银企签约授信总额分别为118.22亿元和46.8亿元，计划新增贷款分别为79.41亿元和29.3亿元。二是积极拓展融资渠道。为16家企业实施了创业孵化联合打包贷款，资金达4600万元。计划12亿元的二期公司债券发行申报资料已报国家发改委审核。三是不断提升金融实力。新当湖农村资金互助社、安信小额贷款公司和兴业银行平湖支行正式开业。康泰小额贷款公司增资扩股工作有序推进，9家中小企业担保机构全部获得融资性担保公司经营许可证。四是扎实推进企业上市。景兴纸业1.55亿股非公开发行股票上市，共募集资金9.5亿元，莎普爱思药业已通过辅导，茉织华印务和晨光电缆进入辅导，新秀集团、荣胜纸业正在筹备境外上市，全年有23家企业完成股改。鸿禧光伏等3家企业引进风投资金49351万元。

【民生工程】 年内，总投入5.6亿元的15项民生工程年底全部完成目标任务。一是明确职责早启动。年初，根据2010年度市民和人大代表、政协委员最为关注的社会热点问题确定了15项民生重点工作并下发行动计划。二是完善制度顺机制。完善季度例会、信息报送和情况通报等工作制度，编发19期专题简报，每月及时统计进度掌握情况，确保顺利实施。三是深入调查明底子。认真调查详细掌握民生工程实施对象的基本情况，夯实民生工作基础，确保落到实处。四是强化宣传造氛围。制订方案，做好百姓"民生工程"系列宣传，营造浓厚氛围。五是后续管理保长效。在加快工程建设、保证工程质量的基础上，加强后续管理养护，确保持续发挥民生工程效益。（刘　明）

2011 年国民经济和社会发展主要目标完成情况

指　　标	单　　位	实　　绩	同比±%
生产总值	亿元	393.43	11.2
第一产业增加值	亿元	17.87	0.9
第二产业增加值	亿元	248.98	11.9
第三产业增加值	亿元	126.58	11.2
地方财政收入	亿元	32.44	27.2
全社会固定资产投资	亿元	244.72	18.8
工业生产性投资	亿元	163.55	19.9
社会消费品零售总额	亿元	105.02	18.7
进出口总额	亿美元	64.97	27.6
出口总值	亿美元	35.35	16.5
合同利用外资(不含港区)	亿美元	4.2	3.8
实际利用外资(不含港区)	亿美元	1.8	5.3
利用市外内资(不含港区)	亿元	34.4	15
城市居民人均可支配收入	元	33190	14.1
农村居民人均纯收入	元	16641	16.4
新增城乡就业岗位	个	16620	
城镇登记失业率	%	2.9	
计划生育率	%	98.77	

•国土资源管理•

【概况】 2011 年,市国土资源局以科学发展、保障和保护为主题,转变理念,创新思路,在保障用地、节约集约用地、卫片执法检查等方面取得明显成效。全年追加新增建设用地指标 1142.88 亩,为全年新增建设用地指标的 47.6%;积极对外联络购买补充耕地指标 1700 亩,实现了全市耕地占补平衡;全年供地、消化处置转而未供用地均超额完成全年目标任务。开展挖潜节地、集约用地工作成效突出,成功创建成为全国首批国土资源节约集约模范县(市)。2010 年度卫片执法检查工作实现"零问责,免约谈"。连续第 6 年获市级机关优秀部门称号;平湖市获嘉兴市 2011 年度区域节约集约用地综合考评先进单位、嘉兴市 2011 年度耕地保护目标责任制考核优胜单位;4 个国土资源所分别获得省、嘉兴市国土系统"群众满意所"和嘉兴市级、平湖市级满意站所,两位同志被推荐为国土系统"群众满意所工作人员"。当湖、独山港两个国土资源所通过嘉兴市级规范化国土所验收。市行政服务中心国土办事窗口,全年4次被市行政中心评为红旗窗口。

【推进农村土地综合整治】 出台《关于下达2011年度国土资源工作主要目标任务的通知》,把年度建设用地复垦和农村综合整治项目区农房集聚搬迁任务,分解下达到各镇(街道)。同时加快编制立项,全市6个整治项目全部得到批准立项,核拨建设用地周转指标1630亩。6个整治项目规划总整治区域48300亩,规划搬迁农房6337户、拆旧面积4425亩;规划新建社区安置点11个、建新用地总面积3845亩。新规划编制农村土地整治项目(包括乍浦镇)8个,其中当湖、新仓、广陈、林埭等镇(街道)各1个、乍浦镇4个,同时完成了全镇土地整治规划试点——独山港镇的规划编制和上报。

【提升服务保障能力】 一是积极争取用地指标。通过重大项目、重点项目积极向省厅争取,全年追加新增建设用地指标占了全年指标的近50%,并以25亩农用地指标置换了250亩未利用地指标。二是优化建设用地报批服务。继续实施重点投资项目绿色通道和业务联系跟踪单制度,加快建设用地报批速度,提高办事效率。按照新增建设用地指标优先保障民生工程、现代服务业和转型升级的新兴产业用地,一般项目用地主要靠挖潜。全年共上报建设用地总面积2559.5亩,其中新增建设用地面积2256.9亩。三是加快建设用地项目供地。继续加大转而未供土地的清理处置力度,全年办理建设用地项目供地4117亩,其中转而未供用地3281.1亩。四是加快土地出让。全年共公开出让土地170宗,3508亩,出让金总额20.94亿元。其中经营性用地83宗,土地面积1144亩,出让金总额16.43亿元;工业用地87宗,土地面积2364亩,出让金总额4.51亿元。

【提高耕地保护水平】 一是继续严格落实耕保责任制。市政府与各镇(街道)签订耕地保护目标管理责任书,落实耕地保护行政首长负责制。启动林埭镇耕地保护补偿试点工作。新一轮基本农田划定工作有序开展,年内完成内业预检工作。二是完成规划局部调整。编制完成了独山港、广陈、当湖和钟埭等6个镇(街道)的规划局部调整,总面积3018亩,为全市急需建设的民生项目和重大工业项目落实了用地空间。三是加快推进农村土地综合整治项目区拆旧复垦和百万造地保障工程,着力落实耕地占补平衡。全年项目区内(含乍浦镇)完成复垦面积1011亩,土地开发整理178亩。按计划完成2011—2012年度省级“百万”造地保障工程重点项目年度新增耕地150亩。积极对外联络,购买补充耕地指标1700亩,实现耕地占补平衡。四是完成各类考核。完成对各镇(街道)2010年度耕地保护责任目标履行情况的考核,通过嘉兴市对平湖市的2010年度耕地保护责任目标考核和2010年度耕地占补平衡抽查工作。五是加大规划成果和国土法律法规政策宣传。通过局网站、报刊等平台加大新一轮土地利用总体规划,特别是镇(街道)一级规划的宣传。以全国“土地日”和创建全国国土资源节约集约模范县(市)为契机,大力开展土地国情、市情宣传,增强全社会依法依规用地的自觉性。

【提升节约集约用地水平】 一是全力推进全国国土资源节约集约模范市创建活动。完善节约集约用地目标责任制,年初由市政府与各镇(街道)签订节约集约用地目标责任书,进一步落实责任。立足长效,完善落实节约集约用地政策、制度。拟定了《平湖市人民政府关于进一步加强土地节约集约利用推进产业结构优化升级的若干意见》。以创建全国国土资源节约集约模范市为抓手，大力提高单位面积投资强度和容积率,促进有限资源向高效利用配置。二是强化批后监管。在严把项目准入关的同时,强化项目批后管理。严格履行项目交地、动工告知手续,严格执行工业项目用地复核验收制度,逐步规范办理项目延期建设手续,实行违约追究制度。全年复核验收工业项目 76 个 1341.4 亩;办理延期项目 67 个 1866.7 亩,其中 29 个项目收取违约金 136.9 万元。继续实施建设项目批后监管每季通报制度。三是推进挖潜节地工作,加大存量建设用地盘活力度。加大对空闲、闲置土地的处置力度,努力提高存量建设用地的利用效率。全年盘活建设项目用地 139 宗,面积 1776 亩,超额完成年初目标任务。完成挖潜节地增加投资 23.1 亿元。直接收回空闲置土地 1029.3 亩,闲置土地处置率达到 92.5%。供应存量建设用地 629.5 亩;办理转让项目 78 个,面积 521.3 亩,合同金额 1.47 亿元。四是积极盘活转而未供农用地转用指标。对广陈、钟埭、新仓、新埭、独山港等镇(街道)因城镇规划调整等原因导致无法供地的原批准项目,依法申请盘活转而未供农用地指标 546.6 亩,避免指标的闲置浪费。

【推进执法监察与维稳维权工作】 一是加大土地执法监察力度。发挥"三线"联动机制和村级国土资源协管员作用,加强动态巡查,及时发现、制止和处置土地违法行为。全市共出动巡查 4143 人次,发现违法用地 175 宗,73203 平方米。其中责令停工 75 宗,面积 52922 平方米;拆除 100 宗,面积 20281 平方米。二是认真开展土地卫片执法检查等工作。在全面核查的基础上,按照"拆除复垦耕种到位、规范完善手续到位、立案查处整改到位、停建缓建落实到位"的要求,全力抓好整改。2010 年度卫片执法检查全市违法占用耕地比例控制在 6.38%,实现了"零问责、免约谈"。结合卫片执法检查,严肃查处违法用地案件,全年立案查处违法用地案件 68 起,涉及土地面积 106.77 万平方米。启动土地执法巡查预警机制。积极配合做好上海督察局对嘉兴市的例行督察工作。三是加强涉土信访排查化解。建立和完善国土资源信访工作六项制度,全年共受理来信、来访和市长电话总数 102 件,比上年增加 36 件,办结率 100%。四是切实维护被征地群众利益。严格执行征地"告知"、"确认"、"听证"的规定程序和"两公告一登记"制度,全年涉及 113 个征地项目、土地总面积 149.1 公顷,支付 4 项补偿费达 3.4 亿元,安置农业人口 2090 人。并提高了被征地农民基本生活保障金和基本生活补助金标准。

【夯实业务基础工作】 一是认真开展二次土地调查工作。完成独山港、新仓、林埭三个镇的城镇数字地籍调查项目并通过嘉兴市局验收。二是做好地籍管理日常工作。全年窗口共办理 18300 件;受理、审核、入库"三房"分割登记申请 169 幢,4633 户。着手开展数字化档案建设工作,全面完成 2008 年以来登记发证档案扫描入库,建立起日常土地登记档案扫描与整理入库工作机制。三是推进国土资源信息化建设。开展国土资源"一张图"及综合监管平台建设,完成数据库建设。国土广域内网完成省、市、县、国土所四级联网。政务信息公开扎实推进,局外网完成改版,建立和健全相关工作制度和规范,政务公开工作逐步规范化、制度化、科学化。四是做好重点建设项目统一征地服务工作。重点配合做好市域天然气输气管道工程、嘉兴电厂三期送出线路工程和西气东输二线平湖段工程 3 个重点项目征地借地政策处理工作。

(王彩勤)

·工商行政管理·

【概况】 2011年,市工商行政管理局贯彻落实科学发展观,创新举措,提升效能,各项工作取得明显成效。全年累计查处违法案件374起,其中大案217起,移送公安案件8起。至年末,全市企业法人总量为4382户,同比增长15.16%;注册资本(金)总量421.19亿元,增长18.14%,个体工商户总量21353户,增长14.04%。

【加快市场主体培育】 开展首届市级个体劳动者"创业之星"评选,举办"电子商务与产业转型升级研讨会",开展"富民工程大讨论",营造全民创业的良好氛围。积极开展"干部连乡镇"、"项目跟方案"登记注册服务行动,对各招商项目跟踪服务定人员、定时间、定效果,服务招商项目落地。

【推进品牌建设】 制定市商标发展"十二五"规划,开展商标品牌建设巡回讲座,举行知识产权宣传周活动。至年末,全市注册商标新核准598件,同比增长324%,累计核准注册商标2244件,成功注册两枚集体商标,填补了集体商标注册空白。新添嘉兴市著名商标7件,累计102件;新申报浙江省著名商标6件,累计29件。

【缓解企业融资难题】 牵头召开银企签约仪式,全市11家银行与180家企业签订合作协议,全年综合授信46.8亿元。指导两家小额贷款公司运作,放贷金额超10亿元。进一步规范抵押物登记和担保机构运作,全年抵押登记128份,抵押物价值28.54亿元,同比增长12.45%;主债权金额17.73亿元,同比增长37.35%。

【企业信用建设】 对全市38家企业进行信用风险评估,对其中评价结果为较高风险、高风险及极高风险的企业业主进行集中约谈,帮助不具备继续经营能力的企业平稳退出。政府企业信用信息共享平台累计上报数据31次,采集数据39132条,累计上报数据326次,共337736条。

【创新实施民企发展台账】 年初,创新建立《民企发展台账》,在新仓所成功试点的基础上,在每个镇(街道)成立红盾综合服务站,通过年检、走访等方式,深入走访企业562家,建立台账447份,收集企业困难和问题248个。该创新被省政府《专报信息》采用并得到王建满副省长的批示肯定。

【创新推出"菜篮子"指数】 4月,市场科探索推出"菜篮子指数"。该指数由综合评价和价格类指数两部分组成,每月进行分析并上报市政府。该项工作在省内尚属首家。《浙江日报》等主流媒体对此给予高度关注和好评,并由省政府上报至国务院办公厅予以采用。

【开辟市场经济秩序监管新领域】 年内,对全市企业网站进行建档备案,在省工商局建档平台中完成企业网站建档2338家,新办理完成网上营业执照标识153家,全市标识总数达345家。使用网络经济监管平台,开展1989次网络主体巡查,发出网络轻微违法行政告诫书127份,查处网络案件13起。对黑网吧和无照游戏机房保持高压态势,取缔黑网吧31家,查处无证游戏机房10家。

【加快农贸市场改造提升】 全方位布局,加快全市25家农贸市场改造提升。累计投入农贸市场改造提升资金11544.93万元。城区11个农贸市场完成改造提升,彻底改变了农贸市场设施简陋、环境“脏、乱、差”的局面,逐步建立起布局合理、设施完善、功能完备、环境整洁、管理规范的新一代农贸市场新格局。6月10日,嘉兴市农贸市场改造提升工作现场会在平湖召开,肯定了平湖的主要做法和取得的成效。

【强化食品安全监管】 年内,先后组织开展对染色海藻、问题贻贝、燕窝市场等的专项检查及食品流通许可证和乳制品经营许可证发放工作,共发出食品流通许可证2291张,并完成乳制品单项审核工作。全年累计出动执法人员1460人次,检查食品经营户2705户次,检测各类食品58批次,合格57批次,总体合格率为98.28%。查处食品安全案件29起,其中大案4起,罚没款29.58万元,查获“未标明生产日期”奶粉3.25吨。

【开创消费维权新局面】 围绕“消费与民生”年主题,结合全市经济发展的特色、消费者关注的重点商品、热点领域,确定每月一个主题,全面开展“月月3·15”活动,在全市形成月月有热点的消费维权工作格局并创新组建起平湖首支消费维权义工队伍。借鉴“枫桥经验”,大力推进“一会两站”规范化建设,在农村村镇和城市社区全覆盖的基础上,扩大消费维权监督站点进商场、进超市、进市场、进企业、进学校的覆盖面,打造全程监督、全域控制、全员调度、上下联动的消费维权综合体系。

【扎实推进创卫工作】 在加快完善农贸市场软硬件建设,实现全市农贸市场面貌焕然一新的同时,扎实开展无证无照经营整治。在全市创卫区域内开展地毯式排查,全年共规范办照1028户,取缔47户,立案查处47户,其中创卫区域规范办照1016户,取缔25户,共出动工商执法人员1200人次。认真牵头网格式管理工作,全年投入创卫专项资金2万元。通过排查摸底共移交各类问题168个。完成了117处墙体“牛皮癣”清洗刷新、33家临街商铺门店整治,使社区面貌在整体上得到改善。

【培育发展电子商务】 对全市规上企业开展电子商务情况普查,培育四大网上专业市场。5月19日率先启动平湖童车网上分销系统,指导53家企业入驻淘宝商城。启动电子商务网上创业培训,培育新网商473人。该项工作由国家工商总局刊发了信息专报。

(王璧恒)

•物价管理•

【概况】 2011年,价格管理工作按照“立足当前、着眼长远,综合施策、重点治理,保障民生、稳定预期”的原则,把稳定价格总水平作为首要任务,围绕“促生产、畅流通、增储备、建机制、保民生”,坚持综合运用多种调控手段,全面加强和改进价格调控监管工作,积极稳妥推进价格改革,促进经济又好又快发展,为维护社会和谐稳定营造了有利的价格环境。

【贯彻落实国家和省市物价政策】 一是贯彻落实药品价格政策,转发了浙江省物价局关于公布全省集中采购药品补充规格剂型零售价格,阿米卡星等集中采购药品,二类疫苗、庆大霉素滴眼剂等药品,激素、调节内分泌类和神经系统类等药品,部分抗微生物类和循环系统类药品,国家基本药物和省增补非基本药物目录药品统一采购价,第二和第三批国家基本药物和省增补非基本药物目录药品基层统一采购价,基层医疗机构增设一般诊疗费和省物价局关于加强疫苗价格管理的通知等药品价格政策;二是贯彻落实资产评估、会计师事务所服务、律师服务、建设项目占用水域补偿费、动物及动物产品检疫收费标准等有关问题；三是进一步明确游览参观点门票价格管理、有线数字电视服务收费管理、邮政相关服务收费、机动车驾驶员培训收费管理有关事项和国家发展改革委关于完善价格政策促进蔬菜生产流通政策；四是调整省电网销售电价和自备电厂自发自用有余倒送大网的电量上网电价。

【做好价格核定工作】 2011 年，重新核定、调整和公布了道路事故车辆施救服务收费标准、出租汽车燃油附加费收费标准、平湖至嘉兴港区化工园区和曹港线城乡公交客运票价、大润发停车场收费标准、老年公寓服务收费标准、稚川实验中学学费标准、秋季中小学和幼儿园收费及住宿收费标准、管输天然气销售价格、2010 年度经济适用住房销售价格、机械化生猪屠宰加工服务费标准和新仓镇卫生费标准。

【减轻企业负担】 一是全面贯彻落实全国、省和市取消、停征、减征收费的收费政策，控减企业负担。通过清理收费项目和标准，全年减负项目 17 个，金额约 1103.44 万元，其中暂停征收行政事业性项目 2 个，减少收费金额 7.5 万元；降低行政事业性收费标准项目 9 个，减少收费金额 937.58 万元，降低经营性服务收费项目 5 个，减少收费金额 157.95 万元，暂停征收经营性服务项目 1 个，减少收费金额 0.41 万元。二是坚持收费公示制度。督促各收费单位要在收费场所的显著位置公布收费项目、标准和依据，让企业明明白白交费。并以收费公示为切入口，规范部门和单位的收费行为，完善收费的社会监督，防止各种越权收费、超标准收费、自立项目收费等乱收费行为通过公示“合法化”，努力优化经济发展环境。

【2010 年度行政事业性收费验审工作】 2010 年度收费年审工作从 1 月份开始至 6 月底结束。共年审行政事业性部门和单位 74 家，年审率达到 100%。年审总金额 22411.49 万元，其中：行政性 13783.35 万元，事业性 8628.14 万元。涉企金额 13453.12 万元，其他收费 8958.37 万元。并结合年审工作，继续进行清费减负工作，确保国家减负政策贯彻执行，促进了经济稳定发展。

【对各类培训班的收费管理】 为进一步加强行政事业单位培训收费管理，规范培训收费行为，切实制止乱办班、乱收费。根据《浙江省行政事业单位培训收费管理办法》规定，对行政事业单位培训收费按行政事业性收费实施管理。对确无经费来源或经费不足，又必须举办的培训，按照“从严控制、以收抵支、合理补偿”的原则核定收费标准。全年核定并备案培训班 37 期，其中行政事业性 17 期，社会力量举办的培训班 20 期。

【成本监审和农本调查工作】 一是搞好农本调查工作。按照省物价局对农本调查工作的要求，做好成本常规调查、直报调查及农民存粮、农资购买等专项调查工作，全年向省市和本局信息网站（刊物）报送农产品成本调查信息 27 篇，为调整农业生产、农村经济结构、稳定农产品价格、减轻农民负担、增加农民收入发挥作用。有一名农本调查工作人员连续 9 年被评为全国农产品成本调查工作优秀个人。二是开展成本监审工作。为进一步建立健全科学的价格形成机制，根据《政府制定价格成本监审办法》、《浙江省定价目录》等文件精神，按照调整后的成本监审目录，开展对商品和服务价格成本的监审，并定期开展自来水和污水处理价格的成本的监审工作，为科学和合理定价提供依据。

【整顿和规范市场价格(收费)秩序】　按照国家和省市的统一部署和检查重点,开展市场价格检查,整顿和规范市场价格与收费秩序,查处价格违法行为。全年主要开展9项专项价格检查工作。一是开展春节、五一和十一等节日市场商品和服务价格检查。重点关注粮油、肉类、鸡蛋、奶类、蔬菜、糖料、石油液化气、交通客运、旅游服务等与民生相关的商品和服务价格秩序,结合市场巡查,宣传价格政策,规范商家经营行为,稳定市场物价。二是开展农资价格和涉农收费专项检查。与市农负办、农经局和纠风办一起对村“一事一议”筹资筹劳、涉农收费、村级财务管理、减轻农民负担责任制落实等情况进行检查考核和明查暗访。同时组织开展农资价格和农机服务收费执行情况检查。并对一起发生在农民新村建设中的违规收费行为作出了清退处理。三是开展行业协会收费专项检查,严格规范社团收费行为,维护企业的利益,减轻企业负担。四是开展教育收费专项检查。与纠风办、财政局、审计局和教育局五部门联合,在春秋两个学期对全市20多所中小学、幼儿园的教育收费政策执行情况进行检查,规范教育收费行为。五是开展商品经营专业市场和房地产市场明码标价专项整治活动。会同商品经营专业市场管理单位,加强对经营者明码标价知识的宣传辅导,指导经营者做好明码标价工作。并印制标明产地、等级、规格、品名、计价单位、批发价、零售价、核价员的标价签发放到各专业市场管理单位,由市场管理单位发放并具体落实到市场各经营户。在开展商品住房销售明码标价专项整治活动中,从5月起对新建住房实行“一房一价”备案制度,有15家房地产企业开发的24个批次的商品住房向物价部门办理了备案。并将《浙江省商品房销售明码标价管理规定》印发给各房地产开发公司,督促经营者做好明码标价工作,维护消费者利益。六是开展电力价格大检查。根据省物价局等部门《转发国家发展改革委等六部门关于立即组织开展全市电力价格大检查的通知》精神,部署电力价格大检查工作,配合嘉兴市局对电力局、景兴和荣晟热电有限公司进行电价检查,并根据安排开展对浙江吉安纸容器有限公司热电厂、浙江恒洋热电有限公司、海盐县电力局的上网电价、差别电价、脱硫电价、优惠电价执行情况进行对口检查。七是开展成品油市场零售价格专项检查。根据《浙江省物价局关于立即开展成品油价格专项检查的通知》精神,开展成品油市场零售价格专项检查工作,对个别加油站擅自提高成品油市场零售价的行为及时进行了制止。八是开展房地产评估事务所收费情况检查。9月中旬,对众诚房地产评估事务所、佳诚房地产测绘有限公司和中正房地产评估事务所3家资产评估事务所进行检查。对收费政策执行进行规范。九是开展医疗收费和药品价格检查。按照国家发展改革委等六部委联合下发的《关于开展全国医药卫生服务价格大检查的通知》精神,11月,在全市开展医药卫生服务价格大检查。重点检查了药品的最高零售价和加价率执行情况,特别是基层医疗卫生机构基本药物零差率政策执行情况;医疗服务价格项目规范执行情况;一次性医用耗材、检查检验的价格和收费执行情况。共对7家基层医疗单位进行了检查。全年,共立案查处价格违法案件2起,经济制裁金额705551.5元,其中没收价格违法所得698551.5元,罚款7000元,全部上缴财政。

【积极应对抢盐突发事件】　3月16—17日,受到日本地震引发的核电站泄漏污染海水可能影响以后生产的“海盐”不安全和受“补碘”可防止核辐射等传言的影响,平湖与其他城市一样出现群众排队集中抢购食盐的现象，个别经营者借机哄抬食盐价格，接到群众举报后，进行现场调查，了解食盐的库存及供应情况，及时采取措施：一是通过电视、广播、手机短信等媒体向社会及时公布正确信息，努力安抚群众恐慌心理；二是维持市场供应秩序，加强配送，保证供应；三是加强食盐市场价格检查，制止哄抬食盐价格行为，努力维护食盐市场价格稳定。截止3月18日晚上，食盐销售秩序趋于平稳，各大超市、农贸市场、便利店食用盐补货基本到位，供应恢复正常，价格平稳，抢购食盐的突发事件得到有效平息。

【做好涉农价格和收费公示工作】 为进一步做好全市涉农价格和收费公示工作，加强价格监管，提高涉农价格和收费政策的透明度，针对收费项目的减免、变更和降低情况，在梳理现有涉农价格和收费项目及标准的基础上，重新调整制作了110块公示牌，通过市农村价格监督网络，下发到全市各镇(街道)及下属的95个村，让广大农民更好了解有关涉农价格和收费政策。

【"3·15"国际消费者权益日活动】 2011年的"3·15"是第28个国际消费者权益日，活动主题是"消费与民生"，在活动现场，发放了《浙江省行政事业性收费项目和收费标准目录》，并接受群众和消费者的咨询，起到了良好的宣传作用。

【受理和做好价格举报处理工作】 全年，共受理各类价格和收费问题投诉和咨询61件，其中市长电话受理中心交办单20件。做到认真受理，耐心解释，严肃查处，及时反馈，主动化解矛盾，维护了群众利益。

【强化经济和司法涉案物品价格鉴证】 按照客观公正、实事求是的原则，对刑事、经济、行政以及仲裁案件涉及的各种扣押、追缴、没收及纠纷财物的价格进行价格鉴定、认证、评估，全年共受理248起，总评估金额为360万元。

(黄　杰)

•统计工作•

【概况】 2011年，市统计局以科学发展观为统领，深化创先争优活动，夯实统计基层基础，提高统计数据质量，加强统计能力建设，深度解读数据，提升统计服务水平，服务科学发展，圆满完成了全年各项统计工作任务。连续9年被考评为市级优秀部门，连续9年获嘉兴市统计系统综合考核先进单位称号。

【第六次全国人口普查】 全市的第六次全国人口普查在全市3000多名普查工作人员的共同努力下，实现了"摸清人口家底、确保质量进度、力争工作先进"的普查工作目标，得到了上级人口普查机构的充分肯定，获得第六次全国人口普查省级先进集体荣誉。全市涌现了一大批先进典型，其中，国家级先进个人1名，省级先进集体3个，先进个人127名；嘉兴市级先进集体12个，先进个人110名；市级先进集体40个，先进个人150名。

【统计信息服务工作】 一是认真开展"解读数字，服务发展"活动，以统计服务创品牌为抓手，发挥统计信息资源优势，重点加强对经济运行状况的分析监测工作，加大对经济运行动态的分析预警和主要经济指标的预测、监测工作力度，提高统计服务的敏锐性、针对性，及时向市委、市政府和有关部门提供全市经济运行情况分析。二是切实抓好统计数据资料的开发利用，积极主动为党政领导、市"两会"及全市性会议、领导调研提供参阅资料。加强部门协作，做好统计数据对外发布服务，并依法为单位和个人提供统计数据认证和咨询等服务工作。全年共编印《统计调研与分析报告》普刊37期、专刊6期、《统计信息快报》普刊44期、专刊13期。编印完成了《平湖统计年鉴》2011年版、《数说“十一五”——从数据看发展》资料本和《数据平湖2010年(简要本)》等资料。三是拓宽统计信息发布渠道,通过各种媒体、统计咨询、召开经济形势新闻发布会等多种形式,及时向社会公布和提供有关统计调查数据,做好信息共享,满足社会各界需求。

【基本单位名录库建设】 基本单位名录库建设被国家统计局列为2011年统计系统“四大工程”之首。按照上级有关部署,坚持“统一管理、分工协作、分级负责、共同参与、资料共享”的原则,认真拟订工作方案,及时开展业务培训;制定名录库更新维护考核办法,助推全市名录库建设工作顺利开展;建立名录库更新维护季度通报制度,确保名录库数据质量。至年末,一个统一完整、不重不漏、及时更新的基本单位名录库建成,并形成了各专业联动、部门信息共享、基层动态维护的良好工作机制。开展了“四上”(1. 规上工业,2. 限上住宿餐饮、批发零售业,3. 有资质的建筑企业和房地产开发企业,4. 限上服务业)企业基本情况和主要数据核查、个体经营户名录库清查。至年末,全市在库法人单位9179家,产业活动单位1339家,个体经营户3.76万户。

【服务业统计工作】 市政府出台《平湖市进一步加强服务业统计工作的意见》,进一步明确镇(街道)和市级相关部门服务业统计工作职责。按照“统一制度、条块结合、分级负责”的原则,加强对服务业统计工作的组织协调和业务指导,牵头组织全市服务业统计调查和数据质量评估审核工作,及时准确反映全市服务业发展状况。全年全市月度调查限上企业法人单位414家,季度调查各类服务业单位1111家,其中限上法人单位672家,比上年增加92家,限下法人单位149家,个体经营户290家。加强服务业数据开发和使用,开展服务业发展状况统计分析和监测评价,对杭州湾钢贸城内限上批发企业统计工作作了调查分析。

【社情民意调查工作】 进一步发挥统计调查网络优势,年内,重点开展了创建国家卫生城市群众满意率专项调查、全市扶残助残爱心城市测评调查、全市地税系统纳税人满意度调查、公众对城市环境保护满意率调查、软环境建设调查、5‰人口抽样调查、“平安平湖”调查、非公有制企业人才资源状况抽样调查、群众评议部门、组织工作满意度、党风廉政建设民意调查等20多项调查。同时,采取各种有效举措,加强对城镇住户和农村住户调查工作的管理,新一轮城乡住户调查得到平稳过渡,确保了两个收入数据的真实可靠。

【统计法制工作】 全面开展《统计法》等法律法规学习,印发全年统计法制和宣传工作要点,制定统计稽查工作计划,继续实行全员执法责任制,开展统计巡查和稽查。首次开展统计巡查工作,年内对新仓镇、新埭镇和市交通系统开展了统计巡查工作。建立统计执法检查回访制度,巩固统计执法成果。全年对48家基层单位进行统计稽查,给予当场警告21家,立案查处8家,维护了《统计法》权威,推动了全市统计工作的顺利开展。

【统计档案目标管理通过省二级标准认定】

根据档案工作发展需要,市统计局健全档案管理网络、修订档案管理制度、调整档案分类方案、完善档案数据库,及时解决了档案工作中遇到的人、财、物等问题,使档案工作有效地为部门、为群众、为机关各项工作服务。

年内，顺利通过省统计局、省档案局组织的统计档案工作目标管理省二级标准认定。

（沈高峰）

• 审计工作 •

【概况】 2011年，市审计局扎实开展“全面转型、提升价值年”活动，发挥审计在经济社会发展中的“免疫系统”功能，全年完成审计项目38个，审计查出应纠正违规行为金额9092万元，管理不规范金额72825万元，损失浪费金额97万元，政府建设项目核减金额5771万元。作出审计报告书29份，向嘉兴市审计局、市政府及有关部门提交审计结果报告35份。发布审计公告14个，移送案件2起，上报审计信息100篇，录用40篇（次）。局机关在全省土地出让金审计项目中被评为“先进公务员集体”；创作并演出的快板节目《平湖审计赞歌》在省审计厅纪念建党90周年文艺调演活动中获得“最佳原创奖”；《平湖市2008、2009年度村庄整治专项资金管理使用情况的专项审计调查》项目被评为嘉兴市优秀审计项目。获嘉兴市内部审计指导先进单位、市“优秀部门”、“推进惩防体系建设和落实党风廉政建设责任制考核优秀部门”、“创卫工作良好单位”、“理论学习中心组和乡科级领导干部理论学习考核奖”等称号。

【上级交办任务】 3月份，按照审计署的统一部署，成立负债审计专项审计组，赴海盐县开展海盐政府债务审计工作，为期一个多月，圆满完成审计任务。同时，负责做好嘉善审计组在平湖开展地方性负债审计工作的后勤保障工作，做好嘉善组与市财政局、融资公司等的沟通、协调工作，及时掌握审计新动向。完成了市国有土地使用权出让收支情况审计和市普通高中负债情况审计。

【财政审计】 年内，完成市本级财政2010年度预算执行情况审计，并代表市政府向人大常委会作了审计工作汇报。在实施财政同级审时，结合开展了全部政府性资金专项审计调查。通过审计调查，发现财政预算管理不够细化、批复不及时、结转下年指标金额大、部分预算收入未及时上缴国库、专项资金管理不够规范等问题，提出了进一步规范财政预算管理和预算执行、清理归并财政资金专户、建立财政资金存款管理制度等审计意见和建议。完成了曹桥街道、林埭镇、广陈镇、新埭镇财政决算审计，提出了进一步规范各镇（街道）政府投资项目管理、内部财务管理和票据管理、严格防范债务风险、加强固定资产管理等建议。开展了2010年度各镇（街道）干部收入分配情况的专项审计调查，乡镇公务员收入分配通过三年审计已从根本上得到规范。

【行政事业单位财务收支审计】 年内，完成市九龙山开发区、慈善总会、百花艺术幼儿园、广播电视台、卫生局、科技局、文体局、档案局、城管局等9个单位的财务收支审计和预算执行审计，出具了审计报告书。完成了市人大交办的对市文体局、档案局、安监局、统计局的2010年预算执行情况审查。

【领导干部经济责任审计】 筹备召开2011年度经济责任审计联席会议第一次会议，组织经济责任联席会议成员到诸暨市审计局学习观摩乡镇领导干部经济责任审计评价办法，出台《平湖市2010年度领导干部经济责任审计情况通报》。根据市委组织部《审计任务建议书》要求，完成对城管局原局长等8名同志的经济责任审计。在审计中针对往来款清理不及时、公车管理不规范、物品采购管理不严等问题提出了审计意见和建议，得到了被审计单位的采纳。按照《嘉兴市经济责任审计整改督查办法》以及联席会议的要求,7月下旬至9月下旬,市委组织部、市纪委和市审计局三部门组成联合督查组,对2010年度领导干部经济责任审计结果整改落实情况进行督查。作为全省县(市)、区长离任经济事项交接工作的两个试点市之一,首次开展了市长离任经济事项交接工作。

【政府建设项目投资审计】 年内,竣工决算审计累计送审投资额为8.11亿元,审计核减投资额5771万元,平均核减率为7.11%。在继续做好上年度已经开工项目跟踪审计工作外,对市F0901工程、人民法院审判业务用房、平湖技校迁建一期工程等4个新开工项目实施跟踪审计,投资概算金额合计约4.11亿元。根据《平湖市人民政府关于进一步规范政府投资建设项目招投标活动的意见》的相关规定,从5月份起,对包括绿州花苑二期工程等8个新建项目的预算编制情况进行了审核,送审预算投资4.73亿元,审计调整预算额812万元,其中调减预算255万元,调增预算1067万元。根据嘉兴市审计局要求,对建设领域突出问题专项治理和"两新"工程推进建设情况进行了审计调查,分别出具了审计报告,为上级部门决策提供了依据和参考。组织召开组织审计工作例会暨协审中介机构廉政责任签约会,与中介机构负责人签定了廉政责任书,出台《平湖市政府投资项目组织审计项目分配暂行办法》、《平湖市政府投资项目组织审计考核暂行办法》,进一步规范了工作流程。

【专项审计调查】 年内,开展市保障性住房专项审计调查、市工业转型升级财政专项资金使用绩效专项审计调查、2009—2010年度职工基本养老保险基金审计、2009—2010年度残疾人保障资金专项审计调查等7个专项审计调查项目。检查了涉及群众切身利益的政策措施的落实情况、规范性情况,提出了完善有关政策的意见和建议,为构建和谐平湖提供了审计依据。对全市城市公共事业费(路灯管理所)的财务收支以及路灯电费的收取与使用情况、市公证处财务收支及管理情况进行了审计调查。参与完成了污染减排专项资金申报项目现场检查、教育收费、小金库治理等专项检查。

【内部审计】 年内,组织10人参加内审岗位资格培训,107人参加嘉兴市内审人员后续教育培训,16人参加省协后续教育,并及时更新内审人员数据库。推荐上报国家统一课题2个,上报省级统一课题5个,案例3个,上报市协评优项目5个。与工商联建立联合推进民营企业内部审计工作联席会议制度,两部门联合开展了民营企业内部审计工作调查,召开了民营企业内部审计工作动员会,对促进民营企业内部审计工作发展提出相应的对策和建议,并出台了相关的实施意见、规划以及计划。 (王月红)

•质量技术监督•

【概况】 2011年,市质监局坚持以科学发展观为指导,着力推进"质量强市和大质量、大监管、大平台"建设以及民主评议行风活动,认真履行综合管理和行政执法两大职能,为服务全市经济社会发展作出积极贡献。先后被市委、市政府评为年度工作目标绩效考核优秀部门、依法行政工作示范单位、安全生产目标管理责任制考核优秀单位,入选平湖首批"满意行业"。局下属6个站所(窗口)100%获嘉兴市平湖市两级群众满意基层站所,"蓝箭"志愿者服务队获市十大机关服务品牌。

【基层站所建设】 根据省、嘉兴市局关于加强基层质监站所建设的指导意见,向市编委争取支持,在当湖街道和新埭、新仓、独山港等3个省级中心镇设置4个基层质监站,加强基层监管力量并强化基层质监站所的规范化建设。同时,根据上级关于加强区域质量安全监管的工作精神,进一步健全了市、镇(街道)、村(居)、村民组、企业五级质量安全监管网。11月底,嘉兴市局对平湖基层质监站所建设进行考核检查并给予了充分肯定。

【推进依法行政】 围绕“法治质监”建设目标,积极开展浙江省依法行政示范单位创建工作。年内,组织专项执法检查21次,出动行政执法人员4200余人次,检查企事业单位925家(次),立案47起,到期结案率100%。行政服务中心质监窗口办结各类事项4354件,审批提速80%以上。对近三年处罚案件和行政许可案件的案卷进行自查自纠,对109个当事人进行了回访。做到了无行政复议撤销案件和被人民法院判决败诉案件。9月下旬,接受省法制办案卷评查,得到肯定。

【开展行风民主评议】 把开展行风评议作为推进党风廉政建设和创先争优活动的重要抓手。围绕找准问题、整改提高、着眼长效,通过开展“质监开放日”、“大走访”等活动,主动接受社会各方对质监工作和队伍建设的监督评议。通过开展“双促双保”(促发展、促转型、保安全、保民生)系列活动,帮助20家企业解决了22个发展难题。经评议,社会各界的总体满意率达到99.19%。

【推进质量强市工作】 出台《平湖市人民政府关于加快建设质量强市的实施意见》和《2011年质量强市工作要点》,作为产品、工程、服务和环境“四大质量”牵头部门先后开展质量提升课题调研,分别制定年度工作计划。在新埭镇开展“质量强镇”试点工作,设立品牌推进工作办公室,并出台一系列政策激励措施,加强基础设施和软硬件配备,扎实推进了质量强镇试点工作。

【落实品牌培育】 出台《名牌、政府质量奖培育三年(2011—2013年)规划》,确定92家企业为各级名牌培育对象,“洁具”和“光机电”为区域名牌培育对象,21家企业为各级政府质量奖培育对象。推进115家企业实施各种有效的质量管理方法,年内新增浙江名牌1个,嘉兴名牌9个,平湖名牌12个,市长质量奖2家。同时,结合办理政协委员关于加强区域名牌建设的提案,开展了一系列推进箱包名牌建设的工作措施。

【深化标准化战略】 年初,金德水和王建满两位副省长先后对《制定淋浴房产业标准推动转型提升的做法》给予批示肯定并提出了要求,以此为契机,推进了省级块状产业标准化重点项目——《浴室多功能集成柜联盟标准的制订与实施》的制定。年内,帮助浙江亿达生物科技有限公司主导起草了全国首个观赏鱼类国家标准《观赏鱼分级规则 血鹦鹉鱼》,由该公司承担的2011年省级农业标准化推广示范项目“血鹦鹉标准化养殖推广示范”通过省级验收。浙江九龙山开发有限公司申报的休闲运动服务标准化试点项目通过2011年浙江省服务业标准化试点项目立项。指导2家企业分别主导和参与了2项国家标准的制(修)订、10家单位分别参与了2个行业标准的制(修)订。

【强化安全培训机制】 以落实企业主体责任为重点,对监管人员、企业法人代表、质量负责人进行培训,并开展了理论考试和主体责任落实情况监督检查。特种设备上,把特种设备管理人员培训纳入了全市安全管理员大培训,与市安监局联合举办特种设备作业人员培训班7期,648人参加培训考核。食品上,对146名法人代表、负责人进行了培训。对全市8个镇(街道)的质监员、村居协管员和企业质量安全员也开展了培训。

【加强食品安全监管】 开展严厉打击食品非法添加和滥用食品添加剂工作,与企业签订了《食品添加剂使用承诺书》,督促企业对添加剂实施"六专"管理法(专人采购、专人管理、专账登记、专区存放、专器计量、专人领用)。全年,出动执法人员280余人次,检查企业110家(次),立案17起,对32家企业提出整改意见并进行了复查。取缔无证无照小作坊7个,1家企业实施了停产整顿。深入开展了食品安全进社区、进农村、进学校等活动,进一步发挥社会监督力量推进了食品的安全监管。

【加强特种设备安全监察】 年初,王建满副省长对《强化特种设备安全服务经济转型升级的做法》给予了批示肯定。以此为契机,出台了《关于进一步加强特种设备安全工作的实施意见》,把特种设备"四个率"(使用登记率、定期检验率、隐患整治率、作业人员持证上岗率)纳入了政府安全生产年度目标考核体系。分别与教育、卫生、旅游等行业主管部门共同开展相关行业特种设备安全工作。全年出动执法人员532人次,对220家特种设备生产、使用单位进行了检查,发出特种设备安全监察指令书30份。发现较大安全隐患19起,全部得到落实整改。报废存在安全隐患的"螺丝瓶"97459只。

【推进特种设备节能】 扎实开展特种设备节能帮扶活动,指导完成锅炉节能技术改造32台,锅炉水处理达标151台,拆除锅炉15台,对206人次进行了锅炉节能知识培训,对新安装的30台锅炉进行了施工前能效测试审核,对12家特种设备使用单位开展了节能技术帮扶。使1家企业获得浙江省特种设备节能示范单位称号。

【深化分类监管】 结合国家、省级定期监督抽查和专项检查,深入实施分类监管。重新制订分类监管实施方案,确定重点监管企业208家,重点监管产品8类。对69家重点监管企业,建立了重点监管档案并实施动态管理。对辖区内43家获证企业进行了全面核查,并逐家签订质量安全承诺书。全年,完成各级监督抽查135批次,产品批次合格率92.6%,略高于上年同期。监督抽查不合格的案件10起,及时作出了处理。同时,完善以预防为主的风险管理工作机制,修订出台了《食品和特种设备安全事故应急预案》。

【提高检测能力】 年内,筹建的浙江省光机电质量检验中心,成为平湖首个"省级检测中心",并获得省科技厅"省级重大科技创新平台"称号。制定并实施了《检验检测机构能力建设方案和监督管理实施方案》。组织全市10家检验机构面向社会公开诚信检验承诺,主动接受社会监督。组织各技术机构申报了2011年度技术改造和技术装备项目。质检所完成各类检验1085批次,计量所对19347台(件)计量器具进行了检测。

(邹丽霞)

•食品药品监督管理•

【概况】 2011年,市食品药品监督管理局以科学监管保障安全为主题,以整顿和规范食品药品市场秩序为主线,以机构改革、创新监管为动力,以保障人民群众饮食用药安全为出发点和落脚点,深入开展食品药品安全专项整治,扎实推进食品药品安全保障体系建设。全年共出动执法人员1075人次,监督检查药械生产企业11家、经营企业164家、使用单位149家,取缔无证经营药械摊点9个,共查处各类药械违法违规行为为42起,发出责令整改通知书53份,涉案金额3.36万余元,罚没款共计15.8万元。被评为嘉兴市食品药品监管系统先进集体,市依法行政示范单位。局党支部荣获嘉兴市先进基层党组织、"金平湖先锋"基层党组织。

【落实食品药品安全责任制】 年初,在全市食品药品安全工作会议上,市政府与各镇(街道)及食品药品安全监管部门签订食品安全工作目标责任书,将食品药品安全工作纳入平安建设考评体系和镇(街道)年度绩效考核,进一步增强各镇(街道)和监管部门主要领导是食品药品安全工作第一责任人、分管领导负直接领导责任的意识,切实担负起食品药品安全责任。各镇(街道)也与所属村、企事业单位签订食品药品安全责任书,共同承担起保一方食品药品安全的责任。全市食品药品安全"地方政府负总责、各部门各司其职、企业是第一责任人"的责任体系得到有效落实。

【食品安全专项整治】 出台《关于严厉打击食品非法添加行为切实加强食品添加剂专项行动》方案,统一印制9300份国家九部委公告,广泛张贴,做到家喻户晓,人人皆知。年内,先后组织开展了严厉打击食品非法添加和滥用食品添加剂、问题乳粉清查清缴、"瘦肉精"、酒类、"地沟油"、邻苯二甲酸酯类物质排查、糕点米面制品、燕窝、辣椒及其制品、罗丹明B排查等专项整治,保持高压态势,加大查处违法行为力度,全年移送公安的食品安全案件2起,追究刑事责任7人。

【创卫食品安全工作】 2011年,是全市争创国家卫生城市关键之年,食品安全工作又是创卫标准中十大内容之一。根据创卫的要求,牵头完成了创卫食品安全技术报告。召开相关部门会议,部署创卫食品安全方面的台账收集、整理工作。派出3名工作人员,积极参与市区公共场所和食品安全专项整治行动。收集汇总食品安全列检备检单位,部署现场检查,并开展督查,顺利通过了嘉兴市创卫考核。

【国家级药品安全示范市创建】 为进一步巩固省级农村药品"两网一规范"建设示范市成果,全面深化药品安全示范镇(街道)创建活动,提升药品安全保障水平,年内开展国家级药品安全示范市创建活动。一是制订下发《国家级药品安全示范市创建工作实施方案》和《平湖市创建国家级药品安全示范市工作任务分解》,对创建活动进行具体部署。二是将药品安全工作列入地方经济社会发展总体规划及政府目标考核内容,下发《平湖市药品安全责任制与责任追究制》,进一步落实责任。三是编印《平湖市药品安全监督网络人员培训手册》,制作培训课件,对药品安全协管员、联络员和信息员进行业务培训,提高他们的履职能力,使基层监管网络更加稳固结实,在药品安全工作中发挥更大的作用。四是通过报纸、电视、电台、网站、短信平台等媒体打造全方位宣传体系和"立体化"宣传模式。在《嘉兴日报·平湖版》开设"食品药品监管"专栏,在网站上开设"药品安全示范创建"专页,在全市每个村(社区)均设立宣传栏,宣传药品安全示范创建工作和药品法律法规、药物预警及合理用药知识。五是全力推进药品监管信息化建设。积极推行药品远程电子监管系统,建立起在线远程监控、动态实时监管平台,全市单体药品零售企业已全部安装并成功投入使用,并将实现药品监管平台与社保管理系统、医疗机构社区管理系统的对接,结合农民电子健康档案建设工作,丰富农民电子健康档案中安全用药信息内容。全市8个镇(街道)已全部创建为平湖市药品安全示范镇(街道)。

【提升药品不良反应(医疗器械不良事件)监测效能】 结合药品安全示范市创建工作,将药品不良反应(医疗器械不良事件)监测体系建设、药物滥用监测体系建设、合理用药评估等药品安全工作纳入考核评分标准,同时纳入药品医疗器械信用体系建设,大大提高了镇(街道)和涉药单位对监测工作的重视。同时联合卫生部门召开药品不良反应总结表彰会议,表彰了上年在监测工作中表现突出的先进单位和个人,部署当年监测任务。为着重解决以往工作中出现的医疗机构与企业上报的ADR报告数量不平衡、ADR上报时间分布不平衡和MDR报告分布不平衡现象,下发《2011年度医疗单位药品不良反应和医疗器械不良事件监测报告数》,进一步明确了公立医疗机构监测目标任务,统一在省医疗器械不良事件在线报告系统注册用户,涵盖了全市各有关医疗器械生产、经营和使用单位。全年共上报药品不良反应报告623例,其中新的、严重的报告148例,占总报告数的23.8%,上报医疗器械不良事件报告46例。

【推进"药学服务进社区"活动】 广泛开展社区药学服务活动。结合药品安全示范创建宣传活动,以27个创建国家卫生城市结对社区为重点宣传阵地,组织局工作人员、镇(街道)药品安全协管员、联络员、村(社区)药品安全信息员及药师志愿者开展现场宣传、知识讲座、用药咨询、图版展示、发放宣传资料、免费量血压、清理家庭小药箱等药学服务活动。先后在当湖街道梅兰苑社区等7个村(社区)开展宣教活动,为百姓提供高效、优质的药学服务,共免费测量血压200余人次,回收过期药品500余盒(瓶),发放宣传小册子3000余份,得到社区居民的热烈欢迎。随着药品安全示范创建工作的稳步推进和"药学服务进社区"活动的深入开展,建立健全了以"多方宣传、全面回收、严格管理、环保销毁"为主要内容的家庭过期药品全过程长效管理机制。全市家庭过期药品回收点已由34个发展成170余个,覆盖面由各镇(街道)延伸至各村(社区),方便了群众对家庭过期药品的处置,提高了家庭过期药品回收活动的影响力。为进一步完善药学服务进社区活动长效机制,健全药师服务团管理机制,针对活动中存在的不足,强化宣教力度,加强对药店开展药学服务的指导与培训,营造了全市药学服务良好的社会氛围。 (熊 音)

•安全生产监督管理•

【概况】 2011年,市安全生产监督管理局坚持以人为本安全发展理念和"安全第一、预防为主、综合治理"工作方针,围绕国务院继续深入开展"安全生产年"活动要求,强化责任落实,严格依法监管,全年全市共发生各类生产安全事故171起、死亡51人、重伤132人、直接经济损失391.7万元,同比分别下降1.16%、1.92%、1.49%和0.15%,四项控制指标连续第8年实现"零增长"并有所下降。其中工矿商贸领域发生事故8起、死亡7人、重伤1人、直接经济损失241万元;道路交通领域发生事故149起、死亡44人、重伤131人、直接经济损失87.96万元;火灾事故13起、直接经济损失44.64万元,无人员伤亡;水上交通事故1起、直接经济损失18.1万元,无人员伤亡。未发生渔船捕捞作业伤亡事故及较大以上生产安全事故。市政府成为嘉兴市五县四区唯一连续7年保持年度安全生产目标责任制考核优秀单位。市安监局连续7年获得嘉兴市级安全生产工作目标考核优秀单位、安全生产工作先进集体称号;被评为市依法行政先进单位、平安创建先进单位;获得嘉兴市安全生产监察执法工作优秀单位、市项目推进服务优秀单位、推进惩防体系建设和落实党风廉政建设责任制考核优秀部门等荣誉。

【安全生产治理】 年内,继续深化隐患排查治理。针对春节、五一、国庆等重要节日和夏季高温、汛期台风等重要时段的特点,突出烟花爆竹、危险化学品、在建工程、民用燃气储存经营等重点行业领域和重点单位,组织开展了"2011 平湖安全隐患整治执法 1—6 号"6 项专项执法行动,共检查企业(单位)899 家次,排查出事故隐患 1551 条,整改 1417 条。5 月、6 月,开展上半年全市性安全生产大检查,通过采用各镇(街道)、市有关部门自查和市四套班子领导分组带队督查等方式,对道路交通、危险化学品、烟花爆竹、消防、建筑施工、特种设备等重点行业领域和劳动密集型、机械制造、交通运输等重点企业以及医院、学校、出租房等重点人员密集场所开展全面检查,共检查生产经营单位 1426 家,排查整改隐患 1509 条;8 月、9 月,开展了全市"三查、四促、两保"安全生产大检查,通过企业自查、镇(街道)部门检查、市政府领导带队分组督查的方式,着重对道路交通、消防、建筑施工、水上交通、渔业船舶、危险化学品、烟花爆竹、机械制造八大重点行业领域深入开展隐患排查治理工作,共排查整改隐患 6153 条。继续实施重大隐患政府挂牌督办制度。年内按期完成工矿商贸领域嘉兴市级挂牌督办重大隐患整改单位 2 家。

【安全生产执法】 年内,对 5 起生产安全责任事故进行立案查处,处罚事故责任单位 6 家、责任人员 8 人,行政处罚 71.9 万元。受理群众举报 16 起,对其中 6 起一般性安全生产违法行为进行立案查处,追究责任单位 6 家,行政处罚 22.6 万元。严格实施安全许可,严把初审关,共受理审查各类行政许可事项 469 份,其中,开展建设项目安全设立审查 8 项,建设项目安全设施设计审查 10 项,建设项目安全设施竣工验收 4 项;受理危险化学品行政许可 76 份;安全生产许可证换证变更 10 份;生产、储存批准书申请变更 8 份;危化品经营许可证乙证申请换证变更 22 份,剧毒品使用备案 16 家;第三类易制毒备案 4 家;试生产备案 4 家;应急预案备案 8 家;其他建设项目"三同时"备案 4 项;受理核发烟花爆竹经营(零售)许可证 295 家;受理生产经营单位主要负责人和安全生产管理人员安全资格认证 1130 份。

【安全生产宣教】 重点开展第十个全国"安全生产月"、第四个全市"公共安全宣传月"等活动,全年发放安全生产宣传画 9615 张、宣传资料 17.71 万份,悬挂横幅、刷写标语 1048 条,出刊黑板报 561 期,举办知识竞赛 186 场、文艺宣传 93 场、演讲比赛 280 场、培训职工 44206 人,开展安全咨询 1291 次、参观图片展览 137158 人次。组织培训一般性生产经营单位企业负责人、安全管理人员、特种作业人员 4493 人;组织培训镇(街道)安全生产监管执法人员 35 人、村(社区)安全生产管理人员 141 人;联合镇(街道)安监站及有关部门深入企业,开展安全生产"百场培训进企业"活动,全年进企业上门培训 106 场,培训企业从业人员 19486 人。

【长效机制建设】 落实政府和部门安全监管职责并充分发挥安委会、安委办综合协调职能,抓好市、镇(街道)、村(居)及企业 4 个层次责任制的签订落实,全市共签订各类安全生产目标管理责任书 4474 份,其中市级层面 29 份,镇(街道)、部门层面 215 份,企业层面 4230 家;评选表彰安全生产先进集体 40

家、先进个人32名。完成了平湖市安全生产"十二五"规划、平湖经济开发区生物医药产业园(精细化工产业园区)、独山港区石化作业区(临港综合物流园区)安全发展规划和全市危化行业安全发展规划等4项规划编制工作。大力推进安全生产标准化创建,成功创建安全生产标准化省级达标2家、嘉兴市级1家;顺利通过国家二级复评验收1家。

【保障能力建设】 为加强安全生产应急管理体系建设,继续实行安全生产风险预警提示制度,不定期编印出刊《平湖市安全生产预警提示》4期;举办"安全生产月"应急预案演练周活动,组织开展市级层面大型预案演练3次,各镇(街道)、部门及企业、学校也按要求组织开展了各类预案演练,应急救援协调配合和处置能力得到明显提高。加快安全生产技术支撑体系建设,推进涉危工艺自动化控制系统安装,排查全市涉及危险工艺危险化学品生产企业3家,并指导督促3家涉危企业完成自动化控制系统安装。加强安全生产投入保障,继续推行安全投入预算机制,全年全市12家危化品生产企业安全总投入779.5万元。加强安监队伍建设,深入开展党风廉政建设和反腐倡廉工作,提高机关干部拒腐防变能力,全年未发生一起违法违纪行为。

(徐　婷)

教　育

•综述•

【通过国家三类城市语言文字工作评估】 11月16日至17日,平湖市顺利通过国家三类城市语言文字工作评估。评估团按照检查评估标准和评分依据,通过听取汇报、组织座谈、查阅资料、察看环境、问卷调查、实地测查及随机访谈等方式,深入平湖市党政机关、学校、新闻媒体和公共服务行业4大重点领域14家单位,分别对各单位的用语、用字和综合管理等情况进行全面检查评估,对平湖市的语言文字规范化示范街的用语用字情况进行实地检查。

【开展"爱岗敬业,铸造师魂"主题教育系列活动】 重视师德建设,强化师德修养,2011年,在全市教育系统深入开展"爱岗敬业,铸造师魂"主题教育系列活动,通过举办优秀教职工先进事迹DV作品展示、"我眼中的好老师"学生与家长征文评议活动、"立德有为"教师才艺表演、教育机智技能大赛等活动,展示全市教育工作者昂扬向上的精神风貌。在《嘉兴日报・平湖版》上开设"爱岗敬业铸造师魂"专栏,宣传先进教师事迹,全年宣传报道48人次。

【未成年人思想道德建设】 扎实推进校本德育创新主题活动,各学校围绕校本德育创新,推进创新班主任工作专题培训、德育工作创新主题论坛。强化学校心理健康教育,推进中小学生青春期健康教育,抓好对青少年学生的法制宣传教育和禁毒教育。重视和加强中小学生读书活动,组织开展"中小学暑期阅读伴我成长"读书活动和"党在我心中"主题读书活动。选拔3名选手参加嘉兴市"党在我心中"中小学生演讲比赛,获一等奖1个,二等奖2个,其中2名选手被嘉兴市推荐参加省比赛。

【推进课程改革】 继续深化基础教育课程改革,积极推动高中特色化、多样化发展,突出学生主体地位,努力向多元化、全方位发展。围绕提高教学质量这一核心,加强教师教学工作规范、学生学习规范等教学制度建设,强化教学常规落实,进一步加强教研组、备课组建设。实施教学改革,改革教学环节,发挥课堂教学主阵地作用,继续推进初中课堂教学改革,强化前置性学习,突出学生自主学习,倡导先学后教的课堂教学模式,注重学思结合、因材施教,关注学生特点和个性差异。优化预习载体建设,开展教师自编作业改革。坚持教师为主导、学生为主体,倡导启发式、探究式、讨论式、参与式教学,激发学生好奇心和求知欲,提倡精讲多练的课堂模式,提高课堂教学的有效性。在九龙山小学和行知中学开展小班化教学试点,指导学校开展学习、分析、研讨,编制试点方案,认真做好小班化教学试点工作。

【机关效能建设】 进一步加强挂钩联系学校制度、重点课题调研制度、电子政务和政府信息公开制度、会议申报和严格公文办理流程制度等规章制度。落实《中共平湖市教育局委员会议事规则》和《平湖市教育局议事规则》,坚持每月召开一次机关工作例会和局务会议。完成承办市人大代表议案建议2件、市政协提案(意见)15件。做好群众来信来电来访、市长电话的答复办理工作,办好局长信箱。2011 年,办理群众来信来访 96 件,办理市长电话 104 件,办理局长信箱正式答复件 95 件,办理上级教育部门交办件 17 件,按时办结率 100%。

【全面推进校安工程】 出台《平湖市教育局关于进一步深入开展项目推进活动的实施意见》,明确项目年度进度和健全项目实施工作制度、规范项目实施管理制度、强化项目实施资金保障、强化项目实施考核制度等工作要求。实行局领导项目推进挂钩联系制度,项目落实到人。完成实验幼儿园扩建、全塘中心小学和南市中学运动场改造等工程。抓好平湖技校迁建、新仓中心小学扩建、全塘二小新建、黄姑中心小学扩建、职业中专实训楼、广陈中学扩建等在建工程建设。年内,63 个项目 100% 开工建设,59 个项目 14 万多平方米建筑面积竣工,竣工面积占规划总面积的 87.99%。

【档案工作目标管理创建】 2011 年,东湖中学、钟埭中心小学、乍浦天妃小学等 3 所学校档案室通过档案工作目标管理省一级单位的考核验收。截至年底,全市学校通过档案工作目标管理省一级单位 11 所、省二级单位 4 所、平湖市一级单位 20 所。

• 基础教育 •

【概况】 2011 学年初,全市有小学 30 所(其中民办 1 所)。其中,城市小学 9 所,镇中心小学 9 所(含乍浦镇 3 所),农村小学 12 所。有 620 个班,在校学生 28683 人。2011 学年全市小学入学率 100%,巩固率 100%。继续实行 6 周岁入学。

全市有初中 13 所,390 个班,在校学生 17297 人。初中入学率 100%,巩固率 100%。小学升初中比例为 100%。

全市有普通高级中学 4 所,有 177 个班,在校学生 9520 人。初中升高中段比例为 98.76%,比上年提高 0.02 个百分点。全市共有 3075 人报名参加普通高考,文理科第一批上线 358 人,上线率 11.64%,2905 人上普通高校线,上线率为 94.47%,录取 2831 人(其中本科段 1724 人),录取率为 92.07%。

全市有幼儿园 47 所,其中教育部门主办 3 所,集体办 32 所,民办 11 所,其他部门办 1 所。另有独立设置的学前班 7 处。共 348 个班,在园幼儿 11940 人,幼儿园三年入园率为 97.6%。

全市有特殊教育学校 1 所,学生 28 人。另有 5 处小学附设特教班,学生 50 人。义务教育阶段小学随班就读学生 77 人,初中随班就读学生数为 48 人。7—15 周岁三类残疾儿童少年完成义务教育年巩固率 100%。

年内,行知小学、新仓中心幼儿园被命名为第七批嘉兴市级绿色学校;天妃幼儿园、长红国学幼儿园成功创建省一级和省三级幼儿园;平湖市被确定为省特殊教育随班就读试点县。

【重视学前教育均衡发展】 落实《平湖市人民政府关于进一步加快学前教育发展全面提升学前教育质量的实施意见》精神,在前期充分调研的基础上,出台并实施《平湖市学前教育三年行动计划(2011—2013 年)》,分城区幼儿园建设工程、镇(街道)幼儿园网点调整工程、幼儿园等级创建工程、幼儿园教师素质提升工程、强化学前教育管理工程和弱势群体保障工程,推进全市学前教育优质、快速、均衡发展。

【省一级重点高中招收保送生工作】 4 月,市教育局出台《平湖市教育局 2011 年省一级重点高中招收保送生工作实施办法》。办法规定,平湖中学和当湖高级中学 2 所省一级重点高中共招收保送生 752 名(平湖中学 399 名,当湖高级中学 353 名);按照各初中学校毕业生数将保送生名额平均分配到学校,对各初中学校推荐的候选人,经综合素质测评后,按各校所分得保送生名额 70% 的比例,从高分到低分依次录取,余下的 30% 名额再在未录取的候选人中从高分到低分依次录取,确保各初中学校优秀初三毕业生保送进入省一级重点高中学习。

【科技教育】 4 月 28 日至 30 日,组织参加"浙江省第二十五届青少年科技创新大赛",获一等奖 1 个,三等奖 4 个,东湖小学沈嘉诚"X 光眼镜"获全国一等奖。5 月,开展科普周系列活动,全市中小学组织开展防灾减灾演练、科普知识讲座、模型拼装比赛、科技创新比赛、低碳知识培训、环保主题征文和气象科普进校园等 10 多项活动。10 月 30 日至 11 月 4 日,举行平湖市青少年科技创新大赛,全市 35 所中小学 27675 名学生参加活动。年内,开展各类科技比赛活动,举办平湖市第七届中小学电脑机器人比赛、头脑奥林匹克竞赛古典题、万人大挑战比赛、红船模型和中共一大建筑模型比赛等活动,培养青少年的科技知识素养,锻炼动手动脑能力。东湖小学、当湖高级中学、职业中学的 4 支队伍在浙江省机器人比赛中获二等奖 1 个、三等奖 3 个。

【健康教育和卫生工作】 开展一系列健康知识和创卫知识教育活动,培养学生良好的卫生习惯。教育系统获市"爱卫杯"知识竞赛三等奖。严格落实日常体温检测、"日报告"、"零报告"等制度。积极参加创卫工作,开展好除四害工作,在爱国卫生宣传月中,组织、发动学校师生整治环境卫生。4 月下旬,平湖中学顺利通过省疾控中心、卫生监督所的专家考评,成为全市第 5 所全国学生与健康示范学校。"5·20 中国学生营养日"期间,学生营养与健康促进会联合市教育局举办"平湖市学生、教师、家长营养与健康素养知识网络大赛"。落实健康教育有关内容,积极开展健康促进学校创建活动。进一步抓好学校卫生保健人员的培训培养工作。

【平师附小与白马小学合并】 根据《平湖市人民政府关于同意将平湖师范附属小学与白马小学合并办学的批复》,平师附小与白马小学合并,实行一体办学。合并后,学校名称为"浙江省平湖师范学校附属小学",下设两个校区:原平师附小校址为浙江省平湖师范学校附属小学松风校区,原白马小学校址为浙江省平湖师范学校附属小学白马校区。2 月 26 日,在浙江省平湖师范学校附属小学白马校区举行两校合并仪式。

·中等职业教育·

【概况】 2011 学年全市共有中等职业学校 3 所,其中地方教育部门办 2 所,民办 1 所,另有其他机构(教学点)1 个,共有在校学生 8436 人。当年职业学校招收新生 3047 人。毕业学生 2243 人,毕业生一次就业率达 98%。496 人报名参加高职考试,上线 493 人,上线率为 99.4%。

年内,全市中职学生参加技能大赛获全国二等奖 5 个,三等奖 4 个;获省一等奖 7 个,二等奖 1 个,三等奖 12 个。

全市中职学校有国家级实训基地 1 个,省级先进制造业基地 3 个,省示范性专业 7 个。

【嘉兴市交通学校被评为国家级重点中等职业学校】 根据《教育部办公厅关于公布 2010 年认定的国家级重点中等职业学校名单的通知》(教职成厅函〔2011〕25 号),嘉兴市交通学校被评为国家级重点中等职业学校,这是平湖市继职业中等专业学校之后的又一所国家级重点中等职业学校。

【市职业中专被教育部列为中等职业教育改革发展示范学校项目设立学校】 10月,国家教育部公布了2011年度中央财政拟立项支持的377所国家中等职业教育改革发展示范学校建设计划项目学校名单,市职业中专成为浙江省被列入的12所学校之一。

【市职业中专首次举办内地新疆中职班】 根据国家教育部发布的首批内地新疆中职班招生计划,平湖市职业中专首次举办内地新疆中职班,招收化学工艺、服装制作与生产管理两个专业共61名学生。

•成人教育和社区教育•

【电大平湖学院】 2011年,全市电大成人高等教育(含网络教育)共招生1442名,毕业生1140名,在校生3844名,教职工26名,其中专任教师25名,另有兼职教师55名。全市有镇(街道)成人文化技术学校9所,全部达到省二级成校以上标准,其中省示范性成校4所、省一级成校4所、省二级成校1所。全市镇(街道)成人文化技术学校有专职教师35名,兼职教师1322名。建立社区教育中心8个,占全市镇(街道)总数的88%。全年,全市各类成人培训73568人次,其中职业技能培训7368人次;完成2010年招收的1667名"成人双证制"学员的培训工作,并设立100万元的专项教育经费用于成人双证制教育。

【公民健康素养百场专家宣讲进社区】 2011年,继续开展公民健康素养百场专家宣讲进社区活动,采用"面对面"、"点对点"相结合的方式,开展宣讲活动。"面对面"即活动开展采取会场讲座的方式,"点对点"即由医务人员对需要现场咨询的公民提供一对一的热情服务。"面对面"和"点对点"的服务时间不低于1个小时。全年共开展活动101场(次),现场参与社区居民达6060多人次。

【金融知识送下乡活动】 针对中小企业融资难以及城乡居民迫切寻求的通胀背景下的资产保值增值理财方法,与建设银行平湖支行合作,组织金融专家讲师团深入乡镇开展"金融知识送下乡"活动,普及存贷款、结算、银行卡、投资理财及预防假币、抵制非法集资等知识,帮助乡镇企业主提高金融风险意识、信用意识和使用现代化金融服务的能力。全年开展活动5场,现场参与474人次。

【教育部新型农民培训工作联系点】 2011年,开展成人双证制教育培训1667人,完成年初计划的166.7%;农业专业技能培训5374人,完成年初计划的107.5%;农民转移就业技能培训3494人,完成年初计划的116.5%;务工农民岗位技能培训7485人,完成年初计划的159.3%;农村"两创"使用人才培训1996人,完成年初计划的99.8%;农村后备劳动力培训450人,完成年初计划的150%。

【成人自学考试】 2011年,全市报名参加自学考试共计10771人次,其中参加学历考试6190人次,10484课次,参加非学历考试4581人次。自学考试本科毕业35人,专科毕业135人,非学历考试获得证书3983人。

【成人高考】 2011年,全市报名参加成人高考共计615人,上线467人,录取459人。

(姚云云)

•嘉兴学院平湖校区•

【概况】 2011 年,平湖校区学前教育专业申本获浙江省教育厅通过,完成第一轮校区内部人事分配制度改革。校区现设有教育系、外语系、经管系、艺术设计系和公共基础教学部。在职教职工 137 人。共有 8 个专业,59 个班级(含 5 年一贯制前三年 9 个班级),全日制在校学生 2319 人;另有三处学前教育专业合作办学,4 个班级 205 人,成教学员 645 人。

教学工作:完善期中、期末教学检查制度、学生座谈会制度、期末试卷抽查制度;对各个主要教学环节的教学状况定期进行督查与总结。根据“教师教学业绩考核办法”制订科学合理的操作过程,完善课堂考勤、考试管理、学生评教等制度,建立自我约束、良性运行的教学质量保障体系和评价体系。认真落实教学系(部)、教研室的“二级教学检查”和“二级听课”办法。深化教学内容、教学方法和考核方法改革。5 名教师获学校教改项目立项,其中重点教改项目一项。完成《2011 版人才培养方案》修订、课程教学大纲的修(制)订、一般建设专业和新设置建设专业评估验收。实习基地建设由“单向式”基地建设逐步向“互利双赢式”基地建设过渡,新增 4 家实习基地,现共有 75 个实习基地。

科研与师资队伍建设:以课题为依托,形成以优秀学术带头人为核心、科研骨干为中坚的科研意识浓厚、科研方向稳定、科研素质优良、富有团结合作、创新进取精神的科研团队,组建形成“童车研发中心”和“平湖服装产业发展促进中心”两个科研创新团队。开展相关研究所与研发中心的筹备建设工作。引入学校(小学、幼儿园)和企业中的科研力量与科研条件,推进基层学术组织建设。全年引进教授 1 名,博士 1 名,选派 3 名教师赴国内高校访学,1 名教师担任农村指导员,1 名教师支援新疆阿克苏地区“双语”培训。

科学研究与对外交流:新立项课题 29 项,其中,市厅级及以上 12 项,横向课题 1 项;结项课题 31 项,其中省部级 3 项,市厅级 15 项;出版教材 1 部。开展近十项科研评奖与成果转化工作,多名教师的科研成果获奖或转化,1 名教师作品获“汉帛奖”19 届国际青年服装设计师时装作品大赛国家奖,2 篇论文分获浙江省第三届大学生艺术展演高校科研艺术论文评比一等奖与三等奖。结合课题研究,加强与行业协会、企业的联系,开展横向合作。多位教师为地方教育单位、文化部门、企业和行业开展讲座、技术辅导、培训等。

党建与学生工作:根据上级有关文件精神和部署,通过形式多样的活动深入推进创先争优活动。全年新发展党员 162 人,转正党员 62 人,大专段学生中党员比例为 8.77%,新列入党积极分子 213 人。所属 5 个直属党支部积极参与支部建设创新活动申报,其中,2 个直属党支部创新活动被学校立项,1 个直属党支部创新活动被选送参加浙江省高校支部创新活动评选。结合产学联盟构建,以职业生涯规划教育为抓手,组织第一届职业生涯规划大赛并选送部分作品参加学校比赛,4 项获奖,其中二等奖 1 项,1 件作品推荐参加浙江省大学生职业规划大赛获优秀奖。开展每月一次的公寓管理现场工作会,加强对学生公寓管理中心和学生公寓团总支工作的指导;建立不达标寝室预警机制。以系列活动为载体,加强思想政治教育与引导。当年全日制毕业学生 674 人,一次就业率达 99.8%。

建设与管理:体艺楼工程建设项目完成施工图设计,项目建议书、项目可行性研究报告正式批复,项目设计方案和建设工程规划许可证报主管部门审批。完成食堂和校园超市新一轮招标,食堂卫生在平湖市食品卫生监督所年度考核中取得A级。绿化和养护进行新一轮招标,成立绿化考评小组,并按承包合同对承包商进行考核。

产学合作:编制《校区产学研三年工作规划(初稿)》。积极与行业协会、企业洽谈,深化与行业协会、企业的合作项目。成功举办隶玛品牌推介会暨嘉兴学院·华城集团国际服装研究开发中心启动仪式、嘉兴学院平湖校区童车设计研发中心首届成果暨校企合作平台启动发布会、第二届“菁奂隶玛”嘉兴学院平湖校区2011届服装设计专业毕业设计动态汇演。正式成立平湖校区童车设计研发中心、嘉兴学院·华城集团国际服装研究开发中心。积极与新秀集团就员工培训、箱包设计等校企合作事宜进行商谈、与平湖·中国服装城合作事宜进行洽谈。参与平湖·中国服装城试营业服装特卖展示活动。童车设计研发中心、嘉兴学院·华城集团国际服装研发中心、维克斯儿童玩具有限公司设计研发中心、旎莱雅女装品牌校企联盟研发中心等校企合作平台正常运行。 (冯伟芳)

•教师队伍建设•

【概况】 2011学年初,教育系统共有正式教职工4527人,其中小学1709人,普通中学2108人,职业学校376人(全市共460人),幼儿园188人(全市共有994人),教师进修学校41人,特殊教育学校4人,教育考试管理中心7人,教育师资管理中心7人,教育后勤中心17人,财政支付(核算)中心教育分中心13人,学生资助管理中心2人,电大平湖学院26人,社区学院3人,教育局26人。

全市有小学专任教师1621人,其中本科毕业803人,专科毕业650人,高中阶段毕业168人。专任教师中,取得中学高级职称的有36人,小学高级职称的有1075人,小学一级职称的有435人,小学二级职称的有4人,尚未评级的有71人。

全市有初中专任教师1300人,其中研究生毕业5人,本科毕业1140人,专科毕业155人。专任教师中,取得中学高级职称的有160人,中学一级职称的有672人,中学二级职称的有441人,中学三级职称的有3人,尚未评级的有24人。

全市有普通高中专任教师636人,其中研究生毕业49人,本科毕业587人。专任教师中,取得中学高级职称的有176人,中学一级职称的有284人,中学二级职称的有164人,尚未评级的有12人。

全市有职业中专(高中)专任教师354人,其中研究生毕业18人,本科毕业318人,专科毕业18人。专任教师中,具有副高级职称的有44人,中级职称的有125人,初级职称的有147人,尚未评级的有38人。

全市有幼儿园教职工中,共有园长38人,专任教师664人。其中本科毕业155人,专科毕业443人,高中阶段毕业104人。取得中学高级职称的有13人,幼教高级职称的有157人,幼教一级职称的有350人,幼教二级职称的有33人,幼教三级职称的有1人,尚未评级的有148人。

【教育人才的引进】 按照统一招聘与拓宽渠道相结合的原则做好教育人才引进。全年共录用应届师范教育及非师范教育专业毕业生111名,其中中学录用48名,全部为本科及以上学历;小学录用42名,幼儿园录用21名,全部为专科及以上学历。

【教师队伍培训培养】 按计划完成306名高中文科教师的全员培训和新教师新三年培训工程。全面启动新一轮中小学教师专业发展培训,制订《平湖市中小学专业发展培训实施细则(试行)》。全年开设10个90学时的集中脱产培训班、20个16学时定期集中培训班及4个短期培训班。共有1910人次通过网上申报参加各级各类培训学习。继续开展名师培养工程，对任期内的291名平湖市级名师、40名嘉兴市学科带头人、16名嘉兴市名师等名优教师进行任期考核。选送1名英语骨干教师到英国参加为期21天培训、2名校长到芬兰参加为期21天培训。推荐评选出省第二届农村教师突出贡献奖1名、省中小学教坛新秀1名、嘉兴市优秀教师7名、嘉兴市优秀教育工作者1名、第十批嘉兴市学科教学带头人41名、嘉兴市中小学教坛新秀4名、平湖市第二届“十佳名班主任”、平湖市“百名优秀班主任”、平湖市优秀教师103名、平湖市优秀教育工作者10名。

【教育人才的管理使用】 一是开展新一轮校级领导班子竞争上岗工作。2011年，18名校级正职、10名校级副职作适当交流，5名原任校级副职提任为校级正职，新提任校级副职16名。二是探索区域内教师流动改革。在5所城区学校选聘教师中，实行50%骨干选调和50%随机选调两种方式进行，共选调22名，其中骨干选调12名，随机选调10名。面向镇(街道)幼儿园新招聘在编教师9名，各镇(街道)1名，加强农村学前教育教师队伍建设。三是加强教师专业技术职务的评聘管理。至2010学年末，全市有中学高级(副高)教师594名，中级职务的教师2354名。四是落实义务教育阶段学校师资双向交流工作机制。城区学校选派28名教师到农村学校全职任教，新招聘的20名农村学校新教师到城区学校锻炼一年。五是完成下派支教锻炼工作任务。完成第二轮与龙泉结对支教工作，启动新一轮结对支教，龙泉市9名中学教师到平实践锻炼，选拔当湖高级中学1名教师去新疆支教1年半，选送1名校级领导到国家语委办挂职锻炼。

•教育科研和教学研究•

【理论研究】 积极开展社区教育实验工作，做好2010年立项的第二批30个社区教育实验项目管理工作。《县(市)级地区社区教育推进策略研究》和《农村成校开展科普惠农服务站工作的实践与研究》顺利通过浙江省成人教育与职业教育协会结题验收，《农村劳动力素质提升工程的实践研究》被省社区教育指导中心确立为2011年度社区教育实验项目；完成中国成人教育协会社区教育专业委员会立项课题《构建农村社区教育体系实验——以浙江省平湖市为例》和《关于企业车间化学校运行机制的研究》的各项研究，并提交结题材料；《县市级农村地区社区教育体制创新研究》和《农村成校开展科普惠农服务站工作的实践与研究》两个课题被中国成人教育协会社区教育专业委员会立项为“十二五”规划课题，其中前者为重点课题。

•教育督导•

【组织督学换届聘任】 9月21日，市政府教育督导室、市教育局组织召开第六届督学换届聘任会议，聘请46名督学，其中专职督学3名，兼职40名，特约督学3名。新一届督学更加年轻化，更具专业性。男性均在57岁以下，女性均在52岁以下，有语文、数学、英语、科学、社会、美术等专业教师，有幼儿教育、职业教育、成人文化技术教育专业人才，有研训中心教学专业指导人员。

【开展教育教学视导】 2011年，教育督导科组织参与对全市20所中小学、幼儿园和新居民子弟学校开展的教学视导活动。通过听取学校工作汇报、随堂听课、查阅教师备课本、学生作业本、召开教师、学生座谈会等形式，了解学校教育教学工作情况,深入进行教学诊断,视导活动有利于加强和规范全市中小学、幼儿园的教育教学工作,提高教育教学质量。

•改善办学条件•

【概况】 2011年,全市教育经费总投入103706.3万元,其中当年财政预算内教育拨款61642.7万元,比上年增长24.1%,占财政支出的比例为22.31%。学校生均公用经费调整为小学500元/年、初中650元/年、高中800元/年。

【中小学布局调整】 2011年全市共撤并学校5所,教学点4所。

【教育装备】 2011年,教育装备继续保持较快增长,教育技术装备累计金额为14565.4万元,其中小学教育技术装备累计金额6171.5万元,中学教育技术装备累计金额8393.9万元。全市普通中小学校共投入装备经费1224.8万元,其中小学教育技术装备投入金额为510.1万元,中学教育技术装备投入金额为714.7万元。

2011年底全市普通中小学校计算机总台数12816台,达到4.33生/机,其中小学5328台,达到5.38生/机,初中4893台,达到3.54生/机,高中2595台,达到3.67生/机。2011年全市普通中小学多媒体设备1473套,全部进普通教室。全市理科实验仪器达标情况:全市普通高中4所、初级中学13所全部达到一类标准。30所小学中,18所中心小学达一类标准,12所村完小中1所达一类标准,其余11所达二类标准。全市普通中小学纸质图书共162.6万册,生均达29.3册,其中小学图书79.8万册,生均27.8册,初中图书52.0万册,生均30.1册,高中图书30.8万册,生均32.4册。

•新居民子女教育•

【新居民子女义务教育】 贯彻落实嘉兴市人民政府《关于进一步推进新居民子女教育工作的意见》的要求,妥善安排新居民子女入学。上半年,召开新居民子女学校管理例会2次。5月,组织开展新居民子女学校教师培训活动,各派驻公办教师以校为家,认真协助教育教学管理工作。8月,召开县域边界中心小学校长会议,落实新居民子女入学工作。9月,对全市新居民子女在校情况进行统计。10月,开展新居民子女入学调研工作,对收集到的调查材料进行汇总分析,为起草平湖市新居民子女入学指导意见做好前期工作。进一步建立健全新居民子女学校完小化管理、名师引领、骨干教师蹲点支教等机制,开展新居民子女学校教师培训活动,对新居民子女学校进行年度考核评估。新居民子女公办学校入学率达到81.69%。(姚云云)

科　学　技　术

·综述·

【概况】 2011年,编制“十二五”科技发展规划,平湖市获得2009—2010年度全国科技进步先进县(市)称号,市科技局被浙江省地震局评为全省县(市、区)防震减灾工作先进单位,连续第五次被平湖市委、市政府评为工作目标绩效考核优秀部门。林埭镇成功创建科技创新强镇(街道)。

【科技宣传】 年内,举办“节约能源资源、保护生态环境、保障安全健康、促进创新创造”为主题科技(科普)活动周,发送科普短信6000多条,播放科普电影20多场次,上街进社区服务10多次,科技下乡12次,举办科技讲座报告10多场,举办科普培训20多次。出刊《平湖科技简报》12期,发放《2011年度平湖市科技进步报告》2000册、《科技之窗》3000册。平湖科技信息网、平湖知识产权网、平湖市科技孵化创业中心网和平湖市防灾减灾科普教育网继续做好信息发布、科技宣传工作。

·科技合作与招才引智·

【概况】 2011年,市政府分别与第二军医大学、上海张江高新技术产业开发区管委会共建生物医药产业园、上海张江平湖科技园。平湖市光机电产业集群被认定为浙江产学研合作示范区。全年共举办、组织各类科技对接活动30次,参与企业300多家,邀请专家100多人,共建创新载体2家,达成各类合作协议30项。

【举办2011中国遗传学会—嘉兴(平湖)生物产业成果对接会】 5月28日,2011中国遗传学会—嘉兴(平湖)生物产业成果对接会在平举办。会上,中国遗传学会青年委员会主任、复旦大学生命科学学院副院长卢大儒作生物医药产业发展报告,5位专家就流感基因芯片等20多个科技成果作现场推介。

【共建平湖市中科新能源技术研究所】 2011年,平湖市与中科院物理研究所嘉兴工程中心建设成立平湖市中科新能源技术研究所。平湖方无偿提供研发用房和部分运行资金,研究所计划在两年内申请发明专利2项以上,科技成果产业化项目销售收入1000万元以上。

【东华大学—平湖服装技术研发中心】 中心投入833万元,拥有设计室等3000多平方米办公、研发场所,引进和培育研发人员15名,其中博士和副高级职称以上5名,年内,中心获得省引进大院名校共建创新载体以奖代补资金补助,2011年举办了服装设计、立裁培训班,受训人数近百名,累计申请专利11项。

【招才引智】 年内,建立人才与产业发展科,配备专职人员。成立人才工作领导小组,下设新能源产业工作组、中国电子科工集团项目跟踪组、精英人才工作组。赴上海、江苏、西安、武汉、中国电子科技集团等地进行招才引智。年内,配合引进国家千人计划1名,培育省千人计划2名,引进嘉兴市创业创新领军人才2名,嘉兴市创新团队1家。

2011 年主要科技合作项目

项 目 名 称	平 湖 方	合 作 方
油锯、割灌机性能优化研究开发	嘉兴善拓机械有限公司	江苏大学
基于虚拟仪器的机械传动测试软件	日本电产新宝(浙江)有限公司	杭州电子科技大学
控制面板技术转让	平湖市瑞阳精密机械有限公司	上海捷陆流体科技有限公司
共建服装研究开发中心	平湖市隶玛服装有限公司	嘉兴学院
共建平湖市中科新能源技术研究所	平湖市科技局	中国科学院无力研究所嘉兴工程中心
帕拉米韦三水合物氯化钠注射液	浙江莎普爱思药业股份有限公司	杭州锐思医药科技有限公司
共建先进铸造技术研发中心	浙江红马铸造有限公司	华中科技大学

【技术市场】 2011 年,全市共登记技术输出类合同共 54 项,技术成交额为 2432 万元,其中技术开发合同为 28 项,技术咨询与服务类合同 26 项;全市企事业单位吸纳全国各地的技术合同共 157 项,成交额为 9567 万元,其中技术开发合同 44 项、技术转让合同 8 项、技术咨询合同 59 项,技术服务合同 46 项。

• 高新技术产业 •

【概况】 2011 年,全市高新技术产业完成产值 184.57 亿元,比上年增长 28.3%,占全市工业比重达 19.5%。全市共有各级高新技术企业 92 家(不含嘉兴港区),其中国家高新技术企业 24 家,省高新技术企业 24 家,嘉兴市高新技术企业 47 家。当年新认定国家火炬计划重点高新技术企业 1 家,为浙江金平拉丝模有限公司;国家高新技术企业 4 家(不含嘉兴港区),分别为浙江比例包装股份有限公司、嘉兴市博宏新型建材有限公司、平湖英厚机械有限公司、浙江景兴纸业股份有限公司;嘉兴市级 8 家,分别为嘉兴大宇缝制设备制造有限公司、浙江新升生物科技股份有限公司、平湖中天合波通信科技有限公司、平湖市澳克利亚洁具有限公司、平湖市米萝家饰用品厂、平湖市瑞阳精密机械有限公司、平湖中州重型机械有限公司、平湖市明珠洁具厂。

产值超亿元光机电企业

生 产 企 业	生 产 企 业
浙江川电钢板加工有限公司	平湖爱驰威汽车零部件有限公司
日本电产汽车马达(浙江)有限公司	宜兰汽车配件制造(平湖)有限公司
浙江晨光电缆有限公司	日本电产理德机器装置(浙江)有限公司
日本电产芝浦(浙江)有限公司	日本电产东测(浙江)有限公司
日本电产(浙江)有限公司	平湖市巨龙垫圈有限公司
日本电产新宝(浙江)有限公司	平湖国科精工精密机械有限公司

爱思开浦项(平湖)钢铁有限公司	嘉兴市一建机械制造有限公司
津上精密机床(浙江)有限公司	平湖中州重型机械有限公司
浙江乍浦实业股份有限公司	三星精密不锈钢(平湖)有限公司
日本电产三协(浙江)有限公司	浙江红马铸造有限公司
日本电产科宝(浙江)有限公司	平湖东和汽车部件有限公司
嘉兴市华东建设机械有限公司	浙江恒业电子有限公司
浙江德英建设机械制造有限公司	浙江嘉盛汽车部件制造有限公司
浙江华特数控机床有限公司	日本电产京利机械(浙江)有限公司
斯凯孚驱动系统(平湖)有限公司	德西福格汽车配件(平湖)有限公司
平湖市神力机械有限公司	东特(浙江)有限公司
浙江远大重工锻压有限公司	日本电产科宝电子(浙江)有限公司
泽鑫精密锻造(平湖)有限公司	关东辰美电子(平湖)有限公司
荣达钢铁制品(浙江)有限公司	浙江欧迪恩汽车零部件有限公司

【国家级平湖光机电产业基地】 2011年,全市规模以上光机电企业108家,完成产值219.66亿元,占全市工业总产值比重达22.6%。拥有国家高新技术企业16家,占全市国家高新技术企业总数的64%。

【科技型企业】 2011年末,全市有省科技型中小企业102家,其中新增8家。

新增省科技型中小企业名单

企 业 名 称	属地
平湖市华泰实业有限公司	新埭镇
平湖市南桥箱包有限公司	新埭镇
平湖市恒泰实业有限公司	新埭镇
浙江徐氏厨房设备有限公司	林埭镇
浙江圣普新能源科技有限公司	林埭镇
嘉兴市宝乐儿童玩具有限公司	广陈镇
平湖米萝家饰用品厂	广陈镇
平湖嘉顺手套服饰有限公司	曹桥街道

【传统产业提升发展】 年内,实施传统产业提升发展科技计划项目11项,安排科技经费75万元,引导企业投入3050.8万元,项目实施后新增产值1.57亿元,开发新产品19项。5家企业升级为科技型企业。典型项目有:智能干混砂浆储料罐研发项目、PE系列新型可逆反击式细碎机研制项目和新型全自动水钻磨床设备。

•科技计划•

【概况】 2011年,共实施各级各类科技计划项目155项,列入国家级科技计划13项,其中国家创新基金3项、重点新产品1项、火炬计划2项、星火计划7项;列入省级科技计划73项,其中省重大科技专项1项、省农业科技成果转化项目1项、省级新产品71项,共获上级科技经费资助595.6万元。年内,实施市本级计划55项和省拨资金科技产出绩效挂钩补助资金项目14项。开展"鼓励企业自主创新,加强新产品开发"专项活动,推进企业转型升级。

2011年获上级科技经费资助项目

项目名称	单位名称	计划类别
高效多功能笼式成缆机	平湖迪工机械制造有限公司	国家创新基金
长周期光纤光栅Q开关脉冲式光纤激光器	平湖中天合波通信科技有限公司	国家创新基金
印染废水高效处理设备	浙江新升生物科技股份有限公司	国家创新基金
多功能笼式成缆机的关键技术研究及开发应用	平湖迪工机械制造有限公司	省重大专项
新型现代渔业装备在池塘养殖中的示范与应用	平湖市港海水产开发有限公司	省农业科技成果转化资金项目
2011年市县科技产出绩效挂钩补助资金	平湖市科技局	科技考核
东华大学—平湖服装技术研发中心	嘉兴永城制衣有限公司	引进大院名校共建创新载体以奖代补
连续包覆挤铝技术项目	浙江晨光电缆股份有限公司	省科技进步奖二等奖
聚合物改性水泥基无机保温砂浆外墙外保温系统	嘉兴市博宏新型建材有限公司	省科技进步奖三等奖
省专利示范企业	浙江晨光电缆股份有限公司	浙江省专利示范企业补助
省专利示范企业	浙江宏阳新能源科技有限公司	浙江省专利示范企业补助
省发明专利		省发明专利授权资助

·科技创新平台·

【市科技创业中心】 2011年,中心通过省科技厅省级科技企业孵化器认定,列入省发改委2011年服务业重点项目投资计划,获嘉兴市创业基地授牌。年内,中心累计引进项目35个,注册资本4630万元,其中产业化项目23家,中介机构3家,软件企业5家,研发机构4家,当年技工贸收入超5000万元。

【浙江省平湖光机电技术创新服务平台】 年内,召开平台建设领导小组会议和牵头建设单位董事会,落实建设资金2000多万元,制订有关规章制度,完成办公场所装修和设备招投标,与100多名省内光机电方面专家、教授建立联系,开展对接和培训,为企业提供服务。

【中科院嘉兴中心平湖无机非金属材料分中心】 年内,中心进一步拓宽服务面,产业化项目引入上市公司广晟有色金属股份有限公司参与。

【浙江清华长三角研究院平湖院区】 年内,参与浙江省平湖光机电技术创新服务平台建设,做好优化管理,资产管理权移交平湖,由平湖方负责引进人才、孵化企业。

【平湖环保生产力促进中心】 2011年,技术服务收入1615万元,科技研发投入99万元。中心的造纸行业废水处理技术不断提升,在电镀行业重金属和有机物的处理技术上,自主研发的FGFE催化氧化重金属一体化达标处理技术和有机物高效组合生化达标处理技术,填补国内空白。该技术已在嘉兴、湖州、宁波、杭州、台州、苏州等地的电镀企业得到广泛应用。

【企业研发中心】 年内,新增省级企业研发中心3家,认定嘉兴市级企业研发中心10家、平湖市级研发中心7家,用于支持企业研发中心的科技资金115万元。宜兰车用LED内外饰件省级高新技术企业研发中心通过认定,成为平湖市首家省级外资企业研发中心,日本电产新宝动力传动及控制技术研发中心作为首个日资企业研发中心通过认定,实现日资企业在平成立研发中心零的突破。

•知识产权与科技成果•

【概况】 2011年,实施国家知识产权强县工程,推进省知识产权工作示范市建设,全年兑现专利专项资金315.02万元。全年专利申请受理量1620件,比上年增长12.6%(其中发明104件、实用新型746件、外观设计770件);专利授权1481件(其中发明23件、实用新型740件、外观设计718件),比上年增长1.5%。年内开展流通领域专利执法专项检查和童车企业知识产权保护专项联合执法检查。

【获嘉兴市级以上科技进步奖12项】 浙江晨光电缆股份有限公司承担的"连续包覆挤铝技术项目",获浙江省科技进步奖二等奖;嘉兴市博宏新型建材有限公司承担的"聚合物改性水泥基无机保温砂浆外墙外保温系统"项目,获浙江省科技进步奖三等奖;平湖市种子管理站参与的"高产多抗晚粳稻新品种秀水123的选育与推广"项目,获嘉兴市科技进步奖一等奖;平湖市植保土肥站参与的"农产品产地环境GIS预警技术研究"项目;获嘉兴市科技进步奖二等奖;浙江景兴纸业股份有限公司参与的"企业环境成本控制与评价研究——以浙江制造企业为例"项目,获嘉兴市科技进步奖二等奖;浙江晨光电缆有限公司承担的"35kV及以下城市轨道交通用交联聚乙烯绝缘电力电缆"项目,获嘉兴市科技进步奖三等奖;平湖市经济作物技术推广站承担的"蘑菇生态高效集成技术研究与开发"项目,获嘉兴市科技进步奖三等奖。

【嘉兴市专利示范镇】 经过3年示范创建,新仓镇、新埭镇被认定为嘉兴市专利示范镇。

【知识产权培训】 年内共举办知识产权培训(讲座)11期,参训400人次。

【知识产权服务平台】 年内,洁具数据库收集中外专利数据近25万条,童车数据库收集中外专利数据近7万条。

【专利示范企业】 年末,全市各级专利示范企业49家,其中全国企事业知识产权试点单位1家、省专利示范企业11家、嘉兴市专利示范企业26家。新增省级2家、嘉兴市级6家、平湖市级5家。

【专利补助项目】 年内,共争取省级各项专利补助资金13.6万元,其中2家新认定省级专利示范企业共补助10万元,11项发明专利授权补助3.6万元。

•防震减灾工作•

【防震减灾科普宣传】 2011年,制订《平湖市"十二五"防震减灾发展规划》,建立市防灾减灾科普教育基地,拓展市防震减灾科普教育示范学校规模和功能,举办市科技(科普)活动周暨防灾减灾科普教育基地揭牌仪式。市防震减灾科普示范学校组织的《平湖房屋抗震设防能力跟踪调查报告》实践活动,获得平湖市中小学综合实践活动一等奖,嘉兴市科技大赛二等奖。年内,举办防震减灾科普讲座10次,参加人数5000人,组织地震夏令营、论文比赛共4次,参加人数300余人。

【设立平湖市地震局】 2011年,根据市委、市政府《关于印发〈平湖市人民政府机构改革方案的通知〉》(平委发〔2011〕89号),平湖市科技局挂市地震局牌子。

【农村新社区民居抗震设防工程】 2011年,基本完成省级重大科技专项《浙江省农村新社区民居抗震设防研究及示范》项目,总投入1036万元,项目申报的发明专利技术获国家知识产权受理通知书,实用新型专利技术获授权通知书,发表科技论文3篇。

【安评工作】 年内,对御珑湾、金色港湾、箱包城、商会大厦等工程场址实施安评,全年安评超过80米以上的楼房52幢。

【开展创建地震安全小区活动】 2011年,市防震办、建设局、民政局、当湖街道、公安局、消防大队组成工作小组,在平湖万城房地产有限公司投资兴建的“御珑湾”小区,开展创建地震安全小区试点前期准备工作。该小区面积283亩,总建筑面积63万平方米,其中80米以上高楼28幢。 (张徐园)

文化·体育

·综述·

【概况】 2011年，市文广新局（体育局、文物局）认真贯彻落实党的十七大及十七届六中全会精神，紧密围绕建党90周年、平湖撤县设市20周年这一主题，以红色文化为主线，以创建历史文化名城工作为契机，以市场监管常态化为目标，以嘉兴七运会、平湖十二运会为抓手，为促进全市经济社会协调发展和江南水乡生态型文化大市建设提供动力。继续开展“欢乐平湖”——镇（街道）“文化走亲”系列活动，全年开展走亲活动9场，参加演职人员1225人，演出节目135个。平湖书场说书270余场次，观众2.4万余人次。编辑出版大型文艺期刊《平湖文坛》1期，出版《平湖文化报》5期、《平湖非遗报》3期、《晚晴》4期，播出《文化广场》20期，平湖文化信息网发布各类信息1517条。文化遗产保护规范有序，创建省级历史文化名城工作初见成效。严格依法行政，强化管理职能，推动文化市场健康发展。积极备战、参加嘉兴市第七届运动会，举办以“活力市运、健康平湖”为主题的平湖市第十二届运动会。创先争优成果突出，市文化馆被国家文化部定为“国家一级文化馆”，平湖市被列为省级体育现代化试验县（市）之一。

·群众文化·

【概况】 2011年，坚持公益化、项目化、品牌化、民俗化、均等化的文化工作理念，全市群众文化活动蓬勃开展。组织参加2011年中国·嘉兴端午民俗文化节、浙江省首届乡镇（街道）文化员才艺大赛、嘉兴市乡村文化艺术周。在元旦、春节、国庆等重大节庆期间，做到事前有公告，事后有统计，其中元旦春节期间组织开展活动120余项，参与活动6万余人次；国庆期间开展各类活动91项。组织开展“红色文化·经典传承”送戏下基层文艺巡回演出，历时2个月，送戏11场。继续推进“百千万”工程，“送文化”下基层，全年广场文艺演出40场次，观众达11.2万余人次，送戏下乡251场，受惠群众达36.36万余人次；送电影（均为数字电影）1550场次，观众33.46万人次，放映广场数字电影176场，观众7.03万人次；在47个馆外服务点送书102次，共36690册。

【文化走亲】 7月23日至10月29日，开展“欢乐平湖”——镇（街道）文化走亲系列活动9场，参与演职人员1225人，演出节目135个（新创作的节目26个），观众达到30970人次，拓展了一条多元活动主体，城乡文化优势互补，共同发展先进文化的新路子。

【文化培训】 5月10日至13日，在省艺术职业学院举办为期4天的推动文化产业发展暨建设“文化大市”专题研讨班。全市各镇（街道）分管文化工作领导、文化站站长（员）、市级机关有关部门负责人，市文体局所属有关单位、科室负责人共40余人参加培训。公益性文化培训还采用“菜单式”点题的方式开展培训，市、镇累计开展培训40余次，培训人员1580余人。内容有：新闻稿撰写、档案与台账资料的收集与整理、信息资源共享工程、新闻摄影、文艺团队的组建和策划、文学创作、新故事创作、照片的后期处理和制作、锣鼓演奏等。

【公共文化制度设计】 在公共文化制度设计工作方面,平湖市承担《城乡群众基本文化权益内容及量化指标》这一浙江省课题,通过座谈、调查问卷等形式,课题于10月通过中期验收,并在平湖市召开的浙江省公共文化服务体系制度设计课题中期检查工作会议上作交流。新埭镇积极开展嘉兴市公共文化服务体系示范镇创建活动,12月7日,接受嘉兴市文广新局考核组的考核验收。

•文艺创作•

【概况】 建立和完善文艺创作组织机构和激励机制,以实施"文艺精品"战略作品签约为契机,积极打造文艺精品。2011年,共创作各类文艺作品280余件,其中发表和获奖作品120余件,舞台文艺作品30余件。涌现出《旗帜》、《云水情缘》、《海棠》、《永远唱我的好花红》等原创歌曲,创作了《变》、《陈列在江南的丝网船》等新诗,撰写了《免费开放与服务促进制度建设》、《城乡文化统筹发展的策略》、《当前乡镇文化站免费开放存在的问题及策略》、《城乡基本公共文化服务均等化探索》、《浙北与深圳两地文化站免费开放现状的对比调研》等重点论文。编印《莲馆弘谭》、《李叔同诗词歌集》、《弘一大师格言联璧》、《弘一法师手书嘉言集》、李叔同遗墨选辑——《又见花开》等。

2011年文化系统部分文艺作品发表、展出及获奖表

作品名称	作品门类	奖项	作者	主办单位
海伦杯省七届少儿钢琴比赛	音乐	少年组优秀奖	于舒同	浙江省群艺馆
海伦杯省七届少儿钢琴比赛	音乐	幼儿组优秀奖	朱伊吟	浙江省群艺馆
世博开在家门口	表演唱	入选	杨兢兢	文化部当代音乐艺术院 中国大众音乐协会 中国音乐文化促进会
免费开放文化场馆的后续跟进	论文	二等奖	贾仁利	浙江省群文学会 浙江省文化馆
快乐春风	器乐合奏	表演银奖创作银奖	杨兢兢	浙江省文化厅
抓阄	钹子书	三等奖	毛才耿	浙江省文化厅
两张无字阄	钹子书	铜奖	毛才耿	上海第十三届国际艺术节长三角曲艺邀请赛
群众文化本土化的探索与思考	论文	入选	贾仁利	浙江传媒学院学报
回到乡村	诗歌	一等奖	卢修宾	2011"吴根越角"嘉兴市乡村诗歌创作大赛
饮马河	诗歌	二等奖	卢大力	2011"吴根越角"嘉兴市乡村诗歌创作大赛
秋收冬种	诗歌	二等奖	吴绍楼	2011"吴根越角"嘉兴市乡村诗歌创作大赛

家在浙北田野	组诗	二等奖	唐　晔	2011“吴根越角”嘉兴市乡村诗歌创作大赛
端午	诗歌	二等奖	杨颖涛	2011“吴根越角”嘉兴市乡村诗歌创作大赛
棉花	诗歌	三等奖	冯金斌	2011“吴根越角”嘉兴市乡村诗歌创作大赛
乡农	诗歌	三等奖	王金忠	2011“吴根越角”嘉兴市乡村诗歌创作大赛
葡萄架下那口井	诗歌	三等奖	高　莉	2011“吴根越角”嘉兴市乡村诗歌创作大赛
借娘子	小戏作品	优秀奖	毛才耿	嘉兴市剧协庆祝建党 90 周年征文组委会
养生签	越剧小戏	第七届嘉兴市文学艺术成果奖	毛才耿	嘉兴市委宣传部
新娘系列	油画	入展市第六届油画展	姚　瑾	嘉兴市美术家协会

•图书•

【概况】 2011 年,市图书馆突出公益性、公平性、便利性原则,不断深化服务意识,增强服务能力,完善服务手段,延伸服务领域,提升服务品质,全年办理各类借阅证 20621 张,接待读者 901034 人次,外借图书 661474 册次;举办讲座 13 场,展览 9 次;放映免费电影 120 余场,接待观众 6000 余人次。新设立市消防中队、天一集团股份有限公司馆外服务点。馆藏文献总量达 527635 册。完成过去报刊的书目数据库建设;完成入选《嘉兴市珍贵古籍名录》42 部古籍筛选编著工作,馆藏古籍普查在省古籍保护中心立项。先后设立的“走近中国女性”、“非物质文化遗产”、“国学经典”、“纪念中国共产党建党 90 周年”等专题书架,向读者推荐优秀图书。156 位读者通过“你点书、我买单”的个性化服务获得所需图书。镇(街道)分馆更加规范,市民讲坛影响更广,平湖市第五届全民读书月(第七届未成年人读书节)圆满成功。市图书馆顺利通过省级群众满意基层站所(服务窗口)复评,并获嘉兴市文化系统 2011 年度文化工作先进集体称号。

【图书分馆工作】 7 个镇(街道)分馆全年新增藏书 30050 册,接待读者 388794 人次,外借图书 205240 册次。建立公共电子阅览室,实施节假日放映免费电影。举办“小小图书管理员暑期社会实践”、“温暖·冬日图书管理员讲故事”等分馆联动活动。出台《关于开展 2011 年度镇街道图书分馆绩效工作考评的通知》,对图书分馆的服务质量作明确规定,使图书分馆的社会效益得到提升。

【市民讲坛】 “市民讲坛”坚持公益性、知识性、普及性和开放性,在提升学术水准的同时,更加注重贴近民生。先后举办“平湖糟蛋文化”、“画家谈摄影”、“对联创作简谈”、“读书声里是我家——读书的传统与当代阅读主张”、“娱乐红学谭”、“传统文化与人生智慧”、“健康素养与传染病防治”、“健康素养与远离烟草危害”、“健康素养与中医养生保健”、“健康素养与科学吃饭、远离病害”、“如何预防中老年心脑血管疾病”等 17 场,邀请的专家、学者有著名画家朱植人,著名学者、民间藏书家、诗词理论研究家陈景超,浙江省图书馆学会秘书长袁逸,复旦大学博士生导师、中国红楼梦学会理事陈维昭,杭州师范大学政治经济学院副教授、中国古代哲学专家邓新文等。

【全民读书月】 5月20日,以“传承国学文化、弘扬社会美德”为主题的平湖市第五届全民读书月(第七届未成年人读书节)在广陈分馆正式启动,活动至6月20日结束。组织策划了国学经典图书推荐、科普电影展映、“我爱写作、我爱阅读”讲座、“爱的阅读——让我们与孩子一起陶醉亲子阅读联谊会”、“低碳减排 绿色生活 阳光故事PPT演示”等各类讲座、展览、征文比赛五大系列30多项活动。承办“诵读经典 润泽童心——浙江省未成年人经典诵读大赛”。市图书馆获省文化厅授予的浙江省第七届未成年人读书节组织奖,“爱的阅读——让我们与孩子一起陶醉亲子阅读联谊会”获评优秀活动案例。

【数字图书馆】 在市“两会”召开前夕,1000余份数字图书馆宣传资料与数字图书阅读卡送到“两会”代表委员手中,制作“传递信息服务两会”专题网页,获得省文化厅颁发的“两会信息服务工作优秀服务奖”。举办“平湖市中小学教师数字图书馆应用培训班”,向全市中小学教师发放数字图书阅读卡近5000张,并深入部分村、社区、企业中,宣传、培训数字图书馆的应用。作为浙江省公共电子阅览室建设试点地区之一,在总分馆共建立8家规范的公共电子阅览室,全部实行免费开放,被省文化厅评为“浙江省文化共享工程先进集体”。开通数字报纸阅读系统,可点击阅读《人民日报》、《嘉兴日报》、《环球时报》等8种报纸;开设拥有近16万条数据《平湖市图书馆行业情报服务平台》,积极尝试为企业提供科技情报信息服务。

•文物保护管理•

【概况】 2011年,是平湖市创建省级历史文化名城的启动之年,初步完成《关于创建浙江省历史文化名城工作的实施意见》,着手编写申名文本;新增庄桥坟遗址、戴墓墩遗址、马厩庙大桥等3处省级文物保护单位,新公布葛氏祠堂等7处市级文物保护单位,吉城遗址等32处县(市)级文物保护点;起草、细化《平湖市文物保护单位认定办法(试行)》、《平湖市历史文化遗产保护管理办法》、《平湖市非国有博物馆管理办法》、《平湖市业余文物保护员管理办法》等,使平湖市的文物保护事业逐步走上法制化、科学化、规范化的轨道。举办“墨香缘——馆藏名家楹联展”、“平湖非遗保护传承科普图片展”等60余个展览,其中馆际交流展2个,接待观众52万余人次;基本完成《平湖市第三次全国文物普查工作报告》等编制整理工作;开展野外调查10次,征集文物19件;创办非遗传承工作室,一批国遗项目、省遗项目得到有效传承。12月,市文化广电新闻出版局增挂市文物局牌子。

【创名工作】 4月,市文物局邀请浙江省历史文化名城保护专家组到平对申报省级历史文化名城可行性进行评估,并就平湖历史文化的保护与传承提出指导意见。市文物局组织人员按照创建省级历史文化名城的相关要求,起草“创名”领导小组建议名单,制订具体实施意见(草案);围绕“历史渊源、古城格局”,“文物古迹、古树名木”,“非遗寻根、民俗采风”,“乡贤名人、锦绣文脉”,“江南水乡、海防重镇”,“政策保障、舆论宣传”6个主题编撰申报文本;根据历史渊源、文物资源、保存现状、综合利用等方面因素,指导乍浦、新埭两镇申报浙江省第四批历史文化名镇。

【文保宣传】 4月,市文保所配合中央电视台,拍摄《走进平湖——海防要塞》专题片,全面介绍平湖境内的抗战时期掩体群;4月

18日,中央电视台中文国际频道《走遍中国》栏目摄制组走进莫氏庄园,对莫氏庄园进行为期一个星期的专题节目制作,摄制组通过大量的采访和实景拍摄,展现了庄园的“神秘”,向全国观众介绍莫氏庄园的历史、艺术和文物价值。

【文保修缮】 2月,平湖市人民政府安排40万元资金对侵华日军登陆处和百人坑两处文物保护单位进行保护性维修。6月,莫氏庄园序馆翻建项目进行设计论证,翻建后的莫氏庄园序馆,一是恢复其综合性宣传展示功能,二是利用序馆部分房屋用作管理用房,腾出邛庐,用作陈列。10月,民俗风情馆对馆舍的屋面、墙体进行全面检查、修缮和翻新,对部分展厅的布展做调整和改进。

【非遗保护】 制订《平湖市非物质文化遗产十二五规划》、《平湖市非物质文化遗产传承基地管理办法(草案)》,建立非遗志愿者队伍。建设并开放“非遗传承工作室”,开辟平湖钹子书、平湖派琵琶、杜经布、西瓜灯、圆作、剪纸、编纂7个传承工作室,平湖建立非遗传承工作室开展传承的创新得到省非遗办的充分肯定。平湖九彩龙、平湖西瓜灯被评为(2011—2013)浙江省民间文化艺术之乡。平湖民俗风情馆申报浙江省非遗宣传展示基地,并通过验收。平湖糟蛋、做社申报浙江省第四批非遗代表性项目。新公布广陈中学、平湖师范附属小学为平湖市第四批非物质文化遗产传习单位。出版《平湖非遗报》3期。

【文化遗产日】 以国际博物馆日和中国第三个文化遗产日两个节日为结点,围绕“文化遗产与美好生活”这一主线,突出“依法保护,重在传承”这一主题,组织开展17项形式多样、丰富多彩的文化遗产展示、展演以及咨询服务等活动。6月11日,平湖市2011“文化遗产日”暨非物质文化遗产手工技艺展示展演活动在东湖景区九峰一览楼前举行,现场展示乍浦的渔网编织、广陈的木刻、新埭的剪纸、当湖的圆作工艺等。

【文物监察】 2011年,市文物监察大队结合实际,积极开展文物安全检查及文物保护监察,进一步推进平湖文物监管常态化、规范化,全年共出动检查人员400人次,检查文博馆、文保单位101家次。市文物监察大队获“2011年度浙江省文物监察工作成绩显著单位”称号。

【文博单位展览、交流】 博物馆　在坚持办好两个固定陈列的基础上,以“贴近实际、贴近生活、贴近群众”的原则,先后举办翰墨流香——馆藏当代书画名家作品展、墨香缘——馆藏名家楹联展、海洋科普生物展、千年窑火——瓷都景德镇艺术瓷器精品展等形式多样、题材新颖的展览,以不同角度、不同题材、不同内容来全面展现、宣传平湖丰富的文物资源,吸引观众4万余人次。重新启动庄桥坟遗址考古发掘后期整理工作;有序推进全国文物“三普”资料整理汇总的第三阶段工作。

莫氏庄园陈列馆　2011年,莫氏庄园陈列馆接待中外游客1722批共6万余人次,其中免费接待游客6145人次,门票收入86万元。举办老干部迎春书画展、庆祝中国共产党90华诞老年大学书画展、“国庆重阳”老年书画展等展览。组织人员参加2011年浙江(江苏)旅游交易会,进一步提升莫氏庄园在全国的知名度。

李叔同纪念馆　2011年,李叔同纪念馆共接待国内外游客约30.6万人次,其中接待团体观众和免费讲解近900批次。编写出刊《莲馆弘谭》总第7期和“纪念李叔同诞辰130周年——中国·平湖李叔同人格与艺术学术研讨会”的论文集《高山仰止》。提炼归纳出“凡事认真、勇猛精进”八个字为李叔同精神的表述语。先后举办:一叶一菩提——弘一法师手书嘉句箴言展、行进在笔墨的精神家园——纪念国际三八妇女节101周年嘉兴女书法家作品展、大音希声——李叔同尺牍法书展、平湖书法系列展——扇面展、感·悟——张懿油画作品家乡汇报展、弘体书法展、中国现代漫画先驱——沈泊尘画展等10余个展览。配合建设与规划局做好中山林纪念塔的修缮前期工作。

民俗风情馆　2011年,民俗风情馆共接待游客6万人次,新征文物藏品22件。先后举办文物科技保护图片展、第五届春节民俗游艺会、姚祖观“红色·乡土”圆作工艺展、非遗志愿者传承成果观摩会等展览。年内,获得平湖市科普教育基地、浙江省非遗宣传展示基地等称号。

吴一峰艺术馆　2011年,吴一峰艺术馆共接待观众1.5万人次,发放宣传品1万余份。举办吴一峰藏品陈列展、咫尺呈天地·沈保良册页展、绿色情怀·金龙门写生作品展、盟员书画(篆刻)摄影作品展、走走看看·平湖风情绘画作品展、西安美术学院学生素描作品展、吴一峰艺术馆馆藏作品展等展览。着手吴一峰艺术馆扩建项目前期工作。

(陆　杰)

•陆维钊书画院•

【概况】　2011年,书画院通过多种形式开展活动和展览,注重自身的业务学习和基层管理工作,发挥文化对外宣传的应有作用。书画院除陈列室继续正常展出陆维钊书画真迹作品外,院第一展览厅和华艺山庄画廊不定期举办各种书画交流活动,常年对外开放。具体展览活动有:“陆维钊书画院藏陆维钊墨竹真迹展”、“虚心直节——’2011陆维钊书画院画师迎新年书画作品展”、“二十世纪中国书画名家系列展——陆维钊展”、“张春晓、江氏三兄弟书法展”、“纪念中国共产党成立90周年平湖市‘红色诗抄’书法展”、“庆祝中国共产党成立90周年·浙江平湖、上海金山书法联展”、“庆祝中国共产党成立90周年省·市老年书画联展”、“江山助我画与书——杨鸿圣书画艺术展”、“幽谷鸣泉——杨森山水画展及研讨会”、“上海南汇博物馆藏品展”、“2011华艺书法训练营临古展”、“平湖·义乌书法联展”、“朱文治水墨人物画展”、“汪新宇人物画展”等。全年共展出作品1200件左右,接待参观者约13950人次。档案室被嘉兴市档案局命名为“2011年度嘉兴市规范化数字档案室”。

【二十世纪中国书画名家系列展——陆维钊展】　5月17日至29日,由浙江美术馆与平湖市陆维钊书画院联合举办的“二十世纪中国书画名家系列展——陆维钊展”在浙江美术馆举办。展览作为“二十世纪中国书画名家系列展”的首展,4、5、6三个大展厅展出陆维钊先生近200件书画作品,其中包括书法作品、山水和花鸟作品,其中的文献手稿大多首次展出。这些展出作品分别来自平湖市陆维钊书画院、陆维钊先生家人和社会收藏家,比较全面地展示了陆维钊先生在艺术上的探索和思考,弥足珍贵。

【中国美术学院书法系教学实践基地挂牌】　5月25日,中国美术学院书法系教学实践基地挂牌仪式在陆维钊书画院举行。中国美术学院书法系副主任沈浩,中国书法家协会理事、嘉兴市书法家协会主席沈岩松和平湖市相关领导参加揭牌仪式。仪式后,沈浩在华艺山庄作题为“关于当前高等书法教育的思考”的书法专题讲座并对来自嘉兴五县两区的书法爱好者的作品进行了详细而专业的点评。

【纪念建党90周年平湖市“红色诗抄”书法展】 6月10日,由市委组织部、宣传部、市文体局、文联、陆维钊书画院承办,市书法家协会协办的“纪念中国共产党成立90周年平湖市‘红色诗抄’书法展”在陆维钊书画院开幕。此展随后在市政府1号楼大厅及各镇(街道)巡回展出。

【平湖、金山两地书法联展】 6月22日,由平湖市委宣传部、市文化广电新闻出版局和上海市金山区委宣传部、区文化广播影视管理局主办,平湖市书法家协会、上海市金山区书法家协会、平湖陆维钊书画院、上海市金山区文化馆承办的“庆祝中国共产党成立90周年·浙江平湖、上海金山书法联展”在陆维钊书画院开幕。金山、平湖两地的书法作者,以饱满的激情,怀着对党、对祖国的无限深情,以书法这一中国传统文化的艺术形式,在点、线、面的节奏中,纵笔抒情、讴歌党的光辉历程,缅怀革命先辈,70多幅作品,或行、或楷、或篆、或隶,形式多样,风格迥异,展现两地人民在建设小康社会进程中的精神风貌和艺术风采。7月8日,此展览在上海金山区文化馆展出。

【省·市老年书画联展】 7月15日,由浙江省老年书画研究会、市民政局、市老干部局、市老年书画研究会、陆维钊书画院联合主办的“庆祝中国共产党成立90周年省·市老年书画联展”在陆维钊书画院开幕。浙江省老年书画研究会会长祁茗田,浙江省老年书画研究会副会长荆滨旭,浙江省老年书画研究会常务理事马鸿达,平湖市相关领导出席开幕式。来自平湖市老年书画研究会、平湖市书法家协会及书法爱好者近百人参加开幕式并参观展览。

【书画创作与研究】 2011年,为纪念中国共产党成立九十周年和平湖撤县设市二十周年,院画师以“红色”为主题,积极创作书画参加市、省、全国各级展览,为庆祝建党九十周年出力。许栋篆刻作品入展中国书法家协会主办的“邓石如奖”全国书法篆刻作品展,书法作品获浙江省书法家协会主办的“万山红遍全浙大展”优秀作品奖,草书作品入展“纪念中国书法家协会成立30周年——中国书法家协会会员优秀作品展”,行书作品获“嘉兴市廉政书法展”一等奖。汪新宇国画作品入展“浙江画院采风作品展”并入编人民美术出版社出版的作品集。继续深入陆维钊艺术研究,年内出刊《陆维钊研究》两期(总第33期、34期),与浙江美术馆合编《二十世纪书画名家系列——陆维钊》导览册。

【服务社会】 3月,为了给平湖市青年创造学习书法的良好环境,帮助他们自学成才,院在原帮扶新居民青年的基础上联合嘉兴青年书协、平湖书法家协会成立“华艺书法训练营”,开展书法学习交流活动。每月定期活动2次,并为每位青年指定练习内容,布置回家作业,积极参加全市的书法展览,全年有30多人次作品参加市级以上书法展览,1人入展全省展。5月29日,平湖市政协书画培训班在陆维钊书画院华艺山庄开班,聘请市书画协会和书画院的书画专业人员进行辅导。至年底,累计培训25次、约300人次。6月,加大对多媒体设备的投入,首次在多媒体教室对平湖青年书画作者作题为“行书的发展及其技法”的讲座。“华艺书法训练营”于7月4~8日、12~15日组织书画作者在陆维钊书画院全天进行刻字创作,分别备战“万山红遍全省刻字展”和“十届书法国展”。2011年,书画院为平湖市烟草局文化园建设提供设计素材,把平湖名人文化融入其中。为南

市东村社区居委会义务创作书画11幅布置办公大楼。（蔡哲萍）

·文化市场管理·

【概况】 平湖市的文化市场结构日趋合理，市场体系逐步完善，基本形成涵盖文化、新闻出版、体育三大门类九大市场。截至2011年底，共有依法设立的各类经营单位589家，其中网吧73家，歌舞娱乐场所84家，游艺娱乐场所14家，音像制品经营单位42家，书店38家，营业性演出单位13家，电影放映8家，印刷企业(含打字复印)311家，高危险性体育经营单位6家。新批文化经营单位25家，办理变更16家，审批演出3场。在文化执法方面，共出动执法人员1441人次，检查经营单位2001家次；联合公安、工商等相关部门开展联合行动21次，取缔各类无证经营场所80余家，收缴各类非法出版物2780余张(盒、册)，受理各种举报6件，答复率达到100%，行政处罚案件57件(一般程序47件、简易程序10件)，罚没款169965元；全年行政处罚案件实现零复议、零诉讼。

【加强演出市场监管力度】 2011年，平湖市加大对演出市场的监管力度。举行1次演出场所和演出经纪机构负责人法律法规培训，召开2次管理工作会议。开展专项整治4次，联合执法5次，检查85家。

【娱乐场所持续繁荣】 2011年，平湖市共新批8家KTV，其中3家(平湖白金汉爵大酒店有限公司、平湖市九龙山商务公馆管理有限公司、嘉兴市港区魅力海景娱乐会所)属于星级酒店的配套服务。为满足普通市民的消费需求，有3家量贩式KTV落户平湖。自游艺娱乐场所有限制地放开审批以来，有2家场所完成筹备工作，获取《娱乐经营许可证》。

【印刷业市场稳步发展】 平湖市的印刷市场已进入以包装装潢企业为主的市场格局，纸箱、包装、商标成为印刷的主要内容。由于包装装潢印刷业对生产条件的要求较高，小印刷厂通过升级为包装装潢印刷不但可以扩大自身的规模，还有助于提升整个行业的水平。全年新增12家印刷企业，其中10家是包装装潢印刷企业。9月，平湖经济开发区(钟埭街道)引进了一家外资独资的包装装潢印刷企业，这是继茉织华印务、茉织华印刷之后平湖市第三家外商投资企业，该企业拥有国内最新的九色印刷生产线两条，主要从事包装袋的印刷。

【无证游戏房专项整治】 2011年，市文化市场行政执法大队开展为期2个月无证游戏房专项整治行动。整治期间，通过制订详细方案，公布举报电话，以“反复打、打反复”的执法形式，共出动执法人员117人次，联合公安、工商等部门开展行动9次，取缔无证游戏房40余家。

【政府软件正版化】 2011年，全市使用正版软件工作有序进行。全市共采购1094套WPS办公软件，其中属于升级547套，新购买547套。

·群众体育·

【概况】 2011年，全市体育工作者认真贯彻落实科学发展观，以增强人民体质为根本任务，以扎实推动全民健身活动为抓手，以开好市十二运会为工作重点，全力推进全市体育事业全面、协调、可持续发展。全面贯彻落实《全民健身计划(2011－2015年)》，市、镇(街道)、村(社区)三级上下联动，积极开展群众体育竞赛活动。8月5日，举行平湖市“8·

8”全国第三个全民健身日系列活动暨全民健身月活动启动仪式、西瓜灯文化节期间举办2011中国·平湖“当湖十局杯”围棋邀请赛系列活动、“交行杯”中日篮球友谊赛，承办361°全国女排大奖赛（平湖赛区）、浙江省第四届中老年足球友谊赛、嘉兴市七运会青少年部和大众体育部乒乓球比赛、嘉兴市特色项目学校短式网球比赛等；当湖街道举办第三届“当湖杯”老年排球邀请赛、全民健身展示；曹桥街道举办老年桥牌邀请赛；钟埭街道举行第三届运动会；林埭镇举办龙舟比赛和全镇干部职工拔河比赛；独山港镇举办“星光电缆杯”篮球友谊赛、星华村“迎五一”三人制篮球赛；新埭镇组织百名老人参加体育趣味活动欢庆端午；乍浦镇举办第二届运动会、“迎国庆”首届排舞大赛、迎“八一”警民篮球联谊赛；新仓镇举办第四届农民篮球赛和迎国庆趣味运动会；广陈镇举办“龙萌杯”乒乓球个人排名赛等。

【市十二运会】 2011年，市举行以“活力市运、健康平湖”为主题的平湖市第十二届运动会。本届运动会分青少年部、大众体育部（含老年组、新居民组），共设40多个比赛项目，由全市9个镇（街道）、16个行业（系统）、38所中小学校组成代表团（队）参加比赛，参赛运动员4000多人。此次运动会从5月初至11月底，历时7个月。10月13日，在市体育中心体育场举行市运会开幕式，共有63个代表团（队）组团（队）参加，32个代表队联合表演第九套大众广播体操，市级体育协会千人联合健身展示“凡事认真、勇猛精进”。

【争先创强】 2011年，省体育强县（市）和当湖、新埭、乍浦、林埭四个体育强镇（先进街道）通过复查，市体育总会成功创建省先进体育总会，新仓镇秦沙村等4个村成功创建省级村级俱乐部、独山港镇三八村等11个村成功创建省小康体育村、当湖街道东湖社区成功创建省城市体育先进社区、当湖街道长胜路社区等6个社区成功创建省社区体育健身俱乐部。

【体育社团活动】 全市共有各类体育社团18个。以各体育协会为依托，积极组队参加嘉兴市第七届运动会大众体育部钓鱼、轮滑、龙舟、乒乓球、网球、桥牌、篮球、棋类和羽毛球9个项目比赛，199名运动员参赛，获奖牌27枚、总分234分，团体总分位列嘉兴五县二区第三名，同时获得七运会“体育道德风尚奖”代表团称号。各体育协会根据自身特色积极开展竞赛活动：市老年人体协举办老年乒乓球赛、竞技麻将邀请赛、年度排球赛；市篮球协会举办2011平湖市“天翼杯”篮球赛、迎国庆“新天乐杯”篮球邀请赛、第四届“红蔓庄园杯”三人制篮球赛；市钓鱼协会举办首届钓鱼大赛；市乒乓球协会举办乒协第五届乒乓球比赛；市足球分会举办“艾斯菲尔杯”平湖市周末足球邀请赛等。

•竞技体育•

【概况】 2011年，竞技体育成绩斐然。组队参加嘉兴市七运会青少年部田径、游泳、皮划赛艇、体操、篮球、排球、足球、乒乓球、网球（短式网球）、跆拳道等项目比赛，最终以158.84枚金牌、345.84枚奖牌、3357.8分的团体总分分获青少年部金牌总数第二名、奖牌总数第三名和团体总分第三名。13名平湖籍运动员参加在江西南昌举行的第七届全国城运会，获1金、2银、1铜；参加2011年浙江省第十届少年儿童田径运动会，获2金、2银、2铜，并以总分72分列甲级队第二十二名。组队参加2011年浙江省少年儿童网球冠军赛、全国少儿游泳冠军赛暨浙江省第31届“迎春杯”青少年（儿童）冬季游泳锦标赛、浙江省中小学生乒乓球积分排名赛、嘉兴市特色项目学校足球、篮球、田径、短式网球、排球、游泳等比赛。创建成2011—2014周期嘉兴市高水平学校体育后备人才训练基地1所,嘉兴市体育特色项目学校8所。全年共向上输送运动员30名。

2011年平湖市运动员获全国及国际比赛前八名成绩表

姓名	性别	比赛名称	项目	名次
陈　洁	女	网球城运会	女双	1
吴　林	男	2011年全国赛艇锦标赛	2000米八人单桨	1
罗　聃	女	全国少年田径锦标赛	女子100米栏	2
陈　洁	女	网球城运会	女团	2
常艺凡	女	全国青少年U20冠军赛	排球	2
高海燕	女	全国青年帆船锦标赛	女子470级	2
金万媛韵	女	全国U16积分赛第五站	单打	3
常艺凡	女	全国青少年14－17岁组冠军赛	排球	3
马文豪	男	全国青少年U16锦标赛	排球	3
金灵燕	女	全国青年跆拳道锦标赛	46kg	3
陆　翔	男	第七届全国城市运动会	柔道60kg	3
王峰磊	男	全国大奖赛	排球	4
常艺凡	女	全国大奖赛	排球	4
屠爱民	男	全国赛艇锦标赛	2000米男子四人单桨	4
胡晓磊	男	第七届城运会赛艇比赛	2000米男子轻量级双人单桨和双人双桨	4
胡晓磊	男	全国青年U－18赛艇锦标赛	男轻双人单桨和双人双桨全能	4
赵东振	男	全国赛艇锦标赛	2000米男子四人单桨	4
高海燕	女	全国帆船冠军赛	女子470级场地赛	4
金万媛韵	女	全国U16积分赛第五站	双打	5
金万媛韵	女	全国U16积分赛第六站	双打	5
金万媛韵	女	全国网球U16大连站比赛第一站	双打	5
金万媛韵	女	全国网球U16大连站比赛第二站	双打	5
陈　洁	女	全国网球巡回赛总决赛	双打	5
韩佳园	女	第七届城市运动会女子甲组	足球	5
周玉洁	女	第七届城市运动会女子甲组	足球	5
姜礼笑	女	第七届城市运动会女子甲组	足球	5
陆春妮	女	第七届城市运动会女子甲组	足球	5
金灵燕	女	第七届全国城市运动会	跆拳道46kg	5
常艺凡	女	第七届城市运动会	排球	6
王峰磊	男	全国锦标赛	排球	7
高海燕	女	2011年全国青年帆船锦标赛	470级长距离赛	7
王峰磊	男	10～11岁全国甲A联赛	排球	8
常艺凡	女	全国青少年U20联赛	排球	8

2011年平湖籍运动员省比赛前八名成绩表

姓名	性别	比赛名称	项目	名次
沈开诚	男	2011年省锦标赛	标网团体	2
周以钢	男	2011年省锦标赛	标网团体	2
沈开诚	男	2011年省锦标赛	标网双打	3
沈开诚	男	2011年省锦标赛	标网单打	4
周以钢	男	2011年省锦标赛	标网单打	7
许鋆洁	女	2011年省锦标赛	标网团体	2
费欣悦	女	2011年省锦标赛	标网团体	2
周毓敏	女	2011年省锦标赛	标网团体	2
许鋆洁	女	2011年省锦标赛	标网双打	2
费欣悦	女	2011年省锦标赛	标网双打	2
周毓敏	女	2011年省锦标赛	标网双打	4
周毓敏	女	2011年省锦标赛	标网单打	6
费欣悦	女	2011年省锦标赛	标网单打	7
陈振卓	男	2011年省锦标赛	标网双打	6
李铭杰	男	2011年省锦标赛	标网双打	6
唐言清	女	2011年省锦标赛	标网团体	4
戈沁怡	女	省短网锦标赛	短网团体	2
戈沁怡	女	省短网锦标赛	短网双打	4
陶缪祯昊	男	省短网锦标赛	短网团体	2
陆浩宇	男	省短网锦标赛	短网团体	2
陶缪祯昊	男	省短网锦标赛	短网双打	5
陆浩宇	男	省短网锦标赛	短网双打	5
陶缪祯昊	男	省短网锦标赛	短网单打	6
邵艺斌	男	迎春杯游泳比赛	仰泳全能	2
邵艺斌	男	迎春杯游泳比赛	200米个人混合泳	6
朱樊君	女	迎春杯游泳比赛	自由泳全能	4
戴晓蝶	女	迎春杯游泳比赛	仰泳全能	2
戴晓蝶	女	迎春杯游泳比赛	200米个人混合泳	3
吴陈慧涛	男	迎春杯游泳比赛	仰泳全能	2
吴陈慧涛	男	迎春杯游泳比赛	200米个人混合泳	5
吴陈慧涛	男	迎春杯游泳比赛	400米自由泳	5
宋俊能	男	迎春杯游泳比赛	蝶泳全能	4
郭笑云	女	迎春杯游泳比赛	蝶泳全能	4
金雨豪	男	迎春杯游泳比赛	蝶泳全能	7
邵艺斌	男	省少儿夏季游泳竞标赛	蛙泳全能	4
邵艺斌	男	省少儿夏季游泳竞标赛	200米个人混合泳	6
吴陈慧涛	男	省少儿夏季游泳竞标赛	自由泳全能	7

吴陈慧涛	男	省少儿夏季游泳竞标赛	50 米自由泳	7
吴陈慧涛	男	省少儿夏季游泳竞标赛	400 米自由泳	8
宋俊能	男	省少儿夏季游泳竞标赛	蝶泳全能	4
金雨豪	男	省少儿夏季游泳竞标赛	蝶泳全能	5
施美萍	女	省青少年皮划艇赛艇锦标赛	赛艇 1000M2x	2
施美萍	女	省青少年皮划艇赛艇锦标赛	赛艇 2000M2x	2
施美萍	女	省青少年皮划艇赛艇锦标赛	赛艇 6000M2x	2
姚平娜	女	省青少年皮划艇赛艇锦标赛	赛艇 2000M2x	1
姚平娜	女	省青少年皮划艇赛艇锦标赛	赛艇 6000M2x	1
杨伟东	男	省青少年皮划艇赛艇锦标赛	赛艇 2000M1x	5
杨伟东	男	省青少年皮划艇赛艇锦标赛	赛艇 4000M1x	6
李　刚	男	省青少年皮划艇赛艇锦标赛	皮艇 200mk1	5
李　刚	男	省青少年皮划艇赛艇锦标赛	皮艇 1000mk1	4
李　刚	男	省青少年皮划艇赛艇锦标赛	皮艇 2000mk1	4
胡添毓	男	省青少年皮划艇赛艇锦标赛	皮艇 200mk1	7
胡添毓	男	省青少年皮划艇赛艇锦标赛	皮艇 1000mk1	7
胡添毓	男	省青少年皮划艇赛艇锦标赛	皮艇 2000mk1	7
曹鑫磊	男	省青少年皮划艇赛艇锦标赛	划艇 2000mc1	7
沈益峰	男	省青少年皮划艇赛艇锦标赛	划艇 200mc2	7
沈益峰	男	省青少年皮划艇赛艇锦标赛	划艇 1000mc2	8
沈益峰	男	省青少年皮划艇赛艇锦标赛	划艇 2000mc2	8
沈　威	男	省青少年皮划艇赛艇锦标赛	划艇 200mc2	7
沈　威	男	省青少年皮划艇赛艇锦标赛	划艇 1000mc2	8
沈　威	男	省青少年皮划艇赛艇锦标赛	划艇 2000mc2	8
葛旻嘉	男	省少年儿童乒乓球锦标赛	甲组双打	3
盛昊天	男	省少年儿童乒乓球锦标赛	甲组双打	3
张天镒	男	省少年儿童乒乓球锦标赛	丙组单打	6
盛　林	女	省少年儿童乒乓球锦标赛	丙组单打	5
葛旻嘉 盛昊天	男	省少年儿童乒乓球锦标赛	团体	8
王天羽 闵佳辰	男	省少年儿童乒乓球锦标赛	团体	7
张天镒 潘哲言	男	省少年儿童乒乓球锦标赛	团体	3
富　尧 林嘉文 朱雨茵	女	省少年儿童乒乓球锦标赛	团体	4
李嘉文 赵祎晨	女	省少年儿童乒乓球锦标赛	团体	6
盛　林 吴思锐	女	省少年儿童乒乓球锦标赛	团体	5

沈驰文	女	省中小学生乒乓球锦标赛暨积分排名赛(总决赛)	女子 W－96	3
盛　林	女	省中小学生乒乓球锦标赛暨积分排名赛(总决赛)	女子 W－96	6
高海燕	女	省中小学生乒乓球锦标赛暨积分排名赛(总决赛)	女子 W－02	4
周嘉琪	女	省第十届少年儿童田径运动会	200 米栏	3
周嘉琪	女	省第十届少年儿童田径运动会	跳高	4
沈天阳	男	省第十届少年儿童田径运动会	100 米	6
沈天阳	男	省第十届少年儿童田径运动会	跳远	8
杨　磊	男	省第十届少年儿童田径运动会	跳远	4
费书凡	男	省第十届少年儿童田径运动会	铅球	1
胡冬燕	女	省第十届少年儿童田径运动会	铅球	3
管洁婷	女	省第十届少年儿童田径运动会	铁饼	1
管洁婷	女	省第十届少年儿童田径运动会	标枪	2
李春园	女	省第十届少年儿童田径运动会	跳远	2
李春园	女	省第十届少年儿童田径运动会	三级跳远	6
张星宇 陈敏慧 俞诗悦 任祯意 高　怡	女	省青少年足球锦标赛	甲组	2
蒋丽燕 张惠玲 沈怡烨 钱伊丽 王梦哲	女	省青少年足球锦标赛	乙组	3
沈能威 李洲童 沈伊唯 石奕晨	男	省青少年足球锦标赛	甲组	1
周佳琪	女	省青少年田径锦标赛	200 米栏	3
周佳琪	女	省青少年田径锦标赛	跳高	4
管洁婷	女	省青少年田径锦标赛	标枪	4
管洁婷	女	省青少年田径锦标赛	铁饼	2
胡成涛	男	省青少年田径锦标赛	三项全能	1
陈婷婷	女	省青少年(儿童)体操锦标赛	团体	1
陈婷婷	女	省青少年(儿童)体操锦标赛	平衡木	1
陈婷婷	女	省青少年(儿童)体操锦标赛	全 能	2
陈婷婷	女	省青少年(儿童)体操锦标赛	自由操	3

陈婷婷	女	省青少年(儿童)体操锦标赛	高低杠	3
邱雨涔	女	省青少年(儿童)体操锦标赛	全能	1
邱雨涔	女	省青少年(儿童)体操锦标赛	自由操	1
邱雨涔	女	省青少年(儿童)体操锦标赛	平衡木	2
邱雨涔	女	省青少年(儿童)体操锦标赛	高低杠	2
陆华烨	女	省青少年(儿童)跆拳道锦标赛	67kg	1
李　涛	男	省青少年(儿童)拳击夏季锦标赛	60kg	5
田　庆	男	省青少年(儿童)拳击冬季锦标赛	45kg	3
杨冯杰	男	省青少年(儿童)拳击夏季锦标赛	45kg	5
梅嘉青	女	省青少年(儿童)摔跤锦标赛	55kg	3
朱俊浩	男	省青少年(儿童)摔跤夏季锦标赛	42kg	1
张　宠	男	省青少年(儿童)摔跤冬季锦标赛	56kg	2
陈丽敏	女	省青少年(儿童)柔道夏季锦标赛	57kg	1
唐月婷	女	省青少年(儿童)柔道冬季锦标赛	52kg	1
彭雨芬	女	省青少年(儿童)柔道夏季锦标赛	52kg	5
马文豪	男	省青少年(儿童)排球锦标赛	乙组	6
罗家跃	男	省青少年(儿童)排球锦标赛	甲组	2
查　杰 钟东星	男	省青少年(儿童)沙滩排球锦标赛	甲组	4
陆明旭 戎一洲	男	省青少年(儿童)沙滩排球锦标赛	乙组	8
李　夏 张佳惠	女	省青少年(儿童)沙滩排球锦标赛	甲组	5

•体育设施和产业•

【体育设施作用充分发挥】 市体育中心场馆及室外附属设施充分发挥作用,全年举(承)办各种体育竞赛(活动)50多次,参加活动人数1.2万人次,观众3万人次。举(承)办各种庆典活动、大型文体演出等10场(次),观众近3万人次。体育中心室内外设施全年接待体育锻炼(健身)者40万余人次。

【文化设施建设】 12月13日,市文化馆新馆建设项目正式开工,投资8千万元,建筑面积10600平方米,已完成全部结构工程的施工,正对内外装修工程招投标;莫氏庄园序馆翻建项目方案经国家文物局审核批准,并经市长办公会议同意,已立项;吴一峰艺术馆上报《关于要求扩建吴一峰艺术馆馆舍的请示》。

【电影市场蒸蒸日上】 全市现有电影院3家,分别为平湖银河电影城、平湖新世纪电影城、新仓电影院,放映厅10个,座位1752个,建筑面积约4000平方米;全年放映电影13636场(次),吸引观众22万人次,营业额698万元。中小学校放映电影98场(次),学生观众6.37万人次。

【体彩销量稳中有升】 全年共实现销售3697.5233万元,其中电脑彩票2696.3633万元,即开型彩票1001.1600万元,总销量较上年增加512.1121万元,增长16.08%。20家网点实现公转私经营。 (陆　杰)

新　闻

·广播电视·

【概况】　2011年，平湖市广播电视台围绕"新闻宣传内容要做优、产业发展规模要做大、内部管理机制要做活"要求，深入实施"品牌带动"、"数字引领"和"素质提升"三大战略，扎实推进广电媒介传播、广电产业推进、广电要素保障三大工程，进一步加强舆论宣传引导力，提高节目品牌品质，做大做强产业，提升队伍素质。

一是坚持新闻立台，不断提升舆论引导力。围绕中心，服务大局，抓好重大主题报道。围绕市委、市政府开展的"三年活动"、推进"十大工程"等中心工作，全年开设《干在实处，走在前列》、《开展作风建设，提高执行力》、《创建国家卫生城市》等专栏，致力于服务中心开展宣传工作。围绕招商引资、创卫、作风建设、创新社会管理、公民道德建设、文化建设等内容，推出了《"十二五"政策解读》、《开好局，起好步，科学谋发展》、《畅谈执行力建设》、《争当主力军，建功"十二五"》、《文化新貌》、《文化强市大家谈》等系列报道，全年共推出系列报道46个，播发新闻稿件1000多篇。深入基层，贴近群众，抓好典型宣传报道。在"五一"、"五四"、"七一"期间推出《争当主力军，建功"十二五"》、《青春律动》等系列报道，宣传劳动模范、先进工作者、优秀共产党员等共60多人；春节期间组织"身边的榜样"系列报道，采用情景剧表演加人物采访的形式创新宣传手法，提升宣传效果；创新录制场所，"身边的感动"4期访谈节目把演播室从室内搬到田间地头，在录制过程中，与周围群众形成互动，使典型人物的宣传更接地气。心系百姓，关注民生，抓好民生宣传报道。围绕"走基层、转作风、改文风"活动要求，开展"三百基层行"主题活动，组织广大新闻工作人员转作风、改文风、长才干、问民生。重点抓好对创业、环保、创卫、公民道德素质等领导关注、百姓关心的民生内容的宣传报道。精心策划，积极发稿，抓好对外宣传通联。全年上送中央电视台稿件播出31篇、《新闻联播》播出4条，上送中央人民广播电台播出17篇、《全国新闻联播》1条。其中"加大保障房建设的投资力度"、"乡镇图书馆全覆盖，农民享受便捷文化服务"等4篇稿件被中央电视台1套和新闻频道的《新闻联播》栏目采用，"浙江平湖巨龙紧固件加快转型发展"等内容在中央电视台经济频道《经济半小时》栏目播出，反映平湖历史文化的三集电视专题片《海防要塞》、《当湖十局》、《莫氏庄园》在中央电视台中文国际频道《走遍中国》栏目中播出。上送浙江台方面，浙江广电集团各频道用稿222篇，其中浙江卫视录用新闻57篇，《浙江新闻联播》播出40篇，上新闻提要5篇；浙江之声播出稿件234篇，有104篇稿件在《浙广早新闻》和《浙江新闻联播》中播出，其中上新闻提要的有63篇。上送嘉兴台方面，嘉兴电视台录用559篇，嘉兴电台用稿1999篇。

二是坚持品牌强台，不断提升媒体竞争力。进一步打造频道品牌。2011年，市广播电视台新闻综合频道突出时政新闻、部门聚焦、对农节目三大板块特色；民生休闲频道强化民生新闻、生活资讯、文娱活动三大板块特色；广播频率突出新闻、政务信息、路况、气象等线性资讯播报特色。频道（频率）特色进一步显现。进一步深化栏目品牌。致力于打造新闻、专题、生活服务文化娱乐等三大品牌栏目。继续做强做活《平湖新闻》、《平广新闻》、《民生站点》、《民生直通车》等新闻品牌栏目;做精做深《金色田野》、《今日平湖农村》、《文化广场》、《红帆船》等专题品牌栏目;做精做活《生活1+1》、《欢乐正前方》等生活服务、文化娱乐品牌栏目。进一步打造活动品牌。利用广播电视软、硬件设施,精心组织、筹划举办一系列具有不同类型、不同层次、不同规模的品牌活动。举办“2011西瓜娃娃超级才艺秀”、“舞动全城电视舞蹈大赛”等一系列活动,打造本土娱乐活动品牌《欢乐正前方》。联合市总工会等部门启动“广播进企业,搭建企业文化新平台”活动,发挥电台优势,帮助企业构建和谐文化。在全省广播电视对农节目服务工程建设考核中,连续四年获考核优秀;有18件作品获嘉兴市新闻奖和政府奖,其中一等奖4件。

三是坚持服务塑台,提升公共服务传播力。加快有线电视数字化转换。至年底,城区和镇(街道)所在地数字电视整体平移工作全面完成。全市数字电视总数近17万端,比上年增长近11万端。主城区10.3万端,约5.4万户,用户覆盖率93%;农村6.7万端,约4.5万户,用户覆盖率47.9%。全市广播式机顶盒超过15.1万端,互动机顶盒1.83万端,互动电视用户数连续四年居全省县(市)级第一。积极利用广电网络发展宽带上网业务,全市广电宽带上网用户达1.2万户。着力抓好广播电视事业建设。抓好有线电视扩面工程,全年新增近1万户,全市有线电视在册用户总数达16.3万户,其中农村有线电视用户达到10.2万户,入户率均超过100%。抓好有线广播村村响工程,全市广播喇叭达77950只,入户率92.51%。抓好广播电视低保工程,为全市2923户具备安装条件的低保户全部免费安装有线电视,免费收看,保障了困难群众的基本文化权益。市广播电视台在2011年浙江省广电惠民服务工程考核中获得优秀。不断提升服务用户水平。结合作风建设年活动,继续在对用户服务领域开展品牌化服务,着力打造“广电彩虹服务”品牌。

四是坚持队伍兴台,不断增强团队战斗力。不断加强队伍作风效能建设。制订《工作人员日常行为管理考核办法》,从遵守作息制度到严守广播电视职业道德,对广播电视员工在日常工作中的各项基本准则遵守情况进行考核,以部门为单位,按考核结果进行奖惩和责任追究。深入实施“员工素质提升工程”。通过采取读书与调研活动、组织培训与竞赛活动、开展上挂与下派工作、加强创优与争先工作、加强人文与作风建设等五大项措施,提升员工学历教育、专业技能、技术职称、业务攻关等综合业务素质。全台全年共开展各类学习培训40多批次,600多人次参加。20人获得上一级专业技术职称,15人获得上一级学历文凭,28人获得广播电视采编播专业资格证书或英语、计算机培训等级证书,全台员工共撰写技术论文或调研报告33篇,19人次参与广播电视技术攻关。注重加强单位人文建设。举办“十一五”广播电视创业创新十大发展成就评选、职工乒乓球比赛、职工仿保龄球比赛等10多项文化体育活动,增强了团队凝聚力。

【抓好“一节两庆”宣传报道】 及早策划,制订宣传计划,抓好中国共产党建党90周年和平湖撤县设市20周年及西瓜灯文化节宣传报道工作。一是主题明确,时政民生各有侧重。时政新闻突出抓好《丰碑》、《90年纪事》、《光荣与梦想》、《平湖“金”名片》等四大系列报道。《民生直通车》栏目通过民生视角,独辟蹊径,以故事化讲述为特点,推出可看性强,群众喜闻乐见的新闻报道。《民生站点》制作播出庆祝平湖撤县设市20周年特别节目——“二十年,城市回眸”。《欢乐正前方》栏目举办第三届“西瓜娃娃”超级才艺秀活动。二是造浓氛围，合力推介红色文化。着力抓好党史纪录片、红色经典影视作品的播放。精选36首红歌，每天在新闻综合频道和民生休闲频道播出；每周六、日晚8点播出4集纪录片《党史纪事通鉴》；组织《东方》、《五星红旗迎风飘扬》、《钢铁年代》等近10部反映建党90周年光辉历程的电影、电视剧在两个频道黄金时间播出；两个电视频道还播出100多条次关于平湖撤县设市和平湖西瓜灯文化节的公益广告。平湖电台创作关于平湖的好儿女——新四军军部机要员施奇烈士的3集广播连续剧《杜鹃花开》。新闻中心制作反映于以定生平事迹的电视专题片《百年以定》。三是加强外宣，着力提升平湖影响力。央视5套播出新闻1篇，浙江影视娱乐频道播出1篇，上海电视台播出1篇，浙江之声播出6篇，嘉兴电台播出12篇。7月4日至6日，《当湖十局》、《海防要塞》、《莫氏庄园》等3集由市广电台前期配合录制的电视专题片在央视4套《走遍中国》栏目播出，展示了平湖独特的地理、悠久的历史和深厚的文化底蕴。

2011年广播作品获奖表

作品名称	类别及等次	颁奖部门
小小啄木鸟	中国广播电视协会青少节目二等奖	中国广播电视协会
平湖15万名新居民住上空调房	首届“鲜活新闻”大赛一等奖	省广电局 省广电集团
家	浙江省广播电视文艺奖二等奖	省广电局
营救	浙江新闻奖三等奖	省记协
营救	浙江广播电视新闻奖三等奖	省广电局
工人被困海底，各方力量紧急营救	浙江新闻奖三等奖	省记协
工人被困海底，各方力量紧急营救	浙江广播电视新闻奖三等奖	省广电局
工人被困海底，各方力量紧急营救	嘉兴新闻奖一等奖	嘉兴市记协
家	嘉兴市广播电视文艺奖一等奖	嘉兴文广局
营救	嘉兴市广播电视新闻奖二等奖	嘉兴文广局
缪姑娘有约：咱们村里的爱心合作社	嘉兴市广播电视新闻奖二等奖	嘉兴文广局
三峡移民的幸福生活	嘉兴市广播电视对外节目二等奖	嘉兴市记协
营救	嘉兴新闻奖二等奖	嘉兴市记协
缪姑娘有约：咱们村里的爱心合作社	嘉兴新闻奖二等奖	嘉兴市记协
世博安保战线上的特殊婚礼	嘉兴市广播电视新闻奖三等奖	嘉兴文广局
小小啄木鸟	嘉兴市广播电视政府奖青少年节目三等奖	嘉兴文广局
我被结婚了	嘉兴市广播电视政府奖内参三等奖	嘉兴文广局

【开展“走基层、转作风、改文风”活动】 7月至12月,平湖市广播电视台结合实际,开展“三百基层行”主题活动,围绕“转作风、改文风、长才干、问民生”四个方面要求,组织全系统30多名记者、报道员深入一线集中采访一百户农户、一百个村(社区)和一百家企业,全方位、多角度、立体式地报道平湖科学发展、转型发展的良好态势。活动突出早、实、细,围绕三大要求,一线采编人员积极参与活动,思想上充分认识活动的重要意义,行动上积极投身蹲点采访工作,时间上统筹日常播出和重点采访的关系。活动转变了作风,树立起新闻从业人员的良好形象;拉近了距离,增进了与采访对象之间的感情;做活了节目,节目品质得到了提升,题材更加广泛;锻炼了队伍,记者的专业素质得到提升;办成了实事,帮助群众解决了一些问题。

【利用审计监督推进财务精细化管理】 2011年,市审计部门对广电台开展领导经济责任审计工作,对广电台利用审计监督,抓好内部控制制度的建立和完善,推进财务精细化管理,给予充分肯定。从规范工作制度入手,制订、完善《平湖市广播电视台采购管理办法》、《平湖市广播电视台网络工程管理规定》、《平湖市广播电视台财务管理办法》等物资采购招标、工程招标与管理、财务管理方面的10多项规章制度。从加强内部审计入手,建立了财务内审工作制度,每年进行两次流动资产盘点,每两年开展一次固定资产清查。从强化考核管理入手,把加强日常财务核算和管理列为职能部门年度工作目标绩效考核的主要内容。 (顾玉平)

2011年电视新闻、专题作品获奖表

作品名称	奖别及等次	颁奖部门
金色田野	2011年对农节目服务工程建设考核优秀	省广电局 省农办 省财政厅
七十八小时生死营救	浙江新闻奖二等奖	省记协
七十八小时生死营救	浙江省广播电视新闻奖二等奖	省广电局
农民工范声家	浙江新闻奖二等奖	省记协
农民工范声家	浙江广播电视新闻奖二等奖	省广电局
金色田野	浙江省广播电视新闻奖三等奖	省广电局
农民工范声家	嘉兴市新闻奖一等奖	嘉兴市记协
东湖鱼浮头 千人成渔夫	嘉兴市新闻奖一等奖	嘉兴市记协
七十八小时生死营救	嘉兴市广播电视新闻奖一等奖	嘉兴文广局
创先争优 我们的共同追求	嘉兴市广播电视广告作品奖二等奖	嘉兴文广局
司机醉驾学生安全谁来护航	嘉兴市广播电视新闻奖三等奖	嘉兴文广局
护卫世博的日子	嘉兴市广播电视新闻奖三等奖	嘉兴文广局
香烛司务	嘉兴市广播电视对外节目三等奖	嘉兴文广局
廓而亡言的弘一大师	嘉兴市广播电视文艺奖三等奖	嘉兴文广局
民生直通车	嘉兴市广播电视播音主持作品奖三等奖	嘉兴文广局

• 嘉兴日报社平湖分社 •

【概况】 2011 年，共出版《嘉兴日报 · 平湖版》248 期（总第 2130 – 2377 期），每周出 5 期（周一、二、三、四、五）。全年共发行 2410560 份。

【做好新闻宣传】 一是宣传贯彻市级重要会议出新出彩。市第十三次党代会期间，开设《喜迎党代会 科学发展在平湖》、《喜迎党代会 创先争优在平湖》、《党代表风采》等专栏。平湖网对开幕式进行现场直播，要闻版及时报道大会动态，并推出《党代会直通车》、《代表微博》等互动栏目。市“两会”期间，开设《科学发展 喜迎“两会”》专栏，刊发“回望保增促调一年间”系列报道。同时，开设《议案提案办理追踪》、《代表委员风采》栏目。专副刊还制作《两会特刊》，推出《平湖下一个 5 年》、《微博里面看“两会”》、《创先争优在“两会”》等特刊。二是宣传贯彻“创先争优”丰富多彩。在省委创先争优活动督查点评组到平督查期间，推出《领导点评为创先争优“点睛”》、《平湖创先争优有声势有特色有成效》等重点稿件。三是“三年”活动、“十大工程”报道高潮迭起。在一版重点推出《开展“三年”活动、推进“十大工程”》专栏。先后刊发《招商引资舞动转型发展龙头》、《生物医药产业注入强大磁力》等稿件，对相关文件进行权威解读，对转型典型进行集中报道，对开工开业进行重点宣传。四是“作风建设暨执行力建设”报道精彩纷呈。开设《聚焦作风建设暨执行力建设》专栏，报道全市开展作风建设暨执行力建设的动态情况和特色工作，先后刊发《驻村工作室与群众“零距离”》等稿件。五是“一节两庆”报道深度厚重。特别是对 7 任市委书记的深度访谈，报社安排骨干文字、摄影记者，在稿子形成后，层层把关，精写精编精排版。六是民生报道体现民生情怀。民生报道做到鲜活、及时、有效，体现党报的民生情怀。特别是围绕“创卫”，推出《创卫表情 · 我点你评》、《创卫大型新闻行动》、《创卫园地》、《聚焦创卫“大整治 · 大维修”》等专栏；围绕“民生看台”，刊发《2011 百姓“民生工程” · 民生 15 项》系列报道；围绕“民生热线”，在头版显著位置刊出热线号码，市民纷纷打进热线，反映民生问题；围绕“党报热线”，推出《记者热线》、《鹊桥台》、《热点评论》等栏目，进一步扩大新闻容量，及时听取和反映民声民情，进一步发挥党报的“喉舌”作用。

【抓好对外宣传】 继续发挥报媒的资源优势，抓好对外宣传工作，鼓励采编人员积极向外投稿，正面宣传平湖。全年累计在地市级以上党报发表稿件 39 篇，其中，在《浙江日报》等省级报刊发表稿件 14 篇，在《嘉兴日报》等市级党报发表稿件 25 篇。在中国地市报好新闻评选中，有 3 件作品获二等奖，2 件作品获三等奖；在浙江省县市区域报好新闻评选中，有 1 件作品获一等奖，3 件作品获二等奖，4 件作品获三等奖；在嘉兴新闻奖评选中，有 1 件作品获一等奖。

【做强经营创收】 推出“一节两庆”特刊和党代会特刊。结合庆祝建党 90 周年、平湖撤县设市 20 周年和西瓜灯文化节活动，报社精心策划，与新闻宣传联动，推出由《品牌平湖》、《平湖建筑业》、《平湖服务业》、《宜居平湖》、《今日平湖》、《镇街风采》6 大系列组成的大型特刊。在做好原有《今日开发区》、《楼市周刊》等专版的基础上，继续加强与部门、企业的合作，联办常年专版，宣传部门、企业的特色工作。进一步拓展广告渠道，推出融新闻性与服务性于一体，为读者提供吃、穿、住、用、行等各类生活资讯，为商家开辟信息发布渠道的《东湖新周刊》。

【强化队伍建设】 一是推行记者蹲点村(社区)制度。为进一步深化实施“362”创优工程,提高管理水平、队伍素质和报纸质量,提升采编人员参与社会管理的能力和水平,推行记者蹲点村(社区)制度,实行“挂钩‘一对一’、考核‘硬碰硬’、报道‘点对点’、帮忙‘心贴心’”的工作举措。5月4日,这一特色工作上了省宣传系统网络交流平台头条。二是注重采编人员业务水平提升。一方面,调整队伍结构。根据工作岗位需要,对采编中心和网络中心的人员进行适时调整,使人员结构更加科学、合理;另一方面,开展岗位技能竞赛。通过应知应会知识测试和岗位技能比武,锻炼和提高采编人员技能水平,推进新闻宣传质量的提高。三是报纸质量得到进一步提升。《民生调查》、《权威解读》获嘉兴市十大精品栏目称号,专副刊《论苑》获省优秀理论栏目称号。 (马友良)

• 平湖网 •

【概况】 2011年,平湖报社继续以建好网络媒体、宣传党的主张、通达社情民意、倾情服务网民为目标,推进平湖网、掌上平湖手机网站等新兴媒体的建设,发挥地方新闻门户网站在网络文化建设中的作用。2011年,平湖网被省委宣传部、省文明办等单位授予浙江省文化传播十佳创新网站提名奖;第二次被浙江在线评为年度十佳支站。

【拓展传播平台】 平湖网不断拓展平台,打造全新的网站品牌。2月,“掌上平湖”——平湖网手机新闻网站正式开通,设平湖新闻、图片新闻、平湖网视、服务公告、虹桥微博等板块,形成了文字、图片、视频多形式的传播方式,每天更新信息量30多条。手机报试运行,使网民通过手机这一移动媒体及时了解本地新闻动态。平湖网还在新浪网、腾讯网、新华网、人民网、浙江在线等官方网站相继开设官方微博“微博平湖”。

【服务中心工作】 平湖网相继开设《2011平湖两会》、《加强作风建设 提升执政能力》、《回眸十一五 展望十二五》、《“一节两庆”》等专题,做好《创卫议事厅》、《平湖市创先争优》、《平湖乡贤》等专题的添加、维护工作。同时,突出市创卫、创先争优等重点工作和庆祝建党90周年、平湖撤县设市20周年、西瓜灯文化节等重大节庆活动,发布相关新闻近千条。全年向浙江在线推送新闻570多条,其中在浙江在线首页显示的新闻有30多条;在省宣传系统网络交流平台上发布新闻200多条。

【构建信息互动平台】 以关注民生、通达社情民意为重点,构建政府和网民之间的信息互动平台。一是开设《第一播报》。《第一播报》以民生新闻为主,实效性强、覆盖面广,成为网民及时了解平湖新闻的重要平台。二是开设《创卫议事厅》。网民通过《创卫议事厅》这一平台,对创卫中的问题进行曝光或提出建议,《创卫议事厅》帮助网民解决问题率达80%以上。三是开展网上信访交办。积极配合网上信访办,搜集网民在论坛中反映的有关平湖市经济社会发展的问题进行交办,既鼓励网民通过正常渠道反映问题、正确反映问题,同时也为市委、市政府开辟了了解民意的新平台。

【开展网民互动活动】 4月,平湖网启动“万成·御珑湾杯”平湖大民星暨首届网络歌手大赛活动,提升了网站人气;“六一节”前夕,举办爱心拍卖活动,共筹集爱心款4146元;重阳节期间,组织网友到当湖福利院献爱心,为老年人服务;情人节前夕,组织网友开展

“非诚勿扰”活动,进行游戏互动和表演;圣诞、元旦前夕,举办网友联欢活动。继续办好《十字街》栏目,精心编排设计节目内容,吸引网友参与到节目中来。市第三届“邻居节”期间,平湖网直播开幕式暨“邻里缘深·月圆情浓”中秋赏月晚会,并在直播过程中与网友线上进行互动。年内还多次举办相亲、采摘、农家乐、野炊郊游、版主会议等活动,丰富网民的业余文化生活。 (马友良)

•市委报道组•

【概况】 2011 年,市委报道组围绕市委、市政府中心工作,宣传全市上下以“三年”活动、“十大工程”为抓手,推动平湖经济社会科学发展、转型发展的生动实践,坚持宣传思想工作“三贴近”原则,即贴近实际、贴近生活、贴近群众,积极开展对外新闻宣传。据不完全统计,2011 年国家级、省级、嘉兴市级报刊发表平湖正面新闻稿件 171 篇,其中:《人民日报》1 篇,《新华每日电讯》3 篇,《浙江日报》一版、二版(要闻)、三版(要闻)见报 22 篇,《嘉兴日报》一版 21 篇。40 多篇新闻稿件被人民网、新华网转载。市委报道组被浙江日报社、嘉兴日报社分别评为 2011 年度先进报道组。 (莫 云)

2011 年国家级报刊有关平湖市的新闻报道选目

报 刊	标 题	时间	版面	体裁
解放日报	沪浙边界,两地一家亲	2. 5	1 版	通讯
新华社内参选编	震后日本产业调整有“新信号”	3. 30	第 12 期	通讯
文汇报	平湖在沪推介服务业	5. 31	3 版	消息
文汇报	平湖马铃瓜 明年将“失而复得”	7. 4	7 版	通讯
人民日报	古有传世棋谱 今有众多棋迷“当湖十局”再看平湖	7. 8	体育版	消息
农民日报	一进一退皆有保障——平湖市乡村医生队伍建设扫描	7. 22	2 版	通讯
中国经济时报	平湖服装业:在转型中换“新衣”	9. 26	3 版	消息
新华每日电讯	解析汇率新动向 透视复杂形势下的人民币汇率抉择	11. 30	6 版	消息
新华每日电讯	僵持之际看决心——透视房地产市场调控走向	12. 7	7 版	消息
新华每日电讯	有保有控破困局——解析货币政策微调信号	12. 13	1 版	消息

卫　　生

• 综述 •

【概况】 2011年末，全市有医疗卫生机构195家，其中市、镇两级医疗卫生机构20家，门诊部4家，社区卫生服务站122家，分诊所2家，民营（个体）医疗机构28家，医务室19家。全市实有标准床位1499张，有卫生技术人员2634人，其中执业医师801人、执业助理医师129人，注册护士911人。按户籍人口计算，平均每千人拥有病床3.07张，拥有卫技人员5.19人、执业（助理）医师1.91人、注册护士（师）1.87人。

市、镇两级医疗卫生机构全年医疗业务总收入57027.64万元，增长4.54%；门急诊总量302.56万人次，增长26.29%；出院43711人次，住院手术13734台次；健康检查30.94万人次；三家市级医院病床使用率98.08%。全年实施医疗救助23798人次，其中大病救助1632人次，救助金额572.2万元。

【成功创建"浙江省卫生强市"】 强化组织领导，健全工作机制，加大投入，继续扎实推进卫生创强工作。3月，省调研组从推广应用卫生适宜技术、医学继续教育等14个方面对平湖卫生强市建设情况进行调研。6月16～17日，经省考核组实地检查考核，认为平湖卫生事业发展水平、卫生资源配置、综合保障水平、卫生管理等四大方面的指标达到"浙江省卫生强市"要求。12月，在《浙江日报》上进行公布。经过三年创建，平湖全市疾病预防控制、卫生监督、医疗救治三大体系配合有序，预警监测、应对突发公共卫生事件能力有效提升，镇、村两级医疗机构实现一体化管理；城乡居民合作医疗、居民健康档案管理、信息化建设等工作走在全省乃至全国前列。

【深化医药卫生体制改革】 农村医疗卫生服务体系建设和"3＋X"改革等试点工作推向深入。统筹配置医疗资源，成立市医学临床检验中心、医用消毒供应中心和"120"医疗急救中心，其中检验中心已投入使用。出台《关于平湖市公共卫生和基层医疗卫生事业单位实施绩效工资有关问题的意见》，开展单位岗位设置管理等工作，有序推进绩效工资制度改革。县级公立医院改革进入前期准备阶段。

【推进基本药物制度】 基本药物制度顺利实施，基层医疗机构所有药品均通过网上采购，实行零差率销售。共包括287种国家基本药物、139种省增补药物、50种过渡期药品和110种其他药品。2011年门急诊1691957人次，同比增长21.2%；住院7737人次，同比增长6.98%。药品收入7306.75万元，同比下降28.04%。其中西药收入5922.65万元，同比下降33.06%。全年全市基层医疗机构门诊均次费用64.31元，同比下降27.95%，其中药品费用降幅40.24%。住院均次费用2757.27元，同比下降14.28%，其中药品费用降幅达36.05%。2011年，市财政共补助6397.43万元，比上年增加4147.99万元。新仓镇医院被评为"浙江省实施基本药物制度先进集体"。

【命名首批市医学重点学科】 根据《平湖市医学重点学科建设实施办法（试行）》，市第一人民医院ICU、消化内科、普外科，市中医院心血管内科、呼吸内科、骨伤科等6个学科，经5年建设，年内通过学术水平、研究成果、队伍建设、人才培养、学科管理、社会效益、经济效益等方面的评估验收，成为平湖市首批医学重点学科。

【抗菌药物临床应用专项整治】 8月起，开展抗菌药物临床应用专项整治。明确抗菌药物临床应用控制指标，严格控制抗菌药物购用品种、数量。加强培训，层层落实，责任到人。定期开展抗菌药物临床应用基本情况调查，落实抗菌药物处方点评制度。将抗菌药物合理应用情况作为对临床科室负责人综合考核和临床医师年度考核、评优、晋升的重要内容。整治活动使抗菌药物使用比例明显下降，抗菌药物的临床应用更趋合理，保障了患者的合法权益和用药安全。

【住院医师规范化培训】 2011年起，根据卫生部要求对新录用临床医师实行新模式住院医师规范化培训。7月，市一院入选省卫生厅首批住院医师规范化培训基地，培训项目包括内、外、妇、儿、急诊、全科医学6个学科，年核定培训规模41人。12月，卫生系统31名新录用人员开始接受规范化培训。

【卫生应急能力建设】 开展省卫生应急工作示范市创建，出台或修订了应急预案和突发医疗救援预案，加快市医疗急救站建设。加强应急队伍建设，开展突发公共卫生事件应急处置培训，年内先后参加省核事故卫生应急演习、市人武部应急征兵演习，嘉兴市生活饮用水卫生安全事故应急演练、人禽流感防控演练等，提高突发事件应急处置能力。全年开展11次急救技术推广活动，培训基层医务人员600余人，完成技术推广应用7项，该项工作在省中期评估中被评为“良好”。不断规范突发事件应急报告和处置工作，年内未发生传染病暴发疫情、食物中毒、职业中毒等突发公共卫生事件。

【卫生信息化建设】 2011年，平湖市被确定为嘉兴市国家医改“3521”试点项目的试点县市。制订《平湖市国家医改卫生信息化建设试点项目实施方案》，逐步建立区域卫生信息平台，平台项目一期投入约286万元，至年底，完成区域健康记录共享平台、电子健康档案基础数据库、双向转诊系统的软硬件采购工作。完成电子病历基础数据库初步设计。按照卫生部颁布的32个健康档案的数据元和数据集标准对电子健康档案系统进行标准化改造。9月起，建立电子健康档案工作进展月报制度，并组织专业人员深入基层，了解工作进展，提出改进策略，推动全市健康档案规范化建设。至年底，全市累计已建立城乡居民规范化健康档案442494份，建档率91.13%。其中电子档案422443份，建档率86.99%。

【深化卫生行风建设】 着重教育引导、建章立制、监督管理、专项整治和惩防体系建设，进一步加强卫生行风建设。聘请12位行风监督员，分赴各单位，独立召开病人及家属座谈会、医护人员座谈会，收集各方意见建议；对各单位行风建设情况进行“飞行检查”，发挥社会监督作用。4月，评选产生2010年度卫生系统医德医风“双十佳”集体和个人各10名。9月，召开卫生系统医药回扣专项治理工作推进会，根据卫生行业特点，从强化法制和廉政教育、开展“三好一满意”和“文明行医”活动、服务明星竞赛评比等八方面着手，推进“医药回扣专项治理年”活动。2000多名医务工作者作出文明行医承诺和岗位廉政承诺。

【财务会计制度改革】 2011年,全市医疗卫生事业单位会计集中核算质量进一步提高,财务会计制度改革顺利实施。7月起,实行新的《基层医疗卫生机构财务制度》、《基层医疗卫生机构会计制度》。10月,系统内6家全额拨款单位列入国库集中支付改革扩面单位。初步实现了国库集中支付、会计集中核算的双轨平稳运行。同时整理会计科目,设置核算模块,为2012年1月顺利实施新的《医院财务制度》和《医院会计制度》作好准备。

【基层党组织换届】 卫生系统所属11个基层党组织三年任期届满,9月起,在局党委统一部署下,开展基层党组织换届选举工作。其中,市中医院党员和预备党员总数103名,经批准成立院党委,张爱观任党委书记。

•社区卫生服务•

【概况】 2011年,继续强化镇、村医疗一体化管理,完善社区卫生服务网络,建立健全社区责任医生管理机制,提升社区服务整体水平和群众满意度。年末,全市共有社区卫生服务中心10个,社区卫生服务站124个(其中分诊所2个);共有职工1081人,其中卫技人员1020人。继续开展农村社区医生定向培养工作,与36名学生签订定向培养协议,学制3年。2月,林埭镇新庄村社区卫生服务站张水根被省卫生厅授予“全省优秀社区责任医生”称号。

【推进新一轮基础设施建设】 8月,新埭镇医院(社区卫生服务中心)迁建项目主体工程竣工,进入全面装修阶段,至年底完成装修工程量的70%。10月,广陈镇卫生院公共卫生大楼竣工并通过验收,建筑面积2105平方米;旧房改建工程同时开工。年内,钟埭卫生院改扩建项目完工,林埭卫生院改扩建项目完成前期准备工作。根据《浙江省农村社区卫生服务中心、站建设标准》,推进社区卫生服务示范站建设。全市有52家社区卫生服务站用房面积达到或超过150平方米。

【规范化创建】 12月,钟埭、广陈社区卫生服务中心通过验收,创建成“省级规范化社区卫生服务中心”。全市共有新仓、黄姑、全塘、新埭、钟埭、广陈6个“省级规范化社区卫生服务中心”,当湖、乍浦2个“嘉兴市级规范化社区卫生服务中心”。

【医院携手社区健康行】 市一院、中医院、红会医院、监督所、疾控中心、眼科医院、妇保所7家单位与吉方桥、如意、宝塔桥等13个社区结对开展活动。先后举办专题健康讲座93场次,直接受益居民5128人,发放健康宣传资料4331份。

【完善乡医养老保障机制】 市出台《关于平湖市乡村医生参加城乡居民社会养老保险的意见》。规定从2011年1月起,将2007年符合条件但未参加养老待遇保障的乡村医生,全部纳入城乡居民社会养老保险范围。参加养老保险需一次性缴纳的费用,由市、镇(街道)两级财政给予每人10000元的一次性补助。个人实际缴费额不足10000元的,按实补贴。全市共有87名乡村医生办理了相关手续,至此,全市325名乡村医生实现人人老有所养。

【健全社区责任医生管理机制】 在乍浦镇乡村医生退出机制试点的基础上,2011年进一步健全社区责任医生准入和退出机制,提升社区卫生服务队伍素质。出台《关于进一步规范平湖市社区责任医生聘用管理的指导意见》,对社区责任医生实行聘用制。详细规定了聘用范围、聘用条件、报酬和补助办法,对超过规定年龄者不再予以聘用。全市共有109名超龄乡村医生与社区卫生服务中心签订退出协议。

【第三方满意度调查】 6月,市统计局开展社区卫生服务中心(站)群众满意率调查,共发放调查问卷600份。结果显示:群众对社区卫生服务中心(站)药品零差价制度总满意率93.6%,对医生的诊疗水平的总满意率为90.7%,对医生服务态度的总满意率为93.3%,对护士及其他工作人员服务态度的总满意率为90.9%,群众就诊期间对社区卫生服务中心(站)服务总体质量满意率为89.6%。

•卫生防疫•

【概况】 疾病防控工作稳步推进,结核病、艾滋病、手足口病等重点疾病防控工作有序开展,全年无暴发疫情及相关突发公共卫生事件发生。城乡社区公共卫生指导团队下基层开展管理指导,实现"关口前移、重心下沉"。覆盖全市的计划免疫管理信息系统、传染病防制信息系统、慢性病管理信息系统、上下级协同管理系统、中心内部OA系统等信息平台为疾病预防控制工作的开展起到积极作用。以疾控中心成立十周年为契机,打造特色疾控文化。王登峰、王良平、方勤华、方四海、潘建群获"省疾病预防控制先进工作者"称号。

2011年,报告法定传染病17种,2285例,传染病总发病率309.70/10万,无甲类传染病发生。全年报告手足口病550例,同比下降33.81%,无重症和死亡病例。乙类传染病中梅毒、病毒性肝炎、肺结核发病数分列前三位。丙类传染病中发病数前三位分别为手足口病、感染性腹泻和风疹。查阅各医疗卫生单位病人登记1134470人次,传染病报告率100%。开展86例传染病诊断符合率调查,报告符合65例。

【肠道传染病预防控制】 全市13家医疗单位开设肠道门诊15个,做到对腹泻病人逢泻必采、有样必检。共诊治腹泻病人6747人次,采样送检率100%,未检测到霍乱阳性病例。检测幼教机构、饮食行业、食堂工作人员22881人次,未发现阳性病例。市一院采集监测病人粪标本2418份,未检出肠出血性大肠杆菌O157:H7病原;检测疑似伤寒病人30例,未检出阳性。5－10月,每月一次对水体、公共厕所等外环境进行采样监测,结果均为阴性。

【结核病控制】 继续实施浙江省第五轮"全球基金流动人口结核病防治项目"(二期),确保新居民结核病患者得到及时、免费治疗。年内有72名新居民结核病人纳入管理,其中新发涂阳59例,复治涂阳10例、涂阴3例。

全年新登记肺结核病人192例,痰检率100%;其中涂阳病人143例,痰阳率74.48%。全年转诊肺结核病人及可疑病人620人次,到位599人次。签订督导协议186份,现场访视督导105例。上年登记的146例新发涂阳病人,治愈128例,治愈率87.67%。

【艾滋病预防控制】 2011年,对暗娼、流动人口、吸毒人员、性病病人、男男性行为者等进行艾滋病高危干预,并开展同伴教育工作。全年共计发放艾滋病宣传资料38980份、安全套39440个,对娱乐场所进行艾滋病高危行为干预904场次,7500人次。流动人口面对面干预96844人次,大众宣传164365人次。市疾控中心、妇保所、市二院3家艾滋病免费检测咨询点(VCT)共接受咨询1298人次。全市共检测 HIV 血清样本 63331 份,比上年增加 5516 份,检出阳性 23 例,其中新发病 20 例。全市累计检测到 HIV 感染者 55 例,随访到 38 例,对符合治疗指针的 11 名病人进行抗病毒治疗。年内,发生职业暴露事件 1 例。3 月,嘉兴市卫生局批准平湖市妇幼保健所艾滋病筛查实验室具有艾滋病抗体初筛检验资格。10 月,省卫生厅确认市疾控中心艾滋病筛查中心实验室资格。至此,全市共有艾滋病筛查中心实验室 1 家,艾滋病抗体初筛实验室 4 家。

【免疫规划管理】 2011 年共接种各类疫苗 25 种 164904 人次,比上年减少 32666 人次。其中基础免疫接种 82779 人次,加强免疫接种 31146 人次,二类疫苗接种 15 种 48298 人次,应急接种和查漏补种 2681 人次。当地户籍儿童计划免疫"七苗"接种率 99.36%,流动人口计划免疫"七苗"接种率 90.2%。

【血吸虫病防治】 对全市 134 个历史血吸虫病流行村中的 26 个村开展轮查,在 108 个村设置监测点。查螺投工 3866 工,查螺面积 131.45 万平方米,分别在广陈镇曹港村、高新村、新仓镇杨盛村查到残存钉螺。共发现有螺面积 2780 平方米,捕获钉螺 2311 只,未发现阳性。采用药物喷洒和环境清理相结合进行灭螺,共投入 431 工,灭螺面积 2780 平方米,反复扩大灭螺面积 54540 平方米。开展血吸虫病传染源监测,共查 6273 人,其中流动人口 4877 人。血清学检查阳性率 1.15%,无粪检阳性病例。对 46 名省核准的晚血病人实施内科治疗救助,救助金额 156987 元。对 38 名申报救助对象进行专项体检,经省复核,确认新增救助对象 6 名。

【慢性病管理】 在各镇(街道)建立慢病管理示范点,开展社区诊断、规范化慢病访视和健康干预。2011 年,全市慢病管理 62406 人,覆盖面 485157 人,其中实现规范化管理 59929 人,规范管理率 96.03%,实现管理的人群中高血压 51690 人,糖尿病 7349 人,肿瘤 1443 人,精神病 1390 人。年内首诊测血压 90078 人,测压率 96.05%,发现血压异常 2537 人。启用浙江省社区重性精神疾病管理信息系统,已录入精神病 994 人,达到省精神卫生办公室发现率不低于 2‰要求。广陈镇卫生院顾军华获长三角地区"社区责任医师二三事"征文一等奖,受邀参加卫生部文明办举办的长三角地区高血压健康行动经验交流会。

【学生健康】 开展学生健康检查、常见病监测和防治工作,共检查中小学生 57720 人,占全市在校生总数的 99.43%。其中血红蛋白监测 15037 人,合格 14644 人,合格率 97.39%,未合格的 393 人均为轻度贫血,且全部进行了矫治。19 所小学 6841 名学生近视 28.55%,19 所中学 21387 名学生近视率 73.65%。查出沙眼和可疑沙眼 1215 人、乳牙龋齿 27831 人、恒牙龋齿 13740 人、平足 1079 人。小学生完全健康人数 5195 人,完全健康率 21.68%,比上年下降 3.91%;中学生完全健康人数 3867 人,完全健康率 13.32%,比上年下降 4.38%。

【实验室建设管理】 6 月,市疾控中心计量认证工作通过省质量技术监督局评审,12 大类 202 个参数检测能力全部达标,成为嘉兴市首个通过《实验室资质认定评审准则》和《食品检验机构评审准则》"二合一"评审的实验室。10 月,通过省 HIV 筛查中心实验室评审。全年共开展项目 188 个,完成样品数 62979 份,获得数据 100497 个。年内,参与国家"十一五"重大科技专项"水质监测关键技术标准化研究"中"饮用水水质实验室检测方法与标准化研究－草甘膦离子色谱”的验证。投入近8万元购置酶标仪和洗板机1套，实验室A类仪器设备共36类104台，配备率达到92.3%。

【居民死因分析】 2011年，全市居民人均期望寿命79.61岁，其中男性77.32岁、女性81.89岁。全年上报平湖户籍死亡病例3405例，居民总死亡率698.05/10万，比上年下降16.14/10万。死因前三位依次为恶性肿瘤、脑血管疾病、呼吸系统疾病。

•卫生行政执法•

【概况】 1月起，市卫生监督所列为参照《公务员法》管理事业单位，28人登记为参公人员。出台《平湖市助理卫生监督员管理办法(试行)》，45名协管员通过培训考核被重新聘任为助理卫生监督员，聘期二年。由各镇(街道)社区卫生服务中心对258名社区责任医生开展卫生监督协管培训，每季度开展监督协管工作督导考核。开展移动执法试点，进一步提升卫生监督现场执法能力。年内，对“地沟油”、塑化剂、酒类、问题乳粉、问题火锅底料、瘦肉精等开展专项整治。对1939家餐饮单位开展食品添加剂整治工作，全部签订食品安全承诺书。42户年夜饭供餐单位共申报备案年夜饭1822桌，就餐人数近18220人，未发生食品安全事故。全年共出动卫生监督员1400余人次，承担市两会、嘉兴市运动会、全国政协副主席到平、西瓜灯文化节等27次重大活动的食品安全保障任务，保障了21630余人次就餐安全。开展示范分所建设，设计面积500平方米的乍浦分所按照《浙江省卫生监督机构形象规范》进行装修。

【贯彻实施新法规】 5月起，施行新修订的《公共场所卫生管理条例实施细则》。加强宾馆、浴室、美容美发等法定公共场所的卫生监管。组织对全市80名卫生监督员和助理卫生监督员开展《实施细则》业务知识培训，分批对79家住宿和沐浴单位、11家集中空调单位、7家游泳场所及50余家其他公共场所经营单位进行《实施细则》贯彻培训。12月起，实施《浙江省实施〈中华人民共和国食品安全法〉办法》。全市体检培训食品从业人员2万余人次，举办食品安全培训班11期，发放宣传资料3000余份。

【行政许可与处罚】 全年受理卫生许可申请1431户，办理卫生许可证1309张，其中新发证927张；注销卫生许可证647户。受理投诉举报59起，涉及集体食堂、食品卫生质量、无证经营等方面，查处率100%；处理各类行政处罚案件61起，其中适用简易程序36起(涉及食品卫生12起，公共卫生8起，医疗卫生16起)。累计罚款22.65万元；没收非法所得3.23万元；无行政复议或行政诉讼案件发生。

【卫生监测】 以桶装饮用水、淡水鱼、食用油、猪肉猪肝、贝类产品等为重点，抽检13类食品及健康相关产品135份，合格率91.85%；抽检消毒餐具740份，合格率95.68%。

【小餐饮行业卫生整治】 加强小餐饮食品安全监管，严格按照“规范一批、提升一批、淘汰一批”的要求，通过开展“6＋2”示范创建工作，对全市856户150平方米以下小餐饮经营单位开展整治，共取缔7户，关停16户，整改发证53户，规范率达到99.8%；其中立案处罚11起，罚款16.48万元，没收违法所得1.99万元。巩固和深化了小餐饮三年整规工作成果。

【量化分级管理】 年内,对全市餐饮单位及公共场所进行量化分级管理。全市1464家应量化餐饮单位中的1455家开展量化分级评分,其中A级28家、B级50家、C级1377家。应量化住宿场所160家,其中B级9家,C级151家。应量化游泳场所7家,均为C级。应量化沐浴场所103家,其中B级1家,C级102家。应量化美容美发场所362家,其中B级2家,C级360家。

【农村聚餐监管】 继续实行家庭聚餐申报制度,加强农村家庭自办酒席食品安全的分类指导和监管。全市累计申报家庭聚餐7913户,98.99万人次。现场指导农村家庭聚餐7529户次,出具书面监督意见4632份。对437名乡村土厨师进行食品卫生知识培训和免费健康检查。年内未发生家庭聚餐引发的食品安全事故。

【打击非法行医】 1月,成立市公安局驻卫生监督所打非联络室,有工作人员7名。并建立公安部门联合打击非法行医工作联系会议制度。累计出动执法人员100余人次,检查非法行医窝点15起,联合公安部门查处3起,查实非法行医10起,立案查处10起,取缔7起,查获药品器械200余公斤,价值7400余元,有9起无证行医案录入浙江卫生监督信息网的无证行医“黑名单”信息平台。

【职业卫生监管】 2011年,开展铅酸蓄电池行业整治、粉尘与高毒物品危害治理、洁具行业整治、木质家具制造企业职业危害治理等工作。共有235家单位22410人(次)接触职业病危害因素的职工进行职业健康体检,检出职业禁忌182人,全部调离。对91家单位开展作业场所职业病危害因素检测评价,共检测1453个点,合格率81.97%。举办全市首期职业健康管理员培训班,有82家企业86人参加培训、考试,合格者发给职业健康管理员证。督查全市120家企业,其中50家未及时做好职业病危害评价、申报和职业卫生管理台账档案等工作,分别出具限期整改监督意见书。

•城乡合作医疗•

【概况】 2011年,城乡居民人均筹资400元,其中中央财政4元、省财政16元,市、镇(街道)两级财政分别补助120元;居民个人出资140元。新居民人均筹资400元,由个人和(或)所在单位出资,其中父母双方或一方持有《浙江省居住证》并在平湖就学的中小学生,享受当地户口学生同等补助。以上筹资额中每人30元用于建立个人账户,其余作为统筹基金。2011年,农民参加合作医疗16.95万人,参保率为97.39%;城镇居民参加87482人,参保率为96.96%;大学生参加30人,新居民参保156人。应筹集资金12316.25万元,实际到位资金13591.78万元,其中个人筹资3581.49万元,镇(街道)财政4533.25万元,市财政3703万元,省财政1389万元,中央318万元,利息67.04万元。全年共有1528450人次报销医药费10768.87万元。

【住院医药费报销】 起报线保持不变,报销比例:镇(街道)卫生院报销比例为列报费用的70%;平湖市级定点医院为65%;嘉兴市级定点医院为60%;嘉兴市外定点医院为50%;非定点医疗机构为35%。全年累计享受报销金额10万元,大中小学生及学龄前儿童最高可享受12万元。全年住院报销22467人次,报销金额8259万元,补偿率46.44%,比上年提高3.72%。

【门诊医药费报销】 镇(街道)级定点医疗机构门诊报销比例提高至30%,平湖市级定点医疗机构门诊报销10%,部分中医服务项目门诊补偿比例比西医提高20%。全年普通门诊报销1505485人次,报销金额2432.18万元,补偿率23.60%,比上年提高0.05%。特殊门诊报销498人次,报销金额77.65万元,补偿率35.27%。

【参合居民免费健康体检】 继续开展健康体检工作,全年共体检107621人,其中农村居民64716人,城镇居民42905人。第三轮(2010~2011年)居民健康体检232518人,总体检率61.41%,查出病人数82983人,其中高血压30396人,糖尿病5778人,恶性肿瘤50人,良性肿瘤3618人,胆囊炎胆石症10928人,泌尿生殖系统疾病11072人,高脂血症11056人。农村居民患病率明显高于城镇居民。在做好体检信息反馈的基础上,有针对性地开展健康指导、宣教,提高群众健康水平。

【设立儿童特殊疾病专项基金】 2011年,根据《浙江省提高农村儿童白血病和先天性心脏病医疗保障水平试点实施方案(试行)》,将0~14周岁参保儿童患先天性房间隔缺损、先天性室间隔缺损、先天性动脉导管未闭、先天性肺动脉瓣狭窄、急性淋巴细胞白血病、急性早幼粒细胞白血病等6种疾病纳入特殊疾病补偿范围。由市、镇(街道)两级财政各按参保居民人均3元的标准出资,建立参保儿童患白血病和先天性心脏病两类特殊疾病专项基金,并确定特殊疾病定点医院,制订报销办法。年内共有6人报销医药费14.84万元。

• 妇幼保健 •

【概况】 2011年,全市孕产妇总数2674人,孕产妇系统管理率96.79%,住院分娩率100%,高危孕产妇管理率100%,孕产妇死亡率为零,连续13年未发生平湖户籍孕产妇死亡,居全省县市级第二。发放出生医学证明4927本。开设孕妇学校680期,培训8267人。孕产妇艾滋病、梅毒检测率100%,查出梅毒阳性4例。妇科病普查70443人,受检率44.76%,疾病发生率46.65%;查出乳腺癌8例,宫颈癌2例,卵巢癌2例,尖锐湿疣4例,对患病妇女均及时进行治疗。开展节育手术18500例。

全市7岁以下儿童数19150人,儿童系统管理率98.45%。5岁以下儿童死亡率7.83‰;婴儿死亡率5.97‰,出生缺陷发生率16.73‰。

【剖宫产率保持稳定】 全市业务接生5069例,其中剖宫产2547例,剖宫产率50.25%,其中市级医院剖宫产率56.02%,镇(街道)医院剖宫产率34.03%,比上年略有下降,但平湖户籍产妇剖宫产率达65.04%,仍处于较高水平。

【孕产妇住院分娩补助】 继续开展妇女增补叶酸预防神经管缺陷和孕产妇住院分娩补助两项重大公共卫生服务项目。各镇(街道)、村建立叶酸发放、服用、随访记录本,全年新增叶酸应服用对象2980人,实增服用对象2958人。按时服用2244人,服药依从率75.86%。叶酸知识调查1015人,知晓率99.80%。向2320位农村孕产妇发放分娩补助经费116万元。其中生育保险补助1714人。

【流动人口孕产妇管理】 加强流动人口孕

产妇保健,实施规范化、均等化管理。2011年在平湖分娩的2664名流动人口产妇中,2520名建立了围产保健册,建册率94.59%。流动人口孕产妇系统管理率16.97%,早孕建册率25.56%,筛查率28.42%,住院分娩率99.62%。围产儿死亡率8.95‰,为2008年以来最低。流动人口孕产妇死亡连续7年为零。11月,顺利完成卫生部－联合国儿童基金会"城市流动人口妇幼保健服务项目"基线调查工作。

【三项筛查】 全年产前筛查2560例,筛查率95.74%,查出高风险138例,产前诊断无病例。新生儿疾病筛查5007人,筛查率98.72%。听力筛查5041人,筛查率99.37%,确诊听力异常3人。

【婚前保健】 推进"两免"(免费婚前医学检查和免费孕前优生检测)工作,依托民政局婚姻登记处,实行婚姻登记、婚检、婚前健康教育"一站式"服务。婚前医学检查7388人,婚检率91.44%,比上年提高0.94个百分点。疾病检出率11.87%,其中严重遗传性疾病1例,指定传染病12例。对查出的疾病及时提出预防、复查、治疗等医学建议。加强婚检后续管理服务,提升婚检服务实效。

【规范化儿保、妇保门诊创建】 根据《嘉兴市基层规范化妇儿保门诊评估细则》,除市妇保所、新仓镇医院[已成功创建"2004年省级示范妇幼保健规范工作(门诊)单位"]外,有8家单位从门诊用房、设备要求、人员资质、学习培训、服务内容、服务技术等方面着手,开展规范化创建。1月,全塘、曹桥、林埭3家卫生院成功创建嘉兴市基层规范化孕产妇保健门诊、基层规范化儿童保健门诊。广陈卫生院成功创建基层规范化孕产妇保健门诊。6月,黄姑、乍浦、新埭、钟埭4家单位成功创建规范化孕产妇保健门诊、儿童保健门诊。广陈卫生院成功创建规范化儿童保健门诊。

【托幼园所卫生保健】 全市25家托、幼园所在园儿童8244人,建档率100%;视力检查6666人,检出弱视99人。氟化泡沫护齿6086人,龋齿数3614人,龋齿患病率43.84%。3068名儿童接受入园体检,检出肝功能异常8人。829名托幼机构工作人员体检率100%。23名保健人员中,专职12人、兼职11人。其中执业医师4人。

•医疗机构•

【市第一人民医院】 2011年底,有工作人员751名,其中卫技人员684名,设病床450张。全年门急诊总量652050人次,比上年增加172532人次,增长35.98%;健康检查64378人次。出院病人19302人次,各类手术6650例。业务总收入22190万元,其中药品收入占45.92%,医疗收入占53.65%。

3月,开展全市首例自体血液回收术。5月,实施全市首例胸腔镜下肺大泡切除术。7月,急危重病学科列入省级龙头学科。11月,通过省"绿色医院"评审验收。年内,开展喉罩插管全身麻醉、无痛分娩等新技术,成功实施全市首例胸腔镜下肺大泡切除术、首例保留幽门胰十二指肠切除术等。投入约500万元,购置医用纯水系统,电子胃镜、电子肠镜、等离子电切等设备。

【市第二人民医院】 2011年底,有工作人员278名,其中卫技人员251名,设病床180张。全年门急诊总量152122人次,比上年增加9344人次,增长6.54%;健康检查16499人次。出院病人5149人次,各类手术1473例。业务总收入5283万元,其中药品收入占

41.61%,医疗收入占56.57%。

3月,外科病区获浙江省“巾帼文明岗”称号。4月,医院院报创刊。5月,实施该院首例关节镜手术。9月,完成52个岗位的中层干部竞聘工作,其中正职数36个,副职数16个。10月,与嘉兴市第二医院签订协议书,成为嘉兴二院对口支援医院。12月,通过省二级档案目标管理工作验收。年内,完成二期建设项目论证、审批立项、设计招标等工作。投入262万元购置彩超、自动尿液分析仪、关节镜系统、低温等离子灭菌器、快速生物阅读器等设备。

【市中医院】 2011年底,有工作人员453名,其中卫技人员426名,设病床350张。全年门急诊总量319035人次,比上年增长43942人次,增15.97%;健康检查34193人次。出院病人10088人次,各类手术3091例。业务总收入14441万元,其中药品收入占46.60%,医疗收入占52.98%。

2月,中西医结合肾脏病科被市委、市政府命名为“2010年度平湖市重点创新团队”,由市财政给予20万元创新资助。4月,启动三级乙等中医医院创建工作,并于9月接受省卫生厅专家组评审。7月,实施该院首例肾囊肿穿刺术。8月,编印下发《平湖市中医院中药协定处方集》200册。9月,与浙江省中医院合作,成为浙江省中医院平湖分院。年内,投入640万元,购置血透机、彩超、等离子电切镜、关节镜、骨质疏松治疗仪等设备。开展预约挂号,实现手机短信挂号、互联网挂号和医院门诊大厅自助挂号等,进一步提升医院综合服务能力。

•医教科研•

【医学教育】 年内,系统共开展继续医学教育项目151个。22人参加省级全科医生岗位培训,20人参加社区护士岗位培训,20人参加实验室生物安全岗位培训,10人参加省第35期心电学培训。年内,系统各单位派出19人赴上海、杭州培训进修;邀请沪杭专家到平讲学培训28次,2650人次听讲;邀请沪杭专家到平会诊、手术、培训1000余次。

2011年底,市卫校共有教职工24人,其中在编教师11人。开设在职职工函授班11个,有学生373人。其中护理、临床医学、药学、检验等专业在职职工大专函授班5个,有学生230人;临床医学、护理、药学本科函授班6个,有学生143人。

【人才引进和培养】 建立人才与产业发展科,挂靠局人事科,配备专职人员1名。制订高层次人才医疗保健优惠政策,凡持有《平湖市高层次人才证书》者,由市卫生局发给《平湖市高层次人才医疗保健卡》,对其开放医疗服务绿色通道,提供优先、优质服务,并提供医疗补助。建立高层次人才健康档案制度,每年进行一次健康体检,6月,市一院斯一夫入选嘉兴市卫生系统第五批学科带头人(危重病医学),市二院陆卫良入选第五批后备学科带头人(临床医学检验临床基础检验技术)。年内,共招聘大专以上人才137名,其中研究生2名,本科生78名。引进人才6名,其中副高级1名。至年末,系统共有在职正高级卫技人才14名,副高级102名,中级684名。

【乡村医生培训】 年内,开展省第三轮乡村医生注册培训工作,分视频教学、课堂教学、临床实习等步骤,219人参加培训。对209名在岗乡村医生进行两年一次的定期考核,考核内容包括理论知识、工作质量、数量、职业道德等,全部合格。

【医学科研进展】 全年在省中医管理局、吴阶平医学基金会立项各1项,嘉兴市科技局立项4项。在市科技局立项14项,其中市二院《平湖地区阴道炎病原学分析》、《平湖市中小学生龋齿流行病学调查》列入重点项目。通过鉴定和评审9项。年内,申报立项金桥工程课题6项,其中重点项目3项;有2项通过评审。有2项课题获平湖市科技进步二等奖,6项课题获三等奖。有2篇论文获平湖市第六轮优秀科技论文一等奖,6篇获二等奖,9篇获三等奖。三家市级医院共发表国家级学术论文5篇,省级120篇。

•红十字会•

【概况】 2011年,发展15家单位为红十字会团体会员,会员2810人。市红十字会配备专职副会长、专职人员各1名。成立了市红十字会医疗卫生工作委员会、学校红十字工作委员会。制订和完善了市红十字会自然灾害和突发公共事件应急预案、灾区援助方案、报灾求援方案、救灾救助款使用管理办法、募捐和接受捐赠工作管理办法、红十字募捐箱管理办法、红十字爱心病房资助项目的实施意见等各项管理制度。积极筹建新埭、新仓两个基层红会组织。

5月,组织开展"红十字博爱周"活动,提供义诊和健康咨询服务。11月,参与实施省红十字会"康恩贝健康之旅——心脑血管疾病防治博爱行动",向508名困难家庭的心脑血管疾病患者免费发放51.36万元的捐赠药品。年末,在平湖卫生网站增设市红十字会网页,加大宣传力度。

【赈灾募捐】 与市慈善总会协商后,接收市属医疗卫生单位"慈善爱心一日捐"募捐款159940元。捐款信息向社会公开,接受群众监督。在15家医疗单位收费处设置红十字募捐箱,并制订相关制度,规范管理。

【无偿献血】 2011年,全市4071人次无偿献血1383.3升,公民自愿献血率100%,无偿献血占临床用血的100.9%。红细胞使用率99.88%,成份输血率99.94%。一次献血300毫升以上者4063人,占总献血人数的99.80%,比上年提高0.49个百分点。血液报废率2.27%,远低于省4%标准。加大招募工作力度,组建2000人的无偿献血志愿者队伍,缓解用血压力。全年投入宣传经费20万元,宣传普及无偿献血知识及相关法律法规。"6·14"世界献血者日来临前夕,市献血办组织50名无偿献血者进行免费健康体检,关爱献血者。认真做好献血前、中、后的服务工作,通过献血短信平台、问卷、回访,加强与献血者的沟通和联系。对200名无偿献血者问卷调查显示,各项满意率达99%以上。

【志愿捐献】 4月25日,当湖街道园丁新村居民张耀成为全市第一例造血干细胞捐献者。为平湖第1例、嘉兴第8例、浙江省第77例、全国第2125例造血干细胞捐献者。全年新采集造血干细胞捐献志愿者血液样本65份,累计合格入库199人份。为4人办理志愿遗体捐献登记手续,累计登记志愿遗体捐献者21人,共执行6例。新登记志愿角膜捐献1人。

【卫生救护培训】 安排市红会医院2名执业医师参加省救护师资培训。采取预约登记、集中培训和上门培训等方式,方便企业员工参加培训。全年共开展卫生救护培训863人次。

•爱国卫生•

【概况】 2011年,爱国卫生工作以国家卫生城市创建，卫生镇、卫生村创建和“新村示范、村庄整治”工程为载体，加强城乡、市容环境卫生整治，强化病媒生物防制，大力开展健康宣教，保障人民身体健康。宣传贯彻《浙江省爱国卫生促进条例》，按要求调整爱卫会成员部门，开展居民小区“牛皮癣”大清除等活动，以背街小巷、建筑工地、农贸市场、公共场所等为重点，定期开展检查。对卫生状况较差的单位及时进行通报，并限期整改。年内，全市新创建省卫生先进单位 3 个；嘉兴市卫生先进单位 5 个，卫生村 2 个；嘉兴市健康单位 1 个；平湖市卫生先进单位 3 个。城区先后通过省“灭蝇、灭蚊、灭鼠、灭蟑先进城区”达标考核，乍浦、新仓、新埭三镇积极争创国家卫生镇。

【农村改水改厕】 继续开展供水管网改造，年内共投入 3215 万元用于供水设施更新、两级管网改造和地面水厂建设。全市自来水受益人口 32.03 万，受益率 99.66%。农村安全卫生饮用水人口覆盖率 99.66%。巩固城乡垃圾集中收集处理工作。将农村改厕与农村生活污水处理、面源污染治理、外环境整治相结合，统一规划整体推进，提高农村卫生厕所覆盖率和农民健康水平。年内新建成卫生厕所 554 户，全市累计卫生厕所 93253 户，卫生厕所普及率 97.7%，粪便无害化处理率 88.10%。

【健康教育】 成立平湖市健康教育协会，建立健全三级健康教育工作网络。全市 18 家医疗卫生单位、117 家社区卫生服务站、55 个社区、60 所学校、49 个机关事业单位、30 家规模以上企业均建立健全了健康教育工作领导小组，配备专兼职人员负责健康教育与健康促进工作。大力推进医院、学校、行业、社区、公共场所、新闻媒体健康教育工作，开展健康科普征文、健康讲师演讲技能竞赛等活动。编发《金平湖健康报》、健康知识手机短信广泛宣传《公民健康素养 66 条》等健康知识，城乡居民健康素养整体水平得到提升。年内，被省爱卫会确定为 12 个创建“省级健康促进与教育综合示范区”的县市之一。制订《平湖市全民健康促进行动工作方案（2011—2015）》、《平湖市创建国家卫生城市健康教育工作实施意见》、《平湖市创建国家卫生城市机关事业单位健康教育工作实施方案》、《平湖市企业健康教育和健康促进工作实施方案》等。成立平湖市健康素养宣讲团，年内开展各类宣讲活动 33 场，受益听众 1950 余人次。在市区当湖路等 5 处开辟健康宣传长廊，共计 140 块展版，每季度更换一次内容。举办“市民讲坛 · 金平湖健康系列讲座” 6 场，听众 573 人。101 场（次）的公民健康素养百场宣讲活动，直接受益居民 6500 人，其中 2894 人接受健康素养基本知识与技能的问卷调查。10 月，市健康教育中心龚敬获省健康教育讲师演讲技能比赛二等奖。

【控烟工作】 制订出台《平湖市市区公共场所控烟工作实施方案》，继卫生系统控烟后，1 月起，教育系统全面控烟。全市各中小学校、幼儿园、职业类学校所有控烟场所达到“两有三无”（即有禁烟标识、有人管理，场所无人吸烟、无烟具、无烟蒂）标准。5 月，举办控烟知识大型讲座，并在市行政服务中心举行控烟承诺签字仪式。11 月，承办“浙江省烟包健康警示图片展”（中国疾控中心、浙江省爱卫办和省疾控中心主办）现场互动宣传活动，中央教育电视台、浙江卫视等重要新闻媒体都对该活动作了报道。（赵勤仙）

社会 • 生活

• 人民生活 •

【城市居民生活】 据对当湖、钟埭两街道100户城市居民家庭的抽样调查，2011年，城市居民人均可支配收入33190元，比上年增长14.1%。在人均总收入37244元中工资性收入23120元，增长14.0%；转移性收入9604元，增长15.2%；经营性收入3866元，增长19.8%；财产性收入655元，增长33.1%。

2011年，城市居民人均消费性支出19002元，比上年增长9.9%。其中食品支出6659元，增长14.4%；衣着支出1590元，增长16.1%；家庭设备用品及服务支出1016元，下降28.7%；医疗保健支出1277元，增长26.6%；交通与通信支出4180元，增长27.9%；教育文化娱乐服务支出2833元，增长28.5%；居住支出932元，下降47.2%；杂项商品服务支出514元，增长21.5%。全年恩格尔系数35.0%（上年为33.7%）。年末人均拥有住房面积37.9平方米（上年37.5平方米）。每百户城市居民家庭拥有彩电203台（上年为205台），空调器239台（上年为211台），淋浴热水器109台（上年为105台），移动电话机202部（上年为187部），家用电脑103台（上年为82台）。

【职工工资】 2011年末，全市单位从业人员（城镇单位以及规模以上私营企业）总数为28.43万人，其中女性人数为13.38万人。单位从业人员劳动报酬为99.37亿元，其中在岗职工工资总额为95.06亿元。2011年，全市在岗职工（城镇单位以及规模以上私营企业）平均工资为33818元，比上年增长17.7%，其中企业在岗职工平均工资31751元，增长18.4%。从分行业来看，工资水平较高的行业是金融业、电力燃气及水的生产和供应业、公共管理与社会组织，在岗职工平均工资分别为113666元、100285元和74016元；工资增幅较大的行业是房地产业、电力燃气及水的生产和供应业、住宿和餐饮业，分别增长38.6%、30.3%和27.2%。

【农村居民生活】 据对300户农村住户抽样调查，2011年，全市农村居民人均纯收入为16641元，比上年增长16.4%。具体收入变化情况及特点如下：一、工资性收入是农民收入的主体。人均工资性收入12683元，增长18.7%，其中来自非企业组织的劳动收入624元，下降52.7%；来自本乡地域内的劳动收入9846元，增长9%；来自外出从业得到的收入2213元，增长566.6%。二、家庭经营纯收入稳定增长。农民家庭经营纯收入人均为3154元，增长9%，其中种植业收入1076元，下降10.3%；牧业收入617元，增长33.0%；渔业收入98元，增长276.9%；建筑业收入50元，增长117.4%；交通、运输业收入223元，增长5.7%；批零贸易、饮食业收入413元，下降9.4%。三、转移性收入较快增长，人均453元，增长36.4%。四、财产性收入有所下降，人均352元，下降7.6%。2011年，农村居民人均生活消费保持同步增长。全年人均生活消费支出为9997元，比上年增长14.2%。其中食品支出3807元，增长29.9%；衣着支出467元，增长15.0%；居住支出1755元，下降15.1%；文教娱乐用品及服务支出1055元，增长9.1%；家庭设备用品及服务支出529元，增长26.9%；交通和通讯支出1448元,增长25.3%;医疗保健支出639元,下降5.3%。全年恩格尔系数为38.0%(上年为33.5%)。年末人均拥有住房面积73平方米(上年为67平方米)。每百户农村居民家庭拥有彩电208台(上年为163.7台),空调器152.3台(上年为106.3台),固定电话机92.3部(上年为101部),移动电话机265.3部(上年为217部),家用电脑68.3台(上年为51.3台),家用汽车10辆(上年4.3辆)。 (杨在忠)

•人口和计划生育•

【概况】 2011年全市人口和计划生育工作,经全市上下的共同努力,圆满完成各项年度目标任务,人口计生目标管理责任制考核名列嘉兴市第一。国家人口计生委主任李斌、科技司副司长王巧梅、省人口计生委主任章文彪等上级领导分别到平调研,对平湖市人口计生工作特别是新居民计生服务管理、计生科技服务、信息化建设等工作给予高度评价。2011年,平湖市人民政府被评为"十一五"全省人口和计划生育系统先进集体,市人口计生局获全省第三周期婚育新风进万家活动先进集体、"档案工作目标管理省二级单位"、嘉兴市"十一五"人口和计划生育工作先进集体,市人口计生局档案室荣获全省首批"示范数字档案室"。市人口计生局开发的"感知人口、智能计生"物联网生殖健康保健家庭计划项目被列为市科技计划重要项目。

2011年,全市出生3094人,比上年同期减少542人,其中计划外出生37人,计划生育率98.77%,出生婴儿性别比处于正常范围。全市出生率6.35‰,死亡率7.19‰,自增率-0.84‰。全市没有发生突发性事件和恶性案件,无行政诉讼,无集体上访。

【依法行政】 严格执法,依法办案。进一步健全完善同法院、公安等部门联合执法机制,全市社会抚养费征收行政案件共108例,应征金额345.67万元,实际征收到214.73万元、征收率62.12%,其中申请法院强制执行73例,结案率100%。严把"生育审批"关,严格"一票否决"审核制度。全市再生育审批694例,特殊情况生育审批120例,生育证发放准确率100%。全年共对494个单位和4326名个人进行计划生育"一票否决"审核,其中9个单位、5名个人被否决。实施"阳光计生行动"。市人口计生局制订出台了《平湖市"阳光计生行动"实施方案》。做好信访工作,受理群众来信来访、市长电话交办事项60件(次),按时办结率、群众满意率均达100%。加强村(社区)便民服务中心人口计生窗口规范化建设,专题召开全市村(社区)便民服务中心人口计生窗口规范化建设现场会。

【人口文化建设】 抓好新型人口文化建设,创新宣传教育模式。在嘉兴市率先出台《平湖市"十二五"期间婚育新风进万家活动的实施方案》,举行"十二五"期间婚育新风进万家活动暨"三优"促进工作宣传月启动仪式。当湖街道吉方桥社区、林埭镇徐东村等5个村(社区)获嘉兴市新农村生育文化建设示范村(社区)称号。开展"计生国策进校园"活动,有5300多名学生受到教育。全年共组织各类宣传服务活动67次,发放宣传资料8.7万份。

【优质服务】 落实各项奖扶、特扶、独生子女父母奖励和中考加分等优先优惠政策,2011年新增奖扶对象1413人(包括扩面新增192人),累计4706人,发放奖扶金338.83万元;新增特扶对象78人,累计422人,发放特扶金114.48万元;有43752人享受独生子女父母奖励费131.26万元,有1388人享受中考加分政策。2011年,全市婚检率和孕检率分别为97.7%、99.5%,“两免”告知率100%。举办“三优”宣传月活动,有1200多人接受宣传服务。市政府出台《关于提高计划生育长效节育措施奖励标准的通知》,从2011年7月1日起将计划生育长效节育措施中结扎、放环奖励标准从原来的每例100元、50元分别提高到每例600元(其中单纯性输扎每例1000元)、200元,全年共发放长效节育措施奖励金额8.9万元。加强避孕药具的管理服务工作,药具可及率、获得率均在95%以上。全市开展查孕查环67707例,随访7400人次,妇女病检查67151例。当湖街道、曹桥街道计划生育服务站获嘉兴市级镇(街道)计划生育优质服务示范站称号。出台《关于推进“幸福家庭关爱工程”建设的实施意见》,计生服务向家庭延伸拓展,使每个家庭至少得到一项以上计生优质服务。

【创新发展】 加快人口计生信息化建设。推进平湖市人口计生个性化信息系统建设。实施全员人口管理与宏观决策信息系统建设工程,抓好全员人口和计划生育管理服务综合平台的应用,年内集中两个多月时间,高标准、严要求保质保量按规定核实校正了65万条信息。深化新居民计生服务管理,推进均等化试点工作。出台《平湖市创新新居民服务管理体制做好新居民计划生育公共服务均等化试点工作的实施方案》,确保试点工作的有序推进。全年为3万余人次新居民已婚育龄妇女免费提供计生技术服务。累计发出重点协查信息25323条,通报避孕节育信息3178条,各项指标均达到上级要求。抓好公安信息导入功能的试用,将新居民信息系统中的新居民名单导入全员平台,累计导入信息28万余条,接收27万余条。发挥“平湖—汶上新居民计划生育联合协会”的作用,为汶上籍已婚育龄妇女提供计生技术服务5000余人次。强化部门协作,召开人口计生局、新居民事务局季度联席会议,两部门联手开展镇(街道)流动人口计生信息工作督查。

【基层基础】 强化队伍建设。在配齐配强镇、村两级计生干部的基础上,切实加强干部培训,组织新任村级干部人口计生业务培训,510余人次参加。加强作风建设和执行力建设,市行政服务中心计生窗口成功创建效能建设示范岗。制订出台《中共平湖市人口和计划生育局党组关于深化廉政风险防控机制建设的实施细则》,共查找出廉政风险点31个,作出防控承诺29条。健全完善局机关15项规章制度,进一步深化“基层满意站所”创建活动。出台计划生育手术并发症等治疗费用报销改革办法。加强人口计生战略研究,完成《平湖市人口和计划生育事业发展“十二五”规划》编制工作。做好计生协会工作。完成村(社区)计生协会换届,建成195个流动人口计生协会。钟埭街道花园村、乍浦镇染店桥村获第二批全国人口和计划生育基层群众自治示范村(居)称号。有平湖市级“少生快富”项目3个,发放贴息补助金3万元,省级“少生快富”项目1个,获得项目经费4万元。 (方良根)

•劳动和社会保障•

【积极拓展企业人力供给渠道】 通过人力资源市场平台,组织4300多家(次)用人单位进场招聘,录用职工2.3万人。积极拓展与外省劳务协作渠道,年内新增劳务合作单位16家,通过劳务合作平台,帮助企业引进劳动力4500人。同时,开展企业缺工情况调查和职工流动情况分析,把握企业用工变化趋势。

【努力化解“就业难”】 深化充分就业村(社区)创建,以此为载体,健全就业援助机制,落实就业援助政策,帮助困难人员实现就业。全年新增城镇就业人员9655人,农村劳动力转移就业7795人,城镇失业人员再就业培训2655人,帮助4475名城镇失业人员实现再就业,其中就业困难人员1525名,年末城镇登记失业率3.1%。认真执行社保补贴政策,为5628名灵活就业人员发放社保补贴1172万元,有效减轻他们的参保压力,为162名公益性岗位人员发放岗位补贴和社保补贴220万元,为30名自主创业人员发放小额贷款150万元。

【大力推进创业型城市创建】 强化创业培训,拓展创业培训渠道,将创业培训对象从失业人员拓展到退伍军人、大学生、村干部等有创业愿望的城乡劳动者,全年组织6500人参加创业教育培训,4700人参与创业活动,培训创业骨干287人,认定创业基地8个,推介创业项目60个,建立创业指导服务中心2个,帮助2600人成功创业,通过创业带动就业11450人。

【加强职业技能培训】 充分发挥镇(街道)和各类职业培训机构的作用,通过加强工作指导、开展部门联合、注重校企合作,全年开展外省务工人员技能提升培训4020人,技能考核鉴定11628人,全国(省)统一鉴定人数列嘉兴第一,高技能人才企业评价人数同比增加4倍;重视选拔推荐,获浙江省首届首席技师、浙江省蓝领计划人选等省级荣誉4项。

【社会保险参保人数持续增加】 积极贯彻《社会保险法》,推进五费合征,各项保险参保人数不断攀升,全年净增职工基本养老、医疗、工伤、生育、失业保险参保人数分别为:2.52万、3.23万、1.99万、1.72万、2.22万,五项保险参保人数分别达到26.59万、25.50万、24.52万、16.10万、15.86万;城乡居民社会养老保险覆盖人数16.94万。

【社会保障水平稳步提高】 企业退休人员基本养老金平均每月1587元,全年为2万余名企业退休人员发放养老金4.88亿元;城乡居民社会保险基础养老金平均增幅62%,共为8.44万名待遇享受人员发放养老金1.24亿元;为3.47万名征地保障人员发放生活保障(补助)金2.11亿元。支付医疗费用3.08亿元,工伤待遇支出3340万元,女工生育待遇支出1496万元,发放失业保险金750万元。认真实施省养老保障相关政策,妥善解决养老保障领域群体性利益问题,全年累计办理29751人,其中到达退休年龄计发待遇15080人。

【社会保障服务更加全面】 出台职工医疗保险门诊补助办法,实施异地就医联网结算,启用社保异地协助认证,建立数据异地备份,年内开始发放社会保障市民卡,推进退休人员社区管理,为5.4万名企业退休人员和征地保障人员进行健康体检。对退休审批、工龄认定、工伤认定、劳动能力鉴定等各项审批服务事项,严格按规定程序、规定时限办理,全年受理工伤案件5906件,作出决定5835件,结案率达98.8%。

【强化劳动保障监察执法】 确立“执法服务促发展、维护权益保稳定、夯实基础谋长远”的工作思路,做到法律宣传更深入、日常监管更严密、执法措施更严厉、部门配合更紧密、纠纷调解更有力。注重宣传培训实效,组织2000多名企业主和企业管理人员开展用工管理培训。落实劳动保障监察网格化管理制度,加强企业用工情况监控,掌握企业用工、工资发放情况,落实劳资纠纷隐患企业定期排摸和动态监管制度,全年主动监察检查企业2417家,书面审查企业5715家,95%以上的群体性纠纷发生在受监控隐患企业,租赁企业欠薪保证金收缴面同比增长55%;积极开展清理整顿人力资源市场秩序、规范三产服务业用工、小企业合同签订、劳动合同法宣传执法、解决劳资纠纷专项整治等专项行动,着力解决企业拖欠工资问题。

【劳动纠纷调解力度进一步加大】 推进镇(街道)、村(社区)、企业、行业等基层调解组织建设,建立劳动仲裁与劳动监察、司法部门、镇(街道)调解委、企业调解组织的联动机制。全年有71%的劳动纠纷化解在基层;劳动仲裁案件数同比下降14.9%,涉及金额和人数同比下降24%、60%,结案率和调解率分别达到97%和80%。 (孙佐宇)

•社会救助•

【做好困难群众最低生活保障工作】 健全低保标准动态调整机制,5月1日起,城乡低保标准分别从400元、280元,调整提高到465元和345元,同时,加强对低保家庭定期复核和动态管理,全年因调标等原因新增低保259户495人、退出201户437人,调整3320户5525人。年末,全市在册低保对象3275户5409人,全年发放低保金1880.42万元。城乡低保对象人均月救助额分别为365.08元和285.11元,最低月救助额每人65元。同时,按照上级通知要求的标准,为全市低保户发放2010年第四季度和2011年1—3季度的价格补贴(低保边缘户减半发放),全市共发放310.35万元。组织开展城乡低保边缘户动态审批和管理工作,确认全市有城乡低保边缘群众1377户3875人。12月,设立市低收入家庭收入核定中心,建立低收入家庭收入核定工作联席会议制度,做好低收入家庭收入核定工作。

【加大困难群众医疗救助力度】 年度财政预算安排医疗救助资金400万元,人均9.3元;年内两次调整加强医疗救助措施,先后对低保和低保边缘困难群众(即二类救助对象)实行医疗救助"零起点"制度,其中低保困难群众自负金2000元内全额救助,2000元以上部分按60%比例救助,上不封顶;低保边缘户和其他困难群众医疗费自负金部分分段救助比例,分别由35%、30%提高到50%、40%,最高救助额由4万元提高到5万元;在全市范围开通医疗救助即时结报系统,将低保和低保边缘困难群众纳入即时结报救助范围。全年实际支出医疗救助金540.25万元,其中救助839名因病住院困难群众349.91万元,为低保、集中供养对象等人员,缴纳参加合作医疗个人应缴纳的费用、发放门诊医疗救助卡等支出190.34万元。

【做好临时救助、孤儿救助和弃婴救助工作】 按照《平湖市城乡困难人员临时救助办法》,全年共支出临时救助金192万元;按每人每月600元标准,为36名社会散居孤儿一次性补发2010年全年和2011年1—8月的基本生活费33.63万元,从2011年9月起,在按月正常发放的同时,将他们纳入低保范围,另行发给每人每月65元最低生活救助金,同等享受低保对象在医疗救助、物价补贴等方面的优惠和补助。接报办理弃婴案例4起,接待救助流浪乞讨人员24批28名,其中2名未成年人落实了护送。接收5名平湖籍在外流浪乞讨人员返乡,并协同城管部门将流浪乞讨人员救助工作纳入"数字城管"工作职责范围。

【提升防灾救灾能力】 加强灾害信息员队

伍建设和职业技能培训鉴定,深入开展防灾减灾宣传;进一步完善市、镇(街道)、村(社区)三级防灾救灾应急预案,组织开展防灾减灾示范性演练;加强市避灾中心、镇(街道)避灾场所和救灾物资储备室、村(社区)避灾场所建设,新建救灾物资储备室11个。开展“减灾示范社区”创建活动,12月,钟埭街道钟埭社区、独山港镇渔业社区被国家减灾委、民政部评为“全国综合减灾示范社区”;林埭镇徐家埭村、新仓镇中华村被评为“全省综合减灾示范社区”。

(顾峰莲)

•慈善事业•

【募集慈善资金】 2011年,市慈善总会共募集善款907.7万元,其中冠名捐款577.9万元,企业定向捐款126.5万元,一般慈善捐款28.5万元,慈善“爱心一日捐”95.6万元,累计已到位冠名资金2981.2万元。总会累计募集7060.8万元。

【开展社会救助】 2011年,社会救助共支出522.4万元,受益人数3865人(户),其中助医助困269.2万元(大病救助320人,101.6万元);发放助学助困金199.3万元,受助学生1147人,其中大学生355人;春节期间对706户特困家庭发放慰问金38.2万元;发放助孤助老助残金8.4万元。

【慈善活动】 12月1日至7日,嘉兴学院平湖校区092班学生在校区开展爱心募捐活动;12月24日,市志愿者爱心联盟40多名志愿者上街进行“关爱生命 关注尿毒症病人”爱心募集活动。浙江金丝娘水果专业合作社捐出100盒精品寿桃礼盒,在嘉兴中农网上义卖,所得款项全部捐作善款;平湖申平物资、一洲贸易商行等6家企业助学23.5万元;中华仁人家园协会平湖助困建房项目在前几年的基础上,又捐资10.7万元用于资助3户贫困户建房。2011年,浙江多凌集团获嘉兴慈善奖(机构奖),市慈善总会“爱心平湖,慈善助学”项目获嘉兴慈善奖(项目奖),新仓慈善分会会长王保龙获嘉兴慈善奖(工作者奖)。

(吕继郇)

•优待抚恤•

【调整部分优抚对象生活补助标准】 完善退役士兵安置补偿金、义务兵家属优待金和退役士兵军龄补助费等自然增长机制,服役两年城镇退伍兵安置补偿金及家属优待金等增加到6.38万元、农村兵4.14万元、西藏兵13.27万元。再次调整提高部分优抚对象优待抚恤标准,其中义务兵家属年优待金从2010年的12200元提高到12850元。

【退役士兵接收安置和培训】 2010年冬全市共接收安置退役士兵234人(其中城镇兵117人),发放安置补偿金658.25万元;接收转业士官2人,发放安置补偿金24.03万元。认真贯彻落实省政府《关于加强退役士兵职业技能教育培训工作的意见》,通过加强政策宣传、落实培训机构和培训专项经费、周密组织登记等工作,组织全市2010年冬季退役士兵参加各类职业技能培训。3月11日,平湖市2010年冬季退役士兵职业教育培训高复班开班,40名退役士兵接受为期三个月的文化补习。全市参加省高等职业学校招生考试的11名退役士兵,7人达到录取标准,最好成绩为全省第2名。

【扩大重点优抚对象医疗费用“一站式”结算服务范围】 在重点优抚对象医疗费用“一站式”结算服务覆盖市、镇(街道)医疗卫生机构的基础上,2011 年进一步扩大到社区卫生服务站,为全市 1288 名重点优抚对象以及 60 周岁以上无社会保障退伍军人、烈士子女、生前享受政府定期抚恤补助的在乡复员军人等的遗孀,实行“一站式”结算,给他们带来了方便、快捷的医疗保障服务。其中,一至六级残疾军人和其他重点优抚对象基本医疗保障率均为 100%。

【提高 60 周岁以上无社会保障退伍军人优抚待遇】 按在乡老复员军人优抚金 20% 的补助标准,分别将 1954 年 11 月 1 日后入伍、年满 60 周岁(含)以上的无社会保障退伍军人的月生活补助费,从 100 元提高到 175 元;对 60 周岁(含)以上、本市户籍无社会保障的烈士子女,及生前享受定期抚恤补助的在乡复员军人等的遗孀,新增发放每月生活补助费 175 元;同时,上述人员参加城乡合作医疗应由个人自负的费用由政府代缴、住院费用在合作医疗报销后余额部分再按 50% 比例补助、每年按生活补助费总额的 10% 发给门诊医疗费。

• 双拥工作 •

【双拥创建取得新进展】 以争创“双拥模范城”为契机,进一步创新双拥工作载体和内容,完善具有平湖特色的军民融合式发展的双拥工作新内涵,做好各项双拥工作。根据民政部《革命烈士纪念建筑物管理保护办法》和创建双拥模范城标准要求,新建市革命烈士陵园,于 3 月 28 日正式启用,将原分散安葬的 56 位平湖籍烈士、18 位非平湖籍烈士集中安葬在市烈士陵园。完成第一批军队离退休干部住房补助经费发放和市烈士纪念设施的普查等工作。

【开展双拥系列活动】 周密组织春节、“八一”等重大节日走访慰问部队和经常性拥军活动,内容包括:1 月 19 日,召开军政座谈会。6 月 2 日,召开全市双拥工作会议。3 月 5 日,驻平部队官兵开展学雷锋大型便民服务活动,提供卫生巡诊、消防知识宣传、自行车维修等便民服务。“八一”前夕,组织 10 支驻平陆、海、空和武警部队的 20 名功臣模范官兵代表,赴广西桂林等地疗休养。7 月下旬,开展走访慰问重点优抚对象等“关爱功臣”系列活动,组织志愿者为部队、军人、军属、优抚对象提供服务。7 月 22 日,市民营企业拥军协会慰问驻平部队。7 月 25 日,市民政局、市农经局联合组织农技专家前往海军汽训营传授农技知识。7 月 25 日,市民政局联合市文体局,走访慰问消防大队,以文化进军营的方式表达节日祝福。7 月 26 日,民政局联合科技局、科协走访陈山雷达站,送去科普知识。7 月 27 日,组织军地共建单位联合开展解放路“双拥一条街”义务劳动及现场咨询活动。7 月 28 日,市四套班子领导走访慰问驻平部队。7 月 29 日晚,市举办“鱼水情深庆‘八一’”双拥广场文艺晚会。

• 社会福利事业 •

【做好集中供养和被征迁孤寡老人机构供养】 截至 2011 年底,全市共有“五保”、“三无”人员 431 名(其中“五保”376 名、“三无”55 名)。年内,全市“五保”人员年供养标准由 7575 元提高到 8586 元。市老年公寓接纳社会老人 210 人,镇(街道)养老服务中心(敬老院)在做好集中供养工作的同时,还接纳社会寄养老人 89 人。市民政局对 60 周岁以上被征迁孤寡老人入住供养机构等事项作了统一规定。

【做好移民帮扶、稳定工作】 全市现有大中型水库移民 701 名(其中三峡水库移民

149户666名),2011年为移民发放后期扶持金42.06万元。强化移民联系帮扶制度,完善移民信息网络体系,及时掌握移民动态信息,全市未发生因移民后扶政策不落实或落实不到位引发的上访现象。组织移民种养业等方面的农技培训,挖掘并宣传移民致富典型事迹,认真落实移民资金审计。

【继续推进民生台账、加强民生服务】 认真贯彻落实市委《在全市开展机关作风建设暨执行力建设活动的实施意见》,在前三年试点推广民生台账工作的基础上,会同市纪委、市纠风办继续在组织领导、工作机制、督察考核、巩固成效等方面加大工作力度,并将实施范围延伸到所属事业单位、基层站所(办事窗口)。全年全市记录民生问题8100多个,解决近7900个,解决率96.43%。

【加大慈善救助和"爱心助学"力度】 市慈善总会对2268名因病因灾等原因造成困难的群众,发放慈善救助334万元;对806名平湖市户籍,在全日制普通本、专科学校和高等职业学校学习的困难家庭学生,按照本科学生每人每年4000元、专科(包括高职)学生3000元的标准,发放慈善助学金138.6万元。继续办好"慈善爱心超市",全年发放爱心购物卡3200张,约8万元。有3000多人次参加义务劳动,为1100多户低保家庭提供帮助。

•基层自治组织管理•

【继续深化村(居)务公开和民主管理规范化建设】 联合市纪委制订《关于进一步加强村务监督委员会规范化建设充分发挥村务监督委员会作用的意见》,完善落实民主协商、集体财务审计监督、民主评议村干部等三项制度,全市全部建制村均达到村务公开民主管理规范化建设标准。全面推进城市社区居务公开和民主管理工作,根据嘉兴市要求,对全市城镇社区的居务公开栏进行统一规划,制订统一标准,按党务、事务、政务、财务等内容,规范居务公开内容、形式和程序,全市城市社区均达到居务公开民主管理规范化建设标准。

【推行村级重大事务票决制】 4月,制订《关于实行村级重大事务票决制进一步推进村级民主决策的意见》和具体工作方案,将村级经济社会发展规划和年度计划、集体财产的投资和处置、土地出租流转和宅基地使用置换等有关村民切身利益的9个方面内容纳入村"重大事项"票决范畴,严格按照"五议五步"法程序规范进行。

【嘉兴市级和谐社区创建全覆盖】 在2010年34个社区成功创建"嘉兴市和谐社区"的基础上,2011年组织余下的11个城镇社区按照标准,做好创建工作。年内,全市45个城市社区(含城镇社区)全部达到嘉兴市级和谐社区标准,其中,当湖街道百花社区创建成嘉兴市"十佳和谐示范社区"。

【村社区"一站式"办事大厅全覆盖】 继续推进社区布局调整优化工作,经过调整,当湖街道从28个社区减少到27个社区,钟埭街道从9个社区增加到10个社区。年末,全市有农村社区(建制村)95个,城镇社区45个。深化推进城乡社区"一站式"服务大厅和社区便民服务中心建设。市委办、市府办联合下发《关于进一步深化村社区便民服务中心办事大厅建设的实施意见》,按照便民、公开、依法、高效的原则,进一步巩固深化村社区便民服务中心办事大厅建设,扩大便民服务事项,将与群众生产生活密切相关的审批事项和服务事项全部纳入中心办事大厅,把行政管理、行政审批、行政服务延伸到基层。全年市财政安排社区建设经费110万元,年内实现全市建制村及城镇社区"一站式"办事大厅全覆盖。

【完成村委会和社区居委会换届选举】 年内,严格选举程序,保障选民权利,按时完成村委会和社区居委会换届选举工作。村委会"自荐直选"率100%,社区居委会"自荐直选"率66.6%。其中,村委会换届选举选民参选率达99.11%,一次选举成功率90.32%,全市共选举产生新一届村委会成员293名,平均年龄38.05岁,女性占比35.5%,党员89.4%,大专以上文化程度48.8%。居委会换届选举中,30个社区居委会采取"自荐直选"方式,直选率66.6%,比上届提高63.4个百分点;直选社区居民参选率85.03%,比上届提高1.7个百分点;选举产生的274名居委会成员,新成员89人,年龄结构优化,文化素质、党员比例等有所提高。选举结束后,分期分批对全部新任村(居)主任进行了培训。

•社会行政管理•

【进一步推进社工制度和人才队伍建设】 年初,召开市委社工委第三次全体扩大会议,部署工作,按照2010年下发的《市委市政府关于加强社区、社团、社工建设进一步完善社会管理体制的意见》和2011年市委社工委办公室4个配套文件精神,采取多项步骤,大力夯实基层社会管理和服务体系,推动工作开展。一、健全社工组织机构。年内,先后建立市社会工作协会和3家社工服务机构(其中体制内1家、民办2家)、5家社区社工服务站,初步形成社会工作实务架构。市财政安排社会工作专项经费35万元,政府购买社工服务项目经费20万元。二、开展社区社工服务站试点工作。选择当湖街道的百花、如意、南市东村、东湖、吉方桥5个社区社工服务站为试点,每个服务站配备一名以上社工,针对居民类型和需求、特点和优势,协助社区开展社区服务。如百花社区根据老人比较多的特点,以"快乐互帮组"、"知心大姐工作室"、"老娘舅工作室"、"夕阳红工作室"、"法律咨询工作室"等形式,为老人提供服务。三、探索社会工作岗位设置和社工专业职业资格证制度。在城乡社区和专业社工服务机构设置和开发一批社会工作岗位,开展专业服务试点,支持、鼓励社工委成员单位及社会管理、公共服务部门从业人员参加全国社会工作者职业资格考试,实行社会工作职业准入制度和相应的退出机制,逐步做到持证上岗。年内,全市城镇社区和城乡一体新社区均已至少配备1名专(兼)职社工,36.8%的农村社区配备1名以上兼职社工,各专业服务机构配置1至2个社工岗位。全市已有取得职业资格的社会工作人员118人,其中,取得全国职业水平证书16人、嘉兴市级证书102人,对已取得职业资格证书的现职社会工作者,按规定给予相应的职务补贴,落实薪酬待遇。四、建立社工督导制度。聘请上海浦东新区社会工作协会副秘书长徐金凤为平湖社会工作督导,以现场督导、远程督导等方式为全市各社工服务机构提供实务指导。五、加强社会工作专业教育培训。将加强社会工作人才队伍建设列入市人才战略,提出"十二五"期间培养发展目标。与上海浦东社工协会、杭州等地高校交流合作,加快社工人才培养。上半年,联合浦东社工协会,对40多名社区专职工作者进行培训,并赴浦东新区学习考察;对未取得职业资格证书的专职社会工作人员组织轮训;把社会工作知识列入党校干部培训主体班次,"金平湖讲坛"定期安排社会工作知识讲座,通过培训,提升各级领导干部和机关工作人员的社会管理创新理念。

【殡葬管理服务】 清明前期,市政府及时下发《关于继续做好清明期间群众祭祀活动有关工作的通知》,召开协调会,确保清明期间全市祭祀活动有序、殡葬管理服务场所安全。进一步推进“三沿五区”坟墓治理。殡仪馆、福陵园公墓等殡葬服务单位,设立“一站式”服务大厅,公开收费标准和依据、服务事项和服务承诺,深化行风建设,改善行业形象。在当湖街道试点,推出“高档化”骨灰寄存堂,引导群众改变传统的坟葬习俗,这一做法得到民政部、省民政厅和嘉兴市民政局肯定。

【婚姻登记和收养登记】 婚姻登记处全年办理结婚登记4057对,离婚864对,补办结婚、离婚证777件,开具单身证明3509件,获“嘉兴市服务民生满意站所”一星级称号。全年办理收养60件,其中合法收养17件,夫妻事实收养12件、单身收养5件、爱心助养22件、送养4件;解除收养1件,接待有关收养业务咨询200人次左右。

【社团管理】 2011年,全市有社会组织174个,其中社团122个,民办非企业单位52个。年内新增社团10个、民办非企业单位8个。市先后出台《关于加快行业协会培育与发展的试行意见》等3项政策性文件,市各专项发展资金以适当方式对协会建设给予支持,促进了社会组织的健康发展。大力发展行业协会、民办非企业单位等公益性、互助性、服务性社区民间组织,全市有备案登记的社区民间组织330个。5月18日,会同市科协、当湖街道举办社会组织进社区服务活动,有20多家社会组织参加;组织全市社团、民非单位年检年审,5月,对13家分别获得4A级或3A级荣誉的社会组织授牌;加大社会组织评估力度,认真开展社团小金库专项治理统计填表等工作。

•老龄工作•

【巩固发展居家养老服务“全覆盖”成果】 进一步完善市、镇(街道)、村(社区)三级居家养老管理、服务网络,建设和改造城乡居家养老服务站88个;组织指导当湖街道及南河头等6个社区,开展示范性居家养老服务中心(站)建设;重新确定政府购买服务对象505人;安装“一键通”紧急呼叫535户,下拨服务站建设经费、服务经费及“一键通”月功能使用费183.5万元。对城乡一类服务对象(60周岁以上的低保等生活特殊困难老人),分别给予每人每月300元、240元的政府购买服务。对城市社区由政府购买服务的二类对象,提高了准入门槛、服务时间标准和政府购买服务标准。将70周岁以上、获得过嘉兴市级及以上劳动模范或残疾军人等人员,列入二类服务对象范围。推出“居家养老服务需求评估管理办法”,明确评估对象、评估内容、评估组织及评估争议处理办法;发展“银龄”互助组织141个,成员2100多人,大力推进“银龄”互助常态化;建立老年人心理健康指导中心和日间照料中心,探索多种形式的养老服务途径。

【继续推进福利机构建设】 广陈、林埭、钟埭等镇(街道)积极推进敬老院新建改扩建工作,市老年公寓完成一期工程整修。全市9所敬老院完成事业单位法人登记,由集体福利机构转变为国家公益性社会福利事业单位和独立法人单位。认真组织落实养老机构政策性综合责任保险,为全市417名集中供养对象、88名社会寄养老人、208名入住老年公寓老人统一办理了保险;采取多种途径,继续加大养老服务机构工作人员业务建设,继续完善农村社区“星光老年之家”建设。

2011年平湖市百岁老人统计表

姓名	性别	出生年月	住址
宋金宝	女	1905.5.27	独山港镇金沙村10组南俞家宅基8号
周宝善	男	1907.1.25	当湖街道园乐新村
富守贤	女	1907.6.25	新埭镇丁桥村8组
王玉英	女	1910.04.04	当湖街道洁芳小区9幢1单元102
冯阿美	女	1910.05.01	独山港镇小营头村15组
盛明宝	女	1910.06.13	独山港镇建中村7组
于阿秀	女	1910.08.10	广陈镇三兴村11组
金美英	女	1910.08.30	独山港镇星华村2组
范阿秀	女	1911.07.11	当湖街道三北村白沃漾16号
金小宝	女	1911.08.15	新仓镇新星村2组

【老年人文体活动丰富多彩】 充分利用市老年妇女活动中心开展各类文体活动,全年参加活动人员9万多人次。敬老月及"老人节"期间,组织举办丰富多彩的活动。9月25日,举办平湖市第20届老年文艺汇演,600位老年人参与活动,其中参加演出的近300人。9月29日,组织96345加盟企业和个人进松枫社区为老年人举办以"敬老爱老、和谐共建"为主题的关爱服务活动,免费提供保健咨询、测量血压、自行车维修、锁具修配、电器维修等服务,穿插有奖猜谜等趣味节目,发放奖品100余份。联合市卫生局组织医务人员为老年人提供医疗健康咨询服务。9月29日,协调组织市法律援助中心法律服务志愿者在解放路开展老年法律法规、老年社会福利优待办法等宣传咨询服务,维护老年人合法权益。9月30日,市和有关部门领导走访慰问百岁老人11人、困难老人80人、敬老院老人80人。各镇(街道)卫生院为百岁老人免费上门体检。组织参加嘉兴市老人节合唱比赛获金奖;举办离退休老干部、老同志游园活动,1150名老同志参加。

【继续办好老年电大】 2011年春季招收学员10100人,占老人总数的11.47%。8个镇(街道)全部建立教学点,10家养老服务机构有9家开设教学班。当湖街道朝阳路社区成功创建为老年电大省级示范教学点。

•地名工作•

【完成第二次地名普查试点任务】 完成省第二次地名普查试点各项工作任务,5月19日,全省第二次地名普查工作现场推进会在平湖召开,试点经验在会上作交流。

【巩固和加强平安边界创优成果】 进一步健全平安边界建设长效机制,积极做好老沪杭公路附近的"苏浙线"界桩检查维修等工作。将界线工作管理重心转移至"依法管界",重点做好界线界桩各项委托管理协议的落实。同时积极开展与周边县(区),特别是省际界线上海市金山区的互信互访协作机制,全年开展走访联系4次。12月6日召开平湖市行政区域界线界桩委托管理工作会议。

【完成电子地图查询服务平台开发】 继续稳步推进地名公共服务工程建设,完善以"地名数据库与电子地图实现互联互通"为主要内容的数字地名建设,完成了由行政区划、印象平湖和电子地图三大版块组成的电子地图查询服务平台开发。 (顾峰莲)

•关心下一代工作•

【开展党史、法制教育】 根据市委部署和上级关工委要求,5月17日至28日,组织讲师团7位老同志到全市8所高中(中专)、12所初中进行党史宣讲教育,听讲学生14000多人。市直机关关工委讲师团全年到机关部门、学校、社区、农村、企业宣讲党史89场,听讲青少年2万多人次。市交通局关工委在全系统青工中举办报告会、党史知识竞赛等"十个一"活动。独山港镇关工委在各中小学开展"唱红歌、读红书、讲革命故事、看红色影视作品、写心得感受"系列活动。平湖经济开发区(钟埭街道)关工委举办"做一个有道德的人"主题征文比赛。公安局关工委组织法制副校长和部分民警,深入中小学开展法制教育38场,受教育学生18000多人次。供销总社关工委周明威和夏成宝到叔同小学、钟埭、当湖中心小学等为师生作党史和孝德教育报告4场,受教育师生1100多人。暑假期间,市关工委组织第四批优秀资助生代表参观新建的南湖革命纪念馆。继续抓好中国关工委等三部门联合部署的"关爱明天、普法先行"青少年普法教育活动,年中,表彰9个青少年普法教育工作先进集体和48名先进个人。

【开展孝敬教育】 市关工委会同市文明办,在全市开展"十佳孝星"评选活动,8月25日,召开表彰大会,表彰"十佳孝星"和"十佳孝星"提名奖人员。乍浦镇关工委在全镇中小学生中开展"十佳孝星"评选表彰活动。10月,市关工委与市文明办联合向全市人民发出孝亲敬老倡议书。教育局在母亲节前后,继续开展"孝敬教育周"活动,局关工委举办全系统孝敬故事演讲大赛,20名教师、30名学生讲述师生中的孝敬故事,局关工委还和市教育学会共同汇编《百善孝为先》一书,印发各校教师。市关工委心理健康教育服务组的老同志,热心为上门咨询的学生和家长服务,全年接待学生和家长150多人次。

【举办家庭教育节】 2011年,市关工委与市妇联协调新埭镇党委、关工委在新埭镇举行首届家庭教育节活动,5月,市关工委组织8名家庭教育专家到新埭中学,举行家庭教育专家现场咨询会,为近百名家长作家庭教育咨询服务。市关工委心理健康教育组的岳昇汇编《中小学生家庭心理健康教育》(家长读本),提供新埭镇关工委印发至全镇每位学生家长阅读。林埭镇举办第三届家庭教育节活动。4月,市关工委与市妇联一起,会同当湖街道党委、关工委,将孙辈教育向社区推进。市直机关关工委连续多年从报刊精选家庭教育经典文章,在平湖市党政信息网上转载,年内共发39篇。

【"帮困"工作】 市直机关关工委联系12个单位,资助29名贫困生,资助经费4.32万元。教育局关工委继续开展"奖孝助学金"募捐活动,有37828人捐款近18万元,奖励孝星1264人,资助特困生368名;发动城镇学生向村小、村幼儿园捐赠图书2.5万多册。交通局关工委和交通运输企业关工委与16名贫困生结对,资助金额9200元。独山港镇关工委通过镇"爱心基金"资助和企业结对资助,全年资助贫困生296名,金额35万多元。经贸局关工委7个离退休干部党支部全年捐款11000多元,用于资助贫困生。

【"帮教"工作】 9月20日,市关工委和市公安局关工委联合组织市相关部门领导到平湖市看守所,对5名未成年在押人员进行帮教,并赠送励志书籍。5月,独山港镇关工委组织有关单位人员到长湖监狱看望该镇籍在押人员,进行帮教。当湖街道关工委邀请平湖法院原副院长耿玉麟,为全街道60名社区矫正对象作《学法、知法和守法》法制教育报告。

【科技帮扶】 市关工委农业老专家科技咨询服务组的老同志多次深入当湖、曹桥街道的种养业现场,实地进行技术辅导。先后向新埭"三丰"蔬菜专业合作社送去12个蔬果品种的全套84篇种植、管理方面的科技辅导材料。在镇(街道)举办的种养业培训班上,作技术辅导。广陈镇和曹桥街道关工委组织农技员为种养户举办培训班、上门传授科技知识。新埭镇关工委成员、农技站长盛保龙为村民宣讲葡萄、芦笋等经济作物栽培技术14场次,听讲930多人次。

【关爱青少年成长】 市委办公室老少忘年交互助组新老干部一起到钟埭街道、新埭镇、新仓镇进行调研,老同志自费购买《中国共产党九十年学习读本》赠送年轻干部。市直机关关工委二组组织6个部门32名年轻干部进行党史知识测试。农经局关工委与局团支部联合召开"在党旗下成长"主题座谈会。市直机关关工委和当湖街道关工委联合举行大学生村官座谈会。卫生局关工委会同局团委在"六一"国际儿童节前夕,组织骨干医生为当湖街道的14所幼儿园的3465名幼儿免费健康体检。

【检查监督营业性网吧】 年初,对市关工委"五老"义务网吧监督员队伍进行调整,由36名减少到25名。6月底,市关工委分别召开城区和各镇(街道)"五老"义务监督网吧组长会议,交流检查情况,部署工作任务。暑假期间,市关工委领导和行政执法大队一起,对全市城乡64家网吧逐个进行了一次突击检查。

【创建"三无"村(社区)活动】 市关工委对新一轮13个创建单位,逐个进行检查指导。曹桥街道、平湖经济开发区(钟埭街道)关工委领导多次深入创建单位,了解情况,指导工作。11月,市关工委领导对部分申报单位进行验收抽查,最后经市关工委主任会议研究决定,8个村和4个社区创"三无"达标。

【开展调查研究】 7月初,向市委、市政府及相关部门报送《关于未成年人违法犯罪情况的调研报告》,市委书记盛全生、市委副书记胡水良给予肯定和批示。上半年,市关工委领导深入3所新居民子女学校对新居民子女入学情况进行专题调研,调研报告报送市委、市政府领导和教育主管部门。11月初,市关工委领导到职业中专调研关于新疆班学生情况,并看望全体学生。交通局关工委重点调查天龙汽运公司做好青工及企业职工子女的关爱工作,以及企业关工委如何发挥作用的做法。教育局关工委组织老同志深入平湖中学、东湖小学等调查研究,搜集各校"减负提质"的好经验。

【组建企业关工委】 5月,在平湖经济开发区(钟埭街道)依爱夫纺织有限公司召开由各镇(街道)关工委常务副主任参加的组建企业关工委工作推进会。交流研讨企业关工委组建情况,依爱夫纺织有限公司关工委和曹桥红马铸造有限公司关工委介绍开展工作典型经验。至年末,有6个镇(街道)的22家企业建立关工委。

【加强关工委自身建设】 3月,市关工委在党校举办由40多名关心下一代工作骨干参加的培训班,听取市发改局局长邱其良作的《全面实施"十二五"规划,推动我市可持续发展》辅导报告。学习温家宝、贾庆林、李长春、习近平、周永康、刘云山、刘延东、李源潮和浙江省赵洪祝、蔡奇、陈加元等领导对关心下一代工作的重要批示。市关工委和市直机关、市经贸局等关工委的老同志积极参加市委统一部署的“金平湖先锋”创先争优活动，市关工委组织老同志参观了南湖革命纪念馆新馆。2011年换届中，有5个镇（街道）担任关工委主任的党委副书记人事变动，市关工委领导及时到这些单位调研，进行工作衔接。林埭镇、当湖街道关工委举办了基层关工委骨干培训班。

2011年，市关工委被司法部、中央综治委、中国关工委评为“全国青少年普法教育先进单位”，市教育局关工委、城关中学、市职业中专被评为“全国青少年普法教育优秀组织奖”，陆致远、许宗熙、张洪琪、沈永华、姚秀平5人被评为“全国青少年普法教育先进个人”。市关工委讲师团被市委宣传部评为优秀讲师团，王达钟、鲁韵玉分别被评为优秀教员和优秀宣讲组织工作者。（姚秀平）

•民族·宗教•

【和谐寺观教堂创建有新进展】 根据省民宗委关于创建省级和谐寺观教堂的考核标准及嘉兴市星级宗教活动场所考核办法，2011年，市民宗局组织发动各宗教活动场所，按照考核标准，努力做好争创工作。经上级考核，年内又有城关耶稣堂、小普陀观音禅院被评为省级先进“和谐寺观教堂”，小普陀观音禅院、新埭耶稣堂、南桥天主堂等3处宗教活动场所荣获嘉兴市三星级平安宗教活动场所称号。

【积极开展民宗法律法规知识宣传教育活动】 2011年，市民宗局以“六五”普法启动为契机，积极开展党的民族宗教政策、宗教事务条例和少数民族权益保障条例等民宗知识宣传教育，通过PPT课件开展专题辅导、设立民宗政策法律宣传咨询点、发放宣传手册等形式开展宣传，先后为曹桥街道、乍浦镇机关事业单位干部、村班子成员及企业党组织书记，当湖街道大胜村村班子成员、全体党员、村民组长、碧水云天社区、金平服饰有限公司，以及各镇（街道）统战干部、新录用公务员作民宗知识专题辅导，剖析民族宗教方面的热点、难点问题，引导基层干部提高对民族宗教工作的认识，树立民族、宗教无小事的观念，增进齐抓共管的意识，维护民族宗教领域的稳定。

【积极推进三项专项工作】 2011年，市民宗局根据省民宗委、嘉兴市民宗局文件精神，积极推进宗教教职人员认定备案、宗教活动场所财务监督管理和社会保障工作三项专项工作，嘉兴市佛教教职人员认定备案工作办公室设在平湖市佛教协会。年内，平湖市首批教职人员认定备案佛教27名、基督教25名、道教3名，并有15名教职人员参加社会养老保险。

【召开全市宗教工作座谈会】 3月23日，市召开宗教工作座谈会，市委常委、统战部部长姚田宝主持会议并讲话，就如何进一步加强对宗教事务的依法管理，发挥宗教团体作用，强化属地管理责任，创新社会管理，维护宗教领域和谐稳定提出了明确的工作要求。

【调处解决城西天主教堂历史遗留教产问题】 多年来，城西天主教堂对一些历史遗留教产、地产处理存有异议，为防止矛盾激化，市委统战部、市民宗局高度重视，领导多次走访协调沟通，做好工作，达成共识。4月14日，钟埭街道与城西天主堂签订《关于天主教杭州教区平湖天主堂有关土地问题的协议书》，城西天主堂历史教产得到妥善解决。

（金国林）

• 新居民事务 •

【概况】 2011年，平湖市新居民服务管理工作按照“控制总量、改善结构、加强管理、优化服务”的工作要求，进一步深化居住证制度改革，不断夯实基层基础，着力提升服务管理水平，持续优化公共服务，新居民的社会认同感进一步提升，融入意识日益增强，全市逐步形成新老居民共建和谐社会、共享发展成果的良好氛围。平湖市新居民服务管理工作的经验、做法在《浙江省流动人口服务管理工作简报》、《政策瞭望》、《浙江政研》等杂志上刊登，《求是》杂志社、浙江省委党校专家到平考察调研，公安部流动人口工作会议印发平湖的书面交流材料。截至2011年底，全市登记在册新居民人数311831人（含乍浦51726人），实际持证人数294859人，其中持《浙江省临时居住证》263635人，持《浙江省居住证》31224人。

【成立新居民议事委员会】 1月19日，市新居民议事委员会成立。来自8个省16个市县的18名新居民成为平湖市首批新居民议事委员，他们代表30万新居民，就当地经济社会发展、新居民切身利益问题向政府建言献策。新居民议事委员会的成立，拓展了新居民民主政治权利的实现途径，拓宽了新居民社会参与渠道，标志着平湖市的新居民服务管理工作又上了一个台阶。

【成立新居民和谐促进会】 7月13日，市新居民和谐促进会成立。促进会聘请市委副书记、政法委书记胡水良、副市长金玉珍任促进会顾问，老同志卢德俊任名誉会长。首批吸收单位会员56个，个人会员100人。首批成员由企业主要负责人、政府部门相关负责人和新居民员工较多的企业组成。新居民和谐促进会以促进新老居民和谐相处、共同发展为己任，进一步拓宽新居民服务管理工作领域，及时发现解决工作中的新矛盾、新问题，广泛宣传新居民先进人物，对促进会员间的相互交流与学习，推广各部门的工作经验均起了积极作用。

【开展第一届优秀新居民评选活动】 9月启动，组织开展第一届优秀新居民评选活动，通过各镇（街道）推荐，报刊、网络等各种途径发动公众投票评选，最终按照综合得票，评选出10位优秀新居民，12月10日举行颁奖典礼，并通过媒体、网站广泛宣传他们的先进事迹，展示平湖新居民的精神风貌，引导和激励广大新居民向先进学习，爱岗敬业、奉献社会，增强新居民对“第二故乡”的认同感和归属感，努力营造新居民与当地居民互尊互爱、融洽和谐的社会氛围。

【深化所站建设】 结合“基层基础深化年”活动，深入推进新居民事务所、工作站规范化建设。注重选拔精干力量充实基层新居民事务所领导班子，切实改善新居民事务系统基层组织领导班子的年龄结构、专业知识结构，提升执行力和创新力。进一步规范新居民事务所工作台账资料，积极争创“群众满意基层站所”和“星级群众满意站所”。曹桥街道新居民事务所被评为嘉兴市2011年度“一星级服务民生满意站所（服务窗口）”，新埭镇、钟埭街道新居民事务所被评为嘉兴市2011年度“二星级服务民生满意站所（服务窗口）”。同时，重视抓好村（社区）、企业工作站规范化建设，在上年钟埭街道红建社区试点的基础上，要求各镇（街道）按照《平湖市新居民工作站规范化建设标准》，对辖区内的工作站实现工作职责、制度规范、工作流程和台账资料的统一要求，提升规范化建设水平。至年末，全市8个新居民事务所有7个达到规范化建设标准。

【推进新居民公共服务均等化】 优化新居民计生服务。2011年,为全市已婚新居民育龄妇女开展免费查孕查环查病服务3万余人次;通过互通软件累计导入新居民信息262494条,接收数据总量253122条,导入数据总量及质量均处于嘉兴市前列。以钟埭街道新居民事务所为试点,不断推进新居民计划生育服务示范窗口建设。8月18日,国家人口计生委主任李斌到平考察了当湖街道新居民事务所,对平湖市新居民人口计生工作给予充分肯定。提升新居民健康服务。以实施卫生部与联合国儿童基金会城市流动人口妇幼保健服务项目为契机,进一步提升新居民孕产妇保健服务,保障母婴安全,加快推进公共卫生服务均等化进程。2011年,在平湖分娩的新居民产妇有2664人,其中有2520名产妇建立围产保健册,建册率达94.59%;早孕建册率25.56%,比上年的15.87%提高9.69个百分点;系统管理率16.97%,比上年的11.11%提高5.86个百分点;住院分娩率99.62%,围产儿死亡率为8.95‰,为2008年以来的最低死亡率。进一步落实新居民子女常规基础免疫和加强免疫工作,全年共完成一类疫苗基础免疫45448人次,接种率99.18%,完成加强免疫5805人次,接种率99.13%。重视新居民子女教育。2011学年,在平湖市就读义务教育阶段的新居民子女总数为13252人,占全市义务教育阶段学生总人数的31.18%,比2010年增加549人。其中,在公办学校就读的人数为10825人,占新居民子女总人数的81.69%;在3所新居民子女学校就读2427人,占新居民子女总人数的18.31%。加强对新居民子女学校的办学指导,全面实行"完小化"委托管理制度和公办学校结对帮扶等制度,开展"名师引领"活动,把新居民子女学校教师纳入全市师资培训范围,稳步提升新居民子女学校办学质量。全市3所新居民子女学校有专任教师73名,合格学历率达100%,教师资格证持证率65.75%。改善新居民居住环境。全市累计已建成新居民职工公寓、集体宿舍等353处,总建筑面积56.378万平方米(其中2011年新建各类职工公寓1.338万平方米),9.5万多新居民住进了由政府和企业提供的整洁干净的公寓房,占新居民总数的32.3%。加强新居民就业服务。2011年,全市共举办各类招聘会36场,推出岗位36305个,达成就业意向8885人,组织4020名新居民参加各类技能培训。针对欠薪逃逸等违法行为开展经常性的执法检查,新居民用工环境得到改善,年内全市累计解决劳资纠纷405起,为1620多名职工追回工资620余万元,企业劳动合同签订率达98%。(孙 凤)

镇 · 街道

·当湖街道·

【概况】 当湖街道是中共平湖市委、市人民政府驻地,区域面积 49.02 平方公里,耕地面积 31226 亩。2011 年末,辖 9 个村民委员会、27 个社区居委会。有 110 个村民小组、547 个居民小组、37331 户、108344 人。新居民在册人数 48610 人。2011 年,全街道生产总值 755605 万元,比上年增长 11.6%。财政一般预算总收入 31375.14 万元,其中地方财政一般预算收入 16438.38 万元,同比分别增长 15.59% 和 16.52%。城镇居民人均可支配收入 33190 元,农民人均所得 17007 元,同比分别增长 14.1% 和 18.92%。计划生育率 98.60%,人口自然增长率 0.32‰。连续第五年被评为平湖市优秀街道。

第三产业 2011 年继续围绕“做大、做强、创特色”,坚持优化服务业结构和产业集聚并举,发展生产性服务业与完善生活性服务业并举,提升传统服务业与培育新兴服务业并举,重点发展总部经济、楼宇经济、服务外包等现代服务产业。全年完成服务业投资 16.4 亿元,完成年计划的 115%。龙湫公园商业街、东湖商贸城以及高品位商住楼等一批重点项目迅速推进,智财商务、中国商务港、温州商会等一批企业总部楼宇项目破土动工。高档酒店建设加快推进,白金汉爵大酒店、圣雷克大酒店经营业绩优良,南苑国际酒店抓紧建设。名企名店引进培育不断加强,先后引进宏图三胞、必胜客、乐天城等一批名企名店,发展势头良好。商贸流通企业规模不断扩张,先达装饰、申平物资贸易、长红大药房等企业快速成长。进一步发挥关帝庙商圈、滨湖商圈、城南路商圈、东湖商圈的城市服务业发展大平台和核心区作用,积极构建专业市场平台,加大对九龙建材市场的培育和扶持力度,加快平湖中国服装市场建设进程,中国服装城一期如期竣工并投入运行,A 区外贸批发零售、B 区名媛百货相继营业。加快国际箱包城交易中心建设进程。推动长胜路商区服务业平台的整体开发,已落户 8 家汽车销售企业 10 余个 4S 品牌,显示出强劲增长势头。金融、旅游、信息、中介、文体健身、科技研发等现代服务业均得到较快发展。2011 年底,全街道共有注册企业法人 1940 户,个体工商户 11196 户,当年净增 1028 户。全年实现三产增加值 587693 万元。

工业 坚持走新型工业化道路,形成了纺织、服装、家具、箱包、建材建筑、五金机电等行业齐头并进的产业格局。不断完善“一号工程”推进机制,全年实际到位市外内资 22375 万元,合同利用外资 1301 万美元,实际利用外资 581 万美元,完成工业生产性投入 4710 万元。出台扶持政策鼓励企业科技创新,全年申报各类科技项目 35 项,申报专利 143 件,街道所属企业授权数 141 件,新增省级研发中心 1 家,新认定嘉兴市级企业技术中心 1 家,新培育浙江省科技型中小企业 3 家,已在五金机电、金属制品、服装等行业培育和建立企业技术中心或研发中心 20 多家,青云建材机械有限公司通过国家高新技术企业复审。2011 年末,全街道工业企业 403 家,从业人员 11689 人。全年实现工业增加值 118096 万元。全街道 23 家主营业务收入 2000 万元以上工业企业实现工业总产值 191751 万元,主营业务收入 186316 万元,利税总额 14755 万元,其中利润 5459 万元。

全年完成进出口总额21506.53万美元,同比增长26.03%。出口19775.36万美元,同比增长25.69%,其中自营出口企业出口15858.44万美元,同比增长30.84%,外商投资企业出口3916.92万美元,同比增长8.43%。通过挖潜节地,盘活用地50.19亩,增加投资3785万元。加大节能减排工作力度,规模以上工业企业万元增加值综合能耗下降12.1%。

农业　以"一区二园三提升"为重点,加快发展"优质、高效、生态、绿色"现代都市型农业,不断完善产业区域规划,强化政策扶持,促进农业产业化的优化升级。2011年,全街道实现农业增加值9745万元,农业总产值14281万元。全年粮食播种面积26796亩,总产量11967吨。油菜籽种植面积6690亩,总产量1108吨。蔬菜复种面积6042亩,总产量12646吨。西瓜种植面积713亩,总产1512吨。水产品总产1603吨。生猪年末存栏33413头,肉猪年内出栏15957头,仔猪出栏90183头。家禽年末存栏107059羽,年内出栏80206羽。发挥"国家绿色食品"效应,以蘑菇为主导产业规模扩大,"联户联销"运作机制进一步完善,2011年蘑菇栽培面积230.88万平方尺,全年食用菌总产量2815吨。拥有20亩以上的大户和产业园13家,投入500多万元的嘉兴市劳利辛农业科技有限公司建设完成,拥有市级以上龙头企业3家,实现产值5200万元。新培育平湖市金稼园农业科技有限公司和平湖市胜花绿化服务有限公司2家嘉兴市级农业龙头企业。《新型菇棚及配套技术的推广应用》被列为国家星火计划。大力实施"强村计划",逐步壮大村级集体经济,总投资2170万元的七村联建项目"大桥等村综合大楼工程"启动建设。巩固全国村级财务规范化示范点建设成果。农村集体"三资"管理进一步加强。农村股份制改革稳妥推进,7个村完成股份制改革。

社区建设　创新社区服务管理,探索推行社工服务站建设,实现街道管理服务和基层群众自治的有效衔接。23个社区一站式便民服务中心建设全面完成。采取先服务后收费的模式,在11个拆迁安置小区探索实行市场化物业管理,逐步探索物业管理规范化、长效化。"民生台账"工作继续深化,至2011年底,当湖街道累计收集民生问题1420件,解决率97.4%,交办、督办民生问题12件,按时反馈率100%,编发督办情况通报3期。投入7000余万元基本完成对26个城中村和自建房小区的整治改造,共拆除违章建筑467户、15751平方米。在9个小区实施老小区改造提升工程,并对已经完成改造的27个老小区开展"回头看"。重点推进创卫工作,在24个责任区块开展了"三乱"集中专项整治巩固提效、"露天粪缸"整治"回头看"、城区水域船只整治、城郊畜禽散养户治理等一系列工作,对城郊结合部的9个村采取效能督办的形式督促环境整治到位,并形成了楼道"一长三员"、创卫效能督办、网格式管理、组团式服务等一系列长效管理机制。对创卫民生问题中涉及街道承办的224个牵头事项和93个配合事项逐一分解落实,办结率98%。组织开展"小手牵大手、全家齐创卫"、"创卫知识"竞赛、创卫宣传橱窗展评等系列宣传教育活动,有效提升创卫知晓率和群众满意度。

新农村建设　稳步推进"两新"工程,投资550万元的和合花苑连接虹霓集镇的虹昌路南段、虹昌桥以及一期54套联排的基础配套工程基本完工,小区供电、供水方案基本确定,26户安置房开始建造。积极做好"虹霓农村土地综合整治项目"立项工作,新区范围图纸测绘和地类分类及基础资料收集上报工作基本完成。积极推进村庄整治和农村土地综合整治项目工作,金家村、虹霓村分别通过省级待整治村和中心村验收。根据新市镇和新社区建设要求,扎实做好农村“两违”整治、水环境整治、绿化建设、农村公路养护、村庄整治和建设用地复垦等工作,改善城乡面貌,提升宜居水平。集中开展“美丽乡村”环境卫生集中整治行动,对87个“美丽乡村”整治点进行归类和落实,重点对通界、虹霓两个集镇进行环境整治,共发放宣传品1500份,卫生整治出动1200余人次,清理集镇卫生死角47处、城郊结合部卫生死角122处,整治农村新社区和村庄9个,清理垃圾1500余吨,虹霓、通界集镇新设置54只果壳箱,对50余家废品收购点进行了整治和规范,彻底取缔三北菜场和虹霓集镇两个存在多年的“马路市场”。建立健全征迁“倒计时销号”工作制,完成涉及三港新城、新客运中心、新华南路延伸段和虹霓区块历史遗留户67户的签协工作,腾空113户,基本保证了市重大项目的建设进程。有序推进实事项目建设,渡船桥、中心桥的加固维修工作基本完成,东升、三港圩区完善工程基本完工,投资907万元的塘桥圩区工程开工建设。二级污水管网工程建设完成2.5公里,完成年度计划的125%。

社会事业　大力实施农村劳动力素质培训工程,全年开展各类培训8512人次,占全街道劳动力总数的44.8%。出台扶持政策推动科技进步,加大科技投入,实行动态管理。幼教工作取得新发展,投资1147.5万元的当湖中心幼儿园扩建工程进展顺利。构建以“爱心合作社”为核心的低保群体帮扶机制,共发放爱心卡3200张,金额80000元,逐步实现了城市社区全覆盖、低保人群全覆盖和志愿者服务全覆盖。节日走访困难群众1900余户,发放慰问金107万余元。救助困难户798户,救助资金32.1万元。向825户低保户发放了合作医疗卡,向28位农村五保、城镇三无对象发放医疗救助金,办理了73人次的大病救助,救助资金27.9万元。采取公益服务和承包经营相结合的方式,先后在16个社区成立家政服务中心,为弱势群体提供上岗培训、用工推荐等服务。老年福利服务中心运作良好,居家养老服务全面推开。扩大“两项”保险覆盖面,城乡居民社会养老保险新增参保710人、累计参保17202人;城乡合作医疗保险实际参保30655人,参保率为97.8%。切实落实劳动保障监督,全街道工业企业职工劳动合同签订率达到98.5%。进一步加强文体团队建设和管理,组建各类文体团队40多支,队员600多人。全面完成嘉兴市农村文化活动中心(活动室)创建任务。修建5000多平方米文化墙,进一步提升城市的品位,营造浓厚文化氛围。统筹城乡精神文明建设,开展了“万户农家创文明”、“十进农家”、“文明家庭评创”等活动,成功举办当湖商会首届文艺汇演、“身边的榜样”平湖市公民道德建设情景剧展演——当湖专场、“红色唱响 美丽乡村”纪念建党90周年文艺演出等活动,开展各类文艺下乡演出14场、放映电影150余场。

社会管理　着重开展当湖街道公民道德素质提升三年行动计划(2011—2013年)和市民素质提升工程,不断深化省级文明街道创建成果。建立完善专业巡防和群防群治相结合的社会化巡防机制,全面推行“门户联防、邻里相望”、“学法中心户”等工作,社会治安形势保持稳定。不断完善大调解工作机制,扎实开展全员维稳、信访积案化解等工作,全年受理纠纷175起,全部调解成功,涉及金额530万余元。受理群众来信来访241件602人次,承办市长电话780件,按时反馈率100%,服务态度满意率100%,办理结果满意率92.8%。12件信访积案办结10件。开展重大事项风险评估8次,均顺利推进。落实安全生产监管责任,安全生产事故起数、死亡人数、直接经济损失三项指标继续实现

“零增长”。2011 年被评为平湖市唯一的“嘉兴市社会治安综合治理先进集体”,连续七年被评为“嘉兴市平安街道”。

【全市首个汽车贸易集聚商区初具规模】 充分利用交通条件便利、配套设施完善、居民消费能力强等优势,在对全市消费市场进行调研的基础上,结合街道服务业行业结构需要,通过详细设计论证,将新规划的长胜路商区功能定位在以汽车销售、美容与保养及相关行业零售批发为主进行项目开发,着力打造全市首个汽车贸易集聚商区。该商区位于长胜路延伸段的两侧,东临乍浦塘,西至经二路,总用地面积约 580 亩,计划分三期开发建设。一期规划用地 217 亩,并已全部开发完毕,引进市外内资近 5000 万元。经过几年的建设,长胜路汽车 4S 店集聚商区已初具规模,福特、别克、东南三菱、上海大众、广汽本田等一批主流品牌店开张经营并获得厂家授权,至 2011 年底累计完成销售及订单 500 多辆、销售总额近 6000 万元,显示出强劲的增长势头。

【建立全省首个生物质成型燃料集中供热点】 2011 年 9 月 8 日,全省首个生物质成型燃料集中供热点在虹霓建成并投入使用,该供热点由浙江圣普新能源有限公司投入 900 万元建设而成,拥有 20 吨和 10 吨锅炉各 1 台,每天消耗生物质燃料 90 多吨,产蒸气近 400 吨,供应给附近企业。生物质成型燃料由各种农作物秸秆压制而成,具有清洁环保、燃烧效率高的特点。同时,集中供热点采用集中管理,帮助企业节省了管理成本、设备投入与维护成本、劳动力成本等,对加快淘汰燃煤锅炉、节省能源、减少污染排放发挥了积极作用。据测算,该供热点启用后可使供热区域内的企业年均减排二氧化碳 5.06 万吨、二氧化硫 360 吨、氮氧化物 893 吨,每家企业平均年节省约 30% 的供热成本。

【成立全市最大规模人防(民防)应急救援中心】 立足中心城区区位特点,成立全市最大规模人防(民防)应急救援中心,中心下设当湖街道人防(民防)应急救援队、人防(民防)应急救援志愿者服务队及市民防应急救援队,办公室设在当湖派出所,由派出所所长任救援队队长。街道人防(民防)应急救援队共有队员 232 人,为平湖市各镇(街道)人数最多。志愿者服务队配备火灾抢险、水电抢修、人员救治、秩序维护、应急抢险五个小组,一旦发生自然灾害或意外,可及时开展各类应急救援,将灾害损失降到最低。

【率先建立农村“三资”网络实时查询监管系统】 2011 年 5 月,当湖街道在全市率先建立农村“三资”(资金、资产、资源)管理信息查询系统,将“三资”管理内容分门别类录入计算机网络,投资 12 万多元在 9 个村和 2 个社区一站式服务大厅内安装“三资”查询触摸屏,设置“三资”管理基本情况与触控查询系统连接功能,让群众随时可以查询所在村的“三资”管理情况,包括原始发票、工程合同等。街道内同步安装 1 套系统和 2 台扫描仪,每月将各村开销扫描进系统,全街道农村“三资”运作情况全程公开。同时,建立了“三资”管理预警系统,如合同到期时,系统会自动提醒;程序不到位,资料不规范,系统会自动锁定。

【创新推行“学法中心户”搭建村民自治新平台】 针对新居民增多、治安形势复杂的现状,街道从 2011 年 5 月开始在 9 个村全面推行“学法中心户”建设。“学法中心户”以农村自然居住区域为基础,10 户左右确定 1 中心户,至年底共确定 181 户。中心户户主作为村级普法宣传员、社情联络员、维稳信息员和纠纷调解员,负责相应区域的普法宣传、安全信息通报、治安和安全隐患排查、邻里纠纷调处等工作。通过“学法中心户”,各村共排查出矛盾纠纷36起、成功化解32起,排查出各类隐患8起,防止群体性上访2起,挽回直接经济损失21.7万元。

【“社工服务站”全面推行】 街道在如意、百花新村社区试点建立“社工服务站”的基础上,在24个城市社区全面推行社工服务站,实现街道管理服务和基层群众自治的有效衔接。服务站由社区居委会主任任站长,责任区民警和城管队员等任副站长,社区专职工作者、街道驻居干部、共建单位和辖区单位人员、在职党员、志愿者等共同组成社工人员。服务站主要承担扶贫帮困、公益服务、群防群治等八方面职责;建立了办公无休制、双休节假日轮流值班制、中午错时休息制和8小时外随时待命制等制度,有效整合面向社区居民的行政事务和社会公共服务。此项工作得到省委常委、组织部长蔡奇的高度肯定并为此作出批示。

【“一长三员”楼道工程全面实施】 街道积极探索社区管理新模式,在24个城市社区全面实施“一长三员”楼道工程,在每个楼道聘请楼道长一名,宣传员、卫生员和安全员若干名。“一长三员”要求从为人正派、办事公道、群众基础好、责任意识强、热心社区事务的本社区居民中推选,规定“一长三员”每周走访本楼道居民不少于2次,开展环境整治、文明劝导等活动不少于1次,开展卫生、治安等巡查不少于3次。楼道长为负责人,全面负责对“三员”工作的组织、协调和汇总,遇到紧急情况和难点问题1小时内上报。社区每月召开“一长三员”工作例会,交流工作情况。街道领导小组每季度梳理汇总“一长三员”运作情况,作为对社区考核评比重要依据。至年底,全街道24个社区共选配楼道长1439人,“三员”4218人。各社区包括楼道台账在内共记录民生问题572起,解决565起,解决率98.8%。此项工作得到时任嘉兴市委常委、市纪委书记冯志礼的高度肯定并作出批示。

【“社区爱心合作社”实现全覆盖】 近年来,街道致力于创新低保群体帮扶机制,在全省率先成立“社区爱心合作社”的基础上,通过不断完善制度、规范运行、开源拓面,逐步建立了城市社区全覆盖、低保人群全覆盖、志愿者服务全覆盖的“爱心合作社”体系,实现了困难群体由被动接受帮助向主动争取报酬的转变、救助工作由阶段性发放补助向长效性获取收益的转变、对弱势群体的管理由单向性关爱向双向性互助的转变,形成了“党委政府搭台、党员群众参与、社会各界支持”的共同关爱帮扶低保群体的良好局面。专门设立爱心合作社基金,并与街道4家商业超市建立定点合作关系,在资金、货源等方面完善了要素保障。截至2011年底,通过组织公益劳动的方式有偿发放资金27万余元、受益低保户500多户。“爱心合作社”工作做法被省政府办公厅专报录用。

【推广“社区创卫网格式管理”】 街道在如意社区试点推行了社区创卫“网格式管理”工作,对网格内的创卫工作进行多元化、精细化、长效化的管理和服务,使创卫网络横向到边、纵向到底,初步形成了“党政主导、公众参与、社会协同、上下联动”的社区创卫工作新格局。通过夯实队伍、网格、职责、氛围等四项工作基础,健全了“专群结合”巡查、“双轨运行”、“统筹兼顾”、“奖惩激励”等四大工作机制,实现了“管理有序、群众满意”的工作目标,社区管理服务水平得到有效提升、社区管理服务资源得到有效优化、党的基层基础得到有效夯实、社区管理方式得到有效转变。此项工作得到时任平湖市委副书记胡水良,市委常委、宣传部长王道平的高度肯定并作出批示。

【首次采用“公推直选”新一届社区党组织】 街道在24个社区党组织换届选举工作中,首次全面采用“公推直选”的方式选举产生新一届社区党组织,街道共有1928名党员和群众参加了无记名方式推荐。经过社区预审,街道党委初审,市人大、纪检、组织等9个部门和单位联审,共产生初步候选人选106人,最终于5月8日前选举产生了新一届社区党组织,82名当选各社区党组织班子成员,其中义务委员27名,占比32.9%。其中城北路社区等9个社区的党员都达到100名以上,符合党委成立的条件,经市委批准,这9个社区的党总支升级为党委。

【通村公路实现光控化亮灯】 近年来,街道不断完善农村公益设施,以实现通村公路亮化为抓手,提升村级服务功能,推进城乡一体化建设。先后投资250多万元,对金钱路、黄家浜路等8条通村公路及2个小集镇安装路灯500多盏,基本实现通村公路亮化全覆盖。2011年,为使农村路灯更好地发挥提供照明、保障安全的作用,避免不必要的能源浪费,对前期安装的200多盏时控灯进行光控化改造,安装带有灵敏感光器和控制芯片的光控设备,根据天气光线情况自动调节路灯开关,在保证为农村居民提供有效服务的前提下实现节能目标。

【钱家村被评为全国计生协会先进单位】 近年来,钱家村从领导、责任、经费、措施四方面着手,全力抓好村级计生协会队伍建设,2011年荣获全国计生协会村级先进单位,这是街道村级组织首次获得这一荣誉。钱家村在办公用房紧张的情况下,因地制宜建好“人口学校”、“计生服务室”、“计生图书室”等服务阵地,充分利用5·29、7·11、10·28等活动日,进行计生政策宣传,开展优生优育、生殖健康检查等服务,广受群众欢迎。协会对每位育龄妇女开展“五登门,五到人”(婚前登门,青春期知识传授到人;新婚登门,优生优育指导到人;产后登门,月子保健服务到人;育后登门,药具发放落实到人;术后登门,问寒问暖随访到人)的特殊服务,此项活动温暖了妇女群众的心,拉近了她们与协会组织之间的距离。此外,村里千方百计筹措资金,资助计划生育困难家庭,让她们更加体会到协会组织的关怀。钱家村以协会促发展,有效提升计生管理水平,连续十多年未发生计划外生育现象,优生优育成为广大村民的自觉行为。

【当湖籍科学家沈保根当选中国科学院院士】 沈保根,1952年9月生,浙江省平湖市当湖街道黄家浜村人,磁性材料专家,2011年当选为中国科学院院士。1976年毕业于中国科学技术大学,曾任中国科学院物理研究所党委书记。现为中国科学院物理研究所研究员、博士生导师、中国科学院凝聚态物理中心副主任、磁学国家重点实验室主任、国家重点基础研究发展规划(973)《稀土功能材料的基础研究》项目副首席专家,并任中国电子学会应用磁学分会主任;中国物理学会理事、磁学分会秘书长;《物理学报》等6本杂志的编委。1995年获国家杰出青年科学基金资助,1996年被评为中国科学院有突出贡献的中青年专家,曾获第三届求是科技基金会“杰出青年学者奖”和中国物理学会叶企孙物理奖等多项奖励。 (陆 峰)

·钟埭街道·

【概况】 平湖经济开发区(钟埭街道)位于市境西北部,南与当湖街道接壤,西界嘉兴市南湖区,北与嘉善县相邻,东北与广陈镇、新埭镇相连。区域面积63.59平方公里,耕地面积49470亩。2011年末,辖7个村民委员会、10个社区居委会。有145个村民小组、13466户、44938人。新居民在册人数86534人。全年全街道(含经济开发区,下同)生产总值741874万元,比上年增长12.4%。财政一般预算总收入141709.32万元,其中地方财政一般预算收入54913.36万元,比上年分别增长34.24%、36.44%。农民人均所得17156元,增长17.98%。计划生育率98.55%,人口自然增长率 -1.45‰。当年度被评为优秀街道。

农业 2011年,全街道实现农业总产值21238万元,农业增加值14807万元。粮食播种面积60618亩,总产量25982吨。蔬菜复种面积12396亩,总产量26175吨。油菜籽种植3836亩,总产量606吨。西瓜种植1174亩,总产量2984吨,甜瓜种植30亩,总产量60吨。豆类种植1011亩,总产量182吨。其他作物235亩。生猪年末存栏40632头,肉猪年内出栏47765头。家禽年末存栏52355羽,年内出栏109242羽。水产养殖面积2512亩。全年淡水捕捞产量45吨,比上年增加5.1吨,淡水养殖产量905吨,比上年增加9.4吨。推广测土配方技术,实施面积78154亩,占复种面积79912亩的97.8%。抓好高产示范建设。完成沈家弄村2917亩4个市级粮食功能区的验收,实施钟南村3个粮食功能区建设工作。实施水产精品园建设。建设千亩高产示范方1个,百亩高产示范方3个。落实省级小麦百亩示范方,顺利通过嘉兴市实地测产验收。抓好农田水利基础设施建设。新建地下瓦管838米,硬化排水沟385米,更新水泵1台,疏通地下瓦管4.01公里,安装机埠防盗器66台,完成喷(滴)灌117.2亩,均已通过市验收。完成农业综合开发试点项目活罗浜450亩灌区建设,新建PVC波纹管5.2公里、90#U型排水沟1.2公里、新建高压变频机埠一座。

工业 2011年末,全街道工业企业1049家,从业人员77326人。全年实现工业增加值617031万元。全街道145家主营业务收入2000万元以上工业企业实现工业总产值2532075万元、主营业务收入2461541万元、利税总额197111万元,其中利润119544万元,同比分别增长17.7%、15.4%、13.5%和 -7.6%。全年实现进出口总额256243.67万美元,同比增长18.23%,其中出口154130.41万美元,同比增长15.93%。全年合同外资18624万美元,实到外资10368万美元,实到市外内资40591万元。全年在建工业项目102个,完成工业生产性投入204340万元,其中设备投入占65%。列入市重点工业47个项目加快推进,其中续建项目22个,14个项目已投产或试生产,8个项目已完成厂房建设或正在安装设备。挖潜节地成效显著。全年收回低效用地227.3亩,盘活土地570.6亩。

第三产业 2011年末,全街道服务业企业466家,从业人员6134人,全年服务业合同外资2316万美元,实到外资877万美元,实到市外内资5000万元。全年实现第三产业增加值97558万元。

新农村建设 “两新工程”稳步推进。上半年审批钟埭、沈家弄社区“两新”地块拆迁户,双联宅基地45户,已全部开工建设。完成了上年审批开工建设的48户竣工验收。规划区内已撤建制户提前安置公寓房。申请危房提前拆迁共20户,已评估12户。区内农业户(未撤建制)已申请农房集聚18户,报批安置。年内“两新”工程主要围绕钟埭社区、沈家弄社区的基础设施建设,完成了道路给排水、居民用电安装以及弱电房建设和沈家弄社区的弱电管道建设工程。沈家弄社区的22户联排房自建房已开工建设,拆迁地块32户及钟埭社区的16户联排房已完成抓阄定位。完成福嘉公路(福臻村—碧云花园)、独黎公路(福嘉公路—共建变电所)、力扶公路(裕漾桥—原扶行村)的绿化立项设计。昌盛路兴平四路以西段(欧迪恩厂前)绿化开始施工。投资533.76万元完成了兴平一路绿化工程(独黎公路—新明路段),全长1400米,两侧人行道及绿化种植。路灯工程(经济服务中心区块),投资567万元完成新兴二路(宏建路—平成路)1000米、新兴三路(宏建路—平成路)1000米、永兴路(新兴一路—新华北路)1520米、平成路(新兴一路—新华北路)1460米、新兴一路(锦水桥北—永兴路)240米路灯工程,预计240套。太浦河引水工程,钟埭街道境内全长15.9公里,涉及大力村、花园村、红建社区、五一社区、兴业社区、钟埭村和钟南村,借地面积315亩,房屋拆迁8户,同时还涉及树木、竹园、坟墓等,政策处理费用共计500万元,年内已经全部完成。

社会事业　启动开发区文化中心图书馆、钟埭养老服务中心、钟埭幼儿园开发建设,加快经济社会服务中心、职工大厦、垃圾中转站(二期)、综合文化大楼等项目的选址、设计和建设,其中开发区经济社会服务中心完成土建工程结顶和装修。预计2012年10月可交付使用。重视民生和社会保障,新增城乡居民养老保险816人,累计16670人。合作医疗参保率达97.92%,发放低保和各类救济慰问资金308万元。组织各类文体活动30次10000多人次。基础教育、卫生医疗等工作进一步加强,幼教设施全市领先,卫生院进行了扩建提升。围绕创建全国卫生城市,城中村改造小区中周家浜、盛家浜、小桥头、天主堂、箱包街已完成竣工验收。投资300万元完成人行道改造工程,共涉及兴平一路、兴平二路、兴平路、繁荣路、宏兴路、车站路和环北二路7条道路,分6个标段。投资1290万元完成城西路改造工程,该工程东起环城西路,西至平湖大道,全长1300多米。完成白马堰菜场建设并投入使用。加强对小区、城中村、城乡结合部环境卫生专项整治,积极开展创卫宣传活动,组建物业管理总站,成立物业管理分站,加强市政环卫管理工作,新城面貌明显提升。各类群众性文体活动广泛开展,年内,文化站承办、协办各类文体活动30项,参与活动人数一万多人次。举办了平湖经济开发区第三届运动会,组织体育健儿参加平湖市第十二届运动会各个项目,并取得团体总分第二名的优异成绩。开展文化下乡巡回演出活动31场,超额完成任务,送电影下村、社区、企业231场。为了纪念建党90周年,开发区精心筹办以"运动、党建、家园、和谐"为主题的"开发区之夜"文艺晚会。不断壮大业余文体团队和提升团队质量,新建平湖市篮球协会经济开发区分会,老年体协举办了第四届趣味运动会。

社会管理　落实全员维稳责任制,党工委、办事处将综治维稳、平安创建纳入重要议事日程,与168家单位签订了目标管理责任书,开展重大项目风险评估,形成齐抓共管、大综治大调解格局。加强综治工作中心、村(社区、企业)综治室和群防群治队伍建设,完善8支80名村级巡逻队,7支104名社区义务巡防队,15支116名民间和谐员队伍。全年排查受理各类纠纷132起,调处化解132起,调处化解率100%。按照"四定一包"工作方法,把信访问题化解在基层,3件信访积案在全市得到最先化解,共办理群众来信来访173件,595人次,市长电话552件。解决劳资纠纷欠薪逃逸4起,其他12起,结合"大走访"、"清网行动",积极参加

“排雷8号”行动,成功破获特大盗窃市政工程管道案件。组建街道消防安全工作站,完善专职消防队和村“五有”志愿消防队,积极开展消防安全宣传和逃生演练,重视道路交通安全检查和管理力度,强化新居民“一站式”服务管理,新办居住证49893张。

【实施社区区划调整】 4月,开发区召开社区区划调整动员会,公布区划调整方案,动员部署社区调整相关工作。原城西、金平社区区划范围进行重新调整,城西社区名称不变,原金平社区更名为西林寺社区;原白马堰社区以平湖大道为界划分为白马堰社区和三友社区。此次社区区划调整的目的在于进一步强化社区事务管理能力,合理配置社区资源,为创卫工作的顺利开展奠定良好的基础。

【创建省级生态街道】 近年来,开发区(钟埭街道)高度重视生态文明建设,将生态建设列入重要议事日程,成立生态街道创建工作领导小组,并根据《生态建设和污染减排目标责任书及考核责任分解》的要求,落实责任,协调解决有关问题,全面推进生态街道创建工作。结合创卫、美丽乡村、城中村改造、强村计划、质量强镇等建立了生态保护、生态建设与社会经济建设协调发展的运行机制,有计划地组织开展重点生态建设项目和生态环境综合整治,编制了《平湖市钟埭街道创建省级生态街道实施方案》,为创建省级生态街道提供有力保障。为优化辖区内产业结构,开发区始终把好招商引资关,严格执行建设项目环境准入制度。8月,由嘉兴市环保局组织的生态街道验收组预验收工作,对钟埭街道生态街道创建工作给予充分肯定。

【创新机制力破调解工作“三难”】 钟埭街道在人民调解工作中不断创新机制,着力破解调解难题。优化联动调处机制,破解疑难繁杂案件调处难。为不断提升人民调解调处力度,尤其是破解重大疑难纠纷的力度,组织建立了纵向到底、横向到边的联动调解协作机制。社区(村)调委会解决不了的纠纷,由司法所、调委会解决;一个调委会解决不了的,由司法所、综治办、信访部门联合调解。借助“大调解”机制这一平台,在遇到特殊案情时,通过结合实际,实行司法所与公安派出所等联动调解,为群众化解纷争,为政府排忧解难。建立信息反馈机制,破解矛盾纠纷信息畅通难。开发区(钟埭街道)各调解组织通过不断完善信息情况通报反馈制度,对于比较突出的、多发性矛盾纠纷进行分析研究,及时向党工委、办事处和有关部门反映,为领导掌握社情民意、科学决策提供了依据。同时,进一步加强信息报送工作,及时反映和交流司法所组织建设情况。完善工作激励机制,破解调解工作“不够积极”难。为进一步提升调解员工作的积极性,开发区(钟埭街道)在推行和完善上级关于人民调解“以奖代补”的基础上,根据实际情况,实施对调委会调解案件质量进行绩效考核。由司法所牵头,定期与不定期地就各调委会的调解案件进行抽查,并于年底进行相应的奖励。

【白马小学与平师附小合并 实行一体办学】 3月,平师附小与白马小学合并,实行一体办学。合并后,合称“浙江省平湖师范学校附属小学”,简称“平师附小”,下设两个校区:原平师附小校址为平师附小松枫校区,原白马小学校址为平师附小白马校区。副市长顾玉峰出席合并仪式并为新学校授牌。

【花园村建立示范性城乡一体新社区】 近年来,花园村按照省级中心村、城乡一体新社区建设工作的总体要求,已先后投入360多万元,开展了新村三、四期基础设施建设以及小区改造工程、1100 米生态河岸建设、和睦桥建设、绿化种植、文化广场、5200 平方米综合服务用房等工程建设。2011 年 10 月,由市农经、交通、水利、环保等部门组成的省级中心村(嘉兴市示范性城乡一体新社区)平湖验收组来到花园村,考核指导中心村(示范性城乡一体新社区)建设工作。验收组一行查看了现场,听取了花园村负责人关于新村(社区)建设、强村项目等方面的情况汇报。验收组充分肯定了花园村(社区)在中心村建设、城乡一体新社区创建等方面的工作,认为花园村在项目建设财力投入中账目清晰、建设成效明显。验收组提出相关意见,要求花园村精心打造以"和谐、安定"为主题的城乡一体新社区。

【全总文工团献演开发区】 10 月,由浙江省总工会主办、中华全国总工会文工团主演的"工会金秋送文化"赴浙首场慰问演出在平湖经济开发区(钟埭街道)启幕。省总工会、市总工会有关领导,以及市委宣传部、开发区(钟埭街道)有关领导等观看了演出。一曲优美的歌伴舞《在灿烂的阳光下》拉开了演出的序幕;男声独唱《咱们工人有力量》铿锵有力,唱出了开发区广大职工的心声;情景演唱《打工谣》,勾勒出新居民职工乐观向上、奋发有为的精神风貌;两位模仿秀演员分别倾情演绎盲人歌手杨光和著名歌星韩红的经典歌曲,引发观众雷鸣般的掌声,将现场气氛不断推向高潮;互动魔术、对口相声、滑稽小品、歌曲联唱等,来自全总文工团的艺术家们悉数登场,为观众呈上了一台精彩华美、回味无穷的文化大餐。

【沈家弄村获征信工作示范村称号】 农村信用体系建设包括采集农村经济主体的基本信息,并为之建立信用档案,开展相关知识的宣传教育活动等多项内容。沈家弄村早在2008 年就开始了该体系建设,开展农户评级试点工作,参评农户 298 户,占总户数的92.55%。经过近两年的实践,金融机构简化了贷款手续,改进了信贷服务方式,拓宽了小额信贷服务领域,有效满足了广大农户的信贷需求,为农民创收致富开辟了康庄大道。与此同时,群众的信用意识普遍增强,农村信用环境得到改善,农户与金融机构的距离逐渐缩小。11 月,全市征信宣传进农村暨农村征信工作示范村授牌仪式在平湖经济开发区(钟埭街道)沈家弄村举行,包括沈家弄村在内的全市 11 个村级经济合作社被评为征信工作示范村。 (叶雨华)

•曹桥街道•

【概况】 曹桥街道位于平湖市西南,东与当湖街道相连,西南与海盐县西塘桥相接,西北与嘉兴市南湖区接壤,区域面积 40.83 平方公里,耕地面积 37328 亩。2011 年末,辖 10 个村民委员会、1 个社区居委会。有 141 个村民小组、8754 户、31134 人。新居民在册人数 9256 人。2011 年,全街道实现生产总值203414 万元,比上年增长 9.5%。财政一般预算总收入 27635.93 万元,其中地方财政一般预算收入 10460.3 万元,分别增长38.35%、34.89%。农民人均所得 16975 元,增长 18.23%。计划生育率 99.06%,人口自然增长率 -0.58‰。

农业 2011 年,全街道粮食播种面积44384 亩,油菜籽种植面积 10568 亩,蔬菜复种面积 6270 亩。全年粮食总产量 20396 吨,油菜籽总产量 1805 吨,蔬菜总产量 14510吨。生猪年末存栏 71759 头,肉猪年内出栏36836 头。家禽年末存栏 99903 羽,家禽年内出栏 200687 羽。农业结构调整不断推进。蘑菇优势产业进一步壮大,百寿食用菌现代农业精品园种植面积达到 235.4 万平方尺,产值超过1500万元。粮食生产功能区建设进一步加强，严家门村1400亩新申报省级粮食功能区已完成排灌设施等硬件建设。愚桥村千亿斤粮食增产项目顺利完成。农产品安全监管进一步落实，完成农产品禁用违禁药物监测514批次，合格率100%。全年实现农业增加值13692万元，农业总产值20295万元。

工业　2011年末，全街道有工业企业347家，从业人员10403人。全年实现工业增加值128313万元。全街道33家主营业务收入2000万以上工业企业实现工业总产值567498万元，主营业务收入564523万元，利税总额36403万元，其中利润19361万元，同比分别增长27.4%、26.1%、26.4%、3.5%。全年实现进出口总额18763.9万美元，同比增长42.34%，其中出口5922.51万美元，同比增长76.23%。招商引资取得明显进展。在西瓜灯节上成功签约外资项目3个，内资项目4个。新批市外内资项目4个，总投资7000万元，注册资本4000万元。年内到位市外内资17797万元，完成年度目标任务；合同外资1250万美元，完成年度目标的100%，到位外资195万美元，完成年度目标的39%。景兴股份公司成功向特定对象非公开发行A股1.5亿股，募集资金人民币9.5亿元。工业园区转型升级全面推进。根据新一轮土地利用总体规划，制订并细化了工业园区新三年开发建设计划。园区征迁工作稳步推进，全年投入资金2300万元，共征用土地142亩，拆迁房屋40户，安置85人。加大园区内道路、集污、供热等基础设施建设，全年完成投资4000万元，超额完成全年3000万元的目标任务。加快园区环境整治，严把环境准入关，完成了工业园区内30家企业的环评摸底，督促未验收企业加快环评验收。加快绿化建设，九龙路完成中间段两侧绿化，九场公路绿化基本完成。开展电路杆线、标牌标示整治工作，园区形象明显提升。年内成功创建成嘉兴市乙级转型升级工业园区。加快项目推进，全年工业生产性投入69102万元，列入市重点的13个项目中开工12个，竣工6个。加大挖潜节地力度，全年实施挖潜节地项目10个，新增投资3.2亿元，盘活土地150亩，完成年度目标任务。积极培育企业发展壮大，全年新增企业法人46家，新增个体工商户138家，亿元以上企业达到7家。重视节能减排工作。列入市工业投资节能降耗项目7个，其中新增项目2个。认真做好企业清洁生产项目推荐上报工作，年内新实施清洁生产企业6家，审核验收清洁生产规上企业9家，占规上企业总数的30%，占比列全市首位。扎实做好能耗的统计、分析和督促工作，严格执行能耗限额指标，年内全街道万元工业增加值综合能耗下降8.8%，超额完成了下降8%的目标任务，被评为平湖市节能降耗先进单位。科技创新能力逐步提升。街道财政全年科技奖励资金达到32.79万元。在原有3家国家级高新技术企业的基础上，浙江景兴纸业被新认定为国家级高新技术企业。嘉顺手套申报省科技型中小企业并通过认定，新升生物被认定为嘉兴市级高新技术企业。红马铸造的省级高新技术研究开发中心经考核被评定为优秀，思杰腾汽车的自动化设备研发中心被认定为平湖市级研发中心。全年申请专利121件，其中发明22件、实用新型42件、外观设计57件。授权专利107件，其中发明1件，实用新型82件，外观设计24件。宏阳新能源成为街道首家浙江省级专利示范企业。

第三产业　全年服务业引进市外内资3000万元，完成年度目标的200%。三产投资12498万元，同比增长21.3%，完成年计划11850万元的105.5%。2011年，全街道实现第三产业增加值58562万元。

城乡一体化建设　“两新”工程稳步推

进。进一步优化村庄布点规划,树立“主动融入中心城区,带动发展城乡社区”的工作理念,围绕资源整合、做大做优中心社区的要求,加大土地流转力度,加快农房集聚。大力开展安置区块的征迁工作,全年横河新村共完成房屋拆迁56幢。投入150余万元实施了横河新村、陶家浜新村、郑家汇新村基础设施建设,新集聚农房93户。加快横河新村安置公寓房建设,3幢公寓房完成规划设计。农村环境连片整治顺利开展,年内计划投入330万元,目标治理养殖污染440户,实际完成工程量的40%。户用沼气项目扎实推进,投入资金170万元,完成年度工程量的75%。村庄整治工作和生态村建设深入开展,勤安村通过省级村庄整治村考核验收,勤安、严家门、马厩三个村通过嘉兴市生态村考核验收。大力实施绿化工程,全年投入380万元,完成绿化面积383亩,超额完成年度目标任务。清水河道建设加快推进,全年完成河道疏浚7.3公里,167.8公里河道保洁实现全覆盖。投入470多万元的街道东北片农村饮水安全工程基本完成。加大农村道路建设力度,完成了金野联网公路工程建设,对所有新村集聚点区域内道路实施硬化。加大“两违”行为的处置力度,全年共拆除违章建筑面积6536平方米,其中组织力量进行强制拆违8次,一定程度上遏制了“两违”快速蔓延态势。积极推进农村集体资产产权制度改革,全年有四个村完成改革任务。环境专项整治力度不断加大。结合创建国家卫生城市的要求,着力改善区域环境面貌,深入实施各项整治工程。以“两点三线”(街道集镇、六店大桥附近、新07省道、老07省道、九场公路沿线)为重点区域,以5个专项整治(集镇整治、废品收购点整治、废塑料造粒行业整治、六店大桥马路市场整治、“两违”整治)为抓手,全面实施了15项环境卫生改善工程项目,街道共投入资金1400多万元,对集镇道路、公厕、农贸市场等进行大面积改造,各项创卫工作扎实推进,“两点三线”环境面貌明显改善。大力推进经济薄弱村扶持项目建设,七个村联建房建设完成图纸设计,已进入实施阶段。全面完成村级便民服务中心建设,提升为民服务水平。

社会事业　重视文化事业发展,街道第三届行知文化节活动顺利举办。着力改善民生,投入资金对街道敬老院、骨灰寄存堂进行改造。街道为主出资组建的曹桥街道居民用电服务站11月正式投运,有效解决居民用电表后维修难的问题。扎实推进农村社会养老保险工作,年内新增参保926人,参保总人数达13908人。年内新增征地撤建制后基本生活保障人员279人,享受普惠制养老金和城乡居保领养人员5891人。农村合作医疗保险稳步推进,参保率达到99.19%。社会救助水平不断提高,上报医疗救助55人,争取救助资金达24万元。农村“五保”对象集中供养率保持100%。“双拥”工作继续加强,全年发放复员退伍军人及其他人员补助54.7万元。

社会管理　继续强化维稳工作责任制,全面推进全员维稳工作机制,进一步规范村级专业巡防队建设。深入组织实施专项整治行动,依法从重从快从严打击各类违法犯罪活动。加强矛盾纠纷的排查调处力度,全年排摸调处各类矛盾纠纷84起,调处84起,调处成功率100%;共受理信访总量83批240人次,其中来信13件,来访70批227人次;受理市长电话235件,信访和市长电话办结率均达到100%。深化信访化解机制,年内有效化解省挂牌积案1件、市重点信访件1件。着力推进防控体系建设,全面实施“邻里互助、平安联防”电信平台互助报警系统,全市“平安联防进家庭、邻里互助促和谐”工程建设现场会在曹桥街道召开。切实抓好重点人群管控工作,全面落实高危人员“定人包案”制度。加强安全生产工作,全街道安全生产形势持续稳定。进一步强化和谐劳动关系构建,督促企业做好职工劳动合同签订,规范劳动用工行为,企业劳动合同签订率达到98.3%,劳动纠纷处置率达到100%。重视因环境问题引发的信访,加强对重点行业的环境监管。重视食品药品监督管理工作,街道“十小行业”专项整治率达到99.7%。加强农村消防宣传教育,组织开展消防知识宣传和消防技能演练,对公众聚集场所、居住出租房屋、高层和地下建筑开展火灾隐患排查,确保了消防安全。

【景兴公司被认定为国家级高新技术企业】

2011年12月,浙江景兴纸业股份有限公司被认定为国家级高新技术企业。高新技术企业认定是国家大力推进自主创新、提高企业技术水平和能力的重要举措,对推进企业产品转型升级具有深远影响。至2011年,景兴纸业已整合出研究开发项目18项,其中定为高新技术产品重点项目3项。

【浙江红马铸造有限公司建立产学研合作中心】 2011年6月,浙江红马铸造有限公司与华中科技大学签订了先进铸造技术研发协议。根据协议,红马铸造确定在产品结构上向船用铸件、隧道机械、航天航空铸件产品等高端铸件方向发展;技术设备、工艺不断改进,引进铸造模拟软件,提高工艺可靠性和实用性;在检验手段上,增加铸件磁粉探伤和超声波探伤检验,确保产品质量;采用技改树脂砂工艺设备,提高工艺可靠性。研发协议的签订标志着双方将在产品技术研究开发、成果转化和人才培养等方面进行全面合作,正式确立产学研合作关系。

【曹桥供销专业合作社获“中国50佳合作社”称号】 5月21日,曹桥供销专业合作社被“中国合作经济年度成就奖”主办方授予“中国50佳农民专业合作社”的称号。曹桥供销专业合作社是由供销社与农技部门联手,于2008年组建的一家农业社会化服务型合作组织。主要通过“合作社+基地+农户”的运作模式,为全体社员和全街道农户全面推行农业社会化服务作出示范。“中国合作经济年度成就奖”是一项旨在传播合作经济理念、促进合作经济发展的年度公益性活动,由中华全国供销合作总社指导,中华合作时报社、《中国合作经济》杂志社、中国人民大学农业与农村发展学院、中国人民大学中国合作社研究院共同主办,截至2011年先后已成功举办四届。

【全国首期陶研班在澳多奇陶研基地举行】

3月4日,全国首期陶研班在澳多奇陶研基地举行,来自上海、江苏、河南、浙江等地的100名陶友和陶研专家,汇聚曹桥街道澳多奇陶研基地,共同学习、交流、研修行知思想。2007年以来,曹桥街道小学、中学、幼儿园相继以“行知”命名,并以“行知文化进万家,爱满天下促和谐”为主题,先后举办两届行知文化节,创建全国第一个乡镇(街道)级陶行知研究会,依托澳多奇农庄创办行知文化园,被省陶研会授予省级陶研基地,两年多来,先后接待来自全国各地的陶友达3万多人次。

【百寿村成为第二轮省级“农村基层党风廉政建设示范村”】 该村投入230万元,先后建成950平方米的村部办公楼、100平方米的“一站式”服务大厅、200平方米的生活资料超市、50多平方米的生产资料超市、120平方米的医疗卫生服务站、150平方米的文化体育服务站,全部设施集聚在村部办公大楼周围50米以内。形成了“1+4”(即一站式服务大厅+生活资料超市、生产资料超市、医疗卫生服务站、文化体育服务站)的村级便民服务中心模式，服务领域涵盖到广大村民生产生活的方方面面。2011年，百寿村获得第二轮省级“农村基层党风廉政建设示范村”的称号。

【全市实行村级重大事务票决制现场会在曹桥召开】 百寿村是全市第一个成功推行村级事项村民代表票决制的行政村，村级事务的公开透明，民主决策，得到了群众的认可和支持。4月27日，全市实行村级重大事务票决制现场会在曹桥街道召开。来自全市各镇(街道)和平湖经济开发区(钟埭街道)、独山港区以及市级有关部门的领导，观摩了曹桥街道百寿村村民代表暨村级重大事务票决会议现场，听取了曹桥街道推行村级重大事务票决制的经验介绍。全市实行村级重大事务票决制现场会的召开，标志着村级重大事务票决制正式在全市推广。

【举办第三届行知文化节】 5月28日，街道第三届行知文化节顺利开幕，本届行知文化节以“爱满天下，共享幸福”为主题，开幕式精心策划了大型民间文艺团队展演。中间精心搭建了行知大讲台、行知大舞台、行知大擂台三大平台九项具体活动。7月1日，闭幕式暨建党90周年红歌颂顺利举行，整个活动历时35天，参与人数1200人，受众累计达到2万余人次。行知文化节的举办，为传播行知精神、丰富行知思想、活跃基层文化提供了丰富的阵地，也为街道各界人士展示才艺提供了广阔的舞台，极大地丰富了群众文化生活。

【马厩村土豆地里挖出一对铁牛】 2011年5月，马厩村一村民在自家土豆地里挖土豆时，挖出了一对铁牛。铁牛由于长期被埋在泥地里，已经锈迹斑斑，但通过它的外形，仍能判断出这是牛。只见铁牛微微抬起牛头，仿佛在发出一阵阵“哞哞”的叫声。经过测量，铁牛长约16厘米，高约8厘米。曹桥马厩是个文化底蕴十分深厚的地方，发现铁牛的这块区域在解放前曾是一大块墓地。据市收藏家协会工作人员推断，这对铁牛应该是一对镇墓兽，年代比较久远，大概在南宋时期，这些镇墓兽的出现对于研究当时的经济水平和丧葬习俗有较高价值。（吕　健）

·乍浦镇·

【概况】 乍浦镇地处杭州湾北岸，位于平湖市东南部，东、北分别与独山港镇、林埭镇、当湖街道交界，西与海盐县接壤。区域面积54.46平方公里，耕地面积30432亩。2011年末，辖11个村民委员会、11个居民委员会，有124个村民小组、17104户、55420人，其中非农人口29995人。新居民在册人数51726人。全年全镇实现生产总值713492万元(含港区，下同)，比上年增长9.7%。财政一般预算总收入140483万元，增长32.85%，其中地方财政一般预算收入69956万元，增长40.23%。城镇居民人均可支配收入33190元，增长14.1%。农村居民人均纯收入17085元，增长16.98%。计划生育率99.45%，人口自然增长率0.05‰。

农业　2011年，全镇粮食播种面积34612.51亩，总产量14300吨。油菜籽种植3833亩，总产694吨。棉花种植653.6亩，总产54.6吨(皮棉)。西瓜种植519亩，总产729吨。蔬菜复种面积2441.8亩，总产5501吨。生猪年末存栏9846头，肉猪年内出栏5940头。家禽年末存栏13953羽，家禽年内出栏11577羽。无公害农产品基地实施面积14500亩，全年农产品抽检合格率99.93%，新产品、新技术得到推广，全镇良种覆盖率达到98.9%。加快农业科技推广应用，全年开展强农富民技术培训12次，受训人数986人次．继续发展都市型生态农业。马家荡农业示范园区被评为示范性省级粮食生产功能区,推进标准农田质量提升试点工程。“两新”工程土地综合治理有序推进,4000亩土地顺利实施发包流转,粮油作物保持稳产。全年实现农业增加值6617万元,农业总产值8884万元。

工业　2011年末,全镇工业企业449家,从业人员21401人,全年实现工业增加值487803万元(含港区,下同),完成工业生产性投入429213万元。全镇64家规模以上工业企业实现工业总产值2494130万元,主营业务收入2361992万元,利税总额234661万元,利润总额172223万元。全年完成进出口总额139231万美元,其中出口36316万美元,同比分别增长34.2%和16.9%。助力民营企业转型升级,深化“企业服务年”工作措施,加强无证无照服装“小作坊”整治,开展地区劳务协作,赴贵州、广西、安徽等地招工,破解“招工难”问题。适时召开镇经济工作会议,组织企业家赴北大培训,到知名企业参观学习,举办企业文化与发展论坛,出台转型升级政策意见,港区、镇共设置400万元企业转型升级专项资金。继续完善班子领导挂钩企业制度,帮助多凌集团、乍浦实业、艾斯菲尔等企业迈出转型步伐,筹建乍浦企业小额贷款公司,为企业解决融资难题。举办首届企业文化艺术节,丰富企业员工的文化生活。严格实行租赁企业欠薪保证金制度,圆满调处劳资纠纷12起。

第三产业　服务业发展领域不断拓展,金融保险、交通物流、通讯电信等产业快速发展。房地产业发展迅速,商贸流通业、餐饮住宿业保持繁荣,海鲜特色餐饮逐步兴起,围绕提档升级目标,组织餐饮旅游业企业参加全市饭店服务技能大赛,提升行业服务水平。乍浦宾馆改造稳步实施,餐饮、会务、客房等改造完成并投入使用;杭州湾海景大酒店投入使用,在项目投资规模、经营理念和品牌效应上提升餐饮旅游业整体层级,成功通过浙江省级旅游经济强镇复审。2011年,全镇区域新增服务业企业20家,总注册资金19611万元。全年全镇实现第三产业增加值188937万元,同比增长12.1%。

城乡建设　2011年,全镇通过加大财政投入,健全服务网络,城乡面貌全面改善,城市功能不断提升。创新工作机制,组建成立镇公用事业管理中心,统筹乍浦城区环卫保洁、城区绿化管护和水陆交通管理,接手港区城管办部分职能,提升城市综合管理水平。服务开发建设,完成协通硅业项目、嘉兴石化、太浦河饮水工程、中山花苑、港区服装研发中心等重点项目区块的征迁任务。完成了赵任片、亭子桥片、八字片地面附着物的清点和丈量工作,迁移坟墓1000多个,全年共签协集聚农房233户。高质量完成亭子桥村、八字村土地整理工作,通过嘉兴市级的验收考核。不断完善城乡基础设施建设。完成荷花池道路沥青路面改造,改造建设公交车候车亭12处。农桥维修加固4座。扎实开展“城中村”综合整治工程,疏浚城区下水道2000米,增设垃圾箱8只、果壳箱71只。全面推进生态环境建设。完成河道疏浚6公里、护岸工程12.37公里,完善河道保洁长效管理。加快推进城市主干道、村组道路及河道两侧绿化,扎实开展城市“三乱”治理和“五小”行业整规。进一步加强农村垃圾集中收集处理,全镇垃圾做到日产日清。加强农村污染源整治,实施农村规模养殖户“二分离、三配套”生态化治理。2011年完成绿化总长度20.89公里,绿化造林总面积558.9亩。提高社区管理服务水平,落实社区管理用房,研究社区区域调整方案,加强社区干部队伍建设。加强安置小区物业管理监督考核,试行政府主导的物业管理模式。实施老居民小区综合整治,大力改善小区面貌。

社会事业　切实抓好“2011年政府八大实事工程”，全面推进社会事业协调发展。推进教育事业发展，全面实施教师培训工程，现有嘉兴市学科带头人3人，平湖市名师29人。建立启用教育奖励基金，首次表彰100名优秀学生。启用九龙山小学新校区，完成天妃幼儿园扩建工程，全镇1094名新居民子女享受免费义务教育。圆满完成校级领导班子换届工作。加快发展文体事业，推进乍浦瑞祥寺工程建设，大雄宝殿正式对外开放。成功举办乍浦镇首届企业文化艺术节和第二届运动会，丰富城乡居民文化生活。积极组队参加平湖市第十二届运动会，团体总分名列前茅。引进乍浦文化艺术博览中心，成立乍浦镇文学艺术界联合会。成功承办港区成立十周年大会文艺演出及港区庆祝建国62周年大型广场文艺晚会。镇排舞队荣获嘉兴市元宵千人排舞大赛金奖。强化公共卫生服务体系，对乡村医生采用聘任制、绩效工资制管理。镇社区卫生服务中心全面实施基本药物制度，启动镇公共卫生服务中心改建项目。坚持计划生育基本国策，计划生育率达99.45%。完善社会保障救助体系。深化新型城乡居民合作医疗保险制度，2011年度，城乡居民合作医疗农村参保13475人，参保率96.8%，城镇参保7516人，参保率96.06%，新居民参保34人。扎实推进职工基本养老保险、城乡居民社会养老保险、被征地人员基本生活保障扩覆工作，基础养老金发放实现全覆盖。推进慈善总会建设，拓宽慈善救助渠道。重视残联、慈善、老龄、双拥工作，全面落实老年人、残疾人乘公交优惠政策，养老服务中心建设完成主体工程，进入内部装修。认真落实双拥优抚政策。全力保障劳动就业，深入推进“充分就业社区(村)”创建活动，全镇6个社区、10个村已达标，保持“零就业家庭”动态归零目标。创建嘉兴市创业型城镇，开展“十佳创业之星”活动。多渠道开辟就业岗位，全年新增就业岗位2500个，帮助城镇下岗职工和被征地人员实现再就业487人。

社会管理　以建设“平安乍浦、法治乍浦”为抓手，着力解决影响社会和谐稳定的源头性、根本性、基础性问题。准确把握社会稳定局势，结合形势特点，抓好经常性分析排摸，着力解决人民群众反映突出的合理诉求。修订完善《乍浦镇推进重大事项社会稳定风险评估工作实施方案》。及时调整镇平安创建等组织机构和基层平安综治组织，确保工作有序展开。普法宣传到位，组织开展平安综治双月宣传、禁毒宣传月等活动，发放《“邻里守望”倡议书》。加强流动人口法制宣传，表彰2010年度“乍浦镇十佳新居民”。化解矛盾纠纷，坚持每月接访日制度。落实“大调解”要求，积极探索完善民间调解组织，发展各类调解员队伍，在3个社区试点建立“老娘舅”、“和阿姨”调解工作机制，积极探索调解工作新办法、新途径。夯实治安基础，严厉打击违法犯罪，加强对辖区出租屋的清理和整顿，对治安问题突出的居住点开展集中整治。创新群防群治模式，以推进“邻里守望”工作为载体，落实“网格化管理”要求，各村(社区)、企业建立了网格图和名册，设置相应的守望相助点101个。扎实开展村级巡防全覆盖、举报奖励制度、楼道亮化工程、楼道防盗门奖励补助等工作，切实打牢治安稳定的基础。加大科技力度，在全镇95个机埠设置防盗联网报警系统，106家企事业单位安装了视频监控。

【农村土地综合整治全省首个通过地级市整体验收】　亭子桥、八字村农村土地综合整治项目于2010年12月经省政府批准立项，项目区整治总面积9414亩，规划土地开发整理复垦新增耕地1189亩，其中建设用地复垦新增耕地984亩、开发整理新增耕地204亩。

到2011年9月,整治区土地开发整理复垦工程完工,并通过平湖市的初级验收。10月18日项目整体通过了嘉兴市级验收;项目区建设用地复垦新增耕地946亩,开发整理新增耕地177亩,扩展了乍浦开发建设的空间。该项目成为嘉兴市首个通过整体验收的农村土地综合整治项目,也是全省首个通过地级市整体验收的农村土地综合整治项目。

【《乍浦镇志》举行首发式】 12月6日,乍浦镇举行《乍浦镇志》首发式。正式出版的《乍浦镇志》自2005年11月起编纂,设27编94章293节,共125万多字,记载了乍浦最早自秦王政二十五年(公元前222年)乍浦隶属会稽郡海盐县后2200多年的悠久历史。以翔实的史料,完备的体例,严谨的结构,简洁的文字,客观、准确地介绍了乍浦镇的自然环境、建置沿革、社会变迁、经济发展、科学文化、教育卫生、风土民情、历史人物等。《乍浦镇志》出版后被国家图书馆收藏。

【陆秀珍被评为"感动嘉兴"人物】 2011年4月19日,"感动嘉兴——2010年度最具影响力人物"颁奖典礼在嘉广集团举行,陆秀珍,一位年近九旬的退休教师,三十年如一日,用她那双勤劳的双手,为左邻右舍到敬老院,为小到刚出生的婴儿到七八十岁的老人,无偿缝制和送上了2000多双各个尺码、各种样式的鞋子。

【举办首届企业文化艺术节】 乍浦镇首届企业文化艺术节从4月到6月,共举办了开幕式红歌会、企业青年联姻会、时装走秀、企业文化论坛、企业书画摄影展等活动,参演人数达1500余人,万余名群众广泛参与其中,弘扬企业文化,推进转型发展,充分展示了乍浦广大企业改革与发展、企业文化建设等方面取得的新经验、新成就,展示了企业干部职工的新风采、新面貌、新形象。

【成功举办镇第二届运动会】 2011年5月至10月,举行了镇第二届运动会,有28个代表队共1400多名运动员先后参加了包括田径、篮球、乒乓球、中国象棋、围棋、拔河等六大项70个小项的比赛。运动员们在比赛中发扬顽强拼搏的精神,赛出风格,赛出成绩,赛出水平,有力推动了群众性体育运动的开展。

【瑞祥寺大雄宝殿正式对外开放】 5月22日,乍浦瑞祥寺举行大雄宝殿落成暨全堂佛像开光大典。瑞祥寺创始于宋代,2008年3月25日,重修瑞祥寺正式开工,大雄宝殿于2008年10月完工,重修的瑞祥寺是汤山景区的文化景观之一。

【老农贸市场整体搬迁】 2011年6月28日,乍浦老农贸市场整体搬迁至乍浦农贸海鲜城。总投资超过1.2亿元的乍浦农贸海鲜城位于乍浦外环中路天妃路东侧,面积3万平方米,拥有摊位278个,营业门面170间。新市场商品分区经营有序,成为以农贸市场及海鲜水产品批发零售为主,集活、鲜、冻干水产品交易于一市,全方位经营,多功能服务,规范化管理的大型综合农贸市场。

【镇养老服务中心开工建设】 4月19日,乍浦镇养老服务中心开工建设。该中心位于乍浦镇土山医院北侧。占地面积6700平方米,分二期实施,总投资1200万元。一期项目包括一幢四层主体楼和一幢三层多功能综合楼,总建筑面积4800平方米,设计床位96张。12月底主体工程结顶,将于2012年下半年启用。

【九龙山小学搬迁新址】 2011年9月1日,

乍浦镇九龙山小学新校区落成开学。九龙山小学新校区建设是实事项目之一。新校区总投资5000万元,占地45亩,设计有教学楼、实验楼、行政楼、图书馆和250米运动场等。

【九龙山小学成立"航天少年科学院"】 11月25日,乍浦九龙山小学"航天少年科学院"正式成立,16位品学兼优的学生成为首批"小院士"。原全国政协委员、中国运载火箭技术研究院"神州五号"载人飞船总指挥黄春平为"九龙山航天少年科学院"成立揭牌,并受聘为名誉院长,"神舟五号"航天员杨利伟宣读贺信,并向学校赠送了珍贵的"天宫一号"模型。 (彭成彦)

·新埭镇·

【概况】 新埭镇位于浙江省东北部,毗邻上海市金山区,是浙江省中心镇。全镇区域面积77.2平方公里,耕地面积67839亩。2011年末,辖9个村民委员会、1个社区居民委员会。有207个村民小组、14279户、50871人,其中非农业人口3963人。新居民在册人数33897人。全年全镇生产总值290348万元,比上年增长15.1%。财政一般预算总收入34055.22万元,其中地方财政收入12875.45万元,分别增长14.3%和20.43%。农民人均所得16889元,增长16.09%。计划生育率98.03%,人口自然增长率-2.28‰。

农业　2011年,全镇粮食播种面积91665亩,油菜籽种植5588亩,西瓜种植3996亩,露地蔬菜复种面积31582亩,桑地面积48亩,蚕茧饲养量35张,水产养殖7200亩。全年粮食总产38617吨,油菜籽总产889吨,西瓜总产7225吨,蚕茧总产1.5吨,水产品总产3539吨。生猪年末存栏103101头,肉猪年内出栏122012头,家禽年末存栏77202羽,家禽年内出栏151459羽。全镇农业增加值3.21亿元,农业总产值47689万元。土地流转有序推进,全年新增流转面积4685亩,累计流转土地面积达2.6万亩。落实粮食惠农政策,全年发放各种补贴610.41万元,其中:农资综合补贴433.88万元。农业产业格局进一步优化,新兴高效产业稳步发展,重点培育芦笋、水产、食用菌三大特色产业,芦笋种植面积1955亩,食用菌种植面积150630平方米,总产1776吨。

工业　2011年末,全镇工业企业645家,从业人员41258人。全年实现工业增加值18.4亿元。全镇73家主营业务收入2000万元以上工业企业,全年完成工业总产值569235万元,增长28.6%;主营业务收入558179万元,增长33.9%;利税总额42484万元,增长93.5%,其中利润17125万元,增长163.1%。全年实现进出口总额40071.83万美元,同比增长22.42%,其中进口2927.87万美元,出口37143.96万美元,同比分别增长20.71%、22.56%。招商选资按照"主攻上海、巩固温台、兼顾南方"的思路,全年实现合同外资4667.86万美元,实到外资1501万美元。引进市外内资项目20个,合计引进市外内资31661万元。开展3次项目集中开工、竣工、投产活动,共有11个项目参与集中开工。全年列入市重点工业项目22个,总投资13.58亿元,2011年计划投资55886万元。全年开工项目19个,开工率86.4%,完成投资41360万元。工业生产性投资实现合理增长,全年审批项目33个,完成投资8.12亿元,比上年略有增长。全年挖潜节地完成投资3.98亿元,盘活用地222.4亩。节能降耗和污染减排两项约束性指标实现"双下降"。全镇工业综合能源消耗量增长低于工业增加值增长,万元工业增加值综合能耗比上年下降7.2%。

第三产业　服务业比重日益提升,以国际葡萄酒交易中心为龙头,积极发展面对上海的新型房地产、现代商贸、休闲度假等产业,打造“新埭酒城”,完成了相关规划设计等工作。房地产业平稳发展,在建房产项目5个,分别为新纪元大酒店、福泰苑三期、美景华庭、星河湾、虹桥路商住楼。城镇商贸流通、鱼圻塘休闲旅游、观光农业等发展势头良好。全年完成服务业全社会投资额21534万元,完成率126%,服务业重点项目完成投资额5280万元,完成率153%,新立项审批服务业重点项目2个。2011年全镇实现第三产业增加值69865万元。

新农村建设 加快镇区路网体系建设,完成新中路西段改造、连接善新公路与新丁路的东埭路、管家弄路、芦席路延伸至镇南路的建设。推进联村公路建设,完成石兴公路姚浜段建设,改造利新公路、新丁公路和萃丁公路,改造总里程11.41公里。稳步推进农村新社区建设,按照“1+2+5”村庄空间布局规划要求,科学定位,体现特色。全年完成集聚户数505户,虹桥景苑等镇区三个集聚点建房476户,大齐塘、鱼圻塘两个X点及五个控制点建房29户。推进土地综合整治区农房集聚,出台姚浜、兴旺村两个综合整治项目区置换建房的政策,全年审批到虹桥中心社区建房170户,报名到市三港新城并审核通过的共108户。根据“1+2”新社区规划布局,调整虹桥中心社区和大齐塘村建设规划,全面完成中心社区虹桥景苑四个区块的基础设施建设,同期完成水、电等配套设施建设,农户开工建房2005户,竣工1095户,在建910户。推进农村三级供水管网改造工程,完成管网铺设70多公里。

社会事业 完善社会保障机制,强化低保动态管理,严格执行低保政策,全年发放低保金及各类补助资金330万元。积极做好大病重病特困对象救济和城乡困难户医疗救助工作,全年医疗救助110人,医疗救助金额48.28万元。全面落实“五保”供养政策,集中供养率达到100%。继续推进慈善救助体系建设,全年共救助117人,发放慈善救助金18.3万元。实施低收入家庭共奔小康工程,建立低收入家庭创业扶助合作社,筹得资金134.13万元,其中村出资66.6万元,企业出资67.53万元。建立完善“一户一策一干部”帮扶机制,共支出脱贫资金73.12万元,帮扶342户。开展企业与低收入家庭结对帮扶活动,首批7家企业主动与13户低收入家庭进行结对。抓好城乡居民养老保险的政策落实、参保动员,全镇新增参保1043人,完成市下达任务数的131.52%,全镇参保总人数22327人。新型农村合作医疗的参保率达到98.57%,全年累计受益18.3万人次(包括住院和门诊),实报金额326万元。开展科技强镇活动,加强科技交流与合作,促进企业科技成果转化。全年新培育嘉兴高新技术企业3家,专利示范企业1家,新申请专利271件,授权专利300多件。加大教育投入,基础教育不断巩固,大齐塘幼儿园异地迁建工作准备就绪,成人教育农村劳动力素质培训共15455人次。不断推动新埭民俗文化的大发展、大繁荣。认真开展体育强镇复评,积极组织参加市十二届运动会。认真办好第三届泖水文化节,隆重推出“阳光泖水·人文新埭”文艺大汇演,全年开展各项文体活动60次,送戏33场,放映电影190场。出刊了《泖水乡歌译注》、《泖水乡歌》字帖和《新埭望族与名人考》三本新埭地域文化书籍。新埭医院异地迁建工程基本完成,村卫生服务改造工作有序推进,完成了星光、牌楼2个村卫生服务站改造。

社会管理 创新农村基层管理模式,在全市率先实行“驻村工作室”制度,切实加强基层社会管理,拓宽了社情民意的反映渠道,实现社会管理服务全面有效覆盖。成功创建成为省级示范综治工作中心,充分发挥“8+X”工作模式,整合基层力量,健全矛盾联调、

治安联防、事件联处、问题联治、平安联创的“五联”机制。全面落实全员维稳责任制,健全村(社区)维稳信息员队伍,完善信息预测预警机制。完善“民间和谐员”队伍,充分发挥“老娘舅(老婶妈)”在化解社会矛盾中“第一道防线”的作用。全镇共受理调处纠纷159起,其中和谐员调处36起,调处成功率100%。继续加强治安专职(专业)巡防队伍建设,完善巡防机制和网络。细化矛盾纠纷排查制度,定期开展纠纷排查,全年累计受理信访和市长电话总量为337件784人次,信访件到期按时反馈率为100%,服务态度满意率和办结满意率都在90%以上。加强对辖区企业用工管理和工资发放监管,对全镇538家用人单位进行劳动保障书面审查。加大劳动争议处理力度,做好工伤事故和劳资纠纷调解工作,全年受理劳动争议案件67起,涉及职工人数468人,涉及金额688.1万元。加强安全生产责任落实,工矿商贸企业未发生伤亡事故。

【平湖市临沪产业园开园暨中国国际葡萄酒博览交易城奠基仪式在新埭举行】 11月,平湖市临沪产业园开园暨国际葡萄酒博览交易城奠基仪式在新埭镇隆重举行。国际葡萄酒博览交易城项目由香港霞杜酒业集团投资开发,规划总面积1069亩,总投资超过20亿元,将按照国际标准打造集进口国际品牌葡萄酒交易、展览展示、拍卖收藏、培训检测、文化博览、餐饮休闲、生态农业、旅游观光为一体的全产业链商贸旅游服务平台。整个交易城将建设包括进口葡萄酒交易中心、葡萄农艺观光区、葡萄酒文化博物馆、葡萄酒庄园、12国文化商街、欧洲原味生活小镇、超市、五星级宾馆等,将是中国甚至是亚洲最大的品牌葡萄酒进口商贸平台。中国国际葡萄酒交易博览城的开工建设,填补了长三角葡萄酒商贸旅游服务平台的空白。临沪产业园总规划建设面积41.3平方公里,以“一园”(临沪产业园)、“四区”(机电产业区、现代商贸区、生态农业区和综合配套服务区)为框架,紧紧抓住上海产业梯度转移的有利时机,按照打造“上海周边具有较高知名度的现代服务业示范区、先进制造业集聚区和都市生态农业精品园”的目标定位,全力建设“与沪同城”前沿阵地和发展高地。

【在全市率先建立干部驻村(社区)工作室】 2010年12月,新埭镇以开展创先争优活动为契机,在全镇积极探索并全面推行干部驻村工作室制度,促使干部“走出去”为基层服务,“沉下去”与群众同心,有效密切了党群干群关系,切实加强了基层社会管理,有力推动了干部作风转变,促进了社会和谐稳定。2011年4月,全市镇(街道)干部“驻村(社区)工作室”现场推广会在新埭镇召开。

【镇总工会获全国百家示范乡镇(街道)工会称号】 11月,新埭镇总工会获全国百家示范乡镇(街道)工会称号,是嘉兴市唯一获此荣誉的单位。全镇下属工会组织145个,其中单建工会135个,联合工会10个(覆盖企业数227家),全镇企业工会组建率95%,职工入会率91.2%,村(社区)联合工会实现了全覆盖。

【率先完成农村集体资产产权制度改革】 为有效解决城乡一体化进程中,农村人口跨区域集聚和集体资产合理处置之间的矛盾,推进城乡统筹发展,2011年上半年,新埭镇在泖河村成功取得农村集体资产产权制度改革试点经验的基础上,7月在全镇其他8个村全面展开集体资产产权制度改革工作。通过资产和人口排查,拟定股份量化方案,11月,兴旺村股份经济合作社正式宣告成立,至此,该镇9个村全面完成了村集体资产的股份制改革,共量化资金2357.14万元,成为平湖市第一个实现农村集体资产产权制度改革全覆盖的镇(街道),真正实现了资源变资本、村民变股东、村庄变社区,为村集体经济发展注入了新的活力,让村民享受到均等化的公共服务,为提升社会和谐稳定程度创造了条件。

【举办第三届泖水文化节】 4月,2011年中国·平湖新埭"泖水文化节"暨"泖水论坛"隆重举行。新埭镇文化底蕴深厚,历史上文化名人众多。贯穿新埭集镇的泖水是新埭镇的母亲河,数百年来孕育了深厚的历史文化。第三届泖水文化节以"秉承传统文化、弘扬时代精神"为主旋律,以"传统文化塑造新埭、新埭创新传统文化"的理念,通过挖文化、抬文化、送文化,进一步挖掘和盘活泖水文化,传承泖水文化的精髓,让泖水人实现从"被"文化到"用"文化的转变,让泖水文化发扬光大。文化节活动历时一年,分"春、夏、秋、冬"四个版块,共计39个活动项目,包括举办"首届农民运动会、新居民中秋才艺大赛、民间文艺团队行街表演"等,参与节会的群众超过10万人次。

【开展"重点工作质量标准化管理"】 2月,新埭镇开展"重点工作质量标准化管理",通过明责、履责、问责将工作落到实处。一是明责定责。严格实施领导责任制和部门责任制,明确18项工作纳入质量标准化管理重点,责任细化到部门、量化到条线、落实到个人,同时明确完成时间,把"软任务"转化为"硬指标"。二是履职尽责。把责任转化到日常行为中去,确保各项工作有部署、有分工、有检查、有落实。三是问责督责。严格实施责任追究制,开展重点工作"护航"督查,做到事前提醒,事中督促,事后戒免,对"网格化管理、组团式服务"等六项重点工作开展专项督查,提出意见建议13条。同时,加强责任风险监控和防范,按蓝、黄、红三级分别给予谈话教育、预警提醒、告诫诫勉。

【金平拉丝模公司获国家火炬计划重点高新技术企业称号】 近年来,浙江金平拉丝模有限公司不断加大科研投入,提升技术研发能力,先后与各相关大专院校及科研机构合作,共同攻克技术难点。2011年全年投入380万元用于产品研发、工艺改进,确保新产品投放市场。同时,企业注重知识产权保护,不断提升创新竞争力,先后制订相应的知识产权制度,对一些新的技术、新的工艺及产品先后申报各类专利54件。目前累计拥有有效专利44件,其中发明专利2件、实用新型专利15件、外观设计专利27件,2011年获国家火炬计划重点高新技术企业称号。

【开通全省首个基层政协社情民意直通信箱】 5月,平湖市政协新埭镇委员小组社情民意直通信箱正式开通,这是浙江省首个基层政协社情民意直通信箱。近年来,平湖市政协新埭镇委员小组着力关注广大群众的热点难点问题,把参政议政和民主监督延伸到最基层。政协新埭委组在全镇9个村1个社区和新居民事务所,开通了11只社情民意直通信箱,并在各村社区、新居民事务所聘请了11位社情民意直通信箱联络员,负责收集上报来自基层群众的意见建议,把方方面面的社情民意信息及时顺畅地反映到政协中来。

【成立全市首个劳动纠纷人民调解委员会】 8月,新埭镇依托镇司法所和镇人民调解委员会,成立了全市首个镇(街道)劳动纠纷人民调解委员会。调委会的作用是:凡在新埭镇范围内发生的劳动仲裁前和诉前劳动纠纷,可由劳动纠纷人民调解委员会先期进行调解。调解委员会成立后,主要负责各自辖区内劳动争议案件的调解处理,包括督促劳动争议双方当事人履行调解协议、宣传劳动法律法规及开展政策咨询服务等工作职责。该会的成立,是新埭镇创新社会管理服务的又一重要举措,将充分发挥人民调解在化解矛盾纠纷,保障职工合法权益、维护社会和谐稳定中的重要作用,从而使大量劳动纠纷解决在萌芽状态,解决在基层。

【全省首个村级电大教学班在鱼圻塘村开班】 9月,浙江广播电视大学平湖学院村级教学班在新埭镇鱼圻塘村远程教育教室正式开学,邱川法等41人成为首批学员。村里办起电大班,不仅让村民有了不出村拿到大专文凭的机会,有利于培养出更多服务于农村经济社会发展的能人。电大教学班采用网络教学和面授相结合的方法,每星期安排一天时间进行集中教学。

【新秀箱包成为第八届全国残运会指定箱包礼品赞助商】 近年来,新秀箱包不断加强品牌推广力度,坚持"走出去"营销,积极参与国内外重大盛事,在连续四年成为博鳌亚洲论坛唯一指定箱包礼品赞助商、2010年上海世博会特许生产商、中国进出口商品交易会(广交会)高级合作伙伴之后,2011年10月又成为了第八届全国残运会指定礼品(箱包)赞助商。

【在全市率先推行村务监督新闻发言人制度】 12月,新埭镇星光村举行村务监督新闻发布会,该村村务监督首席新闻发言人向到会的村民和党员代表详细通报了村监会监督事项和当年的村党务、政务、事务、财务的监督情况,村监会成员还现场解答村民代表提出的问题。这是星光村举行的第一次村务监督事项和监督情况新闻发布会,也标志着新埭镇村务监督新闻发言人制度正式实施,开了嘉兴市先河。村务监督新闻发言人是从熟悉村务情况、群众基础好的村务监督委员会成员及群众中产生,经村民推选、镇党委审查后确定。发布会每季或每月定期不定期地举行,新闻发言人不仅要向村民公布村级财务收支、公益事业、项目建设、村干部责任目标履行情况、党员教育管理、计划生育等"定题"内容,而且要答复村民口头或书面提出的疑问等"点题"内容。

【成立全市首个新居民治安巡防队】 年初,新埭派出所会同新秀箱包集团,成立了一支由新居民组成的义务治安巡防队,这是平湖警方首次邀请新居民加入治安巡逻队伍。16名义务治安巡防队成员在民警的带领下,对新埭镇各主要路段、工业园区和人员密集的场所增加巡逻密度,为创建安全的社会治安环境贡献新居民的力量。

【姚浜村获第二批"浙江省森林村庄"称号】 2010年起,姚浜村结合美丽乡村建设,进行大面积多层次绿化。到2011年12月,全村已创建农田防护林46条,总长度28786米,面积239.17亩。同时,通过招商等措施,鼓励个体工商户发展大规格乔木苗木高档苗圃树圃共789.5亩,种植葡萄、梨、桃、李等经济林60亩。仅2011年,村里先后投入资金608524元,建起了10.8亩的休闲风景林,12.3亩小公园,同时对4250平方米的宜林段、缺段进行了绿化补植,种植了红豆杉、银杏等珍贵树种,花卉品种超过40个,合计林地面积1111.77亩,林木覆盖率46.36%,人均绿化面积407.04平方米,村域内公路、河道、干渠、堤防等干线绿化率均达到98%以上。被省关注森林组织委员会命名为第二批"浙江省森林村庄"。 (李峰 王莉莉)

•新仓镇•

【概况】 新仓镇位于平湖市东北部,毗邻上海金山区,是浙江省首批中心镇。全镇区域面积57.6平方公里,耕地面积57404亩。2011年末,辖16个村民委员会、1个居民委员会、1个社区管委会,有205个村民小组、12166户、40153人,其中非农人口4295人。新居民在册人数20775人。全年全镇实现生产总值238565万元,比上年增长8%;财政一般预算总收入31336.2万元,增长17.77%,其中地方财政一般预算收入11994.96万元,增长23.37%。农民人均所得17236元,比上年增加1996元,增长13.1%。计划生育率98.83%,人口自然增长率-1.79‰。

农业 2011年,全镇完成农业投资额2500万元。实现农业增加值23864万元,比上年增长2.3%;农林牧渔业总产值34773万元,增长14.8%。全年农作物播种面积114744亩,其中粮食播种面积68211亩,总产量32654吨;油菜籽种植面积18576亩,总产量3095吨;棉花种植面积897亩,总产量68吨;蔬菜复种面积23514亩,总产量46751吨;瓜类种植面积3283亩,总产量6797吨,其中西瓜2938亩,总产量6193吨。食用菌种植面积152.49万平方尺,总产量8935吨。生猪年末存栏25930头,肉猪年内出栏35069头,家禽年末存栏132234羽,家禽年内出栏365090羽。绿色标准农业发展得到加强,年末拥有11个省级无公害农产品基地和11个国家级无公害农产品品牌。推进农村合作经济发展,农村专业合作社发展到21家,新仓果蔬专业合作社创建为省级百强示范性专业合作社。

工业 2011年末,全镇有工业企业768家,从业人员28909人,全年实现工业增加值151689万元。全镇45家主营业务收入2000万元以上工业企业实现工业总产值591216万元,主营业务收入593795万元,同比分别增长16.2%、16.7%;利税总额26894万元,其中利润13509万元,同比分别下降34%、50%。全年进出口总额55917.42万美元,同比增长10.95%,其中出口41146.26万美元,同比增长12.72%。大力开展驻点招商、小分队招商、展会招商和中介招商。全年合同利用外资3929万美元,实际利用外资458万美元;引进市外内资37670万元。全年签约项目11个,其中外资项目6个,总投资1.52亿美元,注册资金5500万美元;内资项目5个,总投资13亿元,注册资金4.15亿元。全年新批项目9个,其中外资项目4个,总投资8200万美元,注册资金4000万美元;内资项目5个,总投资10.4亿元,注册资金2.38亿元。全镇十一项效益指标考核得分为179.2分。实现全社会固定资产投资98636万元,其中完成工业生产性投资75479万元,占全社会固定资产投资的76.52%。工业生产性投入在建项目24个。全年新兴产业产值达到11.85亿元,同比增长16%。列入"项目推进年"活动的15个市重点项目已开工13个,实际完成投资5.14亿元;挖潜节地项目13个,实际完成投资3.88亿元,盘活土地面积253.55亩。规模以上企业万元增加值能耗下降8.1%。

第三产业 2011年,实现全社会服务业投入2.43亿元,引进市外内资3314万元。加快公建项目和房地产项目的开发建设,协调和督促开工建设江南甲第新仓商务宾馆。当年6个市重点服务业项目全部开工,实际完成投资1.3亿元,完成年度计划的100%。全年新成交商住土地3宗,总面积8.1亩,土地出让金1600万元。全年完成第三产业增加值57052万元。

新市镇建设 加快小城市培育步伐,深化城镇规划编制,修编完成土地利用总体规划和中心城区控制性详规。继续抓好镇区和工业园区道路框架建设,朝阳路南段、金穗路、金昌路、勤学路先后竣工,振业路、金沙路西段道路建设继续推进。完善城镇功能配套,新仓农贸市场、农副产品批发市场、广电中心大楼、民防应急中心暨劳动力分市场相继建成。开工建设了五个房地产项目,合计开发面积84250平方米。开展平湖市农村公路养护示范镇创建,全年投资110万元完成镇区8条主要农村道路的提升改造,并通过了市公路段和交通局的验收。基本完成新庙大桥等50座农村危桥的改造。配合抓好杭浦高速绿色通道、西气东输、疏港公路三大工程,做好各项政策处理工作。全年完成城乡供水一体化二级供水管网建设438公里,完成二级污水管网建设5.437公里。深化国家卫生镇创建,健全城镇管理机制,加大环卫设施建设力度,通过了国家卫生镇创建工作省级调研。

新农村建设　实施"美丽乡村"建设,实现环境整治全覆盖,扎实推进农村垃圾集中收集收费工作,成功创建为全市首个全国环境优美乡镇。推进农村河道综合整治,实现河道保洁全覆盖,完成盐船河二期治理工程政策处理工作。创建成为全市首个省级森林城镇,全镇新增绿化面积769.1亩,完成年度任务的139.6%,平原绿化建设扎实有效,林木覆盖率达到17.2%。积极推进2个农村土地综合整治项目,共涉及搬迁联盟、中华、秦沙、石路4个村农户340户,复垦土地306亩。全年完成搬迁农户179户,涉及面积175.7亩。加大农业产业化建设力度,不断推进现代农业园区建设,食用菌、蔬菜两个产业示范区被确定为首批省级现代农业主导产业示范区。率先在全市完成农村集体资产产权制度改革,规范完善农村集体经济组织现代产权运行体制。深化土地承包经营权流转工作,全年新增流转面积12700亩,全镇有5个村实现了整村流转,累计流转土地26100亩,占全镇家庭承包经营耕地总面积的57.1%。继续实施"强村计划",2011年全镇实现村可支配收入621万元,比2006年增长2倍多。

社会事业　2011年,科技工作不断推进,科技经费共投入220万元,企业技术开发费占销售收入的比重达到1.84%。2011年度申报科技计划项目3项,申报金桥工程3项,申报省级新产品4项,全镇企业新增注册专利87项。基础教育不断巩固,义务教育入学和毕业率均达100%,初升高比例达97%以上,学前三年幼儿入园率达97%,成人教育农村劳动力素质培训共7812人次。不断增强公共文化服务能力,以镇文化中心为平台,大力开展群众文体活动。全年组织文体活动55次,文艺演出34场,电影放映248场。深入推进国家卫生镇创建工作,农村公共卫生服务设施进一步完善,公共卫生服务不断加强,城乡居民合作医疗保障水平不断提高,农村新型合作医疗保险参保28308人,参保率达到96.12%。社会保险进一步完善,新型城乡居民社会养老保险新增参保人数784人,参保总人数达17902人。全年民政、慈善、残联经费支出达到590.93万元。其中,全镇低保户219户305人,发放金额104.05万元;贫困救助801户,发放金额32.53万元;救助残疾708人,发放救助金100.65万元。进一步加强档案史志工作,《新仓镇志》修编年内通过审稿,进入印刷环节,2012年上半年出版发行。

社会管理　继续深化全员维稳责任制,进一步健全社会治安防控体系,开展禁赌、禁毒、扫丑等专项活动,加强新居民服务管理,重视反邪教工作。加强社会矛盾排查化解,稳妥处置有关信访问题,抓好劳资纠纷调处,严厉打击各类违法犯罪活动,社会保持和谐稳定。加强安全生产工作,全年无重特大安全生产事故。2011 年共调处矛盾纠纷 114 起,调处成功率 100%,受理群众来信来访 154 件,市长电话 314 件,均全部办结。全镇刑事警情数下降 12.8%,破刑事案件 137 起,查处治安行政案件 73 起,人民群众安全感进一步提升。深入开展"万户农家创文明"活动,杨盛村创建成为浙江省文明村。

【连续四年入选嘉兴市十强新市镇】 2011 年,该镇位列嘉兴市综合考评十强新市镇第六名,成为嘉兴市三个连续四年进入十强的新市镇之一,也是平湖市唯一入选的新市镇。本次评选是通过对 44 个新市镇 2011 年度的发展水平和规模总量进行评价测算,其中发展水平从人均财政总收入及增速、人均二三产业经济总量及增速、"1 + X"人口集聚率及增速、土地流转面积比例及增速、市镇工业园区经济总量占全镇比重及增速 5 个方面进行测评,满分 100 分;规模总量从财政总收入及增速、规上工业企业总产值及增速、固定资产投资额及增速和建成区人口总数及增速 4 个方面进行测评,满分也为 100 分。两类评价得分相加即为新市镇的综合评价得分,新仓镇得分为 152.5。

【成为"全国环境优美乡镇"】 据国家环保部 2011 年第 73 号公告公布,新仓镇获得国家生态建设示范区之"全国环境优美乡镇"称号,这是环保部对在生态建设方面取得突出成绩的乡镇授予的最高荣誉,评选内容包括社会经济发展、城镇建成区环境、乡镇辖区生态环境等多个指标体系。近年来,新仓镇统筹经济社会协调发展,建立起了生态保护、生态建设与社会经济建设协调发展的运行机制。加强农村生活污水处理基础设施建设,生活污水和垃圾集中收集处理率达到 100%,农村改厕率达到 95%。全面实施河道整治工程,实行长效保洁,覆盖率达到 100%。实施农村平原绿化工程,全镇绿化总面积 12960 亩,林木覆盖率 17.2%。加大对工业污染的监控力度,建成完善的污水管网,全镇工业污染源排放达标率和"三同时"执行率均为 100%。大力发展循环农业经济,积极实施绿色农产品行动计划,发展绿色无公害标准生产。对规模养殖户实施"二分离三配套"建设,治理养殖污染;对全镇畜禽粪便进行统一处理,实现了畜禽粪便的循环利用。

【全面完成农村集体资产产权制度改革】 2011 年 2 月,新仓镇红光村在全市率先开展农村集体资产产权制度改革,改革主要是将农村集体房屋及其他经营性净资产进行量化,建立村股份经济合作社,由村股份经济合作社行使对原村级集体资产的经营管理权。红光村整个改革历经清产核资、界定成员、设置股权及折股量化到人等程序,于 6 月 8 日成立了红光村股份经济合作社。7 月,在总结红光村试点经验基础上,新仓镇全面铺开农村集体资产产权制度改革工作,年内全面完成通过改革,全镇 16 个村量化经营性净资产 2517.18 万元,界定股东人数 5.01 万人。

【村级便民服务中心扩容升级实现全覆盖】 2011 年 4 月,新仓镇在村级"一站式"便民服务中心全覆盖的基础上,从硬件、服务、人员、制度四方面推进村级便民服务中心扩容升级。便民服务大厅以 60 平方米为基本标准进行扩建,并配备了一套完备的办公服务设备,实行集中办公,给群众办事提供优质环境。同时,服务内容拓展到咨询指南、证照代办、社会保障、公益事业、致富发展、党建指南、文明建设、特色项目等八个方面。采取全程服务代理制度,对列入便民服务范围的事项,实行"一门受理、代办承诺、结果回复"的运作方式。凡群众要求代理的事项,由村干部统一受理登记，出具承办单，告知申请人的权利、义务、承诺办理期限，并确定该事项的全程代理人，由全程代理人代表申请人负责全过程办理，并将办理结果通知或送达申请人。

【流动党支部获评全国先进基层党组织】 2011年7月，在人民大会堂举行的庆祝中国共产党成立90周年大会上，安徽省淮南市谢家集区孤堆回族乡驻平湖市新仓镇流动党支部被中共中央组织部表彰为“全国先进基层党组织”。流动党支部于2005年5月成立以来，在两地党委的领导下，不断探索和完善“共建共管”模式，新仓镇党委组织委员担任党支部指导员，谢家集区已先后选派4名优秀干部任新仓镇镇长助理兼任驻新仓镇工作站站长，发挥当地人员有威信、易被信赖的优势，以外管外，加强对流动党支部的管理。支部建立后，镇党委为其提供了近200平方米的办公场所，购置办公用品、电脑设备等，每年下拨5万元工作经费，并且设立了新居民党建工作站、新居民管理工作站、新居民调解委员会等机构，为流动党支部开展工作提供良好的平台。流动党支部也成为新居民权益维护的后盾，帮助解决了就医、就学、就业等问题，同时还积极帮助当地政府开展各项工作，如涉及新居民的各类纠纷调解、组织抗台救灾、配合做好创卫工作，成为服务两地经济社会发展的重要力量。

【成立平湖市安信小额贷款有限公司】 2011年8月，新仓镇金健峰集团有限公司等13位股东共同出资1.2亿元成立了全省首家以乡镇为平台集资、民营企业家投资创办的小额贷款有限公司——平湖市安信小额贷款有限公司。该公司以服务“三农”和中小企业为宗旨，凭借本乡本土相互了解的优势，打造良好的融资平台。截至12月底，该公司累计发放贷款524笔、金额8.19亿元，实现业务收入763.14万元、利润总额309.43万元，主要为中小企业及农户提供与专业银行不同的差异性贷款服务，有力地支持了中小企业和“三农”的发展。

【镇工业园区评为嘉兴市“甲级转型升级工业园区”】 2011年9月，新仓镇工业园区被嘉兴市政府考核评定为嘉兴市甲级转型升级工业园区，成为平湖市首个镇级甲级转型升级工业园。近年来，该镇加快工业园区转型升级步伐，着力推进平台建设，不断提升园区对工业经济发展的承载能力。2011年，20个项目列入市“项目推进年”活动，总投资13.76亿元，工业生产性投资项目70个，完成投资9.2亿元；实现工业总产值62.64亿元，利税4.3亿元，主导产业产值56.37亿元，集聚度达到90%，亩均产值237.17万元。园区内高新技术企业10家，拥有省级以上名牌产品和著名商标7个，并拥有8个市级以上企业技术研发中心。

【成为首批“省文化强镇”】 11月，省文化厅公布了2011年度“浙江省文化强镇”名单，新仓镇荣获首批浙江省文化强镇称号。该评选是根据浙江省“十二五”期间公共文化建设目标任务而开展的首次评选，旨在表彰重视文化建设、设施设备齐全、活动丰富经常、注重遗产保护、队伍稳定活跃、管理科学规范的基层文化先进典型，从而推进基层公共文化服务体系建设。近年来，新仓镇紧紧围绕文化工作服务于经济发展和社会管理的方针，始终坚持“文化为民”与“文化惠民”并重，不断加强文化建设投入，不断完善基础设施，进一步拓展文化活动的场所和内容，改善硬件条件，逐步形成了完善的镇、村两级文化服务平台，组建了一批镇、村两级文艺团队，培养了大量文艺人才。

【获评全市首个省级森林城镇】 12月,省关注森林委员会、省绿化委员会发文表彰全省11个“省森林城市”和45个“省森林城镇”,新仓镇成为平湖市唯一一个省级森林城镇。近年来,该镇以加强生态文明建设、创造优美生态环境为目标,围绕“三轴、六带、多线、多点”的总体布局路线,积极开展“创建森林新仓,打造魅力水乡”活动。通过加强组织领导、合理编制规划、深入宣传动员,该镇城乡一体绿化稳步推进、生态环境明显改善,在林木覆盖、生态功能、绿化空间和城乡统筹等方面得到了大幅提升。截至2011年底,全镇共有林地面积10530亩,森林覆盖率达到13.02%,林木覆盖率达到17.2%,森林生态建设成效显著。

【明代石狮子出土】 2011年12月,新仓镇中心小学在基建工程中挖出一尊石狮子。经过市博物馆工作人员实地考证,该石狮子为明代文物,由市博物馆征集入库。这尊石狮子的材质为青石质,通高1.75米,厚0.60米,重约500公斤。石狮子造型别致,纹饰精美,雕刻工艺独特,是一件具有相当历史、艺术价值的明代遗物。

【土地流转面积过半】 2010年以来,新仓镇以推进农业产业化、设施化和现代化“三化”建设为目标,以稳定农村土地承包关系为基础,按照“积极引导,因地制宜,逐步规范、稳步推进”的工作方针,因势利导,积极稳妥地推进农村土地流转进程。截至2011年底,新仓镇已流转土地26100亩,占全镇家庭承包耕地总面积的57.1%,其中杉青港村、新征村、芦湾村、杨盛村、庆丰村等5个村实现整村流转,共涉及农户7675户,占全镇总户数的77%,土地流转资金达到1241.31万元,流转规模和流转速度均处于全市前列。

【被选为全省唯一的新华社基层采访联系点】 在全国新闻战线“走基层、转作风、改文风”活动中,新华社率先垂范,以采访室为单位,在全国范围选择了4个基层联系点,新仓镇被选为经济采访室联系点,也是浙江省唯一的联系点。2011年9月,采访组到新仓镇深入市场、车间、村庄、田头和群众家中,详细了解了该镇深入贯彻落实科学发展观、统筹经济社会发展、加快转型升级的第一手材料。

【全面启动秦沙村千亩果林建设】 为实现美化优化农村环境、增加村集体和农民收入的多重效应,2011年,新仓镇按照“标准化、集约化、优质化、高效化、品牌化”的生产建设要求,以建设成全市规模最大,设施最全,品种最多的现代水果精品园为目标,成立了仓秦水果专业合作社,启动了秦沙村千亩果林项目建设。该项目位于秦沙村仓庆路两旁,相对连片面积1500亩,其中水域面积100亩,总投资1200万元。

【逢源奶牛养殖场实施国家级奶牛场标准化建设】 逢源奶牛养殖场创建于2002年,占地面积36亩,是上海市光明乳业股份有限公司的定点奶源基地之一。2010年8月开始,养殖场实施国家级奶牛场标准化建设,总投资300多万元,并得到中央资金补助,于2011年底建设完成并通过验收。在建设中,养殖场把生产区和生活区分开,新建了生活区;健全生产设施,新建了管理用房,建造了标准化的材料仓库、牛乳储藏室、消毒池等,并配置兽医室、疫苗室等场所,扩建了奶牛棚舍,新引进了一套挤奶设备、储藏设施,并储备了一套;牛粪实行无害化处理和综合利用。建成后,奶牛养殖规模达到350头,年增加鲜奶300吨,提升了奶牛场规模和档次。

（佘海华　沈　瑜）

•独山港镇•

【概况】 独山港镇位于平湖市东南部,东接上海金山(石化),南濒杭州湾,西邻乍浦、林埭两镇,北界新仓、广陈两镇,是平湖接轨上海的“桥头堡”,平湖“L”型城市的重要组成部分和城市副中心。区域面积93.4平方公里,耕地面积80717亩。2011年末,下辖22个村民委员会、3个社区居委会,有553个村民小组、23007户,户籍人口83877人,其中非农业人口7584人。新居民在册人数42525人。全年全镇(含独山港区,下同)完成生产总值455115万元,比上年增长10.1%。实现财政一般预算总收入61877.06万元,其中地方财政一般预算收入24880.29万元,分别增长20.37%和21.01%。农民人均所得17215元,增长15.7%。计划生育率达98.64%,人口自然增长率-0.58‰。

农业　2011年,全镇实现农业增加值27229万元,农业现价总产值39118万元。全年粮食播种面积91255亩,总产量40763吨。油菜籽种植25790亩,总产量4086吨。棉花种植2884亩,总产量255吨。生猪年末存栏48820头,肉猪年内出栏51984头。家禽年末存栏80729羽,年内出栏87988羽。水产品总产量4317吨。新增粮食功能区3个,面积3010亩,累计已完成粮食功能区建设任务6705亩,其中千亩以上粮食生产功能区2个。实施种子工程,良种覆盖率达到98%。实施无公害水稻工程,抓好水稻机械化育插秧工作,做好标准农田质量提升工作,总推广水稻专用肥及商品有机肥143.5吨,农田机械翻耕面积1552亩,秸秆还田面积4395亩。加快推进水利重点工程建设,完成沿塘河综合整治,启动盐船河二期整治,不断改善农田水利设施。加强对征而未用土地的管理,共发包1.1万亩,预计可收取租金544万元。壮大村级集体经济,增强村级组织为民办事的经济实力。农村集体资产产权制度改革试点顺利进行,圆满完成10个村的改制工作。认真开展村级组织换届选举审计,对18个村2008~2010年三个年度的任期经济责任进行了专项审计。扎实推进“强村计划”扶持项目立项申报,共有5个村上报项目,建筑面积11007平方米,项目预算总投资1193万元。

工业　2011年末,全镇工业企业1619家,从业人员53162人,全年实现工业增加值300381万元。全镇95家主营业务收入2000万元以上工业企业实现工业总产值1115235万元,同比增长11.8%。主营业务收入1083120万元,同比增长11.5%,利税总额48491万元,同比下降22.4%,其中利润13316万元,同比下降54.9%。全年实现进出口总额101297.44万美元,同比增长68.73%,其中出口43036.13万美元,同比增长10.27%。以大企业、大集团培育为抓手,切实转变发展方式,工业经济发展呈现良好态势,产值亿元以上企业达到24家,比2010年增加3家,其中产值10亿元以上的企业2家(浙江荣成纸业有限公司、浙江晨光电缆股份有限公司)。以班子成员领办服务重点项目和建立港区项目服务中心等创新举措,探索建立招商引资、项目推进、要素保障、项目服务“四位一体”的项目推进格局。全年签约重大项目6个,总投资超100亿元,引进2个销售收入超百亿的立区、立港项目。全年完成合同外资3446万美元、实到外资3621万美元,实到市外内资98007万元。全镇完成全社会固定资产投资272227万元,其中工业生产性投入完成189882万元。突出节能降耗,发展循环经济,采取多项措施降低企业综合能耗。加大节能设备改造,淘汰落后产能,加强对重点能耗企业监督检查,全年规上工业万元增加值综合能耗下降7.3%。晨光电缆、荣成纸业等6家企业通过市清洁生产审核。建立"五方联动"机制,区域环境联合保护工作全面启动。经过大量细致的工作,恒丰农药等4家群众反映污染严重的企业全部拆除。

第三产业　2011年,第三产业实现增加值105309万元。9个服务业重点推进项目,开工建设8个,完成年度计划的89%。粮食码头货物吞吐量年年创新高,首个液体化工码头建成投运并获得临时开放,玻璃港务散杂货码头试运营。上港集团多用途码头项目通过省发改委立项审批,外海栈桥启动建设。物流园区规划经市政府批准,列入了嘉兴市交通重点扶持物流基地,并申报"省级现代服务业集聚示范区"。中航油、宝达物流、甘泽糖酒仓储等一批物流项目快速推进,形象初显。

新农村建设　自2010年4月启动新一轮征迁工作以来,涉及搬迁的1640户农户,已签约1444户,签约率达88%;搬迁企业9家、小作坊86家。关心在外过渡的搬迁户,成立搬迁过渡服务队,切实解决他们在生产生活中碰到的困难和问题。积极推进独山港城安置小区建设,龙吟花苑一期13幢330套,主体工程通过竣工验收,二期38幢1268套,已开工建设26幢1028套;绿洲花苑一期11幢310套,其中8幢主体工程即将结顶,二期35幢1212套已开工建设。切实发挥安置房建设义务监督队的作用,深入安置房建设工地现场进行全程监督,确保施工安全、工程进度和工程质量。加强生态文明和美丽乡村建设。成立全市首个养殖污染处理专业合作社,2个畜粪收集处理中心建成并投入运行。以环境卫生集中整治为重点,对清查出来的269个垃圾集中整治点(包括31个市级整治点),投入50多万元、4600余工,清运垃圾1000余吨,填埋垃圾750余吨,城乡环境面貌得到有效改善。加大环卫基础设施建设,投入210余万元,购买了扫地车、洒水车等一批环卫设施。投入100多万元,深入开展"美丽乡村"精品东线"合作之源"创建工作,通过省验收。全面启动水环境整治新三年行动计划,实现全镇615条、405公里河道保洁全覆盖。加大绿化建设力度,镇财政两年累计投入160余万元,新增绿化造林1429亩,其中完成海岸基干林272亩。

社会事业　基本建成新的全塘幼儿园,完成全塘中学、全塘中心小学"校安工程",全塘第二小学新建、黄姑中心小学改建工程开工。坚持稳定适度低生育水平,2011年计划生育率达98.64%,成立了全市首家镇(街道)"优生优育优教"指导中心,创建成嘉兴市计划生育优质服务示范站。2011年农村合作医疗参保率达98.95%,城乡居民社会养老保险新增2021人,总参保人数34730人。低保实现动态管理下的应保尽保,截至2011年底,全镇低保400户620人,集中供养人员77人,全年发放低保金221万元。全年医疗大病救助69人次,总计37万元,解决特殊困难100户,发放临时救助资金10万元。全面开展居家养老服务,建立健全社工组织机构。积极做好慈善、关心下一代工作,2011年慈善救助220人次、44.68万元,资助贫困学生296人次、35.28万元。

社会管理　开展加强和创新社会管理、规范劳动用工行为等试点工作,着力提升社会管理水平。在征迁安置、过渡服务、安全生产、和谐村企关系构建等15个重点项目进行探索创新。以重民生、服务群众,重发展、服务项目"双服务"活动为抓手,进一步优化发展软环境。切实加强对劳资纠纷隐患排查、化解,努力构建和谐劳动关系。全面推行专职驻村工作室制度,进一步深化村(社区)

"一站式"办公,转变工作作风,方便群众办事,提高办事效率。全面推行重大事务票决制,16 个村共通过重大事务 65 项。采取"活页式"民生台账记法,2011 年共记录民生问题 1872 个,解决率达 95%。开展不稳定隐患排查,全年调处各类矛盾纠纷 172 起、成功率达 98%。全年接待来信来访 70 批次,366 人次,36 件,答复率 100%,解决率 90%。办理市长电话 497 件、满意率达 95%。着力解决群众反映的突出治安问题,刑事案件数持续下降,群众的安全感、满意度进一步提升。切实加强对新居民和特殊人群的服务管理,开展"爱心妈妈"牵手活动,帮助他们融入社会。针对辖区内危化企业生产运输、项目建设施工、外海码头建设等安全生产领域的突出问题,进一步落实安全生产监管责任制,有效防止各类重特大事故发生。

【穗轮村获"第三批全国文明村"称号】 2011 年 12 月,在全国精神文明建设工作表彰大会上,独山港镇穗轮村荣获"第三批全国文明村"称号,成为嘉兴全市范围内获此殊荣的两个村之一。

【晨光电缆院士专家工作站签约】 2011 年 12 月,在由嘉兴市委、市政府主办的 2011"星耀南湖"精英峰会开幕式上,晨光电缆公司党委书记、董事长兼总经理朱水良与中国工程院院士邱爱慈签订了《院士专家工作站合作协议书》,标志着平湖市首家嘉兴级院士工作站正式成立。

【渔业社区成为"全国综合减灾示范社区"】 2011 年 12 月,根据国家减灾委员会、民政部《关于命名 1281 个社区为"全国综合减灾示范社区"的决定》,渔业社区被命名为"全国综合减灾示范社区",平湖市还有钟埭街道钟埭社区获此殊荣。

【穗轮五金工业园成为全市首家省级小企业创业基地】 2011 年 8 月,省中小企业局公布了 33 家省级小企业创业基地名单,穗轮五金工业园榜上有名,成为平湖市首家省级小企业创业基地。小企业创业基地是有效扶持小企业发展的重要工作载体,能有效解决小企业创业初始阶段普遍存在的规模小、布局分散等问题。穗轮五金工业园于 2007 年开工建设,占地面积 91878 平方米,入驻小企业 24 家,形成了以穗轮铰链为主的世界性五金生产基地,是我市着手开发的首个村级五金工业创业园。建园至今,平均每年有 2 家以上企业培育成规模企业,入驻孵化小企业创业成功率达 95.8%。

【全塘小学获"浙江省第三批艺术特色学校"称号】 2011 年 1 月,全塘中心小学被浙江省教育厅授予"浙江省第三批艺术特色学校"光荣称号。这是该校近年来所获得的最高等级的殊荣,也充分说明了该校的"海娃剪纸"艺术特色建设取得了丰硕的阶段性成果。近年来,该校秉承"文化育人、特色立校"的办学思想,致力于挖掘民间剪纸艺术,弘扬民族文化之路,事迹多次受到《浙江日报》、《南湖晚报》、《嘉兴日报》、中央电视台、浙江电视台科技教育频道、平湖电视台等新闻媒体宣传报道,在社会上产生了广泛的影响和良好的声誉,取得了很好的教育效益和社会效益。

【成立全市首个基层台联】 2011 年 1 月,在独山港镇第一次台胞台属、归侨侨眷代表大会上,成立台联侨联独山港分会,成为全市首个基层台联和第二个基层侨联。

【穗轮村建成全市首个村史展示厅】 2011 年 9 月,穗轮村建成村史展示厅,展示厅位于村委会二楼,分为村史村情图文展示和企业产品实物展示两大部分,展示内容包含乡村概貌、工农业产值统计图、村大事记、乡土风情、村里企业爱心行动等,清晰地展现了穗轮这个平湖"首富村"30多年来的光辉发展历程。(陆　婷)

•广陈镇•

【概况】　广陈镇位于平湖市东北部,南与独山港镇相邻,东与新仓镇接壤,西与当湖街道相邻,北与新埭镇交界。地域面积54.9平方公里,耕地面积57245亩。2011年末,辖11个村民委员会、1个社区居委会,有183个村民小组、10552户、38306人,其中非农人口1455人。新居民在册人数10752人。全年全镇实现生产总值132668万元,比上年增长13.1%。财政一般预算总收入首次突破1个亿,达10385.29万元,其中地方财政一般预算收入3597.32万元,比上年分别增长40.17%、39.14%,农民人均所得16633元,比上年增长17.5%。计划生育率99.52%,人口自然增长率-4.45‰。

农业　2011年,全镇实现农业增加值24335万元,农业总产值35750万元。粮食播种面积72381亩,油菜籽种植面积14664亩,西瓜种植面积541亩。粮食总产32811.4吨,油菜籽总产2410吨,西瓜总产1036.5吨。蔬菜复种面积25340亩。水产养殖面积4200亩,水产品总产量9812.7吨。生猪年末存栏66132头,肉猪年内出栏71825头,苗猪出栏112000头。家禽年末存栏166626羽,家禽年内出栏291936羽。长毛兔年末存栏7190只,全年兔毛产量4750公斤。农业基础设施不断夯实。占地4900亩投资1315万元的龙萌圩区扩建项目通过方案评审和项目报批,开工建设。完成3个区块4800亩的粮食功能区建设。时任浙江省省长吕祖善和副省长葛慧君现场视察民主粮食功能区建设时给予高度评价。农业招商引资不断加强。全镇新成片流转土地325亩,续建农业项目2个,引进项目1个,全年完成新三资投资农业3192万元,百玫生态科技园和天朗蔬果园初步建成、投产。村级财务不断规范。进一步完善村级财务"双代理",对村级资金、资产、资源进行了清查,全面摸清村级集体经济家底。积极开展农村集体资产产权制度改革,完成5个村集体资产产权制度改革。完成绿化面积631亩,达到计划数的103%,完成河道疏浚10.6公里,河道保洁250公里,已建病死畜禽无害化处理池18只,计1032立方米。

工业　2011年末,全镇有工业企业255家,从业人员11785人。全年实现工业增加值65171万元。21家主营业务收入2000万元以上工业企业全年实现工业总产值137628万元,同比增长22.6%;主营业务收入137698万元,同比增长26%;利税总额10336万元,同比增长32%,其中利润5654万元,同比增长32.2%。全年实现进出口总额3869.23万美元,同比增长10.73%,其中出口3441.92万美元,同比增长13.33%。招商引资取得新突破,全年实到市外内资13026万元,合同外资1307万美元,实到外资503万美元,招商引资"一号工程"首次双双完成年度目标任务。项目建设难中求进,全年完成工业生产性投资22690万元,全社会固定资产投资达33181万元。8个市重点工业项目全部开工建设,累计投资1.6亿元,完成年度计划的118%。基本完成工业园区土地征用1000亩,征地拆迁户数170户,完成全部征迁任务的95%,累计投入资金4863万元。盘活土地98亩,上报挖潜节地项目19个,增加投资额1.6亿元。节能减排扎实推进,全镇规上企业万元工业增加值综合能耗下降7.2%。新增污水入网企业5家,完成目标任务的100%,新增入网量19万吨,完成目标任务的106%。

第三产业　2011年,服务业项目总投资10745万元,完成目标任务的102%。引进市外内资3150万元,完成目标任务的210%。港乐园、鑫港花苑2个重点项目完成投资2100万元。新增个体工商户数183家。充分利用广陈旅游资源丰富、人文底蕴深厚等优势,大力发展生态休闲旅游产业,打造"休闲观光旅游"中心。以"精品果蔬区"和"粮食功能区"项目建设为龙头,进一步推进农产品深加工建设和配套物流发展,打造"农产品物流配送"中心。全年全镇第三产业实现增加值39999万元。

新农村建设　在"1+X"布点规划的基础上,高标准编制中心社区新港花苑和X点城乡一体新社区建设详规,从上一轮的32个规划点调整为1+8个点,累计进社区624户,改造农村危房5户,开工建设农房207户,搬迁户宅基地当年全部实现成片复垦。完成新港花苑给排水、道路工程、电力设施架设、通信工程等基础设施建设。建设大落汇东路、三红村、前港村、龙兴村、港中村等连村公路及村组道路20.2341公里,投入资金450.83万元。完成工业园区"四纵一横"道路及污水管网配套工程的基础施工,完成港中路、广育路南段道路硬化工程,广园路、建设东路宕渣铺设。完成集镇新区广兴南路及北段工程,完成独广公路广陈集镇至悦莱春企业路段2.4公里路灯亮化工程。建设山塘、泗泾村自来水二级管网1.35公里。全年制止和拆除"两违"建筑面积2700平方米。全力开展"金平湖美丽乡村"环境整治行动,出动环境卫生整治535人次,清除卫生死角84处、垃圾160多吨,覆盖面积1400平方米,清理乱张贴7000多张,新建公共厕所2只,新建垃圾收集房4所,新建文化墙200米,投入经费60万元。新设建筑垃圾填埋场二处。将3个废品收购点和3个旧建材经营点搬迁到文化墙内,9个废品收购点搬离主干道。改造桥梁4座,整治隐患桥梁17座,投入资金51万余元。抓好通村公路示范路建设,对龙兴公路,按照要求在路肩两侧进行加宽。

社会事业　科技工作不断加强,全镇规上企业技术研发费2350万元,占销售收入的1.73%,全年累计申报专利71件,列入平湖市级科技发展重大重点项目3项、一般项目2项,列入省级新产品15只。获嘉兴市高新技术企业称号2家。新成立平湖市级研发中心1家。继续深化"城乡结对、共建文明"活动,开展"千名干部帮千户"活动,共结对帮扶困难群众88户。打造广陈文化名片,结合名人文化,打造孟坚故里,全面启动实施"文化名镇"战略。全年送戏下乡24场,观众达2万多人次。广陈中学中考重点录取率继续名列全市农村中学前列,全面完成广陈中心小学改扩建工程。加强社会保障和救助工作,镇公共卫生大楼建成投入使用,全年落实低保和救助资金250万元,城乡居民社会养老保险新增1096人,参保总人数17399人。农村合作医疗参保人数26399名,参保率97.2%。新增有线电视用户400户、数字电视用户2100户,到2011年止,全镇有线电视入户率达83%。

社会管理　成立由镇党委书记、人大主席牵头,相关部门组成的以社会管理工作为主要内容的领导机构,下设"大综治"平台办公室,统一协调综治、司法、信访、新居民等工作。在嘉兴市社会治安评估中,区域群众安全感和满意度测评居平湖市前列(安全感居嘉兴75个乡镇排名第四,满意度排名第九)。建立矛盾纠纷排查应急预警机制,制定《广陈镇处置群体性事件应急预案》和《广陈镇突发公共事件互联网舆论应急预案》。抓矛盾纠纷排查化解,共排查各类纠纷89

件,成功调处化解77件。排查劳资纠纷重点隐患企业5家,成功处置川奇箱包厂劳资纠纷事件。在全市率先全面完成便民服务中心建设和提升工作,11个行政村全部实现楼下办公方便服务。民防工作规范化建设取得新进展,成立了广陈镇民防应急救援志愿者服务队,创建"嘉兴市人防规范化建设达标乡镇"。在党员干部中开展"四个十佳"活动(十佳先进基层党组织、十佳高效廉洁标兵党员、十佳爱岗敬业标兵党员、十佳为民服务标兵党员);在经营者中开展"诚信立身,信誉立业"教育,在学生中开展"学校、家庭、社会"三位一体的教育;在窗口服务业中开展"满意微笑服务"活动;在群众中开展"争创和谐家庭"教育活动。通过一系列活动的开展,营造浓厚的精神文明创建氛围,不断提升社会文明程度。以广陈敬老院院长李爱珠为原型,创作编排了情景剧《特殊家长》,并在当湖首场演出中获得好评。道德模范吴凌云先进事迹宣传,参加了中央文明办在嘉兴举行的道德模范现场互动录制活动。

【《广陈镇志》出版发行】 2011年12月,广陈历史上第一部镇志完成编纂并正式出版发行。《广陈镇志》由概述、大事记、专志、丛录四部分组成,共73万字。概述综述镇情,总揽全书;大事记以编年为主;专志按卷、章、节、目综述史实;丛录作适当考证。卷首及随文配有照片、图表。全志记事时限,上溯事物的发端,下迄2008年,全面系统地记述了广陈经济社会发展情况。历史大事、自然环境、建置沿革、社会变迁、经济发展、科学文化、教育卫生、历史人物、风土民情一一备载,录存其中。经验教训,展卷可得,对于后世以史为鉴、藏否抉择,继续探寻农业乡镇的发展规律,谋求科学发展提供可靠历史依据。

【广陈中心小学被评为"中国书画教育特色学校"】 2011年9月,广陈中心小学被中国书画教育研究中心评为"中国书画教育特色学校"。近年来,广陈中心小学积极发展"乡土美术"、"平湖钹子书"、"广陈民俗文化"等"乡土文化"特色教育,利用废旧服装及服装边角料进行布艺美术创作,编著乡土美术校本教材。开展砖雕艺术实践,砖雕作品省级夺冠。先后被命名为平湖市、嘉兴市、浙江省钹子书传承教学基地。

【海特合金重点科技计划项目通过专家组验收】 2011年7月,由平湖市海特合金有限公司承担的平湖市科技计划项目"手机马达中的振子技术开发"通过中国轻工自动化研究所、浙江工业大学信息化工程学院、中科院理化技术研究所等单位组成的专家组验收。基于此项技术,海特合金与韩国三星电机达成合作,为其提供手机零部件。据统计,2011年该企业共生产手机震动马达配重块达3.5亿个,占全球手机用量的20%,其中40%提供给三星电机,约占三星用量的60%。

【龙萌村创建为省森林村庄】 近年来,龙萌村按照"省森林村庄"建设标准,因地制宜,不断加大对村庄内道路、河道、庭院的建设力度,全面提升绿化水平。全村绿化总面积1282.8亩,特色明显,布局合理,其中金龙门休闲观光园绿化602亩,多用林150亩,河道绿化75亩,道路绿化135亩,村庄四旁绿化282亩,休闲小区13.5亩,竹园25.3亩。村庄绿化中乔木树种株数比重达到75%以上;珍贵树木种植株数比例达到19%。村域内宜林地绿化率96%,中心村视域内宜林地绿化率100%。农户庭院绿化比例达到90%以上;企业、社区等单位林木覆盖率20%。农村新社区林木覆盖率35%。成功创建为第二批"浙江省森林村庄"。

【广陈籍运动员蒋秋月与队友勇夺全国残运会篮球赛冠军】 2011年10月，在第八届全国残疾人运动会上，代表浙江女子聋人篮球队参赛的广陈籍运动员蒋秋月，与队友勇夺冠军。她也是嘉兴市唯一一名入选浙江女子聋人篮球队的参赛队员。

【成功创建省级示范数字档案室】 广陈镇对数字档案室采取科学管理的方法，建立了室藏各类档案目录数据库，建成室藏各类档案的案卷级和文件级目录数据库，内容包括文书档案、科技档案、会计档案、特殊载体档案，实现了计算机检索，对于室藏的重要照片、实物等，通过扫描等方式建立相关的多媒体数据库。同时，在市档案局的帮助下，完成了纸质档案数字化，对室藏永久、长期（30年）档案，包括有关文书档案、科技档案、会计档案、特殊载体档案等全部进行扫描处理，建立电子文件和数字档案电子安全保管和备份制度。2011年12月，经考核组考核验收，成功创建为省级示范数字档案室。

【公共卫生大楼投入使用】 为满足老百姓对公共卫生服务的需求，广陈镇于2009年12月底启动公共卫生服务大楼建设，征地12.4亩，建造公共卫生楼2105平方米，共三层，全部采用框架结构。该大楼位于独黎公路旁、政府大楼南，总投资656万元，主要科室分布为健康体检中心、预防接种中心、儿保门诊及其他公共卫生方面的科室。该项目于2011年5月完工，12月投入使用，改善了社区卫生服务中心的医疗服务条件，满足了人民日益增长的公共卫生服务需求。

【嘉兴百玫生态科技园基本完成投资】 嘉兴百玫生态科技园落户于平湖市现代农业园区，地处广陈镇港中村，总占地面积800余亩，其中陆地700亩，水域100亩，总投资3000万元，分五年建设，一期从2008年12月28日开始，主要进行基础设施、现代农业大棚设施建设，到2011年底累计完成投资2800万元，其中绿化面积50亩，土方转移11万立方米，建筑道路18000平方米，新建钢筋大棚80亩。整个园区以现代特色农业生产、加工为主，带动生态观光、休闲、旅游，是继嘉兴金龙门生态休闲园建成以后，又一家规模较大的现代农业产业园。 （张　燕）

•林埭镇•

【概况】 林埭镇位于平湖市境南部，南接乍浦镇，东邻独山港镇，北与当湖街道相接。全镇区域总面积48.5平方公里，耕地面积47971亩。2011年末，辖11个村民委员会，1个居民委员会。有150个村民小组、9942户、34754人，其中非农业人口2018人。新居民在册人数7756人。全年全镇生产总值143969万元，比上年增长12.1%。财政一般预算总收入12375.36万元，其中地方财政一般预算收入4623.47万元，分别增长31.44%和32.64%。农民人均所得16411元，增长17.56%。计划生育率98.69%，人口自然增长率-1.12‰。

农业　2011年全镇农业增加值29224万元，农业总产值42432万元。传统粮油生产保持稳定，粮食播种面积61232亩，棉花种植面积846亩，油菜籽种植面积17528亩，西瓜种植面积2021亩，蔬菜复种面积6249亩。全年粮食总产量28277吨，棉花总产量68吨，油菜籽总产量3095吨，西瓜总产量4045吨，蔬菜总产量15189吨。水产养殖面积达4793亩，稻田养殖面积3637亩，南美白对虾复养面积3197亩，水产品总产量11970吨。生猪年末存栏63712头，肉猪年内出栏40427头，家禽年末存栏175630羽，家禽年内出栏67371羽，禽蛋总产量1477吨。大力推进省级现代农业(渔业)综合区建设,亿达公司水族器材项目和四季水产公司万吨级冷库项目相继建成并投入运行。依托土地流转大力发展规模农业,建成蔬菜和食用菌设施化生产示范基地面积500亩,实施省级南美白对虾养殖基地提升工程。农业招商引资工作取得突破,合同外资103万美元的广益堂生物科技有限公司投产,“阿苏山”黑大蒜产品成为一大养生保健品牌。重视粮食生产,加快推广良种良法和先进技术,实施新增千亿斤粮食产能规划田间工程。加强农业基础设施建设,三村圩区工程建设顺利推进,年前已完成第一轮河道疏浚工作。

工业　2011年末,全镇有各类工业企业776家,从业人员12456人。全年实现工业增加值75289万元。全镇27家主营业务收入2000万元以上工业企业实现工业总产值203480万元,主营业务收入183701万元,利税总额13723万元,其中利润6270万元,同比分别增长21.0%、18.7%、6.5%和下降22.4%。实施规模企业培育工程,全年新增规模以上企业(新口径)4家,亿元企业达到6家。全年完成进出口总额5955.16万美元,同比增长10.26%,其中出口5755.69万美元,同比增长11.81%。引导企业加强技术创新和品牌创建,全年累计申请各类专利123项、省级新产品11项,获得国家级火炬计划项目立项1个,星火计划项目立项2个。2011年该镇被授予“科技创新强镇”称号。扎实开展“项目推进年”活动,落实项目推进责任制,协助企业做好项目征迁、审批等工作,完成工业生产性投入31549万元。32个生产性投资项目开工26个,列入市重点的9个项目已投产4个、开工4个,1个已完成前期准备工作。全年新批项目11个,总投资2.87亿元。积极实施富民工程,全年净增企业法人45家、个体工商户100家,分别完成全年目标的173%和111%。全年完成合同外资1009万美元、实到外资540万美元,引进市外内资13399万元。招商引资更加注重项目质量,引进大项目、好项目有所突破,与日本JFE钢铁株式会社签订钢板加工项目投资协议。积极开展挖潜节地工作,盘活企业闲置厂房和土地101亩,增加投资1亿元。加强节能减排工作,规上企业万元增加值能耗下降8.6%,实施清洁生产企业达到5家,共申报节能项目10个,总投资2123万元。

第三产业　坚持走产业兴镇之路,积极筹措资金加快搭建商贸平台,促进工业园区和镇区互动发展,加快林丰路、林中路等主干道路周边地块的开发建设,共成交商业地块面积2万平方米。现代服务业项目进展顺利,3个市服务业重点推进项目已全部开工,申通快递物流项目和源源物流项目已竣工,完成投资2800多万元。勤丰建设商务综合楼二期项目完成方案设计及项目报批工作。全年全镇实现第三产业增加值37424万元。

新农村建设　进一步调整完善城镇开发建设总体规划,并与土地利用总体规划和村庄规划对接,完成城镇1.5平方公里控制性详规修编并通过评审。完善新社区“1+4”规划,完成清溪中心社区详规编制,启动徐家埭社区详规编制。同时用足用好各村原有规划点,完成陈匠等5个村的规划点调整,启动共和等4个村的规划点调整工作,做好特色村落申报工作。稳步推进新社区建设,启动清溪中心社区首期区块的建设,投入450多万元完成了涉及农户的政策处理工作。着力完善镇村基础设施,启动了镇中心幼儿园新建和卫生院、养老服务中心扩建等配套设施建设,做好镇区绿化、美化和道路拓宽、路面修理等工作。实施东南片农村饮水安全工程,完成陈匠等6个村的自来水三级管网改造,另外4个村的改造已启动。全力做好三港新城二期征迁工作,房屋评估率达到100%,房屋拆迁签约率为90%。配合西气东输工程，做好房屋拆迁、土地征用等政策处理工作。大力实施“美丽乡村”建设，投入1000多万元进行环境卫生综合整治。完善了城镇管理体制，重点抓好集镇“三乱”和环境卫生的长效管理，继续开展农村生活垃圾集中收集处理和有偿服务。“两违”整治继续推动，堵新20起，拆除违章建筑2030平方米。积极开展村庄整治，保丰村被列入省“千万”工程待整治村，徐家埭村被列入市级中心村培育。加快生态村创建工作，共有9个村成功创建成为嘉兴市生态村，是全市生态村覆盖率最高的镇(街道)。

社会事业　大力推进集社会保障、社会救助和社会福利于一体的大社保体系建设，全年共投入民生事业资金1600多万元。积极推进“两大”保险工作，农村及城镇居民合作医疗参保率分别为97.5%和93.9%，群众报销受益额达到889万元；城乡居民社会养老保险累计参保人数达16387人，其中2011年新参保985人。有7100多名老人享受“普惠制”政策。加强残疾人社会保障服务体系建设，深入实施残疾人共享小康工程，全面启动嘉兴市扶残助残爱心镇创建活动，丰富残疾人文体活动。不断加大社会救助力度，困难群众生活保障得到明显提高，全年各项救助资金284万元，其中低保家庭户各项补助208万元，户均受助7548元。双拥优抚安置工作有了新进展，重点保障对象的合法权益全面落实，全年发放各种抚恤金57万元，发放农村义务兵优待金52万多元，退伍士兵安置费44万元。推动居家养老，实行政府购买服务的形式，落实28名服务人员，为全镇49名老人开展上门服务。全面推进素质教育，初中升学考试保持优异成绩，小学升学考试创历史最好成绩，幼儿学前三年入园率达到98.3%。完成农村劳动力素质培训1593人次。成功举办2011林埭龙文化艺术节，进一步扩大林埭的知名度。重视食品药品安全监管，加强公共卫生、爱国卫生工作。扎实做好各种传染病防控，累计完成农民健康体检9807人次，儿童预防接种8272人次。

社会管理　结合李叔同人格精神的学习，大力弘扬实践“厚德务实、龙腾图强”的林埭精神，深入开展以“十进农家”为主要内容的“万户农家创文明”活动。认真开展“六五普法”工作，全民法制意识不断提高。加强社会矛盾“大调解”体系建设，落实全员维稳工作责任制，深化人民调解“四化”建设，积极化解信访积案，规范企业用工管理和工资发放，民间纠纷调解成功率和市长电话按时办结率均达到100%。加强社会治安“大防控”体系建设，加强新居民服务管理，深入打击违法犯罪行为，强化村级义务治安巡防和校园安保工作，高度重视安全生产工作，社会治安保持良好，全年无重大安全事故发生。

【世界500强企业首次落户林埭镇工业平台】　林埭镇在2011年平湖西瓜灯节投资贸易洽谈会上，与日本JFE钢铁株式会社签订钢板加工项目投资协议，这是世界500强企业首次落户林埭镇工业平台。一期计划投资1000万美元，合同外资500万美元。该项目也为林埭工业园区汽车配件产业发展提供了保证，至2011年，林埭镇工业园区已有纳特汽配、爱驰威汽配、邝记汽配、致昌和金属、JFE钢板加工等多家汽配企业落户，全部投产后年产值将达到6亿元以上。

【举办第六届龙文化艺术节】　4月23日，林埭镇第六届龙文化艺术节隆重开幕。艺术节以“红色华诞、龙乡龙韵”为主题，坚持推陈出新，务求实效，相继开展了全镇性活动52项、送电影下乡132场，市级以上活动16项，群众参与人数超过5千人。整个艺术节历时9个月，主要围绕龙乡扎龙灯赛、龙乡龙舟竞渡赛、龙乡红色运动会、龙乡红色革命记忆等九大系列专题活动,进一步传承弘扬了优秀民间文化艺术,广泛开展了群众性文体活动,丰富提升了群众精神文化生活,进一步扩大了林埭的知名度。

【于以定革命事迹陈列室在林埭小学落成】 在市史志办、市教育局、嘉兴移动等单位的大力支持下,于以定革命事迹陈列室在林埭落成。6月22日,林埭镇举行龙乡红色记忆——纪念于以定同志主题活动启动仪式,市领导何大利、胡水良、王道平、曹国良、顾玉峰、冯美仙、省移动公司有关负责人、嘉兴移动公司主要负责人参加了活动。该陈列室展厅面积60平方米,展出于以定生平革命事迹图版、使用过的物品以及往来书信等,成为林埭镇宣传党的光辉历史,开展群众性革命传统教育的有效载体。

【创建科技创新强镇】 为提升企业的科技引领能力,林埭镇狠抓国家高新技术企业培育、重大项目和专利申报工作,通过抓好科技型企业与项目的对接,及时将国家级、省级项目信息提供给相关企业,为企业申报工作"搭好桥、铺好路"。并与上级部门一起做好申报工作"一对一"辅导,提高项目申报工作的成功率。2011年,浙江圣普新能源有限公司成功申报国家科技型中小企业创新基金。全镇全年共申报各类专利123项,获得专利授权104项。博宏新型建材、圣普新能源、亿丰科技等3个项目被列入国家火炬(星火)计划项目,巨龙紧固件、博宏新型建材等2个企业研发中心被列入嘉兴市级研发中心。2011年该镇被授予平湖市"科技创新强镇"称号。

【林埭工业园区成为嘉兴市循环经济示范园区】 林埭镇工业功能区以建设五金机械特色产业集群为目标,突出区位优势,合理布局,科学规划,制定出台《林埭镇工业功能区服务管理若干制度》,按照节约集约用地要求,实行投资强度和容积率"双控"规定,严格执行供地招拍挂制度和环境影响评价、节能评价、安全评价制度。2011年,该镇已基本形成了以机械制造、光机电、汽车零部件、新能源产业为主导产业,现代物流等产业同步发展的格局。通过完善项目准入机制,加强环保和资源综合利用工作,年内顺利通过了嘉兴市循环经济示范园区验收。

【四季水产公司万吨级冷库建成并投入运行】 四季水产公司在林埭镇华丰村平廊公路南侧新建的万吨冷库于9月6日正式投入运行,冷库占地面积13503平方米,总投资1680多万元,新建-18℃低温冷库50000立方米,水产品对虾类存储能力达2万吨。该项目的建成有利于促进农业产业化,同时通过贮藏保鲜,解决了南美白对虾规模化养殖后集中上市的问题,大大减少了水产品受市场积压变质,并错开销售旺季,提高附加值。公司与养殖户签订了订购合同,解决养殖户的后顾之忧,增加了养殖户的养殖信心,提高了养殖户的积极性。该项目预计每年可为农户增加收益近2900万元。

【"世季鲜"南美白对虾成为"中国最具影响力合作社产品品牌"】 在5月21日举行的2010"中国合作经济年度成就奖"颁奖典礼上,林埭镇四季鲜对虾专业合作社注册的"世季鲜"荣获2010年度"中国最具影响力合作社产品品牌"称号。该合作社与上海交通大学、浙江大学、浙江工商大学等建立了产、学、研基地,共同研究和推广应用养殖技术,2011年应用面积达到3800亩。同时,该专业合作社还致力于提升水产品产量和质量,提高养殖效益,亩产对虾400公斤以上,高于常规的350公斤亩产量,可为合作社社员增收190吨,增加收益475万元。

【亿丰“阿苏山”黑大蒜正式投产】 12月12日,平湖亿丰农业生态科技有限公司的“阿苏山”黑大蒜产品推广发布会隆重举行,13日正式投产。黑大蒜源于日本,其中又以产于日本名山“阿苏山”周围的最为出名,故亿丰的黑大蒜以“阿苏山”为注册商标。平湖亿丰农业生态科技有限公司是一家从事农产品深加工的中日合资企业,从日本引进了大蒜发酵技术,进行富含各类营养成分的养生黑大蒜的开发工作。年产营养黑大蒜约600万头,产值约7000万元,主要销往日本。公司计划通过5年时间,在研发丰富发酵蒜产品线的基础上,开发出发酵蒜酱、大蒜素等新产品,成为国内最大的发酵蒜生产企业。

【徐家埭村建立村史展示厅】 10月中旬,林埭镇徐家埭村党总支、村委会在中心村建设中委托镇志办建立了该村的村史展示厅,全面、客观地反映了该村的政治、经济、文化、新农村建设等发展过程。展示厅共分前沿、村历史沿革、农业、工业、经济、生态建设、文化教育、历史人文等12个板块,通过一组组照片和详述的文字说明,充分反映了改革开放,特别是深入贯彻落实科学发展观以来,该村干部、群众上下一心,努力拼搏,在各条线上取得的丰硕成果和骄人业绩,通过展版,积淀深厚的历史人文得以弘扬。

【嘉兴首个干混砂浆项目在林埭投产】 4月18日,嘉兴市博宏新型建材有限公司一期30万吨干混砂浆项目举行投产仪式,为7月1日起嘉兴市全面实施建设工程现场禁止搅拌砂浆做好准备,这也是嘉兴市首个30万吨干混砂浆项目。成立于2006年的嘉兴市博宏新型建材有限公司是一家专业从事节能材料开发与研制的高新技术企业,投资2800万元新建了一条年产30万吨生产线,专门用于生产干混砂浆(即预拌砂浆)。 (陈跃锋)

2011 年全市镇(街道)经济社会主要指标一览表

	当湖街道	平湖经济开发区(钟埭街道)	曹桥街道	乍浦镇(含港区)	新埭镇	新仓镇	独山港镇(含独山港区)	广陈镇	林埭镇
地区生产总值(万元)	755605	741874	203414	713492	290348	238565	455115	132668	143969
其中:第一产业	9745	14807	13692	6617	32100	23864	27229	24335	29224
第二产业	158167	629509	131161	517939	188384	157649	322578	68333	77321
第三产业	587693	97558	58562	188937	69865	57052	105309	39999	37424
全社会固定资产投资(万元)	314886	265144	82174	572201	106394	98636	272227	33181	37230
工业生产性投资(万元)	4710	204340	69102	429213	81208	75479	189882	22690	31549
合同利用外资(万美元)	1301	18624	1250	24606	4668	3929	3446	1307	1009
实际利用外资(万美元)	581	10368	195	9032	1501	458	3621	503	540
引进市外内资(万元)	22375	40591	17797	98007	31661	37670	98007	13026	13399
进出口总额(万美元)	21507	256243	18764	139231	40072	55917	101297	3869	5955
其中:进口	1731	102113	12841	102915	2928	14771	58261	427	199
出口	19776	154130	5923	36316	37144	41146	43036	3442	5756
财政一般预算总收入(万元)	31375	141709	27636	140483	34055	31336	61877	10385	12375
地方财政一般预算收入(万元)	16438	54913	10460	69956	12875	11995	24880	3597	4623
合作医疗参保率(%)	97.8	97.92	99.19	96.8	98.57	96.12	98.95	97.2	97.5
城乡居民社会养老保险累计参保人数(人)	17202	16670	13908	12875	22327	17902	34730	17399	16387
计划生育率(%)	98.6	98.55	99.06	99.45	98.03	98.83	98.64	99.52	98.69
人口自然增长率(‰)	0.32	-1.45	-0.58	0.05	-2.28	-1.79	-0.58	-4.45	-1.12
农民人均所得(元)	17007	17156	16975	17085	16889	17236	17215	16633	16411

说明:镇(街道)生产总值按当年价计算,为快报数据。

人物·名录

·新任市领导人简历·

朱林森 男，1978年11月生，江苏省姜堰市人，研究生学历，2003年9月参加工作，1998年6月加入中国共产党。1995年9月至2000年9月在清华大学土木工程系结构工程专业本科学习；2000年9月至2003年9月在清华大学土木工程系结构工程专业研究生学习，获硕士学位；2003年9月至2003年12月任嘉兴市秀城区区长助理；2003年12月至2004年12月任嘉兴市秀城区区长助理，嘉兴科技城管委会第一副主任；2004年12月至2006年12月任嘉兴市南湖区（秀城区）区长助理，嘉兴科技城管委会第一副主任、党组书记；2006年12月至2007年1月任嘉兴市南湖区委常委，区长助理，嘉兴科技城管委会第一副主任、党组书记；2007年1月至2007年12月任嘉兴市南湖区委常委，嘉兴科技城管委会第一副主任、党组书记（2007年9月至2007年11月在嘉兴市委党校县处级领导干部培训班学习）；2007年12月至2008年8月任嘉兴市南湖区委常委，嘉兴科技城党组书记，南湖区投资促进局局长；2008年8月至2009年4月任嘉兴市南湖区委常委，南湖区投资促进局局长（2008年9月至2008年12月在省委党校中青年干部培训班学习），2009年1月任省青联委员；2009年4月至2009年6月任嘉兴市南湖区委常委，南湖区投资促进局局长，市青联副主席，省青联委员；2009年6月至2010年5月任共青团嘉兴市委副书记、党组副书记，市青联副主席，省青联委员；2010年5月至2011年11月任共青团嘉兴市委书记、党组书记，省青联委员；2011年11月起任平湖市委副书记、代市长，市人民政府党组书记。十三届团省委委员。

王碎社 男，1969年10月生，浙江省文成县人，在职大学本科学历，1991年8月参加工作，1999年4月加入中国共产党。1989年9月至1991年7月在济南民政学校社会保障专业学习；1991年8月至1994年5月任温州市文成县人事劳动局办事员；1994年5月至1999年5月任海宁市硖石镇政府秘书、党委秘书（1995年8月至1998年7月在浙江工业大学文秘专业大专学习）；1999年5月至2001年7月任嘉兴市委办公室科员；2001年7月至2002年4月任嘉兴市委办公室副主任科员；2002年4月至2004年9月任嘉兴市委办公室综合调研室副主任、综合调研一处副处长（2000年8月至2002年12月在中央党校函授学院法律专业大学本科学习，2003年7月至2004年9月下派秀洲区委办公室任副主任）；2004年9月至2005年3月任秀洲区委办副主任、区委农办常务副主任（正科）；2005年3月至2007年5月任嘉兴市委办公室综合调研一处处长（2006年9月至2006年12月在嘉兴市第十八期中青年干部培训班学习）；2007年5月至2010年11

月任嘉兴市委办公室副主任；2010 年 11 月至 2011 年 11 月任嘉兴市委办公室副主任、室务会议成员；2011 年 11 月起任平湖市委常委，2011 年 12 月任市人民政府党组副书记。

傅金明　男，1966 年 10 月生，浙江省杭州市人，在职大学本科学历，1985 年 8 月参加工作，1995 年 12 月加入中国共产党。1983 年 10 月至 1985 年 7 月在浙江省人民警察学校公安专业学习；1985 年 8 月至 1990 年 8 月任嘉兴市公安局秀城区分局东门派出所民警；1990 年 8 月至 1994 年 3 月任嘉兴市公安局秀城区分局刑侦大队民警；1994 年 3 月至 1996 年 12 月任嘉兴市公安局秀城区分局刑侦大队副大队长（1994 年 12 月中国刑警学院刑事侦察专业大专自学毕业）；1996 年 12 月至 2000 年 5 月任嘉兴市公安局秀城区分局刑侦大队大队长；2000 年 5 月至 2004 年 10 月任海盐县公安局副局长；2004 年 10 月至 2005 年 10 月任嘉兴市公安局纪委委员、监察室副主任、警务督察室副主任（2004 年 12 月中国人民公安大学公安管理专业大学本科自学毕业）；2005 年 10 月至 2008 年 12 月任嘉兴市公安局纪委委员、监察室副主任、警务督察支队支队长（警务督察室主任）；2008 年 12 月至 2009 年 12 月任嘉兴市看守所所长；2009 年 12 月至 2011 年 11 月任平湖市公安局政委、党委副书记；2011 年 11 月起任平湖市委常委，市公安局局长、党委书记，市委政法委员会副书记，市社会治安综合治理委员会副主任。

陈晓明　男，1963 年 12 月生，浙江省临安市人，在职大学本科学历，1982 年 8 月参加工作，1997 年 11 月加入中国共产党。1980 年 9 月至 1982 年 7 月在浙江省物资学校学习；1982 年 8 月至 1984 年 12 月在浙江省人口普查办公室工作；1984 年 12 月至 1989 年 3 月任浙江省统计局社会处干部；1989 年 3 月至 1998 年 3 月任浙江省统计局社会处副主任科员；1998 年 3 月至 2000 年 11 月任浙江省统计局社会处主任科员；2000 年 11 月至 2006 年 6 月任浙江省统计局人口和社会科技处副处长；2006 年 6 月至 2008 年 1 月任浙江省统计局综合统计处副处长；2008 年 1 月至 2008 年 5 月任浙江省统计局社会和科技统计处副处长；2008 年 5 月至 2011 年 8 月任浙江省统计局社会和科技统计处处长；2011 年 7 月起任平湖市委常委，市人民政府副市长、党组成员（挂职）。

陈敏红　女，1975 年 11 月生，浙江省嘉善县人，在职研究生学历，1994 年 8 月参加工作，1999 年 1 月加入中国共产党。1992 年 9 月至 1994 年 7 月在湖州师范专科学校数学系数学教育专业学习；1994 年 8 月至 1994 年 10 月任嘉兴市第一中学教师；1994 年 10 月至 1995 年 10 月任嘉兴市第一中学教师兼团委副书记；1995 年 10 月至 1996 年 10 月任嘉兴市第一中学教师兼团委副书记（主持工作）；1996 年 10 月至 2000 年 9 月任嘉兴市第一中学教师兼团委书记；2000 年 9 月至 2001 年 5 月任嘉兴市秀城区团委副书

记(主持工作);2001 年 5 月至 2007 年 5 月任嘉兴市南湖区(秀城区)团委书记;2007 年 5 月至 2011 年 11 月任嘉兴市南湖区南湖街道党工委副书记、办事处主任,期间:2005 年 7 月至 2008 年 7 月在省委党校区域经济学研究生班学习,2009 年 9 月至 2009 年 12 月在嘉兴市第二十一期中青年干部培训班学习;2011 年 11 月起任平湖市委常委,2011 年 12 月任市委宣传部部长。

•先进名录•

工作目标绩效考核奖

(一)部门(单位)

优秀市属部门(单位)

发改局、经信局、财政(地税)局、农经局(农办、海洋渔业局、林业局)、审计局、人力社保局、民政局、科技局(地震局)、水利局、交通运输局、统计局、规划建设局、行政服务中心

优秀双管部门(单位)

工商局、国税局、人民银行、国土资源局、供电局、建设银行、质监局、农村合作银行、食品药品监管局

优秀单列考核的部门(单位)

市委办(政研室、信访局)、组织部(老干部局)、政法委(新居民事务局)、市府办(法制办、机关事务局、外事办、杭州联络处)、宣传部、法院、人大机关、纪委(监察局)、政协机关、统战部(民宗局、台办、侨办、侨联)、检察院、公安局(交警大队)

良好市属部门

教育局、商务局(招商局、上海办事处)、人口计生局、安监局、水务集团、城管执法局、妇联、广电台、残联、总工会、卫生局、工商联、档案局、机关党工委

良好双管部门(单位)

工商银行、农业银行、移动公司、村镇银行、气象局、嘉兴银行、农业发展银行、银监办、交通银行

(二)镇街道

优秀镇街道

平湖经济开发区(钟埭街道)、当湖街道、新埭镇

良好镇街道

新仓镇、独山港区(独山港镇)、曹桥街道

工作特别奖

农经局(农办)在粮食生产、“美丽乡村”建设工作中成绩突出,国土资源局在争取用地指标等工作中成效明显,分别给予工作特别奖。

招商引资工作考核奖

(一)招商引资(招才引智)工作先进单位

一等奖　平湖经济开发区(钟埭街道)

二等奖　当湖街道、新埭镇

三等奖　林埭镇、广陈镇

招商引资内资特别贡献奖　独山港区(独山港镇)

招才引智鼓励奖　曹桥街道

上市工作募集资金特别贡献奖　曹桥街道

(二)优秀招商(招才)员

王学斌、柳平、郭正韡、陆海生、盛斌、钟健鸣、庄志浩、鲁育、俞锡梁、张伟俊、肖杰、赵水生

(三)招才引智先进部门

组织部、人力社保局、科技局、商务局、经信局

生产性投入工作目标考核奖

(一)生产性投入工作先进集体

一等奖　平湖经济开发区(钟埭街道)

二等奖　当湖街道

三等奖　新仓镇、新埭镇、城市新区

鼓励奖　曹桥街道、广陈镇、林埭镇、独山港区(独山港镇)

(二)工业生产性投入优秀项目

年产240MW硅太阳能电池片项目(浙江鸿禧光伏科技有限公司)、年产14.6万吨高果糖浆及7.3万吨葡萄糖浆项目(平湖卡尔吉食品有限公司)、年产25万件太阳能电池组件项目(浙江艾德能源有限公司)、年产150台数控车床项目(浙江纳迪克数控设备有限公司)、年产单晶硅2000万片项目(浙江东源电子有限公司)

(三)工业生产性投入先进企业

浙江鸿禧光伏科技股份有限公司、平湖热电厂、浙江大明玻璃有限公司、日本电产东测(浙江)有限公司、信易电热机械有限公司

污染减排工作考核奖

(一)污染减排工作先进集体

优秀镇街道

新仓镇

良好镇街道

当湖街道、新埭镇

鼓励奖

平湖经济开发区(钟埭街道)、曹桥街道、广陈镇、独山港区(独山港镇)、林埭镇

优秀部门

环保局、经信局、规划建设局、农经局、统计局、公安局、水务集团

(二)污染减排工作先进个人

吴勤华(环保局)、吴惠斌(环保局)、陈家立(统计局)、李新鑫(农经局)、胡永华(经信局)、柳春(经信局)、盖美根(规划建设局)、方冶(公安局)、邱余忠(水务集团)、胡秋华(水务集团)、叶永平(当湖街道)、李加平(平湖经济开发区〈钟埭街道〉)、张东阁(平湖经济开发区〈钟埭街道〉)、龚华峰(曹桥街道)、王希明(新仓镇)、纪卫林(新埭镇)、赵宏(独山港区〈独山港镇〉)、盛秀良(独山港区〈独山港镇〉)、沈华新(广陈镇)、金晓弟(林埭镇)

节能降耗工作考核奖

(一)节能降耗工作先进集体

优秀镇街道

平湖经济开发区(钟埭街道)、曹桥街道

良好镇街道

独山港区(独山港镇)、新埭镇

鼓励奖

新仓镇、林埭镇、当湖街道、广陈镇

优秀部门

经信局、规划建设局、环保局、质监局、机关事务局、发改局、供电局、滨海供电分局、统计局

(二)节能降耗工作先进企业

浙江景兴纸业股份有限公司、平湖市大华针织染整有限责任公司、嘉兴今泰服饰有限公司、嘉兴华威制衣有限公司、平湖美嘉保温容器工业有限公司、浙江伴宇实业股份有限公司、茉织华印务股份有限公司、平湖市星阁水泥有限公司、浙江上方生物科技有限公司、日本电产科宝电子(浙江)有限公司

(三)节能降耗工作先进个人

吴忠平(新埭镇)、韩铭(统计局)、潘云峰(环保局)、戴伟良(独山港区〈独山港镇〉)、吴琼炜(经信局)、戈海华(浙江景兴纸业股份有限公司)、朱水良(浙江晨光电缆股份有限公司)、王妙金(浙江平湖玻璃有限公司)、陆祥根(浙江荣胜纸业股份有限公司)、陆利平(浙江佳佳童车有限公司)

“两新”工程考核奖

(一)“两新”工程建设先进镇街道

一等奖　新埭镇

二等奖　独山港区(独山港镇)

三等奖　新仓镇

(二)新农村建设先进镇街道

新仓镇、新埭镇、当湖街道

(三)统筹城乡发展工作先进集体

市委办(政研室)、市府办、组织部、农经局、财政(地税)局、城管执法局、国土资源局、规划建设局、文广新局、交通运输局、水利局、卫生局、环保局、人力社保局(原劳动保

障局)、教育局、供电局

(四)"两新"工程和新农村建设先进个人

钟卫红(纪委)、裴琳珺(宣传部)、许铉(政法委)、任伟良(水利局)、方方其(规划建设局)、吴坚(财政局)、黄根祥(国土资源局)、金小弟(交通运输局)、屠建峰(发改局)、邵惠忠(经信局)、吴丽娟(发改局〈服务业发展局〉)、程国平(科技局)、张国权(公安局)、何鸣宇(民政局)、沈永锦(司法局)、杨玉琴(农办)、朱俭(商务局)、许粮棉(人口计生局)、陆祥法(统计局)、马卫良(新居民事务局)、夏洁弘(团市委)、姜宠英(妇联)、黄秀珠(工商联)、马水龙(农经局)、金玉琛(粮食局)、钱洪亮(供销社)、赵丹凤(广电台)、吴加跃(旅游局)、任朝晖(残联)、袁高峰(城投集团)、胡君(水务集团)、孙在林(工商局)、陆跃(电信公司)、张丹阳(食品药品监管局)、高林娟(人民银行)、朱颂华(农村合作银行)、马桂华(农投公司)、沈鑫平(统筹办)、王杰(当湖街道)、俞晓(新埭镇)、王杏弟(新仓镇)、盛森杰(独山港区〈独山港镇〉)、钱勤法(广陈镇)、陆爱民(林埭镇)、陈秀金(平湖经济开发区〈钟埭街道〉)、俞建忠(曹桥街道)

创建国家卫生城市工作考核奖

(一)创卫工作先进集体

一类重点部门优秀单位

当湖街道、平湖经济开发区(钟埭街道)、卫生局

一类重点部门良好单位

曹桥街道、工商局、城管执法局、规划建设局、公安局(交警大队)、城投集团

一类一般部门优秀单位

人力社保局(原劳动保障局)、检察院

一类一般部门良好单位

审计局、广电台、财政(地税)局、农经局(农办)、交通运输局、总工会

二类部门优秀单位

机关事务局、安监局、机关党工委

二类部门良好单位

统计局、粮食局、党校

(二)创卫工作先进个人

朱学俊(原规划建设局)、张连根(审计局)、李寿林(城投集团)、李寿林(曹桥街道)、曹永其(平湖经济开发区〈钟埭街道〉)、王金观(水利局)、蔡杰(教育局)、张越(卫生局)、黄建峰(交通运输局)、俞卫平(农经局)、华国庆(公安局)、张建平(当湖街道)、朱浩(工商局)、褚双龙(城管执法局)、钟仿奎(发改局)、朱立军(文广新局)、陆民(法院)、高莉(民政局)、阮伟红(市政处)、郭建光(交警大队)、陆叶(水务集团)、姜福涛(供电局)、曹国庆(经信局)、李凤琴(当湖街道如意社区)、徐红(当湖街道南河头社区)、周洁(当湖街道吉方桥社区)、彭美芳(当湖街道万安桥社区)、徐蓉仙(当湖街道百花社区)、许丽萍(当湖街道梅兰苑社区)、马小英(当湖街道朝阳路社区)

农村环卫长效保洁工作考核奖

一等奖　新仓镇

二等奖　平湖经济开发区(钟埭街道)、曹桥街道

安全生产目标管理责任制考核优秀单位

独山港区(独山港镇)、当湖街道、新埭镇、新仓镇、广陈镇、林埭镇、曹桥街道、平湖经济开发区(钟埭街道)、公安局、安监局、交通运输局、规划建设局、农经局(海洋渔业局)、质监局、教育局、旅游局、供电局、经信局、水利局、财政(地税)局、服务业发展局、文广新局、卫生局、九龙山度假区、城投集团、水务集团、滨海供电分局、工商局、农投公司

项目推进工作考核奖

(一)项目推进工作先进镇街道

一等奖　平湖经济开发区(钟埭街道)

二等奖　独山港区(独山港镇)

三等奖　当湖街道、广陈镇

(二)项目推进工作先进部门

一等奖　城投集团

二等奖　规划建设局

三等奖　水利局、九龙山度假区

(三)项目推进服务优秀单位

市府办、纪委(监察局)、财政(地税)局、发改局、国土资源局、安监局

(四)项目推进服务良好单位

行政服务中心、宣传部、劳动保障局、组织部、商务局、统计局

(五)项目推进先进个人

万喜林(平湖经济开发区〈钟埭街道〉)、吴永明(新埭镇)、陶今林(新仓镇)、吴炜(独山港区〈独山港镇〉)、俞斐(当湖街道)、陈建仿(广陈镇)、俞其琛(林埭镇)、傅志坚(市府办)、王卫弟(曹桥街道)、孙立双(宣传部)、吴金奎(纪委〈监察局〉)、周程(经信局)、冯勤祥(发改局)、周跃勤(财政〈地税〉局)、唐寅(发改局〈服务业发展局〉)、赵良明(农经局)、周晓琪(国土资源局)、何伍根(交通运输局)、阮伟红(规划建设局)、庞虎其(教育局)、周浦江(供电局)、金跃华(九龙山度假区)、高忠燕(环保局)、盛明军(水务集团)、封佑林(城投集团)、童秀林(行政服务中心)、胡桂华(统计局)、屠海兵(农投公司)、汪锦秀(报社)、王其高(人民银行)

工业园区开发建设考核奖

一等奖　平湖经济开发区(钟埭街道)、新仓镇

二等奖　新埭镇、独山港区(独山港镇)

民营经济“富民工程”工作考核奖

(一)民营经济“富民工程”先进集体

一等奖　独山港区(独山港镇)、新仓镇

二等奖　广陈镇、当湖街道

(二)“十佳”创新型小企业

平湖市青云建材机械有限公司、平湖华能电子有限公司、平湖市伟峰科技有限责任公司、嘉兴市海诺科贸有限公司、平湖光明机械设备制造有限公司、平湖市瑞阳精密机械有限公司、平湖市东洋塑胶真空涂膜厂、浙江华特数控机床有限公司、平湖市华润机械制造有限公司、浙江徐氏厨房设备有限公司

(三)“十佳”成长型小企业

平湖市金稼园农业科技有限公司、平湖长泰传动有限公司、浙江平湖绿色环保技术发展有限公司、平湖市康成达标准件有限公司、平湖市申莘五金塑料厂、平湖市炬火电器元件有限公司、平湖市共力工具厂、平湖市成发五金机械厂、平湖市海特合金有限公司、平湖市纤薄针织服饰有限公司

(四)“十佳”初创型小企业

平湖新君豪大酒店有限公司、平湖远藤休闲健身咨询服务有限公司、浙江平湖龙飞汽车零部件有限公司、平湖市兴华服装羊毛衫厂、平湖市天怡包装材料有限公司、平湖市速邦电器有限公司、嘉兴新思维时装设计有限公司、平湖市伟宏塑料高分子改性厂、嘉兴中核重型机器设备有限公司、平湖福特重工机械有限公司

(五)“十佳”个体工商户

平湖市当湖中兴副食品超市、平湖市阿利维烟酒商行、钟埭街道安吉丽洁具厂、平湖市曹桥街道宋氏门窗厂、平湖市万利来商场、平湖市新仓镇镇南杂货部、平湖市新仓镇发联超市、平湖市全塘广电酒家、平湖市广陈镇得胜饲料厂、平湖市林埭镇徐埭联华超市

服务业发展工作考核奖

(一)服务业发展先进集体

一等奖　当湖街道

二等奖　新埭镇

三等奖　独山港区(独山港镇)、平湖经济开发区(钟埭街道)

(二)服务业发展优秀部门

财政(地税)局、工商局、服务业发展局、发改局、城市新区

现代农业发展工作考核奖

(一)生态高效农业发展奖

新埭镇、新仓镇、林埭镇

(二)粮食生产先进奖

曹桥街道、当湖街道、广陈镇、平湖经济开发区(钟埭街道)

"两违"整治工作考核奖

(一)优秀镇街道

当湖街道、新仓镇、曹桥街道

(二)优秀部门

城管执法局、公安局、国土资源局

接轨上海工作考核奖

(一)先进镇街道

独山港区(独山港镇)、新埭镇、平湖经济开发区(钟埭街道)

(二)先进部门

商务局、科技局、服务业发展局、旅游局

党政领导科技进步与人才工作目标责任制考核奖

(一)先进镇街道

平湖经济开发区(钟埭街道)、新埭镇、林埭镇

(二)先进部门

人力社保局、科技局、农经局、经信局、发改局、财政(地税)局、商务局

(三)先进个人

吴忠平(新埭镇)、王学斌(平湖经济开发区〈钟埭街道〉)、金晓弟(林埭镇)、林国平(人力社保局、原人事局)、沈兴华(科技局)、戴振(发改局)、陆瑞玮(商务局)、周虹(统战部)、陆水根(经信局)、陈锦其(农经局)

创新发展"新仓经验"工作考核奖

(一)先进集体

新仓镇、当湖街道、广陈镇

(二)优秀部门

宣传部、农办(农经局)、发改局、财政(地税)局、农村合作银行

"强村计划"工作考核奖

平湖经济开发区(钟埭街道)、新埭镇、当湖街道

耕地保护责任制考核奖

林埭镇、新埭镇、新仓镇

人口和计划生育工作考核奖

(一)人口和计划生育工作优秀镇街道

当湖街道、新仓镇、广陈镇、曹桥街道

(二)人口和计划生育工作达标镇街道

林埭镇、平湖经济开发区(钟埭街道)、独山港区(独山港镇)、新埭镇、乍浦镇

(三)人口和计划生育工作优秀部门(单位)

公安局、人力社保局、新居民事务局、财政(地税)局、民政局

(四)人口和计划生育工作达标部门(单位)

卫生局、工商局、教育局、文广新局、交通运输局、广电台、人民银行、规划建设局、人口计生局

基层公共卫生工作考核奖

当湖街道、平湖经济开发区(钟埭街道)、新埭镇

基层公共文化工作考核奖

新仓镇、新埭镇、林埭镇

城乡居民社会养老保险工作考核奖

(一)先进集体

独山港区(独山港镇)、曹桥街道、当湖街道

(二)先进个人

胡惠娟(当湖街道社保所)、田庆红(当湖街道社保所)、丁金珍(当湖街道凤凰社区)、沈桂英(当湖街道东升村)、曹永其(钟埭街道办事处)、金正红(钟埭街道社保所)、范建平(钟埭街道大力村)、周林根 (钟埭街道红建花苑社区)、汤金华(曹桥街道社保所)、刘慧(曹桥街道社保所)、范卫林(曹桥街道曹桥社区)、吴琴英(曹桥街道百寿村)、钱志强(独山港镇社保所)、陈金华(独山港镇社保所)、吴芳芳(独山港镇社保所)、李兵(独山港镇小营头村)、徐晓春(独山港镇虎啸桥村)、葛海林(独山港镇丰荡村)、张士良

(独山港镇金沙村)、陆燕(独山港镇全塘社区)、徐菊(林埭镇社保所)、沈夏叶(林埭镇社保所)、吴恩华(林埭镇东方红村)、姜佳秋(林埭镇双庙村)、张玲娟(林埭镇华丰村)、黄金良(新仓镇政府)、金晶(新仓镇社保所)、张良(新仓镇新征村)、陆勤林(新仓镇友联村)、姚菊(广陈镇社保所)、李明(广陈镇三红村)、陈月芳(广陈镇前港村)、徐华弟(广陈镇山塘村)、王菊珍(广陈镇三兴村)、潘永其(新埭镇政府)、于振华(新埭镇社保所)、彭忠英(新埭镇社保所)、侯建良(新埭镇大齐塘村)、陆征君(新埭镇星光村)、曹健(新埭镇杨庄浜村)、戴文强(财政局)、许忠(农村合作银行)、陈童(社保中心)、王纪明(社保中心)、姜威丰(人力社保局、原劳动保障局)

依法行政工作考核奖

(一)先进集体

示范单位

烟草专卖局、质监局、人口计生局、食品药品监管局

先进单位

安监局、农经局、公安局、人力社保局、城管执法局、国税局、当湖街道、新仓镇

(二)先进个人

张连根(审计局)、沈建荣(档案局)、许敏(卫生局)、施宝观(统计局)、陆坚(财政〈地税〉局)、冯静娟(财政〈地税〉局)、郑方明(文广新局)、钱俊峰(工商局)、纪惠杰(交通运输局)、陆婷(独山港区〈独山港镇〉)、凤豪鹏(曹桥街道)、屈蓉林(平湖经济开发区〈钟埭街道〉)

"五城同创"工作考核奖

一等奖

宣传部(文明办)、创卫办、卫生局、规划建设局、当湖街道、平湖经济开发区(钟埭街道)

二等奖

市府办、环保局、民政局、文广新局、教育局、财政(地税)局、城管执法局、工商局、城投集团、新仓镇

三等奖

公安局、水利局、农办(农经局)、经信局、交通运输局、统计局、国土资源局、人力社保局、检察院、广电台、报社、妇联、粮食局、水务集团、曹桥街道、新埭镇

镇街道党建工作综合考核奖

新仓镇、新埭镇、当湖街道

推进惩防体系建设和落实党风廉政建设责任制考核奖

(一)优秀镇街道

当湖街道、新仓镇

(二)优秀部门

行政服务中心、农经局、公安局、审计局、法院、人力社保局、安监局、国税局、工商局

信访及市长电话工作考核奖

(一)信访工作先进集体

曹桥街道、林埭镇、纪委、法院、组织部、经信局、公安局、司法局、国土资源局、农经局、城投集团、总工会

(二)市长电话工作先进集体

新仓镇、当湖街道、教育局、规划建设局、水利局、交通运输局、城管执法局、文广新局、环保局、广电台、水务集团、供电局

(三)信访工作先进个人

陈引发(独山港区〈独山港镇〉)、马进其(平湖经济开发区〈钟埭街道〉)、倪杰(法制办)、夏洁弘(城南路推进组)、柯跃(维稳办)、王玉冰(环保局)、过卫东(规划建设局)、戈明根(当湖街道)、徐国军(新仓镇)、黄忠杰(老干部局)、高杰(征迁指挥部)、江浩(检察院)、姜宠英(妇联)、张明珠(广陈镇)、董元元(信访局)

(四)市长电话工作先进个人

周曙光(工商局)、王新华(国税局)、富国权(新埭镇)、冯玉明(纪委)、曾鸣(城投集

团)、吴明华(信息中心)、魏洪斌(公安局)、陆卫忠(财政〈地税〉局)、裘国民(民政局)、蒋海忠(人力社保局、原劳动保障局)、周晓东(卫生局)、钟梅(报社)、朱志明(平湖经济开发区〈钟埭街道〉)、胡中华(独山港区〈独山港镇〉)、谢震林(市长电话受理中心)

理论学习中心组和乡科级领导干部理论学习考核奖

机关党工委、交通运输局、工商局、国税局、公安局、民政局、法院、检察院、财政(地税)局、发改局、经信局、农经局、食品药品监管局、审计局、人力社保局、科技局、安监局、行政服务中心、烟草专卖局、报社

平安创建暨综治工作考核奖

(一)平安创建先进单位

财政(地税)局、法院、人力社保局、农经局、组织部、信访局、宣传部、公安局、卫生局、安监局

(二)综治工作先进镇街道

曹桥街道、新埭镇、新仓镇

(三)综治工作先进单位

法院、人力社保局、财政(地税)局、经信局、民政局、城管执法局、供电局、当湖街道经济建设服务中心、当湖街道庆丰社区、当湖街道金家村、建设银行、移动公司、公安局独山港派出所、独山港镇前进村、钟埭街道司法所、钟埭街道钟埭村、新仓镇庆丰村、公安局新埭派出所、公安局曹桥派出所、林埭镇保丰村、平湖市广陈天纯自来水有限公司

(四)综治工作先进个人

胡忠明(当湖街道大胜村)、沈秋萍(当湖街道宝塔桥社区)、丁啸红(当湖街道经济建设服务中心)、安德旺(当湖街道司法所)、俞卫平(农经局)、周国使(卫生局)、戴忠伟(规划建设局)、沈建中(教育局)、张林法(钟埭街道沈家弄村)、杨斯君(钟埭街道综治办)、全明(曹桥街道综治办)、顾明观(钟埭街道花园村)、徐锴(新埭镇综治办)、张建根(曹桥街道严家门村)、沈晓建(独山港派出所)、赵玉光(新埭镇沪南电镀有限公司)、许平(平湖华新衣业有限公司)、纪弟连(独山港镇金沙村)、冯海华(新仓镇)、陈国良(独山港镇丰荡村)、王建军(林埭派出所)、赵锡峰(新仓镇新仓社区)、刘建华(广陈镇综治办)、张宠根(林埭镇双庙村)、吴建平(平湖市海达化工有限公司)

科技创新强镇街道

林埭镇

金桥工程

(一)组织奖

新埭镇科协,广陈镇科协,农学会,医学会

(二)项目奖

一等奖(2项)

1.虾鳖混养模式开发,主要完成单位:平湖水产技术推广站、水产行业协会,主要完成者:宋之琦、潘亚均、杨庆、马莛

2.OPLC光纤复合低压电缆的研发,主要完成单位:浙江晨光电缆股份有限公司、晨光电缆科协,主要完成者:岳振国、金金元、冯高喜

二等奖(6项)

1.万元千斤粮模式示范推广,主要完成单位:新埭三丰果蔬专业合作社、新埭科协,主要完成者:盛保龙、王杏观、朱双喜

2.科普惠农服务机制研究,主要完成单位:新仓科普惠农服务队、新仓科协,主要完成者:唐伟杰、褚伟锋、张海良

3.杂交稻全程社会化服务模式示范,主要完成单位:嘉兴乍浦惠农粮油专业合作社、乍浦科协,主要完成者:张永平、杨仕忠、孙彦

4.20万吨浆线改造,主要完成单位:景兴纸业股份有限公司、景兴纸业科协,主要完成者:廖昌吕、许克亮、沈守贤

5.PiCCO技术在ICU中的应用,主要完成单位:平湖市第一人民医院、医学会,主要

完成者:斯一夫、胡建、姜建平、李伟

6. 实施体艺2+1的文体工程,提高中小学生素质的实践研究,主要完成单位:平湖教育研究与培训中心、教育学会,主要完成者:王永初、吴颖强、何水明

三等奖(8项)

1. 河道水生态修复技术推广,主要完成单位:曹桥农技水利服务中心、曹桥科协,主要完成者:刘丹亚、马付元、丁根法、杨加丰

2. 水稻-蘑菇-葡萄循环模式示范,主要完成单位:独山港农技水利服务中心、独山港科协,主要完成者:朱惠元、顾雅芳、陶嘉杰、赵宏

3. 芦笋母茎栽培平菇技术开发,主要完成单位:平湖市食用菌研究所、钟埭科协,主要完成者:朱元弟、蔡为明、朱沁炜、吴慧峰

4. 菌渣快速腐熟技术试验,主要完成单位:平湖金湖食用菌专业合作社、当湖科协,主要完成者:张健、李水荣、高小弟、俞春峰

5. 高致病性猪蓝耳病防疫技术推广,主要完成单位:平湖畜牧兽医局、农学会,主要完成者:陆贾贤、陆建中、杨建林、沈亚菊

6. 平湖市农村河道综合整治示范点建设,主要完成单位:水利学会、新埭农技水利服务中心,主要完成者:任伟良、刘叶军、王晓东、钟卫其

7. 利用卡拉胶滤渣开发生产有机海藻肥,主要完成单位:浙江上方生物科技有限公司、钟埭科协,主要完成者:邓念想、金平

8. "机器人进教室,开发学生智能创新能力"教学模式示范推广,主要完成单位:广陈中学、广陈科协,主要完成者:石明生、李俊华、沈思根

平湖市"群众满意基层站所"(办事窗口)

平湖市当湖街道经营管理办公室、平湖市当湖街道司法所、平湖市当湖街道文化站、平湖市司法局新埭司法所、平湖市新埭镇农经站、平湖市新埭镇社会保障所、平湖市新仓镇农技水利服务中心、平湖市新仓镇劳动保障监察中队、平湖市新仓镇环境卫生管理所、平湖市独山港区规划建设局规划管理科、平湖市独山港区经济发展局企业管理科、平湖市独山港镇社会保障科、平湖市广陈镇文化站、平湖市广陈镇经济建设服务中心、平湖市广陈镇农技水利服务中心、平湖市林埭镇经营管理办公室、平湖市林埭文化站、平湖经济开发区(钟埭街道)财政办、平湖经济开发区(钟埭街道)项目推进科、平湖经济开发区(钟埭街道)招商科、平湖市曹桥街道安监站、平湖市曹桥街道信访办、平湖市曹桥街道统计与信息中心、平湖市公安局消防大队、平湖市公安局林埭派出所、平湖市国家税务局税源管理二科、平湖市城建档案馆、平湖市老年与妇女活动中心、平湖市公安局新仓派出所、平湖市疾病预防控制中心、平湖市港航管理处新埭港航管理检查站、平湖市国家税务局独山港区税务分局、平湖市行政服务中心气象窗口、平湖市劳动仲裁院、平湖市工商局金桥工商所、平湖市福陵园公墓有限责任公司、平湖市自来水有限公司营业二所、平湖市当湖街道广播电视站、平湖市广陈镇国土资源所、平湖市质量技术监督局新仓工作站、平湖市民俗风情馆(市非物质文化遗产保护管理中心)、平湖市少年儿童业余体校、平湖市广陈镇计生服务站、平湖市供电局客户服务中心、平湖市广陈镇广播电视站、平湖市新仓镇计生服务站、中国移动平湖分公司当湖路营业厅、中国电信平湖分公司建国北路营业厅、平湖市农村能源技术推广站、平湖市新埭镇医院

平湖市机关效能建设示范岗

市规划建设局市政处市政工程维修队、市公安局巡特警大队巡逻中队、市公安局信访室、市城管执法局综合业务科、市农经局农村合作经济经营管理总站、市交通运输局港航管理处新埭港航管理检查站、市工商局城

郊工商所注册窗口、市卫生局财政支付(核算)中心卫生分中心、市经信局资源与能源科、市质监局特种设备安全监察科、市国税局开发区税务分局征收业务股(办税服务厅)、市财政(地税)局黄姑税务分局办税服务厅、市财政(地税)局新仓税务分局办税服务厅、市水务集团党政办公室、市人口计生局行政服务中心计生窗口、当湖街道农村会计服务部、曹桥街道信访办、独山港镇计划生育服务站、新埭镇民政办、新仓镇劳动管理窗口、林埭镇村镇管理站、林埭镇文化站

市长质量奖

新秀集团有限公司、浙江景兴纸业股份有限公司、浙江华城实业投资集团有限公司、浙江得盛实业股份有限公司

科技进步奖

一等奖(2 项)

1. 数码控制高精驱动自动润滑高速刺绣机,完成单位:嘉兴大宇缝制设备制造有限公司,主要完成人员:陈大鹏、厉鲁卫、李效星、刘颖、邓飞、胡海强、兰永飞、夏红耀、王燕

2. 纳米生物技术在生猪中的研究与利用,完成单位:平湖市畜禽服务站,主要完成人员:李新鑫、邵甫根、陈建强、陆建中、吴跃明、陈颖、高卫东、张跃其、夏在荣

二等奖(7 项)

1. 粘土质原料破碎机,完成单位:嘉兴市一建机械制造有限公司,主要完成人员:丁叶林、高明、钱爱观、吴利群、吴洪伟、周加平

2. 35kV 及以下城市轨道交通用交联聚乙烯电力电缆,完成单位:浙江晨光电缆股份有限公司,主要完成人员:彭光钿、钱水芳、郑大白、孙君良、韩其芳

3. 改进型板链式输送机,完成单位:平湖市青云建材机械有限公司,主要完成人员:周龙飞、周彩明、程国平、孙庙法、金根良、沈道根、徐金法

4. 甲磺酸帕珠沙星原料及其注射液,完成单位:浙江莎普爱思药业股份有限公司,主要完成人员:吴建伟、胡正国、陈德康、朱国峰、沈丽娟、张文钰、俞晓亮、戈永兴

5. 蘑菇生态高效集成技术研究与开发,完成单位:平湖市经济作物技术推广站、浙江省农科院园艺所、平湖市食用菌研究所,主要完成人员:龚佩珍、蔡为明、唐红芳、吴平、朱元弟、盛保龙、张兆平、马伟冬

6. 加味保元煎合西药对维持性血透患者及其贫血的影响,完成单位:平湖市中医院,主要完成人员:张忠贤、周富明、韦先进、李玉卿、费德升、张雪锋、丁伟伟、毛小红

7. 穿支皮瓣的临床应用,完成单位:平湖市第一人民医院,主要完成人员:朱金强、沈柏晓、杨文峰、杨兵、范宝平、曲广宇、王国华

三等奖(10 项)

1. 大尺寸机械结构件制造工艺技术与专用设备开发,完成单位:浙江嘉兴红宇机械制造有限公司,主要完成人员:雷仁广、石引良、王田观、钱骏杰、姚静娟

2. 木棉双层保暖裤研发项目,完成单位:平湖市金象纺织品有限公司,主要完成人员:张国亮、时宏、吴根华、许萍兰、王志青

3. 平湖市农业植物重大生物灾害监测防控体系建设,完成单位:平湖市植保土肥技术推广站,主要完成人员:李建群、褚桂生、杨强、潘秋波、韩晓晶

4. 平湖市水功能区评价分析与保护对策研究,完成单位:平湖市水资源管理站,主要完成人员:沈初、许科文、王云根、吕怀炼、彭美根

5. 联合股方肌蒂骨瓣移植配合中药治疗中青年囊内型股骨颈骨折临床研究,完成单位:平湖市中医院,主要完成人员:胡仕其、盛敏、黄品强、曾玮、杨勇

6. 深度处理地面水消毒副产物的检测研究,完成单位:平湖市疾病预防控制中心,主要完成人员:沈永伟、王永根、王勇、沈飙、陈

淑莎

7. 断指再植的初步临床研究,完成单位:平湖市第一人民医院,主要完成人员:范宝平、雷云龙、曲广宇、沈柏晓

8. 甲状腺癌联合根治术,完成单位:平湖市第一人民医院,主要完成人员:支福祥、肖磊、董秀志、钱之秋、苗华

9. 尿渗透压与慢性肾脏疾病肾阴虚、肾阳虚证关系的研究,完成单位:平湖市中医院,主要完成人员:韦先进、周富明、李玉卿、费德升、张雪锋

10. 内服外敷冬病夏治疗法对慢性阻塞性肺病患者生活质量影响的应用研究,完成单位:平湖市中医院,主要完成人员:张爱观、周宝银、张静、刘吕敏、龚福英

科技合作奖

王士维(中科院嘉兴中心平湖无机非金属材料分中心)

陈建强(上海交通大学)

十大纳税大户

(一)服务业类

浙江平湖农村合作银行、嘉兴江浩置业有限公司、平湖市兆盛置业有限公司、平湖市恒泰再生资源有限公司、平湖市诚泰房地产有限公司

(二)工业类

日本电产芝浦(浙江)有限公司、日本电产(浙江)有限公司、浙江莎普爱思药业股份有限公司、日本电产科宝(浙江)有限公司、日本电产轴承(浙江)有限公司

平湖市创业创新领军人才

刘培东(大直径半导体硅单晶的研发与应用及半导体硅废弃料在太阳能电池工业中的应用)

张红兵(超高功率聚合物锂离子电池产业化)

平湖市重点创新团队

1. 绿色环保技术创新团队(浙江平湖绿色环保技术发展有限公司 带头人:张金华)

2. 美嘉创新之队(平湖美嘉保温容器工业有限公司 带头人:邱靖涛)

3. 华城服装创新团队(浙江华城实业投资集团有限公司 带头人:张祥林)

4. 博宏新型建材节能环保建材研发中心(嘉兴市博宏新型建材有限公司 带头人:陈胡星)

5. 红马铸造创新团队(浙江红马铸造有限公司 带头人:李伟峰)

6. 平湖一建机械省级高新技术企业研究开发中心(嘉兴市一建机械制造有限公司 带头人:高明)

热心资助农技推广基金会农技推广事业先进个人

朱佩忠(上海贞亨投资管理有限公司)

2010~2011 年度平湖市级文明单位

平湖市城市建设投资有限公司、平湖市当湖街道广电站、平湖市长红大药房连锁有限公司、浙江宏建建设有限公司、平湖市小博士幼儿园、平湖市国税局开发区税务分局、浦发银行平湖支行、邮政储蓄银行平湖市支行、平湖市洁具城管委会、平湖市新埭镇敬老院、平湖市中顺实业有限公司、平湖市亚太物流有限公司、平湖市思杰腾汽车设备制造有限公司

2010~2011 年度平湖市级文明村

当湖街道通界村,新仓镇大利村,林埭镇徐家埭村

2010~2011 年度平湖市级文明行业

平湖市广电台

2010~2011 年度平湖市级文明社区

钟埭街道红建花园社区

•主要组织机构及负责人•

中国共产党平湖市委员会

书　　记　盛全生(~2011.11.14)

翁建荣(2011.11.14～)

副书记　翁建荣(～2011.11.14)
朱林森(2011.11.21～)
胡水良(～2011.12.28)
潘川弟(2011.12.28～)

常　委　盛全生(～2011.11.14)
翁建荣
朱林森(2011.11.21～)
胡水良(～2011.12.28)
潘川弟(2011.12.28～)
朱瑞俊(～2011.11.21)
石云良(～2011.10.21)
刘国强(～2011.10.21)
姚田宝(女)
徐春华(2010.12.31～)
王碎社(2011.11.21～)
王道平　魏　飙　曹国良
陈晓明(挂职,2011.7.6～)
傅金明(2011.10.21～)
陈敏红(女,2011.11.21～)

委　员　马红观　王木根　王道平
王碎社(2011.11.21～)
石云良(～2011.10.21)
朱林森(2011.11.21～)
朱学俊(～2011.12.28)
朱　健(2011.12.28～)
朱瑞俊(～2011.11.21)
刘国强(～2011.10.21)
许　静(女,2011.12.28～)
肖建华　吴云昉
邱志根(2011.12.28～)
邱其良(～2011.12.28)
何　健
何大利(～2011.12.28)
沈小平(2011.12.28～)
沈伟强(2011.12.28～)
沈炳兴(2011.12.28～)
沈祥根　陈引发
陈晓明(挂职,2011.7.6～)
陈敏红(女,2011.11.21～)
金玉珍(女)
周玉根(2011.12.28～)
周弟明(2011.12.28～)
赵　阳(2011.12.28～)
胡水良　胡志梁
俞亚明(～2011.12.28)
俞明祥(～2011.12.28)
俞雪琴(女,2011.12.28～)
姚田宝(女)
钱勇彪(2011.12.28～)
徐卫林(2011.12.28～)
徐在法(～2011.12.28)
徐春华　徐春林　翁建荣
郭军毅(～2011.12.28)
唐华荣(2011.12.28～)
曹国良
盛全生(～2011.11.14)
傅金明(2011.10.21～)
蔡国平(2011.12.28～)
潘　贤　潘川弟　魏　飙

候补委员　刘皆安(～2011.12.28)
邱志根(～2011.12.28)
曹正华(～2011.12.28)
吴美芳(～2011.12.28)
沈世芳(～2011.12.28)
蔡哲斌(～2011.12.28)
郑忠勤(2011.12.28～)
周其明(2011.12.28～)
钱学勤(2011.12.28～)
严周萍(女,2011.12.28～)
周新根(2011.12.28～)
张国跃(2011.12.28～)
沈　强(2011.12.28～)

市委工作部门

办公室

主　任　俞亚明(～2011.12.3)

马红观(2011.12.3~)
副主任 顾利鹤(~2011.12.3)
张朱斌 吴东伟
吕 强(女,~2011.10.31)
吴小平(女,~2011.4.14)
唐卫华(女,2011.4.14~)
周其明(2011.12.3~)

政策研究室
主 任 顾利鹤(~2011.12.3)
副主任 杨品明

市委、市政府信访局
局 长 吴小平(女)
副局长 唐卫华(女) 张健良
董碧颖(女,2011.12.3~)

组织部
部 长 曹国良
常务副部长 许 静(女,~2011.12.16)
沈伟强(2011.12.16~)
副部长 沈伟强(~2011.12.16)
沈全英(女,兼)
潘 贤(兼,2011.12.3~)
高敏芬(女,2011.12.3~)

新经济与新社会组织工作委员会

根据平编委(2011)8号文件,设立中共平湖市委新经济与新社会组织工作委员会。

副书记 杨金平(2011.8.2~)

宣传部
部 长 王道平(~2011.12.29)
陈敏红(女,2011.12.29~)
常务副部长 沈世芳(~2011.8.2)
徐卫林(2011.8.11~)
副部长 计福明(兼) 曹 亮

市委、市政府农业和农村工作办公室

根据平委发(2011)9号文件,在市农业经济局挂牌的市委农业和农村工作办公室更名为市委、市政府农业和农村工作办公室,与市农业经济局合署办公。

主 任 周玉根(2011.12.14~)
副主任 姚真言(女,2011.12.14~)

市委农业和农村工作办公室
主 任 周玉根(~2011.12.14)
副主任 周其明(~2011.12.3)
姚真言(女,~2011.12.14)

统一战线工作部
部 长 姚田宝(女)
副部长 沈 敏(女) 张永良
钟 菲(女,2011.12.3~)

政法委员会
书 记 胡水良(兼)
副书记 朱瑞俊(兼,~2011.12.3)
刘国强(兼,~2011.11.15)
傅金明(兼,2011.11.15~)
王木根 褚寿明 李中华
曹龙弟

直属机关工作委员会
书 记 吴美芳(~2011.12.3)
周其明(2011.12.3~)
副书记 朱希康 褚吴虹(女)

老干部局
局 长 沈全英(女)
副局长 李鹰梅(女)

城镇企业工作委员会
书 记 朱 健
副书记 张根生(~2011.8.2)
金志元(2011.8.2~)
纪工委书记 张根生(~2011.8.2)
金志元(2011.8.2~)

机构编制委员会办公室

根据平委发(2011)89号文件,原挂靠市人事局的市机构编制委员会办公室单独设置,列党委机构序列。

主 任 许 静(女,~2011.12.16)
沈伟强(2011.12.16~)
副主任 沈海良

平湖市人民代表大会常务委员会

主 任 何大利

副主任 刘耀明(女) 武圣平
方向明 梁志康 李 仁
周建安

委 员 马明中 计福明 方 方
朱在龙 朱忠良 刘 平
许 静(女)
杨晓东(～2011.12.12)
沈跃田 张远方 张保根
张祥林 陆为民 陈品荣
陈晓苏(女) 周盛专
俞雪琴(女,～2011.12.12)
屠云飞

市人大常委会工作部门

办公室

主 任 屠云飞(～2011.12.12)
刘中源(2011.12.12～)

副主任 钟 菲(女,～2011.12.12)
屠孝忠
毛原华(2011.12.12～)

法制工作委员会

主 任 陈晓苏(女,～2011.12.12)
李 明(2011.12.12～)

副主任 顾解蒙(～2011.12.12)
桂振中(2011.12.12～)
俞雪琴(女,兼,～2011.12.12)
沈跃田(兼)

教科文卫工作委员会

主 任 陆为民

副主任 金在良
马明中(兼) 计福明(兼)
方 方(兼)

代表工作委员会

主 任 陈品荣(～2011.12.12)
周盛专(2011.12.12～)

副主任 梁志强
杨晓东(兼,～2011.12.12)
许 静(女,兼)

财政经济工作委员会

主 任 刘 平

副主任 沈邵燕(女) 张保根(兼)
朱忠良(兼) 朱在龙(兼)

城乡建设农村经济工作委员会

主 任 周盛专(～2011.12.12)
朱学俊(2011.12.12～)

副主任 吴建林 张祥林(兼)
张远方(兼)

平湖市人民政府

市 长 翁建荣(～2011.11.21)

代理市长 朱林森(2011.11.21～)

副市长 朱林森(2011.11.21～)
朱瑞俊(～2011.12.12)
石云良(～2011.11.21)
潘川弟 顾玉峰 胡志梁
金玉珍(女) 陶明方
周仲利(挂职,～2011.8.30)
陈晓明(挂职,2011.8.30～)

市政府工作部门

办公室

主 任 蔡国平

副主任 陶跃中(～2011.12.29)
张国跃
吴跃根(2011.8.2～)
步晓燕(女,2011.12.29～)
潘跃碧
严周萍(女,～2011.12.3)
戴建忠(～2011.8.2)
胡泓恬 徐 炯 陶熠旻
沈永良(2011.12.3～)

法制办公室

主 任 蔡国平

副主任 倪 杰

市委、市政府接待办公室

主 任 陶跃中(～2011.12.29)
步晓燕(女,2011.12.29～)

副主任 陆栋梁
步晓燕(女,～2011.12.29))

机关事务管理局

局　　长　陶跃中(~2011.12.29)

步晓燕(女,2011.12.29 ~)

发展和改革局

根据市委办(2011)58号文件,设立市纪委派驻纪检组。

局　　长　邱其良

副 局 长　徐锦连(2011.12.3 ~)

张云华(~2011.12.3)

史玉良　张建文

顾春林(2011.12.3 ~)

陶剑浩

何鑫华(~2011.8.2)

戴　振(2011.12.3 ~)

倪建锋(2011.12.3 ~)

党组书记　邱其良(~2011.12.3)

徐锦连(2011.12.3 ~)

副 书 记　张云华(~2011.12.3)

钟仿奎

纪检组组长　钟仿奎(2011.12.3 ~)

经济技术协作办公室

主　　任　史玉良

经济和信息化局

根据平委发(2011)89号文件,组建市经济和信息化局,不再保留市经济贸易局。根据平委发(2011)85号文件,撤销中国共产党平湖市经济贸易局委员会,建立中国共产党平湖市经济和信息化局委员会。根据平委发(2011)86号文件,建立中国共产党平湖市纪律检查委员会驻平湖市经济和信息化局纪检组。

局　　长　朱　健(2011.12.12 ~)

副 局 长　柳　春(2011.12.3 ~)

马伟伟(2011.12.3 ~)

赵　松(2011.12.3 ~)

杨天生(2011.12.3 ~)

党委书记　朱　健(2011.12.3 ~)

副 书 记　金志元(2011.12.3 ~)

纪检组组长　金志元(2011.12.3 ~)

经济贸易局

局　　长　朱　健(~2011.12.12)

副 局 长　柳　春(~2011.12.3)

戴　振(~2011.12.3)

马伟伟(~2011.12.3)

赵　松(~2011.12.3)

杨天生(2011.4.14 ~ 12.3)

党委书记　朱　健(~2011.12.3)

副 书 记　张根生(~2011.8.2)

金志元(2011.8.2 ~ 12.3)

纪委书记　张根生(~2011.8.2)

金志元(2011.8.2 ~ 12.3)

教育局

根据市委办(2011)58号文件,设立市纪委派驻纪检组。

局　　长　沈祥根

副 局 长　邵守平　王永初　张　杰

陈付林

党委书记　邵守平

副 书 记　沈祥根　蔡　杰

纪委书记　蔡　杰(~2011.12.3)

纪检组组长　蔡　杰(2011.12.3 ~)

科学技术局

根据市委办(2011)58号文件,设立市纪委派驻纪检组。

局　　长　马红观(~2011.12.12)

邹勤良(2011.12.12 ~)

副 局 长　张剑英(女)　姜忠良

沈兴华

党组书记　马红观(~2011.12.3)

邹勤良(2011.12.3 ~)

副 书 记　张剑英(女)

纪检组组长　朱良华(2011.12.3 ~)

公安局

局　　长　刘国强(~2011.11.21)

傅金明(2011.11.21 ~)

政　　委　傅金明(~2011.11.15)

常务副局长　于智勇
副 局 长　朱勤明　顾建良　张跃明
副 政 委　潘照其（～2011.12.3）
　　　　　华国庆（2011.12.3～）
党委书记　刘国强（～2011.11.15）
　　　　　傅金明（2011.11.15～）
副 书 记　傅金明（～2011.11.15）
　　　　　于智勇
政治处主任　华国庆（～2011.12.3）
纪委书记　潘照其（～2011.12.3）
　　　　　华国庆（2011.12.3～）

监察局

局　　长　徐在法（～2011.12.12）
　　　　　俞雪琴（女，2011.12.12～）
副 局 长　朱洪宝（～2011.12.3）
　　　　　钟卫红（女）

民政局

根据市委办（2011）58号文件，设立市纪委派驻纪检组。

局　　长　盛在根（～2011.12.12）
　　　　　谢龙华（2011.12.12～）
副 局 长　曹　俊　王亚萍（女）
　　　　　俞祥华
　　　　　傅林宏（～2011.12.3）
党组书记　盛在根（～2011.12.3）
　　　　　谢龙华（2011.12.3～）
纪检组组长　傅林宏（2011.12.3～）

司法局

局　　长　李　明（～2011.12.12）
　　　　　蔡哲斌（2011.12.12～）
副 局 长　陆永立（～2011.12.29）
　　　　　潘照其（2011.12.3～）
　　　　　沈永锦
　　　　　张洪琪（～2011.12.3）
党组书记　李　明（～2011.12.3）
　　　　　蔡哲斌（2011.12.3～）
副 书 记　陆永立（～2011.12.29）

财政局

根据市委办（2011）58号文件，设立市纪委派驻纪检组。

局　　长　唐华荣
副 局 长　梁晓军　全　骏
　　　　　沈幼锋（2011.4.14～）

财税局党委

党委书记　俞明祥（～2011.12.3）
　　　　　唐华荣（2011.12.3～）
副 书 记　唐华荣（～2011.12.3）
　　　　　吴小平（女，2011.4.14～）
纪委书记　吴小平（女，2011.4.14～12.3）
纪检组组长　吴小平（女，2011.12.3～）

国有资产管理局

根据平编委（2011）3号文件，设立平湖市国有资产管理局。

局　　长　唐华荣（2011.4.14～）
副 局 长　梁晓军（2011.4.14～）
　　　　　姚春元（2011.4.14～）

人力资源和社会保障局

根据平委发（2011）89号文件，组建市人力资源和社会保障局，不再保留市人事局、市劳动和社会保障局。根据平委发（2011）85号文件，撤销中国共产党平湖市劳动和社会保障局委员会、中国共产党平湖市人事局党组，建立中国共产党平湖市人力资源和社会保障局委员会。根据平委发（2011）86号文件，建立中国共产党平湖市纪律检查委员会驻平湖市人力资源和社会保障局纪检组。

局　　长　潘　贤（2011.12.12～）
副 局 长　施雪根（2011.12.3～）
　　　　　林国平（2011.12.3～）
　　　　　徐勤昌（2011.12.3～）
　　　　　沈　强（2011.12.3～）
　　　　　戴良英（女，2011.12.3～）
党委书记　潘　贤（2011.12.3～）
副 书 记　彭凯伦（女，2011.12.3～）
纪检组组长　彭凯伦（女，2011.12.3～）

人事局

副 局 长　林国平(~2011. 12. 3)

党组书记　潘　贤(~2011. 12. 3)

劳动和社会保障局

局　　长　潘　贤(~2011. 12. 12)

副 局 长　施雪根(~2011. 12. 3)

徐勤昌(~2011. 12. 3)

沈　强(~2011. 12. 3)

党委书记　潘　贤(~2011. 12. 3)

副 书 记　戴良英(女, ~2011. 12. 3)

纪委书记　戴良英(女, ~2011. 12. 3)

住房和城乡规划建设局

根据平委发(2011)89 号文件,组建市住房和城乡规划建设局,不再保留市规划与建设局。根据平委发(2011)85 号文件,撤销中国共产党平湖市规划与建设局委员会,建立中国共产党平湖市住房和城乡规划建设局委员会。根据平委发(2011)86 号文件,建立中国共产党平湖市纪律检查委员会驻平湖市住房和城乡规划建设局纪检组。

局　　长　张国跃(2011. 12. 12 ~)

副 局 长　刘顺标(2011. 12. 3 ~)

倪琦根(2011. 12. 3 ~)

戴忠伟(2011. 12. 3 ~)

陆华中(2011. 12. 3 ~)

党委书记　刘顺标(2011. 12. 3 ~)

副 书 记　张国跃(2011. 12. 3 ~)

郭继林(2011. 12. 3 ~)

纪检组组长　郭继林(2011. 12. 3 ~)

规划与建设局

局　　长　朱学俊(~2011. 12. 12)

副 局 长　刘顺标(2011. 4. 14 ~ 12. 3)

吴海勤(~2011. 12. 3)

倪琦根(~2011. 12. 3)

戴忠伟(~2011. 12. 3)

陆华中(~2011. 12. 3)

党委书记　朱学俊(~2011. 4. 14)

刘顺标(2011. 4. 14 ~ 12. 3)

副 书 记　朱学俊(2011. 4. 14 ~ 12. 3)

吴海勤(~2011. 1. 21)

郭继林(~2011. 12. 3)

纪委书记　郭继林(~2011. 12. 3)

交通运输局

根据平委发(2011)89 号文件,组建市交通运输局,不再保留市交通局。根据平委发(2011)85 号文件,撤销中国共产党平湖市交通局委员会,建立中国共产党平湖市交通运输局委员会。根据平委发(2011)86 号文件,建立中国共产党平湖市纪律检查委员会驻平湖市交通运输局纪检组。

局　　长　姚金根(2011. 12. 12 ~)

副 局 长　金小弟(2011. 12. 3 ~)

方卫东(2011. 12. 3 ~)

党委书记　姚金根(2011. 12. 3 ~)

副 书 记　黄建峰(2011. 12. 3 ~)

纪检组组长　黄建峰(2011. 12. 3 ~)

交通局

局　　长　盛宝庆(~2011. 12. 12)

副 局 长　姚金根(~2011. 12. 3)

金小弟(~2011. 12. 3)

方卫东(~2011. 12. 3)

党委书记　姚金根(~2011. 12. 3)

副 书 记　盛宝庆(~2011. 12. 3)

黄建峰(~2011. 12. 3)

纪委书记　姚金根(~2011. 12. 3)

农业经济局

根据市委办(2011)58 号文件,设立市纪委派驻纪检组。

局　　长　周玉根

副 局 长　周其明(~2011. 12. 3)

张云华(2011. 12. 3 ~)

童江坤

沈永良(~2011. 12. 3)

王建良　陈云华

党委书记　周其明(~2011. 12. 3)

周玉根(2011. 12. 3 ~)

副 书 记　周玉根(~2011. 12. 3)

张云华(2011.12.3～)
俞卫平
纪委书记　俞卫平(～2011.12.3)
纪检组组长　俞卫平(2011.12.3～)

林业局

局　　长　周玉根

海洋与渔业局

局　　长　周玉根
副 局 长　王建良

畜牧兽医局

局　　长　童江坤

水利局

根据市委办(2011)58号文件,设立市纪委派驻纪检组。

局　　长　刘皆安
副 局 长　钟春发　任伟良　柯　杰
党委书记　钟春发
副 书 记　刘皆安　王金观
纪委书记　王金观(～2011.12.3)
纪检组组长　王金观(2011.12.3～)

商务局

根据平委发(2011)89号文件,组建市商务局,不再保留市对外贸易经济合作局。根据平委发(2011)85号文件,撤销中国共产党平湖市对外贸易经济合作局党组,建立中国共产党平湖市商务局党组。根据平委发(2011)86号文件,建立中国共产党平湖市纪律检查委员会驻平湖市商务局纪检组。

局　　长　肖建华(2011.12.12～)
副 局 长　李惠明(2011.12.3～)
柯卫明(2011.12.3～)
沈栋梁(2011.12.3～)
张　园(女,2011.12.3～)
陆瑞玮(2011.12.3～)
党组书记　肖建华(2011.12.3～)
副 书 记　李惠明(2011.12.3～)
纪检组组长　张　园(女,2011.12.3～)

对外贸易经济合作局

局　　长　肖建华(～2011.12.12)
副 局 长　李惠明(～2011.12.3)
柯卫明(～2011.12.3)
沈栋梁(～2011.12.3)
张　园(女,～2011.12.3)
谢友良(～2011.12.3)
党组书记　肖建华(～2011.12.3)
副 书 记　李惠明(～2011.12.3)

招商服务局

局　　长　肖建华
副 局 长　李惠明　柯卫明　沈栋梁
张　园(女)
谢友良(～2011.12.3)
高　瑾
陆瑞玮(2011.12.3～)
史玉良(挂职,～2011.4.28)
吴跃根(挂职,～2011.4.28)
庄建良(挂职,～2011.4.28)
庄志浩(挂职,～2011.4.28)
吴增观(挂职,～2011.4.28)
朱希康(挂职,～2011.4.28)

文化广电新闻出版局(体育局)

根据市委办(2011)58号文件,设立市纪委派驻纪检组。

局　　长　沈力行
副 局 长　范补兴　张育民　肖成华
刘　靖　朱立军
党委书记　范补兴
副 书 记　沈力行
江丽华(女,～2011.9.28)
孙晓云(女,2011.8.2～)
纪委书记　江丽华(女,～2011.9.28)
纪检组组长　孙晓云(女,2011.12.3～)

卫生局

根据市委办(2011)58号文件,设立市纪委派驻纪检组。

局　　长　吴云昉
副 局 长　金　伟　王国忠

许　敏(女)
党委书记　金　伟
副 书 记　吴云昉　王国忠　张　越
纪委书记　张　越(~2011.12.3)
纪检组组长　张　越(2011.12.3~)

人口和计划生育局

根据市委办(2011)58 号文件,设立市纪委派驻纪检组。

局　　长　曹正华(~2011.12.12)
杨晓东(2011.12.12~)
副 局 长　顾小英(女)
邬妤琼(女,~2011.12.3)
党组书记　曹正华(~2011.12.3)
杨晓东(2011.12.3~)
副 书 记　张根生(2011.8.2~)
纪检组组长　张根生(2011.12.3~)

审计局

局　　长　张连根
副 局 长　朱良华(~2011.12.3)
汤建萍(女)
党组书记　张连根

环境保护局

根据市委办(2011)58 号文件,设立市纪委派驻纪检组。

局　　长　蔡哲斌(~2011.12.12)
毛小弟(2011.12.12~)
副 局 长　张补林
毛小弟(~2011.12.12)
吴敏奇
党组书记　张补林
副 书 记　蔡哲斌(~2011.12.3)
毛小弟(2011.12.3~)
顾国富
纪检组组长　顾国富(2011.12.3~)

统计局

局　　长　邹勤良(~2011.12.12)
顾利鹤(2011.12.12~)
副 局 长　袁　法　林士良
党组书记　邹勤良(~2011.12.3)
顾利鹤(2011.12.3~)

安全生产监督管理局

根据市委办(2011)58 号文件,设立市纪委派驻纪检组。

局　　长　屠保林
副 局 长　马其中　刘　洪　宋　亮
党组书记　屠保林
纪检监察组组长　谢丽萍(女,~2011.12.3)
纪检组组长　谢丽萍(女,2011.12.3~)

民族宗教事务局

局　　长　张永良
副 局 长　叶保龙(2011.12.3~)

城市管理行政执法局

根据平委发(2011)89 号文件,组建市城市管理行政执法局。根据平委发(2011)85 号文件,撤销中国共产党平湖市城市管理局党组,建立中国共产党平湖市城市管理行政执法局党组。根据平委发(2011)86 号文件,建立中国共产党平湖市纪律检查委员会驻平湖市城市管理行政执法局纪检组。

局　　长　吴海勤(2011.12.12~)
副 局 长　褚双龙(2011.12.3~)
李　钢(2011.12.3~)
杨树春(2011.12.3~)
党组书记　吴海勤(2011.12.3~)
副 书 记　姚明鹏(2011.12.3~)
纪检组组长　姚明鹏(2011.12.3~)

城市管理局

根据平委发(2011)5 号文件决定,建立中共平湖市城市管理局党组。

局　　长　吴海勤(~2011.12.3)
副 局 长　褚双龙(~2011.12.3)
李　钢(~2011.12.3)
姚明鹏(~2011.12.3)
杨树春(~2011.12.3)
党组书记　吴海勤(2011.1.21~12.3)

平湖市食品药品监督管理局

根据平委发(2011)89号文件,将市食品药品监督管理局由省以下垂直管理调整为市政府工作部门。

局　　长　韩云付
副 局 长　高玉其　诸建林
党组书记　韩云付
纪检组组长　郑正方

人民防空办公室(民防局)

根据平委发(2011)89号文件,将市人民防空办公室由议事协调机构的常设办事机构调整为市政府工作部门,挂市民防局牌子。根据市委办(2011)58号文件,设立市纪委派驻纪检组。

主　　任(局长)　陆骑飚
副主任(副局长)　徐在法(2011.12.3~)
　　黄锡云　顾喜观
党组书记　陆骑飚
副 书 记　徐在法(2011.12.3~)
纪检组组长　顾喜观(2011.12.3~)

中国人民政治协商会议平湖市委员会

主　　席　徐春林
副 主 席　冯美仙(女)　柯卫明
　　王华根　方晓烈　俞明祥
秘 书 长　马雪明
副秘书长　吕　强(女)　张福观
　　彭正海

市政协工作机关

办公室

主　　任　马雪明
副 主 任　顾炳其(~2011.12.20)
　　宋怡玲(女)　俞鑫岗

经济科技委员会

主　　任　汪龙观(~2011.12.20)
　　徐家祺(2011.12.20~)
副 主 任　徐家祺(兼,~2011.12.20)
　　王建良(兼)

文教卫体与文史委员会

主　　任　张海明
副 主 任　卢　平(兼)　张　杰(兼)
　　范补兴(兼)

社会法制与港澳台侨联谊委员会

主　　任　陆玉其
副 主 任　曹　俊(兼)
　　吕　强(女,兼)

提案委员会

主　　任　王华根(兼,~2011.12.20)
　　吴美芳(2011.12.20~)
副 主 任　胡跃奇　施雪根(兼)

中国共产党平湖市纪律检查委员会

书　　记　徐春华
副 书 记　徐在法(~2011.12.28)
　　刘顺标(~2011.4.8)
　　俞雪琴(女,2011.12.28~)
　　缪志方(2011.4.8~)
常　　委　徐春华
　　徐在法(~2011.12.28)
　　刘顺标(~2011.4.8)
　　俞雪琴(女,2011.12.28~)
　　缪志方　冯玉明　宋雪忠
　　朱洪宝(~2011.12.3)
　　钟卫红(女,2011.12.3~)
　　周海林(2011.12.3~)

平湖市人民武装部

部　　长　章　华(~2011.3.31)
　　何敏伟(2011.3.31~)
政　　委　魏　飙
副 部 长　尹雪阳(~2011.3.31)
　　金福明(2011.3.31~)
党委第一书记　盛全生(~2011.12.7)
　　翁建荣(2011.12.7~)
党委书记　魏　飙
副 书 记　章　华(~2011.4.22)
　　何敏伟(2011.4.22~)

平湖市人民法院

根据市委办(2011)58号文件,设立市纪委派驻纪检组。

院　　长　章伯凌(～2011.12.12)
代理院长　赵　阳(2011.12.12～)
副 院 长　赵　阳(2011.12.12～)
　　　　　何建平　李云林
　　　　　周颖怡(女)
党组书记　章伯凌(～2011.12.3)
　　　　　赵　阳(2011.12.3～)
纪检组组长　邹　虹(2011.12.3～)
政治处主任　陆　民

平湖市人民检察院

根据市委办(2011)58号文件,设立市纪委派驻纪检组。

检 察 长　郭军毅(～2011.12.12)
代理检察长　沈小平(2011.12.12～)
副检察长　沈小平(2011.12.12～)
　　　　　崔　进　许政强
反贪局局长　马卫兵
党组书记　郭军毅(～2011.12.3)
　　　　　沈小平(2011.12.3～)
纪检组组长　崔小春(2011.12.3～)

民主党派和工商联

中国民主同盟平湖市总支委员会

主任委员　马明中(～2011.6.5)
　　　　　张洪琪(2011.6.5～)
副主任委员　张福观(～2011.6.5)
　　　　　王祥甫
　　　　　张洪琪(～2011.6.5)
　　　　　姜忠良(2011.6.5～)
　　　　　陆　跃(2011.6.5～)

中国民主促进会平湖市委员会

主任委员　顾玉峰
副主任委员　彭正海(～2011.5.29)
　　　　　宋怡玲(女)
　　　　　李正平(～2011.5.29)
　　　　　郭杰光(2011.5.29～)
　　　　　程灵坚(2011.5.29～)

中国农工民主党平湖市总支委员会

主任委员　胡跃奇
副主任委员　殳跃飞(～2011.5.28)
　　　　　方　方
　　　　　谢　铠(女,～2011.5.28)
　　　　　汤建萍(女,2011.5.28～)
　　　　　富建国(2011.5.28～)

平湖市工商业联合会

主　　席　朱在龙
副 主 席　沈　敏(女,驻会)
　　　　　杨永明(驻会)
　　　　　吴增观(驻会)
　　　　　王泉平
　　　　　方晓东(2011.11.26～)
　　　　　朱水良
　　　　　李士林(2011.11.26～)
　　　　　李玉观　吴其法
　　　　　张余林(～2011.11.26)
　　　　　张保根　张祥林
　　　　　陈　聪(2011.11.26～)
　　　　　柳剑峰(～2011.11.26)
　　　　　俞天明(2011.11.26～)
　　　　　施继红(2011.11.26～)
　　　　　费永华
　　　　　钱彩荣(～2011.11.26)
　　　　　徐保龙(2011.11.26～)
　　　　　陶国健　黄德荣

平湖市总商会

会　　长　朱在龙
副 会 长　沈　敏(女,驻会)
　　　　　杨永明(驻会)
　　　　　吴增观(驻会)
　　　　　王泉平
　　　　　方晓东(2011.11.26～)
　　　　　朱水良
　　　　　沈　强(2011.11.26～)
　　　　　李士林(2011.11.26～)
　　　　　李玉观　吴其法　张余林

张丽萍(女,2011.11.26~)
张来喜(2011.11.26~)
张保根(~2011.11.26)
张祥林　陈　聪
林华荣(2011.11.26~)
柳剑峰　俞天明　施继红
费永华
姚仁法(2011.11.26~)
钱彩荣(~2011.11.26)
顾照根(2011.11.26~)
徐永法
徐建昌(~2011.11.26)
徐保龙　陶国健
黄雪金(2011.11.26~)
黄德荣

平湖市工商业联合会(总商会)

党组书记　沈　敏(女)

群众团体

平湖市总工会

主　　席　杨晓东(~2011.12.22)
许　静(女,2011.12.22~)
副 主 席　朱洪宝(2011.12.22~)
金风劼(女)　严学贤
党组书记　杨晓东(~2011.12.3)
许　静(女,2011.12.16~)
副 书 记　朱洪宝(2011.12.3~)

共青团平湖市委员会

书　　记　陈　击(~2011.8.2)
沈　强(2011.12.3~)
副 书 记　沈　强(主持工作,2011.8.2~12.3)
吴　平　夏洁弘(女)
党组书记　陈　击(~2011.8.2)
沈　强(2011.12.3~)
副 书 记　沈　强(2011.8.2~12.3)

平湖市妇女联合会

主　　席　俞雪琴(女,~2011.12.3)
严周萍(女,2011.12.3~)
副 主 席　彭凯伦(女,~2011.12.3)
俞爱华(女)
党组书记　俞雪琴(女,~2011.12.3)
严周萍(女,2011.12.3~)

平湖市科学技术协会

主　　席　徐家祺(~2011.12.30)
屠云飞(2011.12.30~)
副 主 席　李良观(~2011.12.30)
陆伟华(女)
张洪琪(2011.12.30~)
龚方明(2011.12.30~)
卢　平(兼)　王永初(兼)
沈兴华(兼)　钱卫中(兼)
党组书记　徐家祺(~2011.12.3)
屠云飞(2011.12.3~)

平湖市残疾人联合会

理 事 长　钱　平
副理事长　任朝晖　陆晓燕(女)
党组书记　钱　平
副 书 记　田江鸿

平湖市文学艺术界联合会

主　　席　沈力行
副 主 席　俞跃进　张　宏

平湖市归侨侨眷联合会

主　　席　方晓烈
副 主 席　周　虹(女,驻会)
章志健(~2011.12.15)
刘　健(~2011.12.15)
沈　飚(2011.12.15~)
宓伟毅(2011.12.15~)

平湖市红十字会

会　　长　顾玉峰
常务副会长　陈纬国(2011.5.20~)

市直属机构

党校

校　　长　胡水良(兼,~2011.12.29)
潘川弟(兼,2011.12.29~)
常务副校长　柳建平(~2011.8.2)
沈世芳(2011.8.2~)

副 校 长　吴跃根(~2011. 8. 2)
汤喜良
金治平(2011. 8. 2 ~)

行政学校

校　　长　朱瑞俊(兼, ~2011. 12. 3)
常务副校长　柳建平(~2011. 8. 2)
沈世芳(2011. 8. 2 ~)
副 校 长　吴跃根(~2011. 8. 2)
汤喜良
金治平(2011. 8. 2 ~)
林国平

社会主义学校

校　　长　姚田宝(女,兼)
常务副校长　柳建平(~2011. 8. 2)
沈世芳(2011. 8. 2 ~)
副 校 长　吴跃根(~2011. 8. 2)
汤喜良
金治平(2011. 8. 2 ~)
张永良

史志办公室

主　　任　顾利鹤(~2011. 12. 3)
副 主 任　郭杰光

行政服务中心管理委员会

根据市委办(2011)58 号文件,设立市纪委派驻纪检组。

主　　任　刘中源(~2011. 12. 3)
曹正华(2011. 12. 3 ~)
副 主 任　张　强　刘永华
庄建良(2011. 12. 3 ~)
党委书记　刘中源(~2011. 12. 3)
曹正华(2011. 12. 3 ~)
副 书 记　高　卫
纪委书记　高　卫(~2011. 12. 3)
纪检组组长　高　卫(2011. 12. 3 ~)

公共资源交易管理委员会办公室

主　　任　刘中源(~2011. 12. 3)
曹正华(2011. 12. 3 ~)
副 主 任　刘永华

粮食局

局　　长　林金连
副 局 长　顾荣华　陈小平
党委书记　顾荣华
副 书 记　林金连　施玉琦
纪委书记　施玉琦

供销合作社联合社

根据平编委〔2009〕10 号文件,市供销合作总社更名为市供销合作社联合社。根据平委发〔2011〕87 号文件,中国共产党平湖市供销合作总社委员会更名为中国共产党平湖市供销合作社联合社委员会,中国共产党平湖市供销合作总社纪律检查委员会更名为中国共产党平湖市供销合作社联合社纪律检查委员会。

主　　任　周琪根(2011. 12. 3 ~)
副 主 任　赵秋凉(2011. 12. 3 ~)
刘金平(2011. 12. 3 ~)
党委书记　周琪根(2011. 12. 3 ~)
纪委书记　刘金平(2011. 12. 3 ~)

供销合作总社

主　　任　周琪根(~2011. 12. 3)
副 主 任　赵秋凉(~2011. 12. 3)
刘金平(~2011. 12. 3)
党委书记　周琪根(~2011. 12. 3)
纪委书记　刘金平(~2011. 12. 3)

广播电视台

台　　长　计福明
副 台 长　张凯洲　周　谧(女)
党组书记　计福明

嘉兴日报社平湖分社

社　　长　王郁春
副 社 长　金　勇　蔡美兴
党组书记　王郁春

九龙山旅游度假区管委会

主　　任　全陈杰
副 主 任　靳南军(~2011. 4. 14)
费祥华

党工委书记　靳南军(~2011.4.14)
　　　　　　全陈杰(2011.4.14~)
副书记　全陈杰(~2011.4.14)

旅游局
局长　钱卫中
副局长　庄建良(~2011.12.3)
　　　　方国平
　　　　季小英(女,2011.12.3~)
党组书记　钱卫中

中共平湖经济开发区(钟埭街道)工作委员会
党工委书记　周弟明
副书记　曹永其
　　　　马进其(~2011.8.30)
　　　　蒋美玲(女)
　　　　张照明(2011.8.2~)
　　　　沈海良(~2011.8.2)
　　　　俞四龙(2011.8.2~)
纪工委书记　沈海良(~2011.8.2)
　　　　　　俞四龙(2011.8.2~)

平湖经济开发区管理委员会
主任　周弟明
常务副主任　曹永其
副主任　蒋美玲(女, ~2011.8.2)
　　　　张照明
　　　　申任忠　沈木根

中共平湖市委独山港区工作委员会
书记　陈引发
副书记　冯中海　朱忠良　王海余
　　　　金球

平湖市独山港区开发建设管理委员会
主任　陈引发
常务副主任　冯中海
副主任　丁根林　陈欣
　　　　曹付法(~2011.8.11)
　　　　陈晓东　马云峰
　　　　周建杰(挂职,2011.1.21~)
　　　　沈建林(2011.8.2~)
　　　　穆运安(2011.8.2~)

档案局
局长　沈建荣
副局长　陈永根　姚知群(女)
党组书记　沈建荣
副书记　陈永根

陆维钊书画院
院长　张育民

市政府驻上海石化办事处
主任　冯中海(~2011.8.2)
　　　丁根林(2011.8.2~)

市政府驻上海办事处(上海外商投资联络处)
主任　李惠明

市政府驻杭州联络处
主任　钱葛良

交警大队
大队长　吴建明
教导员　李希祥

港航管理处
主任　曹思明(~2011.12.3)
党支部书记　徐跃忠

公路运输管理所
所长　曹学彪(~2011.12.3)
　　　史云忠(2011.12.3~)
党支部书记　沈荣

公路管理段
段长　邵永根
党支部书记　邵永根(~2011.12.3)
　　　　　　曹学彪(2011.12.3~)

财政支付(核算)中心
主任　梁晓军

嘉兴市住房公积金管理中心平湖市分中心
主任　毛原华(~2011.12.3)
　　　曹思明(2011.12.3~)

新居民事务局
局长　王木根
副局长　顾建良(~2011.4.14)
　　　　马卫良

服务业发展局

根据平委发(2011)89号文件,市发展和改革局挂市服务业发展局牌子。根据平委发(2011)85号文件,撤销中国共产党平湖市服务业发展局党组。

局　　长　徐锦连(～2011.12.3)
副 局 长　沈　君(～2011.4.14)
　　　　　顾春林(～2011.12.3)
党组书记　徐锦连(～2011.12.3)

城市新区开发建设管理委员会

根据平委发(2011)37号文件,建立市城市新区开发建设管理委员会。

主　　任　潘川弟(2011.4.14～)
常务副主任　赵宝元(2011.4.14～)
副 主 任　周国权(2011.4.14～)
　　　　　李寿林(2011.4.14～)
　　　　　靳南军(2011.4.14～)
　　　　　陈仕栋(2011.8.11～)
　　　　　顾建良(2011.4.14～)
党工委书记　潘川弟(2011.4.14～)
副 书 记　赵宝元(2011.4.14～)
　　　　　周国权(2011.4.14～)
　　　　　李寿林(2011.4.14～)
　　　　　靳南军(2011.4.14～)
　　　　　陈仕栋(2011.8.11～)

城市发展投资(集团)有限公司

董 事 长　赵宝元
副董事长　李寿林　孔明其
党委书记　赵宝元
纪委书记　曾　鸣(女)
总 经 理　李寿林

水务投资(集团)有限公司

董 事 长　周国权
副董事长　陈仕栋(2011.8.11～)
党委书记　周国权
纪委书记　潘在龙

浙江省、嘉兴市垂直管理部门

平湖市国家税务局

局　　长　王新华
副 局 长　朱永强　李跃进　董志明
　　　　　邱晓峰
党组书记　王新华
副 书 记　朱永强
纪检组长　周建忠(～2011.3.17)
　　　　　刘　波(女,2011.3.17～)

平湖市地方税务局

局　　长　唐华荣
副 局 长　李大相(～2011.11.11)
　　　　　孙彭跃
稽查局局长　朱方亭

平湖市工商行政管理局

局　　长　周曙光
副 局 长　朱　杰　褚卫国　朱　浩
党委书记　周曙光
纪委书记　杨金才(～2011.2.10)
　　　　　喻　彪(2011.4.2～)

平湖市国土资源局

局　　长　谢龙华(～2011.12.31)
　　　　　陶跃中(2011.12.31～)
副 局 长　高浩健　高建平　徐海飞
党委书记　谢龙华(～2011.12.31)
　　　　　陶跃中(2011.12.31～)
副 书 记　高浩健
纪委书记　毕建元

平湖市供电局

局　　长　周浦江
副 局 长　李正光
　　　　　肖龙海(～2011.12.31)
　　　　　车江嵘　王金跃
　　　　　冯跃亮(2011.12.31～)
党委书记　李正光
副 书 记　周浦江　周　杰
纪委书记　周　杰

中国电信股份有限公司平湖分公司

总 经 理　苏　坚
副总经理　陆　跃　田伟明

党委书记　苏　坚
纪委书记　田伟民

平湖市邮政局
局　　长　鲍武明
副 局 长　刘盛华
党委书记　鲍武明

平湖市烟草专卖局(分公司)
局　　长(经　理)　李鹏程
副 局 长　王力夫
副 经 理　庄学杰
党组书记　李鹏程
纪检组组长　王力夫

平湖市质量技术监督局
局　　长　张明华
副 局 长　陆丹恩
　　　　　朱劲松(2011.4.26～)
党委书记　张明华
纪委书记　杨天生(～2011.4.26)
　　　　　朱劲松(2011.4.26～10.13)
　　　　　黄利忠(2011.10.13～)

平湖市气象局
局　　长　沈省中
副 局 长　孙明花(女,～2011.12.31)
　　　　　沈强明
党组书记　沈省中

平湖市盐务管理局
局　　长　朱关根(～2011.3.14)
　　　　　陈引初(2011.3.14～)
党支部书记　朱关根(～2011.3.14)
　　　　　陈引初(2011.3.14～)

中国人民银行平湖市支行
行　　长　裴洁萍(女)
副 行 长　吴志强　王耀亮
党组书记　裴洁萍(女)

中国银行业监督管理委员会嘉兴监管分局平湖办事处
主　　任　鲁家鹏
副 主 任　陈家平

中国工商银行股份有限公司平湖支行
行　　长　陈晓强(～2011.8.1)
副 行 长　张晓峰
　　　　　王　博(2011.7.6～)
　　　　　吴骏奔
　　　　　蔡亚娟(女,～2011.5.8)
　　　　　文　波
党总支书记　陈晓强(～2011.8.1)
副 书 记　张晓峰(2011.8.1～)

中国农业银行平湖市支行
行　　长　潘韶亮(～2011.9.8)
　　　　　李风华(2011.9.8～)
副 行 长　王跃吉(～2011.5.31)
　　　　　杨振宇(2011.12.11～)
　　　　　李风华(～2011.9.8)
　　　　　郑　宏(女,～2011.12.11)
　　　　　李　华(2011.11.17～)
党委书记　潘韶亮(～2011.9.10)
　　　　　李风华(2011.9.10～)
副 书 记　李风华(～2011.9.10)

平湖农村合作银行
董 事 长　何雪根
行　　长　朱颂华
副 行 长　张伟中
　　　　　张向荣(～2011.12.31)
监 事 长　吴望松(～2011.1.27)
党委书记　王月光(～2011.1.21)
　　　　　何雪根(2011.1.21～)

中国建设银行股份有限公司平湖支行
行　　长　曹　平
副 行 长　徐卫中　富晓建
　　　　　孙　萍(女)
　　　　　冯建明(2011.10.27～)

中国银行股份有限公司平湖支行
行　　长　张　伟
副 行 长　汪　昱　潘春文

中国农业发展银行平湖市支行

行　　长　郑建芬(女,2011.1.28～)
副 行 长　郑建芬(女,主持工作,～2011.1.28)
　　　　　张　军

中信银行嘉兴平湖支行
行　　长　陆亚明
副 行 长　张金明
　　　　　王艳萍(女,2011.6.27～)

嘉兴银行股份有限公司平湖支行
行　　长　姚云天
副 行 长　张仿根(～2011.5.25)
　　　　　高逸平(女)

交通银行平湖市支行
行　　长　陆　军
副 行 长　叶　雷
　　　　　胡滨通(～2011.2.18)

浦发银行平湖支行
行　　长　徐明光(～2011.6.21)
　　　　　王海华(女,2011.12.31～)
副 行 长　华　俊(～2011.12.8)
　　　　　吴　泓(2011.6.21～12.31)
　　　　　王海华(女,～2011.12.31)

兴业银行平湖支行
行　　长　陶宏伟(女,2011.8.16～)
副 行 长　施保卫(2011.8.16～)

中国人寿保险股份有限公司平湖市支公司
经　　理　朱鹤良(2011.8.24～)
副 经 理　朱鹤良(主持工作,～2011.8.24)
　　　　　贺春观(～2011.4.21)
　　　　　盛亚明(2011.5.18～)

中国人民财产保险股份有限公司平湖支公司
经　　理　卢　伟
副 经 理　金　一　褚叶明
党组书记　卢　伟

中国太平洋财产保险公司平湖市支公司
经　　理　蒋仲虎
副 经 理　杨晓燕(女)

中国联合财产保险股份有限公司平湖市支公司
经　　理　朱亚平
副 经 理　沈逸明

中国移动平湖分公司
总 经 理　朱世杰
副总经理　胡　嵩

中国联合网络通信有限公司平湖市分公司
总 经 理　张　烈
副总经理　沈　杰(～2011.9.14)
　　　　　纪　明
　　　　　谢国平(2011.9.14～)

镇、街道

当湖街道
党委书记　何　健
副 书 记　陆建芳　张远方
　　　　　孙晓云(女,～2011.8.2)
　　　　　陈　击(2011.8.2～)
　　　　　陈　伟(～2011.10.8)
纪委书记　孙晓云(女,～2011.8.2)
　　　　　陆　击(2011.8.2～)
人大工委主任　张远方
副 主 任　沈中浩
办事处主任　陆建芳
副 主 任　俞锡梁
　　　　　陆法根(～2011.8.2)
　　　　　刘国华(2011.8.11～)
　　　　　张建平
　　　　　顾良华(～2011.8.2)
　　　　　袁秀其(2011.8.2～)

钟埭街道
人大工委主任　马进其(～2011.8.30)
　　　　　蒋美玲(女,2011.8.30～)
副 主 任　陆彩英(女,～2011.8.30)
　　　　　陈全根(2011.8.30～)
办事处主任　曹永其(～2011.8.2)
　　　　　张照明(2011.8.2～)
副 主 任　蒋美玲(女,～2011.8.2)
　　　　　张照明(～2011.8.2)
　　　　　申任忠

朱荣华(~2011.8.2)
杨光明(~2011.8.2)
张冬阁(女,2011.8.2 ~)
范丽敏(女,2011.8.2 ~)
金　卫(2011.8.2 ~)

曹桥街道

党委书记　徐卫林(~2011.8.11)
钱学勤(2011.8.11 ~)
副 书 记　李寿林
金导耕(~2011.8.28)
程佳俊(2011.8.28 ~)
纪委书记　金导耕(~2011.8.28)
程佳俊(2011.8.28 ~)
人大工委主任　徐卫林(~2011.8.30)
金导耕(2011.8.30 ~)
副 主 任　胡根甫(~2011.8.30)
蔡金华(2011.8.30 ~)
办事处主任　李寿林
副 主 任　潘永其(~2011.8.2)
赵振宁(2011.8.2 ~)
袁利强　干爱忠　曹月平
蔡金华(~2011.8.30)
胡家跃(2011.8.2 ~)

乍浦镇

党委书记　陆建良(~2011.10.21)
姚水华(2011.10.21 ~)
副 书 记　姚水华(~2011.10.21)
钟伟华(2011.10.21 ~)
张卫根(~2011.10.21)
杨　燕(女,2011.10.21 ~)
纪委书记　张卫根(~2011.10.21)
杨　燕(女,2011.10.21 ~)
人大主席　沈跃田
副 主 席　毛亚良(~2011.10.31)
镇　　长　姚水华(~2011.10.31)
副 镇 长　钟伟华(挂职,2011.1.19 ~)
严跃飞　张　良　杨　燕(女)

新埭镇

党委书记　沈炳兴
副 书 记　富国权
贺友根(~2011.8.11)
柳永良(~2011.8.2)
金　茜(女,2011.8.2 ~)
陆海生(~2011.9.30)
纪委书记　柳永良(~2011.8.2)
金　茜(女,2011.8.2 ~)
人大主席　贺友根(~2011.8.11)
副 主 席　沈永娟(女, ~2011.8.11)
镇　　长　富国权
副 镇 长　吴忠平
刘国华(~2011.8.11)
沈　平(~2011.8.11)
朱锡铭(~2011.8.11)

新仓镇

党委书记　邱志根
副 书 记　钱学勤(~2011.8.11)
戴建忠(2011.8.2 ~)
王利民(~2011.9.29)
沈志凤(女, ~2011.12.3)
邵秀俊(女,2011.12.3 ~)
华根琪(~2011.9.29)
纪委书记　沈志凤(女, ~2011.12.3)
邵秀俊(女,2011.12.3 ~)
人大主席　王利民
副 主 席　胡付法
镇　　长　钱学勤(~2011.8.11)
副 镇 长　邵　辉　蒋付根
王杏弟(~2011.8.11)
黄金良

独山港镇

党委书记　陈引发
副 书 记　冯中海
朱忠良(~2011.8.11)
王海余　金　球
纪委书记　金　球
人大主席　朱忠良(~2011.8.11)

副 主 席　陆玉娟(女,~2011.8.11)
　　　　　陆跃良(~2011.8.11)
镇　　长　冯中海
副 镇 长　丁根林　缪支农
　　　　　曹付法(~2011.8.11)
　　　　　何行良(~2011.8.11)

广陈镇

党委书记　周新根
副 书 记　顾秋莉(女,~2011.12.3)
　　　　　沈志凤(女,2011.12.3~)
　　　　　金志元(~2011.8.2)
　　　　　曹冬梅(女,2011.8.2~)
纪委书记　金志元(~2011.8.2)
　　　　　曹冬梅(女,2011.8.2~)
人大主席　周新根(~2011.8.11)
副 主 席　丁春雷
镇　　长　顾秋莉(女)
副 镇 长　王邱平　陈照明　钱勤法
　　　　　符勤华(女,~2011.8.11)

林埭镇

党委书记　郑忠勤
副 书 记　陈仕栋(~2011.8.11)
　　　　　沈海良(2011.8.2~)
　　　　　张继军
纪委书记　张继军
人大主席　郑忠勤
副 主 席　姚良弟(~2011.8.11)
镇　　长　陈仕栋(~2011.8.11)
副 镇 长　钟健鸣　陆爱民
　　　　　彭永良(~2011.8.11)
　　　　　郭　忠(~2011.8.11)

文 件 选 编

文 件 选 录

中共平湖市委
关于加强和创新社会管理服务的意见

平委[2011]8号

中国共产党平湖市第十二届委员会第十一次全体会议，根据中央、省委和嘉兴市委关于加强和创新社会管理的部署，认真总结我市和谐社会建设的实践，全面分析当前社会发展的趋势特征，就进一步加强和创新社会管理服务提出如下意见。

一、加强和创新社会管理服务的指导思想、基本原则、目标任务

加强和创新社会管理，是党中央深刻分析当前社会管理服务的新趋势新特征，从党和国家事业发展全局出发确定的一项重大战略任务，事关巩固党的执政地位，事关国家长治久安，事关人民安居乐业。面对新形势新要求，我们必须深化思想认识，明确目标任务，在新的更高起点上，进一步加强和创新社会管理服务，推进我市经济社会全面协调可持续发展。

1. 指导思想。高举中国特色社会主义伟大旗帜，全面贯彻党的十七大和十七届三中、四中、五中全会精神，以邓小平理论和“三个代表”重要思想为指导，深入学习实践科学发展观，全面落实省委“八八战略”和“两创”总战略，坚持发展转型、发展惠民，以维护群众利益为根本，以体制机制创新为动力，以加强基层基础工作为重点，以“平安平湖”、“法治平湖”建设为载体，以解决影响社会和谐稳定突出问题为突破口，以加强新形势下群众工作为抓手，建立健全社会管理服务的组织领导体系、群众权益维护体系、基层组织联动体系、公共安全防控体系、重点人群服务管理体系、公共服务共享体系、文明环境共建体系、社会管理保障体系，加快形成社会管理更加科学、社会服务更加完善、社会关系更加和谐、社会环境更加文明的良好局面，不断提高社会管理科学化水平，最大限度激发社会活力、最大限度增加和谐因素、最大限度减少不和谐因素，为建设富裕和谐的现代化强市创造更加良好的社会条件。

2. 基本原则。

——坚持科学谋划、统筹推进。坚持把加强和创新社会管理服务贯穿于经济社会发展全局，科学谋划，统筹经济建设与社会发展，统筹社会管理与公共服务，统筹各领域、各环节工作，努力促进社会和谐稳定，激发社会生机与活力。

——坚持依靠群众、服务民生。加快转变管理理念，改进管理方式，寓管理于服务之中，突出人民主体地位，以群众工作统揽社会管理服务，关注民意、集中民智、回应民声、维护民利，以强化服务提高管理实效，以民生和谐促进社会和谐。

——坚持党政主导、多方协同。发挥党委领导核心和政府主导作用，支持人大、政协和各民主党派、工商联以及人民团体发挥职能作用，鼓励和引导社会力量参与社会管理服务，实现政府行政管理与社会自我调节、居民自治管理的良性互动。

——坚持基层为重、源头治理。坚持关口前移、重心下沉,把加强社会管理和服务的重点放在基层,注重从源头上化解矛盾、解决问题。大力加强基层基础工作,健全基层管理服务网络,完善社区社团社工"三社互动"的运行机制,提升基层管理服务能力,不断增强工作的实效性。

——坚持法治为基、综合施策。加强社会管理法治化建设,深入开展法制宣传教育,提升公民的法治观念和法律素质,注重运用法律手段加强和创新社会管理,依法调整社会关系、规范社会行为,全面推进依法行政,加强社会管理领域的各项制度建设,促进社会和谐有序。

——坚持把握规律、改革创新。坚持深入调查研究,遵循社会管理的一般规律,把握发展阶段的新趋势新特点新要求,以改革创新精神加强和创新社会管理服务,强化理论指导,加强实践探索,积极借鉴先进经验和成功做法,为推进和谐社会建设提供不竭动力。

3. 目标任务

——社会管理更加科学。党委领导、政府负责、社会协同、公众参与的社会管理格局不断完善,社会管理服务的体制机制创新深入推进,基层社会管理服务的基础性作用得到有效发挥,社会组织自身建设和服务能力不断增强,新居民服务管理、信息网络管理、特殊人群服务管理富有成效,社会管理科学化水平不断提高,确保社会既和谐稳定又充满活力。

——社会服务更加完善。城乡居民就业更加充分,全覆盖、多层次、可持续的社会保障体系不断健全,城乡教育、医疗卫生、文化体育等社会事业均衡发展,人民群众日益增长的物质文化需求得到更好满足,各级便民服务平台更加完善,城乡统筹、区域均衡、全民共享的基本公共服务水平在更高水平上得到实现。

——社会关系更加和谐。维护群众权益的各项机制不断完善,群众合法权益得到切实保护,各方面利益关系更加协调,社会治安管控能力不断增强,社会公共安全监管机制不断健全,综合处置能力显著提高,人民群众的幸福感不断增强。

——社会环境更加文明。社会主义核心价值体系建设、思想道德建设不断加强,公民意识得到培育和弘扬,"文明有礼、守法诚信、崇尚科学、积极向上"的社会风尚有效加强,法治理念深入人心,公平正义的社会环境加快形成。

二、建立健全系统化的社会管理组织领导体系

4. 突出党委的核心领导作用。各级党委要总揽全局、协调各方,建立健全社会管理组织领导机构和协调机制,把党的政治、组织优势转化为管理服务优势,有效提升引领社会、组织社会、管理社会、服务社会能力。切实加强和创新社会管理工作的组织领导,充分发挥市委社会工作委员会的作用,经常分析社会管理新情况、研究解决新问题,不断提高社会管理科学化水平。全面加强和改进新形势下的群众工作,始终保持党同人民群众的血肉联系。支持人大依法履行职能,支持政府依法行政和依法管理,支持政协为加强和创新社会管理参政议政、献计献策。

5. 强化政府社会管理服务职能。按照转变职能、权责一致、强化服务、改进管理、提高效能的要求,切实发挥政府在社会管理和服务创新中的主导作用,加快推进法治政府和服务型政府建设。科学定位政府职能部门在社会管理和公共服务中的职责任务,理顺政府、市场和社会组织的关系,推进建立新型政社合作互动关系。以发展社会事业和解决民生问题为重点,优化公共资源配置,加大对社会管理服务的投入,努力实现基本公共服务均等化。坚持依法行政,创新行政管理方式,深化行政审批制度改革,推进政务公开,切实增进政府公信力。健全和落实社会管理服务的政策制度,切实提高对各类社会事务的管理与服务效能,不断满足社会多样化需求。

6. 注重社会各方的协同作用。加快构建以社区为基础，以社团为载体，以社工和志愿者为骨干的“三社”互动的运行机制。发挥工会、共青团、妇联等群团组织在参与社会管理和服务中的优势和作用，强化各类企事业单位社会管理和服务职责，引导各类社会组织加强自身建设、增强服务社会能力。积极整合社会管理资源，加强政府与社会组织的分工协作以及不同社会组织之间的相互配合，加强各类基层组织的互联、互补、互动。

7. 动员公众参与社会管理。积极拓展基层民主，依法保障公众的知情权、参与权、表达权、监督权。进一步深化党务、政务、村(居)务、厂务公开工作，着力推进权力公开透明运行。积极探索公众参与社会服务管理的有效途径，支持并推动城乡社区和村(居)民自治组织依法实现自我管理、自我教育、自我服务、自我监督，充分调动广大群众有序参与社会服务管理的积极性和主动性，引导和培育公民意识，履行公民义务，开展志愿服务活动，加快形成社会管理人人参与、和谐社会人人共享的良好局面。

三、建立健全多元化的群众权益维护体系

8. 健全群众利益协调机制。准确把握新形势下群众工作的新情况新特点，始终把群众工作贯穿到社会管理的各个方面、各个环节。探索建立和完善科学有效的群众利益协调机制，通过建立和完善干部驻村(社区)工作室、民生台账、民情工作日、信访汇报会等平台载体，注重倾听群众呼声，全面了解各类群体利益需求，着力解决群众最关心最直接最现实的利益问题。加大法律援助，完善公益法律服务，有效维护群众合法权益。在征地拆迁、环境保护、劳动用工等矛盾多发领域，建立健全利益平等协商机制，保障各方的知情权、参与权和平等对话权。

9. 畅通民意诉求表达机制。以多元、便捷、畅通为目标，切实加强书记、市长网上信箱、12345市长电话、政风行风热线等社情民意“直通车”建设，完善行政复议、仲裁、诉讼等法定诉求表达渠道，进一步畅通信访渠道，方便群众反映诉求。充分发挥人大、政协和民主党派、工商联、人民团体、社会组织、大众传媒等的社会利益表达功能。坚持以群众工作统揽信访工作，深化和完善党政领导定期下访、约访、接访和在线访谈等制度。健全群众诉求落实反馈机制，完善群众利益有效投诉查处、党政机关督查问责等制度，有效促进群众诉求的解决。积极引导群众以理性合法方式表达诉求，着力推进群众利益诉求表达的法治化、规范化、制度化。

10. 完善矛盾纠纷调处机制。深化社会矛盾多元调解体系建设，建立健全反应灵敏的预警机制、条块结合的排查机制、多管齐下的联调机制、高效规范的处置机制，充分调动各方力量参与矛盾纠纷调处化解工作，最大限度地把矛盾纠纷解决在当地、化解在萌芽状态。全面落实全员维稳责任制，强化源头预防和治理，整合调解力量，创新调解方法，把调解优先原则贯穿于处理经济社会关系的各个方面。完善村(社区)综治工作站(室)把控源头、镇(街道)综治中心联合调解、市级调解中心统筹攻坚的“三级互动”机制，推进“诉调对接”、“检调对接”、“警调对接”等，促进人民调解、行政调解、司法调解衔接联动，协同推进矛盾纠纷化解。加强行业性、区域性、专业性和特殊群体、重点领域的调解组织建设，培育壮大行业协会等第三方组织及民间和谐力量，着力构筑多元化的矛盾纠纷“大调解”工作格局。

11. 强化维护群众利益的决策和风险评估机制。坚持科学决策、民主决策、依法决策，把社会稳定风险评估作为重要政策、重大项目可行性研究和决策的必经程序。凡涉及群众利益的重大事项决策，都要广泛征求群众意见和建议，对大多数群众不理解、不支持的事项暂缓出台或不出台。推行党委、政府重大政策制定和重大工程项目社会稳定风险评估机制，全面实施平湖市重大事项社会稳定风险评估办法，突出抓好重点工程建设、征地拆迁、环境保护、教育医疗、安全生产等重点领域的社会稳定风险评估工作，最大限度地防止因决策不当引发新的社会不稳定因素。

建立健全决策失误纠错机制和责任追究机制，对决策失误造成的重大损失和严重不良影响，追究有关人员责任。

四、建立健全规范化的基层组织联动体系

12. 强化城乡社区自治和服务。完善社区治理结构，推进社区民主自治，落实民主选举、民主管理、民主监督等各项措施，建立健全社区居(村)民代表大会制度和议事协商制度，深入开展民情恳谈、事务协调、成效评议等活动，增强社区自治功能。创新社区管理服务模式，加快推进社区社团社工建设，健全社区以党组织为核心、居民自治组织为主体、管理服务站和综治办为依托的新型管理服务体系，动员社区工青妇组织和社会组织、物业管理机构、驻社区单位、社区居民等力量，形成社区、居民小区、楼栋纵向到底、横向到边的社区管理服务网络。加强"一站式公共服务中心"、"十分钟社区服务圈"、"96345社区服务中心"、"12316为农服务中心"等服务平台建设，组织广大群众参加志愿服务活动，推动社区公共服务、互助服务和自助服务有机结合，满足群众服务需求。严格实行社区工作申报准入制。加大财政对社区建设的保障力度，确保有人干事、有钱办事、办事有效。围绕推进统筹城乡综合配套改革，结合"两新"工程建设，积极探索城乡一体新社区治理模式。

13. 大力发展社会组织。坚持积极引导和依法管理并重，促进社会组织健康有序发展。深化社会组织管理体制改革，加大培育力度，完善扶持政策，简化登记制度，降低社会组织准入门槛，强化服务和监管。研究制定社会组织承接政府职能转移、政府购买服务等政策，逐步将事务性、服务性工作和部分社会管理工作委托给社会组织承担。创新社会组织服务管理模式，拓宽社会组织依法参政议政渠道，充分发挥行业协会、商会在沟通联系企业与政府部门中的桥梁作用，进一步扩大社会组织对公共事务的参与范围。加强社会组织自身建设，完善内部法人治理结构，健全社会监督机制和科学有效的评估制度，形成自我管理、自我服务、自律自治的运作机制，有效规范社会组织活动行为。

14. 加强社会工作人才队伍建设。确立和倡导"社会工作者是人才"的理念，把社会工作人才纳入全市人才队伍建设总体规划，建立社会工作者职业资格认定、评价和准入制度，以人才培训、岗位开发为基础，完善社会工作人才队伍培养、评价、使用、激励、保障长效机制，建设一支素质优良、业务精湛、专兼结合的社会工作人才队伍，加快推进社会工作人才队伍的专业化、制度化。加强志愿者队伍建设，完善志愿者管理和支持体系，加快推进志愿服务的常态化、规范化。加快推进社会工作人才信息库建设，加强资源整合，完善工作网络，建立全市统一的分层次、分类型的社会工作人才信息库。建立"社工引导志愿者，志愿者协助社工"的联动工作机制，切实提高社会工作水平和志愿服务成效。

15. 加强社会领域党的建设。充分发挥社会领域党组织在社会服务管理创新中的政治核心作用，整合党建资源，优化组织设置，规范运行机制，扩大区域互动，着力构建"条块结合、资源共享、优势互补、共驻共建"区域化党建工作新格局。根据区域集聚、产业布局、就业结构、组织形式和党员流向的发展变化，通过采取转型过渡式、统分结合式、区域共建式、链状融合式等模式，加强新经济组织特别是非公有制经济组织、新社会组织、新居民和城乡一体新社区中党组织和党的工作全覆盖。坚持党群共建，扎实推进工、青、妇等群团组织在新经济组织、新社会组织等领域的覆盖，形成党建带群建、群建促党建的生动格局，进一步引导基层党组织加快从管理型向服务型转型提升。加强社会领域的惩防体系建设，完善社会领域反腐倡廉工作机制。

五、建立健全动态化的公共安全防控体系

16. 完善社会治安防控体系。以平安系列创建活动为抓手，加强社会治安综合治理，深化城乡综治工作中心建设，推进"网格化管理、组团式服务"。整合社会防控资源，加快构建点线面结合、人防物防技防结合、打防管控结合的立体化治安防控体系。着力建设街面防控网、社区防控网、单位内部防控网、视频监控网、社区警务协作网和虚拟社会防控网“六位一体”的社会治安动态防控网络,不断提升动态环境下的整体治安防控能力。坚持专群结合、群防群治,深化城乡社区警务制度建设,深入推进“综治进民企”,加强专兼职治安巡防、新居民协管员、企业社区保安、村级治安巡防等队伍建设,夯实基层基础工作。加强重点地区、重点单位社会治安综合治理,着力解决突出治安问题和安全隐患,严密防范和依法打击各种违法犯罪活动,切实保障人民群众生命财产安全。

17. 严格安全生产监管。健全以人为本、安全第一、预防为主、综合治理的安全生产长效管理机制,完善安全生产企业主体责任、政府监管责任和属地管理责任体系,强化安全生产综合监管和行业监管责任。健全协调联动机制,突出道路交通、危险化学品、建筑施工等重点行业领域,深入开展安全隐患排查治理和专项整治,有效防范各类事故发生。强化安全生产基层基础工作,以完善安全监管网络建设为重点,以安全生产管理信息平台建设为载体,以安全生产宣传教育培训为手段,以完善安全投入和保障机制为基础,全面提升安全生产保障能力。注重源头管理,严格安全生产准入,大力推进企业安全生产标准化建设,严厉打击非法违法生产经营建设行为。深化重点区域、行业、企业环境污染整治,强化对突发环境事件的监测和管控,推进消防安全社区、单位建设,加强居家安全宣传和教育,提高安全生产整体水平。

18. 保障食品药品安全。进一步理顺食品药品监管体制,健全食品药品安全协调机构,建立健全食品药品安全责任制,完善考核评价和责任追究机制。建立健全食品药品质量追溯制度,形成来源可追溯、去向可查证、责任可追究的安全责任链。完善动态监测和处置机制,健全食品药品安全应急体系,强化快速通报和迅速反应机制,及时处置食品药品突发公共安全事件。深入开展食品药品安全专项整治,落实食品药品安全企业主体责任,始终保持打假治劣高压态势,加大对食品药品抽检力度和大案要案查办力度,切实提高食品药品安全水平。

19. 健全突发事件应急管理体系。加强应急管理组织机构和领导体系建设,统筹指挥、组织协调突发事件预防和应对工作。完善应急预案,加强综合应急平台建设,健全预警信息快速发布和舆论引导机制,形成统一高效的公共安全应急指挥系统。统筹全市资源,完善资金、物资、装备、技术准备制度,健全各类应急通讯网络,提高公共突发事件和灾害预警能力。进一步提高应急保障能力,着力推进应急队伍、专家队伍建设。不断健全社会动员机制,普及应急管理、防灾减灾、预防避险等知识,组织开展群众性应急演练和教育培训,提高全社会风险防范和应急处置能力。

六、建立健全人性化的重点人群服务管理体系

20. 不断加强新居民服务管理。按照“改善结构、加强管理、优化服务”的思路,不断提升新居民服务管理工作的组织网络化、管理精细化、服务亲情化、维稳长效化水平。不断完善新居民服务管理机构和工作体系,以综合信息平台建设为重点,推动相关部门信息的互联互通和共享共用,增强新居民服务与管理的实时性、有效性。深化居住证制度改革,稳步提升新居民居住环境、子女教育、社会保障、劳动就业、技能培训、医疗卫生等基本公共服务均等化水平。加快流动人口集中居住点建设,探索“社区化管理”和“以新管新”工作模式。加强以新居民思想素质、技能素质、法律素质、文明素质提升为重点的教育培训,全面提升新居民综合素质。注重人文关怀,切实保障新居民合法权益,增强新居民的归属感。

21. 全面构建和谐劳动关系。深入开展和谐劳动关系创建活动,形成党委重视、政府主导、工会推动、企业实施、职工参与的和谐创建格局和运行机制。引导企业依法实行劳动合同和集体合同制度,加强对企业工资分配的指导和调控,稳步提高和严格执行最低工资标准,建立健全职工工资集体平等协商、合理增长、支付保障机制。积极稳妥解决劳动争议,加强劳动关系预警机制和市、镇街道、村(社区)、用人单位四级劳动争议调解组织网络建设,强化劳动监察执法力度和劳动争议调解处理,努力化解劳动关系矛盾。依法建立以职代会为基本形式的企事业单位民主管理制度,畅通职工民主参与渠道。加强企业文化和职工文化建设,不断满足职工多样化需求。依法维护职工的合法权益和企业安全稳定,促进劳动关系和谐。

22. 完善特殊人群服务管理。实施特殊人群服务管理行动计划。加强对刑释解教人员、精神病人、艾滋病人、吸毒人员、流浪乞讨人员等特殊群体的服务和管理,完善特殊人员社会关怀帮扶制度。完善和落实刑释解教人员必接必送和有效安置政策,深入推进社区矫正工作规范化建设,帮助刑释解教人员提高融入社会能力。加强精神卫生防治体系建设,建立重性精神疾患人员的监测、预警、救治、服务和管理机制。完善吸毒人员戒毒康复机制,加强对流浪乞讨人员的分类甄别,加大对符合救助条件的孤儿、残疾人员等的救助力度,加强对失范失足青少年的教育挽救,加快构建孤儿等困境儿童福利救助机制,健全和完善以市救助管理站为依托、街道社区为补充的救助管理网络和长效管理制度。加强对弱势群体的关爱帮扶。

七、建立健全均等化的公共服务共享体系

23. 完善覆盖城乡居民的社保体系。全力推进全覆盖、保基本、多层次、可持续的集就业、社会保障、社会救助和社会福利于一体的大社保体系,切实保障人民群众的基本生活。健全就业公共服务体系,完善就业培训、信息发布等免费服务制度,加大就业援助力度,实现城乡劳动者平等就业。深化完善社会保险体系,逐步提高保障标准和水平,稳步推进职工基本养老、基本医疗、失业、工伤、生育等保险从“制度全覆盖”到“人群全覆盖”。加快完善廉租房、经济适用房和公共租赁房相结合的住房保障体系,严格保障性住房管理,逐步实现“住有所居”。建立健全以最低生活保障为基础,养老、医疗、教育、住房等专项救助为辅助,其他救济和社会帮扶为补充的新型社会救助体系。完善最低生活保障标准的动态增长机制和物价补贴机制,加快实施农村“五保”和城镇“三无”对象集中供养,有效帮扶困难群众。加强以养老、助残、救孤、济困为重点的社会福利体系建设,实现社会福利适度普惠。坚持走共同富裕之路,实施低收入家庭帮扶行动计划,共享改革发展成果。

24. 加快社会事业发展。建立完善配置公平、发展均衡的社会事业体系,满足人民群众教育、医疗卫生、文化等基本公共服务需求。不断提高城乡教育公平程度,加快公共教育资源重点向农村和薄弱学校倾斜。高标准高质量实施十五年教育,大力发展职业教育、成人教育和社区教育,办好更加规范的学前教育,关注特殊教育。不断完善覆盖城乡的公共卫生、基本医疗服务网络,切实加强城乡社区卫生服务。加大卫生资源整合力度,积极鼓励发展民营医院。推进国家基本药物制度,加强以全科医生为重点的基层医疗卫生队伍建设。城乡公共文化服务网络更趋完备,巩固提升镇街道、社区(村)文化基础设施建设,健全文化产品供给和文化下乡长效机制,满足人民群众日益增长的精神文化需求。进一步完善全民健身服务体系,逐步实现城乡公共体育场馆设施的免费开放和社会单位体育场馆设施的对外开放,不断提高城乡居民健康素质。进一步做好未成年人和妇女儿童保护、人口计生等方面工作。

25. 完善城乡一体的公共基础设施。进一步改善城乡生产生活条件,结合“两新”工程建设,统筹城乡公共基础设施规划和建设,不断完善城镇功能配套,加快形成布局合理、城乡共享的公用设施体系。推进城乡公共交通建设,基本实现行政村客运通村和城乡客运一体化全覆盖。加快城乡供水一体化,切实提高饮水质量,保障农村饮水安全,实现城乡供水"同网同质同价"。推进新农村电气化建设,适应城乡居民和企业不断增长的用电需求。加强农村生活污水处理设施、配套收集管网及垃圾收集处置体系建设,基本实现城乡污水和垃圾处理一体化。加强城乡消防基础设施建设,切实保障消防安全。

八、建立健全法治化的文明环境共建体系

26. 加强思想道德建设。实施公民道德素质提升行动计划,把提高全社会文明素质作为加强和创新社会管理的基础性工作。围绕社会主义核心价值体系建设,完善与新型社会管理体制相适应的道德秩序、诚信体系和行为规范,广泛开展群众性爱国主义教育活动,大力弘扬以爱国主义为核心的民族精神和以改革创新为核心的时代精神,弘扬和践行"凡事认真、勇猛精进"的李叔同人格精神。加强社会心理服务,注重心理疏导,建立心理危机干预预警机制,努力培育奋发进取、理性平和、开放包容的社会心态。深入推进文化大发展大繁荣,完善公共文化服务体系和文化产业发展体系,扶持公益性文化事业,努力满足人民群众日益增长的精神文化需求。以全国文明城市(省示范文明城市)创建为龙头,广泛开展新一轮"五城同创"系列活动。加强社会公德、职业道德、家庭美德、个人品德建设,深化廉政文化建设,不断提高全社会思想道德水平,引导人们自觉履行法定义务、社会责任、家庭责任,树立良好社会风尚,努力在全社会形成齐心协力促进社会和谐稳定的良好氛围。

27. 提高全社会法治化水平。大力弘扬社会主义法治精神,充分发挥法治在保障民权、维护民利、促进社会公平正义中的基础性作用,有效提高依法协调社会关系、化解社会矛盾的能力和水平。全面推进依法行政,健全行政执法体制和程序,加强行政督查和问责,规范行政权力运行。加快推进综合执法试点,积极推进行政指导、说理性执法等执法方式创新,探索推进相对集中行政处罚权和规范处罚裁量权工作,提高执法整体水平和执法效能。深化司法体制改革,推进"阳光司法",不断扩大司法公开范围和程度,促进有效监督,维护司法公正。加大法律援助和司法救助力度。以组织实施"六五"普法规划为契机,深入开展法治文化建设,广泛开展各类法治文化活动,大力推进法治文化景观建设,不断强化法治理念,提升公民法律素质,引导群众以理性合法方式表达诉求、化解矛盾;注重对领导干部、行政执法人员、公务员的法律法规教育和培训,提高依法决策、依法行政和运用法律手段解决问题的能力。

28. 建立健全社会诚信体系。以建立全社会的诚信环境、规范的市场经济秩序为目标,以突出政府诚信的带头示范作用、培育良好的企业信用和个人信用为重点,着力推进社会诚信体系建设。加强社会诚信制度建设,建立健全社会化的诚信评价和失信惩戒机制,加快构建社会诚信规范和约束体系。大力整合信用资源,以公民身份证号码和组织机构代码为基础,探索建立统一的信用记录平台,实现信用信息的资源共享和综合利用。加快中小企业和农村信用体系建设,积极推动中小企业信用档案征集、农户信用档案征集和信用评级。加快培育和发展信用中介行业,制定相关扶持政策,积极拓展信用产品和服务使用,促进信用中介行业健康发展。加强个人诚信体系建设,加快个人诚信评估和失信惩戒制度建设,提高公民个人信用素质。充分调动社会各方面理解、支持、参与社会诚信体系建设,加大舆论、社会监督的力度,营造"有信者荣、失信者耻、无信者忧"的社会氛围。

29. 加强和完善信息网络管理。坚持依法管网,着力构建以法律规范、行政监管、行业自律、技术保障、公众监督、社会教育相结合的互联网管理体系。整合监管力量,创新工作方法,切实加强互联网基础管理,充分发挥网上技术监管作用,完善网上有害信息的预警、监测、研判、处置机制,提倡文明办网、文明上网,规范网络信息传播秩序,严厉打击网络造谣、诽谤、色情、诈骗等违法犯罪活动,净化网络环境。健全和完善网络舆论引导机制,加强虚拟社会监管防控机制建设,强化网络评论员队伍建设,切实增强网络舆论引导能力。完善新闻发言人制度,加快建立公开透明、及时有效的权威信息发布制度,牢牢把握网络舆情的主导权和话语权。

30. 巩固发展民族团结、宗教和睦。全面贯彻落实党的少数民族政策,切实维护少数民族群众合法权益。深入开展民族团结进步创建活动,夯实民族团结进步的基础。完善与少数民族群众沟通协调机制,加强和改善少数民族流动人口的服务与管理。全面贯彻党的宗教信仰自由政策,积极引导民族宗教界人士和信教群众走与社会主义社会相适应的道路,努力促进宗教关系和谐。依法管理宗教事务,深化创建和谐寺观教堂等活动,加强宗教教职人员认定备案和宗教活动场所财务监督管理等工作,切实提高宗教事务管理水平。教育引导各族各界群众团结一心,共同维护社会和谐稳定。

九、建立健全一体化的社会管理保障体系

31. 强化统筹推进。全市上下要统一思想、提高认识,把加强和创新社会管理工作作为事关全局的中心工作来抓,纳入本地区、本部门经济社会发展总体规划,做到与经济建设同规划、同部署、同检查、同落实。加强组织领导,明确党政主要负责人为第一责任人,亲自抓、带头管、负总责,各有关部门要切实履行职责,抓好各项政策措施的贯彻和落实。加快研究制定科学的社会管理工作考核指标体系,把社会管理工作实绩作为对领导班子、领导干部综合考核评价的重要内容。加快推进社会管理重点基础项目建设,明确工作目标,探索实施项目化管理,确保工作实效。根据社会服务管理发展形式,不断加大财政投入力度,切实保障社会建设和管理的资金需求。

32. 创新群众工作。切实发挥群众工作对于社会管理的基础性、经常性、根本性作用,根据新形势下群众工作的新要求新特点,把做好群众工作贯穿于社会管理的各个方面、各个环节。坚持教育群众和服务群众相统一,继承和创新群众工作方式方法,综合运用法律、政策、经济、行政、科技等手段和教育、协调、疏导等方法开展群众工作,更加注重群众工作的针对性、实效性。牢固树立群众观点,坚持走群众路线,更好地倾听群众呼声、了解群众诉求、感受群众疾苦、化解群众怨困,相信群众、尊重群众、依靠群众,把加强和创新社会管理建立在广泛的群众基础之上。深化领导干部下基层蹲点调研、结对联系、破难攻坚等制度,使群众工作更切实际、更有活力、更富成效。着力解决群众反映强烈的突出问题,严肃查处损害群众利益的违纪违法案件,以惩治腐败的实际行动取信于民。与时俱进地做好其他各项群众工作。

33. 提高管理水平。各级领导干部要主动适应形势发展需要,加强对社会管理重大问题的调查研究,自觉学习掌握社会管理相关理论和科学分析社会形势的方法,提高社会管理能力和群众工作能力。市委党校、行政学院等干部教育培训机构要增设社会管理相关课程,加强对各级领导干部的社会管理知识教育培训,组织对镇街道、村(社区)工作人员的集中轮训。组织人事部门要注重以交流、挂职、下派锻炼等形式的实践教育方式,重视基层的用人导向,不断提高各级干部队伍的社会管理水平和群众工作能力。

34. 营造良好氛围。加大社会管理服务工作的宣传引导,充分发挥报刊杂志、广播电视、手机短信、新闻网站等各种传播媒介的作用,多渠道、多层次大力宣传加强和创新社会管理工作的重要意义,及时总结、宣传和推广各镇街道、各部门在推进社会管理工作创新中的经验做法。广泛动员和依靠社会力量,努力营造举全市之力推进社会管理创新工作的良好氛围。

中 共 平 湖 市 委

2011 年 7 月 24 日

中共平湖市委　平湖市人民政府
关于推进
“金平湖·美丽乡村”建设(2011～2015年)的实施意见

平委发[2011]32号

各镇、街道,平湖经济开发区(钟埭街道)、独山港区,市级机关各部门,市属各单位:

“十二五”时期是我市统筹城乡发展,促进工业化、城市化和农业现代化同步发展,加快全面建成惠及全市人民小康社会的关键时期。根据《浙江省美丽乡村建设行动计划(2011～2015)》(浙委办〔2010〕141号)精神,经市委、市政府研究,决定就推进“金平湖·美丽乡村”建设(2011～2015年),提出如下意见。

一、总体要求

(一)指导思想。深入贯彻落实科学发展观,全面实施“生态立市”战略,以实现人与自然和谐相处、提升农民生活品质为核心,围绕“生产发展、生活富裕、生态良好”的目标,按照“规划科学布局美、村容整洁环境美、创业增收生活美、乡风文明身心美”的要求,以深化提升村庄整治工程为载体,以“两区”建设和“两新”工程为抓手,着力推进农村生态人居、农村生态环境、农村生态经济和农村生态文化建设,努力将我市农村打造成为宜居、宜业、宜游的“金平湖·美丽乡村”。

(二)总体目标。根据我市市域总体规划、新一轮土地利用总体规划和生态环境功能区规划,结合农村的人文积淀、资源禀赋、区位条件和经济社会发展水平,按照“重点培育、整体推进、争创特色”的要求,开展“金平湖·美丽乡村”建设。到2015年,力争5个镇街道达到“金平湖·美丽乡村”建设要求,形成“一镇一品牌,一村一特色,一点一景观”美丽乡村建设格局。具体实现以下目标:

——人居环境明显优化。村庄布局规划合理,建筑美观实用,中心镇建设、中心村培育、示范性城乡一体新社区创建和农村土地综合整治、农村住房改造建设稳步推进,农村人口集中居住和土地集约利用水平不断提高,呈现出布局科学的美丽乡村。

——生态环境不断改善。村庄环境综合整治深入推进,乡村工业污染、农业面源污染以及农村垃圾、污水得到有效治理,村庄美化绿化水平不断提高,农村环卫长效管理机制逐步完善,连线成片整治成效明显,农村生态环境普遍改善,呈现出村容整洁的村庄美景。

——生态经济加快发展。乡村生态农业、生态工业、生态旅游业协调融合发展,农业生产、生活、生态功能得到拓展,农村生态经济加快推进,村级集体经济实力明显提升,农民群众创业就业热情高涨,呈现出生机勃勃的田园风光。

——生态文化日益繁荣。农村特色生态文化得到有效发掘、保护和弘扬,生态文化日益繁荣,生态文明理念深入人心,全民节能环保观念显著增强,低碳生活和绿色消费成为社会时尚,乡村社会更加和谐,呈现出乡风文明的祥和景观。

二、主要任务

(一)建设生态人居。按照“规划科学布局美”的要求,深化完善“1＋X”布点规划和新市镇新社区建设规划,推进中心村培育、示范性城乡一体新社区创建、农村土地综合整治和农村住房改造建设,改善农民居住条件,努力构建舒适的农村人居环境。

1.推进农房规模集聚。以“1632”村庄空间布局规划为引领，坚持城区、镇区、社区三区联动，统筹城乡发展，鼓励引导农民向中心城区、新市镇、新社区集聚。按照“两分两换”理念，结合中心镇、中心村和示范性城乡一体新社区创建，因地制宜推进农房改造集聚，鼓励农村土地综合整治项目区、现代农业园区内整组整村成片搬迁农房。到2015年，全市农房集聚率达到38%以上。

2. 加快中心村培育。按照“人口集中、产业集聚、要素集约、功能集成”的培育目标，以优化农村人口和村庄布局为导向，以农村土地综合整治、农村社区服务中心建设、农村住房集聚改造、发展村域经济等项目为载体，加快中心村培育建设，着力推进农村人口和村庄向中心村集聚，提高中心村对农村人口集聚的吸引力、对农村公共服务的辐射力和对农村经济发展的带动力。到2015年，建成省级中心村18个。

3. 推进城乡一体新社区建设。按照“布局合理、设施配套、环境优美、生活舒适、文明和谐、具有浓郁现代气息和乡土特色”的嘉兴市示范性城乡一体新社区创建要求，高标准建设新社区道路、供电、排污等基础设施建设，完善公共服务配套，提升社区服务功能，增强农民集聚吸引力。做大做强城乡一体新社区中的“1”，整体推进中心村和“X”社区建设。到2015年，建成示范性城乡一体新社区21个。

(二)优化生态环境。按照“村容整洁环境美”的要求，扩大“千村示范、万村整治”工程建设面，突出重点、健全机制、串点成线、连线成片，加大村庄整治推进力度，提升建设水平，努力打造优美的农村生态环境。

1. 深入实施省“千万”工程。按照“多村统一规划、联合整治，城乡联动、区域一体化建设”的原则，科学编制整镇整治建设规划，加大沿路沿河沿景点的环境综合整治力度，提高村庄整治建设水平。以城乡一体新社区建设为重点，抓好道路硬化、垃圾处理、污水治理、卫生改厕、村庄绿化等五大项目建设，高标准、高质量进行待整治村建设。到2015年，村庄环境综合整治覆盖面达到80%以上，生活污水治理率达到75%以上，全面完成省“千万”工程整镇整治项目和待整治村建设任务。

2. 着力推进农村环境连线成片综合整治。深化拓展村庄整治内涵，重点抓好村部所在地、村庄小集市、主要道路两侧、河道等环境卫生整治，加大全面小康建设示范村、中心村(城乡一体新社区)、农家乐特色村(点)和沿路沿河沿景点的环境卫生综合整治力度，串点成线、连线成片，实现区域化成片整治，全面改善农村环境面貌。积极开展生态村创建工作，到2015年，市级生态村占行政村总数的60%以上。

3. 大力开展村庄绿化。积极开展“森林平湖”建设，全面推进平原绿化，提高林木覆盖率，以增加绿量为重点，加快新社区、村庄道路、河道、庭院绿化造林，建设一批有特色、效果好的森林村庄，形成道路河道乔木林、房前屋后果木林、公园绿地休憩林、村庄周围护村林的村庄绿化格局，营造优美生态环境。到2015年，全市村庄林木覆盖率达到25%以上。

4. 打造“金平湖·美丽乡村”精品线。整合资源，以新社区(中心村)、农家乐(休闲观光园)、现代农业园区、粮食生产功能区、农业龙头企业为重点，串点成线，打造四条各具特色的“金平湖·美丽乡村”精品线。其中，东线：以毛主席批示推广新仓经验为特色的“合作之源”。三港新城(城区社区)—亿达观赏鱼养殖基地、四季水产品加工基地(国家级、省级龙头企业)—新仓经验纪念馆—芦川花苑、秦沙社区(示范性城乡一体新社区)—金丝娘农庄(精品水果基地)—穗轮村(全面小康建设示范村)。西线：以金平湖油菜花观赏等乡土景观为特色的“菜花飘香”。通界社区(新社区)—百寿新村(全面小康建设示范村)—澳多奇农庄(省级农家乐特色点)—春季千亩油菜花观赏—马厩村(特色文化村)。南线：以农家乐、渔家乐为特色的

"滨海新城"。华昌生态园、金稼园(省级农家乐特色点)—虹霓村(生态村)—新庄社区(新社区)—独山港城(滨海新城)—独山海鲜一条街(省级农家乐特色村)。北线:以优势产业、采摘文化、农耕文化体验为特色的"瓜果田园"。沈家弄村(中心村)—大齐塘社区(城乡一体新社区)—芦席嘉园、虹桥景苑(镇区社区)—兴旺、姚浜(设施蔬菜基地、生态循环农业示范村)—鱼圻塘(特色文化村)—百玫生态园、天朗生态农业园(休闲观光基地)—金龙门(省级农家乐特色点)。

5. 健全长效管理机制。健全农村环卫保洁长效管理机制,完善有偿服务制度,积极探索环卫综合保洁作业市场化运作机制。坚持建管并重原则,加强全面小康建设示范村(农村新社区)、中心村、城乡一体新社区、农家乐特色点长效管理督查,切实提高农民环境卫生意识,改善农村生态环境,使农村呈现天蓝、地绿、路洁、水清的新面貌。

(三)发展生态经济。按照"创业增收生活美"的要求,把发展经济与保护生态有机结合起来,科学编制农村生态经济发展规划,大力发展生态高效农业、生态工业和生态旅游业,推进农业产业集聚和转型升级,促进农民创业就业,着力建设高效的农村产业体系。

1. 发展乡村生态高效农业。按照"4+3"产业发展目标,以省级生态循环农业示范县(市)创建为契机,以粮食生产功能区和现代农业示范区建设为抓手,推进土地规模经营和无公害、绿色农产品基地建设。推广应用新型农作制度,加快发展循环经济,积极实施农药减量控害增效工程,健全养殖污染监管体系,推广测土配方施肥,抓好秸秆还田等示范工作,提高农业规模化、标准化、产业化、科技化、生态化水平。到2015年,全市农业总产值达到30.76亿元,农民人均纯收入23020元,"238"现代农业园区基本建成。商品有机肥使用量提高30%以上,高效低毒低残留农药推广使用面积80%以上,规模化畜禽养殖排泄物综合利用率97%以上,农作物秸秆综合利用率85%以上,建成循环农业特色园50个。

2. 发展乡村生态工业。根据平湖市生态环境功能区规划,按照产业集聚的要求,推动乡村工业向功能区集聚。改造提升服装、箱包等传统优势产业,加快淘汰高能耗、高污染等落后产能。结合中心村和村庄整治建设,加快实施"强村计划",鼓励有条件的村建设标准厂房、民工公寓,发展社区服务业等村级集体物业经济,不断壮大村域经济实力。转变发展理念,围绕发展绿色、生态、低碳产业开展招商选资,严格产业准入门槛,防止污染项目向农村转移,减少农村工业污染。

3. 发展乡村生态旅游业。依托九龙山、东湖和莫氏庄园等旅游资源,充分利用农村自然资源、田园景观、地域文化和人文传统,加快培育具有平湖特色的农家乐休闲旅游业,改善农村生态,把发展生态旅游业作为推进美丽乡村建设的重要内容。策划办好西瓜灯节等固定节庆活动,做精做优7个省级农家乐特色村(点),整合优化农业旅游资源,加强农业旅游产品的开发,提升农家乐和乡村休闲旅游业发展水平。

(四)培育生态文化。按照"乡风文明身心美"的要求,加强生态文明知识普及教育,积极引导村民追求科学、健康、文明、低碳的生产生活和行为方式,提高农民的生态文明素养、推进农村生态文化建设,着力营造和谐的农村生态文化氛围。

1. 培育特色文化村。坚持整治建设与保护利用并举的原则,根据乡村生态文化不同特色,编制农村特色文化村落保护规划。充分挖掘和保护古村落、古建筑、古树名木和民俗文化等历史文化遗迹遗存,对具有历史文化底蕴、旅游开发价值、江南水乡韵味和现代农业基础的特色村庄进行改建、整治。到

2015年,培育特色文化村5个。

2. 提高生态文明意识。结合"十万农家创文明"活动,深入开展文明户、文明村、文明镇等生态文明创建活动。开展沿路沿线企业以门前包绿化、包卫生、包秩序为主要内容的门前"三包"活动。引导企业加强对新居民的教育管理,提升新居民的文明卫生意识。开辟生态文明橱窗等生态文化阵地,运用村级文化教育场所,开展形式多样的生态文明知识宣传、培训活动,形成农村生态文明新风尚。

3. 促进乡村社会和谐。全面推行村务监督委员会制度,进一步深化"网格化管理、组团式服务"工作,积极推行农村"四化一核心"工作机制。创新中心村(社区)管理模式,合理调节农村利益关系,有序引导农民合理诉求,有效化解农村各类矛盾纠纷。加强农村气象防灾减灾能力建设。加快低收入农户脱贫致富步伐,加大就业帮扶力度,营造和谐的农村社会环境。

三、工作措施

(一)编制规划,有序推进。结合市域总体规划、城镇发展规划和新一轮土地利用总体规划,优化完善"1632"村庄空间布局规划和建设规划,同时与各类专项规划有效衔接,精心编制美丽乡村建设规划,细化区域内生产、生活、服务各区块的功能定位,明确垃圾、污水、改厕、绿化等项目的建设时序和要求,有序推进美丽乡村建设。

(二)整合资源,加大投入。完善现有村庄整治和"两新"建设政策,加大资金整合力度,市村庄整治专项资金重点用于"金平湖·美丽乡村"建设。对"金平湖·美丽乡村"精品线所涉及的村(城乡一体新社区)、现代农业园区、省级农家乐特色村(点)的环境综合整治达到省美丽乡村建设要求的,实行项目申报验收制,按照当年实际投入情况,每年给予一定的以奖代补。各镇、街道也要制定相应的配套政策,加大资金投入。鼓励工商企业和农民群众投资捐资、投工投劳,积极参与美丽乡村建设。市村庄整治工作办公室要积极做好指导服务工作,努力争取上级项目和资金支持。

(三)广泛宣传,营造氛围。开展"金平湖·美丽乡村"建设百村竞赛活动。通过广播、电视、报刊、网络等各类媒体,开展群众喜闻乐见、内容丰富多样的宣传教育活动,广泛宣传美丽乡村建设的重要意义、主要内容和政策措施。结合一系列群众性生态文明创建活动,总结先进典型,形成全社会人人关心、人人支持、人人参与,合力共建美丽乡村的良好氛围。

(四)完善机制,强化考核。建立健全部门联系挂钩、信息通报报送等工作机制;完善协调机制,统筹安排资金,协调相关部门的项目跟进、管理跟进,形成工作合力。加强督查指导,结合不定期检查,及时发现协调解决问题,确保推进进度。加强美丽乡村建设工作的绩效考核,将美丽乡村建设作为镇街道目标责任制和新农村建设考核重要内容,切实增强广大干部群众建设美丽乡村的责任意识。

(五)加强领导,明确职责。美丽乡村建设是推进新农村建设的重要内容,各镇、街道和各部门要提高认识、高度重视,切实加强美丽乡村建设的组织领导。市里把美丽乡村建设工作领导小组纳入到"新村示范、村庄整治"工作领导小组内,设立在市农办的领导小组办公室要切实担负起全市美丽乡村建设的综合规划、组织协调、项目指导、督查考核等工作。各相关部门要根据自身职能,加强工作指导和服务。各镇、街道要建立相应的工作机构,配强工作力量,做到党政主要领导亲自抓、分管领导具体抓。各创建村要切实强化主体意识,制定切实可行的工作方案,确保各项工作落到实处。

中共平湖市委　　平湖市人民政府

2011年4月16日

文　件　选　目

平委

文件号	文件标题
(2011)1号	中共平湖市委十二届十次全会关于《中共平湖市委关于制定平湖市国民经济和社会发展第十二个五年规划的建议》和《中共平湖市委平湖市人民政府2011年工作要点》的决议
(2011)2号	关于制定平湖市国民经济和社会发展第十二个五年规划的建议
(2011)3号	中共平湖市委、平湖市人民政府2011年工作要点
(2011)4号	关于加强和改进新形势下党史工作的实施意见
(2011)5号	中共平湖市委、平湖市人民政府关于加快水利改革发展的实施意见
(2011)6号	中共平湖市委、平湖市人民政府关于开展新一轮“五城同创”工作的实施意见
(2011)7号	关于做好2011年镇街道换届工作的意见
(2011)8号	关于加强和创新社会管理服务的意见
(2011)9号	关于印发平湖市领导干部日常行为量化监督管理若干规定的通知
(2011)10号	中共平湖市委、平湖市人民政府关于印发平湖市“十二五”人才发展规划的通知

平委发

文件号	文件标题
(2011)1号	中共平湖市委、平湖市人民政府关于在全市开展机关作风建设暨执行力建设活动的实施意见
(2011)3号	关于批转市人大常委会2011年工作要点的通知
(2011)4号	关于批转政协平湖市第十一届委员会2011年工作要点的通知
(2011)5号	关于建立市城市管理局党组和吴海勤等同志任职的通知
(2011)6号	中共平湖市委、平湖市人民政府关于继续深入开展项目推进年活动的实施意见
(2011)7号	中共平湖市委、平湖市人民政府关于继续深入开展城市形象提升年活动的实施意见

(2011)8 号　中共平湖市委、平湖市人民政府关于继续深入开展环境建设年活动的实施意见

(2011)9 号　关于加强市委组织员队伍建设的意见(试行)

(2011)10 号　中共平湖市委、平湖市人民政府关于认真做好村级组织换届选举工作的意见

(2011)11 号　中共平湖市委、平湖市人民政府关于表彰 2010 年度先进集体和先进个人的决定

(2011)13 号　中共平湖市委、平湖市人民政府、平湖市人民武装部关于表彰 2010 年度武装工作先进单位和先进个人的通报

(2011)15 号　中共平湖市委、平湖市人民政府关于表彰 2010 年度考核优秀等次领导干部、公务员和给予顾利鹤等同志记三等功的决定

(2011)24 号　中共平湖市委、平湖市人民政府关于命名表彰 2010 年度平安单位和平安建设示范单位的决定

(2011)27 号　中共平湖市委、平湖市人民政府关于印发 2011 年经济社会发展主要任务及市政府实事项目责任分解的通知

(2011)28 号　关于成立庆祝建党 90 周年活动领导小组的通知

(2011)29 号　中共平湖市委、平湖市人民政府关于表彰平湖市第六批农村指导员工作先进单位先进工作者和优秀农村工作指导员科技特派员的决定

(2011)30 号　中共平湖市委、平湖市人民政府关于明确市委市政府 2011 年度考核表彰项目和进一步规范考评工作的通知

(2011)32 号　中共平湖市委、平湖市人民政府关于推进"金平湖·美丽乡村"建设(2011～2015 年)的实施意见

(2011)35 号　关于同意成立中国共产党当湖街道城北路委员会等 9 个社区党委及撤销中国共产党当湖街道社区委员会的批复

(2011)36 号　中共平湖市委、平湖市人民政府、平湖市人民武装部关于表彰平湖市双拥工作先进单位和先进个人的决定

(2011)37 号　关于建立市城市新区开发建设党工委和潘川弟等同志任职的通知

(2011)38 号　关于印发 2011 年建设"法治平湖"工作要点的通知

(2011)39 号　关于陈纬国同志任职的批复

(2011)40 号　中共平湖市委、平湖市人民政府关于印发 2011 年度镇街道和市级机关部门(单位)工作目标绩效考评办法的通知

(2011)41 号　关于表彰"金平湖先锋"基层党组织、"金平湖先锋"共产党员和先进基层党组织、优秀共产党员、"十佳"党员志愿者的决定

(2011)42 号　批转市总工会关于全市镇街道总工会换届选举工作意见的通知

(2011)47 号　中共平湖市委、平湖市人民政府关于表彰 2006～2010 年全市法制宣传教育先进集体和先进个人的决定

(2011)48 号　中共平湖市委、平湖市人民政府关于印发落实省委第二巡视组巡视反馈意见整改方案的通知

(2011)49号　关于建立市委新经济与新社会组织工作委员会的通知
(2011)58号　批转统战部关于工商联(总商会)换届工作意见的通知
(2011)60号　关于成立市级领导班子换届工作协调小组的通知
(2011)61号　关于成立中国共产党平湖市第十三次代表大会筹备工作领导小组的通知
(2011)71号　转发市人大常委会党组关于做好市镇两级人民代表大会换届选举工作意见的通知
(2011)73号　关于中国共产党当湖街道第二届委员会和纪律检查委员会组成人员的批复
(2011)74号　关于中国共产党新埭镇第十四届委员会和纪律检查委员会组成人员的批复
(2011)75号　关于中国共产党新仓镇第十三届委员会和纪律检查委员会组成人员的批复
(2011)76号　关于中国共产党独山港镇第一届委员会和纪律检查委员会组成人员的批复
(2011)77号　关于中国共产党广陈镇第十四届委员会和纪律检查委员会组成人员的批复
(2011)78号　关于中国共产党林埭镇第十三届委员会和纪律检查委员会组成人员的批复
(2011)80号　批转市委组织部市委统战部市政协党组关于做好市十二届政协人事安排工作意见的通知
(2011)82号　关于做好中国共产党平湖市第十三次代表大会代表选举工作的通知
(2011)83号　中共平湖市委、平湖市人民政府关于表彰“十一五”期间平湖市残疾人工作先进集体和先进个人的决定
(2011)85号　关于撤销市经济贸易局等党委(党组)和建立市经济和信息化局等党委(党组)的通知
(2011)86号　关于撤销市纪委驻市经济贸易局等纪检组和建立市纪委驻市经济和信息化局等纪检组的通知
(2011)87号　关于市供销合作总社党委、纪委更名的通知
(2011)88号　关于印发平湖市党代表提案制度(试行)和平湖市党代表提议制度(试行)的通知
(2011)89号　中共平湖市委、平湖市人民政府关于印发平湖市人民政府机构改革方案的通知
(2011)92号　关于中国共产党曹桥街道第二届委员会和纪律检查委员会组成人员的批复
(2011)93号　中共平湖市委、平湖市人民政府关于成立平湖市政府机构改革领导小组的通知

平委办

文件号	文件标题
(2011)1号	关于印发盛全生、翁建荣同志在市委十二届十次全体(扩大)会议上的讲话的通知
(2011)2号	市委办公室、市政府办公室关于深入开展涉企科室满意度测评活动的实施意见

(2011)5号　市委办公室、市政府办公室印发关于进一步严格外出参观学习考察活动若干规定的通知

(2011)6号　市委办公室、市政府办公室关于印发平湖市会议会风监督检查办法的通知

(2011)7号　市委办公室、市政府办公室关于印发平湖市机关工作人员日常行为禁令的通知

(2011)8号　市委办公室、市政府办公室关于开展打击整治"两盗"犯罪行动的意见

(2011)10号　市委办公室、市政府办公室关于印发平湖市创建国家卫生城市工作考核办法的通知

(2011)11号　关于印发2011年全市人才工作要点的通知

(2011)12号　市委办公室、市政府办公室关于印发平湖市创建国家卫生城市责任追究暂行规定的通知

(2011)13号　市委办公室、市政府办公室关于表彰2010年度新居民服务管理工作先进单位的决定

(2011)14号　市委办公室、市政府办公室关于印发2011年新市镇新社区"两新"工程行动计划的通知

(2011)15号　市委办公室、市政府办公室关于印发平湖市2011年深化村庄整治推进"金平湖·美丽乡村"建设工作意见的通知

(2011)16号　市委办公室、市政府办公室关于平湖市2011年农村劳动力素质培训工作的意见

(2011)17号　市委办公室、市政府办公室关于印发平湖市2011年度加快实施"两新"工程推进新农村建设考核办法的通知

(2011)18号　市委办公室、市政府办公室关于加强村干部队伍规范化管理的指导意见

(2011)19号　关于印发2011年度全市基层党委(党工委、党组)中心组理论学习考核办法和2011年度全市乡科级领导干部学习积分制考核办法的通知

(2011)20号　市委办公室、市政府办公室关于印发2011年招商引资(引智)工作考核奖励办法的通知

(2011)22号　市委办公室、市政府办公室关于印发2011年项目推进年活动考核办法的通知

(2011)23号　市委办公室、市政府办公室关于印发2011年全市生产性投入工作考核办法的通知

(2011)24号　市委办公室、市政府办公室关于印发平湖市2011年"与沪同城"工作要点的通知

(2011)25号　市委办公室、市政府办公室关于印发平湖市2011年度"与沪同城"工作考评办法的通知

(2011)26号　市委办公室、市政府办公室关于转发2011年嘉兴市作风效能和执行力建设实施意见的通知

(2011)27号　市委办公室、市政府办公室关于转发浙委办(2011)16号文件进一步加强村务监督委员会建设的通知

(2011)28号　市委办公室、市政府办公室关于印发平湖市2011年度"两违"整治工作考评办法的通知

(2011)29号　市委办公室、市政府办公室关于印发2011年度创新发展"新仓经验"加快农村新型合作经济发展工作考核办法的通知

(2011)30号 市委办公室、市政府办公室关于印发2011中国·平湖西瓜灯文化节总体方案的通知

(2011)31号 市委办公室、市政府办公室关于全面推进企业工资集体协商工作深化劳动关系和谐企业创建活动的实施意见

(2011)33号 关于印发镇街道党建工作综合考核办法的通知

(2011)34号 印发进一步深化基层党组织党务公开工作实施意见的通知

(2011)35号 市委办公室、市政府办公室关于开展规范镇街道权力运行暨“一把手”阳光权力行动的实施意见

(2011)36号 市委办公室、市政府办公室关于进一步加强党政机关、事业单位和金融机构节约用电工作的实施意见

(2011)38号 市委办公室、市政府办公室关于平湖市“十二五”期间深化软环境建设的指导意见

(2011)39号 关于加强全市宣传文化队伍建设的实施意见

(2011)40号 市委办公室、市政府办公室关于印发平湖市2011年度人口和计划生育目标管理责任制考核办法的通知

(2011)41号 市委办公室、市政府办公室关于印发2011年度推进惩防体系建设和落实党风廉政建设责任制考核办法的通知

(2011)42号 市委办公室、市政府办公室关于进一步加强村务监督委员会规范化建设充分发挥村务监督委员会作用的意见

(2011)43号 市委办公室、市政府办公室关于进一步做好退职村干部定期生活补助工作的指导意见

(2011)44号 市委办公室、市政府办公室转发中共嘉兴市委 嘉兴市人民政府关于进一步加强新形势下关工委工作意见的通知

(2011)45号 市委办公室、市政府办公室关于进一步深化村社区便民服务中心办事大厅建设的实施意见

(2011)46号 市委办公室、市政府办公室关于印发2011年度镇街道和市级机关有关部门党政领导科技进步与人才工作目标责任制考核办法的通知

(2011)48号 关于印发盛全生、翁建荣同志在市委十二届十一次全体(扩大)会议上的讲话的通知

(2011)49号 市委办公室、市政府办公室关于印发平湖市乡科级领导干部经济责任告知承诺办法(试行)的通知

(2011)50号 市委办公室、市政府办公室关于印发2011年度全市基层公共文化工作考核办法的通知

(2011)51号 转发中共浙江省委关于开展向王益群同志学习活动决定的通知

(2011)52号 市委办公室、市政府办公室关于印发平湖市创新新居民服务管理体制做好新居民计划生育公共服务均等化试点工作实施方案的通知

(2011)53号 市委办公室、市政府办公室关于印发2011年度作风和效能综合指数考核办法的通知

(2011)54号 市委办公室、市政府办公室关于印发《平湖市低收入家庭帮扶行动计划(2011~2013年)》的通知

(2011)55号 市委办公室、市政府办公室关于印发《平湖市公民道德素质提升行动计划(2011~2013年)》的通知

(2011)57号 市委办公室、市政府办公室关于下达2011年军队转业干部和随调家属安置计划的通知

(2011)58号 市委办公室、市政府办公室转发市纪委等部门关于市纪委(监察局)设立派驻(出)机构并实行统一管理实施意见的通知

(2011)61号 关于机关事业单位党员参与社会工作助推社会管理服务的意见

(2011)62号 市委办公室、市政府办公室关于转发浙江省村级组织工作规则(试行)的通知

(2011)63号 市委办公室、市政府办公室关于转发浙江省深入推进"网格化管理、组团式服务"意见的通知

(2011)64号 转发关于开展创建嘉兴市法治镇(街道)工作先进单位活动的实施办法(试行)的通知

(2011)65号 关于开展以"交朋友、增感情、受教育、转作风"为主题的"千名干部帮千户"活动的实施意见

(2011)67号 市委办公室、市政府办公室关于进一步深化新居民服务管理工作的实施意见

(2011)69号 关于建立新提任乡科级领导干部财产申报制度(试行)的实施意见

(2011)70号 市委办公室、市政府办公室关于印发平湖市"811"生态文明建设推进行动方案的通知

(2011)71号 市委办公室、市政府办公室关于构建社会矛盾联合调解工作体系的实施意见

平委办发文件号	文件标题
(2011)1号	市委办、市政府办关于调整"三年"活动领导小组和"十大工程"专项推进组的通知
(2011)2号	市委办、市政府办关于成立市机关作风建设暨执行力建设活动领导小组的通知
(2011)3号	市委办、市政府办关于认真做好2011年春节和各级"两会"期间有关工作的通知
(2011)5号	市委办、市政府办关于举行市政府迎新春(在平客商)招待酒会的通知
(2011)6号	市委办、市政府办关于开展2011年度平原绿化"八个一"活动的通知
(2011)7号	市委办、市政府办关于召开平湖市优秀人才代表、优秀科技工作者代表座谈会的通知
(2011)8号	市委办、市政府办关于召开创卫专项工作进展情况汇报交流会的通知
(2011)9号	市委办、市政府办关于表彰平湖市"群众满意基层站所(办事窗口)"的通知
(2011)10号	关于召开市委人才工作领导小组会议的通知

(2011)11号　市委办、市政府办关于召开全市三级干部大会的通知

(2011)12号　市委办、市政府办关于表彰2010年度平湖市优秀网站和网站工作先进个人的通知

(2011)13号　关于召开市委武装工作会议的通知

(2011)14号　市委办、市政府办关于召开全市村级组织换届选举工作会议的通知

(2011)15号　关于召开2010年度县处级领导班子和领导干部述职述廉暨干部选拔任用工作“一报告两评议”会议的通知

(2011)16号　市委办、市政府办关于召开全市政法综治维稳工作会议的通知

(2011)17号　关于召开中共平湖市纪委十二届六次全体(扩大)会议的通知

(2011)18号　市委办、市政府办关于召开全市创建国家卫生城市再动员大会的通知

(2011)19号　市委办、市政府办关于调整充实市创建国家卫生城市领导小组成员的通知

(2011)20号　市委办、市政府办关于召开全市信访和市长电话工作会议的通知

(2011)21号　关于召开全市关心下一代工作会议的通知

(2011)22号　市委办、市政府办关于认真做好“两会”期间人大代表、政协委员部分意见建议办理工作的通知

(2011)23号　关于召开全市党建工作会议的通知

(2011)24号　关于召开全市领导干部会议的通知

(2011)25号　市委办、市政府办关于2010年度推进惩防体系建设和落实党风廉政建设责任制检查考核情况的通报

(2011)26号　市委办、市政府办 关于做好《平湖年鉴》(2011卷)撰稿工作的通知

(2011)27号　关于印发平湖市严肃换届纪律保证换届风清气正工作实施方案的通知

(2011)28号　关于印发2011年度全市干部(专业技术人员)教育培训主体班次计划的通知

(2011)29号　市委办、市人大办、市政府办、市政协办关于召开市十三届人大五次会议议案建议和市政协十一届五次会议提案交办工作会议的通知

(2011)30号　市委办、市政府办关于召开全市新居民服务管理工作会议的通知

(2011)32号　市委办、市政府办关于上报2011年领导干部调研课题的通知

(2011)33号　市委办、市政府办关于召开全市党政办公室工作会议的通知

(2011)34号　印发关于建立“金平湖讲坛”推行干部自主选学的实施意见的通知

(2011)35号　市委办、市政府办关于表彰2010年度全市党政办公室工作先进集体、先进个人的通报

(2011)36号　市委办、市政府办关于印发2011年平湖市党风廉政建设和惩防体系构建工作组织领导与责任分工的通知

(2011)37 号 市委办、市政府办关于调整充实市新一轮城市开发建设征迁工作指挥部及下设机构的通知

(2011)38 号 市委办、市政府办 关于召开全市人口和计划生育工作会议的通知

(2011)40 号 市委办、市政府办关于召开《平湖市城市总体规划(2010~2030)纲要》评审会的通知

(2011)41 号 市委办、市政府办关于成立2011 中国·平湖西瓜灯文化节组委会的通知

(2011)42 号 市委办、市政府办关于开展项目推进和招商引资百日会战活动的通知

(2011)43 号 市委办、市政府办关于公布市领导、市级机关部门挂钩联系名单的通知

(2011)44 号 市委办、市政府办关于召开全市镇(街道)干部"驻村(社区)工作室" 现场推广会的通知

(2011)45 号 市委办、市政府办关于召开全市农村工作会议的通知

(2011)46 号 市委办、市政府办关于印发2011 年度平湖市党政信息工作考核办法的通知

(2011)47 号 市委办、市政府办关于召开全市服务业发展工作会议的通知

(2011)48 号 关于开展年度重点工作专项督查的通知

(2011)49 号 关于举行市委理论学习中心组学习(扩大)会议的通知

(2011)50 号 市委办、市政府办关于印发2011 年市级领导重点调研课题的通知

(2011)51 号 市委办、市政府办关于公布2011 年镇街道、部门党政主要负责人调研课题的通知

(2011)53 号 市委办、市政府办关于印发2011 年平湖市法制宣传教育工作要点的通知

(2011)54 号 关于评选先进基层党组织、优秀共产党员和"十佳"党员志愿者的通知

(2011)55 号 市委办、市政府办关于建立市新一轮"五城同创"工作领导小组的通知

(2011)56 号 关于调整党务公开领导小组成员的通知

(2011)57 号 关于举行市委理论学习中心组学习(扩大)会议的通知

(2011)58 号 关于启用中共平湖市城市新区开发建设工作委员会印章的通知

(2011)59 号 关于召开市委建设"法治平湖"工作领导小组会议的通知

(2011)60 号 市委办、市政府办关于调整充实市国有资产管理委员会组成人员的通知

(2011)61 号 市委办、市政府办关于召开城区环境卫生整治暨创卫民生问题交办会议的通知

(2011)63 号 关于举行市委理论学习中心组学习(扩大)会议的通知

(2011)64 号 市委办、市政府办关于成立市电子文件管理工作协调小组的通知

(2011)65 号 市委办、市政府办关于召开全市双拥工作会议的通知

(2011)66 号 市委办、市政府办关于印发平湖市建立"民企发展台账"实施方案的通知

(2011)67号 关于召开全市深化党务公开暨开展规范镇街道权力运行和“一把手”阳光权力行动工作会议的通知

(2011)68号 市委办、市政府办关于成立市巡视整改工作领导小组的通知

(2011)69号 关于召开全市老干部工作暨老干部“双先”表彰大会的通知

(2011)70号 市委办、市政府办关于印发平湖市推动文化大发展大繁荣2011年工作要点的通知

(2011)71号 市委办、市政府办关于对全市安全生产大检查工作进行督查的通知

(2011)72号 市委办、市政府办关于成立市公务用车问题专项治理工作领导小组的通知

(2011)73号 关于召开平湖市纪念建党90周年座谈会的通知

(2011)74号 市委办、市政府办关于公布第七批平湖市爱国主义教育基地的通知

(2011)75号 市委办、市政府办关于组织参加2011中国·平湖西瓜灯文化节开幕式的通知

(2011)76号 市委办、市政府办关于举行2011中国·平湖西瓜灯文化节投资贸易洽谈会的通知

(2011)77号 市委办、市政府办关于举行2011经济转型与生物医药产业展望中国·平湖论坛的通知

(2011)78号 市委办、市政府办关于全力做好当前抗灾自救工作的紧急通知

(2011)79号 关于召开庆祝中国共产党成立90周年大会的通知

(2011)80号 市委办、市政府办关于建立平湖市“金平湖·美丽乡村”建设工作领导小组的通知

(2011)81号 市委办、市政府办关于召开全市实施“三年”活动、推进“十大工程”工作汇报会暨上半年经济形势分析会的通知

(2011)83号 关于举行市委理论学习中心组学习(扩大)会议的通知

(2011)84号 关于认真学习贯彻胡锦涛同志在庆祝中国共产党成立90周年大会上重要讲话精神的通知

(2011)85号 市委办、市政府办关于表彰2011中国·平湖西瓜灯文化节特别贡献单位的决定

(2011)86号 关于召开中共平湖市委十二届十一次全体(扩大)会议的通知

(2011)87号 市委办、市政府办关于开展“八一”期间双拥系列活动的通知

(2011)88号 关于建立市镇街道换届工作领导小组的通知

(2011)89号 市委办、市政府办关于印发2011年上半年经济社会发展主要任务责任分解完成情况的通知

(2011)90号 市委办、市政府办关于成立市清理和规范庆典、研讨会、论坛活动工作领导小组的通知

(2011)91号 关于召开全市领导干部会议的通知

(2011)92号 市委办、市政府办关于深入开展服务企业专项活动的通知

(2011)93 号　市委办、市政府办关于做好今年第 9 号强台风“梅花”防御工作的紧急通知

(2011)94 号　关于召开全市领导干部会议的通知

(2011)95 号　关于召开市委建设“平安平湖”领导小组第八次全体(扩大)会议的通知

(2011)96 号　市委办、市政府办关于立即组织开展“三查、四促、两保”安全生产大检查的通知

(2011)98 号　关于召开市委常委(扩大)会议的通知

(2011)99 号　关于召开全市领导干部会议的通知

(2011)100 号　关于召开市委全委(扩大)会议的通知

(2011)101 号　市委办、市政府办关于召开全市教育工作会议暨第 27 个教师节庆祝表彰大会的通知

(2011)102 号　市委办、市政府办关于开展项目推进和招商引资百日冲刺活动的通知

(2011)103 号　关于召开中共平湖市委十二届十二次全体会议的通知

(2011)104 号　市委办、市政府办关于成立市“六五”法制宣传教育领导小组的通知

(2011)105 号　关于启用中共平湖市委统一战线工作部印章的通知

(2011)106 号　市委办、市政府办关于建立市海洋经济工作领导小组的通知

(2011)107 号　关于召开市委常委(扩大)会议的通知

(2011)108 号　市委办、市政府办关于评选“十一五”期间全市残疾人工作先进集体和先进个人的通知

(2011)109 号　市委办、市政府办关于召开全市绿化工作会议的通知

(2011)110 号　市委办、市政府办关于成立市内地新疆中职班领导小组的通知

(2011)111 号　关于举行市委理论学习中心组学习(扩大)会议的通知

(2011)112 号　关于召开全市 2012 年度党报党刊发行工作会议的通知

(2011)113 号　关于召开市、镇街道换届工作会议的通知

(2011)114 号　关于切实做好 2012 年度党报党刊发行工作的通知

(2011)115 号　市委办、市政府办关于成立独山港区项目推进服务组及建立市领导联系挂钩独山港区重点项目制度的通知

(2011)116 号　关于召开市委常委(扩大)会议的通知

(2011)117 号　市委办、市政府办 关于组织开展市级领导服务企业、服务项目专项活动暨创先争优蹲点活动的通知

(2011)118 号　关于召开市委读书会的通知

(2011)119 号　关于召开全市领导干部会议的通知

(2011)120 号　市委办、市政府办关于成立市长离任经济事项交接工作领导小组的通知

(2011)121 号　市委办、市政府办关于举行市长离任经济事项交接仪式的通知

(2011)122 号　市委办、市政府办关于继续开展 2011 年“慈善爱心一日捐”活动的通知

(2011)123 号　关于召开市委全委(扩大)会议的通知

(2011)124 号　市委办、市政府办关于召开全市残疾人事业发展大会的通知

(2011)125号 市委办、市政府办关于举行2011年"慈善爱心一日捐"活动启动仪式的通知

(2011)126号 关于举行市委理论学习中心组学习(扩大)会议的通知

(2011)127号 关于认真做好平湖市第十三次党代会代表提案征集与办理工作的通知

(2011)128号 市委办、市政府办关于召开平湖市政府机构改革动员大会的通知

(2011)129号 市委办、市政府办关于市政府机构改革调整变动部门牌子印章财务档案和人员划转等有关事项的通知

(2011)130号 关于召开中共平湖市委十二届十三次全体会议的通知

(2011)131号 关于召开中共平湖市第十三次代表大会筹备情况通报会的通知

(2011)132号 市委办、市政府办关于举行2012平湖市人民政府迎新春(在平客商)招待酒会的通知

(2011)133号 关于召开中国共产党平湖市第十三次代表大会的通知

(2011)134号 关于开展市第十三次党代会代表分片活动的通知

(2011)135号 关于党内有关负责同志列席中国共产党平湖市第十三次代表大会的通知

(2011)136号 市委办、市政府办关于开展2011年度平湖市优秀调研报告评选工作的通知

(2011)137号 关于启用中国共产党平湖市经济和信息化局委员会等印章的通知

(2011)138号 关于做好市委文件改版工作的通知

(2011)139号 市委办、市政府办关于开展2011年度推进惩防体系建设和落实党风廉政建设责任制检查考核工作的通知

(2011)140号 市委办、市政府办关于做好2012年元旦和春节期间有关工作的通知

(2011)141号 市委办、市政府办关于开展2012年度平原绿化"八个一"活动的通知

(2011)142号 关于成立市"两会"筹备工作协调小组的通知

平政发文件号	文件标题
(2011)1号	关于印发平湖市十二五政府法制工作要点的通知
(2011)2号	关于推进农村环卫保洁长效管理工作的实施意见
(2011)9号	关于命名平湖市第一批药品安全示范镇(街道)的通知
(2011)10号	关于印发平湖市农村土地流转风险保障金管理办法(试行)的通知
(2011)11号	关于调整建设用地指标费的通知
(2011)14号	关于授予李健、金浩两位同志平湖市维护社会治安见义勇为先进个人称号的决定
(2011)15号	转发市民政局关于2011年平湖市村民委员会换届选举实施方案的通知
(2011)20号	关于印发平湖市2011年创建国家卫生城市实施计划的通知
(2011)21号	关于印发2011年法制工作要点的通知

(2011)22号 关于印发平湖市洁具边角料集中处置管理办法(试行)的通知
(2011)26号 关于印发平湖市国民经济和社会发展第十二个五年规划纲要的通知
(2011)34号 关于下达2011年度挖潜节地工作任务的通知
(2011)37号 关于公布2010年度农业丰收奖获奖项目的通知
(2011)38号 关于表彰2010年度安全生产工作先进集体和先进个人的决定
(2011)39号 关于表彰平湖市第八批市长电话热心市民的通知
(2011)40号 关于下达2011年度国土资源工作主要目标任务的通知
(2011)41号 转发嘉兴市人民政府关于调整全市最低工资标准的通知
(2011)42号 关于平湖市2011年新建住房价格调控目标的通告
(2011)46号 关于印发平湖市"十二五"服务业、新兴产业和大企业倍增发展计划的通知
(2011)49号 关于进一步规范政府投资建设项目招投标活动的意见
(2011)51号 关于印发平湖市环境保护八大行动计划的通知
(2011)52号 关于切实做好2011年度劳动和社会保障工作的通知
(2011)53号 关于推进国家现代农业示范区建设的实施意见
(2011)54号 关于印发平湖市实施三清两绿三年行动计划的通知
(2011)56号 关于印发平湖市城市公用管线规划建设管理暂行办法的通知
(2011)58号 关于给予市公安局消防大队和张挺松等同志记功嘉奖的决定
(2011)61号 关于下达2011年度污水二级管网建设任务的通知
(2011)62号 关于进一步加快旅游业发展的意见
(2011)65号 关于公布平湖市第七批文物保护单位的通知
(2011)67号 关于公布平湖市2011年度城市房屋征收相关事项执行标准的通知
(2011)75号 关于授予高桥光夫等六人东湖之友奖章的决定
(2011)76号 关于授予鞠林法等五人平湖招商功勋奖章的决定
(2011)77号 关于聘请郎·德克为平湖市人民政府高级经济顾问的决定
(2011)78号 关于加快国家现代农业示范区建设推进城乡统筹发展的若干政策意见
(2011)81号 关于印发平湖市农村住房置换到中心城区三港新城补充意见的通知
(2011)83号 关于加快建设质量强市的实施意见
(2011)84号 关于认真做好迎接浙江省体育强市复评工作的实施意见
(2011)85号 关于加快"十二五"污水处理工程建设的意见
(2011)87号 关于印发平湖市学前教育三年行动计划(2011～2013年)的通知
(2011)88号 关于印发平湖市安全生产"十二五"发展规划的通知
(2011)90号 关于下达2011年新增生活污水入网任务的通知
(2011)93号 关于印发平湖市服务业"十二五"发展规划的通知
(2011)97号 关于印发平湖市行政事业单位国有房产出租管理暂行办法的通知

(2011)102号 关于印发加快推进社会保障市民卡建设实施意见的通知
(2011)105号 关于印发平湖市"十二五"教育事业发展规划的通知
(2011)107号 关于印发平湖市道路交通事故社会救助基金管理实施细则的通知
(2011)111号 关于印发平湖市化工行业安全发展规划(2011～2020年)的通知
(2011)114号 关于印发平湖市公民权益依法保障行动计划2011年度实施计划的通知
(2011)115号 关于下达2012～2014年圩区建设计划的通知
(2011)116号 关于加强污染减排工作的意见
(2011)121号 关于公布2011年度绿化工作先进单位名单的通知
(2011)122号 关于2012年度绿化建设工作的实施意见
(2011)132号 平湖市人民政府、平湖市人民武装部关于表彰2010年度冬季征兵工作先进单位和先进个人的通报
(2011)133号 关于公布平湖市第八届文艺"金平湖"奖(2006～2010,摄影、广播电视)获奖作品及人员名单的通知
(2011)135号 关于进一步加大企业服务减轻企业负担促进工业经济平稳发展的若干意见
(2011)137号 关于公布虹霓集镇建成区为城市化管理区域的通知
(2011)138号 关于印发平湖市人口和计划生育事业发展"十二五"规划的通知
(2011)146号 关于建立耕地保护共同责任机制的意见
(2011)147号 关于印发平湖市平原绿化规划(2011～2015)的通知
(2011)149号 关于表彰第一届平湖市优秀新居民的决定
(2011)152号 关于贯彻实施《中华人民共和国行政强制法》的通知
(2011)153号 关于公布2011年度平湖市科学技术奖奖励项目的通知
(2011)156号 关于印发2012年平湖市城乡居民合作医疗保险实施办法的通知
(2011)159号 关于表彰全市第六次人口普查先进集体和先进个人的决定
(2011)160号 关于确认行政执法主体的公告(第一号)
(2011)161号 关于继续做好防范处置企业拖欠工资工作的通知

平政办发文件号	文件标题
(2011)1号	2011年市政府办公室工作要点
(2011)2号	关于印发平湖市2011年农村环卫长效保洁工作考核办法的通知
(2011)3号	关于印发平湖市职工基本医疗保险门诊补助办法的通知
(2011)4号	关于成立平湖市农村土地流转工作领导小组的通知
(2011)5号	关于启用平湖市城市新区开发建设管理委员会印章的通知
(2011)6号	转发浙江省人民政府办公厅关于进一步加强烟花爆竹安全监督管理工作实施意见的通知
(2011)7号	关于成立平湖市消防安全委员会的通知

(2011)8号　关于印发平湖市"美丽乡村"环境卫生集中整治活动实施方案的通知

(2011)9号　关于印发平湖市贯彻落实《浙江省人民政府关于进一步加强企业安全生产工作的实施意见》重点工作分工方案的通知

(2011)10号　转发市民政局市财政局市统计局关于公布平湖市2011年度农村五保对象供养标准的通知

(2011)12号　转发市人事局市财政局市卫生局关于平湖市公共卫生与基层医疗卫生事业单位绩效工资实施办法的通知

(2011)15号　转发市爱国卫生运动委员会关于2011年平湖市爱国卫生工作要点的通知

(2011)16号　关于认真做好2010年度政府信息公开年度报告工作的通知

(2011)17号　关于公布2010年企业挖潜节地优秀项目的通知

(2011)18号　关于公布第十批市级重大火灾隐患整改单位的通知

(2011)19号　关于调整市政府信息公开办公室的通知

(2011)20号　关于转发市安委办2011年度安全监管执法工作计划的通知

(2011)21号　关于表彰2010年度全市消防工作先进集体和先进个人的通知

(2011)22号　关于成立军(校)地合作项目推进工作领导小组的通知

(2011)23号　关于开展城区河道船只专项整治活动的通知

(2011)24号　关于印发平湖市省知识产权工作示范市实施方案的通知

(2011)25号　关于成立市第十二届运动会筹备委员会的通知

(2011)26号　关于表彰"十一五"期间全市档案工作先进集体和先进个人的决定

(2011)27号　关于转发市金融办2011年平湖市金融工作思路的通知

(2011)28号　关于转发平湖市"马上办"办公室2011年工作思路的通知

(2011)29号　关于印发平湖市"十二五"经济和社会发展专项规划体系目录的通知

(2011)30号　关于印发2011年度服务业工作考核办法的通知

(2011)31号　关于转发市临港产业发展办公室2011年平湖市临港产业发展工作要点的通知

(2011)32号　关于转发市生物医药产业发展办公室2011年平湖市生物医药产业发展工作要点的通知

(2011)33号　关于成立平湖市优生优育优教工作领导小组的通知

(2011)34号　关于对农作物秸秆机械切碎还田机械捆扎促进综合利用实施补贴的通知

(2011)35号　关于成立2010年度土地卫片执法检查工作领导小组的通知

(2011)36号　关于成立平湖市出口基地建设领导小组的通知

(2011)37号　关于明确城乡供水管理体制改革相关具体问题的通知

(2011)38号　关于印发市政府与市总工会第九次联席会议纪要的通知

(2011)39号　关于印发2011年平湖市工业园区开发建设考核办法的通知

(2011)40号　关于印发2011年平湖市节能降耗工作考核办法的通知

(2011)41号　关于印发2011年平湖市发展民营经济"富民工程"考核办法的通知

(2011)42号　关于转发市光机电产业发展办公室2011年平湖市光机电产业发展实施意见的通知

(2011)43号　关于印发平湖市推进服务业发展工作方案的通知

(2011)44号　关于成立平湖市迎接国家三类城市语言文字工作评估领导小组的通知

(2011)45号　关于印发平湖市迎接国家三类城市语言文字工作评估实施方案的通知

(2011)46号　关于印发平湖市2011年度国有建设用地供应计划的通知

(2011)47号　转发市司法局关于推进全市基层法律顾问工作意见的通知

(2011)48号　关于建立2011年度全市无偿献血应急队伍的通知

(2011)49号　关于明确保障性住房建设相关费用的通知

(2011)50号　关于进一步加强“三老”“三合一”场所和居住出租房屋消防安全综合整治工作的通知

(2011)51号　关于成立平湖市跨境贸易人民币结算试点工作领导小组的通知

(2011)52号　关于公布2010年度平湖市服务业行业五强企业的通知

(2011)53号　关于印发2011年平湖市污染减排工作考核办法的通知

(2011)54号　关于进一步加强古籍保护工作的实施意见

(2011)55号　关于印发全市政府机关使用正版软件工作方案的通知

(2011)56号　关于成立兴业银行嘉兴平湖支行筹建工作领导小组的通知

(2011)57号　关于印发平湖市2011年度城乡居民社会养老保险目标任务考核办法的通知

(2011)58号　关于印发平湖市2011年度现代农业发展考核办法的通知

(2011)59号　关于下达2011年粮食生产任务的通知

(2011)60号　关于公布首批平湖市“诚信守法示范企业”的通知

(2011)61号　关于公布平湖市迎接国家三类城市语言文字工作评估备检单位名单的通知

(2011)62号　关于进一步推进财政国库集中支付制度改革的通知

(2011)63号　转发市食品药品监督管理局关于国家级药品安全示范市创建工作实施方案的通知

(2011)64号　关于做好平湖市防汛会商(政府会商)系统建设工作的通知

(2011)65号　关于做好2011年平湖市荣誉市民、东湖之友奖章评选申报工作的通知

(2011)66号　关于公布2010年度充分就业社区和充分就业村的通知

(2011)67号　转发市残联关于开展第二十一次“全国助残日”活动意见的通知

(2011)68号　关于深入推进“美丽乡村”环境卫生集中整治的通知

(2011)69号　转发嘉兴市住房公积金管理中心平湖市分中心关于调整2011年度平湖市住房公积金缴存工资基数有关事项意见的通知

(2011)70号　转发市档案局关于平湖市创建全国社会主义新农村建设档案工作示范县活动实施方案的通知

(2011)71号　关于印发2011年一季度市政府实事项目责任分解完成情况的通知

(2011)72号　关于印发平湖市生态循环农业示范市建设工作实施意见的通知

(2011)73号　关于进一步做好房地产市场调控工作的实施意见

(2011)74号　关于进一步规范因公出国(境)管理工作的通知

(2011)75号　关于成立平湖市粮油高产创建工作领导小组的通知

(2011)76号　关于印发平湖市新一轮(2011～2013年)镇、街道工业园区开发建设三年行动计划的通知

(2011)77号　关于继续深入开展“安全生产年”活动的通知

(2011)78号　关于启用平湖市国有资产管理局印章的通知

(2011)79号　转发浙江省人民政府办公厅关于印发进一步规范无证无照经营行为查处和监管工作实施意见的通知

(2011)80号　关于公布2011年度农业丰收计划项目的通知

(2011)81号　关于开展平湖市盐船河二期治理工程工作的通知

(2011)82号　关于转发市监察局市纠风办平湖市2011年纠风工作要点的通知

(2011)83号　关于印发平湖市城区建筑垃圾和散装建筑材料实行密闭运输实施意见的通知

(2011)85号　关于调整市历史文化遗产保护管理委员会暨文物保护管理委员会名称及成员的通知

(2011)86号　关于印发平湖市进一步加强特种设备安全工作实施意见的通知

(2011)90号　关于转发市服务业发展局市工商局市供销社平湖市农村连锁便利示范店认定管理办法的通知

(2011)91号　关于加强气象服务“三农”工作的通知

(2011)92号　关于开展严厉打击食品非法添加和滥用食品添加剂专项行动的通知

(2011)93号　关于印发平湖市工业投资项目准入标准的通知

(2011)95号　关于成立平湖市检验检测机构监督管理领导小组的通知

(2011)96号　转发市民政局关于民办非企业单位直接登记试点工作实施方案的通知

(2011)97号　关于印发平湖市明星企业、优秀企业家评选办法的通知

(2011)98号　关于印发平湖市转型升级十强企业评选办法的通知

(2011)99号　关于印发2011年依法行政工作考核评分细则的通知

(2011)100号　关于印发平湖市2010年度公民权益依法保障行动计划实施情况报告的通知

(2011)101号　转发市农经局关于进一步加强农技队伍建设实施意见的通知

(2011)103号　关于印发平湖市年度纳税大户评定办法的通知

(2011)104号　关于成立平湖市城乡建设用地增减挂钩试点和农村土地整治清理检查工作领导小组的通知

(2011)106号　关于印发2011年上半年市政府实事项目责任分解完成情况的通知

(2011)107号　关于深入开展《劳动合同法》宣传执法活动的通知

(2011)108 号　关于调整市爱国卫生运动委员会组成人员的通知

(2011)109 号　关于印发平湖市市区沿街机关企事业单位厕所对外开放实施方案的通知

(2011)110 号　关于建立平湖市城区建筑垃圾和散装建材密闭运输管理联席会议制度的通知

(2011)111 号　关于转发嘉兴市计划生育家庭奖励扶助制度扩面实施方案的通知

(2011)112 号　关于明确拆迁安置房经济适用房管道天然气配套建设费用的通知

(2011)116 号　关于建立平湖市社会信用体系建设联席会议制度的通知

(2011)117 号　关于成立平湖市农贸市场改造提升工作领导小组的通知

(2011)118 号　转发市农经局关于平湖市创建全国平安农机示范市活动实施方案的通知

(2011)119 号　关于印发平湖市 2011 年度基层公共卫生工作考核办法的通知

(2011)120 号　关于印发 2011 年上半年创建国家卫生城市工作主要任务责任分解完成情况的通知

(2011)122 号　关于做好平湖市“数字城管”工作的实施意见

(2011)123 号　关于调整民办养老服务机构财政补助标准的通知

(2011)124 号　关于提高计划生育长效节育措施奖励标准的通知

(2011)126 号　关于公布平湖市第六轮优秀科技论文获奖名单的通知

(2011)127 号　转发嘉兴市人民政府办公室关于切实落实互联网安全保护技术措施的通知

(2011)128 号　关于调整市未成年人保护委员会成员的通知

(2011)129 号　转发市教育局关于开展庆祝第二十七个教师节活动意见的通知

(2011)130 号　关于做好有关征地拆迁的规范性文件专项清理工作的通知

(2011)131 号　关于公布 2011 年度平湖市专利示范企业名单的通知

(2011)132 号　关于成立平湖市教育体制改革领导小组的通知

(2011)133 号　关于印发平湖市 2012 年度绿化工作考核办法的通知

(2011)134 号　关于印发平湖市进一步加强服务业统计工作意见的通知

(2011)135 号　关于切实加强互联网安全保护工作的通知

(2011)137 号　关于调整残疾人参加城乡居民社会养老保险和城乡居民合作医疗保险补助政策的通知

(2011)138 号　关于印发平湖市创新型企业认定与管理办法(试行)的通知

(2011)140 号　关于认定新仓镇、新埭镇为平湖市知识产权示范镇(街道)的通知

(2011)141 号　关于印发平湖市村邮站和信报箱建设工作实施方案的通知

(2011)142 号　关于印发平湖市宣贯《全民消防安全宣传教育纲要(2011～2015)》工作方案的通知

(2011)143 号　关于成立平湖市基本农田划区定界工作领导小组的通知

(2011)144 号　关于印发平湖市消防事业发展“十二五”规划的通知

(2011)145 号　关于印发 2011 年三季度市政府实事项目责任分解完成情况的通知

(2011)146号　关于成立平湖市实施卫生部与联合国儿童基金会“城市流动人口妇幼保健服务项目”领导小组的通知
(2011)147号　关于成立平湖市使用正版软件工作领导小组的通知
(2011)148号　关于明确我市福利企业超比例安置残疾人就业奖励政策的通知
(2011)149号　关于开展2011年度依法行政工作评议考核的通知
(2011)150号　关于成立平湖市地质灾害防治工作领导小组的通知
(2011)151号　转发嘉兴市人民政府办公室关于加强企业安全生产诚信管理实施意见的通知
(2011)152号　关于印发平湖市2011～2012年度水利建设计划的通知
(2011)153号　关于印发平湖市国家医改卫生信息化建设试点项目实施方案的通知
(2011)154号　关于印发平湖市人民政府机构改革“三定”工作实施意见的通知
(2011)155号　关于公布2011年平湖市农民技术职称评定和晋升结果的通知
(2011)156号　关于印发平湖市加强车辆超限超载长效管理工作实施意见的通知
(2011)158号　关于印发平湖市地方税务局主要职责内设机构和人员编制规定的通知
(2011)160号　关于启用平湖市经济和信息化局等部门印章的通知
(2011)161号　关于建立平湖市低收入家庭收入核定工作联席会议制度的通知
(2011)162号　关于平湖市建成区自建房修缮管理工作的实施意见

国民经济统计资料

2011年国民经济统计资料选刊

人口、自然和生活环境统计表

项目	单位	2011年	2010年
年末总人口	人	487797	486996
总人口中非农业人口	人	233726	232957
全年人口出生率	‰	6.35	7.48
全年人口自然增长率	‰	-0.84	0.26
人口密度	人/平方公里	908	905
土地面积	平方公里	537	537
其中:耕地面积	万亩	45.96	46.12
年平均气温	℃	16.7	16.9
年极端最高气温	℃	37.3	38.5
年极端最低气温	℃	-7.2	-6.5
年降水总量	毫米	1159	1484
年雨日	天	113	147
年雪日	天	11	10
年日照时数	小时	1945	1845
年无霜期	天	232	225
园林绿地面积	万平方米	925	877
建成区绿化覆盖率	%	42.36	42.32
全社会用电量	亿千瓦时	43.06	37.85
其中:城乡居民生活用电	亿千瓦时	3.17	2.88
城市建成区面积	平方公里	17.8	16.8
年供水总量	万立方米	3043.24	2820.77
其中:居民家庭用水	万立方米	840.27	837.47
人均日生活用水量	升	225.16	173.24
供液化石油气总量	吨	12272	10330
其中:家庭用量	吨	5279	6264
用气人口	万人	12.32	11.71
供天然气总量	万立方米	1053	870.72
其中:家庭用量	万立方米	130	90.31
用气人口	万人	2.58	2.60

国民经济主要指标统计表

项　　目	单位	2011年	2010年
年末从业人员	万人	47.63	47.01
生产总值	万元	3934310	3405271
第一产业	万元	178732	161009
第二产业	万元	2489795	2074157
第三产业	万元	1265783	1070106
工农业总产值(按现价计算)	亿元	1110.46	920.23
农业总产值	亿元	26.90	24.14
工业总产值	亿元	1083.56	896.09
主要农产品产量			
粮食	吨	245968	242909
其中:谷物	吨	238864	234818
棉花	吨	570	568
油菜籽	吨	17788	22195
蚕茧	吨	1.5	2.1
西瓜	吨	36423	31416
食用菌	吨	22758	20972
畜禽产品			
肉类总产量	吨	32058	32466
其中:猪肉产量	吨	27482	27937
禽肉产量	吨	4198	4150
禽蛋产量	吨	8519	8437
水产品产量	吨	35692	36767
其中:海水产品	吨	3207	3429
淡水产品	吨	32485	33338
交通、邮电			
全社会货运量	万吨	3085	2923
货物周转量	万吨公里	330450	305495
全社会客运量	万人	1911	1889※
旅客周转量	万人公里	56865	54783※
嘉兴港货物吞吐量	万吨	5258	4432
邮政业务总量	万元	4525	6115

说明:有※者,根据《平湖统计年鉴2012》作了相应调整

续表

项　　目	单位	2011年	2010年
全市固定资产投资合计	万元	2447230	2060503
城镇项目投资	万元	1665898	1354874
农村项目投资	万元	313882	350457
房地产开发投资	万元	467450	355172
社会消费品零售总额	万元	1050155	884938
进出口总额	亿美元	64.97	50.92
其中:出口总额	亿美元	35.35	30.34
财政一般预算总收入	万元	640765	516449
其中:地方财政一般预算收入	万元	324423	255125
财政预算支出	万元	329260	273125
城乡居民储蓄存款余额	亿元	238.90	205.50
居民人均储蓄存款余额	元	49015	42280
学校数	所	103	110
其中:普通高中	所	4	4
初　中	所	13	13
小　学	所	30	35
在校学生数	人	80093	81930
其中:普通高中	人	9520	9480
初　中	人	17297	19582
小　学	人	28683	28588
图书馆藏书	册·件	527635	477835
电视台发射机功率	千瓦/部	1/1	1/1
卫星电视地面收转台	座	3	3
卫生机构数	个	24	23
其中:医院(包括卫生院、门诊部等)	个	18	17
医院床位数	张	1499	1488
卫生技术人员数	人	2634	2614

说明:根据《平湖统计年鉴2012》,将全市固定资产投资中的原农村单位固定资产投资和农村私人投资项目合并为农村项目投资,并对全市固定资产投资、城镇项目投资、农村项目投资的2010年数据作了调整。

国民经济主要比例关系表

单位:%

项　　目	2011 年	2010 年
从业人员		
第一产业	8.27	8.68
第二产业	65.72	66.01
第三产业	26.01	25.31
生产总值		
第一产业	4.54	4.73
第二产业	63.29	63.85
第三产业	32.17	31.42
工农业总产值		
工业	97.58	97.38
农业	2.42	2.62
工业总产值中轻重工业比重		
轻工业	39.39	43.10
重工业	60.61	56.90
工业总产值在各类型企业中比重		
内资企业	50.65	51.64
港澳台商投资企业	14.24	12.19
外商投资企业	35.11	36.17
农业总产值中各业比重		
农业	51.09	52.71
林业	0.44	0.42
牧业	25.83	24.18
渔业	16.42	16.43
农林牧渔服务业	6.22	6.26

说明:工业总产值,在工农业比重中按总计数,在轻重工业和各类型企业比重中按年主营业务收入2000万元以上工业企业的合计数计算。

年主营业务收入2000万元以上工业企业主要指标完成情况

指 标 名 称	单 位	2011年	2010年
企业数	个	538	517
其中:亏损企业	个	103	73
工业总产值	万元	9450189	7715621
新产品产值	万元	2638746	1648140
工业销售产值	万元	9168197	7543463
资产合计	万元	10101532	8128173
流动资产合计	万元	5151097	4248388
产成品	万元	437332	320312
固定资产原价	万元	5731483	4615659
累计折旧	万元	1945691	1641467
本年折旧	万元	336263	284373
固定资产净值	万元	3785792	2974192
负债合计	万元	6347456	5020440
流动负债合计	万元	5267701	4125682
长期负债合计	万元	1043972	863238
所有者权益合计	万元	3754075	3107733
主营业务收入	万元	9181575	7623899
主营业务成本	万元	8042019	6944971
主营业务税金及附加	万元	46496	40161
营业费用	万元	174818	157358
管理费用	万元	383282	308772
财务费用	万元	152296	114925
利息支出	万元	179291	110962
利润总额	万元	474724	473619
本年应交增值税	万元	223400	209814
亏损企业亏损额	万元	58426	26227
利税总额	万元	746220	723594

浙江省十六县(市、区)

	行政区划面积(平方公里)	其中:建成区面积(平方公里)	年末总人口(万人)	暂住人口(万人)	生产总值(亿元)	第一产业增加值(亿元)
绍兴县	1202	47.00	72.58	85.30	931.80	33.21
萧山区	1163	76.53	122.87	89.01	1445.92	52.88
余杭区	1228	44.54	87.67	68.02	738.72	43.68
慈溪市	1361	41.50	104.15	95.77	877.18	43.57
余姚市	1501	45.56	83.46	54.64	658.82	40.40
海宁市	701	33.10	66.31	35.48	532.67	24.26
桐乡市	727	36.00	67.69	41.91	478.99	28.31
上虞市	1406	24.00	77.74	19.39	523.66	36.56
温岭市	836	31.58	119.93		665.99	50.59
鄞州区	1346	60.00	82.21	86.33	946.71	36.08
诸暨市	2311	38.10	107.20	34.13	740.02	43.35
瑞安市	1271	21.56	121.12	56.06	521.71	17.96
义乌市	1105	96.00	74.74	136.30	726.10	19.80
乐清市	1174	19.30	126.03	77.47	571.49	18.73
平湖市	537	17.80	48.78	31.18	393.43	17.87
富阳市	1808	25.50	65.38	18.13	491.10	33.16

统计信息网络年度交流指标(一)

第二产业增加值(亿元)	其中:工业增加值(亿元)	第三产业增加值(亿元)	第三产业占GDP比重(%)	人均生产总值(元)	规模以上工业总产值(亿元)
554.88	506.58	343.72	36.89	128382	2943.10
886.98	825.22	506.06	35.00	118176	4553.20
387.91	347.64	307.13	41.58	85022	1289.84
526.86	490.62	306.75	35.00	84330	1613.55
394.29	368.02	224.10	34.02	78973	1071.90
320.77	282.48	187.63	35.22	80497	1099.95
262.72	229.16	187.96	39.24	70915	1107.57
296.44	256.34	190.66	36.41	67404	1199.92
346.89	321.74	268.51	40.32	55680	655.75
591.67	566.26	318.96	33.69	115861	1878.14
423.87	374.76	272.79	36.86	69110	1806.49
263.39	244.35	240.36	46.07	43445	728.58
310.90	262.70	395.40	54.46	97642	627.00
346.62	326.50	206.15	36.07	45705	1078.18
248.98	234.23	126.58	32.17	80721	945.02
297.23	277.86	160.71	32.72	75328	1065.10

浙江省十六县(市、区)

	全社会固定资产投资额(亿元)	社会消费品零售总额(亿元)	全社会客运量(万人)	全社会货运量(万吨)	地方财政收入(亿元)	地方财政支出(亿元)
绍兴县	356.80	142.23	3513	2065	63.77	58.64
萧山区	518.45	336.98	8740	6967	113.38	109.76
余杭区	413.53	210.08	11275	8091	95.64	84.24
慈溪市	296.59	341.96	3005	1420	71.52	80.64
余姚市	259.29	259.69	2932	1250	55.02	58.25
海宁市	248.97	211.64	3409	1938	38.82	39.87
桐乡市	215.74	186.70	1614	2680	36.29	38.00
上虞市	241.07	154.80	2489	1299	35.52	35.76
温岭市	193.60	280.24	5311	4526	36.17	45.17
鄞州区	338.19	269.59	3786	4564	124.88	96.07
诸暨市	324.67	196.63	4042	2200	45.75	49.44
瑞安市	261.81	217.89	4181	1338	38.68	43.15
义乌市	227.10	344.50	6736	2316	50.50	49.60
乐清市	296.66	197.76	6497	1044	41.66	45.77
平湖市	244.72	105.02	1911	3085	32.44	32.93
富阳市	191.50	103.80	2998	1677	40.90	46.80

统计信息网络年度交流指标(二)

实际利用外资(万美元)	自营出口(海关数)(万美元)	自营进口(海关数)(万美元)	金融系统年末存款余额(亿元)	其中:城乡居民储蓄存款(亿元)
15015	964919	364524	1232.01	513.72
80831	898381	534360	2586.20	901.54
60819	432230	50660	1315.53	538.88
41710	834701	182131	1411.30	650.10
35002	562158	196388	982.86	444.98
27709	395440	128701	772.57	364.92
20229	239387	148834	645.69	348.23
15011	274018	61022	781.27	352.49
4088	327396	12203	784.95	476.72
38063	958143	317493	1385.18	611.01
24965	507859	114986	921.92	406.49
20	295213	61832	988.40	503.78
1458	359757	35115	1809.60	918.60
1888	214529	25300	984.57	467.57
27070	3534.58	296269	572.57	238.90
22129	99450	117126	589.04	242.12

浙江省十六县(市、区)统计信息网络年度交流指标(三)

	金融系统年末贷款余额(亿元)	城镇居民人均可支配收入(元)	农村居民人均纯收入(元)	全社会用电量(亿千瓦时)	其中:工业用电(亿千瓦时)
绍兴县	1000.13	36547	19527	129.51	116.12
萧山区	2221.89	36278	18398	174.77	147.95
余杭区	1030.54	32473	17951	66.31	46.91
慈溪市	1268.26	24123	18260	101.68	83.33
余姚市	958.65	33611	16074	64.62	52.15
海宁市	568.33	33188	17397	58.81	48.42
桐乡市	467.08	32405	16518	66.44	56.60
上虞市	612.47	34011	15833	36.05	28.10
温岭市	612.32	31303	14996	47.94	33.24
鄞州区	1211.51	36734	18631	69.35	50.82
诸暨市	735.45	35697	17060	69.09	57.75
瑞安市	845.98	35082	14400	59.36	43.63
义乌市	1283.60	40078	17121	63.40	41.50
乐清市	821.11	34448	15730	45.17	29.07
平湖市	419.25	33190	16641	43.06	36.20
富阳市	579.52	29250	15369	62.70	54.30

年主营业务收入2000万元以上工业企业部分产品产量

产品名称	计量单位	2011年	2010年
大米	吨	15141	14200
混配合饲料	吨	52994	54167
饮料酒	千升	7371	7668
白酒(折65度,商品量)	千升	660	404
化学纤维	吨	9627	9864
纱	吨	7489	6090
棉纱	吨	959	914
布	万米	2294	1927
棉布	万米	2146	1579
印染布	万米	10790	11606
服装	万件	23852	24991
梭织服装	万件	2526	3079
针织服装	万件	21326	21912
皮革服装	件	645012	993096
家具	件	2863150	1697433
木质家具	件	4481	16427
金属家具	件	2850376	1662109
机制纸及纸板	吨	1151626	1002413
箱纸板	吨	961660	791078
纸制品	吨	462481	439597
瓦楞纸箱	吨	344675	322495
水泥	吨	1040306	1071036
散装水泥	吨	815257	839069
商品混凝土	立方米	1386772	1219293
平板玻璃	重量箱	3398197	3474232
橡胶轮胎外胎	万条	1200.02	985.60
塑料制品	吨	19654	20635
滚动轴承	万套	6372	9154
电力电缆	千米	20607	20927
发电量	万千瓦时	2300895	1800516

索　引

说　明

1. 本索引采用主题分析方法，按主题首字汉语拼音字母顺序排列；同音字按声调顺序排列。
2. 栏目、分目用黑体字标明；标引词后的数字表示内容所在页码，数字后的拉丁字母a、b分别表示内容在该页的左、右栏别。
3. 为了使索引主题不引起歧义，便于读者检索，单位和事件前面的“平湖”一般予以省略。
4. 条目标引词后有多个页码表示该条目参见内容所在位置。
5. 本年鉴的“特载”、“专记”、“大事记”、“名录·人物”、“文件选编”、“国民经济统计资料”均未作索引。

C

D

E

F

G

H

J

K

M

N

P

Q

R

S

T

平湖市供电局

△ 市委常委、副市长石云良到市供电局防台抗台应急指挥中心指导工作

2011年，平湖市供电局坚持科学发展理念，全局上下认真贯彻落实省公司、嘉兴市局和平湖市委、市政府的决策部署，以安全稳定为基础，以变革创新为动力，团结合作，锐意进取，全力确保电网安全和电力有序供应，加快推动电网建设，深入推进全面全员绩效管理，依法从严治企，广泛开展创先争优活动，队伍建设扎实有效，党建和精神文明建设全面加强。

各项经济技术指标完成良好。经营规模和质量显著提高，供售电量继续保持增长，供电量18.93亿千瓦时，同比增长8.81%；售电量18.64亿千瓦时，同比增长11.27%；综合线损率为1.52%，同比下降2.18个百分点；城区供电可靠率为99.96%，农村供电可靠率为99.89%，综合电压合格率为99.89%；电费回收率100%。荣获同业对标第二类综合管理标杆单位（售电量30亿千瓦时以下10亿千瓦时以上，全省排名第二）。**安全生产保持平稳。**全面完成与嘉兴市局签订的安全生产目标责任书，截至2011年底，累计安全日达到2370天，实现三个百日安全无事故记录。**电网建设取得新成就。**全年完成电网发展投资约2.44亿元，新增

△ 开发区负荷分流线路改造工程施工现场

110千伏变电容量12万千伏安，建设改造电力线路297.786公里。**营销管理和优质服务水平持续提升。**营销基础管理不断加强，积极探索居民表后用电服务新模式，推广应用智能电表，营销精益化管理名列前茅。**企业管理成效进一步提升。**优化资源配置，推行全面预算，工程管理、绩效管理、多经管理和企业用工管理进一步规范，依法治企得到加强，圆满完成了2011年主要目标和工作任务。

△ 5月25日，市供电局收到华油工建项目部的锦旗

△ 市公安局局长刘国强、市供电局局长周浦江为平湖市公安局驻平湖市供电局联络室揭牌

△ 曹桥居民用电服务站揭牌仪式

△ 中央电视台拍摄春耕服务现场

平湖市总工会

△ 市委书记翁建荣走访慰问在高温环境下工作的一线职工

2011年，平湖市工会工作紧紧围绕市委、市政府中心工作和嘉兴市工会各项重点工作，努力创新工作方法和手段，充分发挥工会独特优势和作用，重点工作创特色，基础工作求突破，工会工作不断创新发展。成功举办平湖市第七届职工职业技能大赛，命名表彰一批和谐劳动关系示范企业、“工人先锋号”、“杰出职工”、“技能之星”，聘任市第三届职业技能带头人。全面落实“两个普遍”工作，出台下发《关于进一步推进工资集体协商深入开展和谐企业创建工作的意见》，成立平湖市企业工资集体协商推进工作督查组，市总认真组织开展工资集体协商推进月活动，全市已累计签订工资集体协商专项协议1585份，覆盖企业2245家，占全市建会企业总数2324家的96.6%；全市和谐企业创建面85%以上；职代会和厂务公开建制率均达85%，其中规模以上企业达到100%。加强职工维权帮扶中心和维权帮扶窗口建设，完善困难职工救助档案，新建困难职工档案90户，特困职工档案10户，累计建立本级困难职工档案685户（全部录入全总帮扶管理系统）；组织举办“春风行动”专场招聘会，发挥工会维权热线“12351”作用，完善工会职工信访制度，劳资纠纷处结率100%。春节举办迎春全市职工趣味运动会，“五一”举办全市职工情景歌舞诗汇演，以2011中国·平湖西瓜灯文化节暨纪念建党90周年为契机举办“红歌会”。全年有60多篇稿件分别在《工人日报》、《中国工运》等省、国家级刊物刊登，4篇信息分别被省政府办公厅、嘉兴市政府录用，副省长陈加元和嘉兴市副市长张志伟分别作了批示。市总工会职工学校被全国总工会命名为“2011年度全国职工教育优秀示范点”、市总获省“安康杯”竞赛活动优胜组织单位、嘉兴市务工新居民加入工会工作先进单位等称号。

△ 市委副书记潘川弟，市政协副主席、市总工会主席许静等领导现场观摩职工职业技能大赛

△ 省总工会副主席李锦平在浙江伊思佳服饰有限公司与员工共进午餐

△ 平湖市职工职业技能大赛开幕式

△ 平湖市庆祝中国共产党成立90周年红歌会

平湖市妇联

△ 嘉兴市妇联主席陆英（中）到平调研

2011年，市妇联在市委、市政府的正确领导下，认真贯彻落实科学发展观，紧紧围绕党政工作中心，以发展为主线，助推创业创新；以维权为关键，参与社会管理；以创先争优为主题，积极开展活动；以和谐为目标，深化家庭创建；以固本强基为根本，加强组织建设，团结引领全市广大妇女积极投身到各项社会事业中。2011年，平湖市被评为嘉兴市妇女儿童工作先进市，市妇联获浙江省“平安家庭”创建活动先进集体、平湖市“十一五”法制宣传教育先进部门等荣誉称号，在嘉兴五县两区妇联中率先成立了和谐家庭社工事务所，这一工作被嘉兴市妇联评为2011年度妇女工作创新奖。

△ “六一”节，副市长周仲利（左二）看望幼儿园小朋友

△ “万户家庭学礼仪”活动启动仪式

△ 乡科级领导干部配偶廉政教育报告会

△ 第三届邻居节开幕式

△ 女企业家协会活动

浙江省平湖市盐务管理局
浙江省盐业集团平湖市盐业有限公司

『食盐专营 利国利民』

浙江省平湖市盐务管理局与浙江省盐业集团平湖市盐业有限公司合署办公，实行“两块牌子、一套班子”。

平湖市盐务局由浙江省盐务管理局垂直管理，负责平湖市行政区域内的食盐零售经营许可，无计划购销盐产品、非食盐冲销食盐市场等盐业管理工作。平湖盐业有限公司系国有独资企业，具有法人资格，是浙江省盐业集团有限公司的全资子公司，负责平湖市盐产品供应工作。

局（公司）始终把保障全市盐产品供应不脱销、不断档，确保全市人民食用合格盐、安全盐、放心盐作为工作的重中之重，认真履行食盐专营和市场供应职责，努力维护盐业市场稳定。

局（公司）坚持以科学发展为主题，以转变发展方式为主线，以提高发展质量和效益为核心，以“大盐业、大物流、大市场、大品牌”为方向，突出主业发展，拓展非盐经营，积极推进结构调整，强化内部管理，实现企业平稳较快的发展。

局（公司）将继续依法履行职责，加大市场监管力度，进一步整顿和规范盐业市场秩序，确保盐的供应和质量安全。按照“稳中求进、改中求活、转中求强”的工作总要求，努力在调结构、促转型、强改革、转方式、重管理、增效益上下功夫，着力推动平湖盐业各方面工作上一个新台阶。

△开展防治碘缺乏病宣传活动

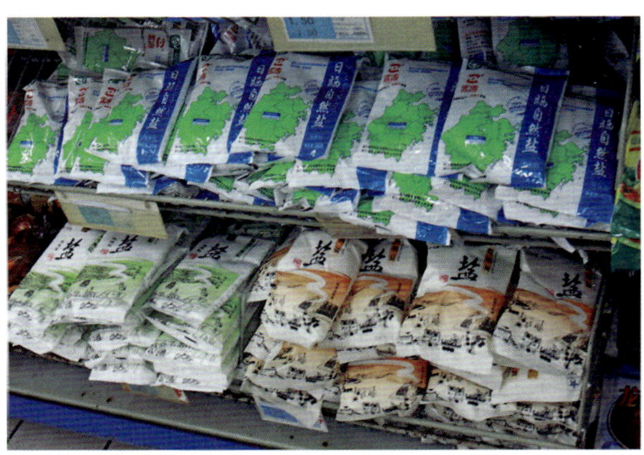

△品种繁多的小包装食用盐

曹桥街道

△平湖市委书记翁建荣到曹桥调研经济社会发展情况

△街道二届一次党代会开幕

2011年，曹桥街道以经济转型升级为主线，深入推进发展平台建设，突出生态环境整治，切实保障和改善民生，经济社会总体情况保持平稳。全街道实现生产总值20.3亿元，同比增长9.5%；工业总产值65.3亿元，同比增长34.3%；全年实现财政一般预算总收入2.76亿元，其中地方财政收入1.05亿元，同比分别增长38.4%和34.9%。农民人均所得16975元，同比增长18%。

经济实力不断增加。招商引资方面，年内到位市外内资1.78亿元，合同外资1250万美元。同时，景兴股份公司成功向特定对象非公开发行人民币股A股1.5亿股，募集资金人民币9.5亿元。项目推进方面，全年实现固定资产投入8.22亿元。全年实施挖潜节地项目10个，完成新增投资3.2亿元，盘活土地150亩。平台建设方面，全年投入资金2300万元，共征用土地142亩，拆迁房屋40户，安置85人。加大园区内道路、集污、供热等基础设施建设，全年完成投资4025万元，成功创建成嘉兴市乙级转型升级工业园区。

发展环境不断优化。结合创建国家卫生城市的要求，着力改善区域环境面貌，深入实施各项整治工程。以“两点三线”（街道集镇、六店大桥附近，新07省道、老07省道、九场公路沿线）为重点区域，以五个专项整治（集镇整治、废品收购点整治、废塑料造粒行业整治、六店大桥马路市场整治、“两违”整治）为抓手，全面实施了15项环境卫生改善工程项目，街道共投入资金1400多万元，对集镇道路、公厕、农贸市场等进行大面积改造，各项创卫工作得到了扎实推进，“两点三线”环境整治面貌明显改善。加大节能减排工作力度，严格执行能耗限额指标，完成年内全街道万元工业增加值综合能耗下降8%的目标任务。

党的建设不断加强。不断深化创先争优活动，着重在先锋承诺、闪光点评、率诺践诺、氛围营造等方面加以推进，全年共评选出五星级党组织6个，三星级以上优秀党员138名，星级评创工作成为街道加强基层党建、强化党员队伍建设、助推创先争优活动的有效抓手。

△平湖市桢隆机械有限公司开业大典

△建设中的开元悦都

△街道第三届行知文化节顺利闭幕

当湖街道

△省委常委、纪委书记任泽民到百花社区调研

△省委常委、组织部长蔡奇为社工服务站工作批示

△嘉兴市委书记李卫宁到街道调研

△别克、福特等多家汽车4S店纷纷落户长胜路汽车销售区

△金家村农民新村

△河道整治、美化家园

△广泛动员全街道上下积极参加创卫义务劳动

2011年，当湖街道在市委、市政府的正确领导下，牢牢把握科学发展主题和加快转变发展方式主线，凝心聚力、真抓实干，全力推动“活力当湖”、“平安当湖”、“和谐当湖”三大品牌建设，连续五年荣获全市镇（街道）绩效考核优秀，实现了“十二五”时期经济社会发展良好开局。全街道实现生产总值75.6亿元。财政一般预算总收入3.14亿元，其中地方财政一般预算收入1.64亿元，同比分别增长15.6%和16.5%。城镇居民人均可支配收入33190.4元，农民人均纯收入17007元，同比分别增长14.1%和18.9%。

2011年，当湖街道转型升级步伐加快，服装、建材、汽车销售等专业交易市场初步形成，楼宇经济、总部经济发展迅速，一批名企名店相继落户开业。城乡建设稳步推进，“两新”工程、“创卫”、“美丽乡村”等工作取得新进展，城乡面貌不断改善。社会事业协调发展，社区建设、物业管理、公共事业、文化宣传全面推进，服务保障民生能力不断提升。更加注重加强和创新社会管理，探索开展“社工服务站”、楼道“一长三员”、“学法中心户”等工作，民生台账、“门户联防、邻里相望”、“相约星期二”等工作持续深化，多项工作走在嘉兴市乃至全省前列。

2011年，当湖街道先后获得浙江省文明街道、浙江省内部审计先进单位、浙江省第六次人口普查先进集体、浙江省社会主义新农村建设档案工作先进集体、浙江省示范数字档案室、嘉兴市征兵先进集体、嘉兴市平安创建工作先进街道、嘉兴市社会治安综合治理先进集体、嘉兴市平安街道、嘉兴市创建法治镇（街道）工作先进单位、嘉兴市纪检监察系统先进集体、嘉兴市流动人口计划生育工作先进集体、嘉兴市妇联基层组织建设示范单位等13项嘉兴市级以上荣誉，通过了浙江省城市体育先进街道、浙江省旅游强街道复评。

乍浦镇

△ 乍浦镇第十三次党代会

△ 乍浦镇第二届运动会

△ 乍浦镇首届企业文化艺术节闭幕式

△ “党员志愿服务日”集中便民服务活动

乍浦是一座千年古镇，历史悠久，自古就有“江浙门户”“海口重镇”之称。2011年，乍浦镇党委、政府在嘉兴港区党工委、管委会的正确领导下，大力实施“经济倍增、文化推动、法治强基、社会统筹、功能强化”五大战略，突出“活力乍浦、人文乍浦、和谐乍浦、幸福乍浦”建设，着力打造“杭州湾北岸经济强镇、城乡统筹发展新镇、山海特色文化名镇”，组织建设实现突破，干部能力显著提升；转型升级稳步推进，经济活力显著增强；城乡统筹扎实推进，社会管理水平全面提升；民生事业不断深化，科教文卫协调发展；平安建设持续推进，社会保持和谐稳定。全镇（含港区）实现生产总值71.35亿元；财政一般预算总收入14.05亿元，其中地方财政收入7亿元；农民人均所得17085元、城镇居民人均可支配收入33000元。

2011年，乍浦镇先后获得浙江省旅游强镇、嘉兴市级平安镇（街道）、嘉兴市安全生产工作先进集体、嘉兴市第六次人口普查先进集体、嘉兴市第一批平安畅通镇等荣誉称号，创建国家卫生镇工作通过嘉兴市级考核验收。

广陈镇

△省农业厅厅长史济锡到广陈视察现代农业园区建设

△市委书记龚建荣到广陈检查指导防台抗台工作

△时任浙江省省长吕祖善到广陈视察省级粮食功能区建设

2011年，广陈镇在市委、市政府的正确领导下，认真贯彻落实市委、市政府相关会议精神，始终坚持以科学发展观为指导，理清思路、突出重点、狠抓落实，切实加强领导班子、干部队伍建设，切实加快经济发展和维护社会大局稳定，切实加大社会管理与保障力度，推动经济社会各项事业稳步发展。全镇实现生产总值13.3亿元，财政一般预算总收入首次突破1个亿，地方财政一般预算收入创历史新高，获得了浙江省气象防灾减灾示范乡镇、浙江省第五批平安农机示范镇、浙江省第二批“示范数字档案室”、嘉兴市第一批药品安全示范镇（街道）、嘉兴市人防警报社会化管理先进单位等称号。

2011年，广陈镇突出“抓队伍、强基础”，营造风清气正的换届氛围，顺利完成镇党委、政府、人大及村三套班子换届选举工作，建设一支能干事、会干事的镇村干部队伍；突出“扩大增量、盘活存量”，着力推进招商引资和工业园区建设，工业经济的主体地位进一步巩固，新一轮发展局面全面打开；突出“抢抓机遇、跑项争资”，着力推进招商引资工作，合同外资、实到外资历年来首次双双完成年度目标任务，取得新突破；突出“农业增效、农民增收”，着力推进新农村建设，现代农业得到长足发展；突出“城乡统筹、协调并进”，着力推进“美丽乡村”、“两新”工程建设，城乡人居环境进一步改善；突出“以人为本、惠民利民”，着力推进社会管理、民生事业，“和谐、平安广陈”建设取得了新进展；突出发扬“自力更生、勇于赶超”的精神，全面加强作风建设，自我加压、提速增效，全面完成了年初确定的各项目标任务。

△广陈镇召开党委换届工作动员大会

△广陈镇隆重庆祝建党九十周年，并对四个“十佳”授牌

△广陈中心社区新港花苑建设初具形象

林埭镇

△ 崛起的林埭工业

△ 深厚的良渚文化

△ 美丽的新农村

2011年，平湖市林埭镇坚持以科学发展观为指导，进一步发扬“厚德务实、龙腾图强”的林埭精神，围绕建设“工业新镇、水产强镇、文化名镇”，坚持发展第一要务、民生第一目标、稳定第一责任不动摇，较好地完成了镇第十五届人民代表大会历次会议确定的各项主要目标任务。全年实现工农业总产值35.4亿元，比2006年末增长71.1%；生产总值14.4亿元，比2006年末增长114.3%；农民人均所得16411元，财政一般预算总收入12375万元、其中地方财政收入4623万元，分别比2006年末增长90.4%、121.2%和154.5%。年内与日本JFE钢铁株式会社签订钢板加工项目投资协议，这是世界500强企业首次落户在平湖市镇（街道）工业平台。各项事业硕果累累，获国家全民健身周活动先进单位、省级“水产强镇”、“教育强镇”、“体育强镇”、“东海文化明珠”、“民间民俗文化艺术之乡”，嘉兴市级“文明镇”、“卫生城镇”、“生态镇”等一系列称号。

△ 繁荣的体育事业

独山港镇

△市领导调研穗轮“美丽乡村”建设

△港区项目服务中心揭牌成立

2011年是“十二五”规划的开局之年，在市委、市政府的正确领导下，独山港区（独山港镇）牢牢抓住省海洋经济发展上升为国家战略等重大机遇，切实加快开发建设步伐，着力打造“实力港区”、“平安港区”、“和谐港区”。全年完成生产总值45.5亿元，可比增长10.1%；实现财政一般预算总收入6.2亿元，其中地方财政收入2.5亿元，同比分别增长20.37%和21.01%。全年完成合同外资3446万美元，实到外资3621万美元；引进市外内资达9.8亿元。完成固定资产投资27.22亿元，其中工业生产性投入18.99亿元。规上企业工业总产值、销售收入分别达到111.52亿元、108.31亿元，同比分别增长11.8%、11.5%；产值超亿元企业达24家，其中15亿元以上企业2家。在加快开发建设的同时，转型升级、社会管理、民生改善等各个方面协调健康发展，获得全国首个出口服装检验监管示范区称号，创建成嘉兴市首批药品安全示范镇和第二批嘉兴市卫生强镇，穗轮村创建成平湖市首个全国文明村。

△45万吨丙烯项目签约

△根源光大节能建材项目签约

△镇第一次党代会开幕

△杰森石膏板二期项目开工奠基

△嘉盛新材料项目奠基

△清华大学科技成果产业化项目签约

△新一届村干部培训

△庆祝建党90周年红歌赛

新仓镇

△省委常委、宣传部长茅临生到新仓镇调研基层文化建设

△省委创先争优活动督查组到新仓调研

△时任平湖市委书记盛全生调研村便民服务中心

2011年，新仓镇实现生产总值23.9亿元，比上年增长8%；财政一般预算总收入3.13亿元，增长17.8%，其中地方财政收入1.2亿元，增长23.4%；全社会固定资产投资9.87亿元，工业销售产值73亿元，农民人均所得17236元，增长13.1%。在全市率先创建成为全国环境优美镇、首批浙江省文化强镇、省森林城镇，连续四年评为嘉兴市新市镇综合考评十强新市镇。

近年来，新仓镇不断加快转型升级步伐，工业经济得到平稳较快发展。创建成为嘉兴市甲级转型升级工业园区，平湖市光伏（新能源）产业园形象不断显现。企业规模不断壮大，亿元企业达到15家，超5亿元1家，超10亿元1家；引进内资实现历史性突破，实到市外内资3.77亿元。注重小城市培育建设，商贸区开发进入实质性阶段，建设完成新仓农贸市场、农副产品批发市场、广电中心大楼、民防应急中心暨劳动力分市场，小城市形象初步显现，道路交通框架网络日益完善，商业区、工业园区、居住区、生态农业园区实现互动发展。不断创新发展“新仓经验”，加快现代农业园区建设，累计流转土地26100亩，占全镇家庭承包经营耕地总面积的57%，5个村实现整村流转。“美丽乡村”建设实现整镇整治，农村集体产权制度改革实现全覆盖，均走在全市前列。加强社会管理，协调发展各项社会事业，民生改善力度不断加大，社会保持和谐稳定。

当年，新仓镇还荣获了浙江省气象防灾减灾标准乡镇（街道）、人口计生阳光统计单位、首批“示范数字档案室”，嘉兴市社会治安综合治理先进集体、教育工作先进镇、第六次人口普查先进集体、第六批农村工作指导员工作先进镇、基层妇女组织建设示范镇、“十一五”期间人口和计划生育工作先进集体、“十一五”期间残疾人工作先进集体、“十小”行业质量安全创先示范镇、农村经营管理工作先进集体、党委系统信息工作先进单位等荣誉。

△城乡一体新社区——芦川花苑

1. 平湖市光伏（新能源）产业园又添一生力军
2. 举办为期五个月的芦川文化节
3. 实施党组织服务低收入群众增收工程
4. 举办新居民迎春联欢会
5. 打造“美丽乡村”精品东线——合作之源
6. 流动党支部获评全国先进基层党组织
7. 连续四年获评嘉兴市综合考评十强新市镇
8. 获评全市首个“全国环境优美镇”

4.

1.

5.

2.

6.
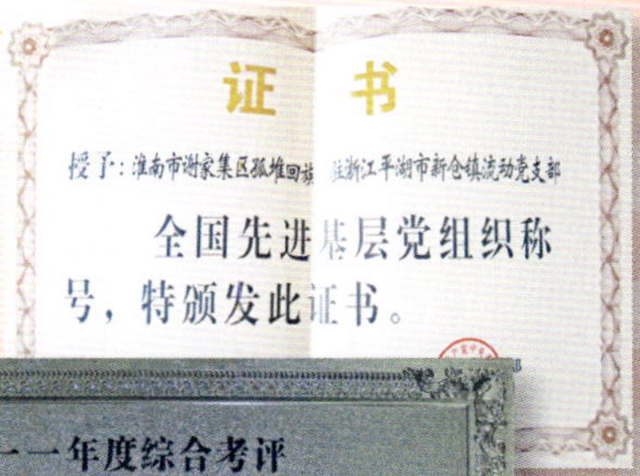

7.
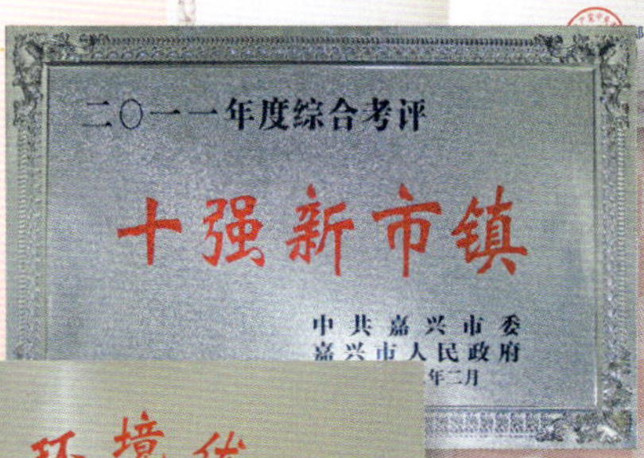

3.

8.

新埭镇政府

△ 市长朱林森在浙江金平拉丝模有限公司视察

新埭镇是平湖市北大门、浙江省中心镇、接轨上海的桥头堡。全镇区域面积77.2平方公里，耕地面积67839亩。辖9个村民委员会、1个社区居民委员会，户籍人口50871人，新居民在册人数33897人。近年来，新埭以“一园三镇五区”建设为总体战略，树立起走可持续发展道路的观念，加快经济结构调整，切实转变经济发展方式，提高人民生活水平。相继被命名为浙江省文明镇、浙江省卫生镇、浙江省历史文化名镇、浙江省生态镇、浙江省体育强镇、浙江东海文化名珠、全国社区教育示范镇、中国卫浴名镇等。

2011年国内生产总值实现29.03亿元，比上年增长15.1%；全社会固定资产投资完成10.64亿元，同比增长13.5%；财政一般预算总收入34055万元，同比增长14.3%，其中地方财政收入12875.45万元，同比增长20.43%；农民人均纯收入16889元，同比增长16.1%。

【工业】全镇工业企业645家，主营业务收入2000万元以上企业73家。2011年规上企业实现工业总产值56.92亿元，同比增长28.6%；主营业务收入55.82亿元，同比增长33.9%；实现利税总额4.25亿元，同比增长71.25%，其中利润1.71亿元，同比增长163.1%。全镇外贸出口37143.96万美元，同比增长22.56%。工业经济形成了服装、箱包、洁具、五金机械四大支柱产业，其中箱包、洁具企业各占平湖市箱包、洁具企业的60%，是中国卫浴名镇、华东地区出口箱包密集型生产基地。

【农业】以国家现代农业示范区和省级新广现代农业园区建设为契机，投资近400万元实施了现代农业园区提升工程，提升现代农业发展水平和粮食综合生产能力。积极推进土地整组整村流转，全镇累计流转面积2.5万亩，省级新广现代农业综合园区新埭区域内已达到

△ 临沪产业园管理委员会授牌仪式

△ 现代农业园区芦笋基地

△ 葡萄酒交易中心透视图

万亩土地集中成片流转，有力地推动了现代农业园区的发展。形成了芦笋、水产、食用菌等三大特色产业。芦笋种植面积达到2000亩，蘑菇种植面积达到125万平方尺，水产养殖面积稳定在7200亩。

【服务业】2011年完成服务业全社会投资额21534万元，完成率126%，服务业重点项目完成投资额5280万元，完成率153%。以国际葡萄酒交易中心为龙头，打造"新埭酒城"，完成了相关规划设计等工作。房地产业平稳发展，在建房产项目5个。

【平湖市临沪产业园建设】临沪产业园已列入平湖市"十二五"规划，成立了相关市级层面的领导小组及管委会。产业园的定位已经基本明确，总体规划面积41.3平方公里，以"一园四区"为框架，"一园"即临沪产业园，"四区"即机电产业区、现代商贸区、生态农业区和综合配套服务区。2011年9月25日平湖市政府与上海张江高新区签订了战略合作协议——在新埭镇共建产城融合的上海张江平湖科技园；11月11日举行了盛大的平湖市临沪产业园开园仪式和产业园内的重点服务业项目——国际葡萄交易博览城奠基仪式。

【新埭人文】新埭镇是一座具有1180多年历史的江南古镇，新埭人民崇文重教，学风兴盛，全镇有幼儿园、小学、中学、成校各一所，幼儿园是嘉兴市示范幼儿园，小学是浙江省百年名校，成校是全国先进单位。新埭民风淳朴，社会治安良好，连续6年被嘉兴市评为"平安镇"，新居民服务与管理走在浙江省前列。新埭文化底蕴深厚，泖水文化深入人心，"文明积分"助推文明村居。

△ 临沪产业园开园仪式

△ 鱼圻塘鱼乡戏苑

嘉兴港区

嘉兴港区位于上海南翼、杭州湾北岸，中国东部沿海、长江三角洲经济发展带的黄金区域，“长三角”沪、杭、苏、甬地区的一个主要交通枢纽。嘉兴港区涵盖嘉兴港（乍浦港区）、浙江乍浦经济开发区、嘉兴出口加工区、乍浦镇。现有人口15万，面积54平方公里。目前，嘉兴港区正在全力打造嘉兴市海洋经济发展示范区和滨海开发核心区。

港区已形成了省内具有代表性的化工新材料产业集群。中国化工新材料（嘉兴）园区是乍浦经济开发区的主要功能区块，是目前国内唯一一个国家级的化工新材料园区，并于2010年被正式列入“浙江省块状经济向现代产业集群转型升

△2011年嘉兴港集装箱年吞吐量突破50万标箱，货物年吞吐量突破5000万吨。

△嘉兴港乍浦港区夜景

△集装箱堆场

△ 浙江壳牌化工石油有限公司2X+项目开工典礼

△ 石油化工品交易市场签约

△ 信汇丁基橡胶一期投产二期奠基庆典

△ 红歌会

级示范园区”。园区重点发展以聚碳酸脂、硅材料、合成橡胶、环氧乙烷等为主导的化工新材料产业。截至2011年底，入区的主要化工企业达30余家，其中外商投资企业涉及日本、韩国、美国、加拿大、荷兰、以色列、新加坡、中国香港、中国台湾等多个国家和地区，如英荷壳牌、日本帝人、德山化工、以色列化工、韩国晓星、湖南石化、新加坡美福等一批国际知名企业已相继落户，累计吸引外资超过10亿美元；国内知名企业如嘉化、合盛硅业、金燕化工等一批投资在10亿元人民币左右的项目也相继落户投产。特别是近两年，随着信汇合成、传化合成以及嘉兴石化PTA等一批投资达数十亿的超大项目落户，更为港区经济的可持续发展注入了强劲动力。

平湖市东湖景区旅游发展有限公司

国家AAAA级旅游景区、中国人居环境范例奖——浙江省平湖市东湖景区，位于市区东侧。东湖由九条河流汇聚而成，是“金平湖”的一颗璀璨明珠，古时喻为“九龙港”，俯瞰犹如一幅“九龙戏珠”图，是平湖市的城中湖。古诗赞曰：“九里湖光九里城，九川环碧雯烟生，支流远带群龙合，巨浸中开一鉴平”。环东湖风景秀丽，名胜古迹林立，自然资源和人文资源都十分丰富。东湖景区有八个景区组成，“八景风光各不同，四时宜游似画中”。“鹉湖春色”寓意深邃、“案山晓翠”湖山胜揽、“南村书堆”书香悠远、“北原牧唱”田园野趣、“含珠凝晖”热情奔放、“西浦鱼罾”鱼遨鹭翔、“九龙戏珠”高洁俊逸、“塔影垂虹”古朴典雅。

“水乡”、“人文”、“休闲”、“生态”的东湖景区是一个集休闲、生态、文化、观光于一体的江南水乡旅游胜地。景区聚集了名人、名馆、佛教经典名卷等，美名远扬海内外。景区全年免费开放、旅游主题活动不断，每年举办西瓜灯文化节、东田社鼓文艺演出、龙舟赛等节庆活动，晚上华灯绽放，流光溢彩，景色迷人，游客纷至沓来。

东湖景区是人们心目中一首情深意长的小诗，是一阕甜美悠扬的晨曲，更是心灵休憩的一块芳草地。

△鹉湖春色

△西浦鱼罾

△夜景

△塔影垂虹

△九龙戏珠

△南村书堆

△含珠凝晖

△北原牧唱

▽东湖全景图

平湖市城市新区管委会

△南市新区效果图

平湖市城市新区位于平湖市主城区，由南市新区、东湖新区和北市场新区组成，总规划面积约26.6平方公里。新区内落户项目有中国服装城、国际箱包城、温州商会大厦、智财商务大厦、建工大厦等。城市新区开发建设的目标是打造建设成集商贸商务、休闲居住、生态旅游、文化体育、服装箱包、集散交易、公建服务等功能区为一体，基础设施完善、空间布局合理、生态环境优美，有效带动和促进区域经济社会发展的城市新高地。

平湖市城市新区管委会成立于2010年12月，其主要职能是负责南市新区、东湖新区、北市场新区范围内的以现代服务业项目为主的开发建设工作；负责研究、决策、协调城市新区开发建设等重大问题；协调落实城市新区产业、项目、用地等规划控制；组织实施城市新区规划、建设、招商、项目服务等工作。

地址：浙江省平湖市东湖大道617号
电话：0573-85633804
传真：0573-85633804

△平湖国际箱包城规划图

△平湖国际箱包城效果图

△平湖中国服装城效果图

共青团平湖市委员会

2011年是“十二五”的开局之年,团市委在平湖市委及上级团组织的领导下，认真学习贯彻党的十七大及历次全会精神，贯彻落实团省委第十三次代表大会精神，围绕中心，创先争优，以一系列活动为载体，增强青少年思想引导的针对性和有效性；以完善平台为助推，服务青年创业创新；以扩面提质为核心，两新组织团建成效显著；以助推新居民青年融入为目标，促进社会和谐建设；以维护青年民生为根本，打造青少年维权服务品牌；以提升能力为重点，加强青年干部作风建设，在服务大局、服务社会、服务青年方面取得了新的成绩，引领广大团员青年开拓创新、建功立业，为推动平湖经济社会科学发展发挥了积极作用。

△全市团员青年代表弘扬践行李叔同人格精神座谈会

△嘉兴市“两新”组织党建带团建工作推进会

△中国少年先锋队平湖市第九次代表大会

△平湖市纪念五四运动92周年、共青团先进表彰大会暨“青春献礼 红心向党”文艺演出

平湖市中医院

平湖市中医院创建于1956年(联合诊所)，1981年成立中医院，2005年被评定为二级甲等中医院，2012年被评定为三级乙等中医院。是嘉兴市十佳医院，平湖市首家三级乙等医院。目前医院占地27209平方米，建筑面积21100平方米，现有职工484名(其中在编职工242名)，卫技人员占90%，在卫技人员中正高9人，副高32人，中级127人。

医院拥有先进的医疗仪器，其中包括西门子螺旋CT、西门子500毫安X光机、GE500毫安X光胃肠机、GEC型臂X光机、全数字X线平板直接摄影系统(DR)两套；日立7180全自动生化分析仪、血气分析仪、VIDAS全自动化荧光酶标免疫测试系统；东芝彩超、日立彩超；动态心电图、动态血压；菲律普中央监护系统、欧美达麻醉机和西门子、PB840呼吸机、美国史赛克腹腔镜、各类电子内窥镜和瑞典金宝、德国血透机等。

近年来医院先后聘请了上海、杭州三甲医院的15名著名专家教授来院长期门诊、查房、手术、讲学等，同时向全国招聘了内科、外科、骨科、脑外科、口腔科7名高级人才，使医院的整体水平上了新的台阶。

△浙江省中医院平湖分院揭牌

△平湖市中医院顺利通过三级乙等中医院评审

平湖市广播电视台

△2011年，市广电台联合市创卫办举办民生新闻创卫拍客活动并对优秀作品进行表彰

△2011年9月，市广电台举办"全城舞动·平湖市首届电视舞蹈大赛"

2011年，平湖市广播电视台紧紧围绕"新闻宣传内容要做优、产业发展规模要做大、内部管理机制要做活"要求，深入实施"品牌带动"、"数字引领"和"素质提升"三大战略，扎实推进广电媒介传播、广电产业推进、广电要素保障三大工程，坚持新闻立台，不断提升舆论引导力；坚持品牌强台，不断提升媒体竞争力；坚持服务塑台，提升公共服务传播力；坚持队伍兴台，不断增强团队战斗力。2011年，市广播电视台获市委、市政府工作目标绩效考核良好部门、创建国家卫生城市工作考核良好单位、市长电话工作先进集体、"五城同创"工作考核三等奖、2010-2011年度平湖市级文明行业等称号，同时还获浙江省广播影视惠民服务工作考核优秀单位称号、2011年全省对农节目服务工程建设考核优秀奖，有40多件业务作品获嘉兴市级以上新闻奖和政府奖。

△2011年，市广电台组织开展"三百基层行"活动，深入农村、农户、企业采访报道，走基层，转作风，改文风

△2011年11月，市广电台《民生站点》栏目开展走转改活动到曹桥，将演播室搬到户外，采访制作特别节目

平湖市房管处

△ 市人大视察阳光嘉苑工地

△ 住建部领导视察阳光嘉苑工地

△ 抽签大会

△ 现场抽签

房管处主要职能

1. 为政府在本市区域内履行房地产管理职能，认真做好有关房地产管理、住房保障等法律、法规、规章和方针的宣传贯彻工作，强化和规范房地产行业管理；

2. 负责全市房地产开发管理；

3. 负责全市房地产估价、测绘等中介机构的管理工作；

4. 负责全市房产权属管理、抵押管理、产权产籍档案管理；

5. 负责全市直管公房的监督管理与白蚁防治管理；

6. 负责市区住房保障工作，包括各类保障性住房建设、销售、出租工作等；

7. 负责落实私房政策；

8. 指导本市房地产行业协会的工作。

△ 洁芳东区开工仪式

△ 平湖市第七届房地产交易会

△ 阳光嘉苑开工仪式

△ 在建阳光嘉苑

△ 已交付的洁芳东区

1

2

3

平湖市博物馆

平湖市博物馆属地志性综合博物馆，成立于1958年，是一个集收藏、展览、文物保护、教育、考古、研究等功能于一体的纯公益类事业单位。是嘉兴市爱国主义教育基地，平湖市科普教育基地。

新馆舍坐落于新华南路372号，建于1999年，占地5亩，建筑面积4900平方米。馆藏文物丰富，计有陶器、瓷器、书法、绘画、铜器等17个类别万余件文物，其中国家珍贵文物有1842件。常设《文物史迹陈列》和《书画陈列》两个固定陈列，另有一个临展厅举办各类临时展览，常年免费对外开放。

1. 临展厅
2. 书画陈列厅
3. 文物史迹陈列厅
4. 博物馆外貌

4

△省委书记赵洪祝视察市图书馆

△市图书馆全景

平湖市图书馆

平湖市图书馆创建于1956年6月，是建国后全省最早的公共图书馆之一，现为国家一级图书馆。几十年来，平湖市图书馆几经搬迁，2006年，迁址于风光秀丽的东湖畔，图书馆事业进入了一个崭新的发展阶段。

新馆是一座开放型、综合型、多功能的现代化图书馆，馆舍主体为三层，局部四层，馆内空间按服务功能划分为少儿活动区、多媒体信息服务区、图书报刊借阅区和工具书、地方文献、古籍阅览区、闭架藏书区和学术交流培训教育区等。大开间的空间充分体现了“以人为本”的服务理念。书刊以开架为主，使藏书尽量接近读者。整个馆区充分园林化，绿化率达到40%。室内采用草本植物点缀，打破了传统图书馆沉闷的气氛，为市民提供了一处生机盎然的室内公共文化活动场所。

近年来，平湖图书馆的服务理念不断创新，服务领域不断拓展，各项服务已面向全市免费开放，镇（街道）图书分馆覆盖全市，馆外服务点近50个，全民读书月、未成年人读书节、市民讲坛等文化品牌栏目影响力渐趋广泛……

“读者第一　服务至上”，始终是图书馆人所秉承的宗旨，欢迎您走进平湖市图书馆，与我们一起领略优秀文化的多彩魅力！

△图书馆中厅

△图书馆夜景

△报刊阅览室

平湖市青少年宫

△走进希望小学

△小银杏合唱团

△艺术辅导

△社会体验活动

平湖市青少年宫创建于1959年10月，始称之为“平湖县少年之家”。1983年第一次筹建，命名为“平湖县少年宫”，隶属于共青团平湖县委主管。直至平湖撤县设市时，更名为“平湖市少年宫”。为了进一步发展校外教育事业，市政府于1995年，把少年宫的翻建列为“九五”实事项目，1998年7月开始翻建，1999年10月基本竣工，2000年5月，正式落成并投入使用。（平湖市少年宫改名为“平湖市青少年宫”），同时，经批准成立了平湖市青少年艺术培训学校。

平湖市青少年宫占地8.5亩，建筑面积5578平方米，绿化面积1500平方米。自新宫搬迁以来，平湖青少年宫在各级领导和社会各界的关心和支持下，坚持公益性原则，以“接力火炬”为标志，以“以我能量，把你点亮，青少年宫助你成长!”为办宫口号，按照“基础扎实、特色彰显、身心愉悦、全面发展”的奋斗目标，形成了音乐、舞蹈、书法、美术、文学、趣数、科体、英语等8大类系列活动项目。每年组织的大、中型社会文体公益活动30次以上，每年全国、省、地市级学员获奖有100人次以上。“青年篮球赛、乒乓赛”、“少儿棋类大赛”、“少儿故事大王比赛”、“西瓜娃娃才艺秀”、“阳光少年才艺大赛”、“青少年科技创新大赛”、“风筝节”、“欢乐宝贝评选活动”、“小记者在行动”、“小银杏合唱团”、“流动青少年宫”等活动已成为了特色和品牌，具有一定的社会美誉度和影响力，青少年宫已成为了青少年儿童的活动天地、艺术殿堂、成长摇篮。

△市青少年宫全景

浙江省平湖市公证处

△ 省司法厅领导到市公证处检查、指导

△ 公证处主任向省司法厅专项检查组汇报工作

浙江省平湖市公证处创建于1981年，是一支以中青年骨干公证员为主，公证聘用人员为辅的队伍。全处公证人员均受过高等法律本科教育，是一支具有学历层次高、专业结构合理、经验丰富的高素质队伍。在各级司法行政部门的领导和指导下，全体公证人员团结拼搏、锐意进取，公证业务得到快速发展，为创建“和谐平湖、平安平湖”，促进经济发展发挥了积极作用。

公证人员本着“至诚至信、服务社会、奉献社会”的宗旨，积极开拓公证服务领域，延伸公证服务触角。公证处在市行政中心设立公证服务窗口，直接办理房屋买卖合同（二手）、抵押、赠与、继承等公证；在嘉兴港区(乍浦镇)设立公证法律服务办公点，全方位为乍浦港区经济建设提供优质、高效的法律服务。公证处紧紧围绕市政府各项中心工作，积极主动参与市重点工程、城市拆迁工程、经济开发区建设等各项公证，充分发挥了“预防纠纷、减少诉讼”的作用。在国内民事业务和涉外公证业务中，公证人员为当事人提供优质、高效的法律服务，维护了当事人的合法权益，受到当地政府和上级业务部门较高评价。

浙江省平湖市公证处恪守“公正、廉洁、优质、高效”的八字作风，树立自律意识，加强诚信建设，塑造文明形象。在办理公证事务中，强调为民便民、奉献社会的宗旨，坚持把社会效益放在首位。浙江省平湖市公证处不断加强公证制度改革力度，建章立制，严格实行岗位责任制，建立了责任目标考核奖惩、当事人意见反馈及公证质量监督、主办公证员负责、人员定期培训等一系列制度。

多年来，浙江省平湖市公证处被评为省级文明公证处、先进集体，连续两年被嘉兴市人民政府授予“十佳法律服务单位”、被评为嘉兴市司法行政系统先进集体、立集体三等功。

△ 国有土地使用权出让拍卖现场公证

△ 配合烟草行政执法，对被扣违规、违法香烟，依法进行保全证据的公证

△ 运用公证监督职能，积极参与村民委员会选举

浙江东港律师事务所

浙江东港律师事务所是一家根据《律师法》规定组建，经浙江省司法厅审核批准的合伙制律师事务所。自1992年1月成立以来，至今已有20年历史。现有专职律师11名，业务涵盖刑事辩护，民事经济案件代理，劳动仲裁和行政案件代理，非诉讼法律事务代理，房地产、知识产权、商标、破产案代理等众多法律领域。担任了包括市人民政府、平湖经济开发区、人力资源和社会保障局、独山港镇人民政府、伴宇实业集团股份有限公司、荣晟环保纸业股份有限公司、华城茂麓制衣有限公司、多凌控股集团有限公司、九龙山开发有限公司等近百家政府机关和规模以上企业的常年法律顾问。

浙江东港律师事务所坚持“专业、敬业、诚信”的执业理念，以“执业为民”为宗旨，以人才为依托，以业务为龙头，以成就事业为目标，恪尽职守，努力提供优质高效的法律服务，为平湖经济社会发展做出了积极贡献。

浙江东港律师事务所承担社会责任，组织和发动律师，积极开展法律援助、免费法律咨询、捐款捐物、结对帮扶经济贫困家庭、结对资助特困学生、低偿为村（社区）提供法律顾问服务等社会公益活动，营造和树立良好的社会形象。

浙江东港律师事务所建所20年来，在各级领导和社会各界的关心支持下，得到了持续健康发展。2009年11月，被嘉兴市人民政府授予“十佳法律服务单位”称号。2011年6月，被嘉兴市司法局党委授予“先进党支部”称号。被嘉兴市司法局、嘉兴市律师协会命名为“四星级律师事务所”。在服务经济发展、社会和谐中，在开展“创先争优”活动中，涌现出诸多优秀律师，主任俞国华获嘉兴市“十佳专业律师”、嘉兴市“十佳法律服务工作者”、“全省律师行业创先争优活动党员律师标兵”等称号。副主任钱林华被评为“嘉兴市十佳法律援助律师”。

△东港所律师集体合影

嘉兴市交通学校

嘉兴市交通学校于1985年创办。20多年来，在市委、市人大、市政府、市政协和教育局的关心、支持下，坚持"长短结合、优势互补"的办学方针，开展全日制中等职业教育和机动车驾驶员培训及交通运输业相关岗位培训，内抓管理、外树形象，取得了良好的社会效益。学校开设的专业有汽车运用与维修、物流服务与管理、旅游服务管理、酒店服务管理、中餐烹饪、电子与信息技术、航空服务、公路养护与管理、工程机械应用与维修等。学校先后被评为"国家级重点中等职业学校"、"全国文明诚信优质服务驾校"、"省级文明单位"、"省级文明行业先进单位"、"省十佳驾培机构"、"省优秀民办学校"、"省级驾培诚信单位"、"省级重点中等职业学校"、"省级实训基地"、"花园单位"等荣誉称号。

全日制招生热线：0573-85087979
驾驶员培训和各类考证
报名热线：0573-85087171
传真：0573-85087900
地址：平湖市乍王线大胜段88号
(平湖汽车南站南500米)
邮编：314200
网址：www.jxjtxx.net

中国平安财产保险股份有限公司

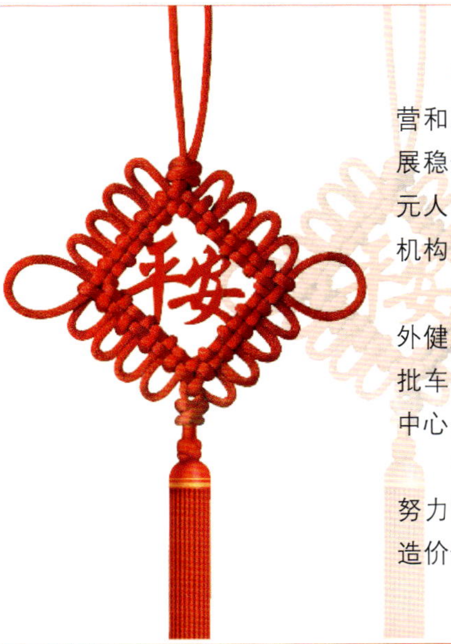

中国平安财产保险股份有限公司是中国平安保险集团长期以来经营和发展的基础，23年来，中国平安产险业务规模逐年攀升，业务发展稳健。2011年，公司获中国保监会核准同意，注册资本达到170亿元人民币。经营区域覆盖全国，在国内各省市、自治区设有40家二级机构，1800多个营业网点。

经营业务范围涵盖车险、财产险、工程险、货运险、责任险及意外健康险等一切法定产险业务及国际再保险业务，2007年7月，首家获批车险电话销售专属产品，并率先在上海建立了全国最大的集中电销中心。

中国平安产险遵循"专业·价值"的经营理念，不断改革创新，努力提升业务技能和经营管理水平，在实现公司价值的同时为客户创造价值。

平湖市汽车综合性能检测站

△车辆在检测中

△外检车辆一角

△检测中心一角

平湖市汽车综合性能检测站是平湖市交通局下属事业单位，1994年4月成立至今已经开展营运车辆检测工作将近18年，累计完成各类车辆检测近20万辆次，完成交警大队委托交通事故车辆检测和鉴定3000多辆，为平湖的道路运输安全做出了贡献。检测站1994年建站初期为B级综合性能检测站，以车辆安全性能检测为主，2003年投资141万元增加设备和厂房后，升为A级综合性能检测站，成为可以全面开展车辆安全性、环保性、动力性、经济性和可靠性等多种性能检测的综合检测站。

检测技术能力：该站建站18年来，紧跟汽车工业发展步伐，投入资金和加强管理，加强硬件设施技术改造和人员技术培训，不断提高检测技术能力。现有全自动检测线3条，各类设备近50台。2003年，通过国家计量认证，5大类11项51个汽车技术指标的综合检测能力通过了资质认定。

该站现有工作人员22名，其中汽车专业工程师3人，汽车维修检测技师4人，汽车检测高级工4人，机械工程师1人，计算机工程师1人。

△车辆在检测中

△办公大厅

△平湖市汽车综合性能检测站外景

中信银行平湖支行

△杭州分行领导莅临指导

△中信银行大楼

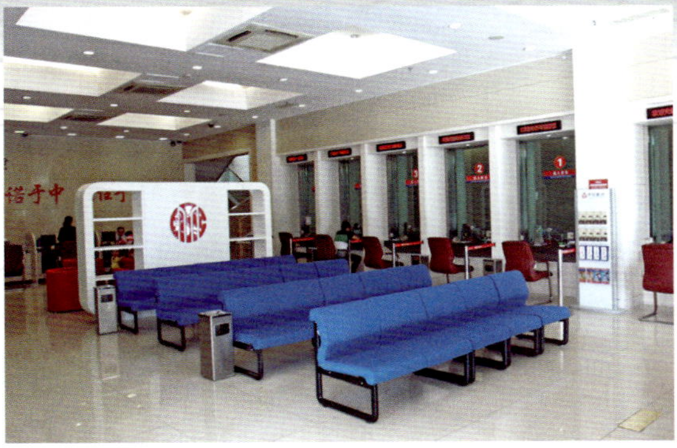

△营业大厅

改革创新　锐意进取　实现银企共赢

2011年是中信银行发展历程上极其不平凡的一年。在宏观经济环境严峻、行业监管愈加严厉的形势下，中信银行经营业绩迈上新台阶，总行资产规模突破2.6万亿元，向股东、客户及社会各界提交了一份精彩的答卷！还顺利完成了A+H配股工作，同时，在监管评级排名上，继续保持同类银行最好水平，在世界1000家大银行排名中，一级资本排名升至第66位，总资产排名升至第68位，在世界银行品牌排名中升至第73位，并进入世界企业品牌排名500强；在亚洲银行竞争力排名上升至第12位。

2011年，也是中信银行嘉兴平湖支行改革创新、业务升级、战略转型取得重大突破的一年。支行在市委、市政府和上级行的正确领导下，在监管部门的指导帮助下，在广大客户的大力支持下，取得了较好的业绩。至2011年末，本外币一般性存款余额达到31.4亿元，年均增长率为35%，继续在当地股份制银行中保持领先地位，其中本外币对公存款余额24.9亿元，列平湖银行同业第四位。2012年支行将紧紧依托平湖经济社会发展的良好环境，坚持以市场和客户为中心，以强营销、调结构、促创新、细管理为手段，加快转变发展方式，创新产品与服务手段，和广大客户一起同舟共济、紧密合作，谋求资源约束下的成功转型，以更专业、更高效、更优质服务支持平湖经济稳健发展！

△反假币宣传

△在当湖街道敬老院献爱心

浙江农信

平湖农村合作银行
PINGHU RURAL COOPERATIVE BANK

△平湖农村合作银行总部新大楼——金诺大厦开工典礼

△完善服务、加快网点转型

△积极推进金融服务点进驻村级便民服务中心工作

平湖农村合作银行为平湖市服务网点最多、分布最广、规模最大的金融机构，是省级文明单位、省级综合治理先进单位。长期以来，平湖合行在省农信联社和平湖市委、市政府的正确领导下，深化各项改革，改善金融服务，各项业务经营保持了稳健、快速发展的态势，至2011年末，各项存款达122.84亿元，各项贷款达85.88亿元，存贷款余额突破200亿元，成为平湖市首家“两百亿”银行。

坚持定位，着力打造服务三农的“主力银行”

积极支持农民专业合作社、农业龙头企业、农业示范园区、农村规模种养户等高效生态农业和特色农业，至2011年末，支持涉及农民专业合作社的贷款累放2.71亿元。着力在农户贷款拓展上下功夫，同时围绕支农新产品，全力做好农民住房抵押贷款、土地承包经营权流转质押贷款、农村党员创业创新贷款、个人创业小额担保贷款的发放和支持，至2011年末，个人贷款余额达到10.05亿元。

优化结构，着力打造支持小微企业的“伙伴银行”

针对小企业发展面临的严峻考验，合行深入开展“小微企业金融服务月”活动，新增贷款的80%用于支持小微企业。同时推出企业购置大宗设备按揭贷款、出口信用保险项下融资、外汇保函、企业购置汽车按揭贷款、商标专用权质押贷款、股权质押贷款等金融产品，为企业融资提供了全方位渠道。至2011年末，支持农村企业贷款余额65.37亿元。

完善服务，着力打造便民快捷的“社区银行”

通过营业网点标准化建设，使全行的管理水平、服务标准、竞争实力得到了明显增强。以推广银行卡助农取款服务为抓手，主动融入村级便民服务中心建设，和107个行政村（社区）便民服务中心签订了便民助农金融服务协议，安装了8台银行卡助农取款POS机，让更多的农民在自家门口便利地享受到金融服务。

2011年，平湖农村合作银行被中国人民银行杭州中心支行评为浙江省“十一五”金融统计先进集体；被平湖市委、市政府评为工作目标绩效考评优秀部门、创新发展“新仓经验”优秀部门。

△总部大楼现址

嘉兴市商业银行平湖支行

△走访企业

△咨询服务

△营业大厅

传承嘉银精神，汇聚金融精英，服务中小企业，远见未来机遇。

2003年7月，嘉兴市商业银行平湖支行在金平湖落地生根，2010年12月，嘉兴市商业银行正式更名为嘉兴银行。

在平湖市委、市政府及总行的正确领导下，在党政相关部门和广大客户的倾力支持下，八年来，平湖支行创造了29.3亿元资产、26.2亿元存款、17.2亿元贷款的经营规模。从一家经营单一人民币存贷款业务的传统银行发展成为拥有个人理财、企业金融、国际结算、电子银行等多项业务的现代化商业银行。

“立足嘉兴，服务中小”，全力打造中小企业银行发展战略，支行在金平湖大地上精耕细作，为平湖经济量身定做金融服务，逐步形成了“小易贷”特色品牌产品：排污权抵押贷款、股权质押贷款、存货质押贷款、商标权抵押贷款、再生资源退税质押贷款、“嘉银理财”个人金融理财、“保易贷”、“金嘉银”小微贷，一个个创新金融产品跃然而出……2011年，累计发放中小企业贷款18.5亿元，新增授信9.9亿元，新增贷款3.5亿元，支持中小企业308户。

展望未来，任重道远，支行将进一步转换经营观念，完善服务功能，健全内控机制，严格职业操守，抢抓机遇，克难奋进，为嘉兴银行的健康、协调、可持续发展再创新业绩！

地址：平湖市当湖街道当湖东路133号
电话（传真）：0573—85133456
邮编：314200

浙江平湖工银村镇银行

△工总行杨凯生行长来访

△在客户答谢会上翁建荣书记和岳建忠行长为困难户送上爱心

浙江平湖工银村镇银行成立于2009年，是经中国银行业监督管理委员会批准具有独立法人资格的新型农村金融机构，该行注册资金2亿元，采用“工行控股、地方企业参股”的股权结构。股东大会为最高权力机构，并设立了董事会和监事会。该行内设了市场营销部、风险管理部、业务管理部、综合管理部和营业部5个部门，行址位于平湖市城南西路258号，下设一家支行——滨海支行，位于乍浦镇。

△市委常委、副市长王碎社莅临检查指导工作

△胡志梁副市长参加村镇银行支农对接会

△网上银行开通启动

△聘请支农信息联络员

业务经营范围：吸收公众存款；发放短期、中期和长期贷款；办理国内结算；办理票据承兑与贴现；从事同业拆借；代理发行、代理兑付、承销政府债券；代理收付款项及代理保险业务；经银行业监督管理机构批准的其他业务。

该行始终坚持“服务三农，服务中小企业，服务城乡居民”的市场定位和“惠农、惠小、惠民”的服务宗旨，遵照市委、市府提出的要把浙江平湖工银村镇银行办成“省内一流、全国领先”的目标，努力把浙江平湖工银村镇银行打造成“有尊严、有价值、有内涵、有实力、有责任”的“五有银行”，为广大中小企业、城乡居民提供“灵活、方便、快捷”的金融服务，积极支持平湖地方经济的发展。

△工作人员在办理保险业务

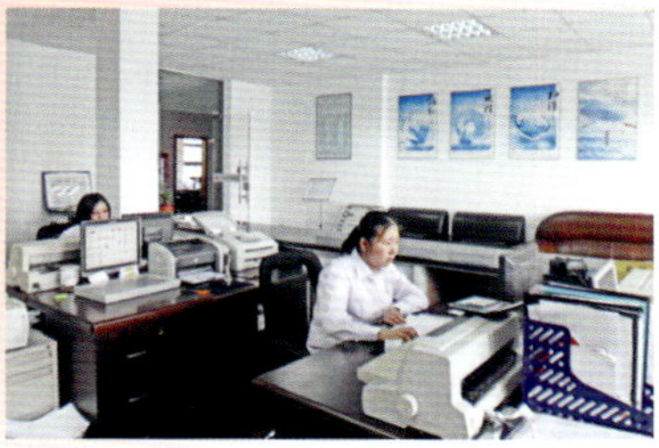

△公司大厅一角

△业务大厅一角

中华联合财产保险股份有限公司始创于1986年，是中国成立的第二家具有独立法人资格的保险公司，也是国内首家以“中华”冠名的全国性保险公司。

2011年，中华联合财产保险股份有限公司平湖支公司认真贯彻落实上级公司的各项工作部署，围绕“二次创业，全面振兴”这一主题，以依法合规为核心，以改革创新为手段，以经营效益为目标，经过一年的努力，业务结构逐趋合理，效益得到显著提升。

2012年度公司将着力实施“二次创业”发展战略，开拓多渠道业务，做优财产险业务，努力把公司打造成“业内受尊重，业外有影响”的创新型、多元化保险公司，更好的为当地中小微企业保驾护航，为全面建设社会主义小康社会提供更加优质的保险保障服务。

电话：0573-85133500
传真：0573-85131551
24小时报案电话：95585
网址：http://www.cic.cn
电销专线：4001999999
地址：平湖市城南西路680号

中国人民财产保险股份有限公司

2011年，中国人民财产保险股份有限公司平湖支公司在上级公司和市委、市政府的领导支持下，深入贯彻各项工作、会议精神要求，准确把握市场形势变化特点，坚定不移地实行以客户为中心，着力推进以服务促发展，以信誉立口碑的理念，经全员努力在2011年迈入亿元大关，遥遥领先于市场同业，全年共实现保费收入10835.92万元，实现利润1350万元，未决赔案准备金3926.8万元，简单赔付率46.09%。同时，公司继续努力履行为三农服务的义务，努力做好政策性农业保险，2011年作为农险共保体首席承保人，收入保费489.59万元，当期赔付223.76万元。

公司坚持以人为本，树立全面、协调、可持续的发展观，调整经济结构，推进改革创新，大力促进地方经济社会的发展。坚持以可持续发展为主要抓手，两个效益兼顾，在提高自身效益的同时紧抓社会效益。坚持依法合规经营，自觉维护行业的稳定性。注重树立公司品牌效应，结合地方经济发展实际需求，不断推进政策性农业保险，为全市广大农户撑起保护伞。

1

1. 平湖支公司理赔时与农户的互动
2. 平湖2011年西瓜灯节期间，平湖支公司协办经济转型与生物医药产业展望论坛
3. 平湖支公司召开全体员工大会

2

3

中国移动平湖分公司

2011年，中国移动平湖分公司在上级公司和地方政府的正确领导和支持下，全体员工坚定信心，团结拼搏，开拓进取，争先创优，全面完成年度的各项工作目标。

年初，联合市新居民事务局等单位持续开展第三届“星期六义务劳动”，累计组织336场次现场服务活动，参与1199人次。在各类重要活动中，如西瓜灯节期间保障现场通信畅通。网络容量不断扩大，网络质量日益提升。在多个政府市政建设项目和乡镇开发建设中第一时间保质保量完成相关工作。联合林埭镇党委在徐埭小学建立爱国主义教育基地——于以定革命事迹陈列室，并捐建“梦想书屋”和设立“于以定好少年”基金。

公司内积极开展以“心手相连”为主题的企业文化建设，以文化建设推动公司健康、持续发展。组织开展员工疗休养和各类文体活动，全面解决员工午餐，切实做好关爱员工、保障员工的各项权益。通过开展全市范围的“微笑之星”评选活动，有效提升服务质量和客户满意度。同时，积极开展各类岗位技能比武和劳动竞赛，以先进标杆鼓励创先争优。所辖多个营业厅先后荣获嘉兴市级、平湖市级群众满意基层站所（办事窗口）、青年文明号等称号。

服务中小企业信息化推介会

建立爱国主义教育基地

业务技能比武

星期六义务劳动

心手相连系列活动剪影

浙江景兴纸业股份有限公司

公司成立于1984年，经过近28年发展，由一家名不见经传的造纸作坊发展成为以造纸为龙头、集纸制品加工为一体的上市公司。公司主导产品为牛皮箱板纸、白面牛卡纸、瓦楞纸、纸箱、生活用纸等系列产品。2006年9月15日，景兴纸业（002067）8000万A股在深圳证券交易所上市；2007年11月又成功增发9300万股；2011年7月，又非公开顺利发行了近1.55亿股，通过上市和增发，公司迈入快速发展的轨道。公司先后被上级授予“全国首批资源节约型环境友好型企业”、“浙江省行业龙头骨干企业”、浙江省“四星级”管理示范企业、“浙江省资源综合利用企业”、“浙江省循环经济试点企业”、“浙江省绿色企业”、“浙江省高新技术企业”，并在同行中率先通过了ISO9001质量体系认证和ISO14001环境体系认证。目前公司拥有国际国内先进水平的造纸生产线4条，公司总资产55亿元，净资产30亿元。

2011年公司通过外树形象，内抓管理，生产经营状况总体良好，产销基本平稳，实现造纸产量94.61万吨，实现销量93.78万吨，实现销售收入34.5亿元，实现净利润1.39亿元，税金2亿元。2011年，公司迈出由传统包装用纸向生活用纸转型的步伐，公司生产的品萱餐巾纸产品正式进入上海易初莲花超市、家乐福超市销售，这也标志景兴正式向生活用纸领域进军。2011年12月，公司被认定为国家高新技术企业，享受企业所得税优惠。

△公司产品：牛皮箱板纸、瓦楞纸、白面牛卡纸

△污水处理站

△公司大门

△生产车间

△纸箱生产线

△成品仓库

△公司产品

浙江金平拉丝模有限公司

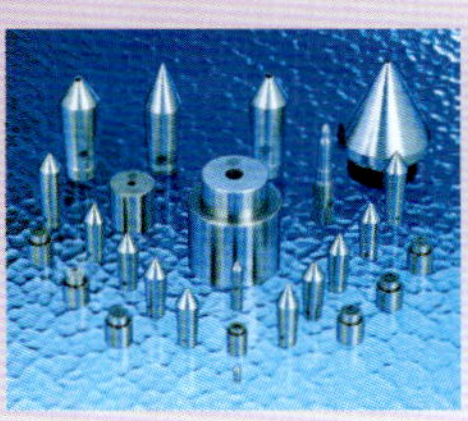

△ 挤出导向模系列

△ 硬质合金拉丝模

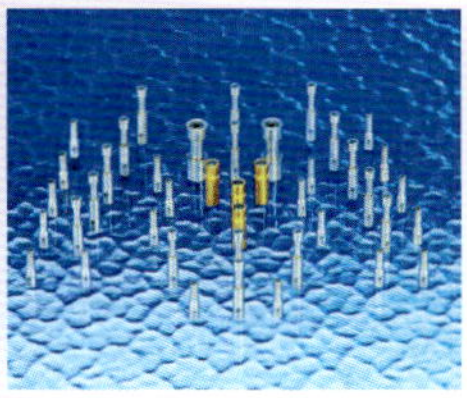

△ 涂漆模

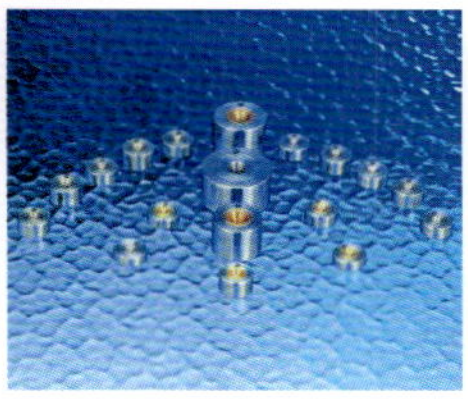

△ 人造金刚石拉丝模

△ 天然金刚石拉丝模

浙江金平拉丝模有限公司创建于1992年，是一家集产品研发、生产、销售、服务为一体的专业性金刚石模具制造企业。设有浙江省级的“金刚石模具研究开发中心”，现有员工250人，主要生产、销售的产品有：天然金刚石拉丝模（ND）；人造金刚石拉丝模（SD）；硬质合金拉丝模（WD）；硬质合金涂漆模（WD）；挤出导向模；天然金刚石喷片（ND）；宝石喷片；超声波线径抛光机（JPMJ）；超声波研磨机（JPMJ）；超声波清洗机（JPMJ）。

公司先后被认定为“国家火炬计划重点高新技术企业”、“国家高新技术企业”，“浙江省成长型中小企业”、“嘉兴市著名商标”、“嘉兴市名牌产品”等，公司拥有国内先进的激光设备10台，世界先进的光电测试设备（CU10）四台（挪威产）。

2011年销售收入比2010年增加了62.5%，利税增长87.8%，每亩上交税收70多万元，亩均税收平湖市第八位，地方财政贡献在新埭镇排名第七位。

关东辰美电子(平湖)有限公司

△公司厂房

△公司车间

关东辰美电子（平湖）有限公司成立于2001年1月21日，是一家由日本カンタツ株式会社全额投资设立的,专业从事手机精密微型镜头及监视用镜头组件的生产制造商。公司地处长江三角洲，位于浙江省杭嘉湖平原东北部平湖市经济开发区，南濒杭州湾，东临上海市，注册资金710万美元，累计投资总额5400万美元，占地面积约30000平方米。

关东辰美平湖工厂现有生产能力1500万台/月，其在全球手机用微型镜头产业排行第二，高像素领域排行第一，500万以上高像素镜头占总生产的70%以上，并已拥有1400万像素的量产化技术。为确保镜头生产的微米化管理，工厂车间为全封闭中央空调洁净化生产车间，并设有百级洁净室，以供特殊机种使用。

公司于2004年荣获国家火炬计划项目企业及国家级高新技术企业的称号，并在同行中率先通过了ISO 9001-2008质量管理体系、ISO14001环境管理体系、OHSAS18001职业健康安全管理体系及IECQ QC080000有害物质管理体系的认证。

公司秉着以诚为本、实事求是、勇于进取、开拓创新、满怀热忱、不懈努力的经营方针，将人才作为公司发展的基础，积极不断地推进员工培训，培育具有全球化理念、思维、技能的人才，提高本土化员工的管理水平，营造以实力取得报酬及晋升机会的企业氛围。在加强现有产品生产能力的同时，积极储备下一代新产品的生产技术，保持领先的技术和产品，努力把公司建设成为世界一流的光机电产品生产企业。

IECQ Certificate of Conformity
Hazardous Substance Process Management

SGS
Kanto Tatsumi Electronics (Pinghu) Co., Ltd.
ISO 14001:2004

SGS
Kanto Tatsumi Electronics (Pinghu) Co., Ltd.
ISO 9001:2008

SGS
Kanto Tatsumi Electronics (Pinghu) Co., Ltd.
OHSAS 18001:2007

浙江马宝狮服饰股份有限公司

△车间一角

△公司门市部

浙江马宝狮服饰股份有限公司位于浙江沿海乍浦经济开发区，东接上海市，南临杭州湾，交通十分便利，环境优美，有着得天独厚的地理优势。是一家专业生产各类出口服装，并具有对外贸易进出口权利的企业。

公司成立于1992年，历年来在上级领导、董事长王泉平的带领下，伴随着改革开放的步伐，经过20年矢志不渝的追求，实现了企业稳步发展、创新发展的新篇章，以服装为基础，参与制药、房地产和信贷为一体的综合型企业。服装企业现占地面积5万多平方米，拥有4.5万多平方米标准厂房、配套舒适宿舍。现拥有职工1600多人，流水线24条，年生产服装近500万件（套），年销售额达3.2亿多元。

公司坚持以人为本的宗旨，重视员工队伍的素质培养，充分调动广大员工的积极性，坚持凝心聚力和谐发展的理念，实行人性化管理，在为社会创造财富的同时实现企业价值和员工价值；重视企业党建工作，党组织、党员发挥战斗堡垒作用和先锋模范作用，为企业发展保驾护航，重视企业文化建设，提升企业核心竞争力。

公司始终以质量求生存，严格按工艺要求操作生产，以客户满意为标准，产品质量履约能力已连续十多年来赢得客户的一致好评。承蒙社会各界人士的关心与厚爱，支持和合作，愿公司携全体员工尽职尽责，兢兢业业，努力工作，为地方繁荣和美化人的需求作出贡献。

浙江远大重工锻压有限公司

浙江远大重工锻压有限公司（原平湖市远大锻造有限公司）创立于2001年5月，是一家拥有锻件生产国家A级资质的专业化机械制造企业。

公司创业之初，资金缺乏，条件简陋，几个人靠着凑起来的5万元起家，凭借着顽强的毅力，经受住了风雨磨砺，十余年商海打拼，专注品质与服务，如今已发展成为资产过亿的规模企业，并连续几年被评为行业和地方上的明星、优秀企业。

公司地址位于平湖市当湖街道乍王路399号，坐落在交通运输日益发达的长三角中心地段，公司地处杭州湾跨海大桥北岸，江、浙、沪城市带“一小时交通圈”内，东接上海浦东，南邻东方大港，北靠沪杭、杭浦高速，拥有得天独厚的地理优势。

我公司是平湖市唯一一家大型专业生产锻件法兰的机械制造企业，建有经国际质量体系认证的标准化厂房4.5万多平方米，拥有一支高素质机械专业化队伍，员工近200人，拥有各种技术职称的人员近80名，年产各类锻件2万多吨。并且年产量在以20%的幅度高速增长，以不断满足国内外客户的需求。

公司产品广泛应用于制药机械设备、石油及化工机械设备、锅炉

▽公司部分产品展示

△ 10T电液锤在工作

△ 2500T油压机在工作

（辅机）设备、发电机组设备、鼓风机及核电设备、压力容器及管道设备等大型设备领域，公司相继完成了客户交付的多项重要的尖端项目，并获得了社会各界以及同行之间的一致好评。

公司集锻造、热处理、加工、检测于一体，并注重新产品开发和产业结构优化，先后与上海材料研究所、西安交大材料工程部等国家科研机构积极合作，在新材料的开发、研究和应用方面为国家装备制造业发展作出了很大贡献。

公司领导者深谋远虑，内抓管理外拓市场，企业发展势如破竹。并凭借一流的质量、合理的价格、热忱的服务，在十余年间相继取得了多项荣誉，包括中国CCS船级社认证、德国GL船级社认证、法国BV船级社认证、挪威DNV船级社认证、美国ABS船级社认证、国家特种设备制造许可证A级、压力容器用钢锻件产品安全注册证书、ISO9001：2000质量管理体系认证证书、中国机械行业锻压协会会员单位、浙江省机械行业安全标准化达标企业，先进企业等。

公司设有市场部、技术部、制造部、质检部、设备部以及锻造车间（包括锻造区、切割区、热处理区、司炉区、工业用气区等）、金加工两个车间，公司建设起科学的质量管理制度，实现企业的现代化、规范化管理。十余年来，我公司吸引并培养了一批一流的锻件制造生产专业人才，能够完美地解决国内的大件、难件问题。

今天，远大公司正以势如破竹的雄姿，昂首阔步向前迈进，虽知在发展前进的道路上布满了荆棘，必定又是艰难重重，但远大人坚信，只要我们始终以领先的技术作基石，以优质的产品质量，完善的市场服务体系，高素质的员工队伍为攀登的步伐，齐心协力，不断开拓创新，远大的明天必将更加美好，远大也必将为社会、为人类作出更大的贡献。

网址：WWW.phyuanda.com

△ 液压万能试验机在测试机械性能

△ 冲击试验机在测试性能

△ 超声波探伤检测

嘉兴市乍浦杭湾重型机械有限公司

△ 1.8米数控车床

△ 公司办公大楼

嘉兴市乍浦杭湾重型机械有限公司是一家专业提供各类锻件的个人独资企业。位于杭州湾北岸的乍浦嘉兴港区，东靠上海，西临杭州，北连苏州。门前有世界第一的“杭州湾跨海大桥”，交通便捷，环境优美，气候宜人，诚邀新老朋友来公司指导。

公司始建于1998年，现有公司区面积14000m^2，公司房面积4000m^2，建筑面积6000m^2。主要加工、检测设备30多台，最大加工直径可达Φ8200mm，起吊能力150t。有能满足顾客快速交货的硬件资源。

公司集中了一批热加工高素质专业技术人才（其中在炼钢、锻造、热处理、无损检测、焊接方面，都有高级工程师或高级技师），有坚实的理论基础和丰富的实践经验。有曾在大中型企业任中层以上领导的生产经营管理人员。有一批工龄15年以上的生产骨干和熟练工人。这是本公司多年来能保质、按期向顾客提供“特”（特殊材质）、“高”（高技术指标）、“大”（大型、大量）锻件的重要人力保证。我们为石油、化工、煤化工、核电、火电、水电、风电、冶金、造船、矿山等行业提供的锻件产品，质量优良，顾客满意。

我公司在2001年初就获得了ISO9002质量管理体系认证证书，2003年换发GB/T19001-2000 idt ISO9001:2000证书，此后不间断地有认证机构的复评和顾客现场审核。2006年底，取得了全国锅容标委发的《压力容器用钢锻件产品安全注册证书》。2007年初，又取得了国家质监局发的压力管道元件《特种设备制造许可证》。我们认真执行国家的法律法规，质量体系持续、有效运行。“质量为本，信誉至上”的质量方针深入每一员工，质量检验和质量管理人员独立行使职权，切实履行职责。产品档案完整，数据真实可靠。出公司产品做到了自己放心、用户放心、社会放心。

我们将坚持公司的“信誉至上，服务社会”基本方针，为民族工业发展作贡献。

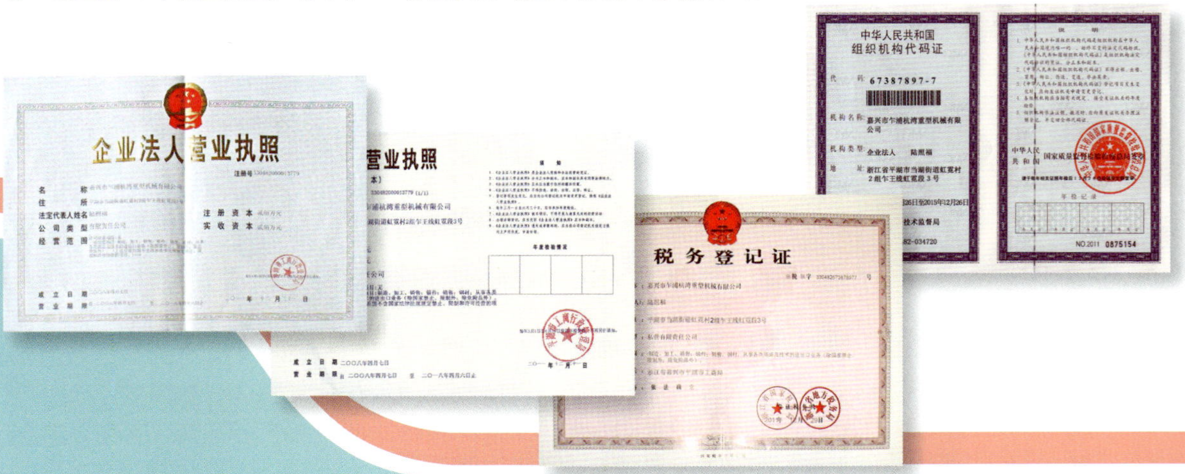

浙江上扬商业设备有限公司

△公司董事长杨威山

浙江上扬商业设备有限公司是集研发、生产、营销为一体的专业生产大中型超市卖场货架、仓储货架、商场设施、木质展示道具的大型企业。企业占地总面积66000平方米，拥有员工500多名，是全国货架行业的知名企业、浙江省中小型科技企业。

公司在1996年成立嘉兴上扬仓储设备有限公司，以杨威山董事长为领导核心的管理团队，制定符合企业实际情况的发展战略，引进先进设备和专业人才，公司在稳中快速发展：1997年扩大厂房，2000年引进先进设备，2008年上扬企业跻身全国货架行业前五，2009年成立嘉兴上扬木制品厂，2011年成立浙江上扬商业设备有限公司。

企业地处长三角中心， 交通十分方便，北接上海，南临杭州，位居沪杭高速公路中段，距上海虹桥机场、浦东机场分别为60分钟、80分钟、杭州湾跨海大桥20分钟、杭州萧山机场80分钟车程。

企业拥有世界先进的德国Wagner喷涂流水线，高端技术水平的激光切割机，数控冲床、折弯机，大型冲床以及日本松下焊接设备。率先通过了ISO9001：2008国际质量体系和ISO14001：2004国际环境体系认证，为客户提供始终如一的优质产品奠定了坚实的基础。上扬以独特的设计，卓越的品质，实用的功能，赢得了国内外客户的青睐。

企业自成立以来，每年销售额以快速上升的趋势增长，尤其是在2008年经济危机的情况下，年销售额首次破亿，外贸年销售额环比增长竟达119%，形成逆市增长；2011年，上扬企业年销售额已达18550万元。

在企业的发展过程中，多次受到权威机构的认可与表彰：1999年，上扬被评为：“浙江市场销售领先品牌”；2002年，荣获“第十届中国专利新技术新产品博览会金奖”；2003年，企业荣获“浙江省质量信得过产品”和 “中国质量服务信誉AAA级企业”；2004年，企业被评为“纳税大户”；2005-2006年、2007-2008年、2009-2010年企业被授予浙江省“AAA级纳税信用等级”证书。2009以来，企业先后获得嘉兴市十佳台属企业；上扬品牌被评为嘉兴市著名商标；企业技术中心被认定为浙江省级企业技术中心等荣誉。

董事长扬威山现任平湖市第十二届政协委员、市台联理事、平湖经济开发区商会副会长等职。在企业工作日理万机的同时还承担着大量的社会工作与责任。

△喷涂流水线

△数控冲床

公司全景

董事长汪维佳

浙江依爱夫纺织有限公司

浙江依爱夫纺织有限公司（EMF）是平湖市首家来自欧洲（瑞典）的外商独资企业。公司于2003年3月正式开工投产，以生产各类服饰为主。公司坐落于浙江省平湖经济开发区兴平四路568号，占地面积71亩，建筑面积35000余平方米，服装生产设备800余台，员工700余人，年产服饰产品500万件左右。

公司是中国最早进入游戏装研发生产的专业公司，具有较强的设计研发和生产销售能力，专业研发生产的儿童游戏装系列产品在国外市场享有较高声誉和竞争力，2010年被评为美国迪士尼全球十大杰出供应商，2011年被评为“全球最佳游戏装全类目供应商”和“北美最佳纺织类供应商”，2012年美国华特迪士尼公司正式授权许可公司设计、创作、制造和在中国大陆销售迪士尼游戏动漫服饰及衍生产品。

公司自主童装品牌IKALI（伊佳林），是中国提出生活游戏装概念的第一个儿童时尚新潮服饰品牌，也是针对中国市场开发的童装新品，它引入北欧等地区的COSPLAY服饰文化，借鉴中国传统历史文化，融合动漫、游戏、卡通、童话等现代流行元素，款式雅致摩登，色彩鲜艳活泼，风格活力张扬，原料安全环保，穿着简约舒适，充分展现出梦幻而又神奇的童装魅力，2009年面世以来深受儿童们的喜爱和家长们的青睐。

公司引进了欧洲一整套科学缜密的管理制度和质量保障体系，在中国童装行业第一个花巨资建立先进的儿童服饰产品检验测试中心，对每一件产品严格按中国国标、美标、欧标的安全标准全面检测，确保产品绿色环保。

公司先后获得全国模范职工之家、浙江省创建和谐劳动关系先进企业、浙江省企业文化建设示范单位、浙江省“强保障、促和谐”活动示范单位、嘉兴市劳动关系和谐企业示范单位、嘉兴市文明单位、嘉兴市外贸出口重点企业、平湖市劳动保障诚信企业、平湖市劳动关系和谐标兵企业、平湖市“明星企业”等多项荣誉。

公司董事长兼总经理汪维佳作为中国侨商会首创会员先后受到了温家宝总理和习近平副主席的接见，先后被评为浙江省“十佳浙商女杰”、嘉兴市“十大女性创业人物”和平湖市“巾帼创业明星”。同时还担任了嘉兴市侨商会副会长、嘉兴市政协港澳台侨特邀委员和平湖市海创会会长、服装协会副会长。

△生产实景

△研发中心

△展示厅

伊诺华国际股份有限公司

△ 公司办公大楼

△ 公司员工消防演习

伊诺华国际股份有限公司是由董事长许振林先生于1995年邀集台湾轮胎业界出身相关人员所共同组成之橡胶专业公司。平湖厂在黄长发总经理带领下于2001年11月由伊诺华独资设立伊诺华橡胶（平湖）有限公司。平湖厂除了作为生产厂以外亦成立伊诺华橡胶研发中心发展新技术及新产品。总资本额美金2000万元。土地面积5.7万平方米；建筑面积2.5万平方米。主要生产高档（PRO）自行车内外胎，电动车内外胎，摩托车内外胎，各种农工专用车胎，轮椅车内外胎，其他用途车ATV外胎/雪地车胎。现有员工人数：平湖厂632人、固镇厂420人、广州厂170人，台籍干部6人。伊诺华员工人数一直呈稳定趋势，公司相信只有有了稳定的员工队伍，公司才能保证产量，才能进行发展，故借各种机会对公司进行宣传，利用不同的渠道招聘员工，特别是一些专业技能人才。伊诺华股份有限公司追求一个永续经营的大环境，此环境即是利用大陆充沛的人力、物力结合台湾的管理、技术能力，生产在国际市场具有高度竞争之品质及价位的产品。伊诺华公司秉持开发及创新的精神，陆续开发各式轮胎的新花纹、新结构、新产品及新用途，在成立16年间已陆续取得大量的新式样及新发明专利。持续的研发结果，保护客户的权利，将使伊诺华公司每年均能推出创新产品以满足客户的需求及期望。积极推行产品转型政策，提供更完整的各种车种的轮胎产品系列供客户选择，也期望创新的知名度及优良的品质成为客户信任的品牌，期望在未来竞争激烈的内外销市场中，伊诺华公司能更上一层楼，在客户的满意度及支持度上均有更大突破及成长的空间。

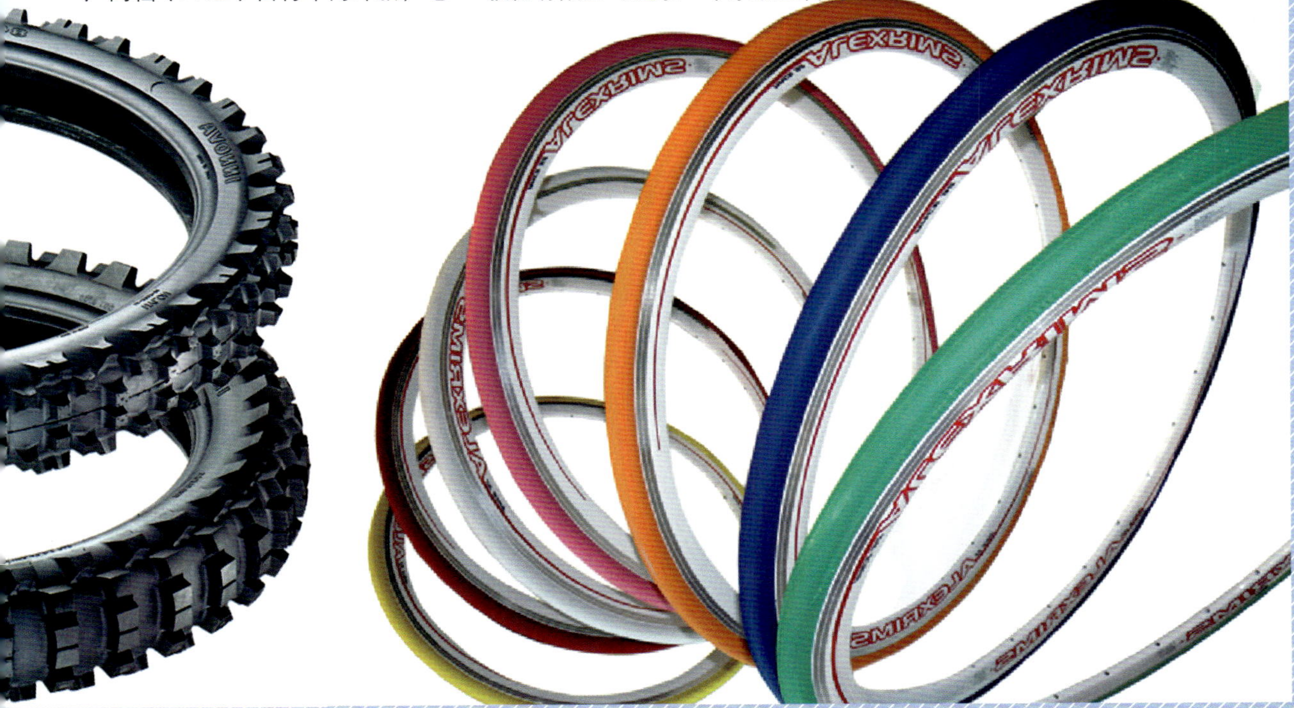

浙江中友服饰有限公司
浙江伊森爱家纺有限公司

△伊森爱产品展示一

△伊森爱产品展示二

△伊森爱产品展示三

浙江中友服饰有限公司与浙江伊森爱家纺有限公司是研发生产服装及家纺品牌的进出口实体企业，主要生产各类服饰及针纺织品和家纺系列产品。地处嘉兴乍浦港杭州湾跨海大桥北侧，杭浦高速及沪杭高速东西大道直达本公司，平湖市林埭工业园区天吉路89号。

公司占地面积3万多平方米，厂房建筑面积3.6万多平方米，资产达亿元以上，公司一直被评为浙江省银行信誉“AAA”级先进企业与全国名优企业；拥有“中友”、“伊森爱”品牌“著名商标”，并获得中国质量认证中心ISO9001国际质量认证和14001环保认证。公司团队实行网络系统管理，生产设备先进，技术力量雄厚，公司与欧洲客商合作研发设计的各类服装系列产品及家纺系列产品等，以高雅时尚优质的品牌和良好的信誉，代表着中华民族文化的理念，深受国内外广大消费者的欢迎与信赖。公司真诚欢迎有志人士加盟合作，共谋发展大业。

平湖市农副产品综合批发市场

为群众提供高效顺畅便捷的农产品流通服务

——发展中的平湖市农副产品综合批发市场

平湖市农副产品综合批发市场创办于1999年12月，开业以来始终坚持诚信优质服务，规模不断扩大，社会效益明显，为带动当地农业产业结构调整、农村经济发展和农民增收以及市民“菜篮子”工程发挥了重要作用。先后被授予国家农业部定点市场、全国供销合作社重点龙头企业、浙江省骨干农业龙头企业、浙江省二星级文明规范市场、浙江省AAA级信用企业等荣誉称号。

目前市场总占地156亩，总营业面积6万多平方米，内设蔬菜、水产、水果、粮油、副食品等5大批发交易区和信息发布、蔬菜检测、商品仓储、货运停车、饮食住宿等5大服务功能区，2011年交易总量达25万吨，交易总额达12亿元，是一个交通便利、服务功能齐全，治安秩序良好，商品交易活跃，场内生意兴隆的综合性批发市场。

市场在抓好商品流通服务的同时，积极培育农业特色产业，通过领办专业合作社，注册新当湖商标，建造示范基地、推行标准化技术、推广新型菇棚、开拓营销渠道等，加快了全市蘑菇产业的转型升级，使平湖蘑菇产业成为浙江省蘑菇主产区和全市农业特色优势支柱产业。

△平湖市新当湖食用菌专业合作社

△农副产品批发市场西瓜区

△蔬菜区一角

△农副产品批发市场蘑菇区

浙江鑫达建设有限公司

浙江鑫达建设有限公司始建于1952年6月，前身为“嘉兴市港区东方建筑有限责任公司”，2008年6月公司资产重组更名为“浙江鑫达建设有限公司”。公司目前注册资本8180万元，总资产逾2亿元，为国家房屋建筑施工总承包一级资质企业。公司下设浙江鑫达建设有限公司安装分公司、运输分公司、安徽宣城分公司及平湖市鑫达新型建筑材料有限公司，公司的目标是将企业朝多元化、立体化发展，成为发展全面的集团化公司。

公司一直重视人才的引进和培养，注重“老、中、青”的结合和继承“传、帮、带”的优良作风。公司现有员工2000多人，各类专业技术人员387人（其中高级职称人员15人，中级称职人员92人），一级建筑师17人，二级建筑师30人。拥有各类建筑机械设备400多台，年施工能力100万平方米以上，2011年产值超9亿元，具备承建各类大中型建筑工程的施工能力。

△ 公司例会

公司积极拓展建筑市场，在立足于发展本地建筑市场的同时，努力发展市外、省外建筑市场，近年来相继承建了安徽郎溪鑫泰悦府工程、嘉兴港区中山花园东区工程（建筑面积345000m^2）、平湖国际箱包城一期A标工程（单体27层）、平湖市诚泰金色港湾三期工程（建筑面积223330m^2）等一系列有规模、有品牌的大中型工程，公司工程业务量不断攀升，社会影响力不断提高。

公司秉承“科学管理第一流，技术装备第一流，经济效益第一流”的工程思路，本着企业机制创新和制度创新，练内功、挖潜力，不断提高公司的业绩，走出一条高效、创新的路子。

公司以科学发展观为指导，坚持可持续发展，倡导人性化管理，努力创建和谐企业、和谐工地，不断增强企业凝聚力，提高公司的亲和力，愿与广大业主、客户携手创造美好未来，让鑫达建设的明天更加灿烂辉煌，为社会做出更大的贡献。

△ 平湖国际箱包城工程

△ 诚泰・金色港湾三期工程

△ 安徽郎溪鑫泰悦府工程

平湖市南桥建筑工程有限公司

平湖市南桥建筑工程有限公司位于平湖市经济开发区兴平二路399号，是集工业与民用建筑施工、施工装饰装潢、起重设备安装、机电设备安装、房地产开发、建材经销、钢铝塑门窗加工、建筑钢管设备租赁、民工培训等为一体的国家贰级总承包施工企业。公司装备齐全，技术精良，实力雄厚，公司注册资本5008万元，各类工程经济技术人员齐全。公司施工历史悠久，经验丰富，具备建造多层、大中型厂房、高层建筑、装潢和安装大中型设备的施工能力和管理水平。

公司多年来被上级有关部门评为建筑施工先进企业、安全生产先进企业、文明单位、质量诚信满意企业、“AAA”级信用单位、ISO90012000质量体系认证单位，连续多年被平湖市、嘉兴市、浙江省、工商行政管理局评为“重合同，守信用”单位荣誉。

多年来公司坚持以人为本的管理理念，依托自身的技术优势，深化改革，强化管理，逐步建立起适应市场经济发展的现代企业管理制度，推进了物质文明建设和精神文明建设，先后创出了平湖市“当湖杯”优质工程、平湖市建筑安全文明施工标化工地、嘉兴市建筑安全文明施工标化工地、嘉兴市“南湖杯”优质工程、浙江省建筑安全文明施工标化工地等一大批优质文明工程项目。

△三港新村二区37#-48#标段楼工程

新埭镇税务征收中心工程

△平湖中学图书楼工程获南湖杯优质工程

△联合房地产开发有限公司锦湖花苑3号楼工程

效果图

诚信无价，品质如金 ——耀江海德城“十年筑城”

耀江•海德城位于平湖市城西入城口。该项目总建筑面积近 40 万平方米，是平湖市规模最大的社区之一。物业形态包括稀缺花园洋房、高性价比小高层、景观高层、以及尊贵排屋等，并规划有商业步行街、休闲会所、幼儿园等高尚生活配套。项目计划分三期开发，一期已经实景交付，二期也即将完美呈现，加上成熟的商业运营，是平湖楼市的经典代表之作。

平湖耀江房地产开发有限公司是中国著名地产集团——耀江集团的核心企业，海德城项目作为公司在平湖倾力开发的第一个房地产项目。公司在项目开发之前已作了大量的前期准备工作，充分研究平湖市民的居住习惯。其中花园洋房作为平湖楼市的创新型产品，首期推出便弥补市场空白，给平湖人民一个惊喜。公司成立至今，已先后荣获嘉兴日报“2009、2010 年度平湖市诚信房地产企业”和平湖市人民政府授予的“2010 年五强房地产企业”。

海德城在规划设计时充分考虑海德城演绎的大社区生活及其自然、趣味、私有空间。大规模社区可有更多的空间营造绿化环境和人居景观；加上对土地的合理利用，使生活空间亲切，公共活动空间得到最合理的规划。

从花园洋房到景观高层，超高的产品性价比与全方位的产品服务，尤其为业主策划的一系列生活化的主题活动，海德城赢得了良好的口碑，也在平湖市场上竖起了“品质楼盘”的标杆。

实景图

实景图

实景图

平湖市景乐房地产有限公司

浙江省平湖市景乐房地产有限公司，于2002年5月成立，注册资本2000万元。公司集房地产开发、工业厂房开发和市政基础设施开发等业务于一身，是平湖市五强房地产企业，开发资质上佳，实力雄厚。

历经十年，景乐为平湖缔造多个高品质住区，载誉多多。2004年“嘉兴市房地产项目推进先进单位”；2005年“重合同守信用AA级单位”和“平湖市二00五年度园林小区”；2007年“嘉兴市十佳房地产企业”；二00八年“嘉兴市先进房地产企业”，同时荣膺平湖市“五强房地产企业”；2009年被住房和城乡建设部科学技术委员会授予“建筑节能推荐品牌”，并编入《全国建筑节能项目汇总与新技术、新产品选用手册》。

浙江省平湖市景乐房地产有限公司是平湖知名的本土住宅物业实力开发商之一，公司扎根本土，本着情系平湖、服务平湖、建设平湖的方针，一直致力于平湖的城市建设。自公司成立至2010年，景乐在平湖先后开发建成了景乐花苑、景乐丽都、景都佳苑等项目，为平湖创造了多个人居标杆。2002年开发的景乐花苑项目在设计上充分利用了地理优势和自然环境特点，完美诠释了水乡人居特色，充分体现了人性化、园林化的设计理念，提高了小区居住环境与格调。公司具有超前的节能环保意识，公司开发的第一个小区“景乐花苑”，全部统一安装了太阳能热水器，并在当地率先使用管道天然气，受到了广大业主的好评。2006年开发的景乐丽都项目是公司的又一个里程碑项目，它在地理位置、建筑造型、配套设施等方面都具有独特的优势和风格，是一个品位较高、品质超前的楼盘。2010年公司为曹桥开发了第一个城市化标准的景观社区——景都佳苑，为曹桥人居带来质的提升。

2010年7月，公司在新华北路启动开发建设“景乐雅苑”商住楼项目。景乐雅苑项目是景乐十年人居建设的全面升级之作。产品升级：创新院落式多层，一层带花园庭院，顶层有露台加阁楼；景观升级：中庭景观长廊、欧风园林，户户观景；科技智能升级：六大科技智能全方位体现舒适人居；工程升级：严抓工程疏漏，落实细节，力求将其打造成高品位、高规格的城市花园住宅小区，为平湖带来又一标杆力作。该项目总建筑面积111956m^2，由15幢多层、7幢小高层及商业裙房组成，紧邻开发区行政中心，中国国际服装城、九龙家居广场、五星级酒店（在建）、超市等周全配套环伺左右，地理位置极为优越，具有较好的发展潜力和价值增值空间。项目一期多层将于2013年3月份全面交付。

从2002到2012，十年峥嵘岁月铸就了景乐务实创新、开拓进取的精神，在“有品质才有市场，有改善才有进步，景乐房产让我们住得更好”的经营宗旨指导下，景乐房产始终以开发优质人居为己任，在实现企业持续健康发展的同时，为平湖创造文明、和谐、温馨、优雅的人居环境，为城市和历史留下一个个经典建筑。

△景乐雅苑多层效果图

△景乐雅苑小高层效果图

中国建材

公司办公大楼及生产车间全景

平湖南方水泥有限公司

平湖南方水泥有限公司前身是平湖市星阁水泥有限公司，是中国建材-南方水泥旗下成员企业之一，位于平湖市青阳汇，占地面积173亩，具备年产120万吨水泥粉磨和10万吨矿粉生产的规模。公司于1980年建厂，初始为平湖南桥水泥厂，2011年12月改为现名，注册资金2100万元。

公司所处位置与上海市毗邻，地处沪杭中心，地理位置优越。公司距上海市区80公里，杭州市区100公里，距上海亭枫(A7)高速公路兴塔入口仅3公里，沪杭高速大云入口10公里，黄浦江支流上海塘傍厂而过，1000吨级船舶可以自由进出，水陆交通十分便利。

公司现有二条水泥粉磨生产线和一条矿粉生产线，主要设备有Φ3.2×13m球磨机二台、Φ2.4×7m球磨机二台、HFCG120-45辊压机二台、Φ2.2×14m烘干机二台等。

企业产品为P.C32.5、P.C42.5、P.O42.5水泥，具有色泽好、早强高、适用范围广等优点，广泛应用于高速铁路、高速公路、大型工程等重点项目的建设。主要销往本地、上海及周边的嘉兴、嘉善，浙江沿海的宁波、台州、舟山等地，用“星阁”水泥建造的玉环大酒店、台州市政府办公大楼、上海奉浦苑国家样板住宅区、平湖圣雷克大酒店、沪杭高铁、沪杭高速公路、乍浦港嘉兴电厂一期工程等，分别获得“鲁班奖”、“白玉兰奖”、“钱江杯”等高规格奖项，受到专家和顾客的好评。

30年的发展历程，公司深切地认识到，企业的发展离不开社会各界的支持，企业发展了，也不能忘了社会的支持，因此把回报社会、支持社会发展看作企业义不容辞的责任。多年来，公司通过资助学校、修桥筑路、募集捐款、资助困难学生、举办文体活动、村企结对、捐助慈善事业、支持新农村建设等多种形式和途径回报社会，支持各项事业的开展和家乡的经济建设。几年来，用于道路建设的资金累计有260多万元，捐助其他公益及慈善事业150多万元，受到广泛的赞誉。

一分努力一分收获，一分付出一分回报，公司在创新发展、服务社会的同时，得到了社会的高度评价，获得了许多的荣誉。先后被浙江省人民政府、嘉兴市人民政府和平湖市人民政府命名为重点骨干企业、浙江省三优企业、嘉兴市文明企业，获得了浙江省十佳水泥企业、浙江省水泥行业标兵企业、浙江省“产品质量、服务质量”双满意、浙江省守合同重信用单位、全国守合同重信用单位称号和浙江省名牌产品、浙江省著名商标、浙江省消费者协会推荐商品等。

公司办公及生活区

公司生产车间外景

PH-ARCHITECT

平湖市建筑设计院有限公司

PINGHU ARCHITECTURAL DESIGN INSTITUTE LIMITED

CERTIFICATE

质量管理体系认证证书

平湖市建筑设计院有限公司

GB/T 19001-2008/ISO 9001:2008标准要求

房屋建筑工程设计（乙级）

△质量管理体系认证证书

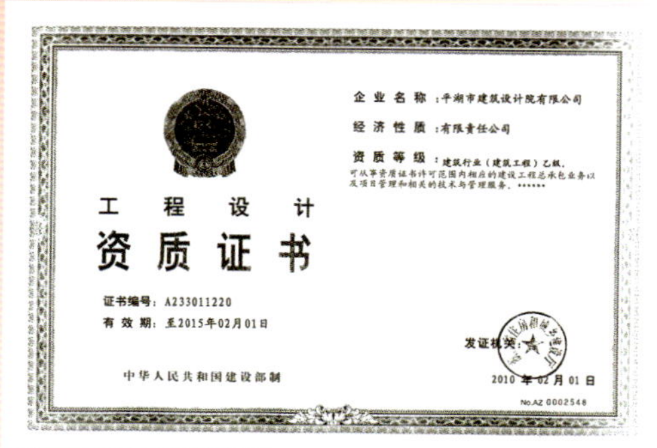

企业名称：平湖市建筑设计院有限公司

经济性质：有限责任公司

资质等级：建筑行业（建筑工程）乙级。

工程设计

资质证书

证书编号：A233011220

有效期：至2015年02月01日

中华人民共和国建设部制

发证机关：

2010年02月01日

No.AZ 0002548

△资质证书

平湖市建筑设计院有限公司，前身为平湖市建筑设计室，成立于1980年10月，是专业从事工业与民用建筑设计的股份制企业。

1985年，经国家建设部批准为国家丙级建筑设计资质单位。

1992年企业更名为平湖市建筑设计所，同时装备了先进的计算机CAD辅助设计系统，摆脱了以往的图纸手工绘图模式。

2001年，响应党中央国务院的号召，由原先的事业机制转制为股份制有限公司，并更名为平湖市建筑设计院有限公司。当时有股东15名，注册资金100万元。

2004年6月经浙江省建设厅批准为乙级设计资质单位。同时乔迁至现在的新办公大楼。

2005年12月，经平湖市规划与建设局党委批准成立了平湖市建筑设计院有限公司党支部。目前支部有党员10名。

2010年，公司注册资金增资为500万元。目前，公司股东为9人，拥有建筑、结构、给排水、电气、暖通等各类专业技术人员40余名，其中高级职称8名、中级职称10多名、一级注册建筑师4名、一级注册结构师4名、设备注册师2名。计算机辅助计算设计出图率100%。是平湖市内职员学历较高、专业职称资格人数较多的科技型企业之一。几年来，公司每年的设计产值平均在900万元左右。

公司长期注重自身的内部管理和建设，分别荣获了平湖市级“文明单位”、嘉兴市“AA级重合同守信用单位”、浙江省“AAA级重合同守信用单位”、嘉兴市建设行业优秀勘察设计企业、嘉兴市勘察设计行业诚信单位、浙江省勘察设计行业诚信单位、浙江省青年文明号等荣誉称号。

公司于2005年5月通过ISO9001－2000质量管理体系认证。并制订了：精心设计、科学创新、诚信服务、高效发展的质量方针以及：优质、高效、诚信、创新的企业宗旨，以创一流企业、出一流作品为企业发展目标。

公司地址：浙江省平湖市当湖街道新华南路466号。

邮编：314200

董事长、院长：徐东方

电话：0573—85263000

传真：0573—85266016

网址：http://www.pharch.com.cn

Email:phsjzsjy@163.com

△公司办公大楼立面

浙江海北勘察股份有限公司

浙江海北勘察股份有限公司前身嘉兴市海北岩土工程勘察有限公司，是嘉兴市唯一取得工程勘察甲级资质的专业从事岩土工程的本地科技型企业。

公司主要从事岩土工程勘察、设计、监测，地质灾害危险性评估等业务。

公司技术力量雄厚，拥有注册土木工程师（岩土）执业资格5人、高工6人、工程师9人、助理工程师等技术人员12人；有各类仪器设备二百台套；所有技术数据实现100%计算机整理、电脑出具成果报告；2004年新建勘察大楼达4000多平方米，工作环境优越。公司以其优质的服务几乎囊括了平湖市所有的工程勘察项目。

近五年获得奖项：

2007年度被评为**平湖市先进建筑业企业**；

2008年度被评为**嘉兴市建设行业先进勘察设计企业**、同年被评为**浙江省工商企业信用AAA级“重合同守信用”单位**；

2009年被评为**浙江省勘察设计行业诚信单位**；

2010年被评为**全国工程勘察与岩土行业诚信单位**；

2007年、2009年均有项目获得**嘉兴市建设工程南湖杯优秀勘察设计奖二、三等奖**；

2011年度再次被评为**嘉兴市建设行业先进勘察设计企业**、同年又通过了浙江省工商企业信用AAA级“重合同守信用”单位的复评。

公司信守“安全和经济”的思想原则，坚持“质量保证，收费合理，服务周到”的职业道德规范，竭诚为建设单位提供规范的勘察、设计、监测成果和优质的服务。

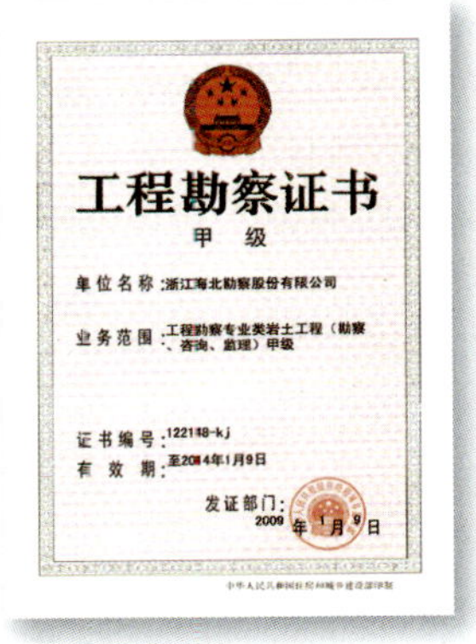

工程勘察证书
甲 级
单位名称：浙江海北勘察股份有限公司
业务范围：工程勘察专业类岩土工程（勘察、咨询、监理）甲级
证书编号：122148-kj
有 效 期：至2014年1月9日
发证部门：
2009年1月9日

△勘察资质证书

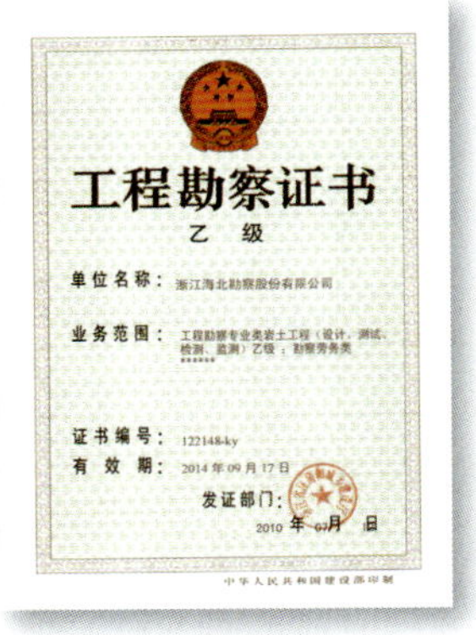

工程勘察证书
乙 级
单位名称：浙江海北勘察股份有限公司
业务范围：工程勘察专业类岩土工程（设计、测试、检测、监测）乙级；勘察劳务类[illegible]
证书编号：122148-ky
有 效 期：2014年09月17日
发证部门：
2010年[illegible]月[illegible]日

△设计、监测资质证书

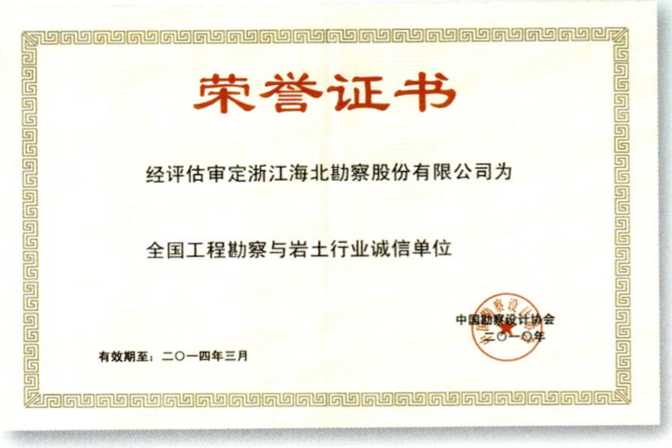

荣誉证书

经评估审定浙江海北勘察股份有限公司为

全国工程勘察与岩土行业诚信单位

中国勘察设计协会
二〇一〇年

有效期至：二〇一四年三月

△全国诚信证书

地址：平湖市新华南路436号

法人代表：潘继良

联系电话：0573-85113368

传真：0573-85266071

网址：Http://www.hbytkc.com

Email：phkcd@163.com

▷海北勘察

浙江长红大药房连锁有限公司

浙江长红大药房连锁有限公司成立于2002年6月，现已由单一民营药店发展成平湖市唯一的大型药品零售连锁企业，主要从事西药制剂、中成药、保健品、中药饮片、保健食品、医疗器械等经营，品种齐全。公司现有直营分店40家，员工355人，2011年销售额过亿元。

长红大药房以行业GSP规范为准则，借助现代信息管理技术，实现了统一形象、统一配送、统一管理、统一核算的规范化、系统化连锁经营体制，体现了规模效应、成熟低成本运营、品牌影响力的巨大优势，确保了企业可持续快速发展。

长红大药房重视人才的引进和培养，目前公司共有复旦大学、浙江师范大学、浙江中医药大学、温州医学院、安徽中医药大学等高等学院本科文凭员工35人，大专以上文凭员工100多人，其中副主任医师一名、副主任药师一名、主治医师5名、执业药师7名、中西医药师102名、高级营养师47名。同时，注重员工素质的提升，通过“月月大培训，周周小培训，天天日常培训”，对员工进行职业道德、医药专业知识、销售技巧等全方位的培训，为社会培养了一大批专业人才。2010年，公司与平湖市职业中专联合开办“长红班”，定向培养医药经营人才，既为公司专业化之路奠定了坚实的人才基础，又为当前日益严峻的学生就业形势献了一己之力。

在创造巨大经济效益的同时，长红大药房热衷于公益事业以回馈社会，如结对贫困学生、向贫困老党员发放爱心消费卡、为受灾地区捐款、为公益节目提供赞助等等，至今共计向社会捐款捐物金额达100多万元。此外，经常性组织员工开展“健康服务进社区（农村）”活动，把健康咨询等服务免费送到城乡各个角落，受到老百姓的热烈欢迎。

此外，长红大药房成立了党支部、工会、团支部、妇代会等党群组织，整个公司氛围和谐、齐心发展，是一家政府省心、百姓满意的责任企业。到目前为止，公司已多次获得平湖市商贸流通龙头企业、嘉兴市“平安药店”示范单位、浙江省消费者信得过单位等荣誉称号。

△当湖路分店

△健康进社区服务

△企业之歌合唱

△每天早上举行早会

△2011年4月，与平湖团市委、当湖街道团委共同启动“健康服务进社区（乡村）”大型活动，将免费健康服务送到城乡各个角落。

△关帝庙总店一景

△专业的人员

平湖市澳多奇农庄 休闲度假的世外桃源

△ 农庄酒店提供用餐、会议、客房、娱乐等一条龙服务

△ 在自由呼吸的天然氧吧里愉快用餐

平湖市澳多奇农庄是国家AAA级旅游景区。位于浙江省平湖市西郊，杭州湾跨海大桥北岸出口处，东临上海，靠近乍嘉苏高速公路，与周边景区嘉兴南湖、海盐南北湖、九龙山旅游度假区、莫氏庄园相隔不到30分钟的路程。农庄于2002年开始建设，2003年5月建成并正式对外开放，2008年8月开始二期工程的建设，于2009年9月完工。农庄总体规划占用土地233.9亩，总投资1800万元，开发建设18个景点，每天可接待游客1200人次，是一家集生态养殖、休闲观光、餐饮住宿和科普教育为一体的生态型农庄。

别具匠心的设计规划和景观营造，自然与人文的巧妙结合，参与性活动与体验性节目的互动，让人感受自然、体验绿色；纵情在小桥流水、瓜果藤蔓之间；远离城市的喧嚣，自由呼吸天然氧吧的舒畅！

同时，农庄具备餐饮、会务、帐篷野营、野外烧烤、体能拓展等一系列配套服务。另外，行知文化园、二十四孝子洞，更是青少年朋友增长知识、提高素质的好基地。

走进农庄，领略自然，平湖市澳多奇农庄让你远离都市的喧嚣，尽情享受休闲、观光、旅游、科普、文化的无穷乐趣。

澳多奇农庄欢迎您！

Banquet

宴会免费活动

生日宴、宝宝宴、乔迁宴、谢师宴、会议、聚餐等均有意想不到的优惠。

1. 酒店免费提供场景布置，估计市场价5000元左右。
2. 免费提供客房两套、备新娘更衣。
3. 免费门票，提供亲戚到农庄游玩。
4. 免费提供大巴接送，以服务为宗旨，接待好每一位顾客。
5. 免费门口拉出大型拱门，以备气氛。
6. 免费门口书法家题词、恭祝新郎新娘新婚快乐。
7. 免费提供台卡，以备酒席座位。
8. 免费提供小蜡烛，营造大厅浪漫气氛。
9. 酒店赠送礼品一份，恭祝新郎新娘新婚快乐。
10. 免费提供草坪婚礼，详情咨询电话：18757327877

最终解释权归本店所有。

△ 孔雀开屏

△ 小猪赛跑

△ 夏令营的学生在喂鸵鸟

平湖市众和物业管理有限公司

△ 物业管理办公室

△ 业主入住办理

△ 员工培训

平湖市众和物业管理有限公司成立于2003年，是一家拥有独立法人资格、独立核算资格，具有二级资质的专业化物业企业。现公司员工队伍有300余人，管理人员中具有大中专文化程度占80%以上，具有各类专业技术职称人员20余名。

众和公司是一家实行专业化管理公寓楼、写字楼、高档住宅物业的服务企业，始终贯彻“以人为本、服务至上、精诚管理、争创一流”的企业宗旨和服务理念，倡导与各方共同合作、营造人与自然相融合的物业环境，潜心塑造和完善小区的人文环境。

公司所管理的物业小区有梅兰苑、湖滨花园、东湖半岛、锦湖花苑、锦城春天、东湖绿舟、景乐丽都、世纪名苑三期、海德城、金色华庭等，其中梅兰苑小区在2004年9月荣获“嘉兴市物业管理优秀小区”、“全国物业管理优秀示范小区”，众和物业管理有限公司获得“2006嘉兴市十大品牌物业管理企业”称号以及“嘉兴市十佳房地产服务企业”称号。湖滨花园荣获“2009年度平湖市物业管理优秀住宅小区”称号，锦城春天荣获“2009年度平湖市物业管理优秀住宅小区”、2011年嘉兴市物业管理示范项目的称号。对外承接的单项目有建设局、众平置业、耀江城建、青少年宫、市三小改造小区等的保洁及秩序维护工作。

公司为了提升自身品牌，不断改进服务品质，与一流物管接轨，多次组织员工参加各类培训。并带领主要管理人员参观、考察省内外物业管理成功的著名楼盘，广泛与各位物业专家交流。我们将依靠自身的实力、借助成功楼盘经验，努力使物业服务更加规范化、科学化，打造一支高水准的物业管理队伍，为业主提供“更加细致、更加贴心、更加完美”的物业服务，为物业行业的发展做出自己的贡献。

平湖市大地物业管理有限公司

△ 新华东村小区

平湖市大地物业管理有限公司是一家具有国家3级物业管理资质的物业管理企业，经营范围有：物业管理、房屋租赁、社区服务、水电安装、园林绿化、养护等。本公司注册于2005年5月25日，经工商部门批准，注册号：3304820122676，注册资本为50万元。

平湖市大地物业管理有限公司地址坐落于平湖市当湖街道新华南路104号百花西村，目前管理的小区有新华东村、金平小区、松枫小区、百花东村、百花西村局部、玫瑰庄园、嘉兴港区滨海商业中心、嘉兴海陆物流中心等。公司重视品牌建设，拥有一支有凝聚力的团队。公司建立了一套完善的培训体系，从职前的上岗培训到平时专业技能培训，每一位员工都要经过专业的上岗培训。公司在学习借鉴先进管理模式的同时，也结合本地的实际情况，建立了一套符合当地需求的管理方式。我们的服务理念是：务实进取、用心服务、服务百姓。

作为一家充满活力的专业物业管理公司，如果单纯从管理的角度去理解是不够的。好的物业管理应当以客户的实际需求为主，为业主提供一套综合配套服务。我们深信，配合客户不同的需求而制定的服务，能拉近我们与客户之间的距离，让我们以真诚的服务态度、专业的服务精神，为业主提供全面多元化的物业管理。

△ 绿化养护

△ 保安培训

△ 花草管理

△ 小区监控